엑셀 2016

송윤희 지음

엑셀 기초에서 함수, 피벗 테이블, 매크로까지 업무 시간 단축을 위한 노하우 공개

엑셀 2016

초판 2쇄 발행일 2020년 1월 30일
초 판 발 행 일 2017년 3월 10일

발행인 박영일
책임편집 이해욱
지은이 송윤희

편집진행 염병문, 신민정

출판등록 제 10-1521호
주소 서울시 마포구 큰우물로 75(도화동 538) 성지B/D 9F
전화 1600-3600
팩스 02-701-8823
홈페이지 www.sidaegosi.com

ISBN 979-11-254-3282-1(13000)
가격 20,000원

* 저자와의 협의에 의해 인지를 생략합니다.
* 이 책은 저작권법에 의해 보호를 받는 저작물이므로, 동영상 제작 및 무단전재와 복제를 금합니다.
* 잘못된 책은 구입하신 서점에서 바꾸어 드립니다.

머리말

Excel 2016

업무를 하며 가장 많이 사용하게 되는 프로그램이 아마도 엑셀일 것입니다. 엑셀을 사용하면 다양한 문서 양식 작성뿐 아니라 복잡한 계산, 차트를 통한 수치 데이터의 시각적 표현, 다량의 효과적인 데이터의 분석 및 관리 등 다양한 업무를 처리할 수 있기 때문입니다. 업무 사용 빈도가 높은 만큼 엑셀을 잘 사용한다는 것은 본인의 업무 처리 능력이 높다는 방증이 될 수도 있습니다. 그러나 20년 가까이 엑셀 교육을 하며 만난 대부분의 엑셀 사용자들은 본인이 늘 사용하는 기능만 반복해서 사용하고 있는 경우가 대부분 이었습니다. 더 빠르고 효과적으로 처리할 수 있는 엑셀의 기능이 있지만, 그것을 알지 못해 더 많은 시간과 비용을 들이는 경우를 수없이 많이 보았습니다. 또한, 새로운 버전이 나올 때마다 추가되는 유용한 기능들을 알지 못해 이전 버전의 비효율적인 방법을 계속해서 사용하고 있는 사용자들도 많이 보았습니다. 이런 엑셀 사용자들이 엑셀의 유용하고 다양한 기능을 더 쉽고, 빠르게 이해할 수 있기를 바라는 마음에 책을 집필하게 되었습니다.

이 책은 엑셀의 기능을 순서대로 나열하는 것이 아니라 업무에서 마주칠 수 있는 다양한 상황에 맞추어 손쉽게 찾아볼 수 있도록 상황별 기능을 중심으로 구성했습니다. 업무를 진행하다 해결되지 않는 문제가 있다면 목차를 살펴보고 문제를 해결할 수 있는 페이지를 펼쳐 손쉽게 도움을 얻을 수 있을 것입니다. 또한, 엑셀의 주요 기능별로 모듈화되어 있으므로 책을 순서대로 한 장 한 장 읽어 가다 보면 어느새 엑셀의 전반적인 주요 기능들이 스며들어 더 효과적으로 엑셀을 사용하고 있는 본인을 발견하게 될 것입니다.

항상 사용하지만 무언가 부족함을 느꼈던 많은 엑셀 사용자분들께 조금이나마 도움이 되기를 바라는 마음입니다. 엑셀을 더 효과적으로 잘 사용하고 싶다는 여러분의 의지와 조금이라도 도움이 되기를 바라는 제 마음이 만나 책을 읽는 모든 분이 엑셀 파워 유저가 될 수 있는 시작의 열쇠를 이 책을 통해 얻게 되길 진심으로 기원합니다.

책을 집필하는 동안 많은 분들의 도움이 있었습니다. 바쁜 일정으로 집필 기간이 길어졌지만, 끝까지 좋을 책을 만들기 위해 기다려 주신 ㈜시대고시기획 관계자분들께 감사드립니다.

더불어 나이를 더해 갈수록 삶의 진정한 행복을 느끼게 해주는 사랑하는 수정이와 의찬이, 그리고 나의 반려자 이인수 님께도 진심으로 감사의 말씀을 전합니다.

저자 송윤희 드림

이 책의 구성

SECTION
각각의 독립된 예제를 따라할 수 있게 구성하였습니다. 필요한 부분만 찾아 바로 작업할 수 있습니다.

실습예제
작업을 따라하기 위해 필요한 예제 파일입니다. 파일을 다운 받아 압축을 풀어서 사용합니다.

따라하기 번호
따라하기 과정의 이해를 돕기 위해 작업하는 순서를 번호로 표시하였습니다.

TIP
따라하는 과정에서 알아두면 유익한 내용을 넣었습니다.

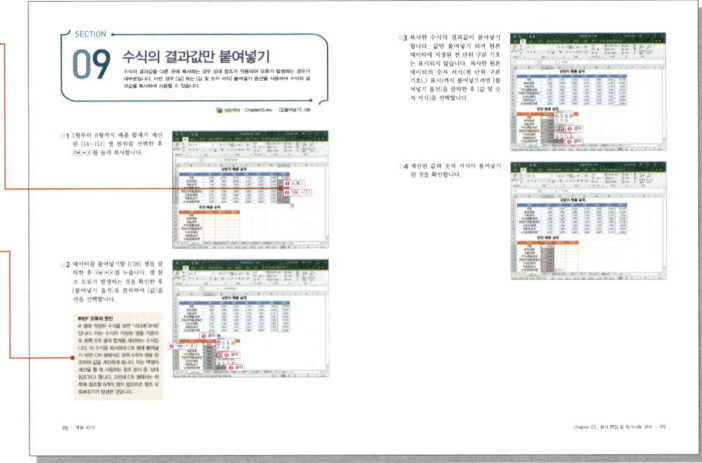

Power UP
작업 과정에 다루지 못한 중요한 정보를 자세히 알려줍니다.

수식 설명
함수 사용 시 사용되는 수식을 풀어서 설명해줍니다.

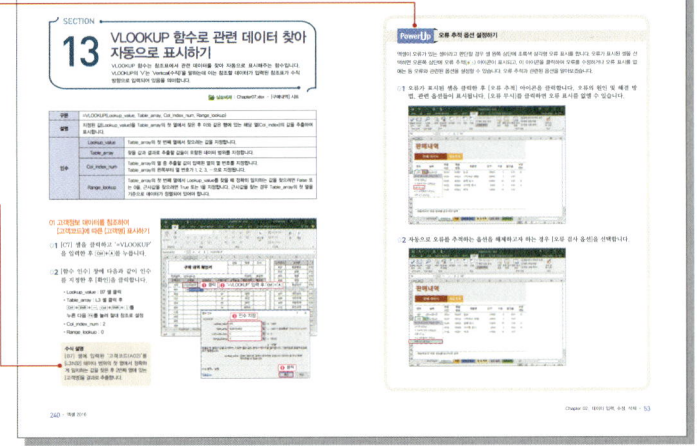

실습 예제 파일 다운로드 방법

01 인터넷을 실행하여 시대인 홈페이지(www.edusd.co.kr)에 접속하고 [로그인]을 클릭해 로그인합니다.

* 회원이 아닌 경우, [회원가입]을 클릭하여 가입한 후, 로그인합니다.

02 위쪽의 [프로그램]을 클릭합니다.

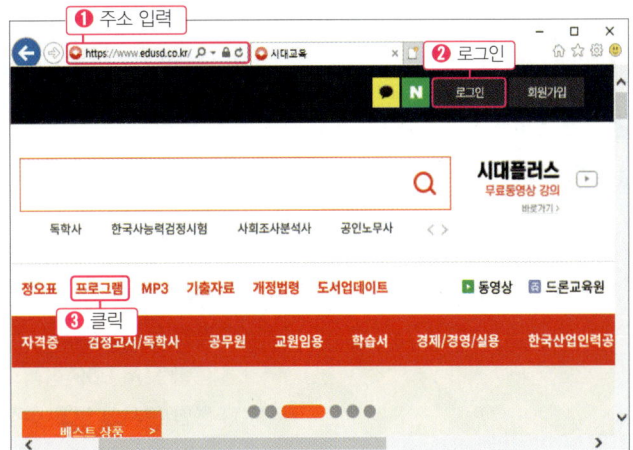

03 자료실 목록에서 학습에 필요한 도서를 검색하여 클릭합니다(검색란을 이용하면 목록을 줄일 수 있습니다.).

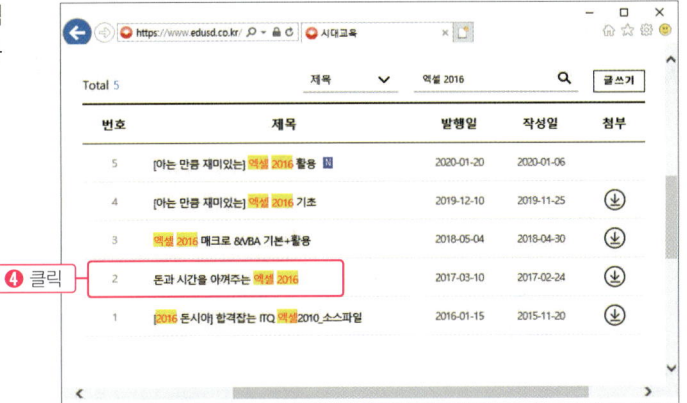

04 [첨부파일]의 '예제파일.zip'을 클릭합니다. 다운로드 창이 나타나면 [저장] 옆의 단추를 클릭한 다음 [다른 이름으로 저장]을 선택하여 사용자 컴퓨터에서 찾기 쉬운 곳에 저장합니다. 압축을 해제한 후, 시작합니다.

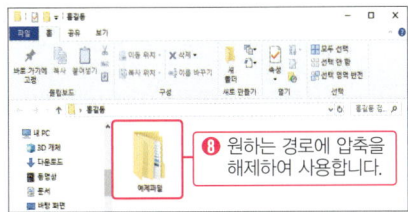

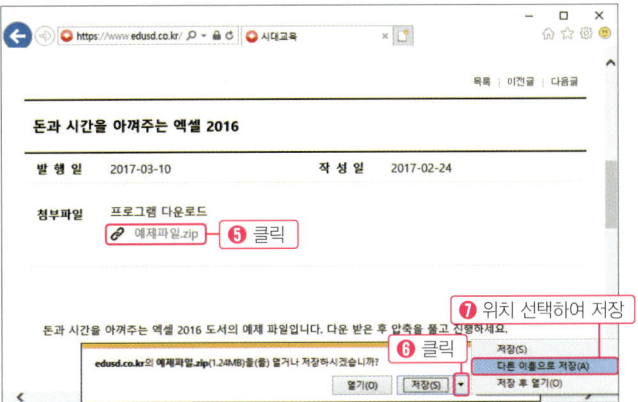

Contents

Chapter 01
엑셀 2016 시작하기

01 엑셀이란? / 24
02 엑셀 2016 화면 구성 / 25
   01 화면 구성 요소
03 리본 메뉴 사용자 지정하기 / 30
04 빠른 실행 도구 모음 사용자 지정하기 / 33
05 새 통합 문서 만들기 / 35
06 문서 열기 / 37
07 통합 문서 저장하기 / 38
08 통합 문서 PDF 형식으로 저장하기 / 41
09 통합 문서에 암호 설정하기 / 42

Chapter 02
데이터 입력, 수정, 삭제

01 엑셀 데이터의 종류 / 46
   01 문자 데이터
   02 숫자 데이터
   03 날짜 데이터
   04 시간 데이터
02 숫자나 수식을 문자로 입력하기 / 48
03 Alt + Enter 로 한 셀에 여러 줄 입력하기 / 53
04 Ctrl + Enter 로 한 번에 입력하기 / 54
05 기호 입력하기 / 57
   01 기호 명령을 사용하여 기호 입력
   02 한글 자음을 사용하여 기호 입력
06 자동 고침 옵션 활용하여 기호 빠르게 입력하기 / 59
07 한자 입력하기 / 62
   01 한 글자씩 한자로 변환
   02 단어를 한자로 변환
   03 한자를 한글로 변환
08 숫자 데이터 입력하고 서식 지정하기 / 64
   01 숫자 입력하고 천 단위 콤마(,) 표시
   02 숫자 입력하고 백분율 형식으로 표시
09 날짜 및 시간 데이터 입력하기 / 66
   01 날짜 데이터 입력 및 서식 지정
   02 시간 데이터 입력 및 서식 지정
10 메모 입력하기 / 69
   01 메모 삽입
11 자동 채우기 / 72
   01 문자 데이터 채우기
   02 숫자 데이터 채우기

Contents

　　03 날짜 자동 채우기
　　04 서식 없이 수식 채우기
12 사용자 지정 목록으로 자동 채우기 / 76
13 데이터 수정하기 / 78
　　01 수식 입력줄에서 수정
　　02 더블 클릭하여 수정
　　03 F2를 사용하여 수정
14 서식, 내용, 메모, 하이퍼링크 중 원하는 항목만 지우기 / 80
　　01 내용 지우기
　　02 서식 지우기
　　03 메모 지우기
　　04 하이퍼링크 제거

Chapter 03
문서 편집 및 워크시트 관리

01 Ctrl을 조합하여 원하는 곳으로 이동하기 / 84
　　01 데이터 끝으로 이동
　　02 이전/다음 워크시트로 이동
　　03 문서 처음과 끝으로 이동
　　04 데이터 전체 또는 워크시트 전체 선택
　　05 떨어져 있는 셀 선택
02 Shift를 조합하여 셀 범위 선택하기 / 87
03 Ctrl+Shift를 조합하여 한 번에 끝까지 범위 선택하기 / 88
04 셀/행/열 삽입, 삭제하기 / 89
　　01 행 삽입하기
　　02 열 삽입하기
　　03 열 삭제하기
　　04 셀 삽입하기
　　05 셀 삭제하기
05 행/열 숨기기, 숨기기 취소하기 / 92
　　01 열 숨기기
　　02 열 숨기기 취소
06 데이터 복사하기 / 93
　　01 단축키를 사용하여 복사하기
　　02 아이콘과 단축 메뉴를 사용하여 복사하기
　　03 Ctrl+드래그를 사용하여 복사하기
07 데이터 이동하기 / 95
　　01 단축키로 데이터 이동하기
　　02 마우스로 데이터 이동하기
　　03 아이콘과 단축 메뉴로 데이터 이동하기
08 다양한 [선택하여 붙여넣기] 옵션 알아보기 / 97
09 수식의 결과값만 붙여넣기 / 98

Contents

10 원본 표의 열 너비와 동일하게 붙여넣기 / 100
11 행/열 바꾸어 붙여넣기 / 101
12 데이터 연결하여 붙여넣기 / 102
13 그림으로 붙여넣기 / 103
    01 연결된 그림으로 붙여넣기
    02 그림으로 붙여넣기
14 서식 복사하기 / 105
    01 [서식] 붙여넣기 옵션 사용
    02 [서식 복사] 명령 사용
15 연산하여 붙여넣기 / 107
16 워크시트 관리하기 / 109
17 워크시트 삽입하고, 이름 바꾸기 / 110
18 시트 이동/복사하기 / 111
    01 시트 이동하기
    02 시트 복사하기
19 특정 시트만 새 통합 문서로 만들기 / 112
20 읽기만 가능하도록 시트 보호하기 / 113
    01 시트 보호하기
    02 시트 보호 해제하기
21 특정 영역만 수정할 수 있도록 시트 보호하기 / 115
    01 셀 잠금 해제하기
    02 시트 보호하기
    03 시트 보호 해제하기
22 시트 숨기고 다시 표시하기 / 117
    01 시트 숨기기
    02 시트 표시하기
23 특정 문자가 포함된 셀 찾기 / 118
24 날짜의 '.'을 찾아 '-'로 바꾸기 / 120
25 공백 찾아 지우기 / 121

Chapter 04
문서 서식 지정하기

01 서식을 지정하는 다양한 방법 / 124
    01 셀 서식
    02 사용자 지정 표시 형식
    03 셀 스타일
    04 표 서식
    05 조건부 서식
02 맞춤 서식 지정하기 / 127
    01 병합하고 가운데 맞춤

Contents

    02 전체 병합
    03 가운데 맞춤
    04 균등 분할 들여쓰기 맞춤
    05 텍스트 방향 변경
    06 텍스트 크기를 셀에 맞춤
    07 텍스트 줄 바꿈
    08 들여쓰기/내어쓰기

03 글꼴 서식 지정하기 / 130
    01 글꼴 색 및 크기 지정
    02 회계용 실선 그리기
    03 테두리 그리기
    04 셀 색 지정

04 표시 형식 지정하기 / 133
    01 천 단위 콤마(,) 표시하기
    02 음수일 경우 부호(−)와 빨간색으로 표시
    03 통화 기호 표시하기
    04 소수 아래 자릿수 줄이기
    05 숫자 바로 앞에 통화 기호 표시하기
    06 백분율 형식으로 표시
    07 소수 아래 자릿수 늘림
    08 날짜를 '년 월 일'로 표시하기
    09 숫자를 한글로 표시

05 사용자 지정 표시 형식 이해하기 / 137
    01 모든 데이터에 공통적으로 사용되는 서식 코드
    02 숫자 표시 형식
    03 날짜 표시 형식
    04 시간 표시 형식
    05 문자 표시 형식

06 숫자에 단위 자동으로 표시하기 / 139

07 자릿수 맞추어 번호 표시하기 / 141

08 천/백만 단위 생략하여 표시하기 / 142
    01 천 단위 생략

09 양수, 음수, 0, 문자에 각각 서식 지정하기 / 143
    01 [전일비] 데이터에 표시 형식 지정
    02 [등락률] 데이터에 표시 형식 지정

10 날짜에 요일 표시하기 / 144

11 누적 시간 표시하기 / 145

12 특정 문자 자동으로 표시하기 / 146

13 표 서식 지정하기 / 147
    01 표 서식 지정하기
    02 표 스타일 옵션 설정

Contents

　　03 정상 셀 범위로 변환
14 셀 스타일 지정하기 / 149
　　01 셀 스타일 지정
　　02 스타일 수정
　　03 새 셀 스타일 만들기
　　04 셀 스타일 삭제
15 조건부 서식 이해하기 / 153
16 지정한 금액보다 큰 셀에 서식 지정하기 / 154
17 특정 부서에 서식 지정하기 / 155
18 중복 데이터에 서식 지정하기 / 156
19 매출 상위 3건에 서식 지정하기 / 157
20 데이터 막대, 색조, 아이콘 집합으로 데이터 시각화하기 / 159
　　01 데이터 막대
　　02 색조
　　03 아이콘 집합
21 조건이 만족할 때 행 전체에 서식을 지정하는 새 규칙 만들기 / 161
22 새 레코드가 추가되면 자동으로 테두리를 그리는 새 규칙 만들기 / 163
23 조건부 서식의 조건 편집하기 / 165
24 조건부 서식 삭제하기 / 167
　　01 [규칙 관리]를 사용하여 규칙 삭제
　　02 [규칙 지우기]를 사용하여 규칙 삭제

Chapter 05
창 관리와 인쇄

01 틀 고정하기 / 170
　　01 틀 고정하기
　　02 틀 고정 취소하기
02 창 나누기 / 171
　　01 창 나누기
　　02 창 나누기 해제하기
03 여러 개의 통합 문서 창 정렬하기 / 172
　　01 두 개의 워크시트 한 화면에 표시하기
　　02 두 통합 문서 나란히 보기
　　03 창 전환하기
04 화면 확대/축소하기 / 174
　　01 확대/축소 컨트롤 사용하기
　　02 100%로 설정하기
　　03 선택 영역 확대/축소하기
05 페이지 레이아웃 설정 및 인쇄 / 176
　　01 페이지 레이아웃 설정
　　02 인쇄 미리 보기 및 인쇄 화면 실행

Contents

03 인쇄 미리 보기 및 인쇄 화면 구성
06 인쇄 배율 조절하기 / 178
07 특정 행을 페이지마다 반복해서 인쇄하기 / 179
08 인쇄 영역 설정하기 / 180
09 용지 방향 변경하고 페이지 나누기 / 181
  01 용지 방향 변경하기
  02 페이지 나누기
  03 페이지 순서 변경하기
  04 페이지 나누기 제거하기
10 여백 설정하고 문서 정가운데 인쇄하기 / 183
  01 여백 설정하기
  02 문서 정가운데 인쇄하기
11 메모 및 오류 인쇄 옵션 설정하기 / 185
12 머리글/바닥글 작성하기 / 187
  01 머리글에 파일명, 시트명 삽입하기
  02 머리글에 로고 삽입하기
  03 바닥글에 페이지 번호 삽입하기
13 페이지 나누기 미리 보기로 인쇄 배율 조절하기 / 190
14 워크시트 눈금선 해제하기 / 191
  01 워크시트 배경에 대외비 표시하기
  02 인쇄 문서에 '대외비' 표시하기

Chapter 06
수식 작성

01 엑셀 수식 이해하기 / 196
  01 공급가액 계산하기
  02 세액 계산하기
  03 판매액 계산하기
02 연산자의 종류 알아보기 / 198
  01 산술 연산자
  02 문자 연산자
  03 비교 연산자
  04 참조 연산자
03 셀 참조 이해하기 / 200
  01 상대 참조
  02 절대 참조
  03 혼합 참조
  04 셀 참조 형식 변환
04 자동 합계 도구로 합계, 평균, 숫자 개수, 최댓값, 최솟값 계산하기 / 203
  01 판매액 합계 구하기
  02 매출 평균 구하기

Contents

    03 매출 건수 구하기
    04 최대 매출액 구하기
    05 최소 매출액 구하기
05 빠른 분석 도구로 편리하게 계산하기 / 207
    01 항목별 비중 구하기
    02 누계 구하기
06 이름 정의하기 / 208
07 이름을 사용하여 수식 작성하기 / 210
08 이름 관리하기 / 211
    01 이름 확인하기
    02 이름 편집하기
    03 이름 삭제하기

Chapter 07
꼭 알아야 할 실무 함수

01 함수 이해하기 / 216
    01 함수란?
    02 함수의 종류
    03 함수 구문
02 함수 마법사를 사용하여 함수식 작성하기 / 218
03 함수명을 직접 입력하여 함수식 작성하기 / 219
04 RANK, RANK.EQ, RANK.AVG 함수로 순위 구하기 / 220
    01 RANK로 순위 구하기
    02 RANK.EQ 함수로 순위 구하기
    03 RANK.AVG 함수로 순위 구하기
05 ROUND, ROUNDUP, ROUNDDOWN 함수로 반올림, 올림, 내림하기 / 224
    01 공급액을 반올림하여 소수 아래 첫째 자리까지 표시하기
    02 공급액을 올림하여 소수 위 첫째 자리(1원 단위)까지 표시하기
    03 공급액을 내림하여 소수 위 둘째 자리(10원 단위)까지 표시하기
06 COUNT, COUNTA, COUNTBLANK 함수로 데이터 개수 세기 / 227
    01 COUNT 함수로 회비 납부 인원 구하기
    02 COUNTBLANK 함수로 회비 미납부 인원 구하기
    03 COUNTA 함수로 전체 인원 구하기
07 COUNTIF, COUNTIFS 함수로 조건에 만족하는 데이터의 개수 계산하기 / 229
    01 COUNTIF 함수로 부서별 직원 수 구하기
    02 COUNTIFS 함수로 '영업팀, 대리, 수령액 200만 원 이상'인 인원수 구하기
08 SUMIF/SUMIFS 함수로 조건에 만족하는 데이터의 합계 계산하기 / 231
    01 SUMIF 함수로 부서별 수령액 합계 구하기
    02 SUMIFS 함수로 '영업팀, 대리'의 '수령액' 합계 구하기
09 AVERAGEIF, AVERAGEIFS 함수로 조건에 만족하는 데이터의 평균 계산하기 / 233

Contents

01 AVERAGEIF 함수로 부서별 수령액 평균 구하기
02 AVERAGEIFS 함수로 '영업팀, 대리'의 '수령액' 평균 구하기

10 MAXIFS 함수로 조건에 만족하는 데이터의 최댓값 계산하기 / 235
01 인수로 사용할 데이터 범위에 이름 정의하기
02 정의된 이름과 MAXIFS 함수로 '영업팀, 대리' 중 최고 수령액 구하기

11 MINIFS 함수로 조건에 만족하는 데이터의 최솟값 계산하기 / 237
01 정의된 이름과 MAXIFS 함수를 사용하여 '영업팀, 대리' 중 최저 수령액 구하기

12 IF 함수로 조건에 따라 다른 결과 반환하기 / 238
01 점수를 기준으로 합격 여부 계산하기
02 점수를 기준으로 해외연수대상 표시하기

13 VLOOKUP 함수로 관련 데이터 찾아 자동으로 표시하기 / 240
01 고객정보 데이터를 참조하여 [고객코드]에 따른 [고객명] 표시하기
02 [고객코드]에 따른 [전화번호] 표시하기
03 [구매수량]에 따른 [고객등급] 표시하기

14 HLOOKUP 함수로 관련 데이터 찾아 자동으로 표시하기 / 243
01 지역에 따른 배송료 표시하기

Chapter 08
알수록 득이 되는 실무 함수

01 중첩 IF와 IFS로 여러 개의 조건 판단하기 / 248
01 중첩 IF로 여러 조건 판단하기
02 IFS로 여러 조건 판단하기

02 AND/OR 함수로 여러 조건 판단하기 / 251
01 AND 함수로 여러 조건 판단하기
02 OR 함수로 여러 조건 판단하기

03 SWITCH 함수로 여러 조건 판단하기 / 254

04 IFERROR 함수로 오류 처리하기 / 255
01 #DIV/0 오류 공백으로 표시하기
02 #N/A 오류 * 로 표시하기

05 문자의 일부를 추출하는 LEFT, RIGHT, MID 함수 / 257
01 LEFT 함수로 왼쪽 몇 글자 추출하기
02 MID 함수로 가운데 몇 글자 추출하기
03 RIGHT 함수로 오른쪽 몇 글자 추출하기

06 문자를 숫자로 바꾸는 VALUE 함수 / 259

07 문자열 개수를 구하는 LEN, 특정 문자의 위치를 찾아주는 FIND 함수 / 260
01 LEN, FIND 함수 이해하기
02 수량을 의미하는 [입고코드]의 '/' 뒤 텍스트 추출 후 숫자로 변환

08 수에 서식을 지정한 후 텍스트로 반환하는 TEXT 함수 / 262
01 [구분]과 [고유번호]를 연결하여 [코드] 작성하기
02 [시작], [종료] 날짜를 연결하여 '시작~종료(2016-01-01 ~ 2016-03-31)' 형식으로 표시

Contents

09 여러 텍스트를 합치는 CONCAT, TEXTJOIN 함수 / 265
    01 CONCAT 함수로 텍스트 연결하기
    02 TEXTJOIN 함수로 텍스트 연결하기

10 텍스트의 일부를 다른 텍스트로 바꾸는 REPLACE 함수 / 268

11 특정 문자를 반복해서 표시하는 REPT 함수 / 270

12 현재 날짜와 시간을 표시하는 TODAY, NOW 함수 / 272

13 날짜에서 연, 월, 일을 추출하는 YEAR, MONTH, DAY 함수 / 274
    01 YEAR 함수로 연도 추출하기
    02 MONTH 함수로 월 추출하기
    03 DAY 함수로 일 추출하기

14 연, 월, 일을 입력 받아 날짜로 반환하는 DATE 함수 / 276

15 지정한 개월 수 이전/이후의 날짜를 반환하는 EDATE, EOMONTH 함수 / 278
    01 EDATE 함수로 6개월 후의 날짜 계산하기
    02 EOMONTH 함수로 6개월 후 마지막 날짜 계산하기

16 휴일을 제외한 지정한 일수 후의 날짜를 반환하는 WORKDAY 함수 / 281

17 두 날짜 사이의 일수를 구하는 DAYS, DAYS360 함수 / 282
    01 DAYS 함수로 두 날짜 사이의 일수 계산하기
    02 DAYS360 함수로 두 날짜 사이의 일수 계산하기

18 휴일을 제외한 두 날짜 사이의 일수를 구하는 NETWORKDAYS 함수 / 284

19 두 날짜 사이의 경과 기간을 구하는 DATEDIF 함수 / 285
    01 재직 연수 계산하기
    02 재직 기간 구하기

20 날짜가 무슨 요일인지를 계산하는 WEEKDAY 함수 / 287
    01 WEEKDAY 함수로 요일 구하기
    02 특근수당 계산하기

21 시간을 다루는 TIME, HOUR, MINUTE, SECOND 함수 / 292

22 행 번호를 반환하는 ROW 함수 / 293
    01 ROW 함수로 일련번호 표시하기
    02 [품목]이 입력되면 [No] 표시

23 1~254까지 일련번호에 따른 값을 반환하는 CHOOSE 함수 / 295
    01 [주민등록번호] 뒷자리 첫 글자로 성별 판단하기
    02 코드번호에 따른 사원명과 소모품비 합계 계산하기

24 배열의 지정한 행, 열에서 값을 찾아오는 INDEX 함수 / 298
    01 기본급 테이블에서 기본급 가져오기
    02 연간 매출 실적 표에서 당월 실적 가져오기

25 지정한 범위에서 찾는 값의 위치를 알려주는 MATCH 함수 / 301
    01 MATCH 함수 이해하기
    02 출발지와 도착지에 따른 요금 조회하기

Contents

26 문자열로 지정한 셀 주소를 반환하는 INDIRECT 함수 / 304
  01 이름을 정의하여 부서별 과목 평균 계산하기

27 동적으로 데이터 범위를 참조하는 OFFSET 함수 / 309

28 k번째로 큰 값과 작은 값, 중간값을 구하는 LARGE, SMALL, MEDIAN 함수 / 311
  01 LARGE 함수로 상위 세 명의 연봉 알아보기
  02 SMALL 함수로 하위 세 명의 연봉 알아보기
  03 MEDIAN 함수로 중간값 구하기

29 값의 발생 빈도를 구하는 FREQUENCY 함수 / 314

30 나눗셈의 몫과 나머지를 구하는 QUOTIENT, MOD 함수 / 316
  01 QUTIENT 함수로 상품 포장 시 필요한 박스 수 계산하기
  02 MOD 함수를 사용하여 개별 포장 수 계산하기

31 지정한 범위의 숫자를 모두 곱하고 더하는 PRODUCT, SUMPRODUCT 함수 / 318
  01 PRODUCT 함수로 [판매금액] 계산하기
  02 SUMPRODUCT 함수로 할인이 적용되지 않은 총판매액 계산하기

32 배열 수식 이해하기 / 320

33 배열 수식 작성하기 / 321
  01 배열 수식으로 판매액 계산하기
  02 배열 수식으로 총판매액 계산하기

34 배열 수식으로 조건에 만족하는 데이터의 개수와 합계 구하기 / 323
  01 배열 수식의 인수로 사용할 셀 범위에 이름 정의하기
  02 배열 수식으로 조건에 만족하는 데이터의 개수 구하기
  03 배열 수식으로 조건에 만족하는 데이터의 합계 구하기

35 배열 수식으로 조건에 만족하는 데이터의 평균, k번째 큰 값 계산 및 특정 값 찾기 / 326
  01 조건에 만족하는 데이터의 평균 구하기
  02 조건에 만족하는 k번째 큰 값 구하기
  03 k번째 판매액에 해당하는 [담당] 추출하기

Chapter 09 차트 작성 및 편집

01 차트 삽입하기 / 330
  01 리본 메뉴를 사용하여 차트 삽입하기
  02 Alt + F1 로 차트 삽입하기
  03 F11 로 차트 시트 삽입하기

02 추천 차트로 빠르게 차트 삽입하기 / 332
  01 빠른 분석 도구로 추천 차트 삽입하기
  02 리본 메뉴에서 추천 차트 삽입하기

03 차트 구성 요소 알아보기 / 336

04 차트 편집하기 / 338
  01 차트 도구
  02 차트 단추
  03 단축 메뉴

Contents

05 차트 종류 변경하기 / 341

06 차트 행/열 바꾸기 / 342

07 차트 원본 데이터 변경하기 / 343
　01 크기 조정 핸들로 차트 원본 데이터 변경하기
　02 [데이터 선택] 도구로 차트 원본 데이터 변경하기

08 차트 요소 추가 및 제거하기 / 344
　01 차트 제목 표시하고 셀과 연결하기
　02 세로 축 제목 표시하기
　03 범례 위치 이동하기
　04 데이터 레이블 표시하기

09 차트 스타일 지정하기 / 348

10 차트 데이터 필터 및 해제하기 / 350

11 3차원 원형 차트의 조각 분리하고 회전하기 / 351
　01 원형 조각(데이터 요소) 분리하기
　02 3차원 회전하기

12 원형 차트에 레이블 표시하기 / 353
　01 데이터 레이블 표시하기
　02 데이터 레이블 상세 옵션 설정하기
　03 데이터 레이블 서식 지정하기
　04 데이터 레이블 위치 이동하기

13 꺾은선 차트의 꺾은선 서식 지정하기 / 355
　01 꺾은선 서식 지정하기
　02 꺾은선의 표식 서식 지정하기

14 막대 차트의 막대와 꺾은선의 표식 그림 및 도형으로 설정하기 / 358
　01 그림으로 막대와 표식의 서식 지정하기
　02 도형으로 데이터 계열 채우기

15 날짜 항목의 불필요한 날짜 없애고 축 표시 형식 지정하기 / 361
　01 불필요한 날짜 항목 없애기
　02 축 표시 형식 지정하기

16 꺾은선 차트의 0 값 처리하기 / 363
　01 0 값이 입력된 셀 비우기

17 차트 원본 데이터 숨기기 / 365

18 차트에 도형 삽입하기 / 366

19 콤보 차트 작성하기 / 368

20 이중 축 차트 활용하여 목표 대비 매출액 표시하기 / 369
　01 2차원 묶은 세로 막대형 차트 작성하기
　02 [달성] 금액 데이터 계열을 보조 축으로 설정하기
　03 보조 축의 최댓값 수정하기
　04 기본 축, 데이터 계열의 막대 너비 늘이기

21 원형 대 원형 차트 작성하기 / 371

Contents

22 양대칭 비교 가로 막대 차트 작성하기 / 373
   01 묶은 가로 막대형 차트 삽입하기
   02 막대를 양대칭으로 설정하기
   03 세로(항목) 축을 낮은 쪽에 표시
   04 가로(값) 축 음수 값을 양수로 표시하기
   05 차트 원본 데이터의 음수 값, 양수로 표시하기

23 간트 차트 작성하기 / 376
   01 누적 가로 막대형 차트 작성하기
   02 간트 차트의 시작일/종료일 지정하기
   03 기간만 표시되도록 데이터 계열 서식 지정하기
   04 항목 순서 조정 및 가로 축 위치 지정하기
   05 기간 막대에 작업 일수(기간) 표시하기

24 스파크라인 작성하기 / 379
   01 열 스파크라인 작성하기
   02 스파크라인 지우기
   03 꺾은선형 스파크라인 작성하기
   04 승패 스파크라인 작성하기

Chapter 10
데이터 관리 및 분석

01 데이터베이스의 이해 / 386
   01 데이터베이스란?
   02 데이터베이스의 구성
   03 데이터베이스 작성 시 유의 사항

02 데이터베이스 형식에 맞추어 데이터 가공하기 / 387
   01 필드명 정리하기
   02 빈 행 삭제하기
   03 병합 셀의 데이터 각 셀에 입력하기
   04 필드 나누기

03 표의 이해 및 작성 / 392
   01 표의 특징
   02 표 만들기
   03 표 스타일 지정하기

04 표에 데이터 추가하기 / 394

05 구조적 참조를 통한 표의 수식 작성 / 395
   01 표 내부에서 수식 작성
   02 표 외부에서 수식 작성

06 표를 일반 셀 범위로 변환 / 397

07 단일 기준으로 오름차순/내림차순 정렬하기 / 398
   01 [홈] 탭의 도구로 정렬하기
   02 [데이터] 탭의 도구로 정렬하기
   03 단축 메뉴로 정렬하기

08 다중 정렬하기 / 399

Contents

09 사용자 지정 정렬하기 / 401

10 서식을 기준으로 정렬하기 / 402

11 엑셀 필터 이해하기 / 404
  01 엑셀 필터의 종류
  02 필터 메뉴

12 자동 필터로 데이터 추출하기 / 405
  01 조건 목록에서 조건을 선택하여 필터하기
  02 조건 입력란을 사용하여 필터하기
  03 필터 메뉴를 사용하여 조건 설정하기
  04 조건 해제하기

13 매출 상위 3건의 데이터 필터하기 / 407

14 지정한 기간 동안의 데이터 필터하기 / 408

15 서식을 기준으로 필터하기 / 409
  01 셀 색으로 필터하기
  02 셀 아이콘으로 필터하기

16 고급 필터에서 AND 조건 설정하기 / 410

17 고급 필터에서 OR 조건 설정하기 / 411

18 고급 필터에서 수식을 조건으로 설정하기 / 412
  01 MONTH 함수를 사용한 조건식 작성하기
  02 AVERAGE 함수를 사용한 조건식 작성하기

19 원하는 필드만 필터 결과로 복사하기 / 415

20 부분합 계산하기 / 417

21 요약 데이터 복사하기 / 419

22 부분합 제거하기 / 420

23 그룹 윤곽선 설정하기 / 421
  01 분기별로 그룹 설정하기
  02 연간 데이터 그룹 설정하기
  03 부서 그룹 설정하기
  04 윤곽 단추로 그룹별 보기
  05 그룹 해제하기
  06 윤곽 지우기
  07 자동 윤곽 설정하기

24 피벗 테이블의 이해 / 424
  01 피벗 테이블이란?
  02 피벗 테이블의 구성 요소

25 피벗 테이블 작성하기 / 425

26 요약 함수 변경하기 / 427
  01 요약 함수 변경하기
  02 숫자 표시 형식 지정하기
  03 필드명 수정하기

Contents

27 전체에 대한 비율 표시하기 / 429
    01 전체에 대한 비율 표시하기
    02 순위 지정하기

28 계산 필드 추가하기 / 431

29 계산 필드 제거하기 / 432

30 숫자로 데이터 그룹화하기 / 433
    01 나이대별 연봉 평균 계산

31 날짜로 그룹화하기 / 435

32 피벗 테이블 디자인하기 / 437
    01 피벗 테이블 스타일 지정하기
    02 그룹화된 항목 뒤에 빈 행 추가하기
    03 피벗 테이블 보고서 레이아웃 설정하기
    04 행 및 열의 총합계 표시 여부 설정하기

33 시간 표시 막대 표시하기 / 440
    01 시간 표시 막대 삽입하기
    02 조건 설정하기
    03 시간 수준 설정하기
    04 시간 표시 막대 삭제하기

34 슬라이서로 데이터 필터하기 / 442
    01 슬라이서 삽입하기
    02 조건 지정하기
    03 조건 해제하기
    04 슬라이서 삭제하기

35 피벗 테이블 업데이트하기 / 444
    01 일반 셀 범위를 표로 만들기
    02 피벗 테이블 작성하기
    03 원본 데이터 수정하기
    04 피벗 테이블 업데이트

36 피벗 테이블 데이터를 보고서로 가져오기 / 447

37 피벗 차트 삽입하기 / 449

38 텍스트 나누기 / 450

39 빠른 채우기 / 451

40 중복된 항목 제거하기 / 452
    01 모든 필드 값이 같을 때 제거
    02 사번, 성명, 주민등록번호가 같을 때 제거

41 데이터 입력 제한하기 - 데이터 유효성 검사 / 454
    01 [사번] 입력 규칙 설정하기
    02 [주민등록번호] 입력 규칙 지정하기

42 목록 작성하기 - 데이터 유효성 검사 / 456
    01 [직책]을 선택하는 목록 작성하기

Contents

02 [부서]를 선택하는 목록 작성하기
43 데이터 유효성 검사 제거하기 / 458
44 데이터 통합하기 / 459
01 위치에 의한 통합
02 레이블에 의한 통합
45 시나리오 관리자 사용하기 / 461
01 시나리오 추가하기
02 시나리오 적용하기
03 요약 시나리오 작성하기
46 목표값 찾기 / 464
47 데이터 표 / 465

Chapter 11
양식 문서 작성

01 양식 문서의 이해 / 472
01 양식 문서란?
02 양식 컨트롤 메뉴
02 부가세 포함 여부 체크 – 확인란 컨트롤 / 475
03 옵션 선택에 따른 자동 서식 지정 – 그룹 상자와 옵션 단추 컨트롤 / 478
01 그룹 상자 컨트롤 작성하기
02 옵션 단추 작성하기
03 옵션 단추와 연결된 수식 작성하기
04 조건부 서식 지정하기
04 수량 증감 – 스핀 단추 / 482
05 견적서의 공급자 정보 표시 – 콤보 상자 컨트롤 / 484
01 콤보 상자 컨트롤 작성하기
02 상호에 따른 공급자 정보 표시하기
06 주가 변동 차트의 기간 설정 – 스크롤 막대 컨트롤 / 487
01 꺾은선 차트 작성하기
02 스크롤 막대 컨트롤 작성하기
03 차트 원본 데이터로 사용할 이름 정의하기
04 차트 원본 데이터 지정하기
05 시작일, 종료일 표시하기

Chapter 12
매크로를 사용한 업무 자동화

01 매크로의 이해 및 준비 사항 / 494
01 매크로의 이해
02 매크로 작업을 위한 준비 사항
03 매크로 작업 순서
02 매크로 기록 / 497
03 매크로 실행 / 499
01 바로 가기 키로 실행

Contents

    02 매크로 명령으로 실행
    03 단추 양식 컨트롤로 실행
    04 도형으로 실행
    05 빠른 실행 도구 모음으로 실행

04 매크로 포함 통합문서(*.xlsm)로 저장 / 503

05 매크로 편집 / 504

06 매크로 삭제 / 506
    01 매크로 창에서 삭제
    02 VB 편집기에서 삭제

07 실무 활용 매크로 1 – 부분합 자동화 / 508
    01 부분합 매크로 기록하기
    02 부분합 제거 매크로 기록하기
    03 컨트롤에 매크로 지정하기

08 실무 활용 매크로 2 – 데이터 조회 양식 / 511
    01 고급 필터 작업을 매크로로 기록
    02 매크로 실행 단추 작성하기

Excel 2016

CHAPTER 01

엑셀 2016 시작하기

엑셀로 할 수 있는 다양한 작업과 화면 구성 요소를 알아보고, 빠른 작업을 위해 메뉴를 사용자에 맞게 지정하는 방법에 대해 알아봅니다. 문서 작성을 위한 기초 작업인 새 문서 만들기, 열기, 저장 등도 살펴보도록 하겠습니다.

SECTION 01 엑셀이란?

엑셀은 복잡한 계산을 손쉽게 처리할 수 있는 스프레드시트(펼쳐 놓은 종이라는 의미로, 단어 의미 그대로 여러 장의 종이를 펼쳐 놓은 작업 공간을 말함) 프로그램입니다. 다양한 함수를 사용한 계산뿐만 아니라 데이터 관리, 차트 작성 등 광범위한 영역에서 다양한 용도로 사용되고 있는 프로그램입니다.

엑셀을 사용하여 할 수 있는 작업은 다음과 같습니다.

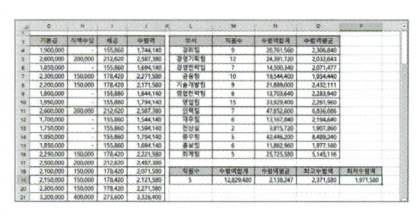

01. 함수를 사용한 자동 계산
엑셀은 계산을 편리하게 해주는 다양한 함수를 사용하여 아무리 복잡한 수식도 빠르고 정확하게 계산할 수 있습니다. 엑셀의 가장 기본적이고 강력한 기능은 바로 계산 기능입니다.

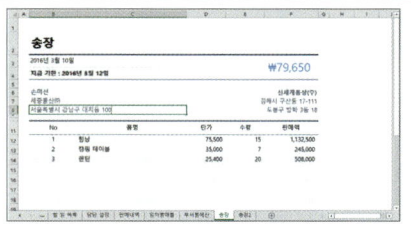

02. 간단한 문서 작성
문서 작성 프로그램은 MS-WORD나 아래한글과 같은 워드프로세서입니다. 하지만 복잡한 계산이 필요한 표를 포함하고 있는 문서를 만들 때는 엑셀을 활용하는 것이 훨씬 편리합니다.

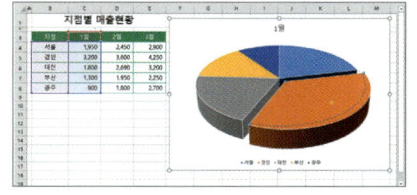

03. 차트 및 그래픽 기능
엑셀에서는 데이터 비교, 분석을 효과적으로 할 수 있는 다양한 차트를 제공합니다. 또한 그림이나 도형을 삽입하여 기존 문서를 더욱 돋보이게 할 수 있습니다.

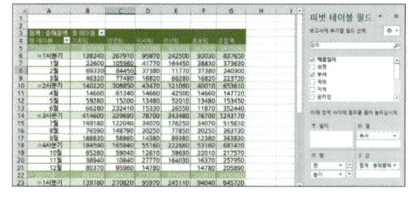

04. 데이터베이스 관리
물론 MS OFFICE 제품군 중 전문적인 데이터베이스 관리 프로그램은 MS-ACCESS가 있습니다. 하지만 엑셀에서도 다량의 데이터를 효과적으로 관리할 수 있는 정렬, 필터, 부분합, 피벗 테이블과 같은 데이터 관리 및 분석 도구를 제공합니다.

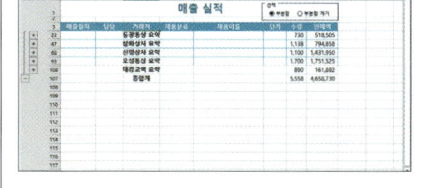

05. 업무 자동화
엑셀 매크로 기능을 활용하면 주기적으로 반복되는 엑셀 작업을 단축키를 누르거나 단추를 클릭하여 자동으로 실행시킬 수 있습니다.

SECTION 02

엑셀 2016 화면 구성

엑셀 2016은 [수행할 작업을 알려 주세요.], [공유] 등이 메인 화면에 새롭게 추가되었습니다. 추가된 요소를 포함하여 엑셀 2016의 화면 구성 요소들을 자세히 살펴보도록 하겠습니다.

01 화면 구성 요소

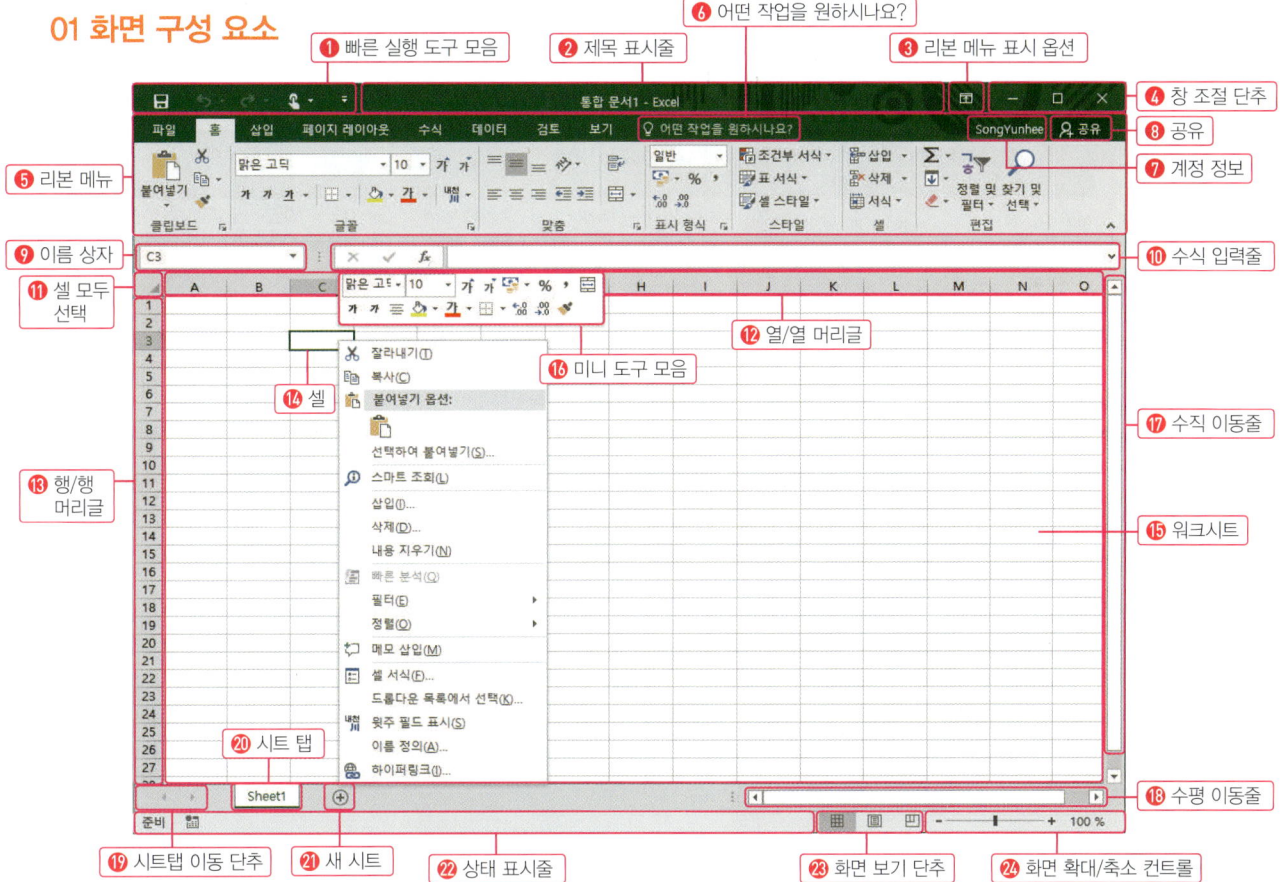

❶ 빠른 실행 도구 모음
자주 사용하는 명령을 빠르게 실행하고자 할 때 아이콘을 추가하여 사용할 수 있습니다. 기본적으로 저장, 실행 취소, 반복 실행 아이콘이 등록되어 있습니다.

❷ 제목 표시줄
현재 열려 있는 문서의 파일명과 프로그램명(Excel)이 표시됩니다.

❸ 리본 메뉴 표시 옵션
리본 메뉴의 표시 옵션을 설정합니다. 탭만 표시하거나 탭과 명령을 모두 표시하도록 설정할 수 있고, 리본 메뉴를 숨기거나 리본 메뉴의 탭을 더블 클릭하여 리본 메뉴를 축소할 수도 있습니다.

❹ **창 조절 단추**

엑셀 창을 최소화, 최대화하거나 닫습니다.

❺ **리본 메뉴**

엑셀 2007 버전부터 제공되는 메뉴 체계로 엑셀 작업을 위해 제공되는 명령을 모아 놓은 메뉴 영역입니다. 리본 메뉴는 탭, 그룹, 아이콘, 대화상자 표시 아이콘으로 구성됩니다.

'탭'은 각각의 작업 내용 별로 구분되어 있습니다. 예를 들어, 워크시트에 그림이나 차트 등 무엇인가를 삽입하는 작업을 하고자 하는 경우 [삽입] 탭을 사용하면 됩니다.

탭을 클릭하면 관련 기능별로 아이콘이 '그룹'으로 구성되어 있습니다. 그룹 오른쪽 끝에는 [대화상자 표시 아이콘]이 있습니다. [대화상자 표시 아이콘]을 클릭하면 해당 그룹의 기능과 관련된 상세 옵션을 지정할 수 있는 대화상자가 표시됩니다.

그룹에 속한 '아이콘'을 클릭하여 원하는 명령을 실행합니다. 아이콘에 마우스를 위치시키면 스크린 팁이 표시되어 간단한 도움말 및 단축키에 대한 정보를 제공 받을 수 있습니다.

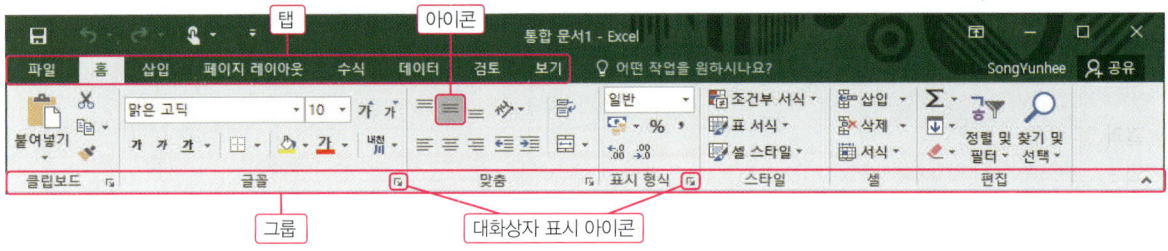

❻ **어떤 작업을 원하시나요?** New!

Excel 2016에 새롭게 추가된 화면 구성 요소로 수행할 작업과 관련된 단어 및 구를 입력하여, 사용하려는 기능이나 수행하려는 작업에 빠르게 액세스할 수 있는 메뉴 및 찾는 내용과 관련된 도움말이나, 스마트 조회를 수행할 수도 있습니다. 화면 해상도가 낮거나 창의 크기가 작을 경우 '입력하세요'로 텍스트가 자동으로 변경됩니다.

❼ **계정 정보**

로그인한 사용자 이름이 표시됩니다. 엑셀 2016은 Office 계정에 로그인하여 장소와 관계없이 어디에서나 문서를 액세스하고 다른 사람과 공유할 수 있도록 Office 파일을 온라인으로 저장할 수 있고, 계정에 따른 테마와 설정에 액세스할 수도 있습니다. Office 계정에 로그인하려면 화면 오른쪽 상단 [로그인]을 클릭하거나 [파일] - [계정]에서 로그인 정보를 입력합니다.

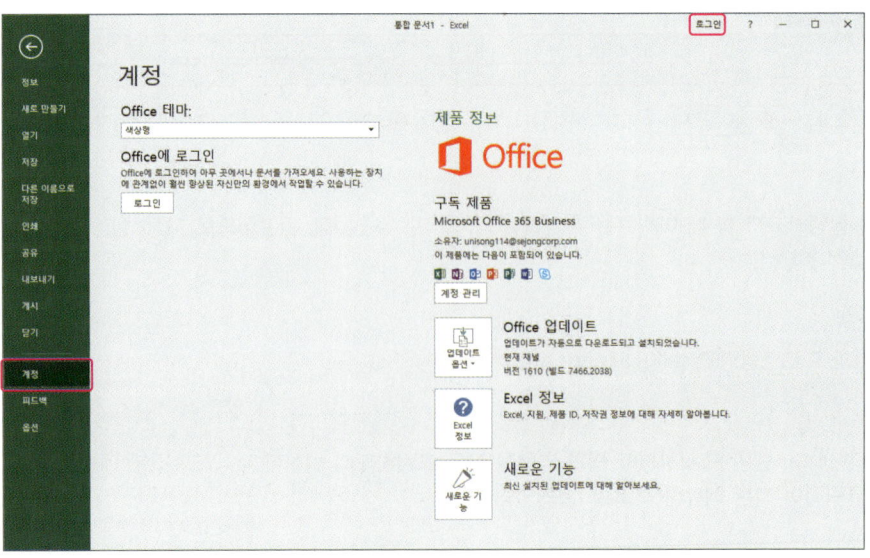

❽ **공유**

엑셀 2016에서는 클라우드에 저장되어 있는 스프레드시트를 다른 사용자와 공유할 수 있도록 [공유] 메뉴가 리본 메뉴에 새롭게 추가되었습니다.

❾ **이름 상자**

현재 선택된 셀의 주소나 수식 작성 중에는 함수 목록이 표시됩니다. 이름 상자에 셀 주소를 입력한 후 Enter 를 눌러 해당 셀로 바로 이동하거나 범위를 선택할 수도 있습니다.

❿ **수식 입력줄**

현재 선택된 셀에 입력된 값이나 수식 등의 내용이 표시됩니다. 수식 입력줄에는 입력 중인 데이터의 입력을 취소하거나 완료하고, 함수 마법사를 실행하는 단추와 수식 입력줄을 확장/축소하는 단추가 제공됩니다.

⓫ **셀 모두 선택**

이 부분을 클릭하면 워크시트의 모든 셀이 선택됩니다.

⓬ **열과 열 머리글**

워크시트를 구성하는 세로 한 칸을 '열'이라 하고, 열을 구별하기 위해 표시된 알파벳을 '열 머리글'이라 합니다. 엑셀 2016은 A ~ XFD까지 16,384개의 열을 가집니다.

⓭ **행과 행 머리글**

워크시트를 구성하는 가로 한 줄을 행이라 하고, 행을 구별하기 위해 표시된 숫자를 '행 머리글'이라 합니다. 엑셀 2016은 1 ~ 1,048,576의 행을 가집니다.

⓮ **셀**

행과 열이 교차하는 작은 사각형을 셀이라고 하며, 셀은 데이터를 입력할 수 있는 최소 저장 단위입니다. 셀은 주소를 가지는데 열 머리글과 행 머리글로 구성됩니다. 예를 들어, C열 3행에 있는 셀의 주소는 'C3' 입니다.

⓯ **워크시트**

워크시트는 엑셀의 모든 작업이 이루어지는 공간입니다. 하나의 워크시트는 1,048,576개의 행과 16,384개의 열로 구성됩니다. 한 통합 문서에는 저장 공간이 허용되는 범위에서 원하는 만큼의 워크시트를 삽입할 수 있습니다.

⓰ **미니 도구 모음**

자주 사용하는 서식을 손쉽게 지정하기 위해 제공되는 인터페이스입니다. 셀에서 마우스 오른쪽 버튼을 클릭하면 미니 도구 모음이 나타나고, 미니 도구 모음에서 명령을 사용하면 자동으로 사라집니다.

⓱ **수직 이동줄**

화면을 위, 아래로 이동합니다.

⓲ **수평 이동줄**

화면을 왼쪽, 오른쪽으로 이동합니다.

⓳ **시트 탭 이동 단추**

통합 문서의 시트 개수가 많아 한 화면에 모든 시트가 표시되지 않을 때 단추를 클릭하여 시트를 앞, 뒤로 이동할 수 있습니다. 각 단추를 Ctrl +클릭하면 첫 번째, 마지막 워크시트로 이동합니다. 시트 탭 이동 단추에서 마우스 오른쪽 버튼을 클릭하면 통합 문서 내의 모든 시트 목록이 표시됩니다.

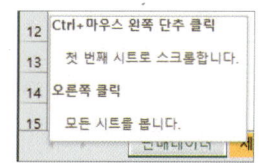

❷⓿ **시트 탭**

통합 문서에 삽입되어 있는 워크시트 이름이 표시되는 곳입니다.

❷❶ **새 시트**

현재 선택되어 있는 시트 오른쪽에 새 시트를 삽입합니다.

❷❷ **상태 표시줄**

상태 표시줄은 현재 열려 있는 문서의 작업 상태를 나타내는 정보가 표시됩니다. 상태 표시줄에 표시되는 내용을 사용자가 마음대로 지정할 수 있습니다. 예를 들어, 숫자 데이터 범위를 지정하면 상태 표시줄에 기본적으로 선택한 범위의 평균, 개수, 합계가 표시되는데 상태 표시줄에서 마우스 오른쪽 버튼을 클릭한 후, 상태 표시줄 사용자 지정에서 원하는 함수를 선택하면 상태 표시줄에 표시되는 값을 변경할 수 있습니다.

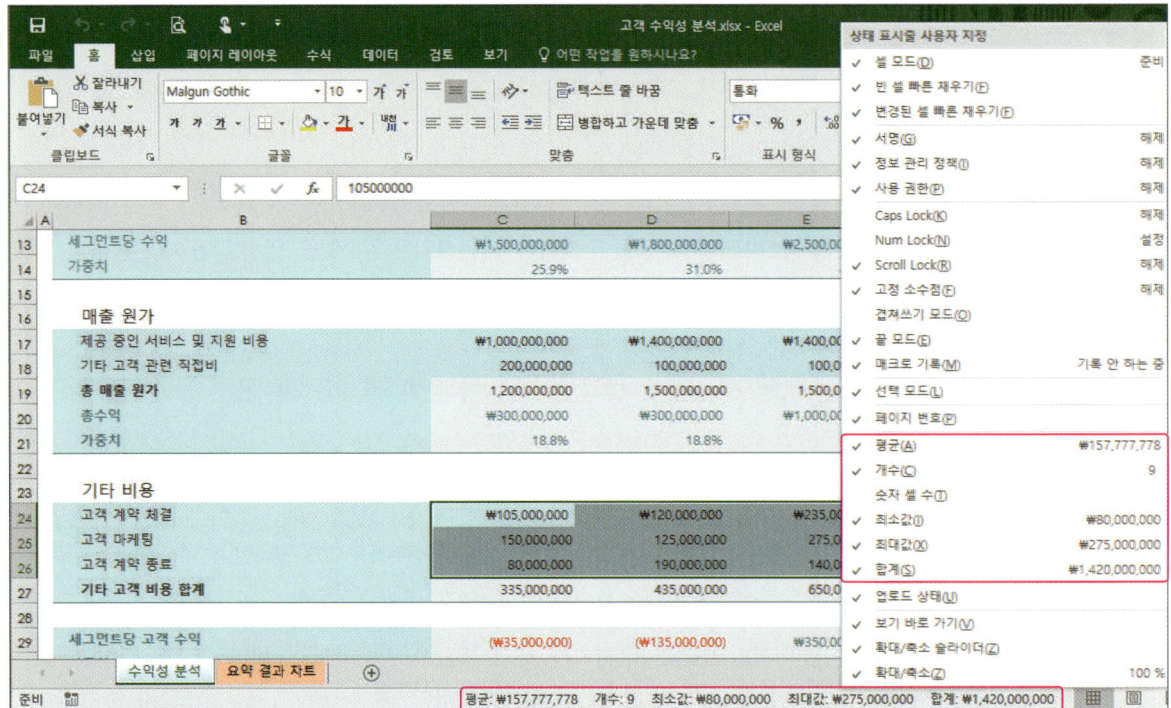

❷❸ **화면 보기 단추**

다양한 화면 보기로 이동할 수 있는 단추입니다. [기본], [페이지 레이아웃], [페이지 나누기 미리 보기] 등의 화면 보기 모드를 사용하여 머리글/바닥글 작성이나 인쇄 영역 지정 등의 작업을 손쉽게 할 수 있습니다.

❷❹ **화면 확대/축소 컨트롤**

화면 오른쪽 하단의 확대/축소 도구의 슬라이더(　)를 드래그하거나 　, 　를 클릭하여 간편하게 확대/축소 할 수 있습니다. 100 % 를 클릭하여 표시되는 [확대/축소] 창에서 옵션을 지정할 수도 있습니다.

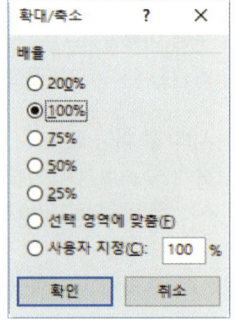

PowerUp 어떤 작업을 원하시나요? & 스마트 조회

Excel 2016의 리본 메뉴에는 '어떤 작업을 원하시나요?'라는 텍스트 상자가 있습니다. 수행할 작업과 관련된 단어 및 구를 입력하면 해당 작업을 실행할 수 있는 명령이 표시되어 바로 원하는 작업을 수행할 수 있습니다. 예를 들어, 이전 버전에서는 도움말에서 수행할 작업과 관련된 명령을 확인한 후 다시 엑셀로 돌아와 직접 명령을 실행했다면 '어떤 작업을 원하시나요?'에 검색어만 입력하면 관련 명령을 찾아주고 바로 해당 명령을 실행할 수 있게된 것입니다. 또한 찾는 내용과 관련된 도움말과 스마트 조회를 실행할 수도 있습니다.

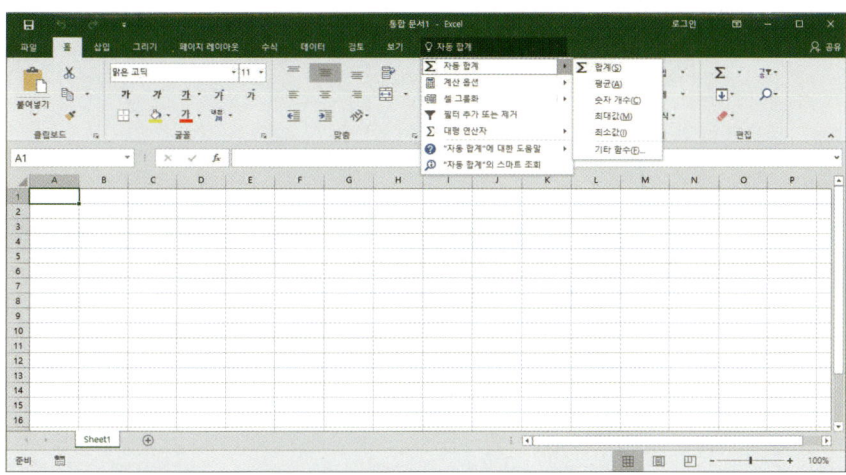

스마트 조회란?

스마트 조회 역시 Excel 2016에서 새롭게 제공되는 기능입니다. 단어나 구를 선택하고 마우스 오른쪽 버튼을 클릭한 다음 [스마트 조회]를 선택하면 Bing 검색 엔진의 검색 결과가 정보 활용 창에 표시됩니다. [검토] 탭 – [정보 활용] 그룹 – [스마트 조회]를 클릭하여 스마트 조회 기능을 사용할 수도 있습니다.

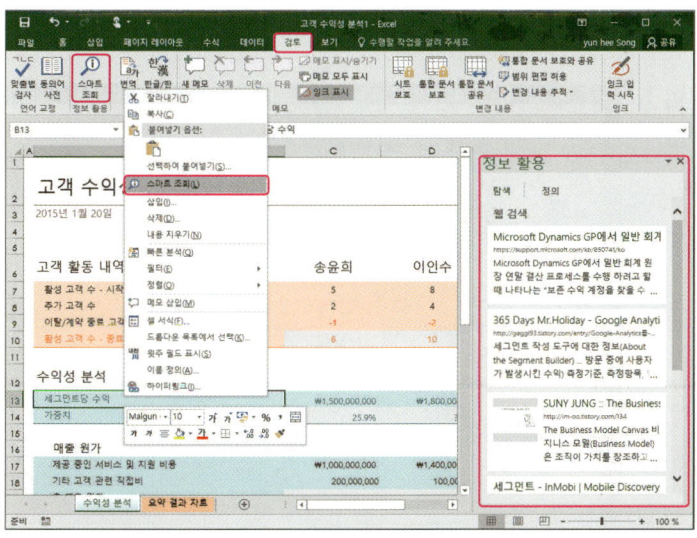

SECTION 03 리본 메뉴 사용자 지정하기

자주 실행하는 명령을 한 곳에 모아 바로바로 실행할 수 있다면 엑셀 작업이 훨씬 빨라질 수 있습니다. 리본 메뉴에 [사용자 지정 탭]을 추가하여 자주 사용하는 아이콘을 모아 명령을 빠르게 실행하는 방법을 알아보겠습니다.

01 리본 메뉴에서 마우스 오른쪽 버튼을 클릭한 후 [리본 메뉴 사용자 지정]을 선택합니다.

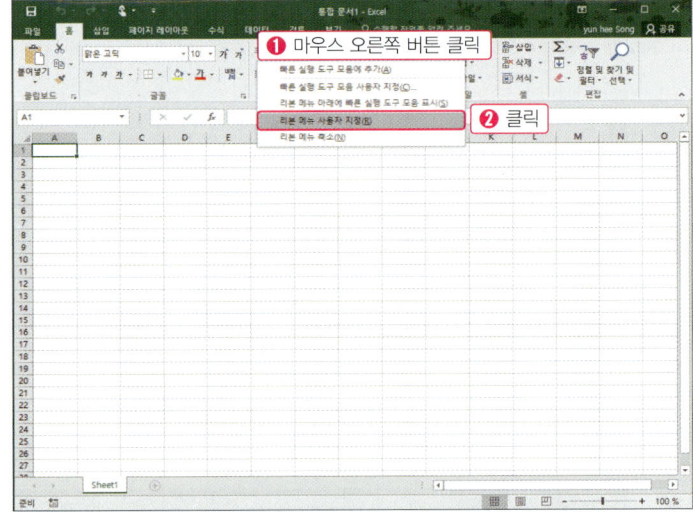

[파일] 탭 - [옵션] - [리본 사용자 지정]을 선택해도 됩니다.

02 [Excel 옵션] 창에서 [새 탭]을 클릭한 후 원하는 탭의 이름을 입력하고 [확인]을 클릭합니다.

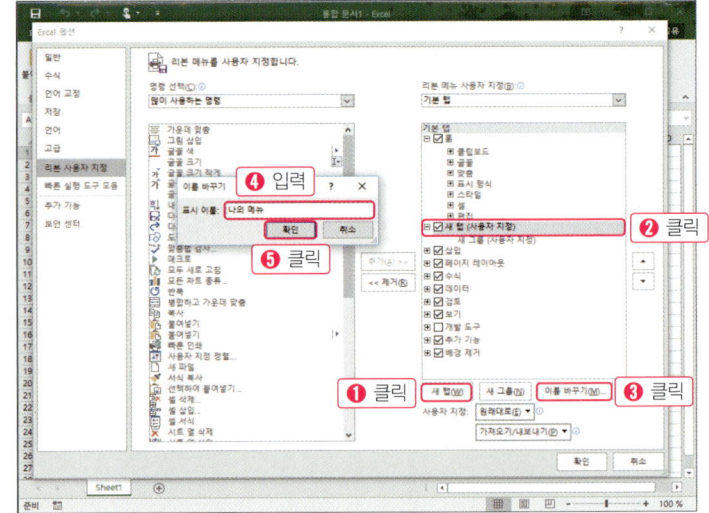

03 사용자 지정 그룹도 같은 방법으로 [이름 바꾸기]를 클릭하여 이름을 변경할 수 있고, [새 그룹]을 클릭하여 그룹을 추가할 수 있습니다.

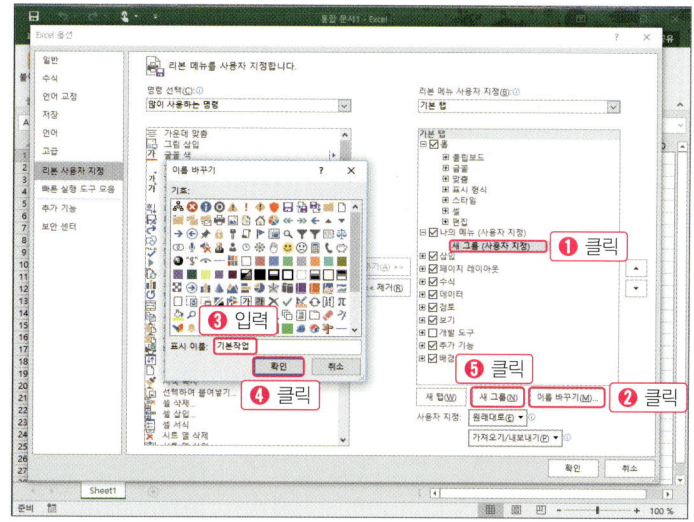

04 추가한 그룹은 [이름 바꾸기]를 클릭하여 이름을 변경합니다.

05 [나의 메뉴(사용자 지정)]를 선택한 후 [위로 이동]을 클릭하여 탭의 위치를 맨 위로 이동합니다.

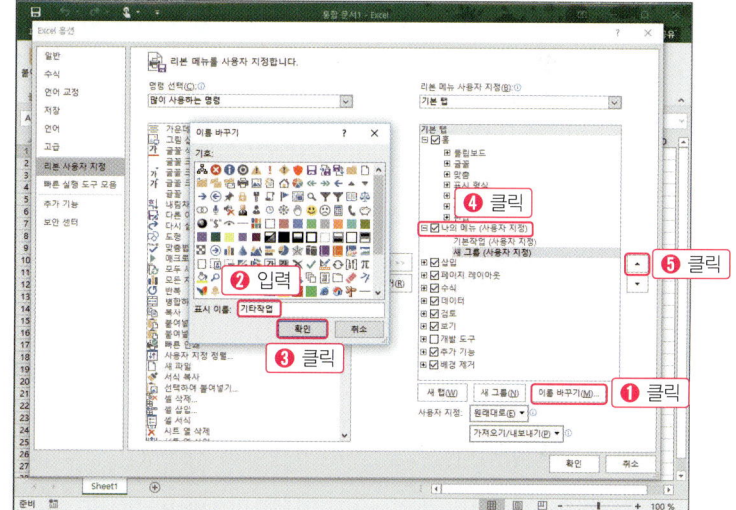

06 [기본작업(사용자 지정)]을 선택한 후 왼쪽 명령 선택 목록에서 추가할 명령을 선택하고 [추가]를 클릭합니다.

07 [명령 선택] 목록을 클릭하고 [리본 메뉴에 없는 명령]을 선택합니다.

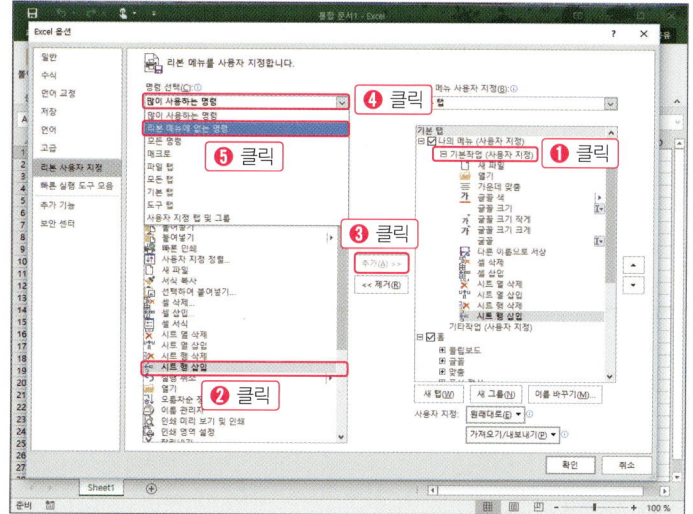

08 [기타작업(사용자 지정)]을 선택한 후 원하는 명령을 선택하고 [추가]를 클릭합니다.

09 메뉴 구성이 끝나면 [확인]을 클릭합니다.

> [가져오기/내보내기]를 클릭하여 현재 리본 메뉴의 사용자 지정을 파일로 내보낸 후 다른 컴퓨터에서 가져오기 하여 사용할 수도 있습니다. [원래대로]를 클릭한 후 [모든 사용자 지정 다시 설정]을 선택하여 리본 메뉴와 빠른 실행 도구 모음의 사용자 지정을 초기화할 수도 있습니다.

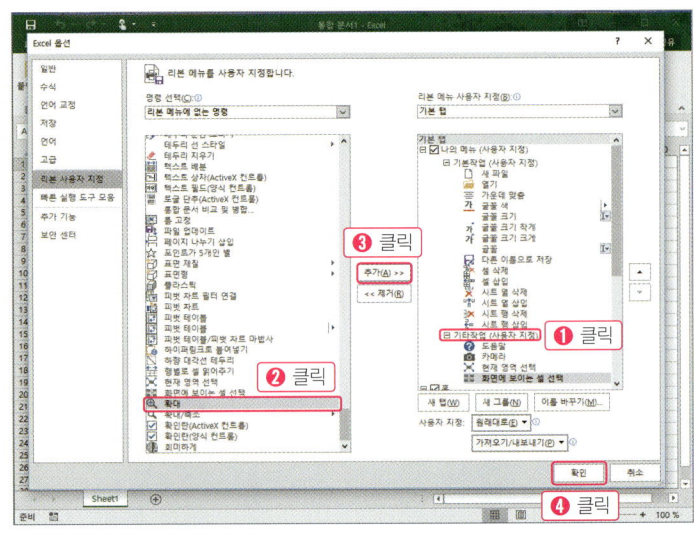

10 리본 메뉴에 [나의 메뉴]가 추가된 것을 확인합니다.

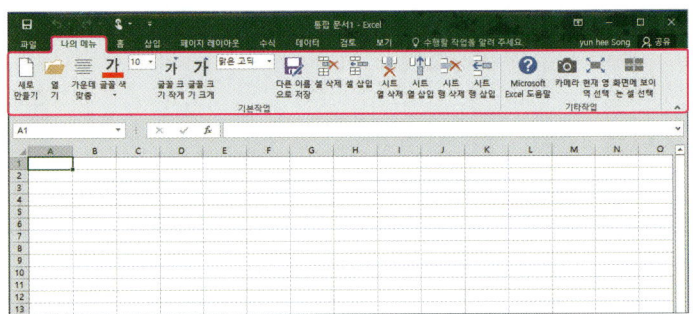

11 추가한 사용자 지정 탭을 제거하려면 사용자 지정 탭을 선택한 후 [제거]를 클릭합니다.

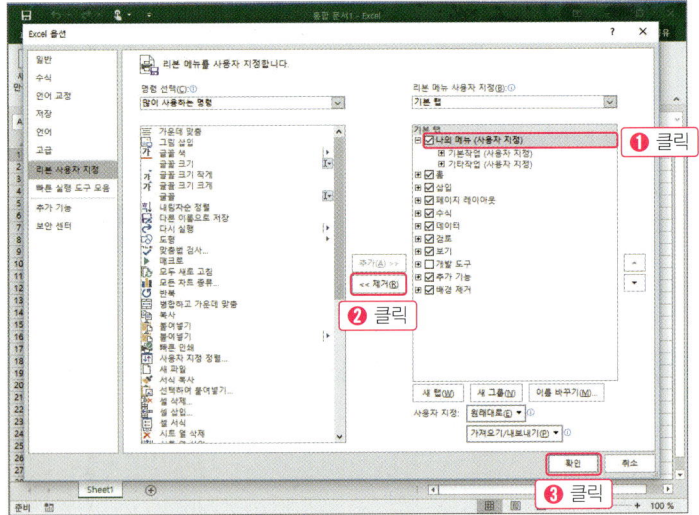

SECTION 04 빠른 실행 도구 모음 사용자 지정하기

빠른 실행 도구 모음에 자주 사용하는 명령을 모아 명령을 빠르게 실행할 수 있습니다.
빠른 실행 도구 모음을 사용자 지정하는 방법을 알아보겠습니다.

01 빠른 실행 도구 모음에 아이콘을 추가하려면 [빠른 실행 도구 모음 사용자 지정]을 클릭한 후 원하는 명령을 선택합니다.

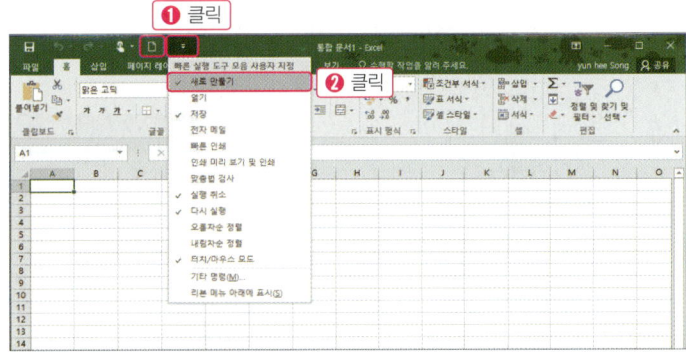

02 또는 리본 메뉴의 아이콘에서 마우스 오른쪽 버튼을 클릭한 후 [빠른 실행 도구 모음에 추가]를 선택합니다.

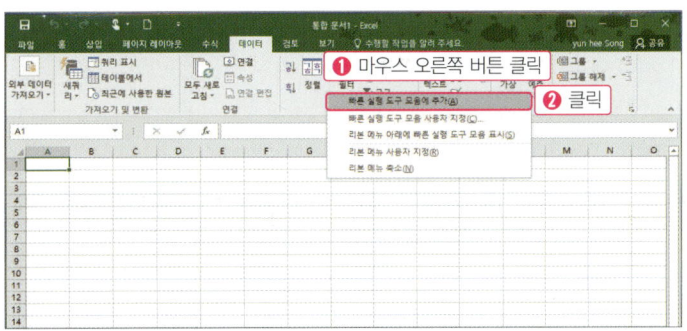

03 리본 메뉴에 없는 아이콘을 빠른 실행 도구 모음에 추가하거나 빠른 실행 도구 모음에 있는 아이콘의 순서를 조정, 삭제하는 등 [빠른 실행 도구 모음]을 편집할 때는 리본 메뉴에서 마우스 오른쪽 버튼을 클릭한 후 [빠른 실행 도구 모음 사용자 지정]을 선택합니다.

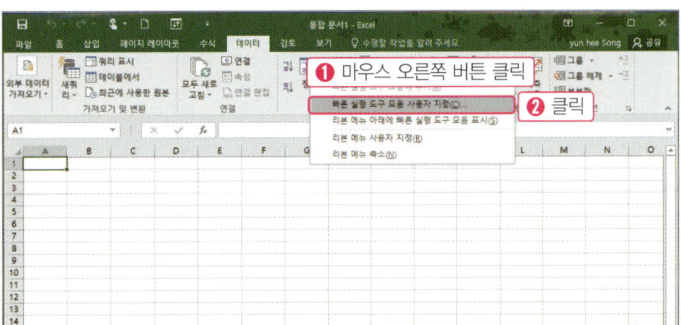

04 [명령 선택] 목록에서 명령을 선택한 후 [추가]를 클릭하여 빠른 실행 도구 모음에 아이콘을 추가하거나 오른쪽에 표시된 빠른 실행 도구 모음 아이콘 목록에서 명령을 선택한 후 [제거]를 클릭하여 아이콘을 제거할 수 있고, [위로 이동], [아래로 이동]을 클릭하여 아이콘의 순서를 조정할 수 있습니다.

> [원래대로]를 클릭하여 빠른 실행 도구 모음을 초기화할 수 있고, [가져오기/내보내기]를 사용하여 빠른 실행 도구 모음 사용자 지정 파일을 내보낸 후 다른 컴퓨터에서 가져오기하여 사용할 수도 있습니다.

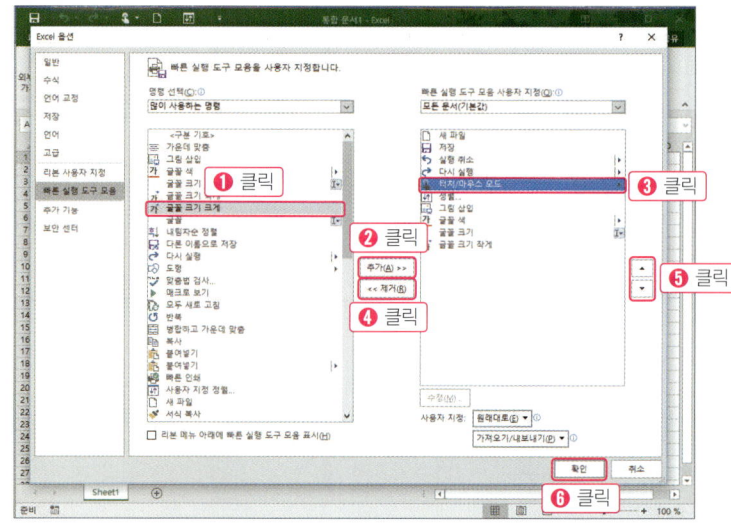

05 리본 메뉴에서 마우스 오른쪽 버튼을 클릭한 후 [리본 메뉴 아래에 빠른 실행 도구 모음 표시]를 선택하여 리본 메뉴 아래에 빠른 실행 도구 모음을 표시할 수도 있습니다.

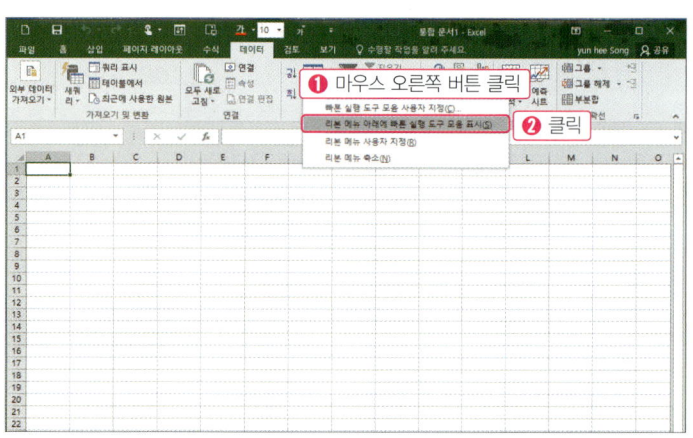

06 [리본 메뉴 위에 빠른 실행 도구 모음 표시]를 사용하여 원래대로 리본 메뉴 위에 빠른 실행 도구 모음을 표시할 수도 있습니다.

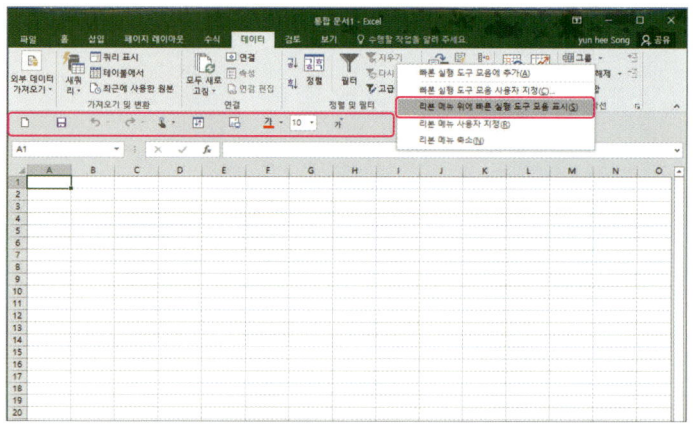

SECTION 05 새 통합 문서 만들기

엑셀 2016에서 새 통합 문서를 만드는 방법에 대해 알아봅니다.

01 엑셀 2016에서 새 통합 문서를 만들려면 [빠른 실행 도구 모음]의 [새로 만들기]를 클릭합니다.

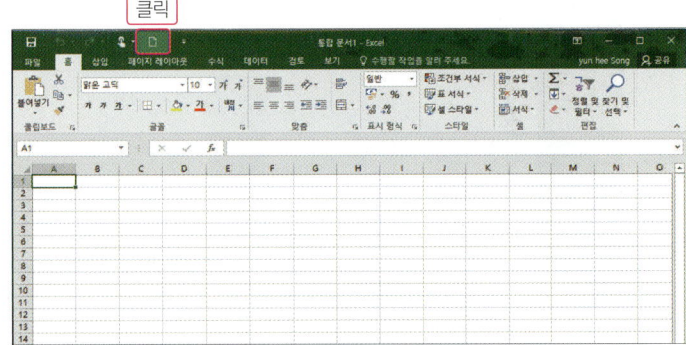

02 또는 [파일] 탭 - [새로 만들기]를 선택한 후 [새 통합 문서]를 클릭합니다.

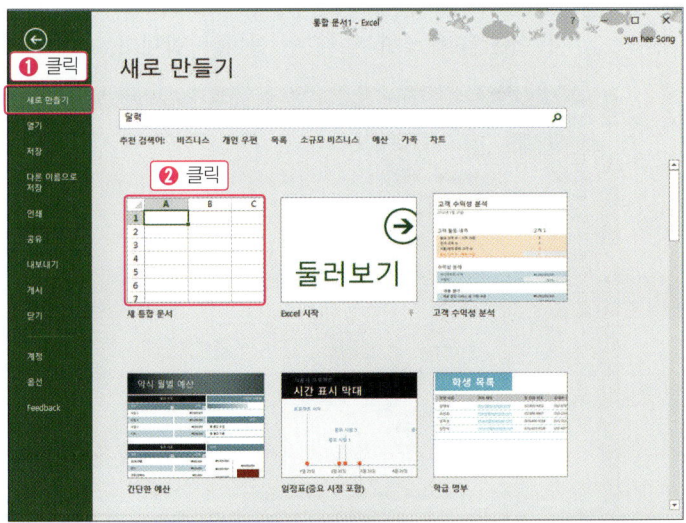

> 달력이나 계산서 등 다양한 서식 파일을 다운받아 사용하고자 하는 경우 [새로 만들기] 창 상단 검색어 입력란에 작성하고자 하는 문서의 이름을 입력하고 Enter 를 눌러 Microsoft의 오피스 온라인에서 제공하는 온라인 서식 파일을 검색하여 사용할 수 있습니다. 단, 서식 파일은 인터넷이 연결된 온라인 상태에서만 작성할 수 있습니다.

PowerUp 시작 화면 설정하기

엑셀을 실행하면 최근에 사용한 문서 목록과 다양한 서식 파일 목록이 표시되는 엑셀 시작 화면이 표시됩니다. 원한다면 엑셀 실행 시 엑셀 시작 화면 대신 새 통합 문서가 바로 작성되도록 설정할 수 있습니다.

01 [파일] 탭 - [옵션]을 선택합니다.

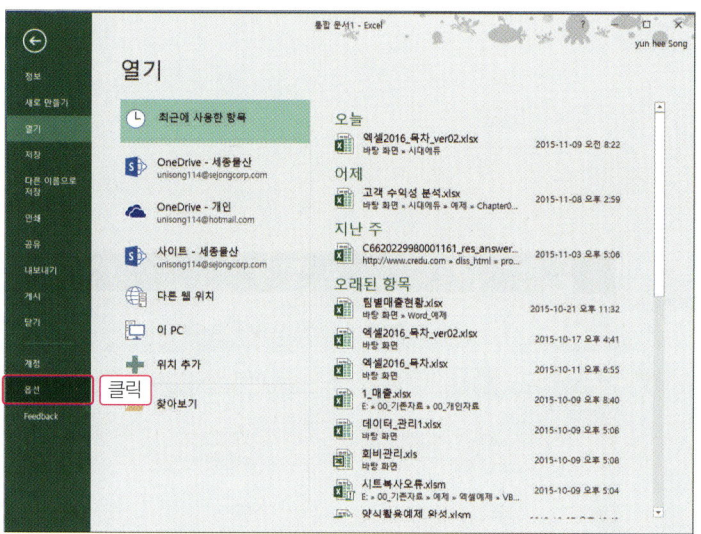

02 [Excel 옵션] 창에서 [일반]의 [시작 옵션] 중 [이 응용 프로그램을 시작할 때 시작 화면 표시] 옵션을 해제한 후 [확인]을 클릭합니다.

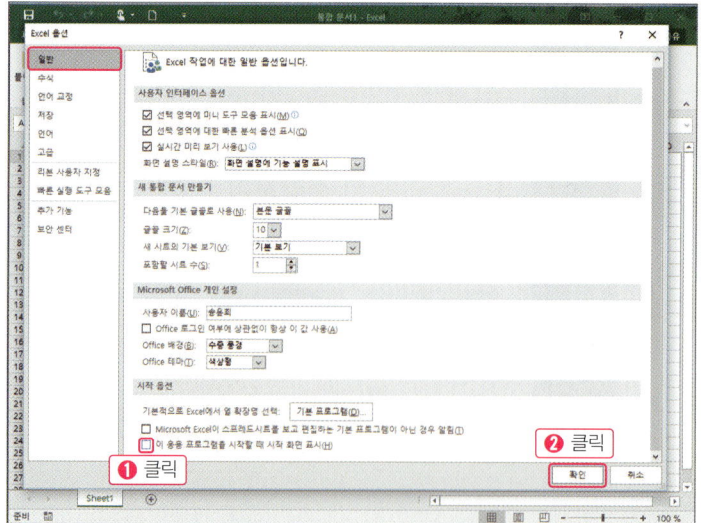

SECTION 06 문서 열기

보통 작성되어 있는 파일을 더블 클릭하여 여는 경우가 많습니다. 이 방법 이외에 [열기] 명령을 사용하여 최근에 사용한 파일이나 클라우드 저장 공간인 OneDrive, 내 컴퓨터에 저장된 파일을 불러올 수 있습니다.

01 [파일] 탭 - [열기]를 클릭합니다.

02 '최근에 사용한 항목' 중 원하는 파일을 클릭하면 파일이 열립니다.

03 [찾아보기]를 클릭한 후 내 컴퓨터에 저장된 문서를 선택하여 열 수 있습니다.

04 Microsoft 계정이나 조직의 계정에 로그인되어 있는 경우 OneDrive나 사이트를 선택하여 클라우드에 저장되어 있는 문서를 열 수도 있습니다.

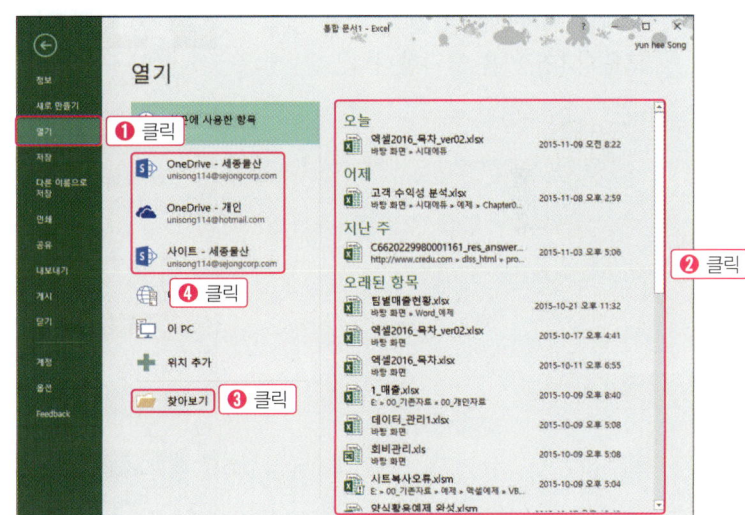

PowerUp 제한된 보기로 열린 파일 다루기

엑셀 2016은 인터넷에서 다운로드한 파일이나 Outlook에서 메일에 첨부된 파일 등을 열면 제한된 보기 상태로 열립니다. 제한된 보기는 위험 가능성이 있는 파일을 읽기 전용으로 열어 컴퓨터에 대한 피해를 최소화하기 위해 제공되는 기능입니다. 제한된 보기로 열린 파일을 편집하려면 알림 표시줄의 [편집 사용]을 클릭하면 됩니다.

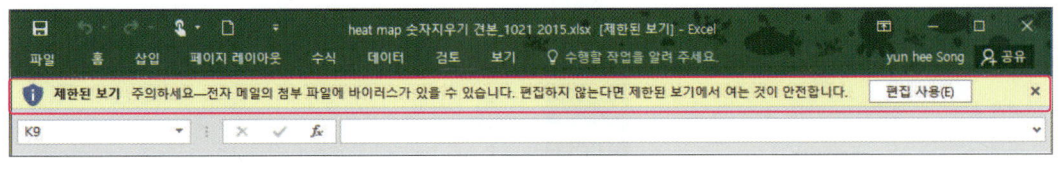

SECTION

07 통합 문서 저장하기

엑셀 2016에서는 내 컴퓨터뿐만 아니라 클라우드(OneDrive), 조직의 문서 라이브러리(사이트) 등 다양한 위치에 문서를 저장할 수 있습니다. OneDrive에 문서를 저장하려면 개인의 경우 Microsoft 계정, 조직의 경우 조직이 부여한 계정에 로그인되어 있어야 합니다. 사이트 역시 조직의 계정에 로그인되어 있을 때 사용할 수 있습니다.

01 문서를 저장하려면 빠른 실행 도구 모음의 [저장]을 클릭합니다.

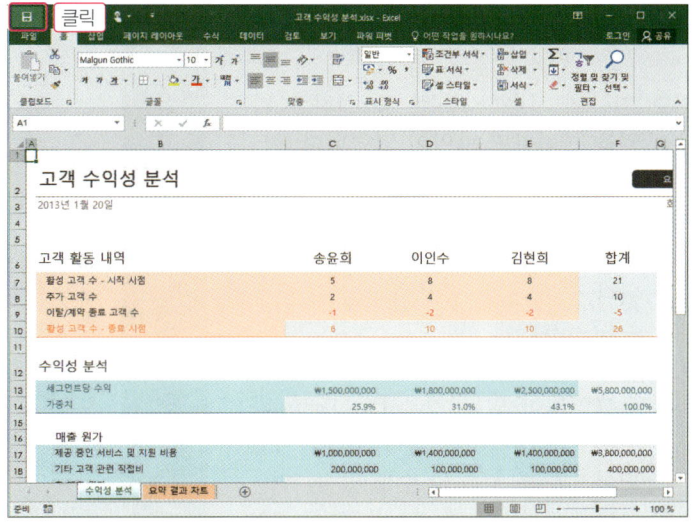

02 또는 [파일] 탭 – [저장]을 클릭합니다.

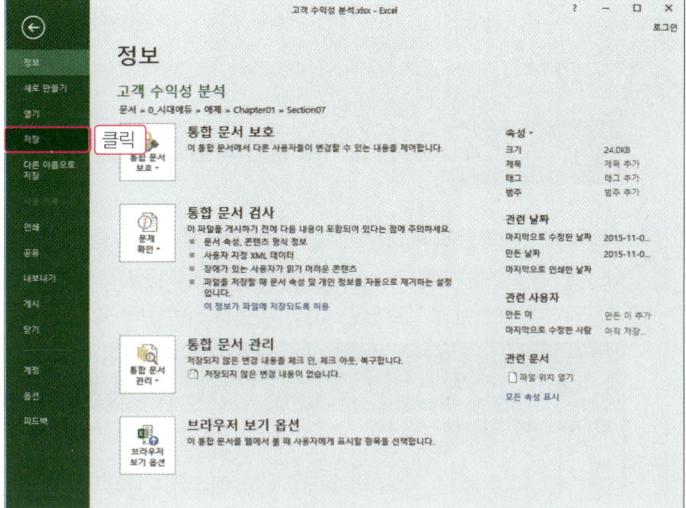

> 문서를 저장하는 단축키 Ctrl + S 를 사용할 수도 있습니다.

03 문서를 다른 이름으로 저장할 때는 [파일] 탭 - [다른 이름으로 저장]을 클릭한 후 저장 위치를 선택하여 저장합니다. 예를 들어, 파일을 내 컴퓨터에 저장하고자 하는 경우 [찾아보기]를 클릭합니다.

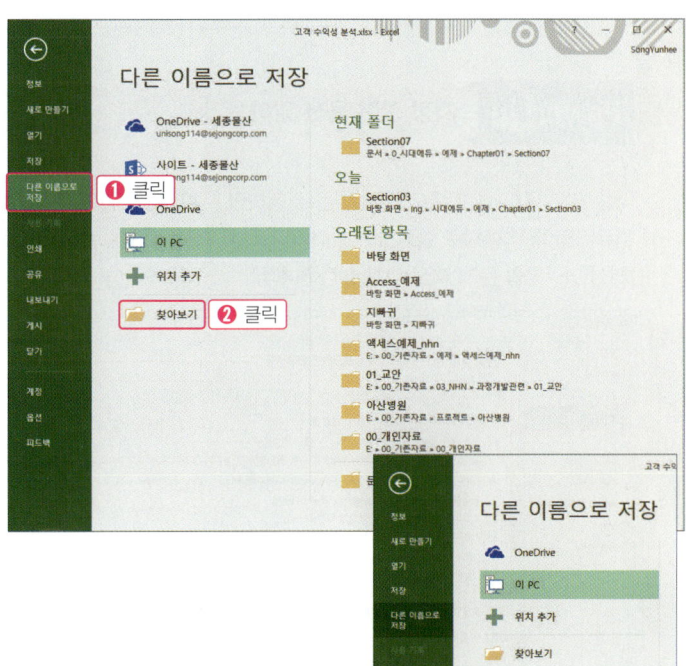

> Microsoft 계정이나 조직의 계정에 로그인되어 있지 않은 경우 다음과 같이 사이트나 조직의 OneDrive 메뉴 등이 표시되지 않은 화면이 표시됩니다.

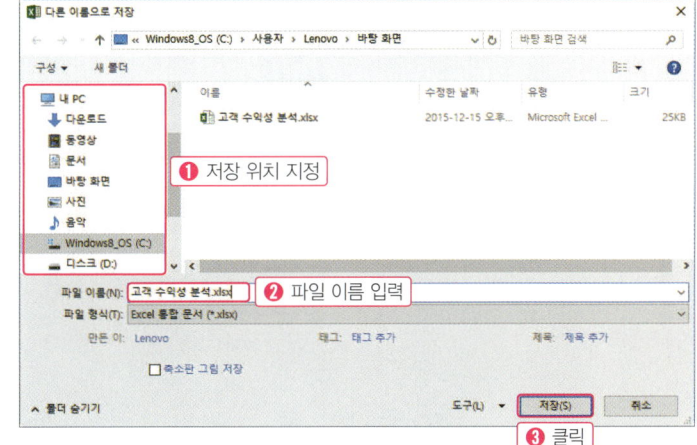

04 [다른 이름으로 저장]에서 저장 위치 및 파일 이름을 입력한 다음 [저장]을 클릭합니다.

> 다른 이름으로 저장을 실행하는 단축키는 F12 입니다.

PowerUp 저장 관련 옵션 알아보기

엑셀 2016은 [다른 이름으로 저장]을 실행하면 [사이트]가 기본 저장 위치로 설정되어 있습니다. 기본 저장 위치를 내 컴퓨터의 특정 폴더로 설정하고 싶다거나 자동 저장 간격을 설정하는 등 저장과 관련된 옵션은 [파일] 탭 - [옵션] - [저장] - [통합 문서 저장]에서 설정합니다.

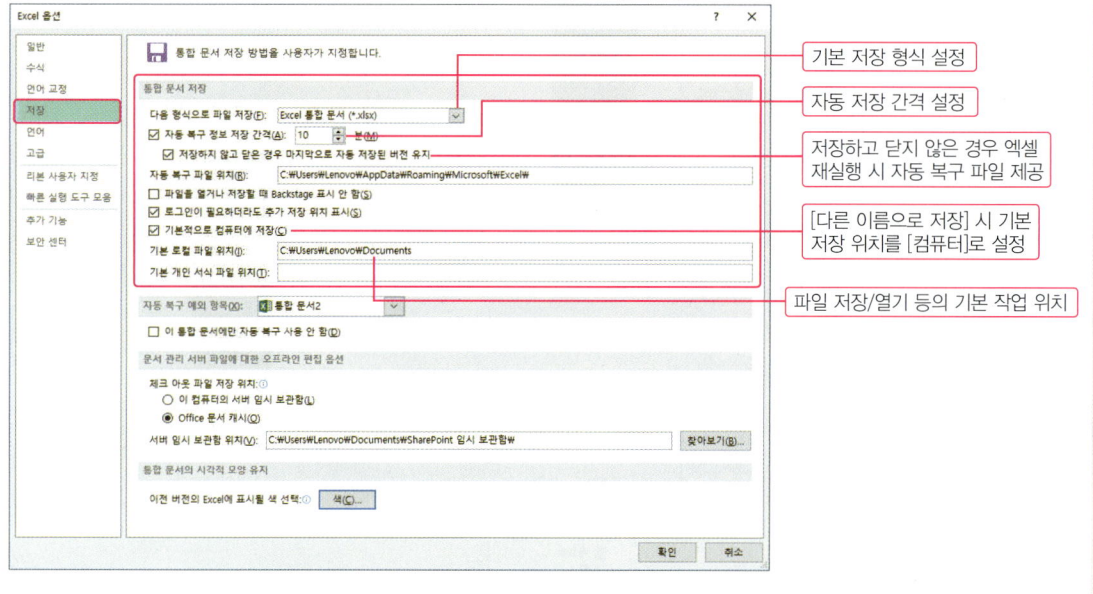

SECTION 08 통합 문서 PDF 형식으로 저장하기

엑셀 2016에서 문서를 PDF 형식으로 바로 저장할 수 있습니다.

PDF(Portable Document Format)란?

PDF(Portable Document Format)는 미국 어도비시스템즈에서 만든 문서 포맷으로, 거의 모든 운영체제에서 읽거나 인쇄할 수 있습니다. 원본 문서의 글꼴, 이미지, 그래픽, 문서 형태 등이 그대로 유지되기 때문에 온라인 및 오프라인 환경에서도 쉽게 문서를 공유할 수 있고, 보안성이 높아 공공기관, 연구소 등에서 자료를 배포할 때 많이 사용합니다. PDF 작성 프로그램인 '아크로뱃(Acrobat)'은 유료지만 뷰어 프로그램인 '아크로뱃 리더(Acrobat Reader)'는 무료입니다.

01 [파일] 탭 - [내보내기] - [PDF/XPS 문서 만들기] - [PDF/XPS 만들기]를 클릭합니다.

02 [PDF 또는 XPS로 게시] 창에서 파일의 저장 위치와 파일 이름을 입력한 후 [게시]를 클릭합니다.

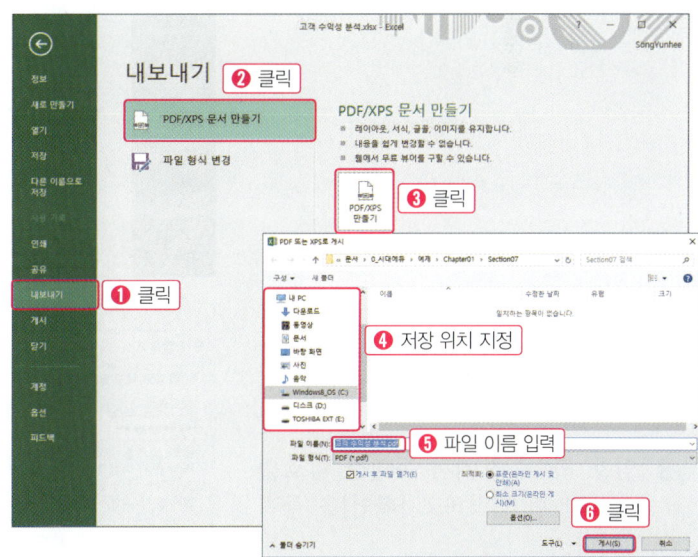

03 Acrobat Reader가 실행되며 저장된 PDF 문서가 열립니다.

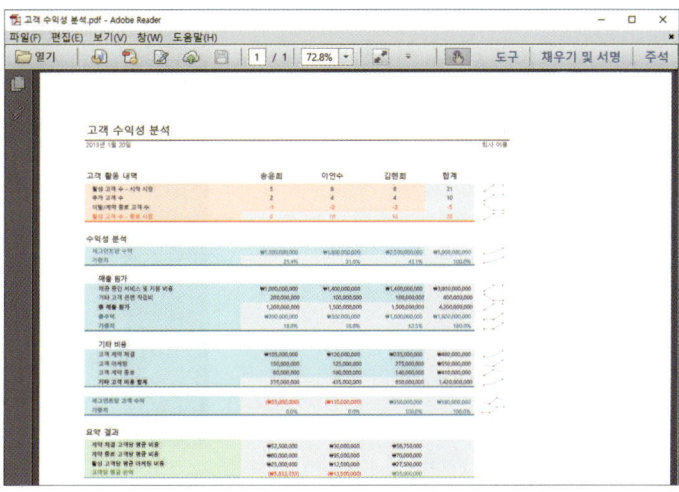

SECTION 09 통합 문서에 암호 설정하기

중요한 문서에 암호를 설정하여 문서를 보호할 수 있고, 암호를 설정하면 암호를 아는 사용자만 문서를 열고, 편집할 수 있습니다.

01 [파일] 탭 - [정보] - [통합 문서 보호] - [암호 설정]을 클릭합니다.

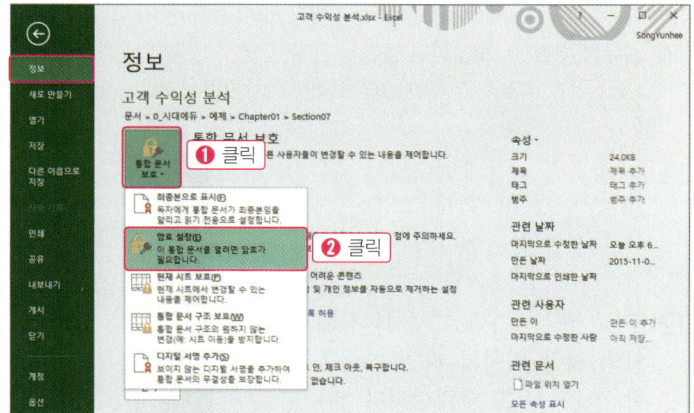

02 [문서 암호화] 창에서 암호를 입력한 후 [확인]을 클릭합니다.

03 [암호 확인] 창에서 동일한 암호를 다시 한 번 입력하고 [확인]을 클릭합니다.

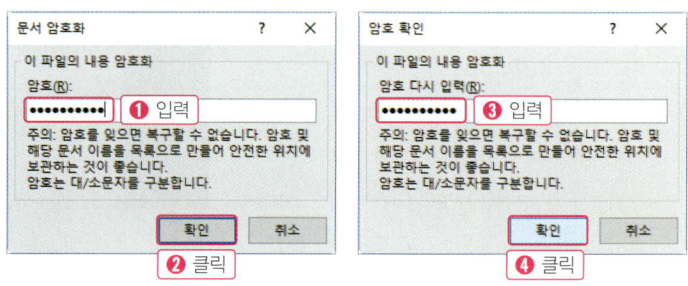

04 암호를 해제할 때 [문서 암호화] 창에서 설정된 암호를 선택한 후 Delete 를 눌러 암호를 삭제합니다.

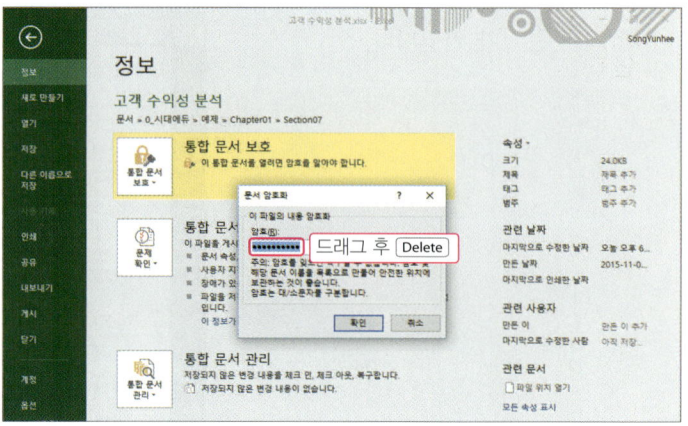

PowerUp Office에 로그인

회사 또는 학교의 계정이나 Microsoft 계정으로 Office[1]에 로그인하면 문서를 Microsoft의 웹 클라우드인 OneDrive에 저장할 수 있습니다. 문서를 클라우드에 저장하면 다양한 디바이스(PC, 휴대폰, 탭 등)에서 언제, 어디서나 문서를 확인하고, 편집 및 저장할 수 있습니다. 뿐만 아니라 클라우드에 저장된 문서를 공유하여 여러 명의 사용자와 손쉽게 문서 공동 작업을 진행할 수도 있습니다. Office에 로그인하고 문서를 OneDrive에 저장하는 방법에 대해 알아보겠습니다.

[1] Microsoft 계정
Microsoft 계정은 사용자들이 하나의 계정을 사용하여 여러 Microsoft의 서비스 사이트에 로그인할 수 있게 도와주는 싱글 사인온 서비스입니다. Microsoft 계정은 outlook.com이나 onedrive.com에서 무료 회원 가입을 통해 생성할 수 있고, 기존 Hotmail, MSN 사용자들은 기존 계정을 그대로 사용할 수 있습니다.

01 로그인

[로그인]을 클릭해 로그인 합니다.

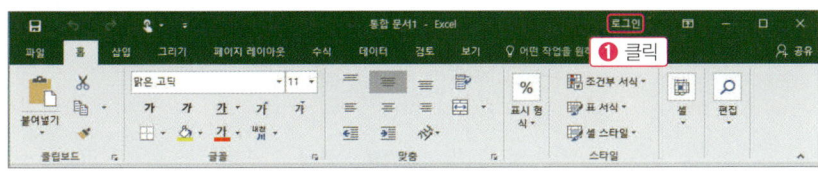

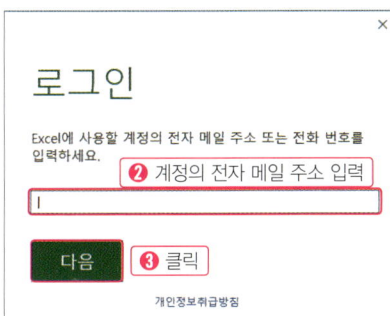
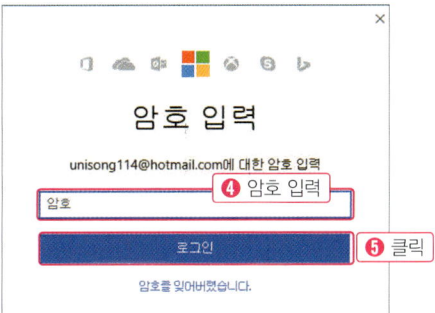

02 OneDrive에 문서 저장

Office에 로그인한 경우 [파일] 탭 – [다른 이름으로 저장] 명령을 실행하면 저장 위치에 OneDrive가 표시됩니다. 저장하고자 하는 클라우드를 선택하고 문서를 저장하면 됩니다.

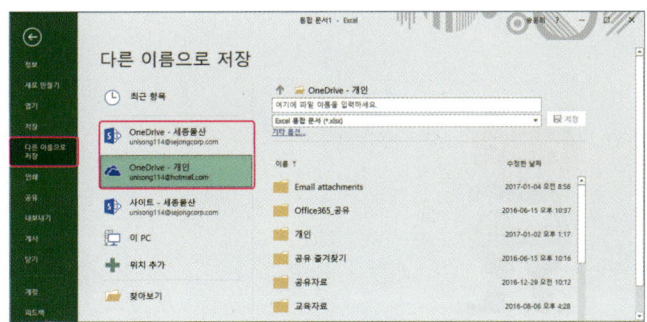

03 개인용 OneDrive에 저장한 문서 열기

개인용 OneDrive에 저장한 문서는 OneDrive 사이트(onedrive.com)에 접속하여 사용할 수 있으며, 모바일에서는 OneDrive 앱을 설치하여 사용할 수 있습니다.

Excel 2016

CHAPTER 02

데이터 입력, 수정, 삭제

엑셀에 입력할 수 있는 데이터의 종류를 알아보고, 데이터를 효과적으로 입력하는 다양한 Tip과 데이터 수정 및 삭제 방법을 알아봅니다.

SECTION 01 엑셀 데이터의 종류

엑셀에서 입력할 수 있는 데이터의 형식은 문자, 숫자, 날짜, 시간 등이 있습니다. 데이터 형식에 맞추어 데이터를 입력한 후 Enter 를 누르면 셀에 데이터가 입력됩니다. 각 데이터 형식의 특징 및 입력 방법에 대해 알아보겠습니다.

01 문자 데이터

❶ 한글, 영문, 한자, 기호, 문자와 함께 입력된 숫자 등을 문자로 인식합니다.
❷ 문자는 기본적으로 셀에 왼쪽 맞춤되며, 한 셀에는 최대 32,767자까지 입력할 수 있습니다.
❸ 한 셀에 여러 줄을 입력하려면 Alt + Enter 를 사용합니다.
❹ 숫자나 수식을 문자 데이터 형식으로 입력하려면 데이터 앞에 '(아포스트로피)를 입력합니다.
❺ 동일한 데이터를 여러 셀에 한번에 입력하고자 할 때는 Ctrl + Enter 를 사용합니다.

02 숫자 데이터

❶ 0~9, +, -, *, /, $, %, E, e를 숫자로 인식하며, 기본적으로 셀에 오른쪽 맞춤이 됩니다.
❷ 음수는 숫자 앞에 '-' 기호를 입력하거나 '괄호( )'로 숫자를 묶어 입력합니다.
❸ 12자리 이상의 숫자를 입력하면 지수 형식으로 표시됩니다. 지수로 표시된 숫자에 숫자 서식(쉼표 스타일, 통화 등)을 지정하면 지정한 형식으로 표시됩니다.
❹ 백분율 형식의 숫자를 입력할 때는 '%(백분율 기호)'를 숫자와 함께 입력하거나 소수 데이터를 입력한 후 [백분율 스타일] 서식을 지정해도 됩니다.
❺ 숫자 서식이 지정된 경우 셀의 너비가 숫자 길이보다 좁으면 '####' 형태로 표시됩니다. 이런 경우 열의 너비를 늘리면 정상적으로 표시됩니다.
❻ 분수 형식으로 숫자를 입력하는 경우 0 1/2, 1 1/4과 같이 '대분수 분모/분자' 형식으로 입력합니다.

03 날짜 데이터

❶ 날짜 데이터를 입력할 때는 년-월-일, 년/월/일 또는 월-일, 월/일 형식으로 입력합니다.
❷ 입력하는 형식에 따라 화면에 표시되는 형식이 다르므로 [셀 서식]에서 원하는 표시 형식을 지정할 수 있습니다.
❸ 오늘 날짜를 입력하는 단축키는 Ctrl+; 입니다.
❹ 문서를 열 때마다 오늘 날짜가 자동으로 표시되게 하려면 '=TODAY()' 함수식을 사용합니다.

H	I
날짜 데이터	
입력	표시
16-1-1	2016-01-01
16/1/1	2016-01-01
1-1	01월 01일
1/1	01월 01일

04 시간 데이터

❶ 시간은 시:분:초, 시:분, 시:분:초 AM/PM 등의 형식으로 입력합니다.
❷ 입력하는 형식에 따라 화면에 표시되는 형식이 다르므로 [셀 서식]에서 원하는 표시 형식을 지정할 수 있습니다.
❸ 현재 시간을 입력하는 단축키는 Ctrl+Shift+; 입니다.
❹ 날짜와 시간을 함께 입력하려면 날짜 다음에 한 칸을 띄우고 시간을 입력합니다.

K	L
시간 데이터	
입력	표시
13:30:45	13:30:45
13:30	13:30
1:30:45 PM	1:30:45 PM
2016-01-01 13:30	

SECTION 02 숫자나 수식을 문자로 입력하기

'001'과 같이 숫자를 입력하거나 '='를 포함한 데이터를 입력하는 경우 엑셀의 특성상 데이터가 입력한 대로 표시되지 않습니다. 이렇게 내가 입력한 데이터가 원하는 대로 표시되지 않는 경우 데이터 앞에 '(아포스트로피)를 입력하면 입력한 대로 데이터를 표시할 수 있습니다. '(아포스트로피)는 숫자나 수식을 문자로 처리해주는 기호입니다.

실습예제 : Chapter02.xlsx – [판매데이터] 시트

01 번호를 001, 002, 003과 같이 3자리로 맞추어 입력하고자 합니다. 데이터를 입력할 [B8] 셀을 선택한 후 '001'을 입력하고 Enter 를 누릅니다.

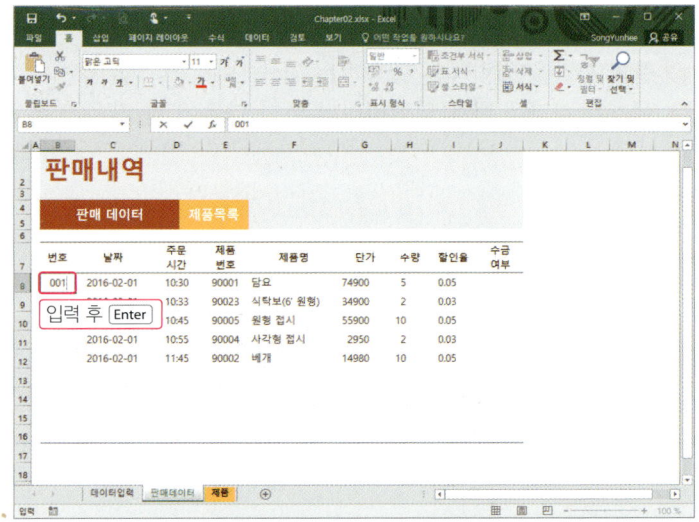

02 엑셀은 무효한 '0'은 표시하지 않으므로 '1'만 표시됩니다.

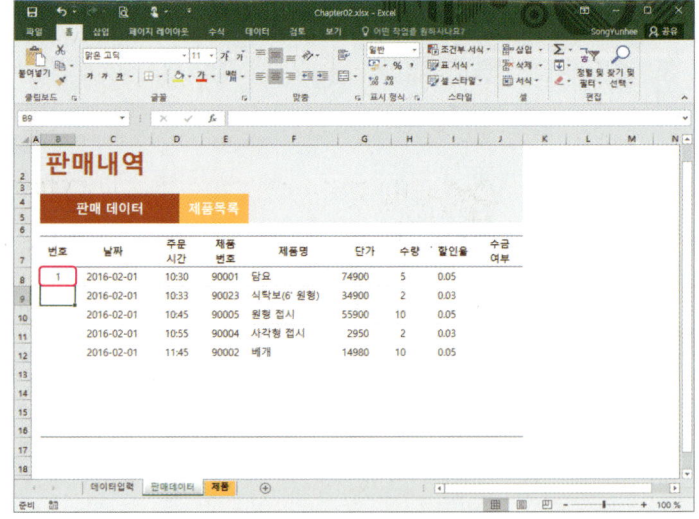

03 [B8] 셀을 다시 선택한 후 ''001'을 입력하고 Enter 를 누릅니다.

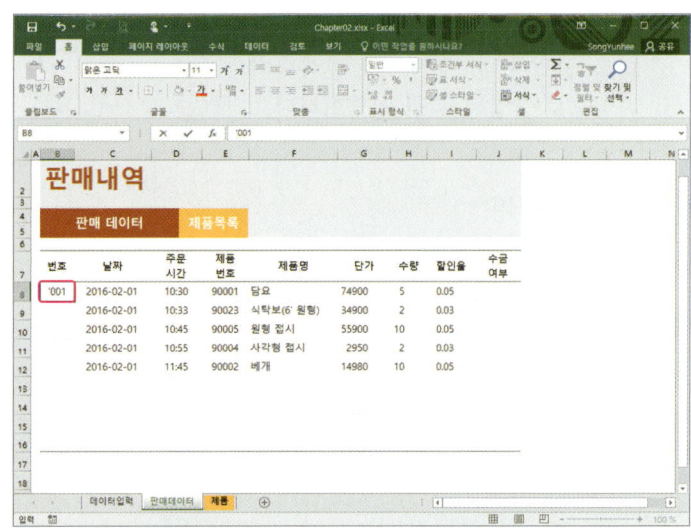

04 숫자가 문자로 처리되면서 '001'로 표시되는 것을 확인합니다.

05 이번엔 [B17] 셀을 선택한 후 ' – 제품목록의 제품 정보를 참고하여 입력'을 입력한 후 Enter 를 누릅니다.

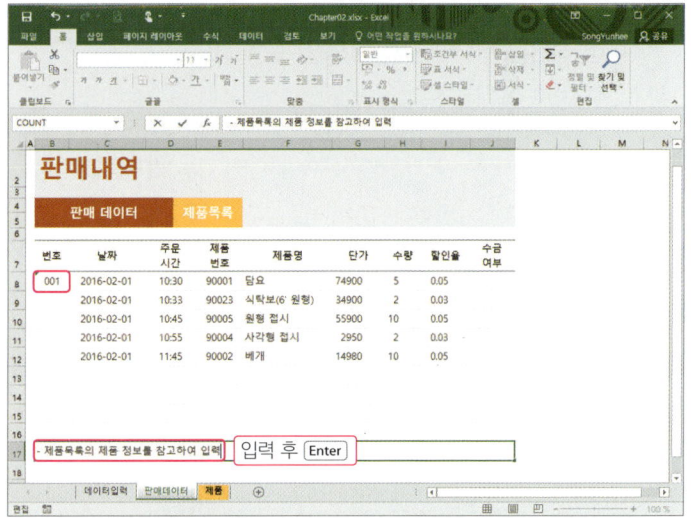

06 '–'가 빼기 부호로 인식되어 입력한 내용이 수식으로 처리되며 오류가 발생합니다.

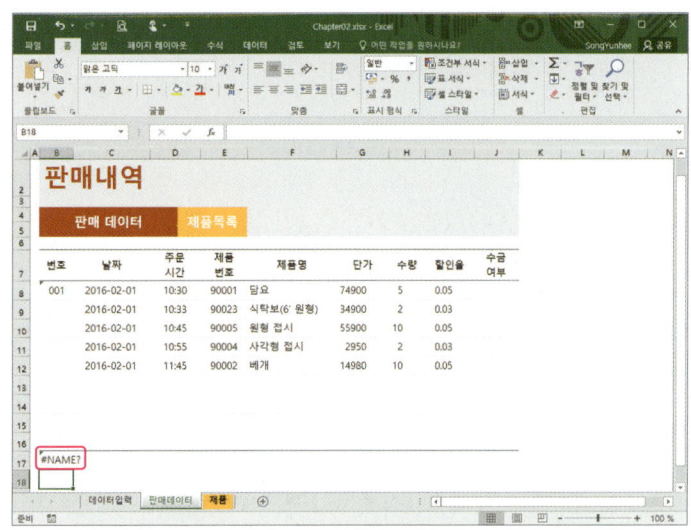

Chapter 02_ 데이터 입력, 수정, 삭제 • **49**

07 내용을 수정하기 위해 [B17] 셀을 더블 클릭한 후 수식으로 인식되어 자동으로 삽입된 '='를 선택합니다.

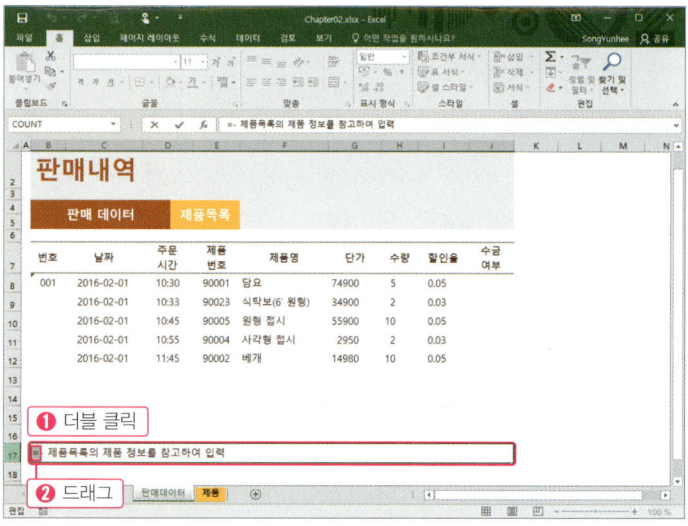

08 '(아포스트로피)를 입력한 다음 Enter 를 누릅니다.

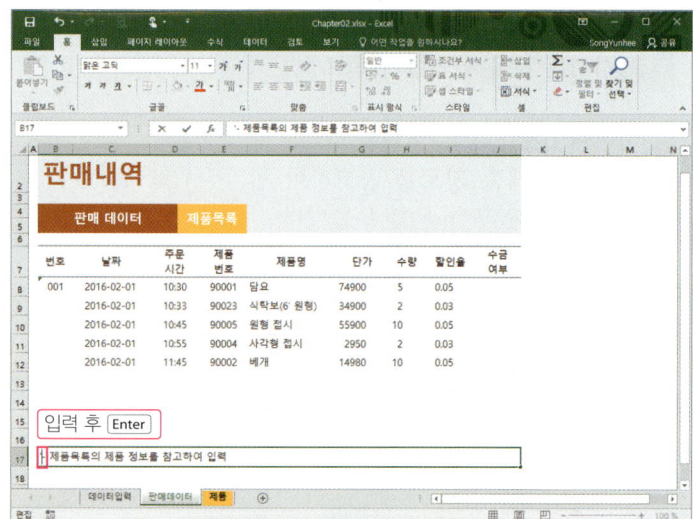

09 수식이 문자로 처리되며 입력한 그대로 데이터가 표시됩니다.

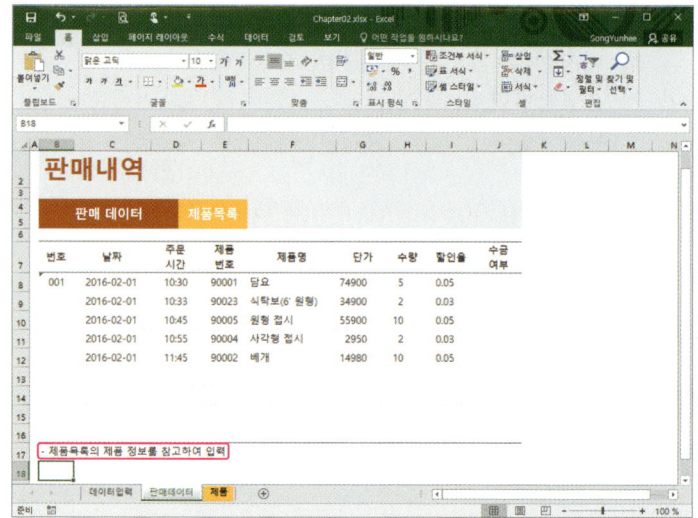

PowerUp 오류 추적 옵션 설정하기

엑셀이 오류가 있는 셀이라고 판단할 경우 셀 왼쪽 상단에 초록색 삼각형 오류 표시를 합니다. 오류가 표시된 셀을 선택하면 오른쪽 상단에 오류 추적( ) 아이콘이 표시되고, 이 아이콘을 클릭하여 오류를 수정하거나 오류 표시를 없애는 등 오류와 관련된 옵션을 설정할 수 있습니다. 오류 추적과 관련된 옵션을 알아보겠습니다.

01 오류가 표시된 셀을 클릭한 후 [오류 추적] 아이콘을 클릭합니다. 오류의 원인 및 해결 방법, 관련 옵션들이 표시됩니다. [오류 무시]를 클릭하면 오류 표시를 없앨 수 있습니다.

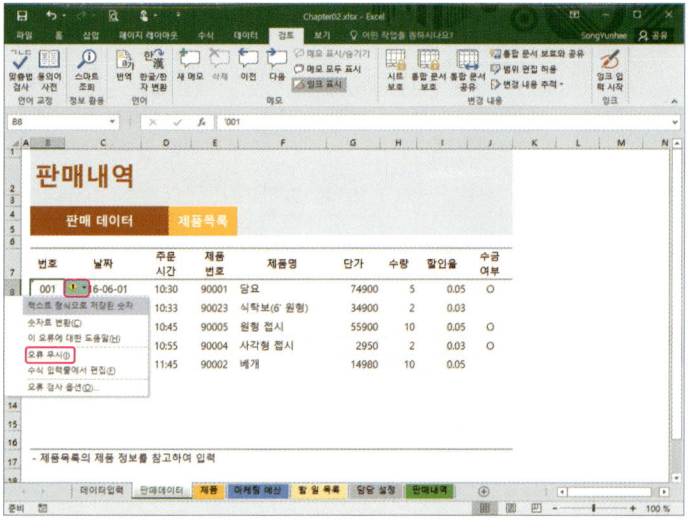

02 자동으로 오류를 추적하는 옵션을 해제하고자 하는 경우 [오류 검사 옵션]을 선택합니다.

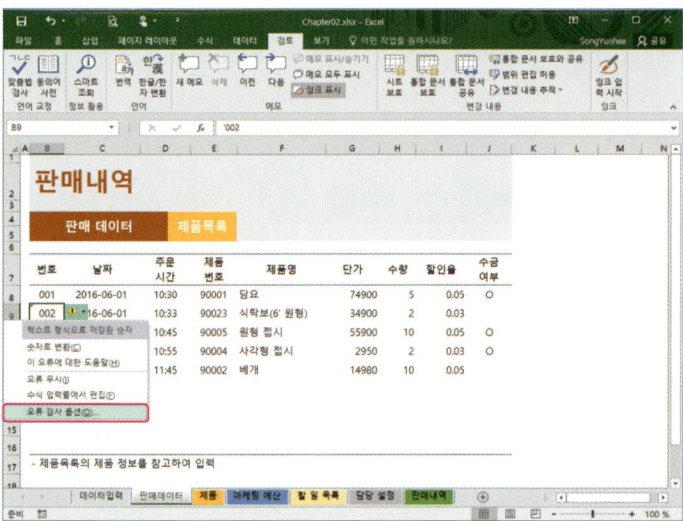

03 [Excel 옵션] 창의 [수식]에서 [다른 작업을 수행하면서 오류 검사] 옵션을 해제합니다.

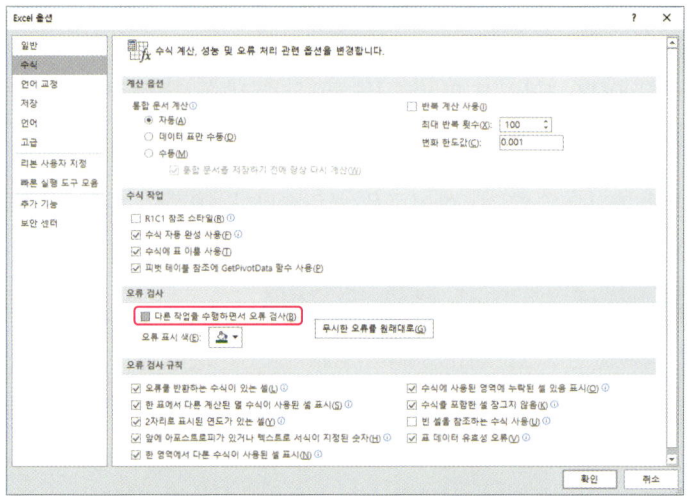

[파일] 탭 - [옵션] - [수식] 메뉴를 선택하여 오류 검사와 관련된 옵션을 설정할 수 있습니다.

04 모든 오류 표시가 사라진 것을 확인합니다.

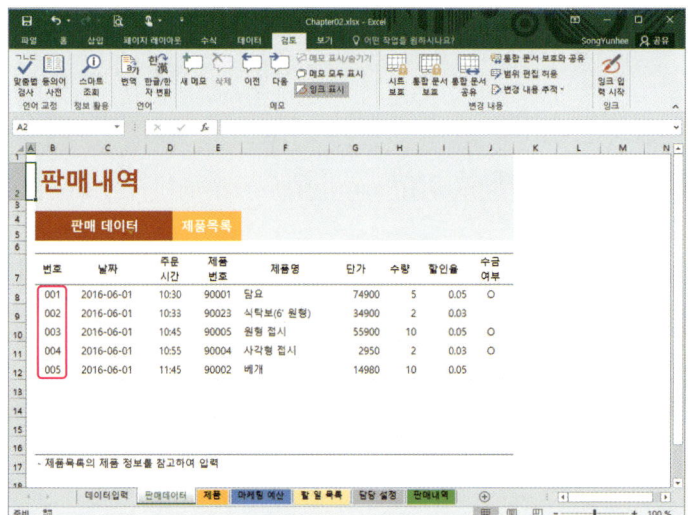

SECTION 03

Alt + Enter 로 한 셀에 여러 줄 입력하기

Alt + Enter 를 사용하면 한 셀에 여러 줄을 입력할 수 있습니다.

📁 실습예제 : Chapter02.xlsx - [판매데이터] 시트

01 [E7] 셀에 '제품'을 입력하고 Alt + Enter 를 누른 후, '번호'를 입력하고 Enter 를 누릅니다.

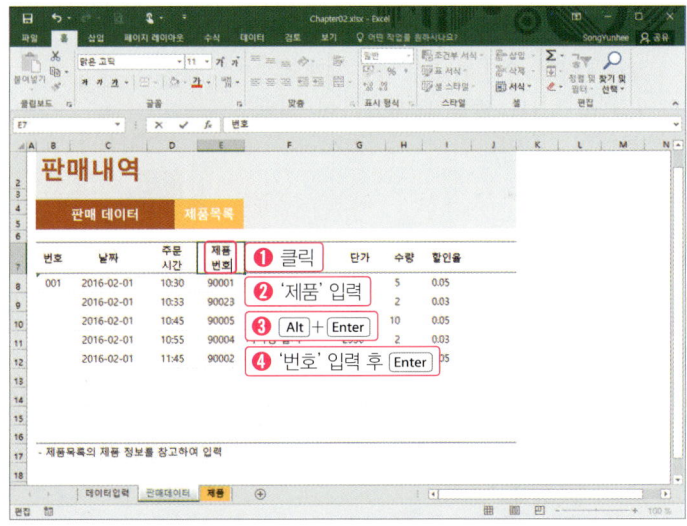

02 같은 방법으로 [J7] 셀에 '수금' Alt + Enter '여부'를 입력하고 Enter 를 누릅니다.

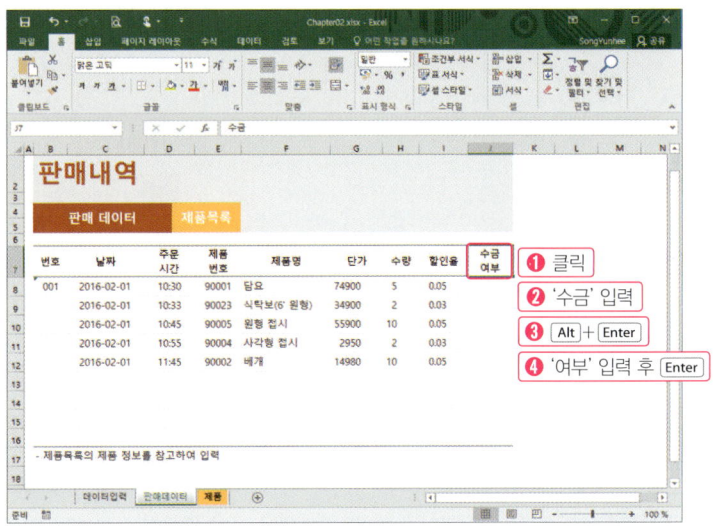

Chapter 02_ 데이터 입력, 수정, 삭제 · 53

SECTION 04

Ctrl + Enter 로 한 번에 입력하기

셀 범위를 선택한 후 데이터를 입력하고 Ctrl + Enter 를 누르면 선택한 셀 범위에 동일 데이터를 한 번에 입력할 수 있습니다.

실습예제 : Chapter02.xlsx - [판매데이터] 시트

01 수금이 완불된 건에 'O'를 입력하기 위해 데이터를 입력할 [J8] 셀을 클릭한 후 Ctrl 을 누른 상태에서 [J10], [J11] 셀을 드래그하여 선택합니다.

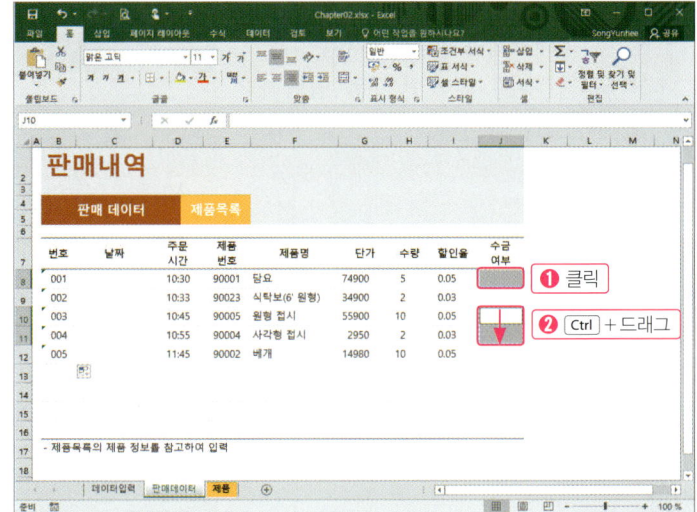

02 영문 대문자 'O'를 입력하고 Ctrl + Enter 를 누릅니다.

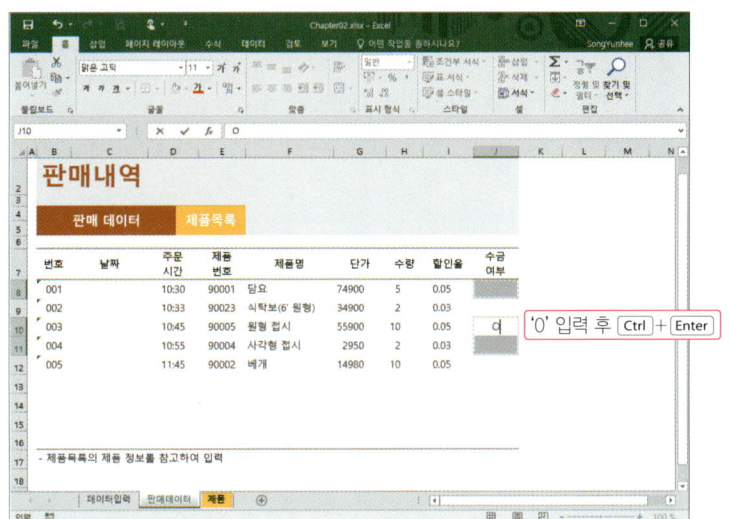

03 선택한 셀에 모두 'O'가 입력됩니다.

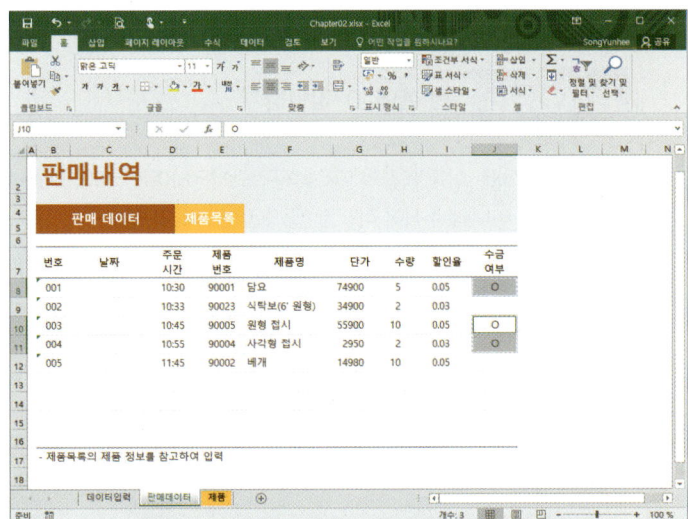

04 이번엔 날짜 필드의 [C8~C12] 셀을 드래그하여 선택한 후 '2016-6-1'을 입력하고 Ctrl+Enter를 누릅니다.

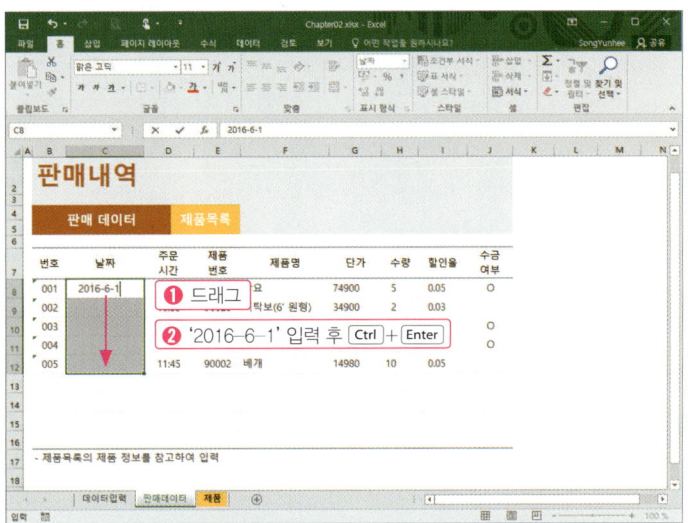

05 선택한 셀에 동일 데이터가 입력됩니다.

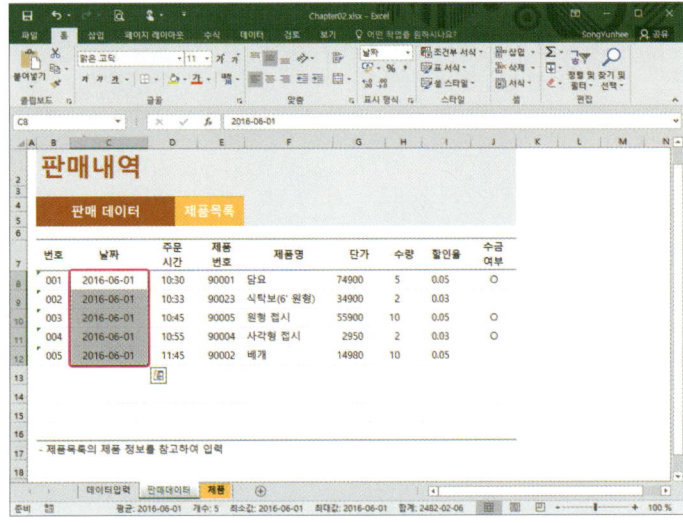

PowerUp 빈 셀에 '0' 입력하기

빈 셀을 선택하는 이동 옵션과 Ctrl + Enter 를 사용하여 빈 셀에 '0'을 한꺼번에 입력할 수 있습니다. 이동 옵션을 사용하여 빈 셀뿐 아니라 수식이 작성된 셀, 조건부 서식이 설정된 셀 등 다양한 셀 범위로 손쉽게 이동할 수 있습니다.

📁 **실습예제** : Chapter02.xlsx - [마케팅 예산] 시트

01 [C3~N19] 셀 범위를 선택한 후 [홈] 탭 - [편집] 그룹 - [찾기 및 선택] - [이동 옵션]을 클릭합니다.

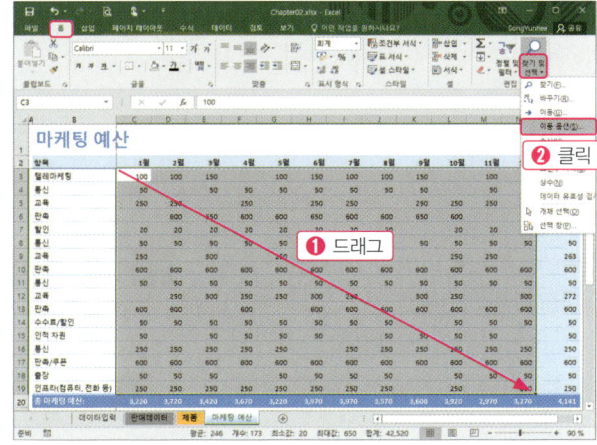

02 [이동 옵션] 창에서 [빈 셀]을 선택하고 [확인]을 클릭합니다.

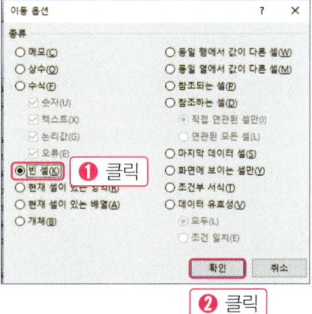

03 '0'을 입력한 후 Ctrl + Enter 를 누릅니다.

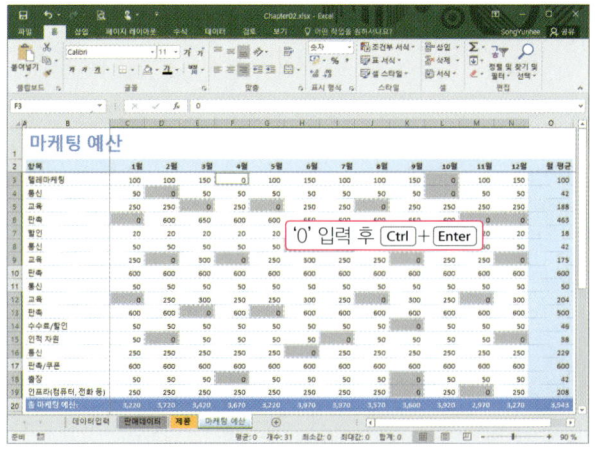

SECTION 05 기호 입력하기

리본 메뉴의 [기호] 명령과 한글 자음(ㄱ~ㅎ)을 사용하여 기호를 입력할 수 있습니다.

실습예제 : Chapter02.xlsx - [할 일 목록] 시트

01 기호 명령을 사용하여 기호 입력

01 기호를 삽입할 [B1] 셀 맨 앞에서 더블 클릭합니다.

02 [삽입] 탭 - [기호] 그룹 - [기호]를 클릭합니다.

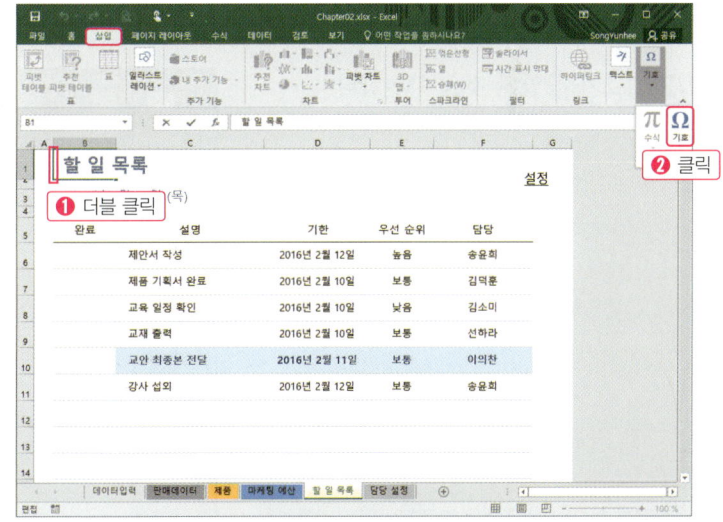

03 삽입할 기호를 선택한 후 [삽입], [닫기]를 순서대로 클릭합니다.

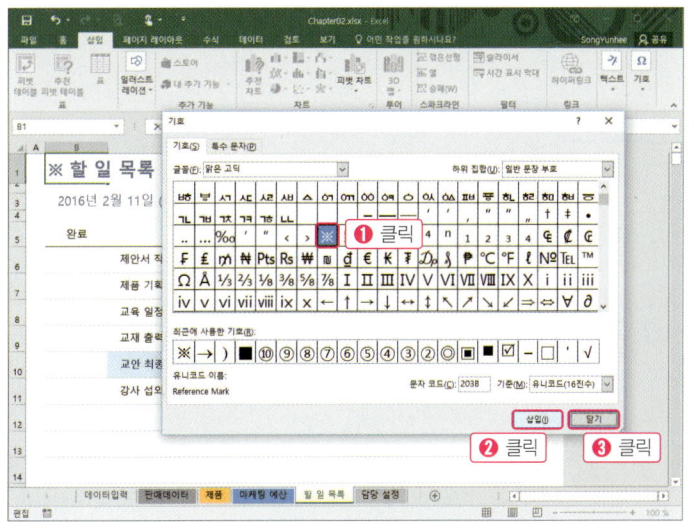

02 한글 자음을 사용하여 기호 입력

01 기호를 삽입할 [B6] 셀을 선택한 후 'ㄷ'을 입력하고 키보드의 한자를 누릅니다. 기호 목록을 스크롤하여 원하는 기호를 선택합니다. » (보기 변경) 버튼을 클릭하거나 Tab을 눌러 기호 목록을 확장할 수 있습니다.

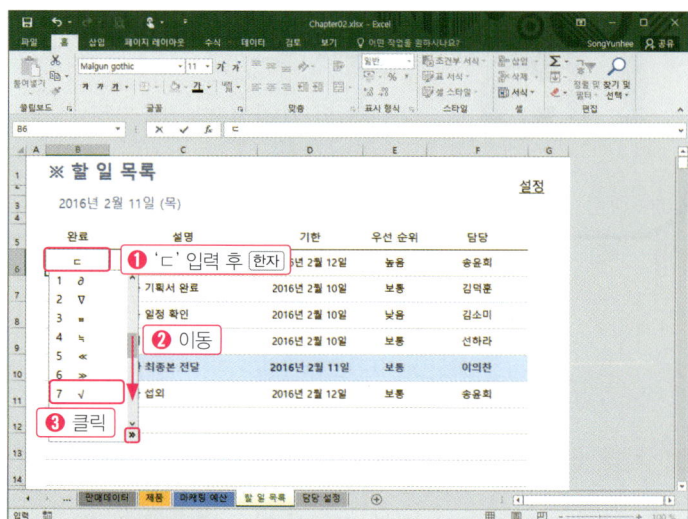

02 기호가 삽입된 것을 확인합니다.

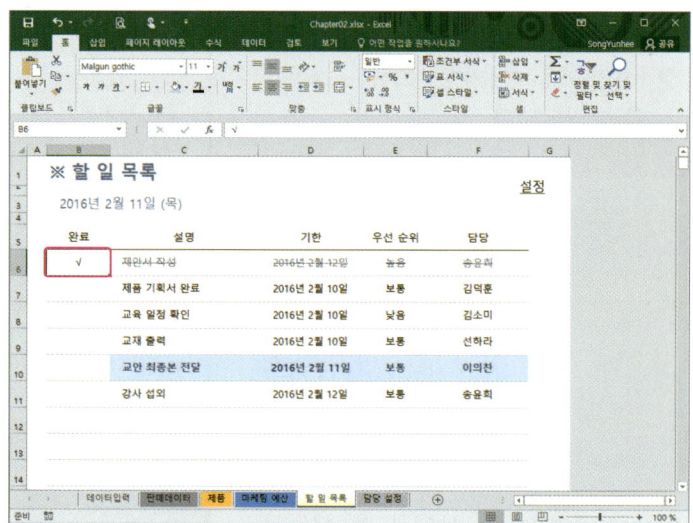

[자음별 기호] 시트에 자음 별로 제공되는 기호를 확인할 수 있습니다.

SECTION 06 자동 고침 옵션 활용하여 기호 빠르게 입력하기

(tel), (c), (ks), (tm) 등의 문자를 입력하고 Spacebar 를 누르면 ☎, ©, ®, ™ 등의 기호가 자동으로 삽입됩니다. 이는 [자동 고침 옵션] 항목에 해당 기호들이 추가되어 있기 때문입니다. 자주 사용하는 기호를 [자동 고침 옵션]에 추가하여 빠르고 편리하게 기호를 삽입할 수 있습니다.

📁 실습예제 : Chapter02.xlsx - [담당 설정] 시트

01 [D4] 셀 맨 앞에서 더블 클릭한 후 '(tel)'을 입력하고 Spacebar 를 누릅니다.

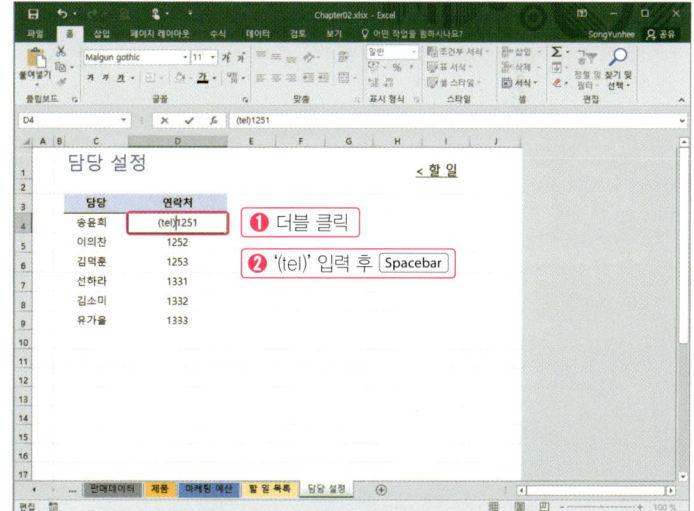

02 ☎ 기호가 삽입된 것을 확인한 후 '**' 문자를 입력하면 '※' 기호가 삽입되도록 자동 고침 옵션에 추가해 보겠습니다.

03 [파일] 탭을 클릭합니다.

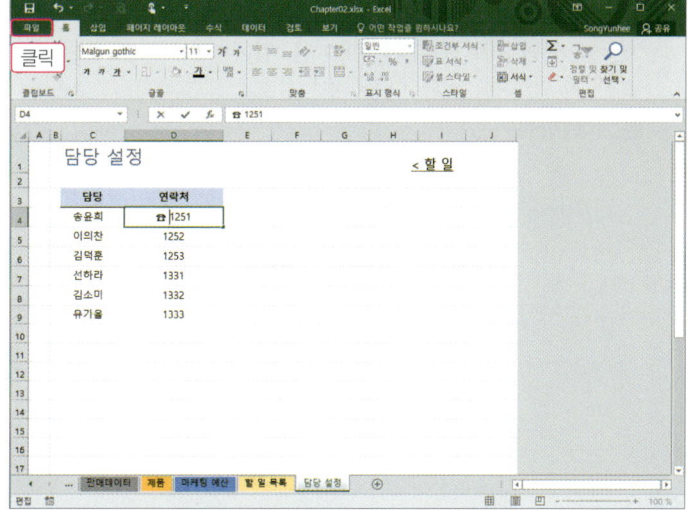

Chapter 02_ 데이터 입력, 수정, 삭제 · **59**

04 [옵션]을 클릭합니다.

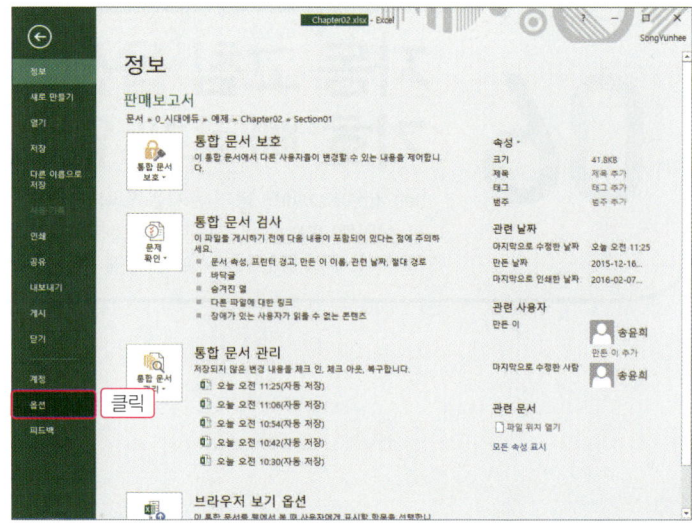

05 [언어 교정]의 [자동 고침 옵션]을 클릭합니다.

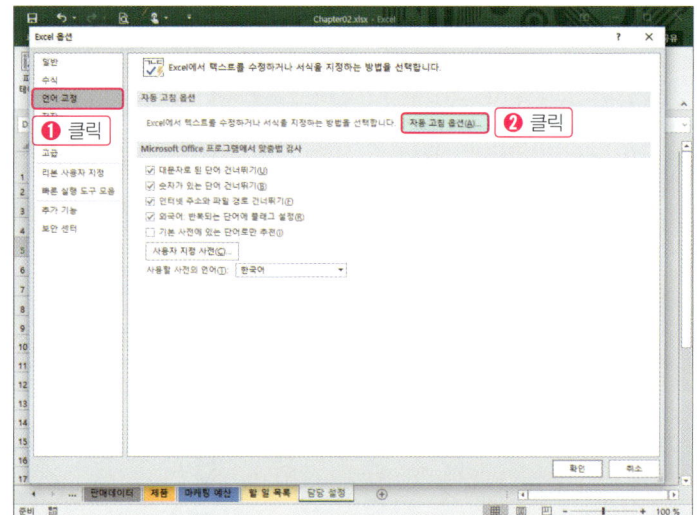

06 [자동 고침] 창이 표시되면 [입력]에 '**'를 입력하고, [결과]에 'ㅁ'을 입력한 후 한자를 누른 다음 '※' 기호를 선택합니다.

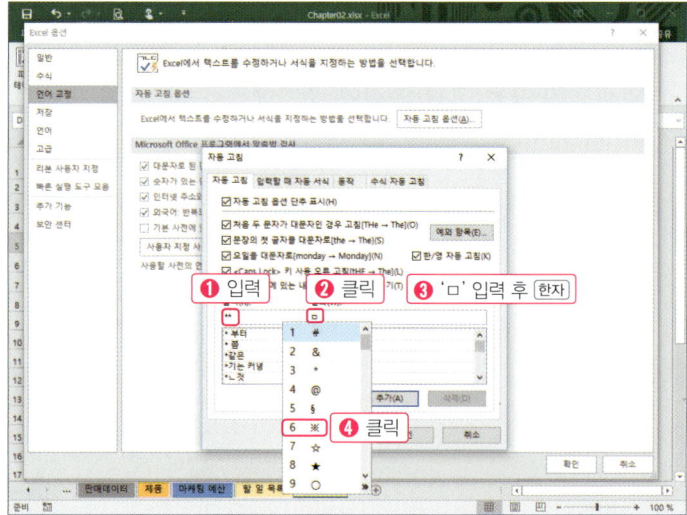

07 [추가]를 클릭한 후 [확인]을 클릭합니다.

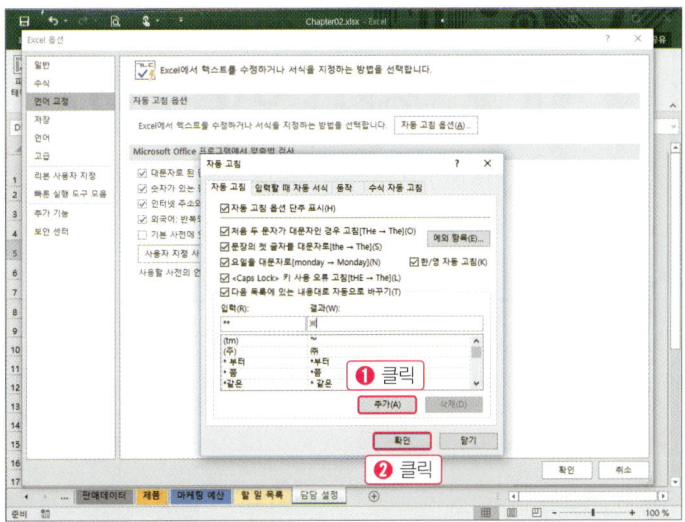

08 [C1] 셀 맨 앞에서 더블 클릭한 후 '**'를 입력하고 Spacebar 를 누릅니다.

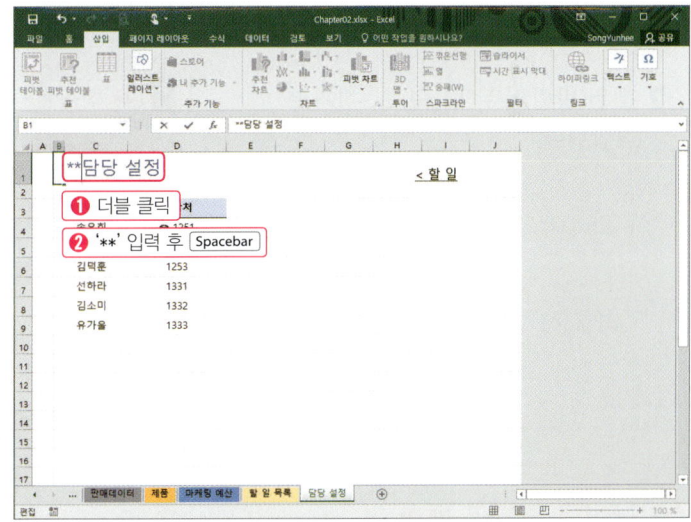

09 자동 고침 옵션에 추가한 기호가 삽입됩니다.

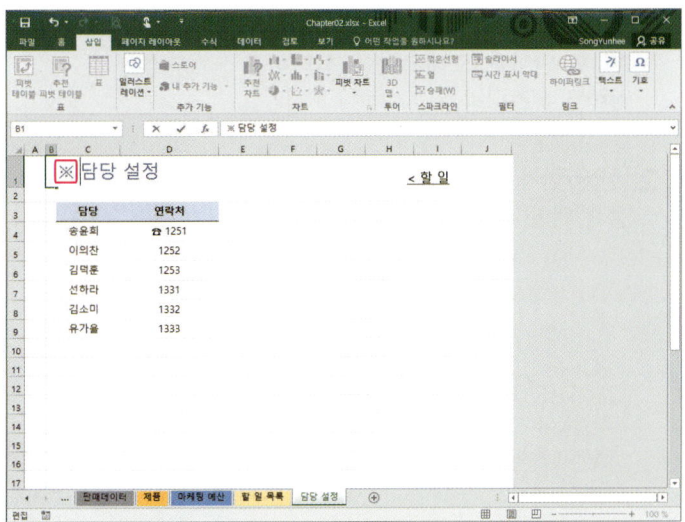

SECTION 07 한자 입력하기

키보드의 [한자]를 사용하여 손쉽게 한글을 한자로, 한자를 한글로 변환할 수 있습니다.

📁 실습예제 : Chapter02.xlsx -[판매내역] 시트

01 한 글자씩 한자로 변환

01 '판'을 입력한 후 [한자]를 누른 다음 한자 목록에서 원하는 한자를 클릭합니다.

02 같은 방법으로 '매(賣)'도 한자로 입력합니다.

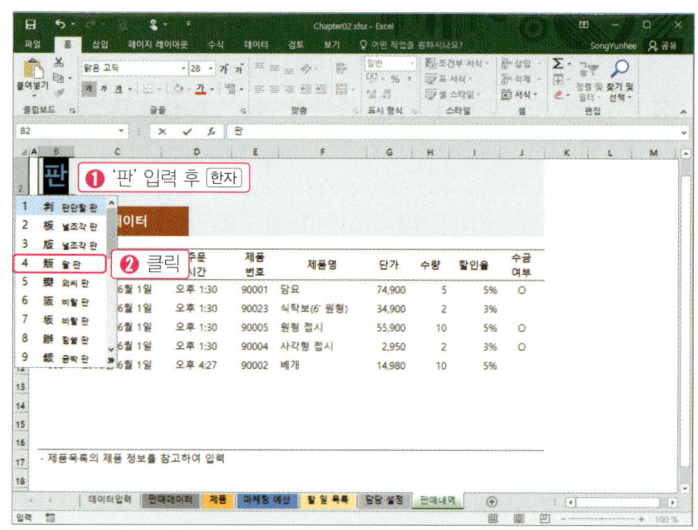

02 단어를 한자로 변환

01 한자로 변환할 단어 '내역'을 입력한 후 단어를 드래그하여 선택하고 [한자]를 누릅니다.

02 [한글/한자 변환] 창에서 원하는 한자를 선택한 후 [변환]을 클릭합니다.

> [한자 사전]을 클릭하면 한자의 음과 훈을 확인할 수 있고, [입력 형태]에서 옵션을 설정하여 원하는 형태로 한자를 변환할 수 있습니다.

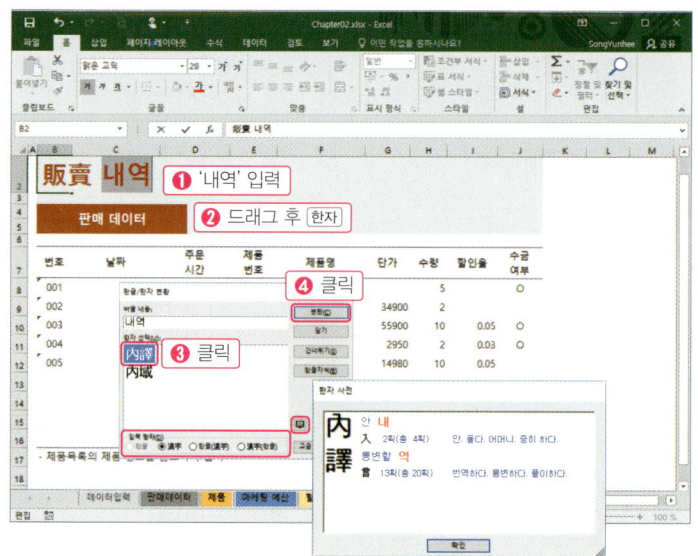

03 한자를 한글로 변환

01 수식 입력줄에서 한글로 변환할 한자를 드래그하여 선택한 후 [한자]를 누릅니다.

02 [한글/한자 변환] 창에서 한글을 선택하고 [변환]을 클릭합니다.

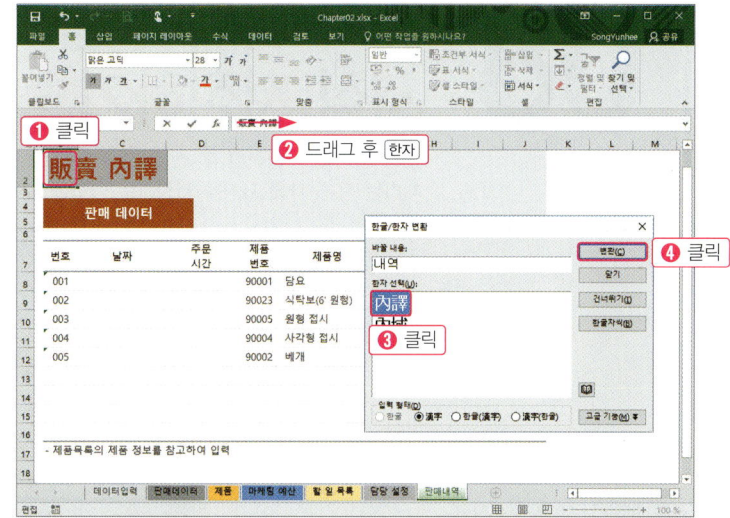

03 선택 영역의 마지막 한자까지 변환을 반복하면 창이 자동으로 닫힙니다.

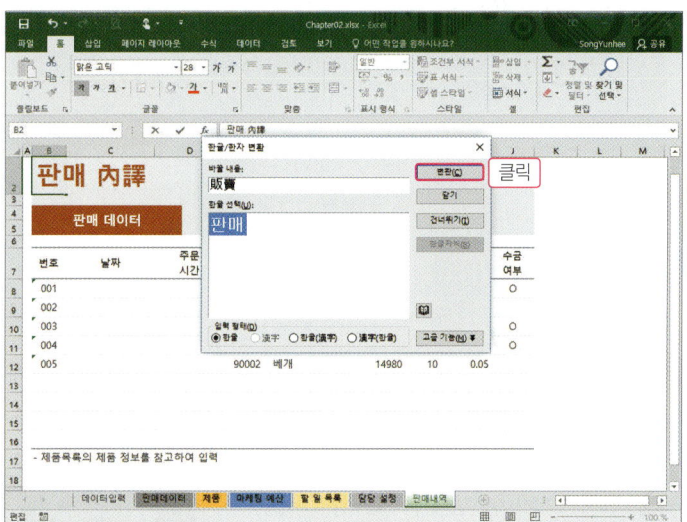

Chapter 02_ 데이터 입력, 수정, 삭제 • **63**

SECTION 08 숫자 데이터 입력하고 서식 지정하기

숫자 데이터를 입력한 후 천 단위 구분 기호 ',(콤마)'를 표시하거나 백분율 형식(%)으로 표시하는 등 숫자에 서식을 지정하는 방법을 알아보겠습니다.

실습예제 : Chapter02.xlsx - [판매내역] 시트

01 숫자 입력하고 천 단위 콤마(,) 표시

01 [G8] 셀을 클릭한 후 '75000'을 입력하고 Enter를 누릅니다.

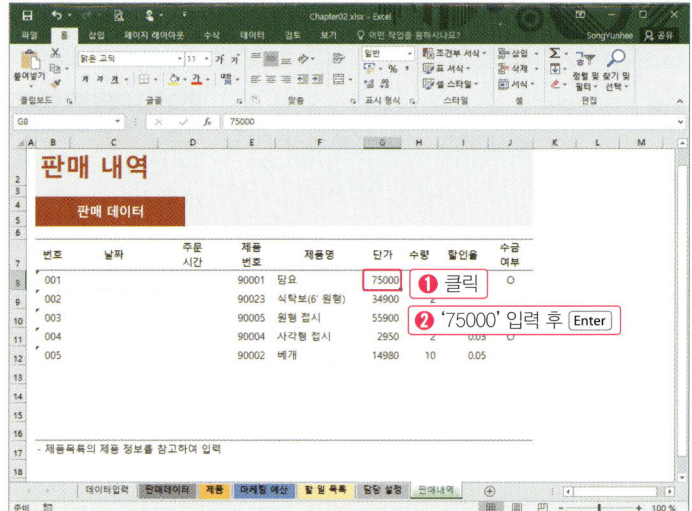

02 [G8~G12] 셀 범위를 선택하고 [홈] 탭 - [표시 형식] 그룹 - [쉼표 스타일]을 클릭하여 천 단위 콤마(,)를 표시합니다.

03 열 너비가 좁아 '###'으로 표시되는 열은 G열과 H열 경계선에서 더블 클릭 또는 오른쪽으로 드래그하여 열 너비를 늘립니다.

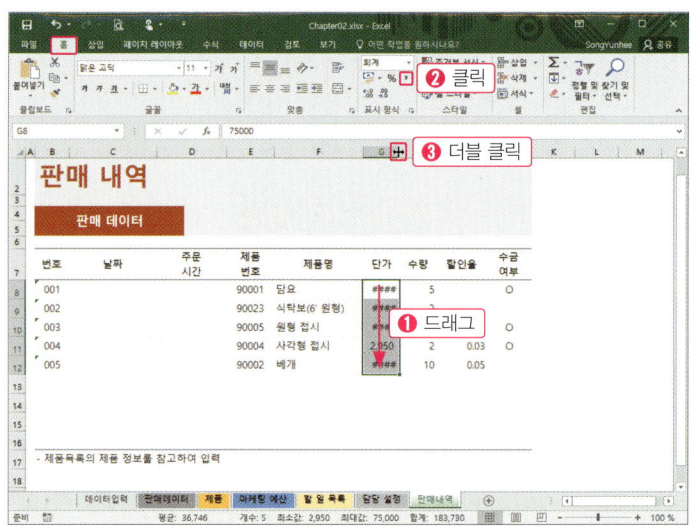

04 천 단위 콤마(,)와 함께 숫자가 표시되는 것을 확인합니다.

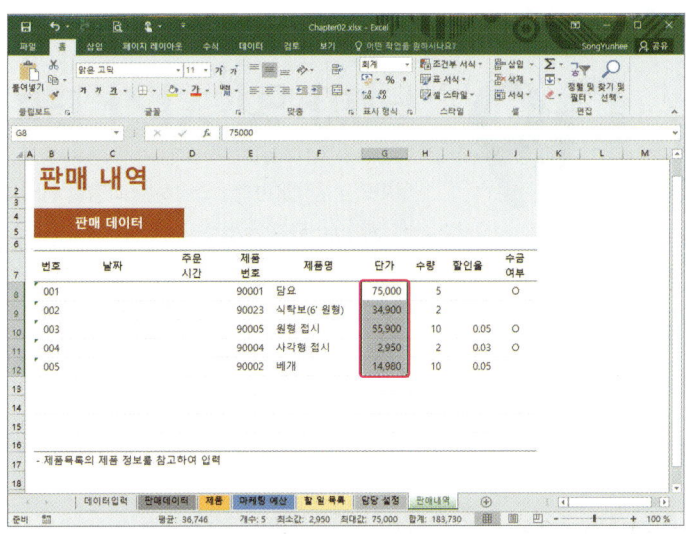

02 숫자 입력하고 백분율 형식으로 표시

01 [I8] 셀에 '5%'를 입력한 후 Enter 를 누르고, '0.03'을 입력하고 Enter 를 누릅니다.

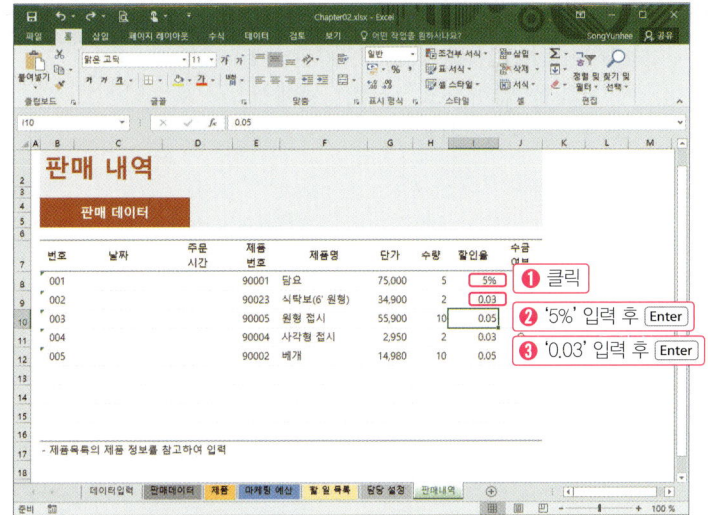

02 [I9~I12] 셀 범위를 선택한 후 [홈] 탭 - [표시 형식] 그룹 - [백분율 스타일]을 클릭하여 숫자를 백분율 형식으로 표시합니다.

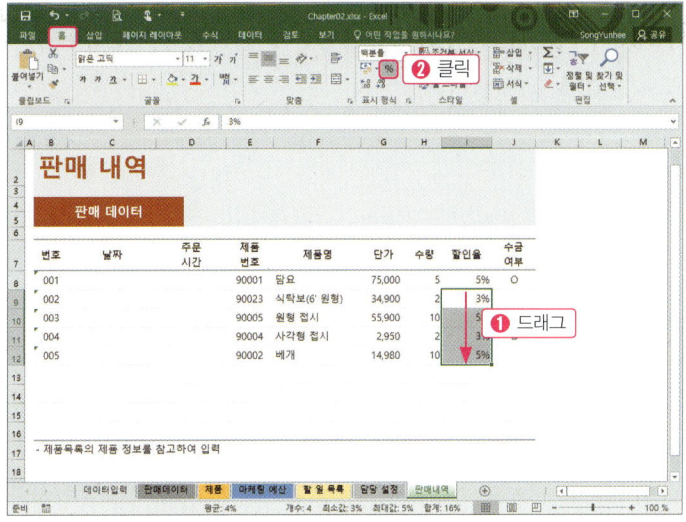

SECTION 09 날짜 및 시간 데이터 입력하기

날짜와 시간 데이터를 입력하는 다양한 형식과 날짜와 시간 데이터에 서식을 지정하는 방법에 대해 알아보겠습니다.

📁 실습예제 : Chapter02.xlsx - [판매내역] 시트

01 날짜 데이터 입력 및 서식 지정

01 [C8] 셀에 '2016-6-1', [C9] 셀에 '16/6/1', [C10] 셀에 '6-1', [C11] 셀에 '6/1'을 입력하고, [C12] 셀에서 Ctrl+;을 누릅니다.

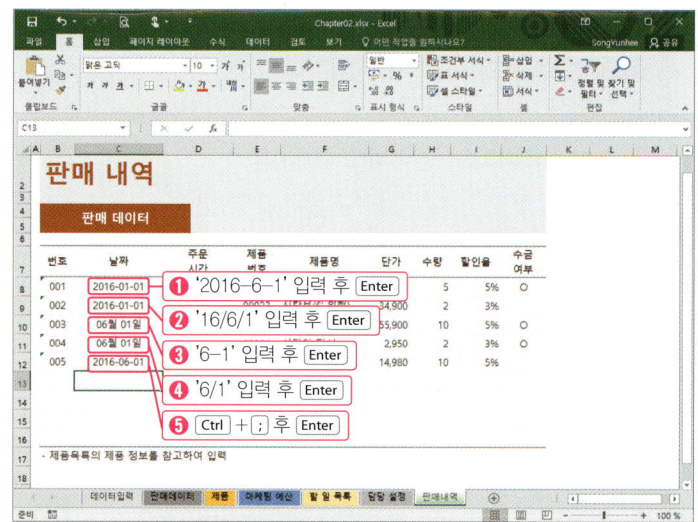

02 [C8~C12] 셀 범위를 선택한 후 마우스 오른쪽 버튼을 클릭하고 [셀 서식]을 선택합니다.

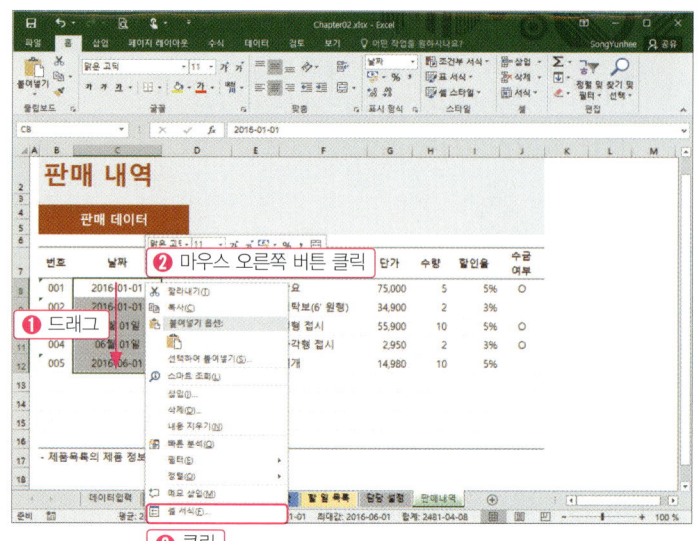

03 [셀 서식] 창의 [표시 형식] 탭-[날짜] 범주에서 원하는 날짜 서식을 선택하고 [확인]을 클릭합니다.

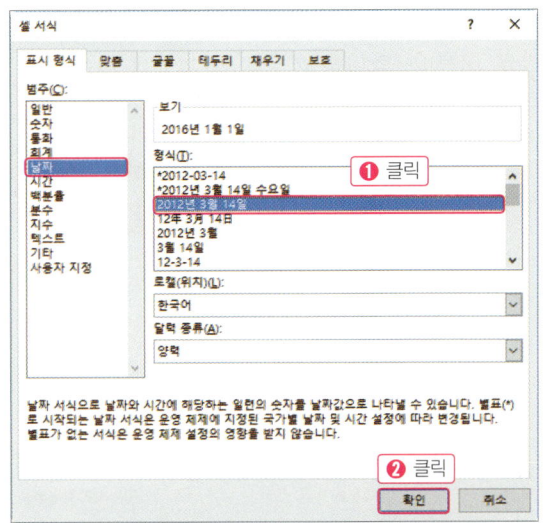

04 입력한 날짜 데이터의 서식이 통일됩니다.

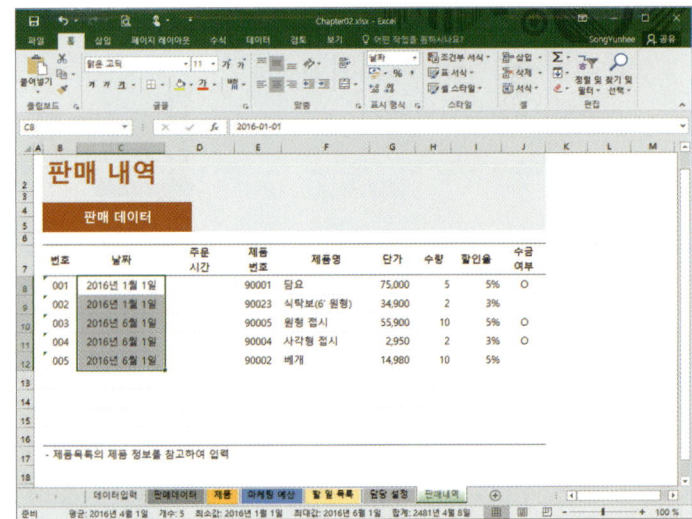

02 시간 데이터 입력 및 서식 지정

01 [D8] 셀에 '13:30:45', [D9] 셀에 '13:30', [D10] 셀에 '1:30 PM', [D11] 셀에 '13시 30분'을 입력하고, [D12] 셀에서 Ctrl+Shift+;을 누릅니다.

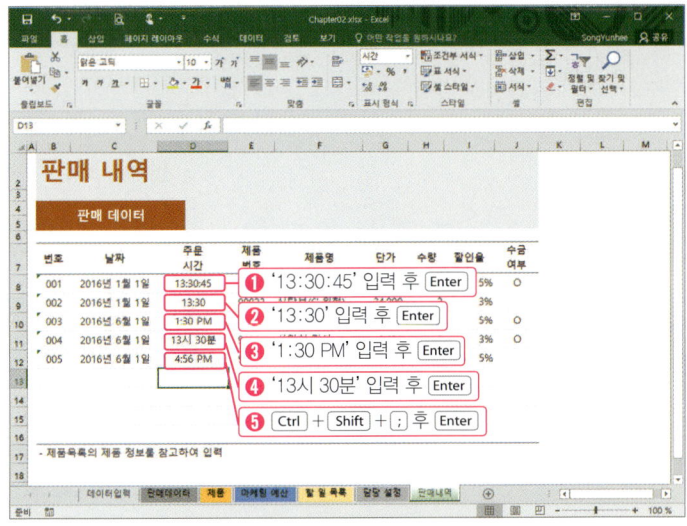

02 [D8~D12] 셀 범위를 선택한 후 마우스 오른쪽 버튼을 클릭하고 [셀 서식]을 클릭합니다.

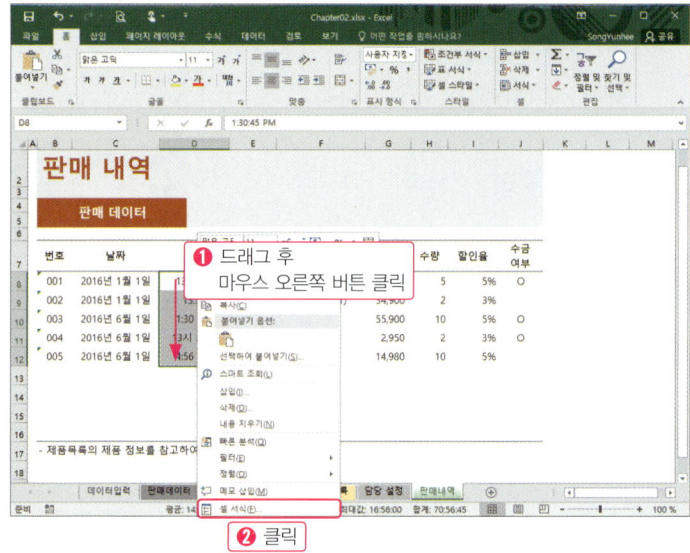

03 [셀 서식] 창의 [표시 형식] 탭 [시간] 범주에서 원하는 형식을 선택하고 [확인]을 클릭합니다.

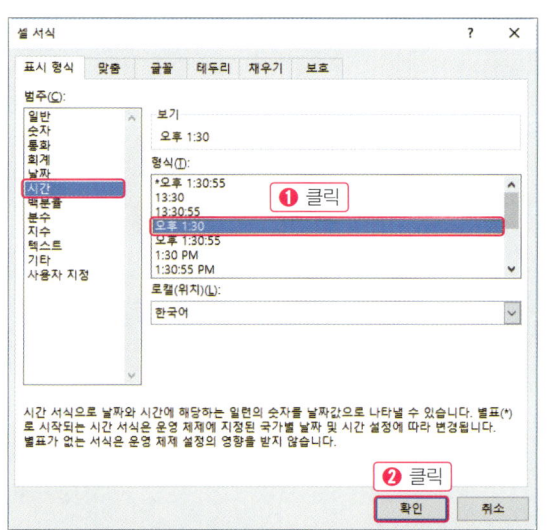

04 입력된 시간의 서식이 통일된 것을 확인합니다.

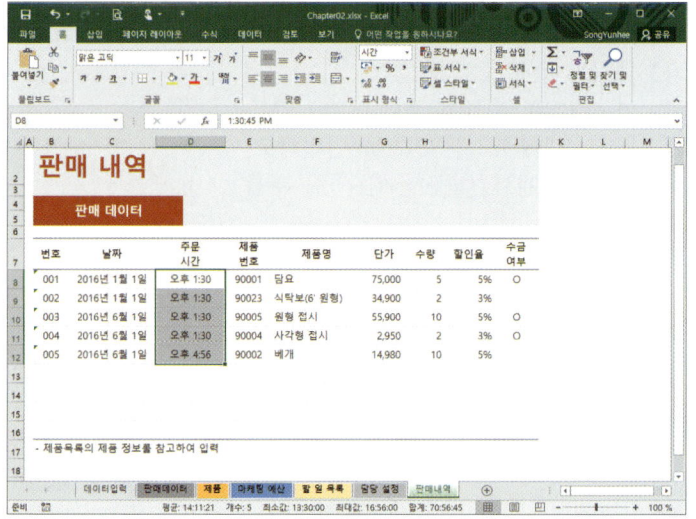

SECTION 10 메모 입력하기

셀과 관련된 설명은 [메모] 기능을 통해 삽입할 수 있습니다. 메모가 삽입된 셀은 오른쪽 상단에 빨간색 삼각형 표식이 표시되며, 메모가 삽입된 셀에 마우스 포인터를 위치시키면 메모를 확인할 수 있습니다.

📁 실습예제 : Chapter02.xlsx – [판매내역] 시트

01 메모 삽입

01 메모를 삽입할 [B7] 셀에서 마우스 오른쪽 버튼을 클릭한 후 [메모 삽입]을 선택합니다.

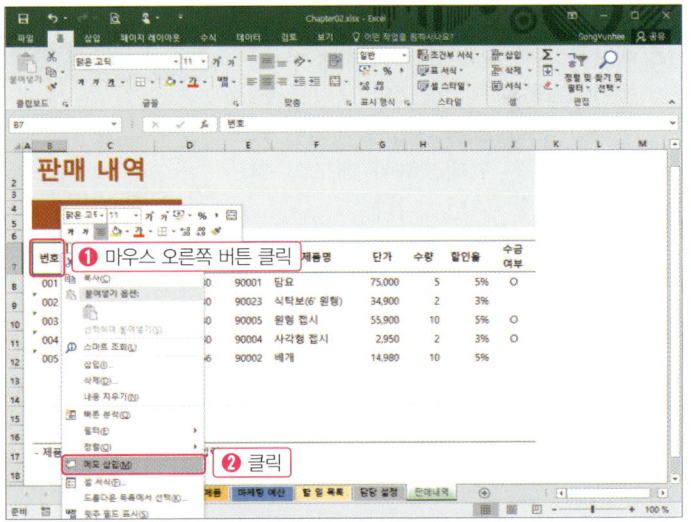

02 삽입된 메모에 메모 내용을 입력합니다. 메모 삽입 시 기본적으로 표시되는 사용자 이름은 삭제해도 무방합니다.

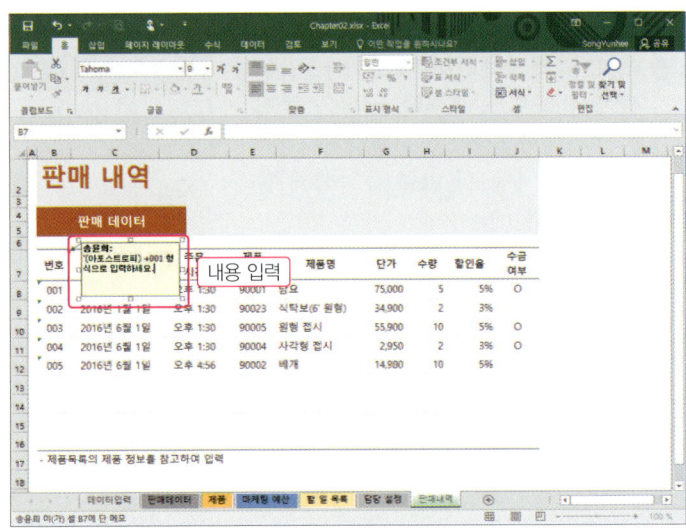

03 메모와 관련된 명령을 사용하려면 메모가 삽입된 셀에서 마우스 오른쪽 버튼을 클릭하여 표시되는 메모 관련 메뉴를 사용하거나 [검토] 탭 - [메모] 그룹의 명령을 사용합니다.

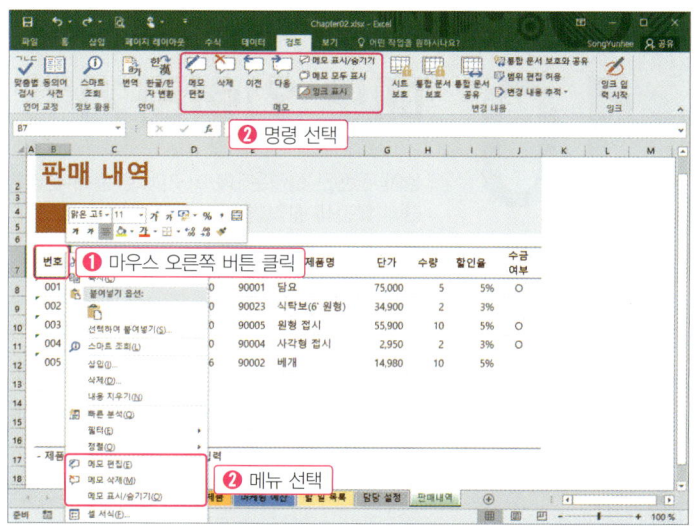

> 메모가 항상 화면에 표시되게 하려면 [메모 표시/숨기기]를 설정하고, 워크시트에 삽입된 모든 메모를 화면에 표시하려면 [검토] 탭 - [메모] 그룹 - [메모 모두 표시]를 설정합니다.

04 메모를 둘러싸고 있는 크기 조절 핸들을 드래그하여 메모의 크기를 조절하고, 크기 조절 핸들을 제외한 테두리 부분을 드래그하여 메모의 위치를 이동할 수 있습니다.

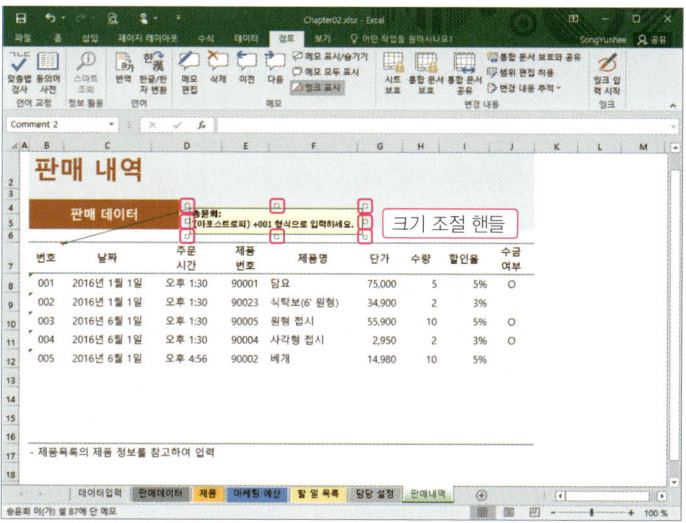

05 메모를 삭제하려면 메모가 삽입된 셀에서 마우스 오른쪽 버튼을 클릭한 후 [메모 삭제]를 선택하거나 [검토] 탭 - [메모] 그룹 - [삭제]를 선택합니다.

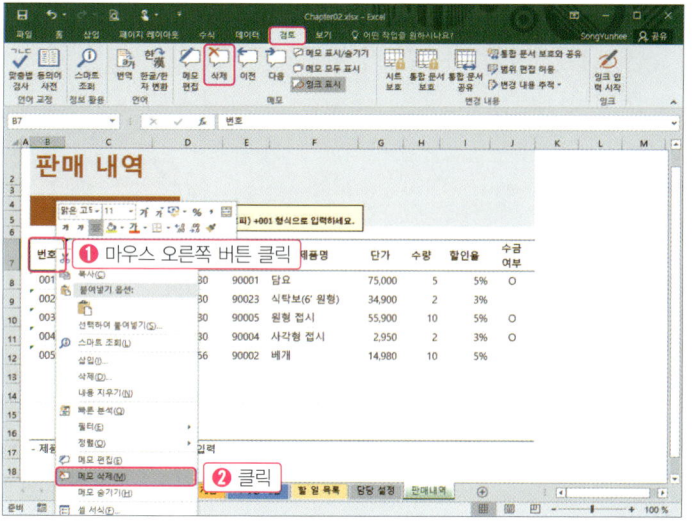

PowerUp 메모에 표시되는 사용자 이름 설정하기

메모를 삽입하면 기본적으로 표시되는 사용자 이름은 Excel 옵션에서 설정할 수 있습니다.

01 [파일] 탭 – [옵션]을 클릭합니다.

02 [일반]의 [사용자 이름]에서 이름을 설정합니다.

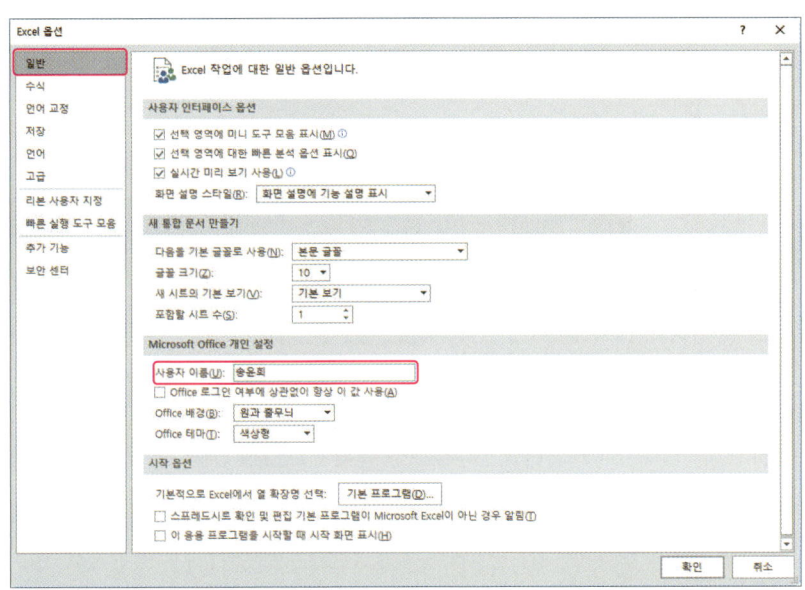

SECTION 11 자동 채우기

셀을 선택하면 셀 오른쪽 하단에 표시되는 작은 사각형 (┛)을 '채우기 핸들'이라고 합니다. 채우기 핸들을 드래그하는 것을 자동 채우기라고 하는데, 자동 채우기를 사용하여 데이터나 수식을 손쉽게 채울 수 있습니다. 문자, 날짜, 숫자 및 수식 등 다양한 형식의 데이터를 자동 채우기 하는 방법에 대해 알아보겠습니다.

실습예제 : Chapter02.xlsx - [일자별매출] 시트

01 문자 데이터 채우기

01 문자가 입력된 [E4] 셀을 클릭한 후 채우기 핸들에서 [E9] 셀까지 드래그합니다.

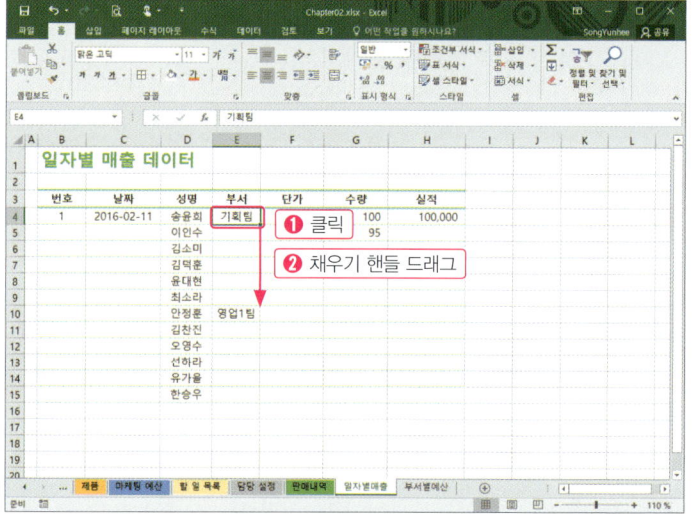

> 채우기 핸들을 더블 클릭하여 자동 채우기 할 수도 있습니다. 단, 더블 클릭 자동 채우기는 인접 데이터가 있고, 위에서 아래 방향으로 채울 때만 가능합니다.

02 데이터가 복사된 것을 확인한 후 [E10] 셀의 데이터를 [E15] 셀까지 자동 채우기 합니다.

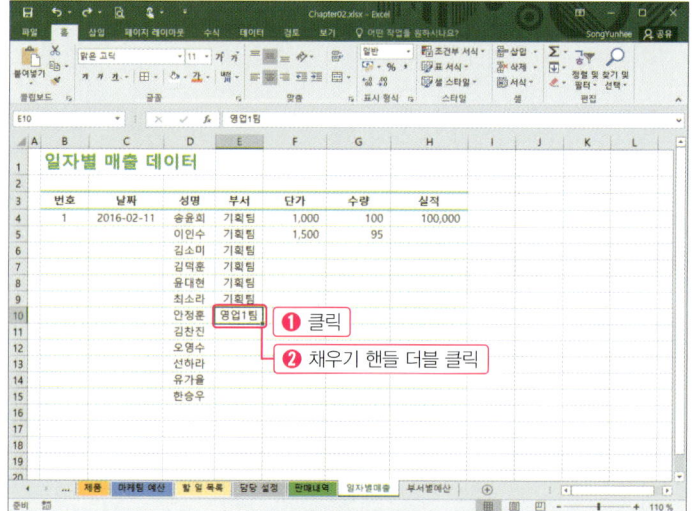

03 문자와 숫자가 혼합된 데이터의 경우 숫자가 1씩 증가하는 것을 확인한 후 [자동 채우기 옵션] 단추를 클릭하여 [셀 복사]를 선택합니다.

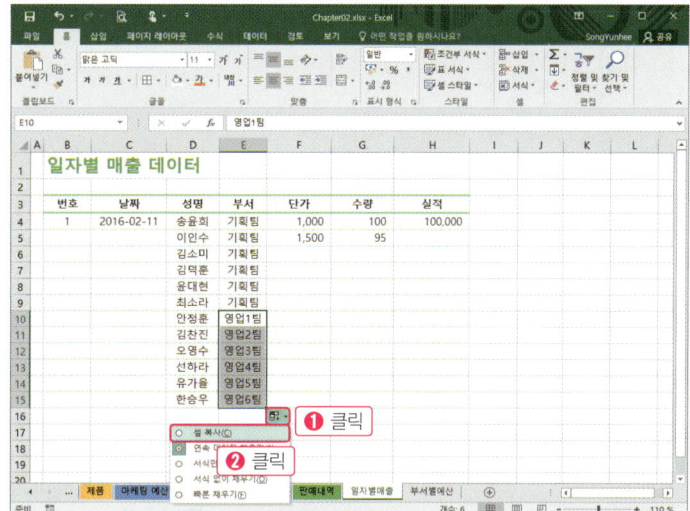

04 데이터가 복사된 것을 확인합니다.

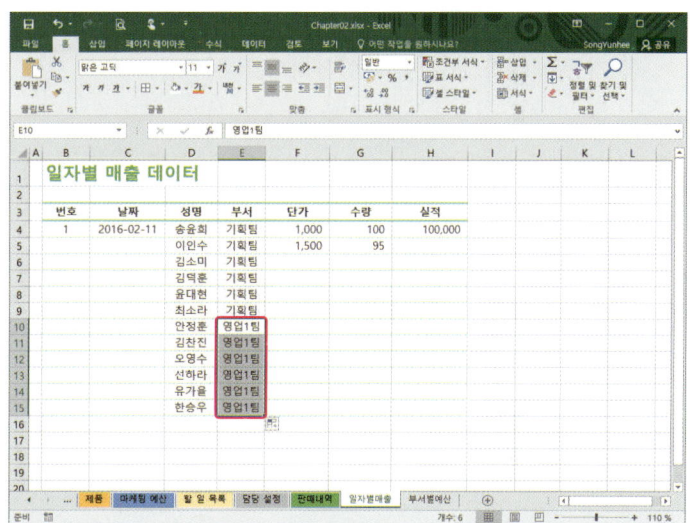

02 숫자 데이터 채우기

01 [B4] 셀을 클릭한 후 채우기 핸들에서 더블 클릭하여 [B15] 셀까지 자동 채우기 합니다. 단일 숫자의 경우 데이터가 복사되는 것을 확인한 후 [자동 채우기 옵션] 단추를 클릭하여 [연속 데이터 채우기]를 선택합니다.

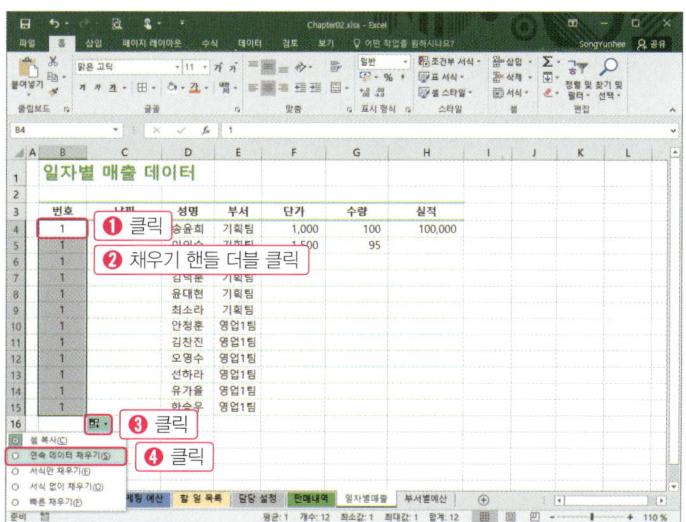

Chapter 02_ 데이터 입력, 수정, 삭제 · 73

02 숫자가 1씩 증가하며 채워진 것을 확인합니다.

03 [F4~G5] 셀 범위를 선택한 후 [G15] 셀까지 자동 채우기 합니다.

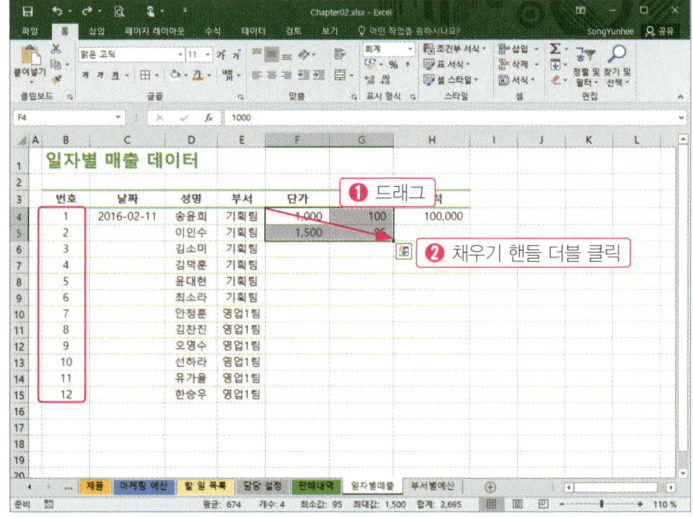

04 범위로 선택했던 두 셀의 증감치 만큼 자동 채우기 된 것을 확인합니다.

03 날짜 자동 채우기

01 날짜 데이터가 입력된 [C4] 셀을 클릭한 후 채우기 핸들에서 더블 클릭하여 [C15] 셀까지 자동 채우기 합니다.

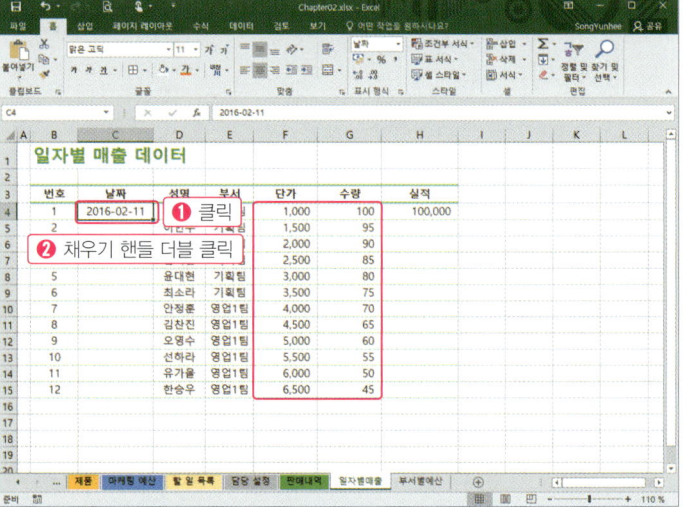

02 날짜의 경우 1일씩 증가하며 채워집니다. 주말을 제외한 평일만 채우기 위해 [자동 채우기 옵션] 단추를 클릭한 후 [평일 단위 채우기]를 선택합니다.

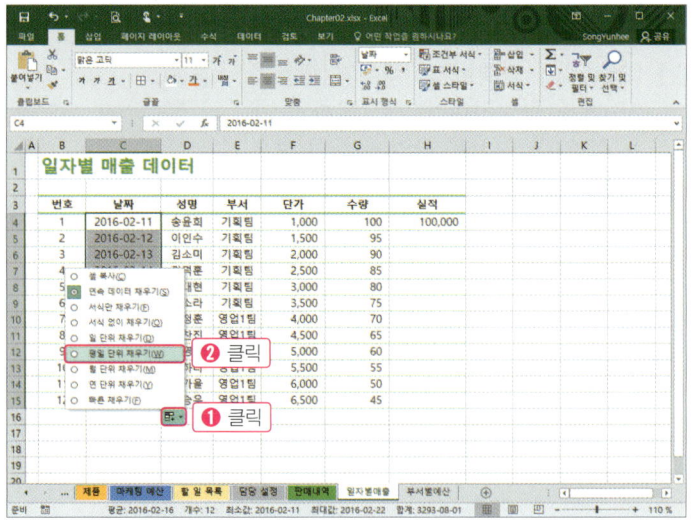

04 서식 없이 수식 채우기

01 수식이 작성된 [H4] 셀을 클릭한 후 [H15] 셀까지 자동 채우기 합니다.

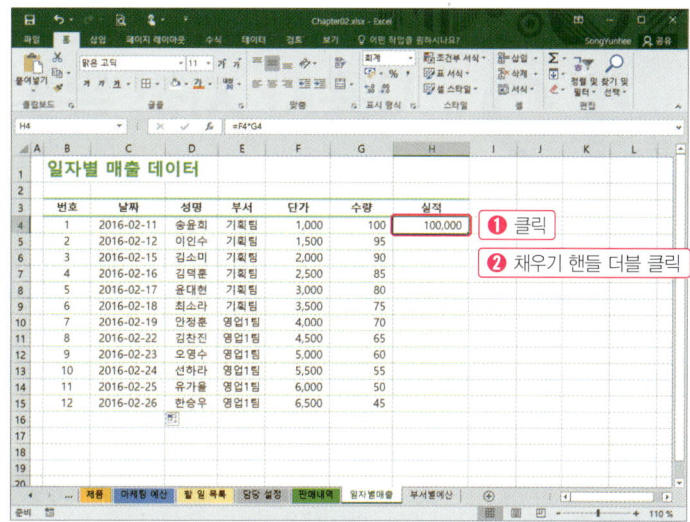

02 수식이 채워지며 값이 자동으로 계산됩니다. 자동 채우기의 경우 셀의 서식도 자동 채우기 되므로 자동 채우기 후 서식이 변경되는 경우가 발생할 수 있습니다. 이런 경우 [자동 채우기 옵션] 단추를 클릭한 후 [서식 없이 채우기]를 선택합니다.

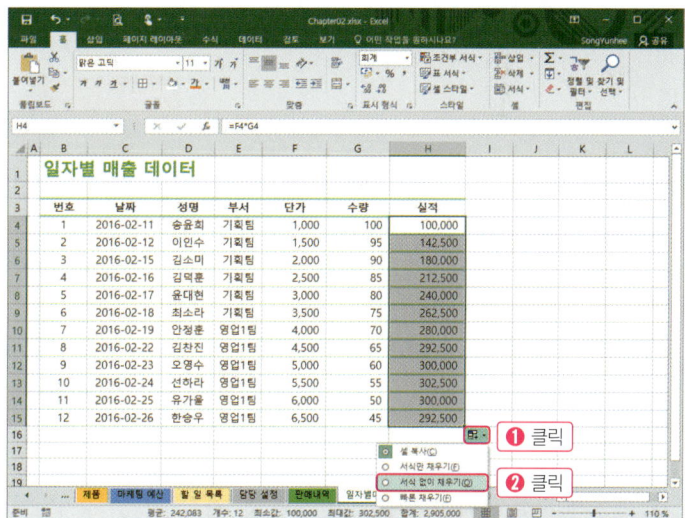

03 서식 없이 수식만 채우기 된 것을 확인합니다.

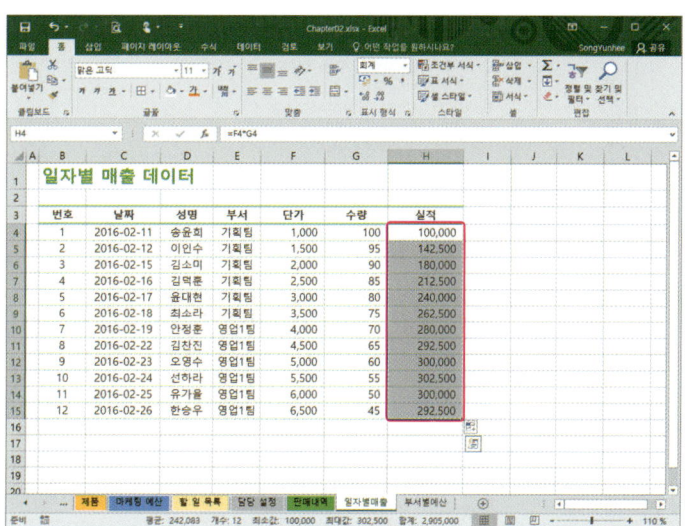

Chapter 02_ 데이터 입력, 수정, 삭제 • 75

SECTION 12 사용자 지정 목록으로 자동 채우기

자주 사용하는 데이터 목록이 있다면 사용자 지정 목록에 해당 항목을 추가한 후 자동 채우기를 통해 손쉽게 데이터를 입력할 수 있습니다. 1월~12월, Jan~Dec, 일요일~토요일, Sun~Sat 등의 목록은 엑셀에서 기본적으로 제공됩니다. 기본 제공되는 목록 및 사용자가 필요한 목록을 추가하여 사용하는 방법에 대해 알아보겠습니다.

실습예제 : Chapter02.xlsx - [부서별예산] 시트

01 [L5~P5] 셀 범위를 선택한 후 17행까지 자동 채우기 합니다. 사용자 지정 목록에서 제공되는 값들로 데이터가 자동으로 채워지는 것을 확인합니다.

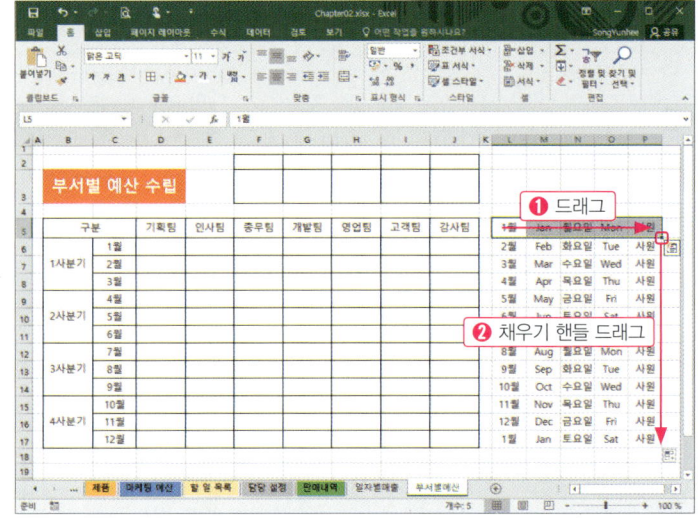

02 사용자 지정 목록에 사원, 대리, 과장, 차장, 부장 데이터를 추가하기 위해 [파일] 탭 - [옵션] - [고급]을 클릭한 후 스크롤 바를 끝까지 내린 다음 [사용자 지정 목록 편집]을 클릭합니다.

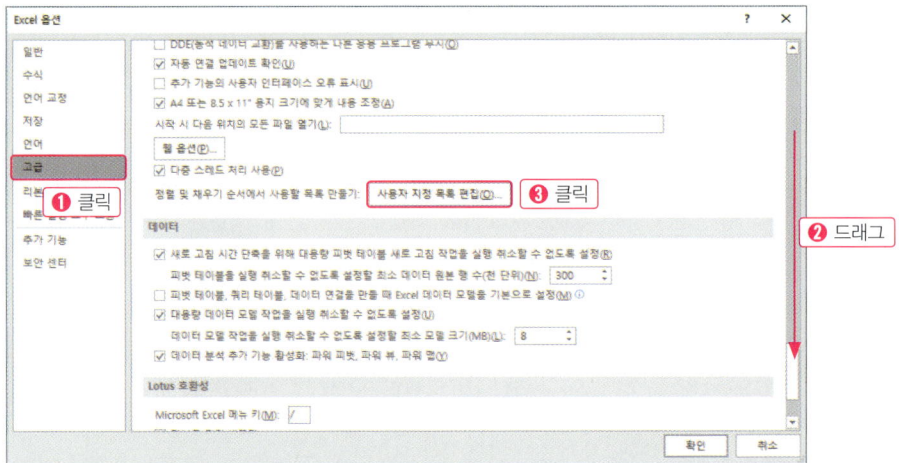

03 [목록 항목]에 '사원' Enter, '대리' Enter, '과장' Enter, '차장' Enter, '부장'을 입력한 후 [확인]을 클릭합니다.

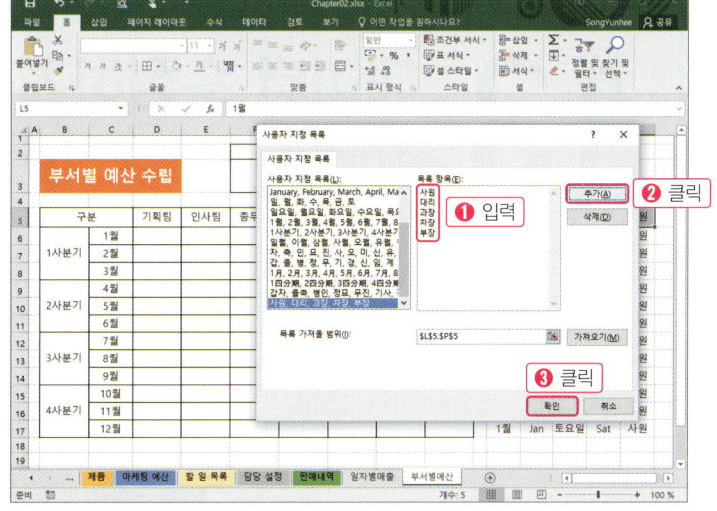

'사원,대리,과장,차장,부장' 형식으로 항목을 입력해도 됩니다.

04 [F2] 셀에 '사원'을 입력한 후 [J2] 셀까지 자동 채우기 합니다. 사용자 지정 목록에 추가한 항목대로 채우기 되는 것을 확인합니다.

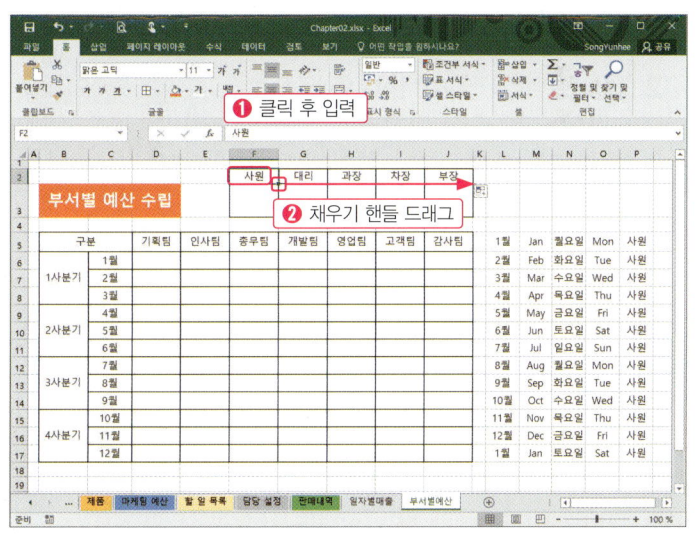

05 [D5~J5] 셀 범위를 선택한 후 [파일] 탭 - [옵션] - [고급] - [사용자 지정 목록 편집]을 클릭하여 표시되는 [사용자 지정 목록] 창의 [가져오기]를 클릭하여 목록 항목을 추가할 수 있습니다.

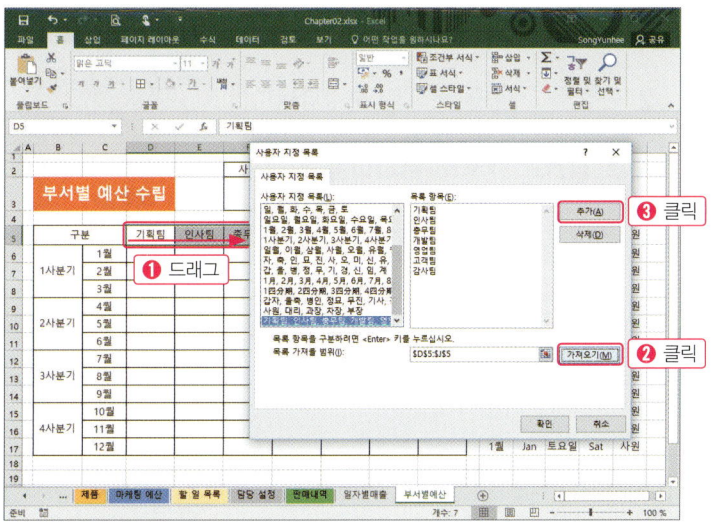

Chapter 02_ 데이터 입력, 수정, 삭제 · **77**

SECTION 13 데이터 수정하기

셀에 입력된 데이터를 수정할 때는 수식 입력줄을 사용하거나 수정할 셀을 더블 클릭하거나 F2를 누릅니다. 데이터를 수정하는 방법에 대해 알아보겠습니다.

📁 실습예제 : Chapter02.xlsx - [송장] 시트

01 수식 입력줄에서 수정

01 데이터를 수정할 [B3] 셀을 클릭합니다.

02 [B3] 셀의 '2'를 선택한 후 '3'으로 수정합니다. 수식 입력줄에서 수정할 부분을 드래그하여 선택한 다음 타이핑하여 데이터를 수정합니다.

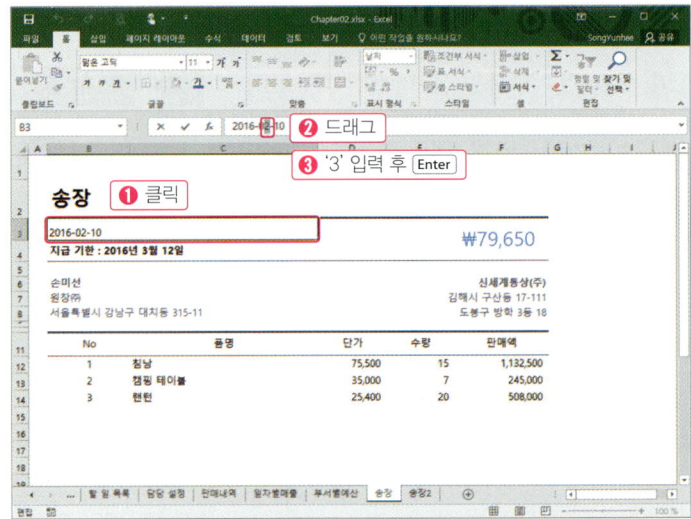

02 더블 클릭하여 수정

01 [B7] 셀을 더블 클릭합니다.

02 '원창'을 '세종물산'으로 수정합니다. 수정할 내용을 드래그하여 선택한 후 원하는 내용을 타이핑하여 데이터를 수정합니다.

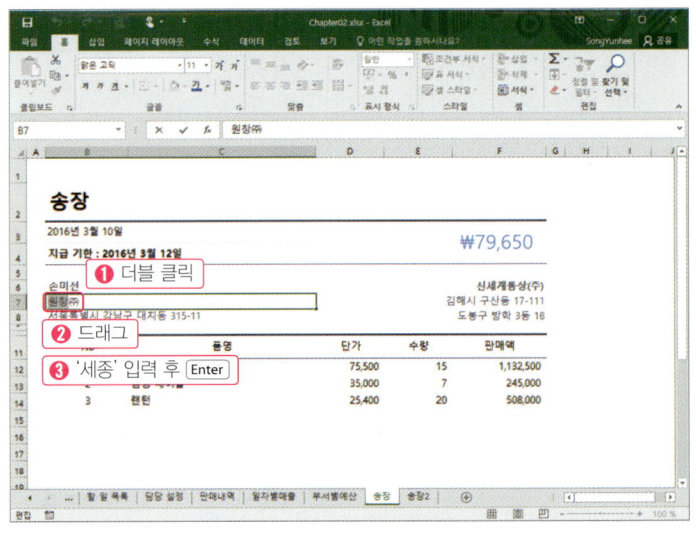

03 F2를 사용하여 수정

01 [B8] 셀을 클릭한 후 F2를 누릅니다.

02 Backspace를 눌러 '315-11'을 삭제한 후 '100'을 입력하여 데이터를 수정합니다.

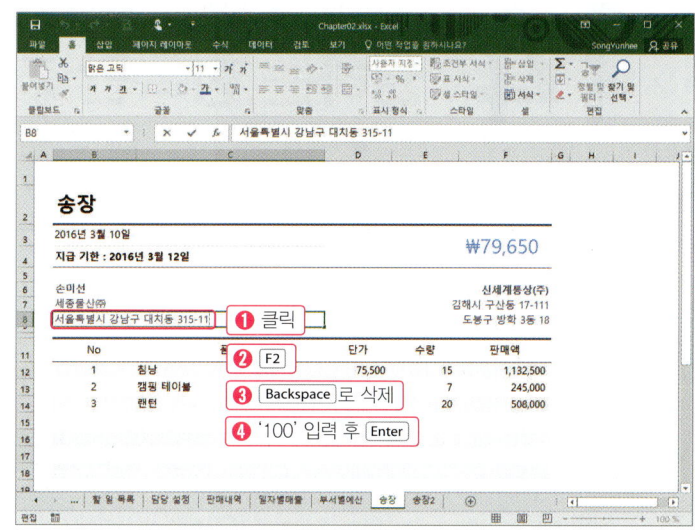

SECTION 14 서식, 내용, 메모, 하이퍼링크 중 원하는 항목만 지우기

Delete를 누르면 셀에 입력된 내용만 삭제되고 서식이나 메모는 그대로 남습니다. [지우기] 명령을 사용하면 셀에 입력된 내용뿐 아니라 서식, 메모, 하이퍼링크 등 원하는 것만 삭제할 수 있습니다.

📂 실습예제 : Chapter02.xlsx - [송장2] 시트

01 내용 지우기

01 [B12~F14] 셀 범위를 선택한 후 Delete를 누릅니다.

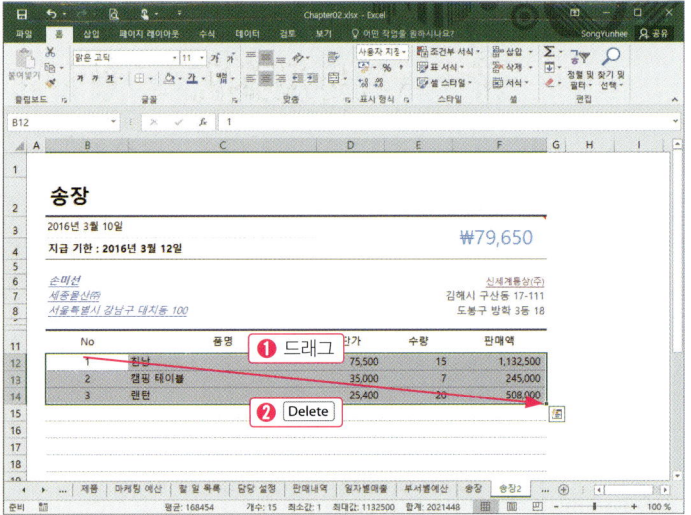

02 서식 지우기

01 [B6~B8] 셀 범위를 선택한 후 [홈] 탭 - [편집] 그룹 - [지우기] - [서식 지우기]를 클릭합니다.

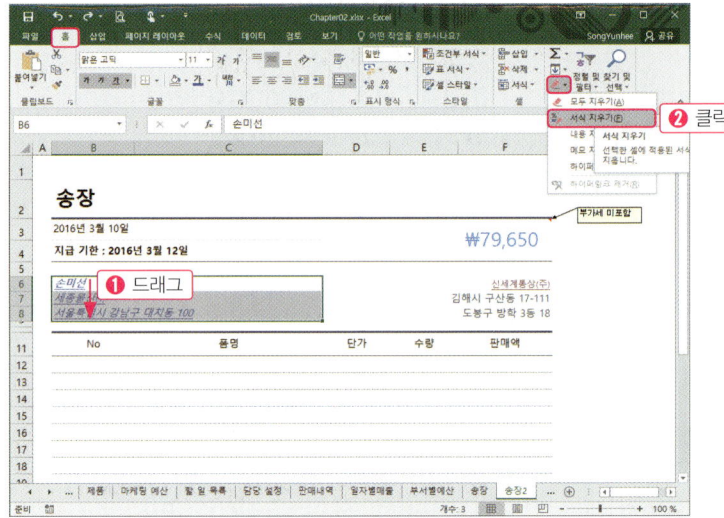

03 메모 지우기

01 [E3] 셀을 클릭한 후 [홈] 탭 - [편집] 그룹 - [지우기] - [메모 지우기]를 클릭합니다.

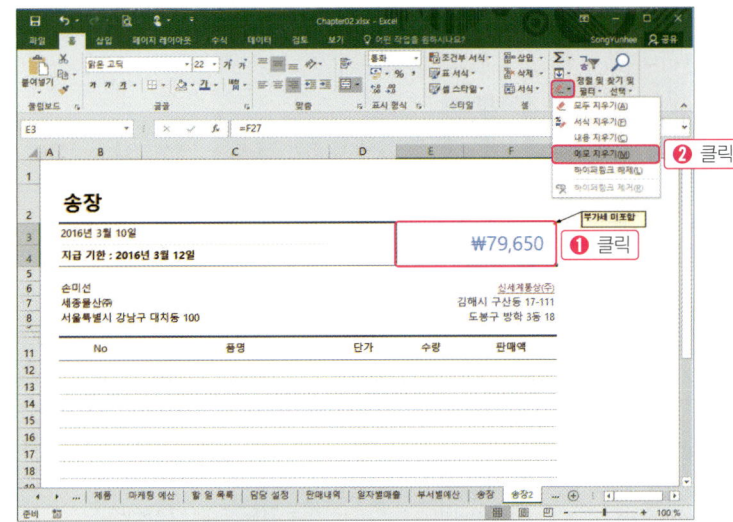

04 하이퍼링크 제거

01 [F6] 셀을 클릭한 후 [홈] 탭 - [편집] 그룹 - [지우기] - [하이퍼링크 제거]를 클릭합니다.

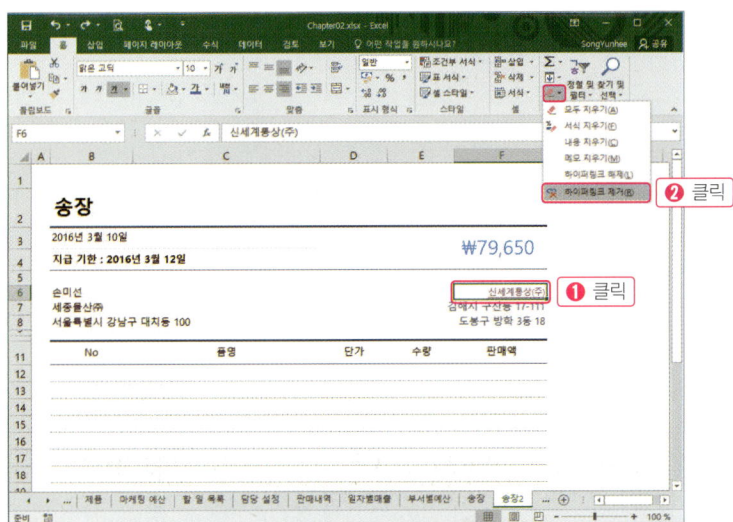

[하이퍼링크 제거]는 하이퍼링크 및 서식을 제거하고, [하이퍼링크 해제]는 현재 셀의 서식을 유지하고 하이퍼링크만 해제합니다.

Excel 2016

CHAPTER

03

문서 편집 및 워크시트 관리

더 빠르고, 편리하게 엑셀 문서를 편집할 수 있는 방법과 문서 편집 시 발생하는 다양한 오류를 해결하는 방법에 대해 알아보고, 워크시트 관리 명령과 찾기/바꾸기 기능을 활용하는 방법에 대해 알아봅니다.

SECTION 01

Ctrl을 조합하여 원하는 곳으로 이동하기

Ctrl을 조합하면 원하는 위치로 손쉽게 이동할 수 있습니다. 예를 들어, 문서의 맨 앞이나 맨 뒤로 이동할 수 있고, 새 데이터를 추가할 곳으로 이동하거나 다음, 이전 워크시트로 이동할 수 있습니다. Ctrl을 조합하여 원하는 곳으로 이동하는 방법에 대해 알아보겠습니다.

📂 **실습예제** : Chapter03.xlsx – [과정이수내역] 시트

단축키	기능	단축키	기능
Ctrl + 방향키(↑,↓,←,→)	해당 방향의 마지막 셀로 이동	Ctrl + PageUp / PageDown	이전/다음 워크시트로 이동
Ctrl + Home	A1 셀로 이동	Ctrl + End	데이터가 입력된 마지막 셀로 이동
Ctrl + A	인접한 전체 데이터 범위 또는 워크시트 전체 선택	Ctrl + 클릭 또는 드래그	떨어져 있는 셀 선택

01 데이터 끝으로 이동

01 [A3] 셀을 클릭한 후 Ctrl+↓를 누릅니다.

02 연속 입력된 데이터의 마지막 셀로 이동합니다.

03 같은 방법으로 Ctrl+→, ↑, ←를 눌러 오른쪽, 위쪽, 왼쪽 끝으로 이동해봅니다.

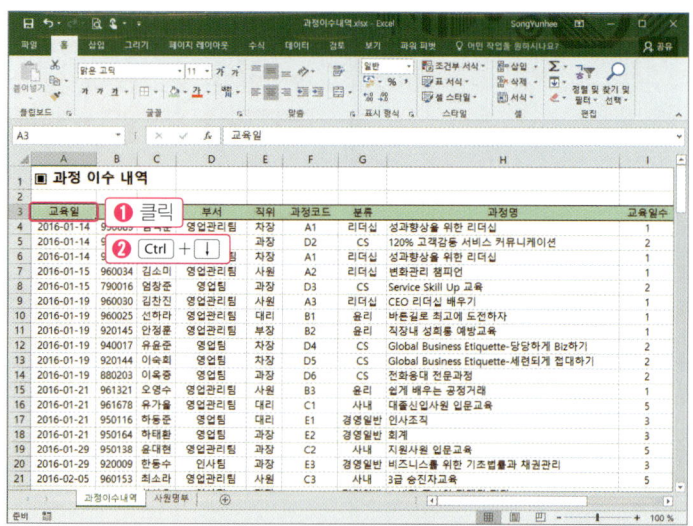

02 이전/다음 워크시트로 이동

01 Ctrl+PageDown을 눌러 다음 워크시트로, Ctrl+PageUp을 눌러 이전 워크시트로 이동해봅니다.

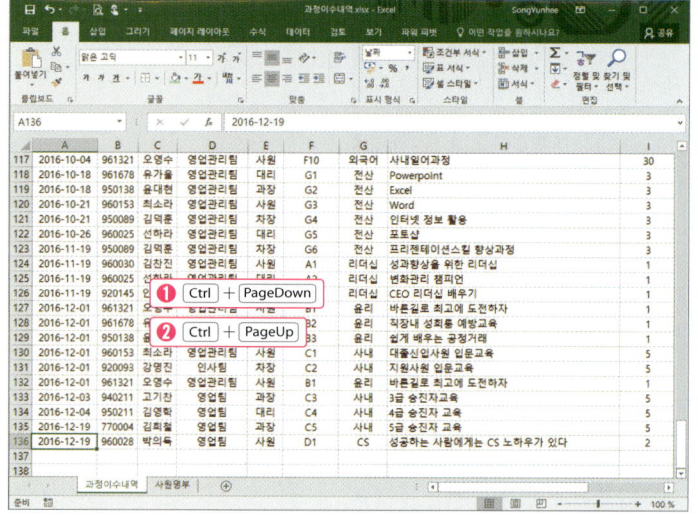

03 문서 처음과 끝으로 이동

01 [A1] 셀을 클릭한 후 Ctrl+End를 누릅니다.

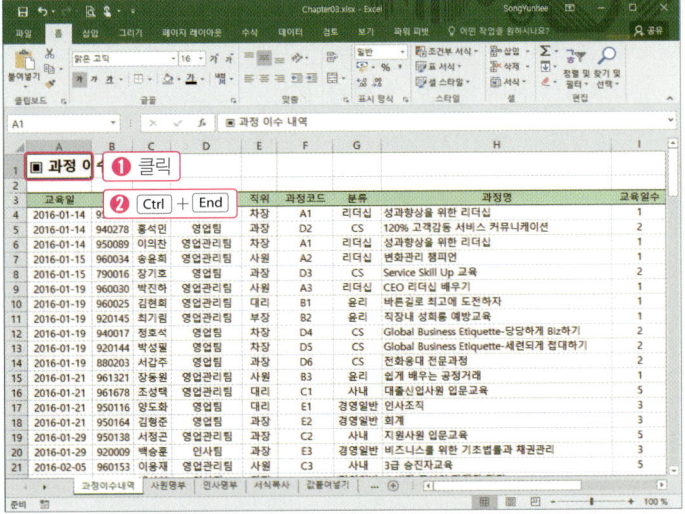

02 데이터가 입력된 마지막 셀로 이동된 것을 확인한 후 Ctrl+Home을 눌러 [A1] 셀로 이동합니다.

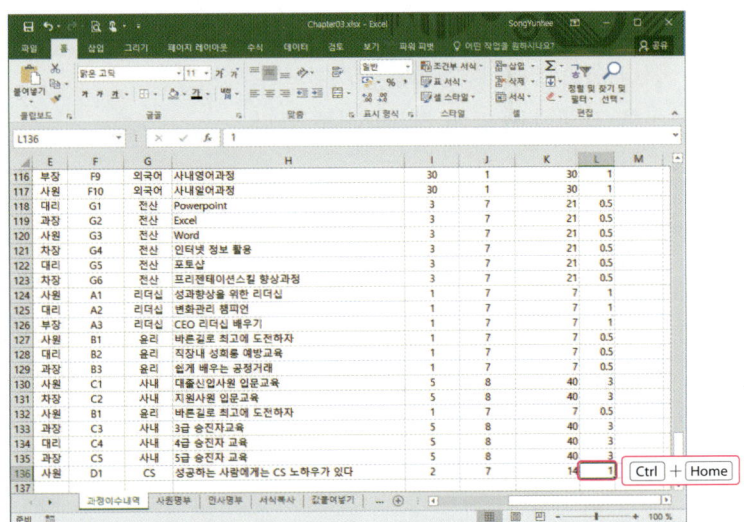

04 데이터 전체 또는 워크시트 전체 선택

01 데이터가 입력된 임의의 셀(F9)을 선택한 후 Ctrl+A를 누릅니다. 연속 입력된 데이터 전체 범위가 선택됩니다.

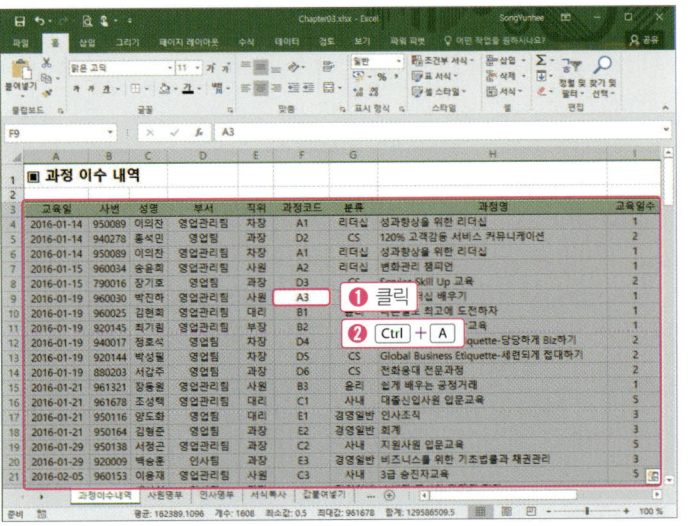

02 데이터가 입력되지 않은 빈 셀(N8)을 클릭한 후 Ctrl + A 를 누릅니다. 워크시트 전체 영역이 선택됩니다.

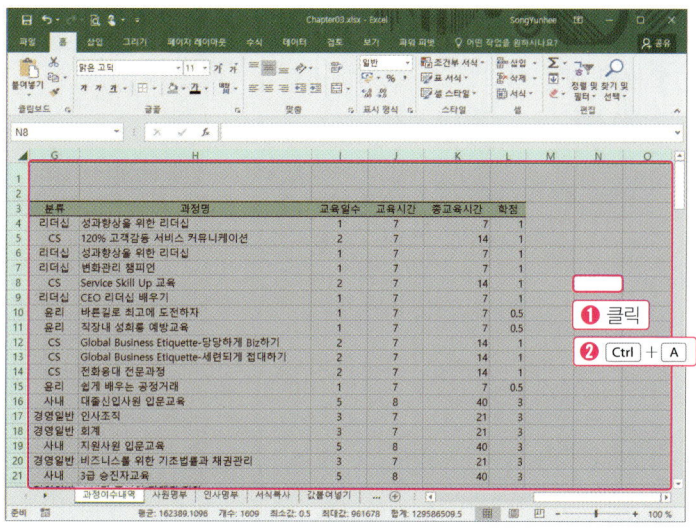

> 행 머리글과 열 머리글이 교차하는 위치(◢)를 클릭하여 워크시트 전체 영역을 선택할 수도 있습니다.

05 떨어져 있는 셀 선택

01 열 머리글 [A]를 클릭하고 Ctrl 을 누른 상태에서 열 머리글 [D]를 클릭합니다.

02 Ctrl 을 누른 상태에서 [G4~G12] 셀 범위를 드래그합니다.

03 Ctrl 을 누른 상태에서 [H6], [H16] 셀을 클릭합니다.

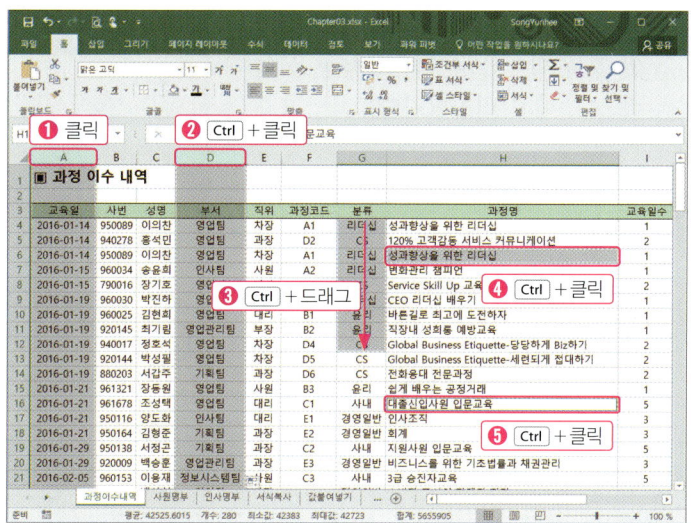

SECTION 02

Shift 를 조합하여 셀 범위 선택하기

예를 들어, 첫 셀을 클릭한 후 선택하고자 하는 범위의 마지막 셀을 Shift +클릭하여 셀 범위를 선택할 수 있습니다. Shift 를 사용하여 셀 범위를 선택하는 방법에 대해 알아보겠습니다.

📁 실습예제 : Chapter03.xlsx - [과정이수내역] 시트

단축키	기능	단축키	기능
Shift +방향키(↑,↓,←,→)	해당 방향의 셀 선택	첫 셀 클릭 ➡ 마지막 셀 Shift +클릭	클릭한 셀부터 Shift +클릭한 셀까지 선택

01 [A3] 셀을 클릭한 후 Shift + → 를 3번 눌러 [D3] 셀까지 선택합니다.

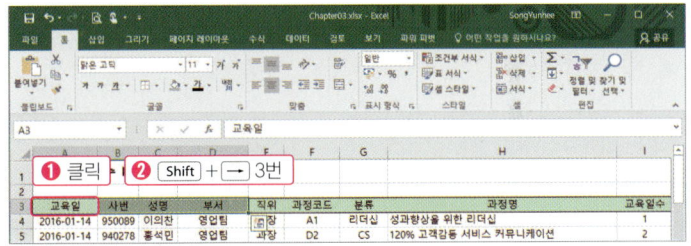

02 Shift + ↓ 를 3번 눌러 [D6] 셀까지 선택합니다.

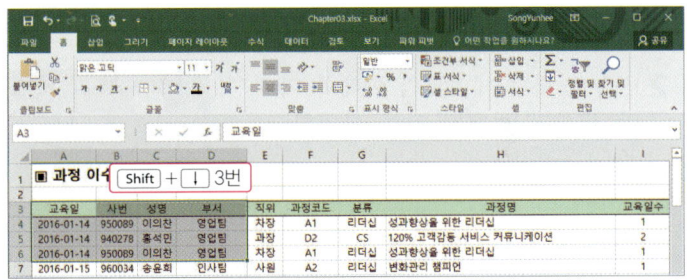

03 [A3] 셀을 클릭한 후 [H16] 셀을 Shift +클릭합니다.

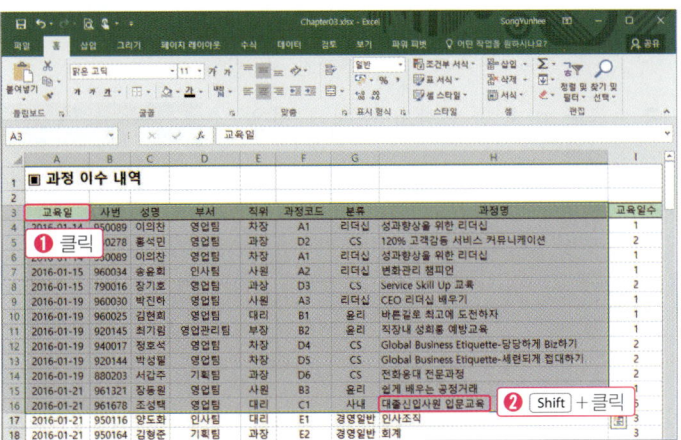

SECTION 03

Ctrl + Shift 를 조합하여 한 번에 끝까지 범위 선택하기

Ctrl 은 이동, Shift 는 셀을 선택하는 용도로 주로 사용합니다. 이 두 키를 동시에 누른 상태에서 방향키를 누르면 해당 방향 끝으로 이동하면서 선택됩니다. 즉, 연속 입력된 데이터의 끝까지 한 번에 선택할 수 있습니다.

실습예제 : Chapter03.xlsx - [과정이수내역] 시트

01 [A4] 셀을 클릭한 후 Ctrl + Shift + ↓ 를 누릅니다.

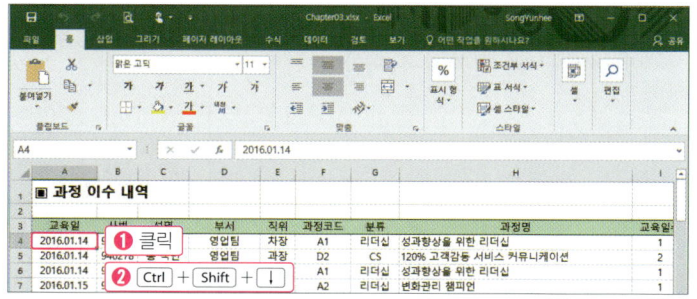

02 연속 입력된 데이터의 아래쪽 마지막 셀까지 선택된 것을 확인한 후 Ctrl + Shift + → 를 누릅니다.

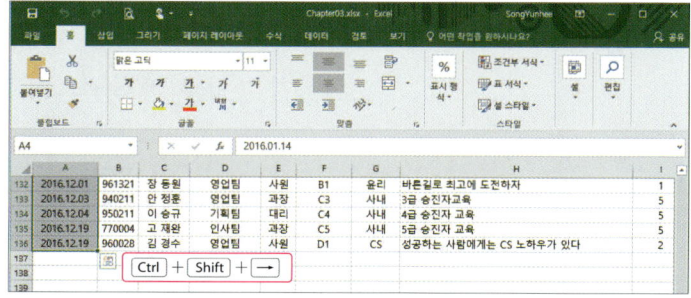

03 오른쪽 마지막 셀까지 선택된 것을 확인합니다.

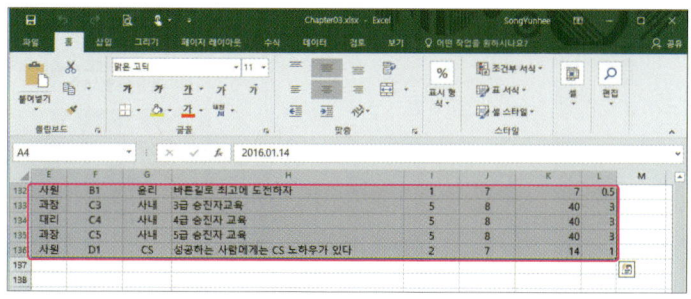

SECTION 04 셀/행/열 삽입, 삭제하기

문서 편집의 가장 기본이 되는 셀과 행, 열을 삽입, 삭제하는 방법에 대해 알아보겠습니다.

📁 **실습예제** : Chapter03.xlsx – [사원명부] 시트

01 행 삽입하기

01 행 머리글 [2]를 클릭합니다.

02 선택 영역에서 마우스 오른쪽 버튼을 클릭한 후 [삽입]을 선택하거나 [홈] 탭 – [셀] 그룹 – [삽입]을 클릭합니다.

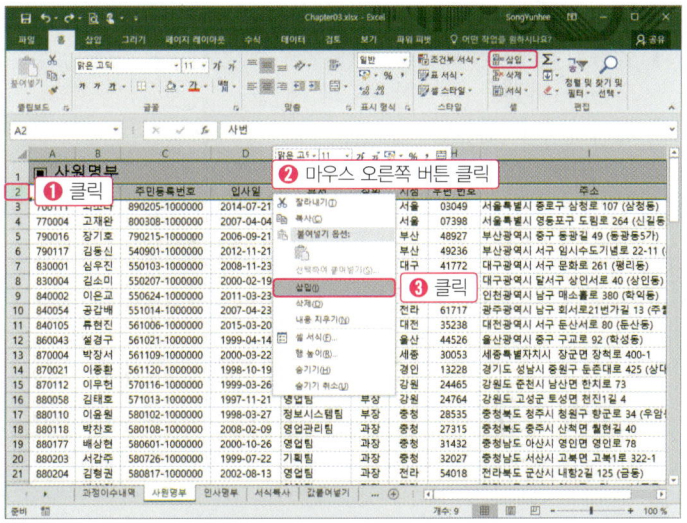

> Ctrl + Shift + + 를 사용하여 행, 열, 셀을 삽입할 수도 있습니다.

03 행이 삽입되며 자동으로 표시되는 삽입 옵션(🖌️▾) 단추를 클릭하고 [서식 지우기]를 선택합니다.

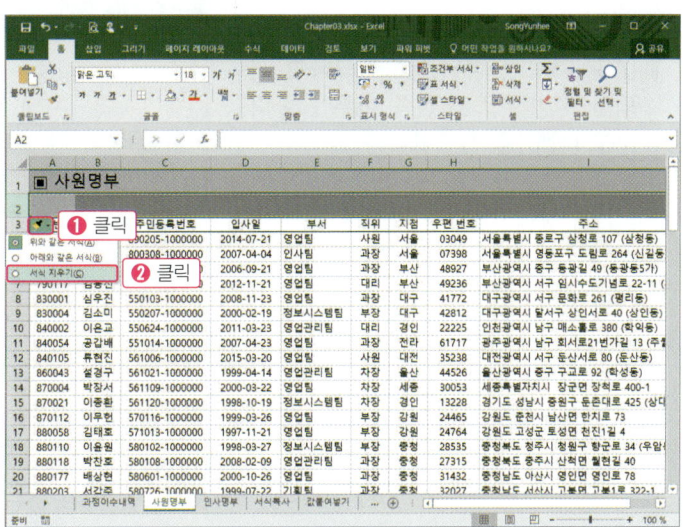

> 행을 삽입할 경우 위쪽 행의 서식이 적용되므로 [삽입 옵션]을 사용하여 삽입된 행의 서식을 원하는 대로 설정할 수 있습니다.

Chapter 03_ 문서 편집 및 워크시트 관리 · **89**

02 열 삽입하기

01 열 머리글 [G], [H]를 드래그하여 선택합니다.

02 선택 영역에서 마우스 오른쪽 버튼을 클릭한 후 [삽입]을 선택하거나 [홈] 탭 - [셀] 그룹 - [삽입]을 클릭합니다.

> [Ctrl]+[Shift]+[+]를 사용하여 행, 열, 셀을 삽입할 수도 있습니다.

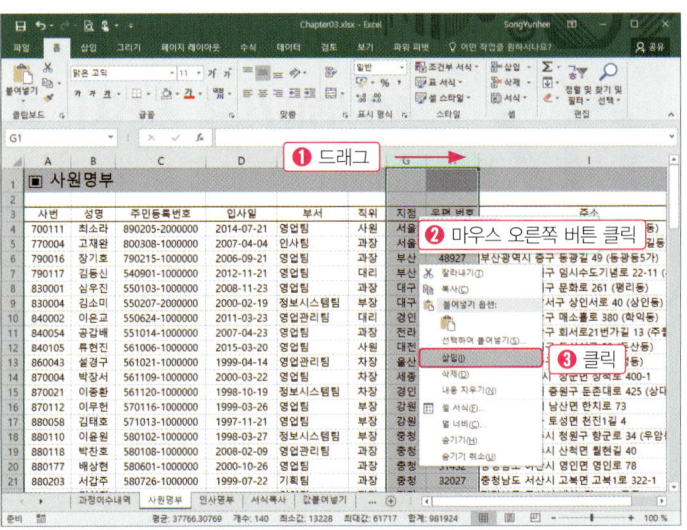

03 열 삭제하기

01 삽입된 열을 삭제하기 위해 마우스 오른쪽 버튼을 클릭한 후 [삭제]를 선택하거나 [홈] 탭 - [셀] 그룹 - [삭제]를 클릭합니다.

> 단축키 [Ctrl]+[-]를 사용하여 선택한 행이나 열, 셀을 삭제할 수도 있습니다.

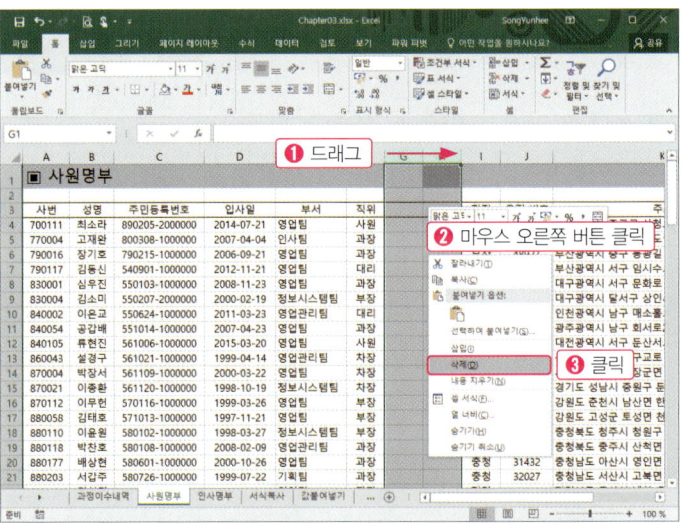

04 셀 삽입하기

01 [A8~D9] 셀 범위를 드래그하여 선택한 후 마우스 오른쪽 버튼을 클릭하고 [삽입]을 선택합니다.

02 [삽입] 창에서 [셀을 아래로 밀기]를 선택하고 [확인]을 클릭합니다.

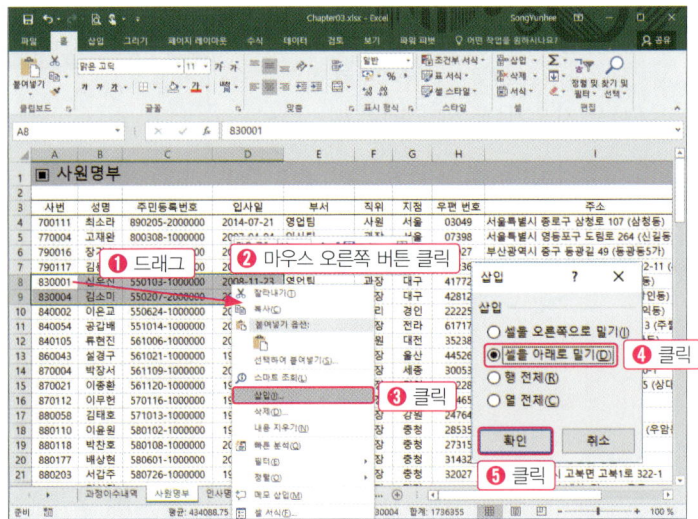

05 셀 삭제하기

01 [A8~D9] 셀 범위를 선택한 후 마우스 오른쪽 버튼을 클릭하고 [삭제]를 선택합니다.

02 [삭제] 창에서 [셀을 위로 밀기]를 선택하고 [확인]을 클릭합니다.

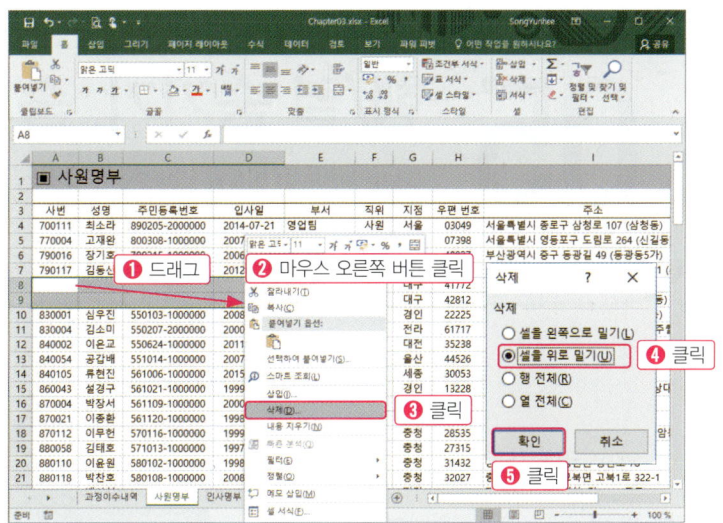

SECTION 05
행/열 숨기기, 숨기기 취소하기

중요한 데이터가 입력된 행이나 열을 숨길 수 있습니다. 행/열을 숨기고 숨겼던 행/열을 다시 표시하는 방법에 대해 알아보겠습니다.

📁 실습예제 : Chapter03.xlsx - [사원명부] 시트

01 열 숨기기

01 열 머리글 [C]를 클릭하여 선택합니다.

02 선택 영역에서 마우스 오른쪽 버튼을 클릭한 후 [숨기기]를 선택합니다.

03 [C] 열이 숨겨져 열 머리글이 표시되지 않는 것을 확인합니다.

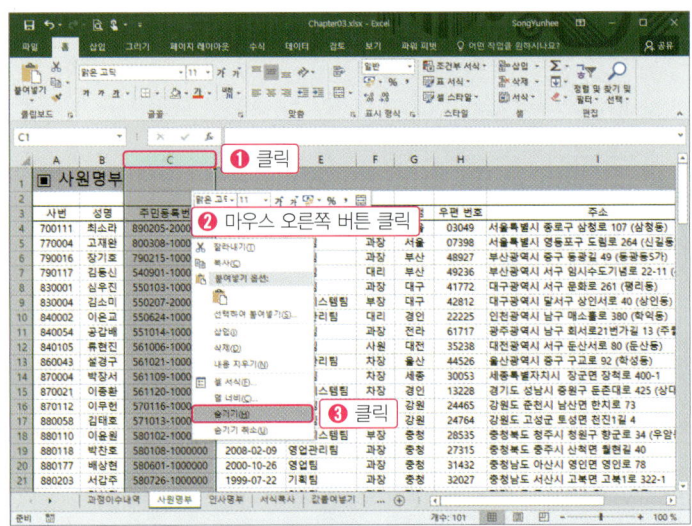

02 열 숨기기 취소

01 숨겨진 열을 포함하도록 열 머리글 [B]부터 [D]까지 드래그하여 선택합니다.

02 마우스 오른쪽 버튼을 클릭한 후 [숨기기 취소]를 선택합니다.

> 행도 동일한 방법으로 단축 메뉴를 사용하여 숨기기, 숨기기 취소할 수 있습니다.

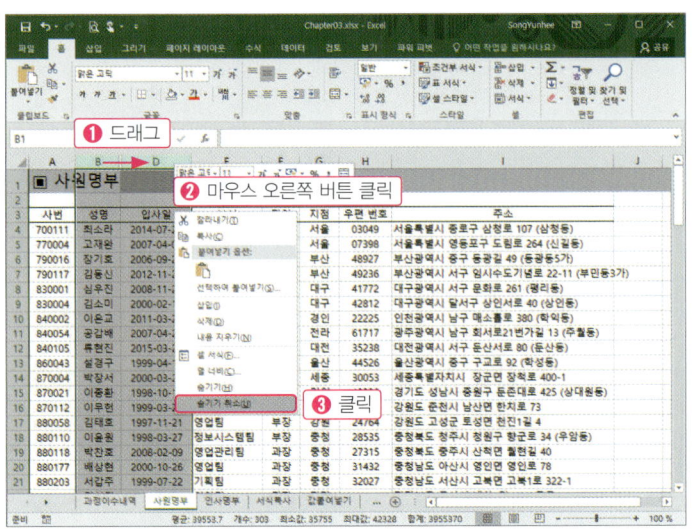

SECTION 06 데이터 복사하기

데이터를 복사할 때는 마우스 오른쪽 버튼을 클릭하면 표시되는 단축 메뉴와 단축키 Ctrl +C(복사), Ctrl +V(붙여넣기), [홈] 탭 - [클립보드] 그룹 - [복사], [붙여넣기]를 사용할 수 있습니다. 연속적으로 입력된 데이터 범위를 선택한 경우라면 선택 영역의 테두리 부분을 Ctrl +드래그하여 데이터를 복사할 수도 있습니다.

📁 실습예제 : Chapter03.xlsx - [인사명부] 시트

01 단축키를 사용하여 복사하기

01 [A3~B15] 셀 범위를 드래그하여 선택한 후 [F3~F15], [I3~I15] 셀 범위를 Ctrl +드래그하여 선택합니다.

02 Ctrl + C 를 눌러 복사합니다.

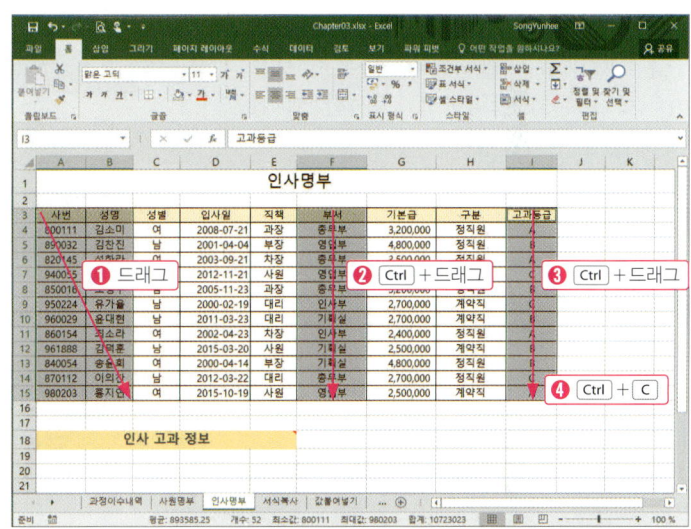

03 [A20] 셀을 선택한 후 Ctrl + V 를 눌러 붙여넣기 합니다.

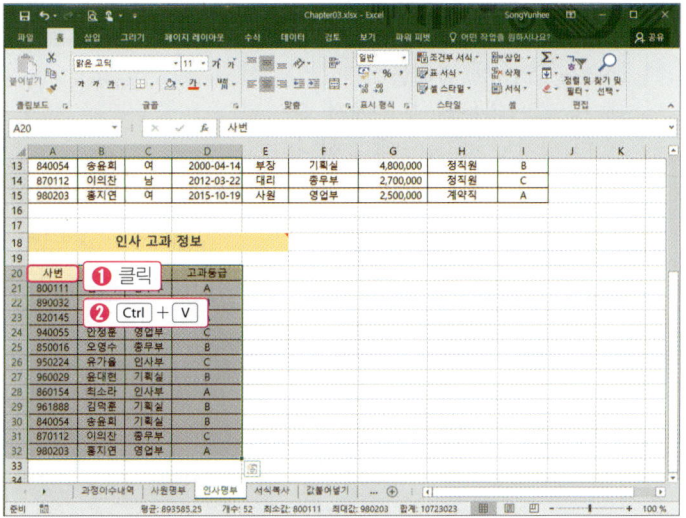

02 아이콘과 단축 메뉴를 사용하여 복사하기

01 [E3~E15] 셀 범위를 선택한 후 [홈] 탭 – [클립보드] 그룹 – [복사]를 클릭합니다.

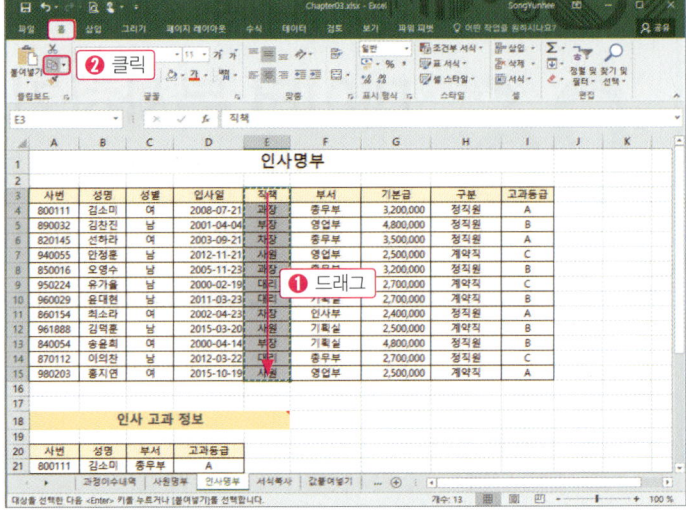

02 [D20] 셀을 클릭한 후 마우스 오른쪽 버튼을 클릭하고 [복사한 셀 삽입]을 선택합니다.

03 [삽입하여 붙여넣기] 창에서 [셀을 오른쪽으로 밀기]를 선택하고 [확인]을 클릭합니다.

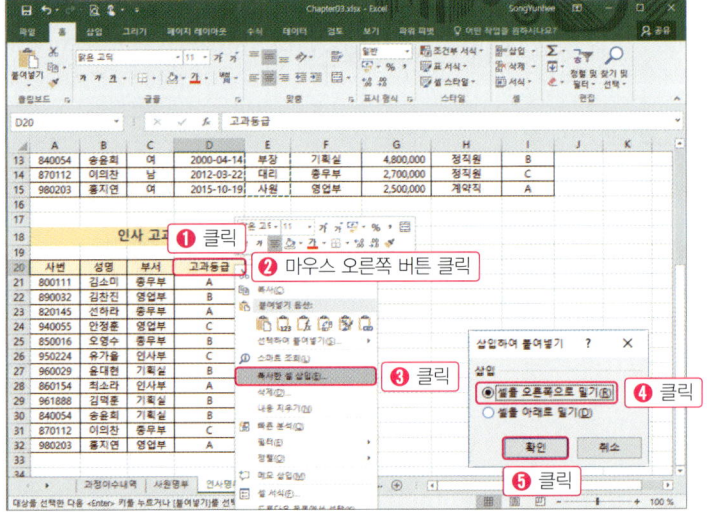

> 선택 영역의 테두리 부분에서 Ctrl + Shift + 드래그하여 복사한 셀 삽입을 실행할 수도 있습니다.

03 Ctrl + 드래그를 사용하여 복사하기

01 [A20~E21] 셀 범위를 선택한 후 선택 영역의 테두리 부분에서 붙여넣기 할 위치로 Ctrl + 드래그 합니다.

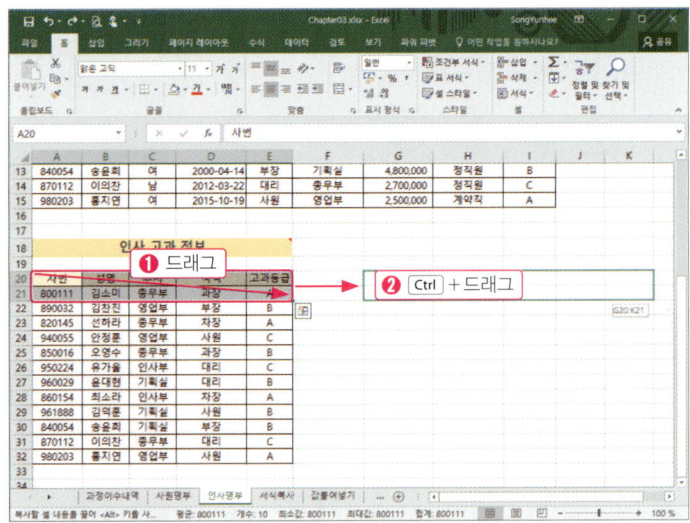

SECTION 07 데이터 이동하기

데이터를 이동할 때 마우스 오른쪽 버튼을 클릭하면 표시되는 단축 메뉴와 단축키 Ctrl+X (잘라내기), Ctrl+V(붙여넣기), [홈] 탭 – [클립보드] 그룹 – [잘라내기], [붙여넣기]를 사용할 수 있습니다. 연속적으로 입력된 데이터 범위를 선택한 경우라면 선택 영역의 테두리 부분을 드래그, Shift+드래그하여 데이터를 이동할 수도 있습니다.

실습예제 : Chapter03.xlsx – [인사명부] 시트

01 단축키로 데이터 이동하기

01 [A23~E23] 셀 범위를 선택한 후 Ctrl+X를 누릅니다.

02 [G22] 셀을 클릭한 후 Ctrl+V를 누릅니다.

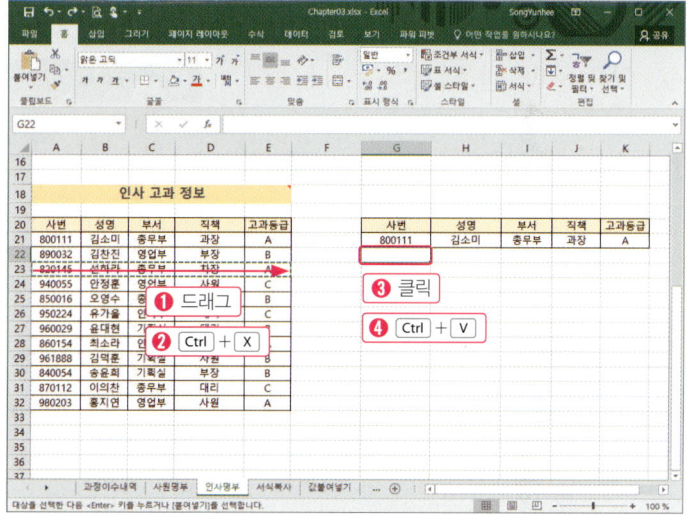

02 마우스로 데이터 이동하기

01 [A28~E28] 셀 범위를 드래그하여 선택합니다.

02 선택 영역의 테두리 부분을 [G23~K23] 범위로 드래그합니다.

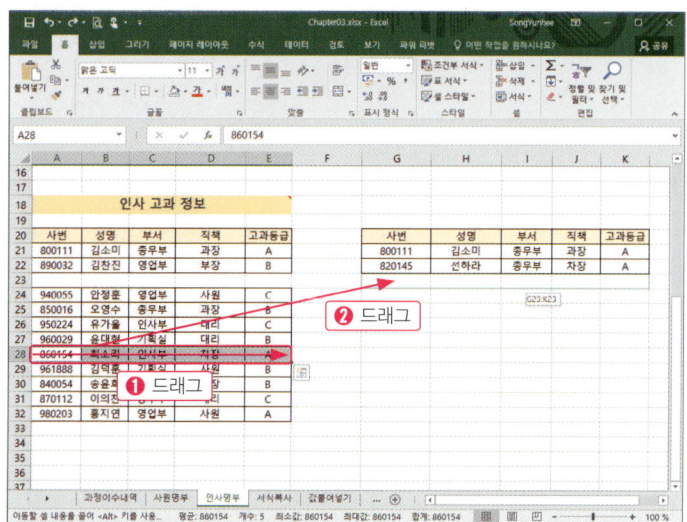

03 [A23~E23] 셀 범위를 드래그하여 선택한 후 [A28~E28] 셀 범위를 Ctrl+드래그하여 선택합니다.

04 선택 영역에서 마우스 오른쪽 버튼을 클릭한 후 [삭제]를 선택합니다.

05 [삭제] 창에서 [셀을 위로 밀기]를 선택하고 [확인]을 클릭합니다.

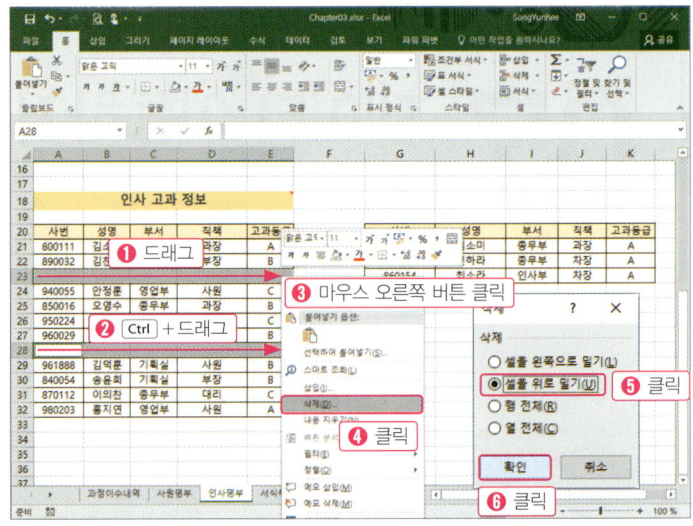

03 아이콘과 단축 메뉴로 데이터 이동하기

01 [E20~E30] 셀 범위를 선택합니다.

02 [홈] 탭 - [클립보드] 그룹 - [잘라내기]를 선택합니다.

03 [C20] 셀에서 마우스 오른쪽 버튼을 클릭한 후 [잘라낸 셀 삽입]을 선택합니다.

04 데이터가 이동된 것을 확인합니다.

> 선택한 셀 범위 테두리 부분에서 Shift+드래그하여 데이터를 이동할 수도 있습니다.

SECTION 08

다양한 [선택하여 붙여넣기] 옵션 알아보기

데이터를 복사하면 원본 데이터의 수식, 서식, 메모 등 모든 정보가 복사됩니다. Ctrl+V를 눌러 붙여넣기 하면 복사한 모든 정보가 그대로 붙여넣기 됩니다. 그런데 데이터를 붙여넣기 할 때 값만 붙여넣거나 열 너비를 동일하게 붙여넣거나 연결하여 붙여넣는 등 원하는 옵션을 선택하여 붙여넣기 해야 하는 경우가 있습니다. 어떤 경우에 선택하여 붙여넣기 옵션이 필요한지와 어떤 붙여넣기 옵션들이 제공되는지 알아보고 사용 빈도가 높은 주요 옵션의 사용 방법에 대해 살펴보겠습니다.

다양한 붙여넣기 옵션은 ① 붙여넣기 후 표시되는 [붙여넣기 옵션] 단추와 ② 마우스 오른쪽 버튼을 클릭한 후 [붙여넣기 옵션]과 [선택하여 붙여넣기]에서 선택할 수 있습니다. ③ [선택하여 붙여넣기] 메뉴를 선택하면 표시되는 [선택하여 붙여넣기] 창에서 더 다양한 옵션들을 사용할 수 있습니다.

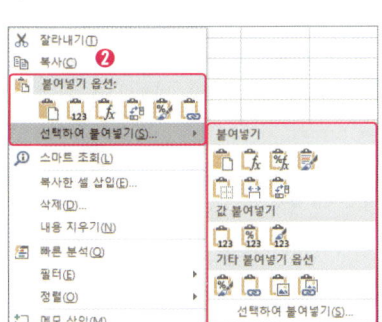
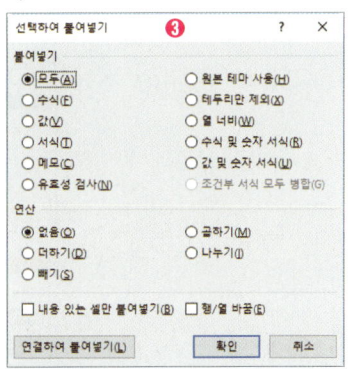

붙여넣기	
모두	모든 셀 내용과 서식을 모두 붙여넣음
수식	복사한 셀의 수식만 붙여넣음
값	수식의 결과값만 붙여넣음
서식	복사한 셀의 서식만 붙여넣음
메모	셀에 첨부된 메모만 붙여넣음
유효성 검사	복사한 셀의 데이터 유효성 검사 설정만 붙여넣음
원본 테마 사용	서식이 유지된 상태의 복사한 셀 내용을 붙여넣음
테두리만 제외	테두리를 제외한 모든 복사한 셀 내용을 붙여넣음
열 너비	열 너비만 붙여넣음
수식 및 숫자 서식	복사한 셀의 수식 및 숫자 서식만(텍스트 서식 제외) 붙여넣음
값 및 숫자 서식	복사한 셀의 수식에 대한 결과값과 숫자 서식만 붙여넣음
연산	
없음	연산 없이 붙여넣음
더하기, 빼기, 곱하기, 나누기	복사한 값을 붙여넣을 셀 범위에 더하기, 빼기, 곱하기, 나누기 연산을 수행하여 붙여넣음
내용 있는 셀만 붙여넣기	복사한 셀 범위에 빈 셀이 있는 경우 빈 셀의 내용 및 서식은 붙여넣지 않음
행/열 바꿈	행/열의 위치를 바꾸어 붙여넣음
연결하여 붙여넣기	복사한 셀(원본 셀)의 데이터가 변경되면 붙여넣기 한 셀(대상 셀)의 데이터가 업데이트 되도록 서식을 제외한 데이터만 연결하여 붙여넣음

SECTION 09 수식의 결과값만 붙여넣기

수식의 결과값을 다른 곳에 복사하는 경우 상대 참조가 적용되어 오류가 발생하는 경우가 대부분입니다. 이런 경우 [값] 또는 [값 및 숫자 서식] 붙여넣기 옵션을 사용하여 수식의 결과값을 복사하여 사용할 수 있습니다.

📁 실습예제 : Chapter03.xlsx - [값붙여넣기] 시트

01 1월부터 6월까지 매출 합계가 계산된 [I4~I11] 셀 범위를 선택한 후 Ctrl+C를 눌러 복사합니다.

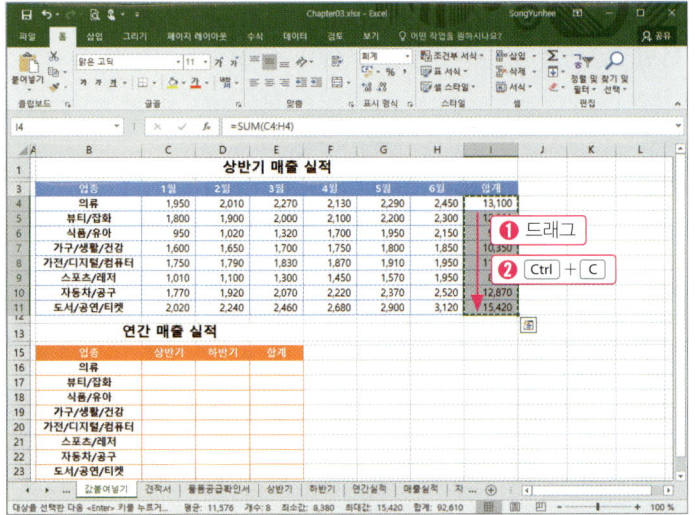

02 데이터를 붙여넣기할 [C16] 셀을 클릭한 후 Ctrl+V를 누릅니다. 셀 참조 오류가 발생하는 것을 확인한 후 [붙여넣기 옵션]을 클릭하여 [값]옵션을 선택합니다.

> **#REF 오류의 원인**
> I4 셀에 작성된 수식을 보면 '=SUM(C4:H4)'입니다. 이는 수식이 작성된 셀을 기준으로 왼쪽 6개 셀의 합계를 계산하는 수식입니다. 이 수식을 복사하여 C16 셀에 붙여넣기 하면 C16 셀에서도 왼쪽 6개의 셀을 참조하여 값을 계산하게 됩니다. 이는 엑셀이 계산을 할 때 사용하는 참조 방식 중 '상대 참조'라고 합니다. 그런데 C16 셀에서는 왼쪽에 참조할 6개의 셀이 없으므로 참조 오류(#REF)가 발생한 것입니다.

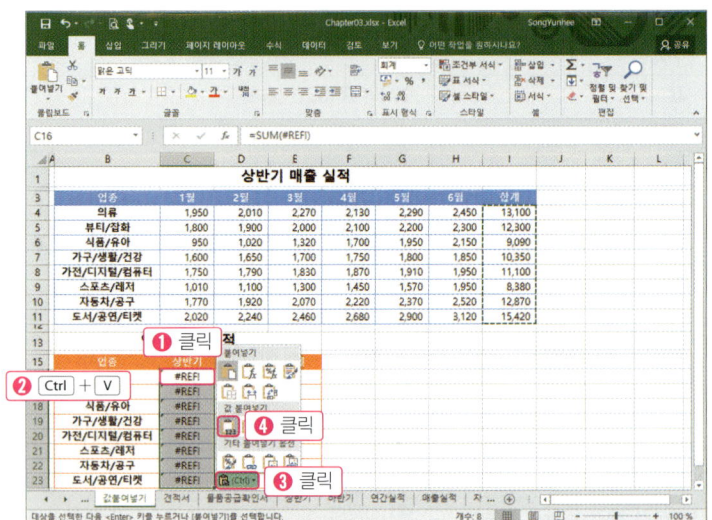

03 복사한 수식의 결과값이 붙여넣기 됩니다. 값만 붙여넣기 되며 원본 데이터에 지정된 천 단위 구분 기호는 표시되지 않습니다. 복사한 원본 데이터의 숫자 서식(천 단위 구분 기호(,) 표시)까지 붙여넣으려면 [붙여넣기 옵션]을 클릭한 후 [값 및 숫자 서식]을 선택합니다.

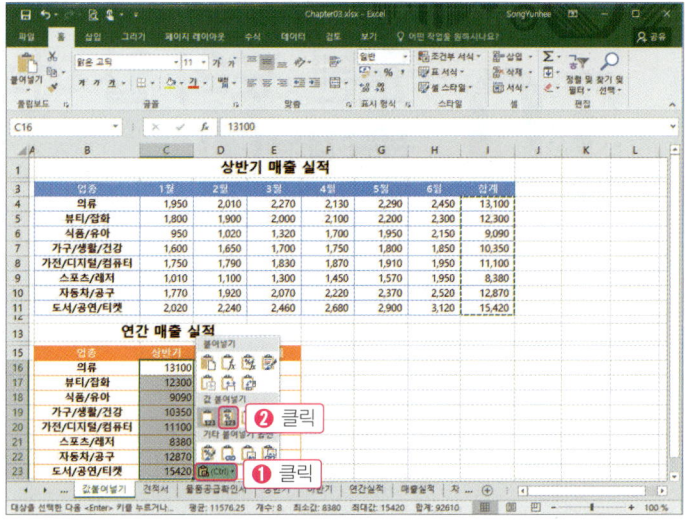

04 계산된 값과 숫자 서식이 붙여넣기 된 것을 확인합니다.

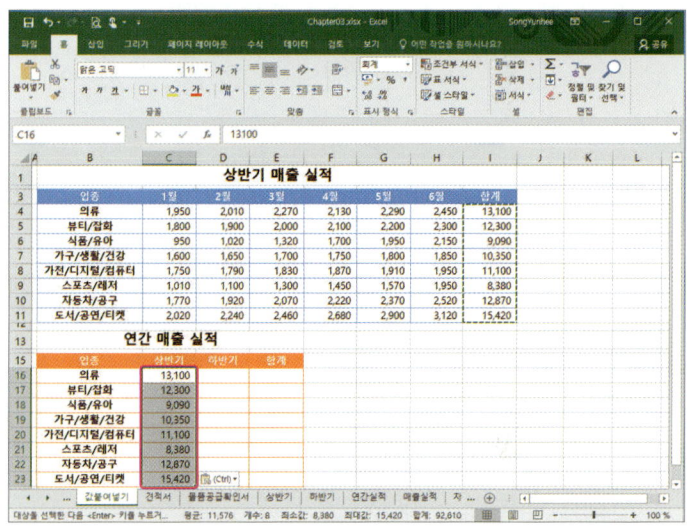

SECTION 10 원본 표의 열 너비와 동일하게 붙여넣기

[원본 열 너비 유지] 옵션을 사용하여 복사한 원본 열의 너비와 동일하게 데이터를 붙여넣을 수 있습니다.

실습예제 : Chapter03.xlsx – [견적서], [물품공급확인서] 시트

01 [견적서] 시트의 [E5~K9] 셀 범위를 선택한 후 Ctrl+C를 눌러 복사합니다.

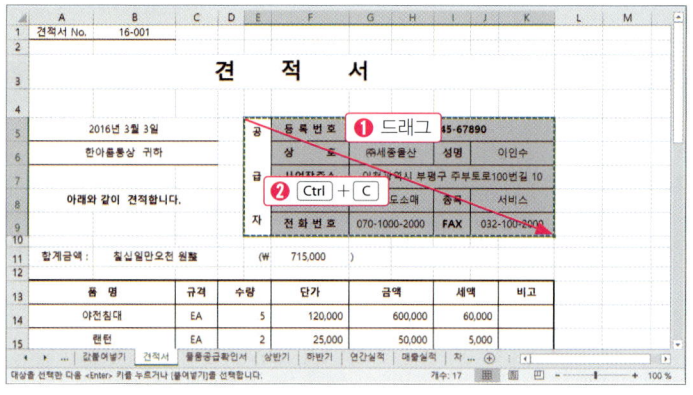

02 [물품공급확인서] 시트의 [E3] 셀을 클릭한 후 Ctrl+V를 눌러 붙여넣기 합니다. 표 형식의 열 너비가 달라 글자가 잘 보이지 않습니다. [붙여넣기 옵션]을 클릭하여 [원본 열 너비 유지]를 선택합니다.

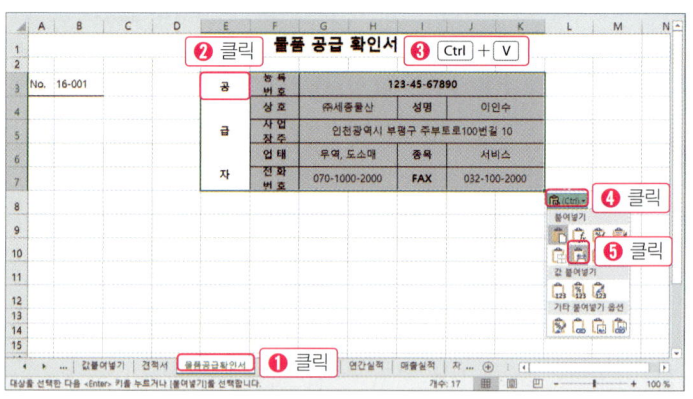

03 원본 열 너비와 동일하게 설정되며 표 형식이 원본과 동일하게 설정됩니다.

행의 높이를 동일하게 설정하는 옵션은 없으므로 필요한 경우 행의 높이는 직접 조절해야 합니다.

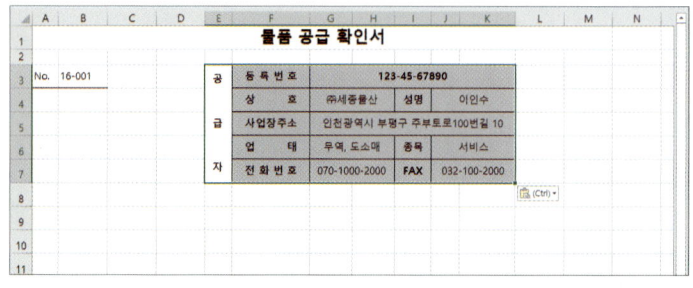

SECTION 11 행/열 바꾸어 붙여넣기

[바꾸기] 붙여넣기 옵션을 사용하여 행과 열을 바꾸어 붙여넣을 수 있습니다. 레이아웃을 변경하고자 하는 표 등에 유용하게 활용할 수 있습니다.

📂 **실습예제** : Chapter03.xlsx – [매출실적] 시트

01 [B3~H10] 셀 범위를 선택한 후 Ctrl+C를 눌러 복사합니다.

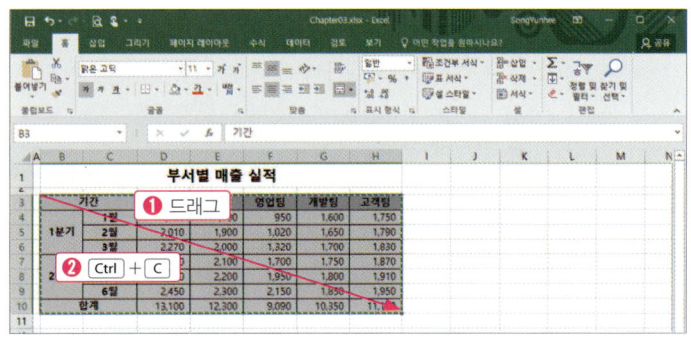

02 [B12] 셀에서 마우스 오른쪽 버튼을 클릭한 후 [붙여넣기 옵션] 중 [바꾸기]를 선택합니다.

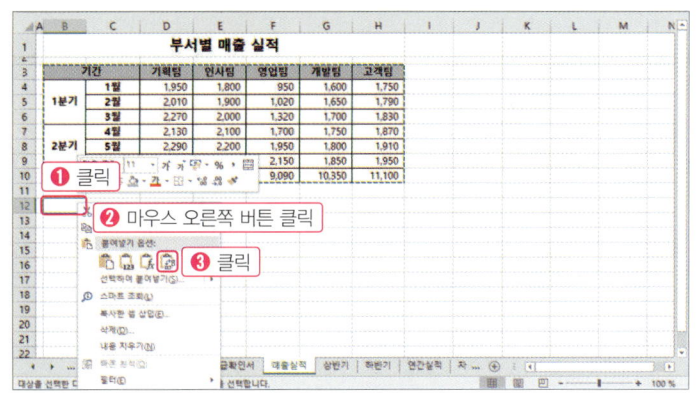

03 행/열이 바뀌어 붙여넣기 된 것을 확인합니다.

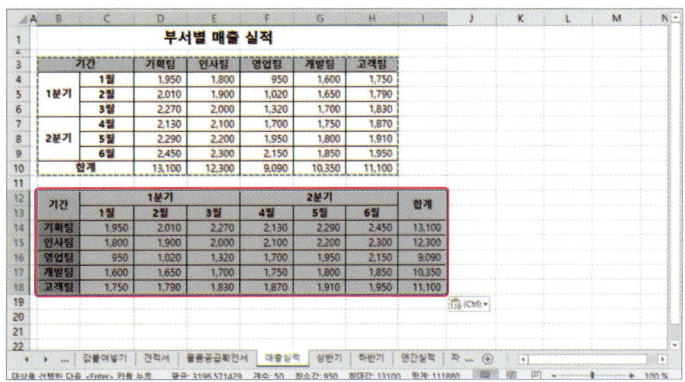

Chapter 03_ 문서 편집 및 워크시트 관리 · **101**

SECTION 12 데이터 연결하여 붙여넣기

[연결하여 붙여넣기] 옵션을 사용하여 원본 데이터가 수정되면 연결된 데이터가 업데이트되도록 설정할 수 있습니다.

실습예제 : Chapter03.xlsx - [상반기], [하반기], [연간실적] 시트

01 [상반기] 시트의 [I4~I11] 셀 범위를 선택한 후 Ctrl+C를 눌러 복사합니다.

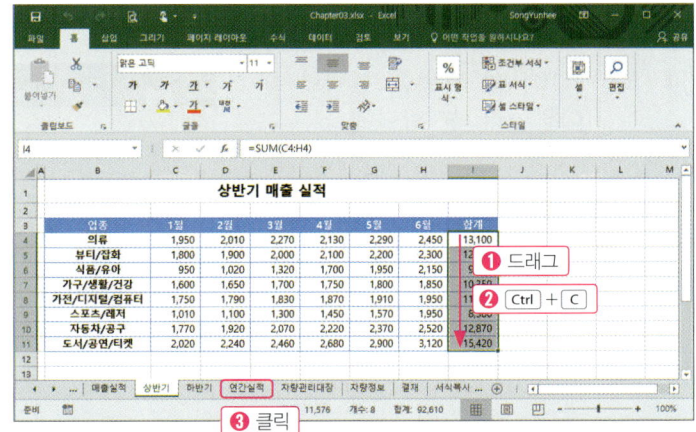

02 [연간실적] 시트의 [C4] 셀에서 마우스 오른쪽 버튼을 클릭한 후 [붙여넣기 옵션] 중 [연결하여 붙여넣기]를 선택합니다.

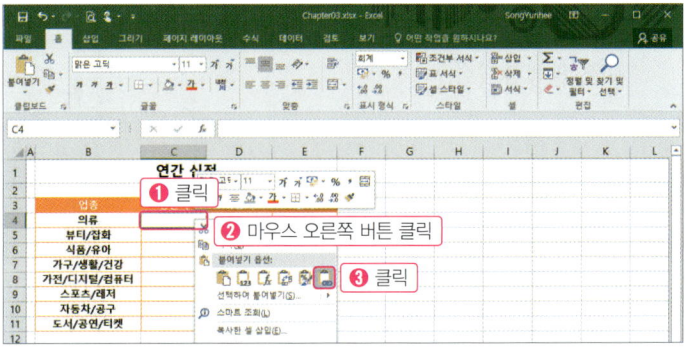

03 연결하여 붙여넣은 셀 중 임의의 셀을 선택한 후 [수식 입력줄]을 확인해 보면 '=시트명!셀 주소'의 연결 수식이 작성된 것을 확인할 수 있습니다.

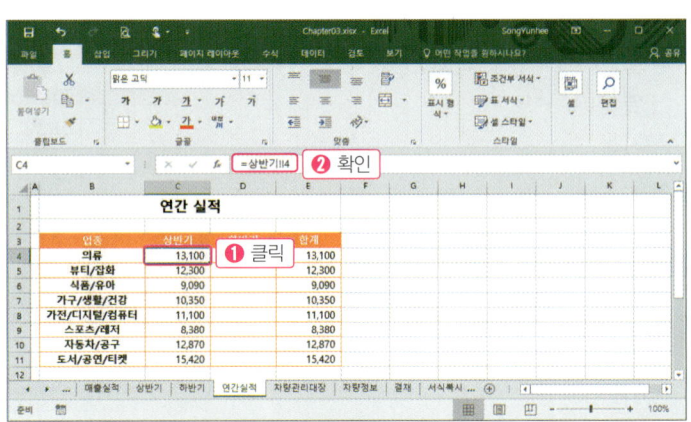

SECTION 13 그림으로 붙여넣기

[그림], [연결된 그림] 등의 붙여넣기 옵션을 사용하여 복사한 원본 데이터를 그림 형식으로 붙여넣을 수 있습니다. 형식이 다른 여러 개의 표를 한 워크시트에 작성할 때 유용하게 사용할 수 있습니다.

📁 **실습예제** : Chapter03.xlsx - [차량관리대장], [차량정보], [결재] 시트

01 연결된 그림으로 붙여넣기

01 [차량정보] 시트의 [B3~I4] 셀 범위를 선택한 후 Ctrl+C를 눌러 복사합니다.

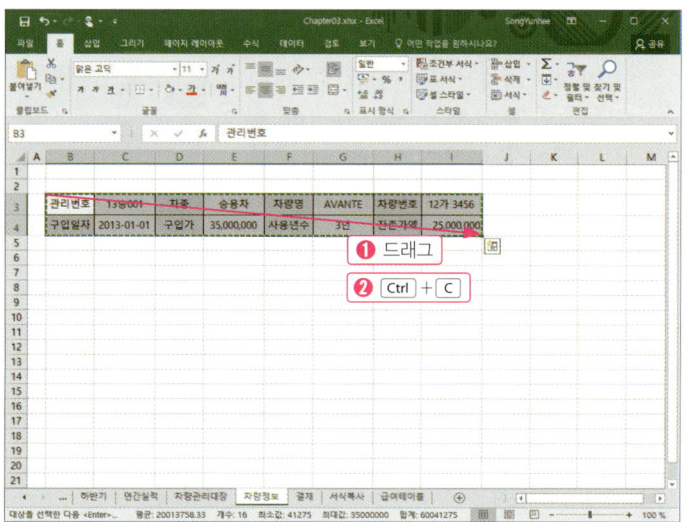

> 삽입된 그림을 더블 클릭하면 원본 데이터로 이동하고, 원본 데이터를 수정하면 연결된 그림이 업데이트됩니다.

02 [차량관리대장] 시트의 [B4] 셀에서 마우스 오른쪽 버튼을 클릭한 후 [선택하여 붙여넣기]의 [기타 붙여넣기 옵션] 중 [연결된 그림]을 선택합니다.

03 복사한 내용이 그림 형식으로 삽입됩니다. 그림이므로 드래그하여 위치를 이동하거나 크기 조절 핸들을 드래그하여 크기를 조절할 수 있습니다.

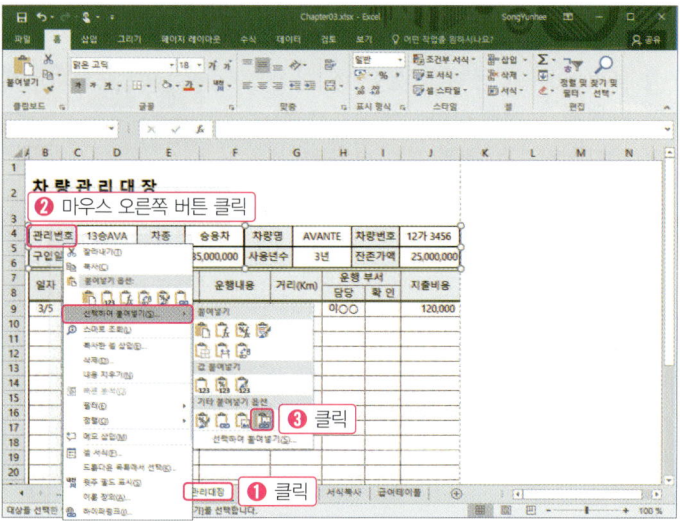

02 그림으로 붙여넣기

01 [결재] 시트의 [B2~E3] 셀 범위를 선택한 후 Ctrl+C를 눌러 복사합니다.

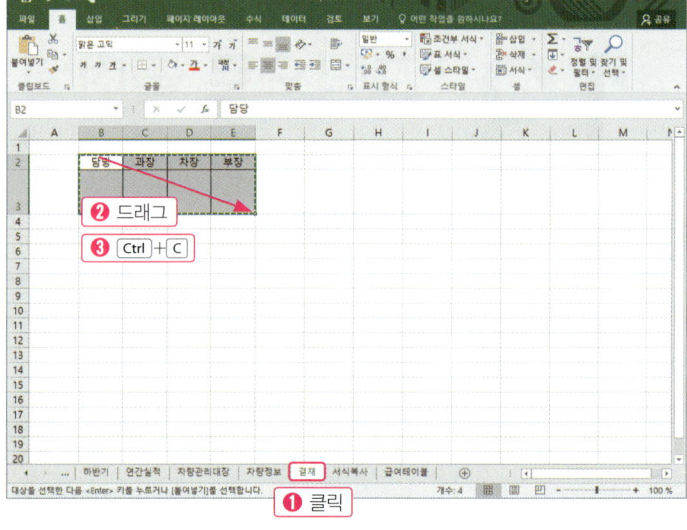

02 [차량관리대장] 시트의 [G1] 셀에서 마우스 오른쪽 버튼을 클릭한 후 [선택하여 붙여넣기]의 [기타 붙여넣기 옵션] 중 [그림]을 선택합니다.

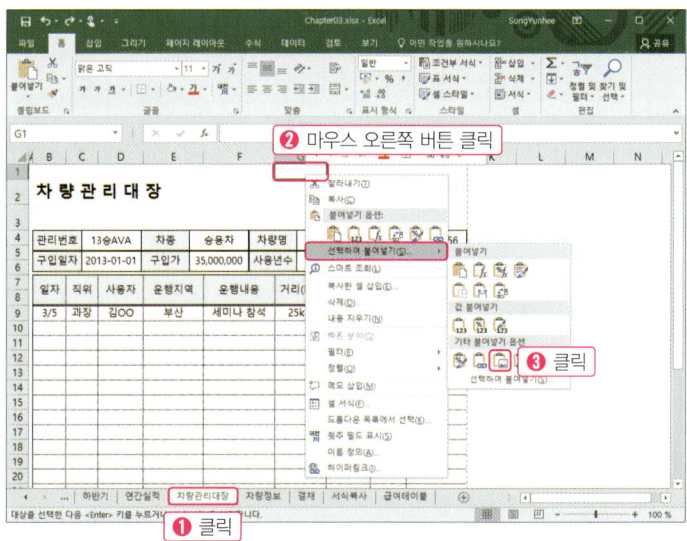

03 붙여넣기 된 그림의 크기 및 위치를 적절히 조절합니다. 그림으로 붙여넣기 한 경우 원본 데이터와 연결은 되지 않습니다.

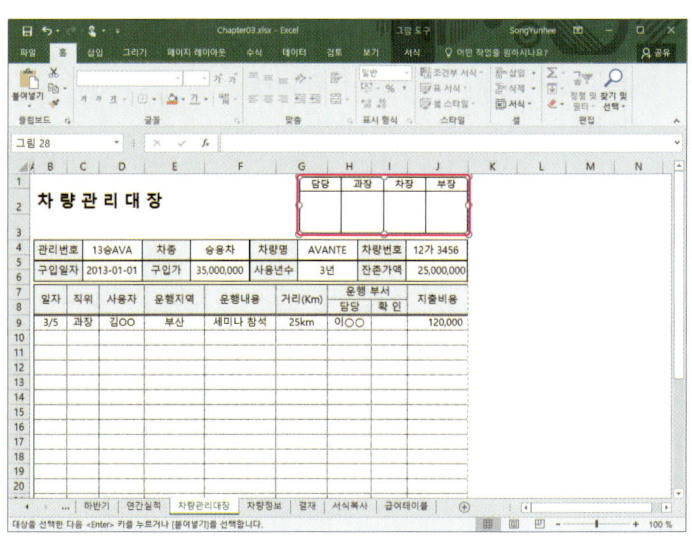

SECTION 14 서식 복사하기

붙여넣기 옵션 중 [서식]을 사용하여 특정 셀에 적용된 서식을 다른 셀에 동일하게 적용할 수 있습니다. 동일한 기능을 [서식 복사] 명령을 사용하여 조금 더 손쉽게 실행할 수도 있습니다.

📁 실습예제 : Chapter03.xlsx - [서식복사] 시트

01 [서식] 붙여넣기 옵션 사용

01 [B1] 셀의 서식을 [H1] 셀에 동일하게 적용하기 위해 [B1] 셀을 선택한 후 Ctrl + C 를 눌러 복사합니다.

02 [H1] 셀에서 마우스 오른쪽 버튼을 클릭한 후 [선택하여 붙여넣기]의 [기타 붙여넣기 옵션] 중 [서식]을 선택합니다.

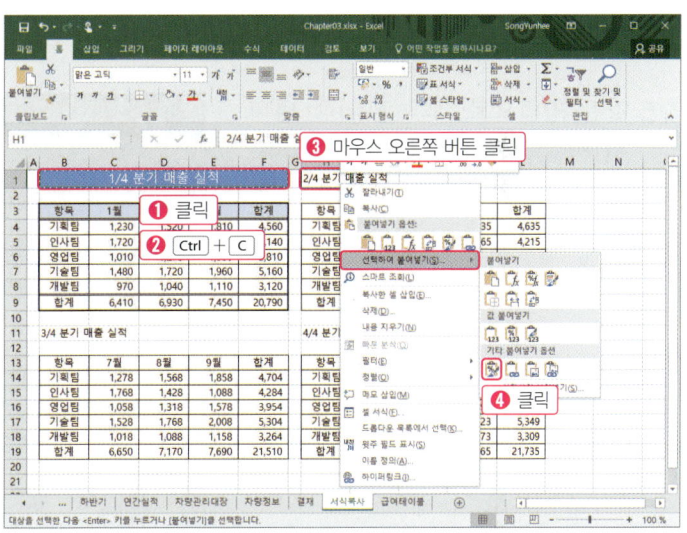

02 [서식 복사] 명령 사용

01 [H1] 셀의 서식을 [B11] 셀과 [H11] 셀에 동일하게 적용하기 위해 [H1] 셀을 선택한 후 [홈] 탭 - [클립보드] 그룹 - [서식 복사] 아이콘을 더블 클릭합니다.

02 [B11] 셀을 클릭합니다.

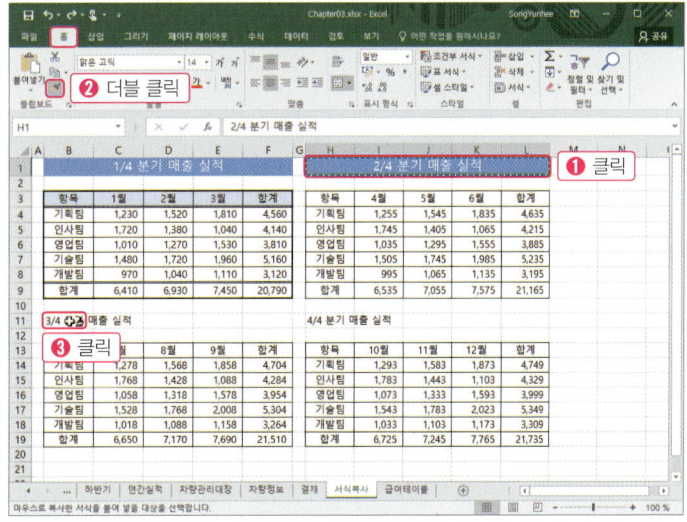

03 [H11] 셀을 클릭합니다.

04 Esc 를 눌러 서식 복사 상태를 해제합니다.

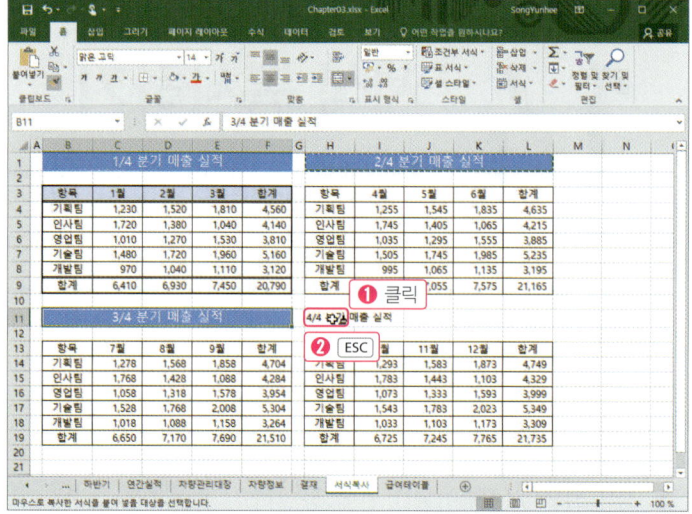

05 같은 방법으로 [B3~F9] 셀 범위의 서식을 복사하여 [H3], [B13], [H13] 셀을 클릭하여 동일하게 적용합니다.

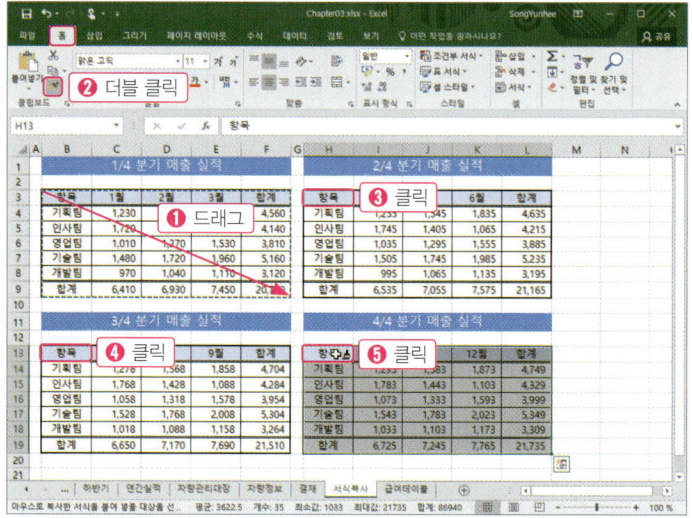

SECTION 15 연산하여 붙여넣기

[선택하여 붙여넣기] 창의 더하기, 빼기, 곱하기, 나누기 연산 옵션을 사용하여 일괄적인 데이터의 연산을 손쉽게 처리할 수 있습니다.

실습예제 : Chapter03.xlsx - [급여테이블] 시트

01 기본급을 10% 인상하는 연산을 실행하기 위해 비어 있는 임의의 셀에 '1.1'을 입력합니다.

02 데이터를 입력한 셀을 클릭한 후 Ctrl+C를 눌러 복사합니다.

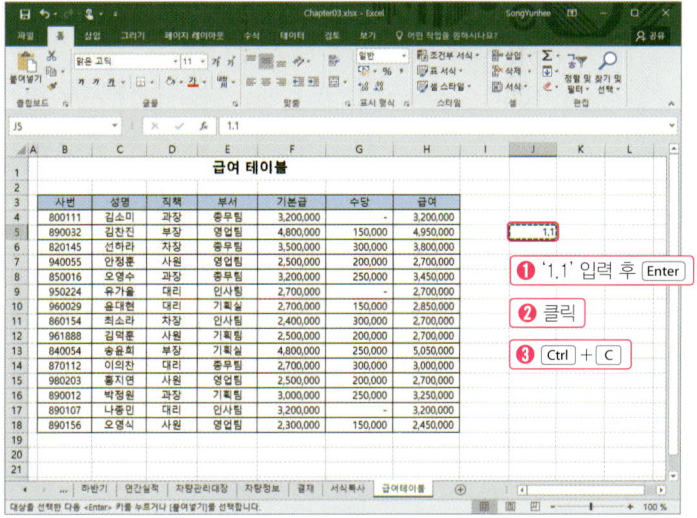

03 기본급 데이터 범위(F4~F18)를 선택한 후 마우스 오른쪽 버튼을 클릭하고 [선택하여 붙여넣기]를 선택합니다.

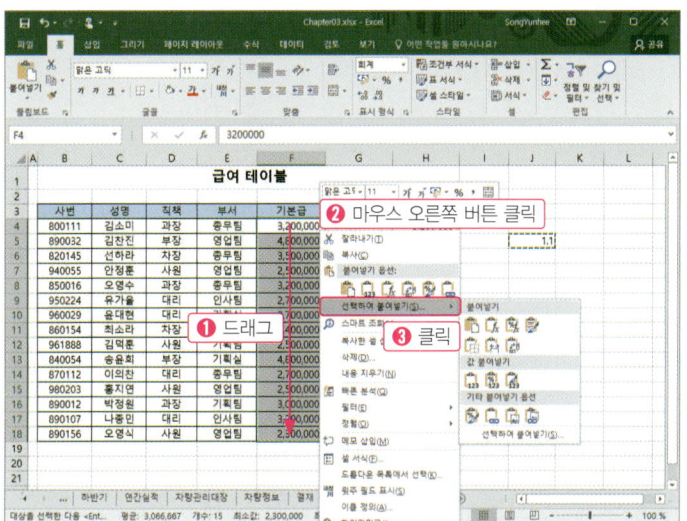

Chapter 03_ 문서 편집 및 워크시트 관리 · 107

04 [선택하여 붙여넣기] 창에서 [연산] 범주의 [곱하기], [붙여넣기] 범주의 [값] 옵션을 선택한 후 [확인]을 클릭합니다.

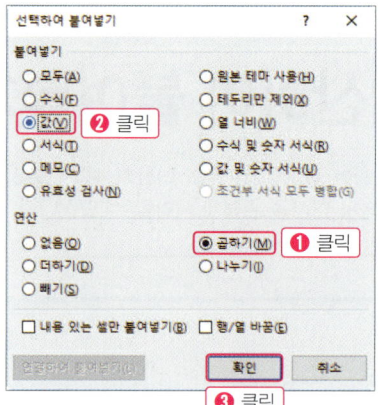

05 기본급이 10% 인상된 금액으로 수정된 것을 확인합니다.

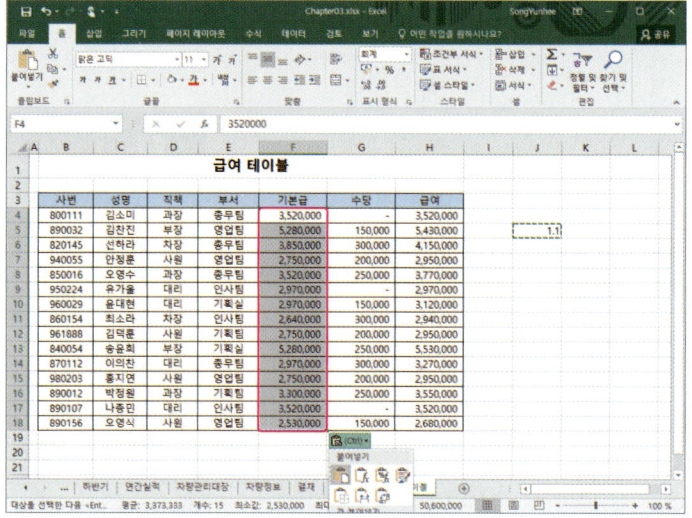

SECTION 16 워크시트 관리하기

엑셀 문서 작업을 하다 보면 워크시트의 이름을 변경하거나 시트를 삽입, 삭제하고 원하는 위치로 이동하는 등 워크시트 관리 작업이 필요하게 됩니다. 워크시트 관리에 사용되는 명령을 알아보고, 주요 기능에 대한 사용 방법에 대해 자세히 살펴보겠습니다.

시트 탭에서 마우스 오른쪽 버튼을 클릭하면 워크시트 관리에 사용되는 명령이 표시됩니다.

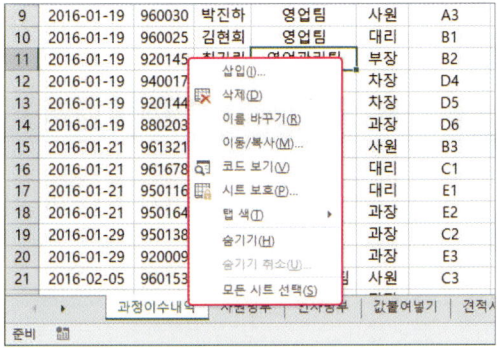

시트 관리 명령

명령	설명
삽입	워크시트, 차트 시트, 다이얼로그 시트 등을 삽입합니다. ⊕ 시트 탭 오른쪽 끝의 [새 시트]를 클릭하여 워크시트를 삽입할 수 있습니다.
삭제	선택한 워크시트를 삭제합니다.
이름 바꾸기	시트 이름을 변경합니다. 시트 탭을 더블 클릭하여 시트명을 변경할 수 있습니다.
이동/복사	선택한 워크시트를 현재 통합 문서 내의 다른 시트 앞이나, 다른 통합 문서로 이동하거나 복사합니다.
코드 보기	VBA 코드 보기 화면으로 이동합니다. 엑셀 VBA 프로그래밍을 사용한 경우 사용되는 기능입니다.
시트 보호	편집이 불가능하도록 워크시트를 보호합니다.
탭 색	시트 탭의 색을 설정합니다.
숨기기	워크시트가 화면에 표시되지 않도록 숨깁니다.
숨기기 취소	숨긴 워크시트를 다시 화면에 표시합니다.
모든 시트 선택	모든 워크시트를 선택합니다.

시트 선택

선택 영역	실행할 작업
단일 시트	시트 탭을 클릭합니다.
두 개 이상의 인접한 시트	첫 번째 시트 탭을 클릭한 후 마지막 시트 탭을 Shift+클릭합니다.
두 개 이상의 인접하지 않은 시트	첫 번째 시트 탭을 클릭하고 추가로 선택할 시트 탭을 Ctrl+클릭합니다.

SECTION 17 워크시트 삽입하고, 이름 바꾸기

새 워크시트를 삽입하고, 시트의 이름을 변경하는 방법에 대해 알아보겠습니다.

실습예제 : Chapter03.xlsx

01 [과정이수내역] 시트를 선택한 후 [새 시트(⊕)] 아이콘을 클릭합니다.

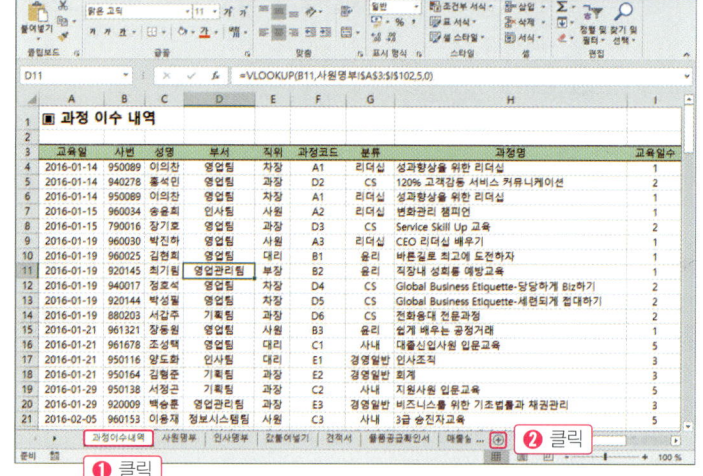

시트명에서 마우스 오른쪽 버튼 클릭 – [삽입] – [워크시트]를 선택하여 새 워크시트를 삽입할 수도 있습니다.

02 삽입된 새 워크시트의 이름을 변경하기 위해 시트명을 더블 클릭합니다.

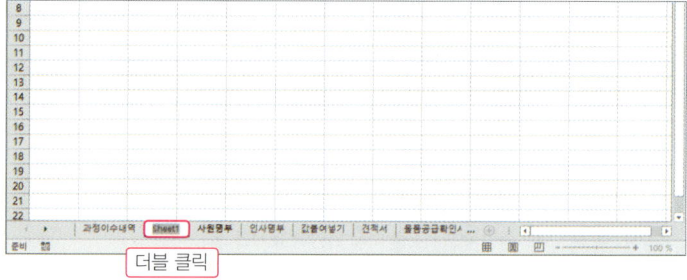

시트명에서 마우스 오른쪽 버튼을 클릭한 후 [이름 바꾸기]를 선택하여 시트명을 변경할 수 있습니다.

03 [교육과정]을 입력한 후 Enter를 누릅니다.

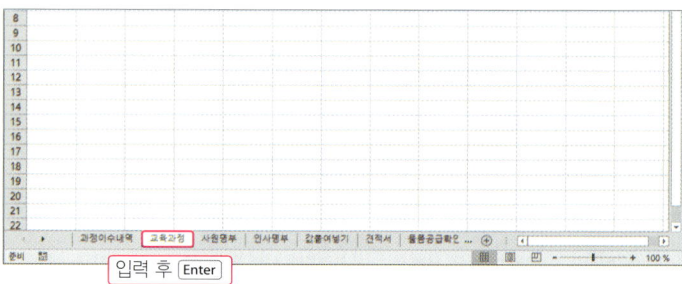

SECTION 18 시트 이동/복사하기

시트를 이동/복사할 때는 시트 탭에서 마우스 오른쪽 버튼을 클릭하면 표시되는 단축 메뉴의 [이동/복사]를 사용하거나 드래그, Ctrl+드래그를 사용합니다. 시트를 이동/복사 하는 방법에 대해 알아보겠습니다.

실습예제 : Chapter03.xlsx

01 시트 이동하기

01 [교육과정] 시트를 선택한 후 마우스 오른쪽 버튼을 클릭하고 [이동/복사]를 선택합니다.

02 [이동/복사] 창의 [다음 시트의 앞에] 목록에서 [견적서]를 선택하고 [확인]을 클릭합니다.

> 시트 탭을 드래그하여 시트를 이동할 수 있습니다.

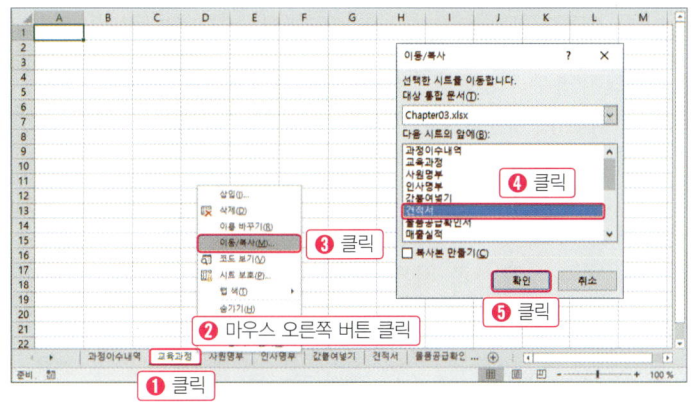

02 시트 복사하기

01 [교육과정] 시트를 선택한 후 마우스 오른쪽 버튼을 클릭하고 [이동/복사]를 선택합니다.

02 [다음 시트의 앞에] 목록에서 [인사명부]를 선택한 후 [복사본 만들기] 옵션을 설정하고 [확인]을 클릭합니다.

> 시트 탭을 Ctrl+드래그하여 시트를 복사할 수도 있습니다.

03 시트가 복사된 것을 확인합니다.

> [교육과정(2)] 시트를 클릭한 후 [교육과정] 시트를 Ctrl+클릭하여 선택하고 시트 탭에서 마우스 오른쪽 버튼을 클릭한 후 [삭제]를 선택하여 시트를 삭제합니다.

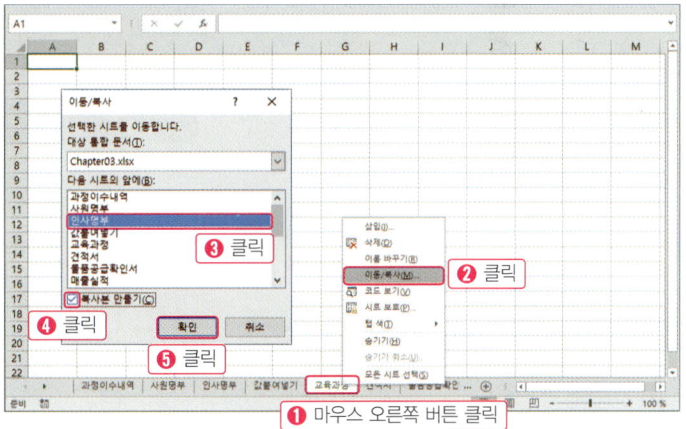

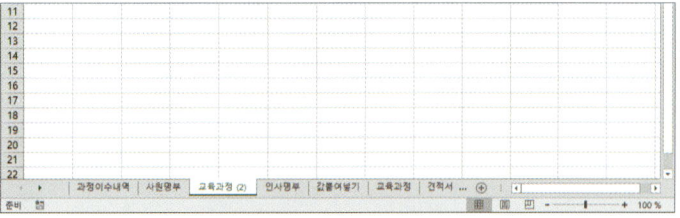

SECTION 19 특정 시트만 새 통합 문서로 만들기

[이동/복사] 명령을 사용하여 워크시트를 다른 통합 문서나 새 통합 문서로 손쉽게 이동, 복사할 수 있습니다.

실습예제 : Chapter03.xlsx

01 [과정이수내역] 시트를 선택한 후 [인사명부] 시트를 Shift+클릭하여 선택하고, [견적서] 시트를 Ctrl+클릭하여 선택합니다.

02 선택한 시트 중 임의의 시트 탭에서 마우스 오른쪽 버튼을 클릭한 후 [이동/복사]를 선택합니다.

03 [이동/복사] 창에서 [대상 통합 문서]의 목록 단추를 클릭한 후 [(새 통합 문서)]를 선택합니다.

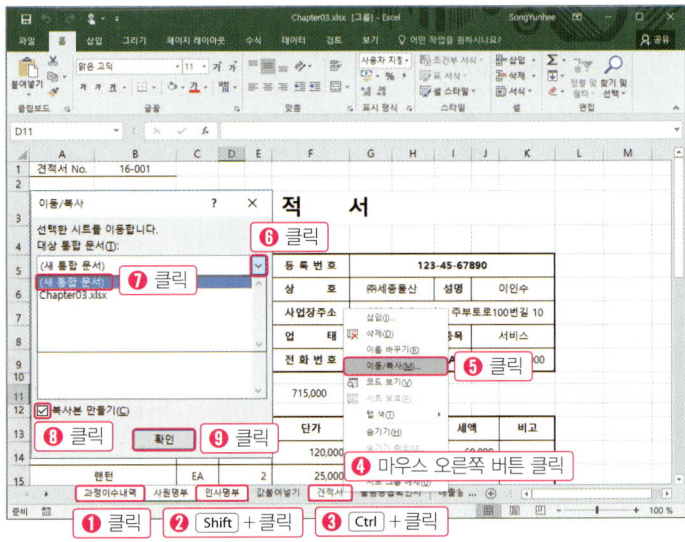

04 [복사본 만들기] 옵션을 설정한 후 [확인]을 클릭합니다.

05 새 통합 문서가 만들어지고 시트가 복사된 것을 확인합니다.

> 시트 그룹이 설정된 상태(여러 장의 시트가 선택된 상태)에서 수행하는 작업은 선택된 모든 시트에 적용됩니다. 예를 들어, 시트 그룹이 설정된 상태에서 A열을 삭제하면 선택된 모든 시트의 A열이 삭제됩니다. 그러므로 여러 장의 시트를 선택하여 원하는 작업을 마친 후에는 반드시 다른 시트 탭을 클릭하여 시트 그룹을 해제해야 합니다.

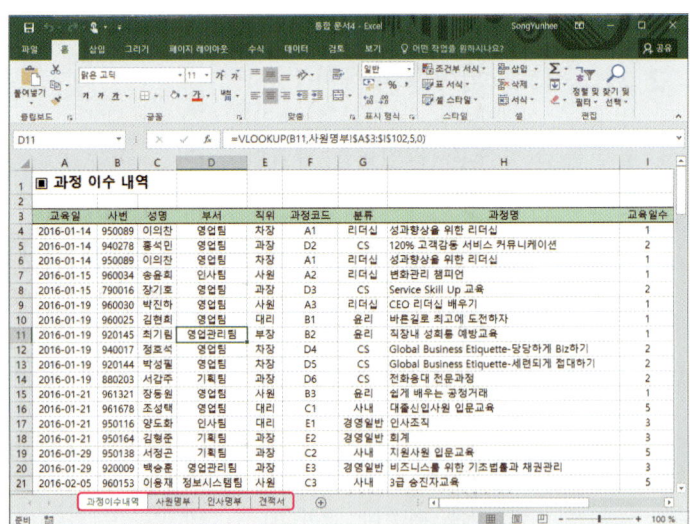

SECTION 20
읽기만 가능하도록 시트 보호하기

[시트 보호] 명령을 사용하여 시트를 보호하면 시트의 내용을 편집할 수 없고 읽기만 가능하도록 설정할 수 있습니다.

📁 실습예제 : Chapter03.xlsx – [서식복사] 시트

01 시트 보호하기

01 [서식복사] 시트를 선택한 후 시트 탭에서 마우스 오른쪽 버튼을 클릭하고 [시트 보호]를 선택합니다.

> [검토] 탭 – [변경 내용] 그룹 – [시트 보호]를 사용하여 시트를 보호할 수도 있습니다.

02 [시트 보호] 창에서 [시트 보호 해제 암호]를 지정한 후 [확인]을 클릭합니다.

> [워크시트에서 허용할 내용] 목록에서 설정한 옵션만 작업이 허용되며, 암호를 설정하지 않아도 시트를 보호할 수 있습니다.

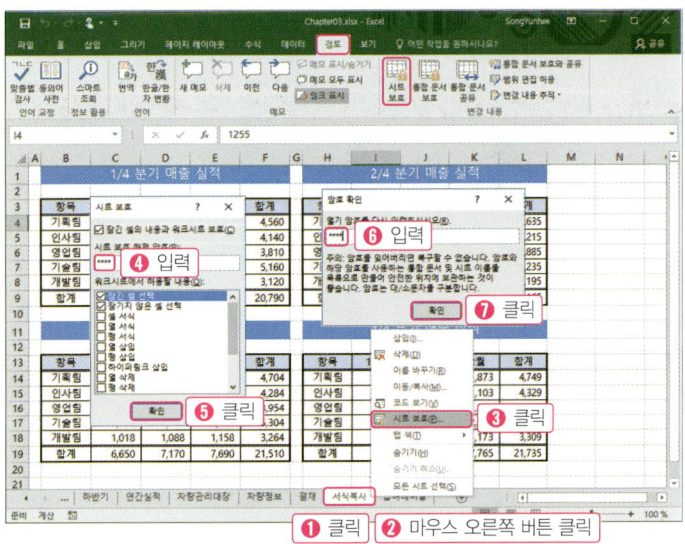

03 [암호 확인] 창에서 동일한 암호를 다시 한 번 입력한 후 [확인]을 클릭합니다.

04 시트 보호 후 셀의 내용을 편집하면 시트가 보호되어 있음을 알리는 창이 표시됩니다.

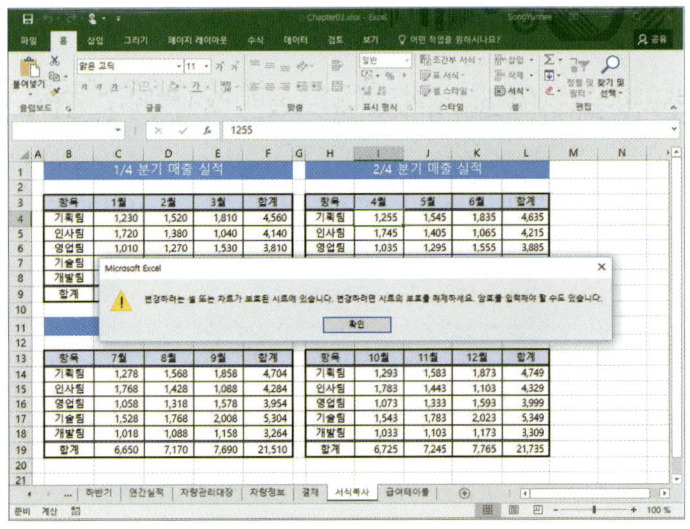

02 시트 보호 해제하기

01 보호된 시트 탭에서 마우스 오른쪽 버튼을 클릭한 후 [시트 보호 해제]를 선택합니다.

> [검토] 탭 – [변경 내용] 그룹 – [시트 보호 해제]를 사용하여 시트 보호를 해제할 수도 있습니다.

02 [시트 보호 해제] 창에서 시트 보호 시 지정한 암호를 입력한 후 [확인]을 클릭합니다.

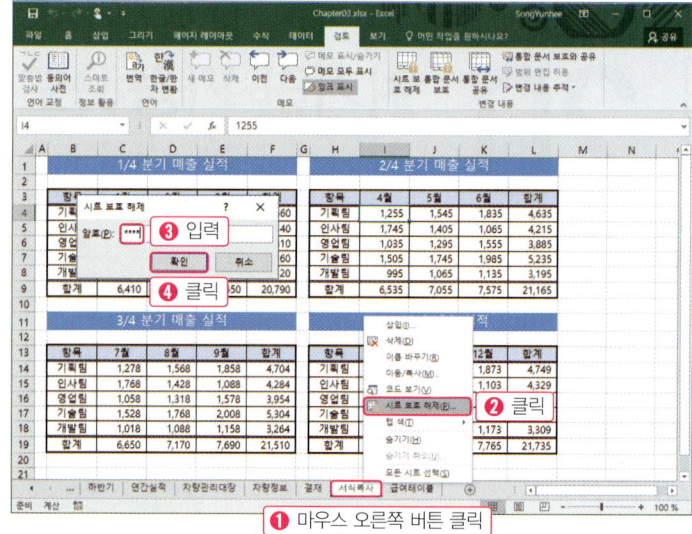

SECTION 21
특정 영역만 수정할 수 있도록 시트 보호하기

워크시트의 모든 셀은 기본적으로 [잠금] 옵션이 설정되어 있습니다. 시트 보호 시 [잠금]이 설정된 셀들이 편집이 불가능하도록 보호되는 것입니다. 만약 시트 보호 시 특정 셀들은 편집 가능하도록 설정하고자 한다면 해당 셀들의 [잠금] 옵션을 해제하면 됩니다.

📁 **실습예제** : Chapter03.xlsx - [서식복사] 시트

01 셀 잠금 해제하기

01 시트 보호 시 편집 가능하도록 설정할 셀들을 선택하기 위해 [C4~E8] 셀 범위를 드래그하여 선택한 후 Ctrl 을 누르고 [I4~K8], [C14~E18], [I14~K18] 셀 범위를 드래그하여 선택합니다.

02 선택한 셀 범위에서 마우스 오른쪽 버튼을 클릭한 후 [셀 서식]을 선택합니다.

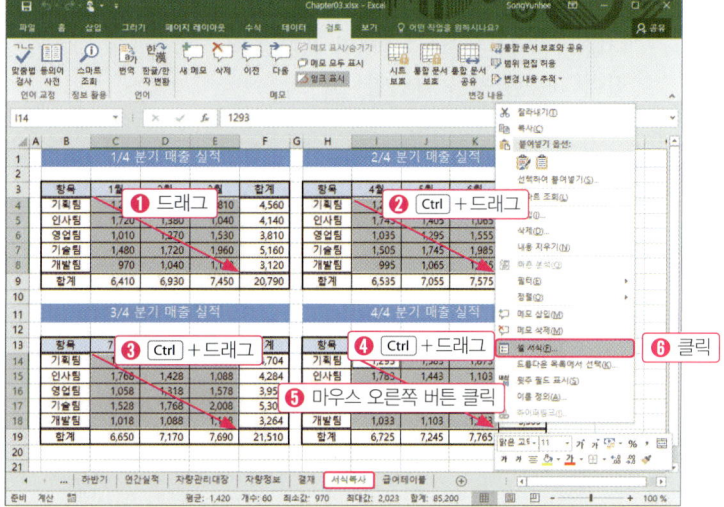

03 [셀 서식] 창의 [보호] 탭에서 [잠금] 옵션을 해제한 후 [확인]을 클릭합니다.

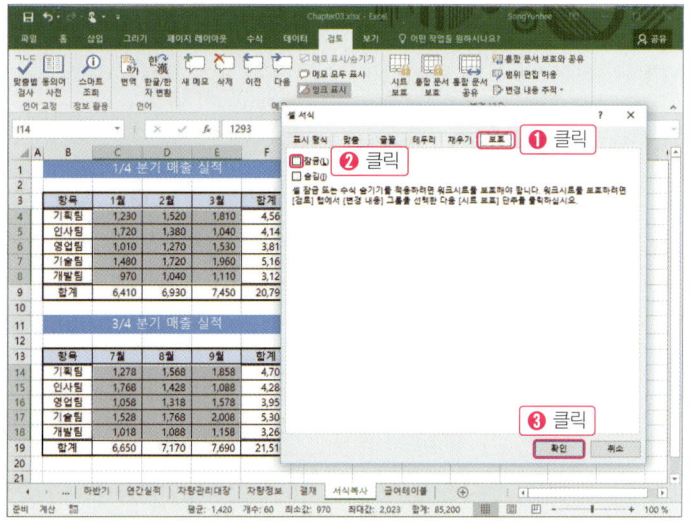

Chapter 03_ 문서 편집 및 워크시트 관리 · 115

02 시트 보호하기

01 [서식복사] 시트 탭에서 마우스 오른쪽 버튼을 클릭한 후 [시트 보호]를 선택합니다.

02 [시트 보호] 창에서 [확인]을 클릭합니다. 이번에는 암호를 설정하지 않고 시트를 보호해 보겠습니다.

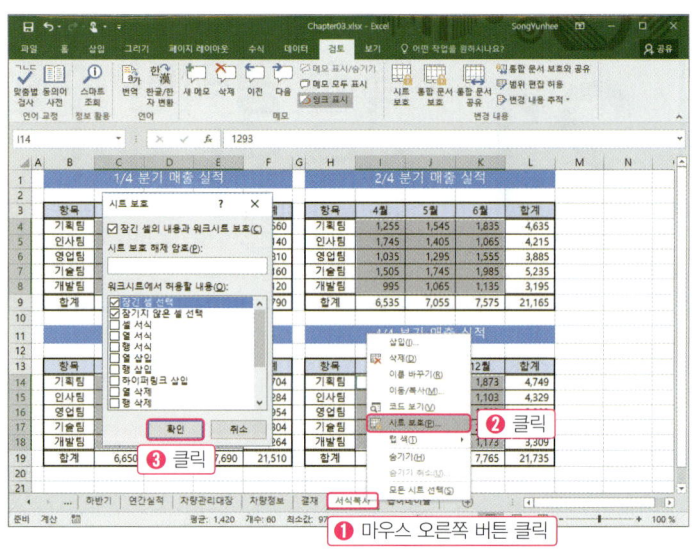

03 [I4] 셀을 클릭한 후 '1500'을 입력합니다. [잠금] 옵션이 해제된 셀은 편집이 가능한 것을 확인합니다.

04 잠금을 해제하지 않은 나머지 셀들은 더블 클릭하여 편집이 불가능한 것을 확인합니다.

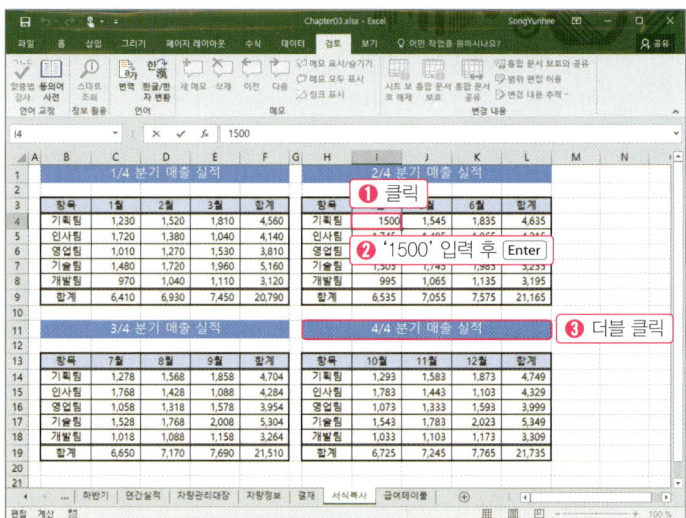

03 시트 보호 해제하기

01 [서식복사] 시트 탭에서 마우스 오른쪽 버튼을 클릭한 후 [시트 보호 해제]를 선택합니다. 암호를 설정하지 않았기 때문에 바로 시트 보호가 해제됩니다.

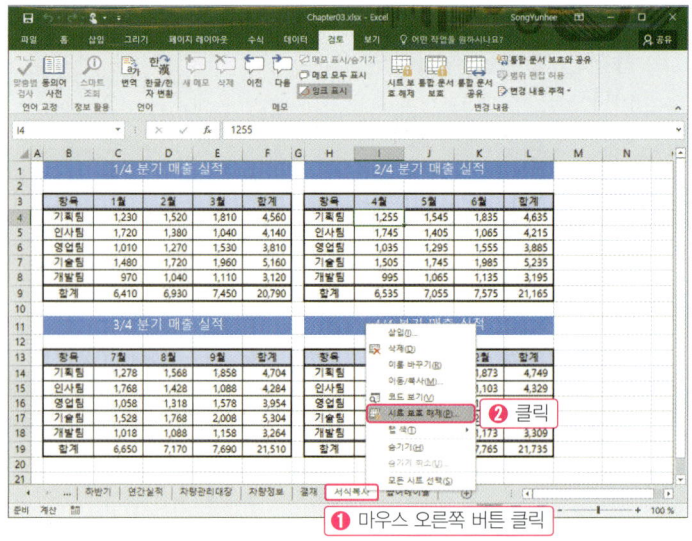

SECTION 22 시트 숨기고 다시 표시하기

[시트 숨기기] 명령을 사용하여 중요한 내용이 담긴 시트를 화면에 표시되지 않도록 숨길 수 있습니다. 시트를 숨겨보고, 숨겼던 시트를 다시 표시하는 방법에 대해 알아보겠습니다.

📁 실습예제 : Chapter03.xlsx - [급여테이블] 시트

01 시트 숨기기

01 [급여테이블] 시트 탭에서 마우스 오른쪽 버튼을 클릭한 후 [숨기기]를 선택합니다.

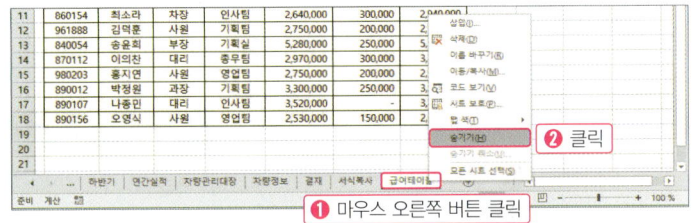

02 시트 표시하기

01 시트 탭에서 마우스 오른쪽 버튼을 클릭한 후 [숨기기 취소]를 선택합니다.

02 [숨기기 취소] 창에서 화면에 표시할 시트를 선택하고 [확인]을 클릭합니다.

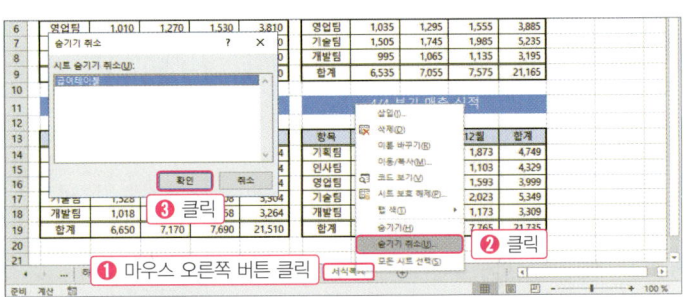

> 시트를 숨길 때 암호를 설정하는 옵션이 없기 때문에 [숨기기 취소] 명령을 아는 경우 누구나 숨긴 시트를 다시 표시할 수 있습니다. 만약 숨긴 시트를 화면에 표시할 수 없도록 설정하고자 하는 경우 [통합 문서 보호]를 사용할 수 있습니다.

03 [검토] 탭 - [변경 내용] 그룹 - [통합 문서 보호]를 사용하여 통합 문서의 구조를 보호하면 시트 탭에서 마우스 오른쪽 버튼을 클릭했을 때 워크시트 관리와 관련된 명령이 비활성화됩니다.

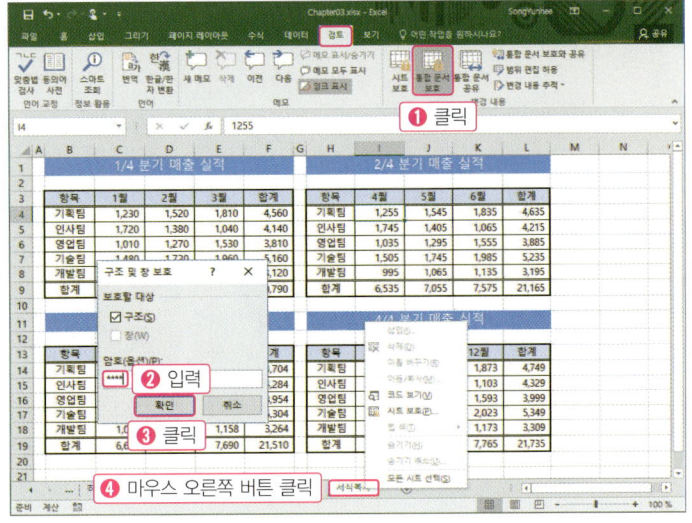

SECTION 23 특정 문자가 포함된 셀 찾기

[찾기] 기능을 사용하여 워크시트 또는 통합 문서 전체에서 원하는 내용을 손쉽게 찾을 수 있습니다.

📁 실습예제 : Chapter03.xlsx - [찾기_바꾸기] 시트

01 [분류] 필드에서 '전산'을 찾기위해 [C4] 셀을 클릭한 후 Ctrl + Shift + ↓ 를 눌러 찾기를 실행할 셀 범위를 선택합니다.

> 찾을 범위를 선택하지 않으면 시트 전체에서 찾기를 실행합니다.

02 [홈] 탭 - [편집] 그룹 - [찾기 및 선택]을 클릭한 후 [찾기]를 선택합니다.

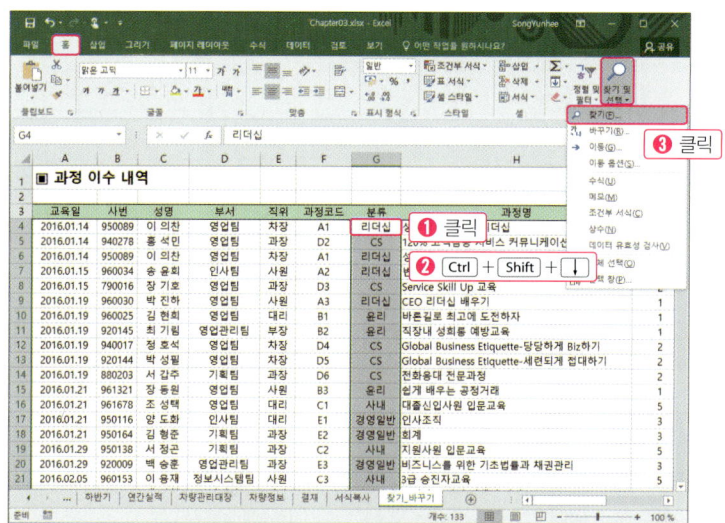

03 [찾기 및 바꾸기] 창에서 [찾을 내용]에 '전산'을 입력하고 [모두 찾기]를 클릭합니다.

04 검색 결과 목록이 표시되고, 검색 결과 목록에서 항목을 선택하면 검색된 해당 셀로 이동합니다.

05 정확하게 '전산'이 입력된 셀만 검색되도록 하기 위해 [옵션]을 클릭합니다.

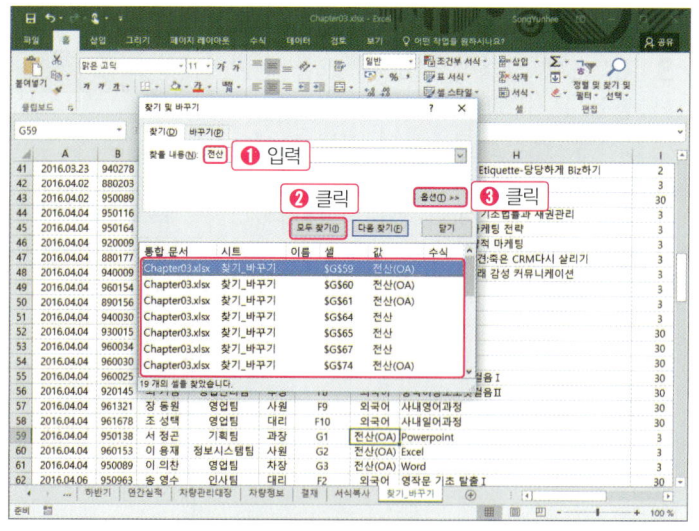

06 [전체 내용 일치] 옵션을 설정한 후 [모두 찾기]를 클릭합니다. 셀 전체 내용이 '전산'인 데이터만 검색되며, 검색 범위를 지정하지 않았기 때문에 시트 전체에서 해당 내용이 검색됩니다.

07 [닫기]를 클릭하여 [찾기 및 바꾸기] 창을 닫습니다.

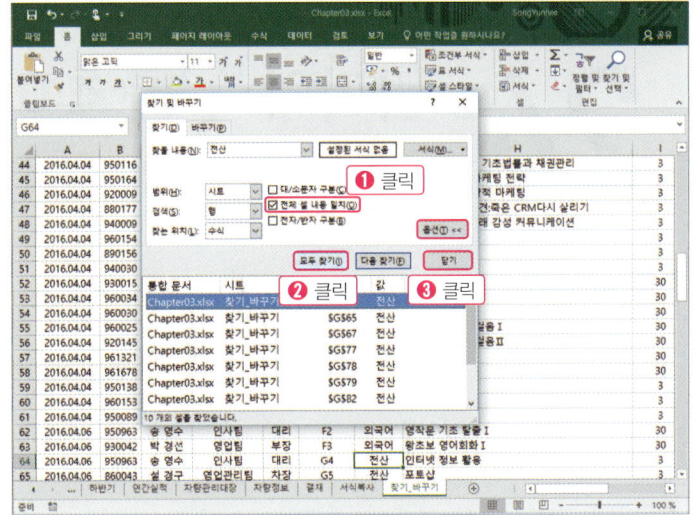

SECTION 24 날짜의 '.'를 찾아 '-'로 바꾸기

[바꾸기] 기능을 사용하여 [교육일] 필드의 '.'를 '-'로 바꿔보겠습니다.

📁 실습예제 : Chapter03.xlsx - [찾기_바꾸기] 시트

01 [A4] 셀을 클릭한 후 Ctrl + Shift + ↓를 눌러 바꾸기를 실행할 셀 범위를 선택합니다.

02 [홈] 탭 - [편집] 그룹 - [찾기 및 선택]을 클릭한 후 [바꾸기]를 선택합니다.

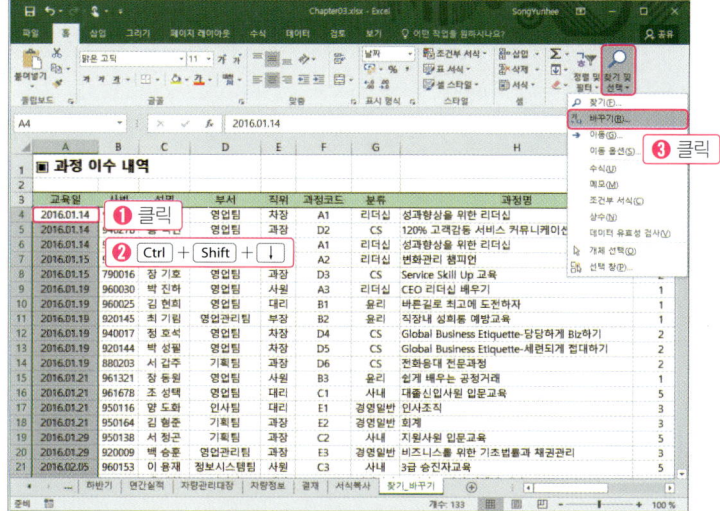

03 [찾을 내용]에 '.', [바꿀 내용]에 '-'를 입력하고, [전체 셀 내용 일치] 옵션을 해제한 후 [모두 바꾸기]를 클릭합니다.

04 바꾸기 결과를 표시하는 창이 표시되면 [확인]을 클릭합니다.

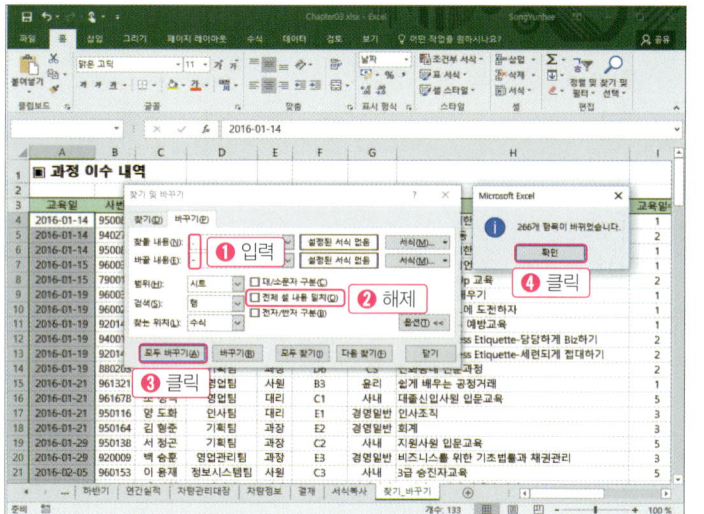

SECTION 25 공백 찾아 지우기

[바꾸기] 기능을 사용하여 [성명] 필드에 불필요하게 입력되어 있는 공백을 지워보겠습니다.

실습예제 : Chapter03.xlsx – [찾기_바꾸기] 시트

01 [C4] 셀을 클릭한 후 Ctrl + Shift + ↓ 를 눌러 바꾸기를 실행할 셀 범위를 선택합니다.

02 [홈] 탭 – [편집] 그룹 – [찾기 및 선택]을 클릭한 후 [바꾸기]를 선택합니다.

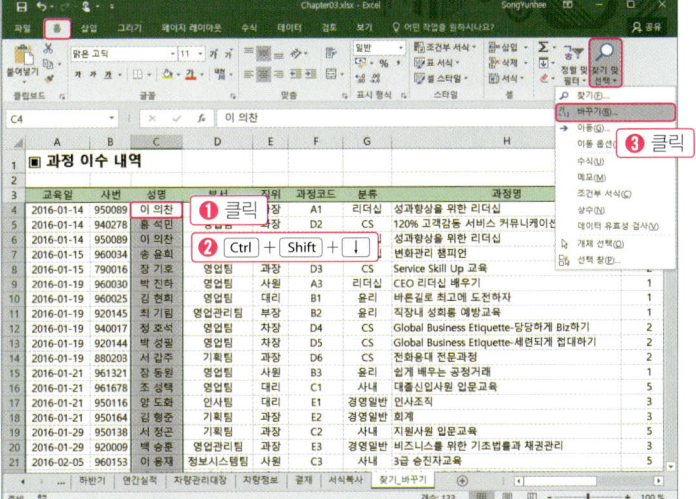

03 [찾을 내용]에 Spacebar를 눌러 공백을 입력하고, [바꿀 내용]은 삭제하여 비워 놓은 후 [모두 바꾸기]를 클릭합니다.

04 바꾸기 결과를 표시하는 창에서 [확인]을 클릭합니다.

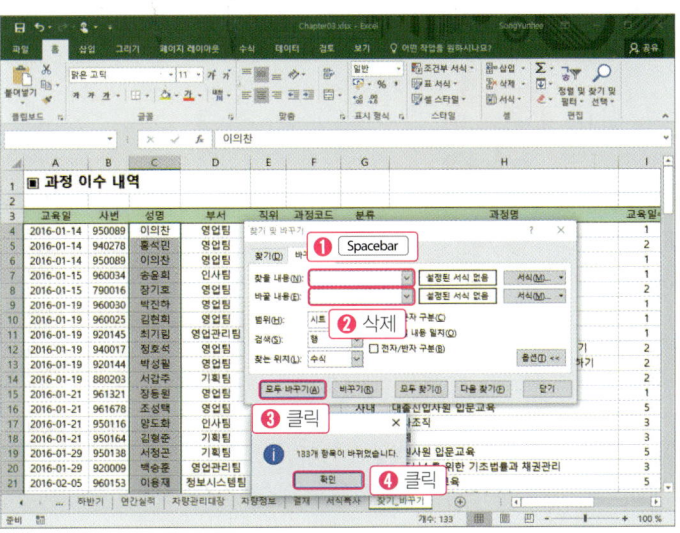

[찾기]는 Ctrl + F , [바꾸기]는 Ctrl + H 를 사용하여 실행할 수 있습니다.

Excel 2016

CHAPTER 04

문서 서식 지정하기

셀 서식, 사용자 지정 표시 형식, 셀 스타일, 표 서식, 조건부 서식 등 엑셀 문서에 서식을 지정하는 다양한 방법을 사용하여 빠르고 효과적으로 문서에 서식을 지정하는 방법에 대해 알아봅니다.

SECTION 01 서식을 지정하는 다양한 방법

엑셀 문서에 서식을 지정하는 셀 서식, 사용자 지정 표식 형식, 셀 스타일, 표 서식, 조건부 서식 등의 기능과 사용 방법을 알아보겠습니다.

01 셀 서식

[홈] 탭 – [글꼴], [맞춤], [표시 형식] 그룹에서 제공되는 아이콘을 사용하여 셀에 직접 원하는 서식을 지정합니다.

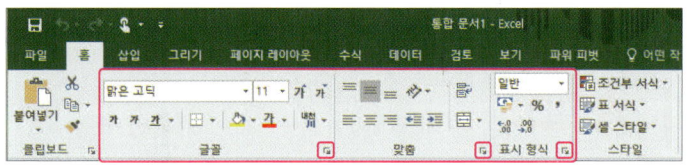

좀 더 상세한 서식을 지정하고자 할 때는 [셀 서식] 창을 사용합니다. [셀 서식] 창은 서식을 지정할 셀에서 마우스 오른쪽 버튼을 클릭한 후 [셀 서식] 메뉴를 선택하거나 Ctrl+1을 눌러 엽니다. [홈] 탭 – [글꼴], [맞춤], [표시 형식] 그룹의 ▪ (대화상자 표시 아이콘)을 클릭하여 열 수도 있습니다.

[셀 서식] 창은 표시 형식, 맞춤, 글꼴, 테두리, 채우기, 보호 탭으로 구성되어 있습니다. 각 탭에서 제공하는 다양한 옵션을 설정하여 셀에 서식을 지정합니다.

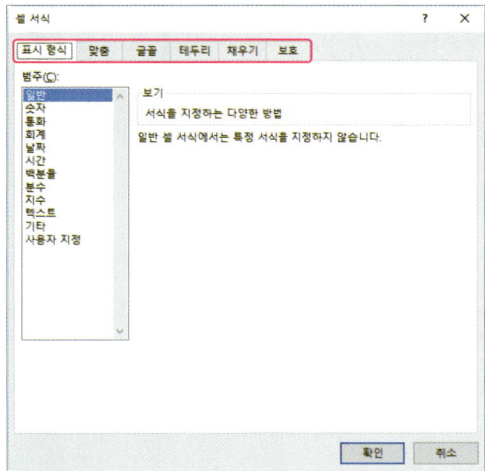

셀 서식	내용
표시 형식	셀에 입력된 데이터를 화면에 어떻게 표시할지를 [범주] 별로 지정합니다.
맞춤	셀에 입력된 데이터를 셀의 어느 위치에 맞출 것인지와 방향, 들여쓰기 옵션 등을 지정합니다.
글꼴	셀에 입력한 문자와 숫자의 글꼴과 글자 크기 등의 글꼴 속성을 지정합니다.
테두리	셀 영역에 다양한 테두리 선을 그립니다.
채우기	셀 영역에 색을 채웁니다.
보호	시트 보호 기능과 함께 사용하여 [잠금]이 설정된 셀의 내용을 수정하지 못하도록 보호할 수 있습니다.

02 사용자 지정 표시 형식

[사용자 지정 표시 형식]을 사용하여 기본으로 제공되지 않는 다양한 표시 형식을 직접 작성하여 사용할 수 있습니다. 예를 들어, 숫자 뒤에 ❶ '원', '개', '㎠'와 같은 단위를 표시한다거나 ❷ 날짜에 요일을 표시하고, ❸ 양수, 음수, 0에 따라 다르게 서식을 지정하는 등 다양한 데이터 표시 형식을 작성할 수 있습니다.

No	날짜	전일	당일	전일비	등락률	거래량(천주)	거래대금(백만)
001	2016-03-08(화)	663.31	667.76	▼4.45	-0.67%	354,268 천주	1,942,456 백만
002	2016-03-07(월)	670.58	672.21	▼1.63	-0.24%	539,547 천주	3,257,128 백만
003	2016-03-04(금)	678.67	673.84	▲4.83	+0.71%	523,828 천주	3,067,219 백만
004	2016-03-03(목)	675.77	675.77	-	-	533,699 천주	3,423,901 백만
005	2016-03-02(수)	672.88	662.25	▲10.63	+1.58%	512,032 천주	3,005,563 백만
006	2016-02-29(월)	653.94	651.62	▲2.32	+0.35%	561,260 천주	2,801,709 백만

03 셀 스타일

[셀 스타일]은 글꼴과 글꼴 크기, 표시 형식, 셀 테두리 및 셀 음영 등의 서식을 미리 정의해 놓은 서식 모음입니다. 셀 스타일을 사용하면 셀에 서식을 빠르고 편리하게 지정할 수 있습니다.

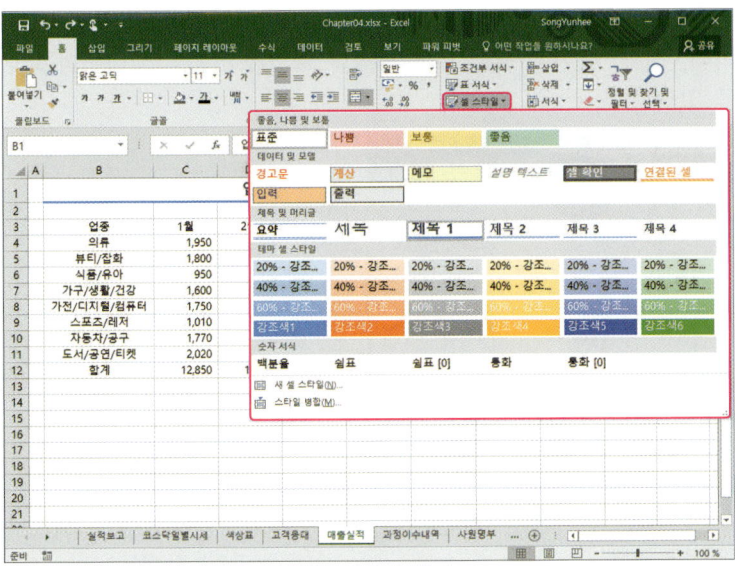

04 표 서식

표 서식은 기본 제공되는 표 스타일을 사용하여 표에 빠르게 서식을 지정하는 기능입니다. 표 서식을 사용하여 표에 서식을 지정하면 일반 셀 범위가 다량의 데이터를 효과적으로 관리할 수 있는 '표'로 변환됩니다. 이번 Chapter에서는 표에 서식을 지정하는 기능에 대해서만 학습하고 다량의 데이터를 효과적으로 관리하는 표 기능은 'Chapter 10. 데이터 관리 및 분석'에서 다루도록 하겠습니다.

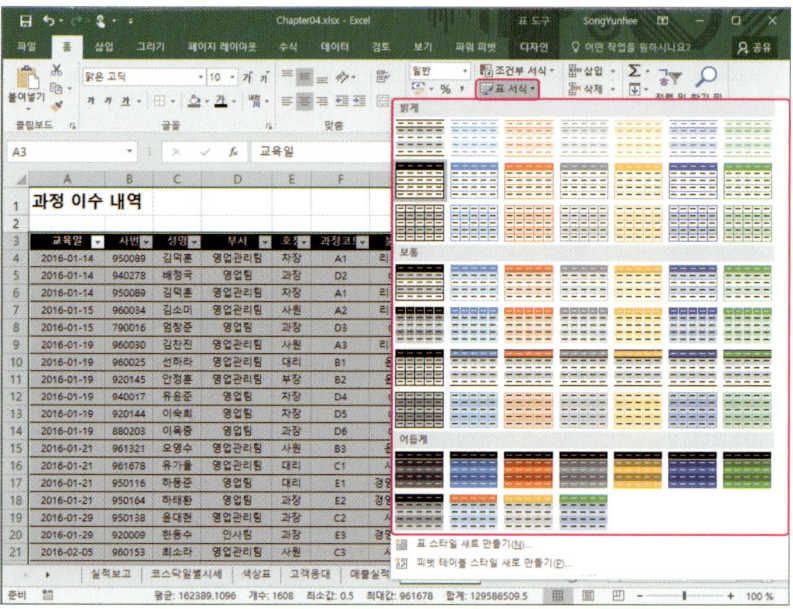

05 조건부 서식

조건부 서식은 조건에 만족하는 셀에 자동으로 서식을 지정하는 기능입니다. 예를 들어, 매출 1억 이상인 직원이나 성적이 가장 높은 학생 또는 가장 낮은 학생에 해당하는 데이터만 자동으로 서식을 지정할 수 있습니다. 또한 조건부 서식에는 데이터 막대, 색조, 아이콘 집합 등의 시각화 요소가 제공되어 데이터를 더 빠르고 정확하게 시각적으로 분석할 수도 있습니다.

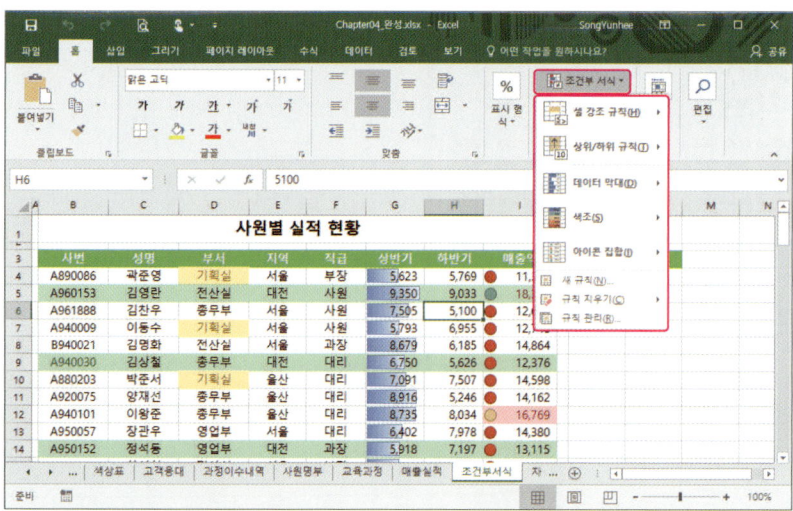

SECTION 02 맞춤 서식 지정하기

여러 셀을 하나로 병합하거나 셀에 입력된 데이터를 왼쪽, 가운데, 오른쪽에 맞추는 등 다양한 맞춤 서식을 지정할 수 있습니다. [홈] 탭 - [맞춤] 그룹 및 [셀 서식] 창에서 제공되는 다양한 맞춤 서식을 지정해 보겠습니다.

실습예제 : Chapter04.xlsx – [실적보고] 시트

01 병합하고 가운데 맞춤

01 병합하고자 하는 셀 범위 [B1~L1]을 드래그하여 선택한 후 [B3~C3], [B4~C4], [B7~B9], [B10~B12], [B13~B15], [B16~D16] 셀 범위를 Ctrl+드래그하여 선택합니다.

02 [홈] 탭 - [맞춤] 그룹 - [병합하고 가운데 맞춤]을 클릭합니다.

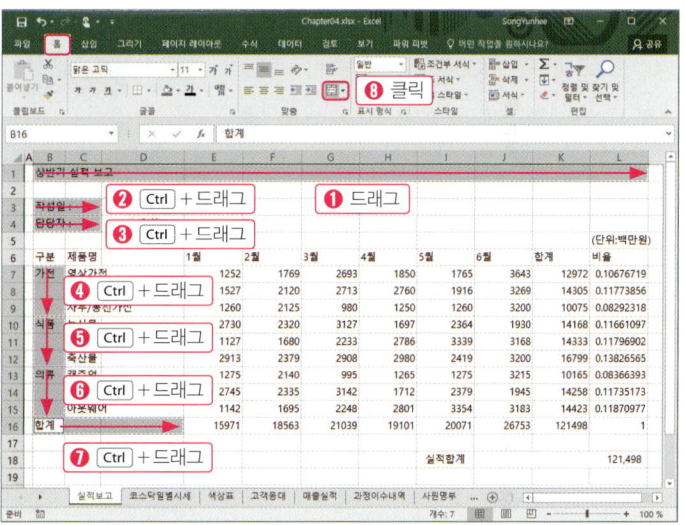

02 전체 병합

01 [C6~C15] 셀 범위를 선택한 후 [홈] 탭 - [맞춤] 그룹 - [병합하고 가운데 맞춤]의 목록 단추를 클릭한 후 [전체 병합]을 선택합니다. 선택한 셀 전체 범위가 행 단위로 병합됩니다.

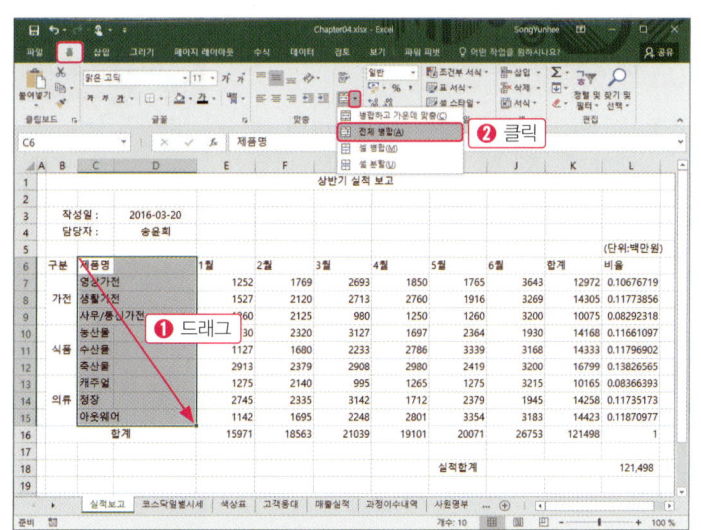

Chapter 04_ 문서 서식 지정하기 • **127**

03 가운데 맞춤

01 [B6~L6] 셀 범위를 선택한 후 [홈] 탭 - [맞춤] 그룹 - [가운데 맞춤]을 클릭합니다.

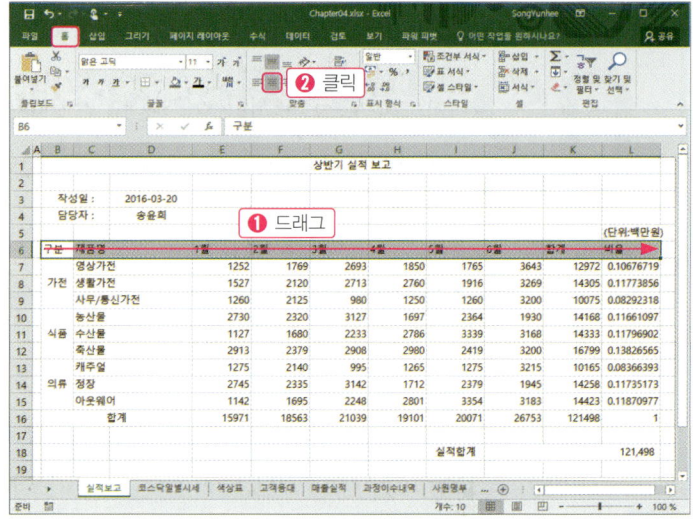

04 균등 분할 들여쓰기 맞춤

01 [B3~C4] 셀 범위를 드래그한 후 [C7~D15] 셀 범위를 Ctrl+드래그하여 선택합니다.

02 Ctrl+1을 누르고, [셀 서식] 창의 [맞춤] 탭 [가로] 옵션을 '균등 분할 (들여쓰기)'로 설정한 후 [들여쓰기]를 '1'로 설정하고 [확인]을 클릭합니다.

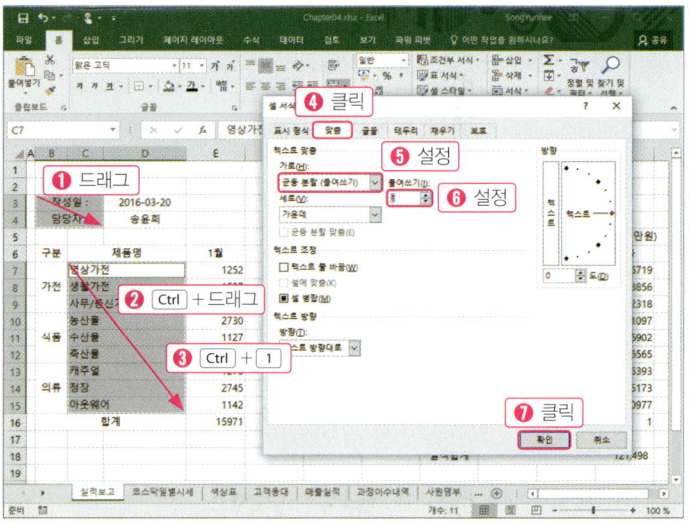

05 텍스트 방향 변경

01 [B7~B15] 셀 범위를 드래그하여 선택한 후 [홈] 탭 - [맞춤] 그룹 - [텍스트 방향]을 클릭한 후 [세로 쓰기]를 선택합니다.

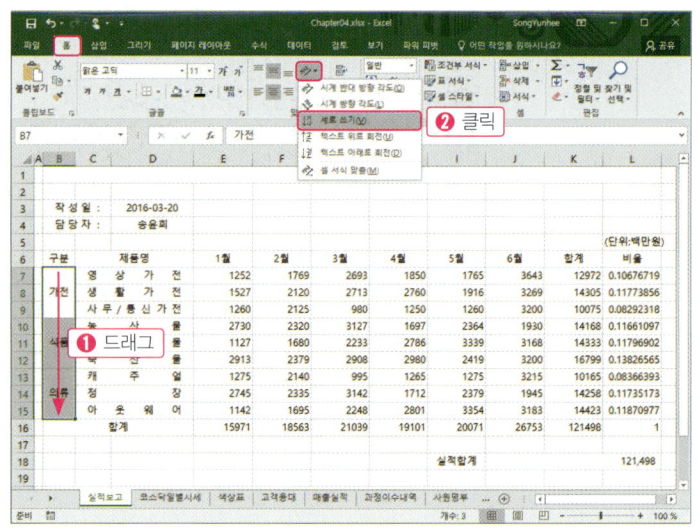

06 텍스트 크기를 셀에 맞춤

01 [L5] 셀을 클릭한 후 Ctrl+1을 누르고, [셀 서식] 창의 [맞춤] 탭에서 [텍스트 조정]의 [셀에 맞춤]을 선택하고 [확인]을 클릭합니다. 텍스트 크기가 셀 크기에 맞도록 자동 조절됩니다.

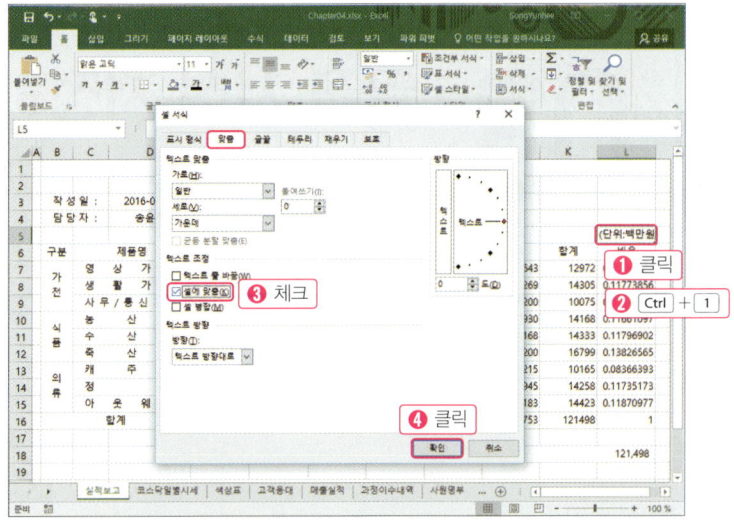

07 텍스트 줄 바꿈

01 [D20] 셀을 클릭한 후 [홈] 탭 - [맞춤] 그룹 - [텍스트 줄 바꿈]을 클릭합니다. 셀 오른쪽 끝에서 텍스트를 다음 줄로 자동으로 바꿉니다.

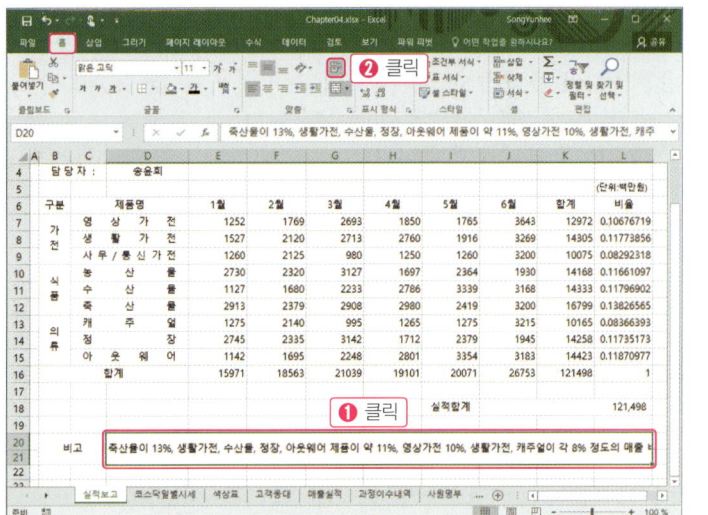

08 들여쓰기/내어쓰기

01 [D20] 셀을 클릭한 후 [홈] 탭 - [맞춤] 그룹 - [들여쓰기]를 클릭합니다.

02 텍스트가 한 글자 들여쓰기 되는 것을 확인합니다.

> [홈] 탭 - [맞춤] 그룹 - [내어쓰기]를 사용하여 한 글자씩 왼쪽으로 내어쓰기 할 수도 있습니다.

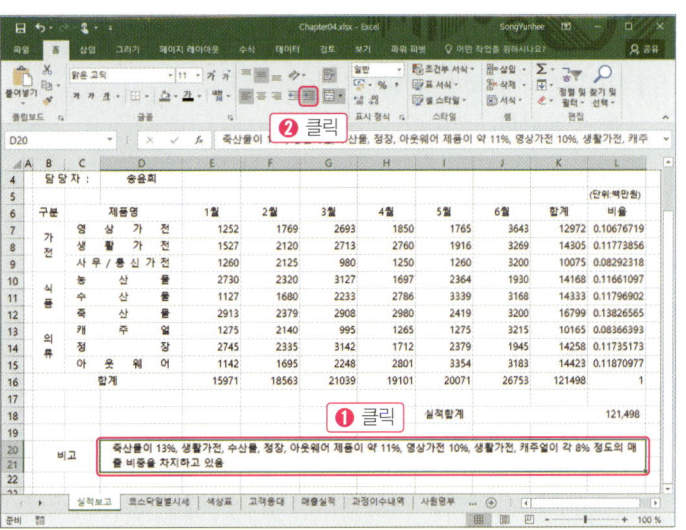

Chapter 04_ 문서 서식 지정하기 • 129

SECTION 03 글꼴 서식 지정하기

[홈] 탭 - [글꼴] 그룹의 도구들을 사용하여 셀에 입력된 데이터에 글꼴 서식 및 셀에 테두리와 색을 채우는 서식을 지정해 보겠습니다.

실습예제 : Chapter04.xlsx - [실적보고1]시트

01 글꼴 색 및 크기 지정

01 [B1] 셀을 클릭하고, [홈] 탭 - [글꼴] 그룹 - [글꼴 크기]에 '20'을 입력하고 Enter를 누릅니다.

02 [홈] 탭 - [글꼴] 그룹 - [글꼴 색]의 목록 단추를 클릭한 후 [녹색, 강조 6]을 선택합니다.

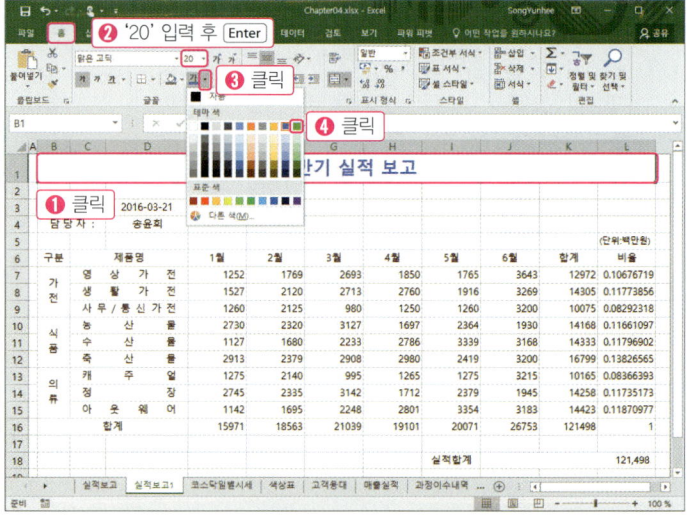

02 회계용 실선 그리기

01 [B1] 셀이 선택된 상태에서 Ctrl + 1을 누릅니다.

02 [셀 서식] 창에서 [글꼴] 탭의 [밑줄]의 목록 단추를 클릭하고 [실선(회계용)]을 선택한 다음 [확인]을 클릭합니다. 셀 너비 크기로 밑줄이 그어집니다.

> 일반 밑줄 서식은 셀에 입력된 텍스트 밑에만 밑줄이 그어집니다.

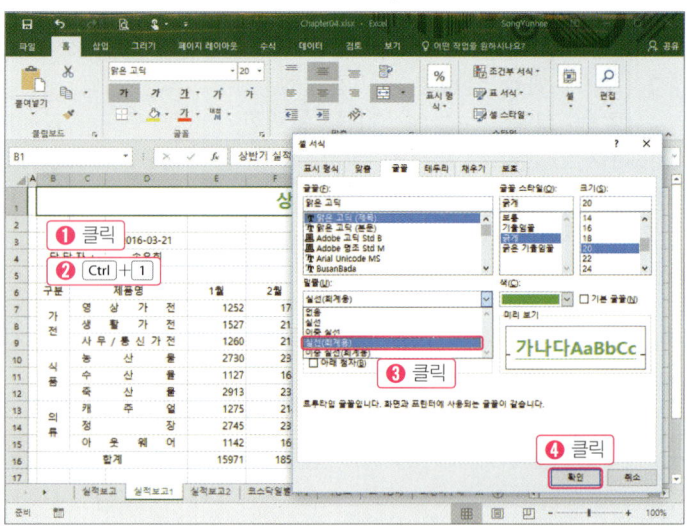

03 테두리 그리기

01 테두리를 작성할 [B6~L16] 셀을 드래그하여 선택합니다.

02 [홈] 탭 – [글꼴] 그룹 – [테두리]의 목록 단추를 클릭한 후 [모든 테두리]를 선택합니다.

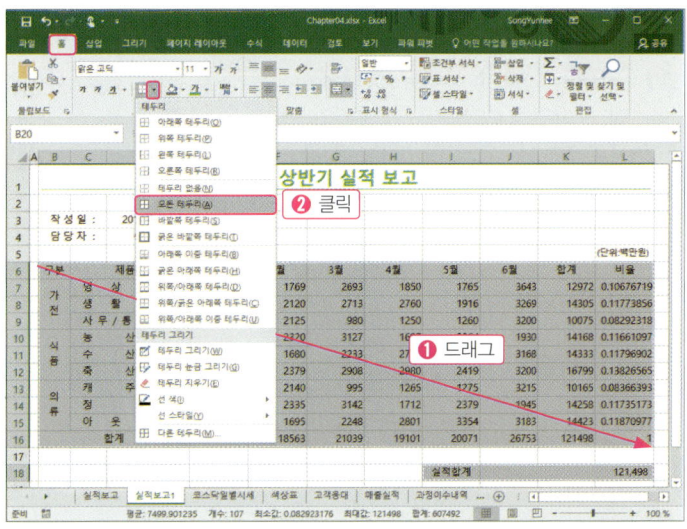

03 선택 영역의 바깥쪽 테두리만 두껍게 그리기 위해 다시 한 번 [홈] 탭 – [글꼴] 그룹 – [테두리]의 목록 단추를 클릭한 후 [굵은 바깥쪽 테두리]를 선택합니다.

04 [B6~L6] 셀 범위를 선택한 후 [홈] 탭 – [글꼴] 그룹 – [테두리]의 목록 단추를 클릭한 후 [아래쪽 이중 테두리]를 선택합니다. 선택 영역의 아래쪽만 이중선이 작성됩니다.

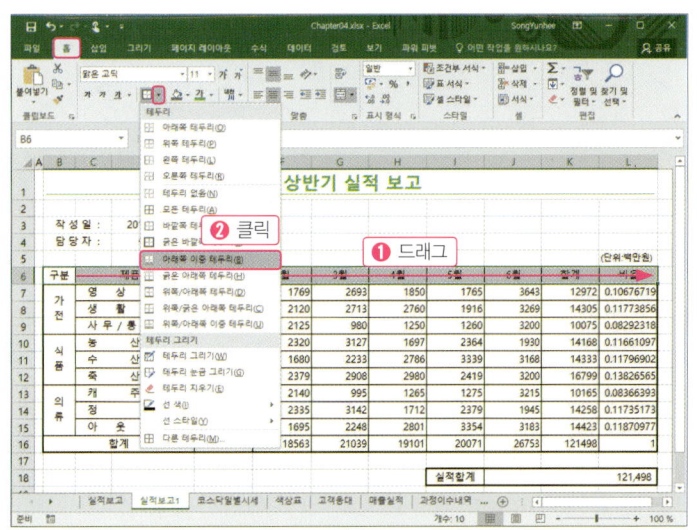

Chapter 04_ 문서 서식 지정하기 • 131

04 셀 색 지정

01 [B6~L6] 셀이 선택된 상태에서 [홈] 탭 - [글꼴] 그룹 - [채우기 색]의 목록 단추를 클릭하고 [녹색, 강조 6, 60% 더 밝게]를 선택합니다.

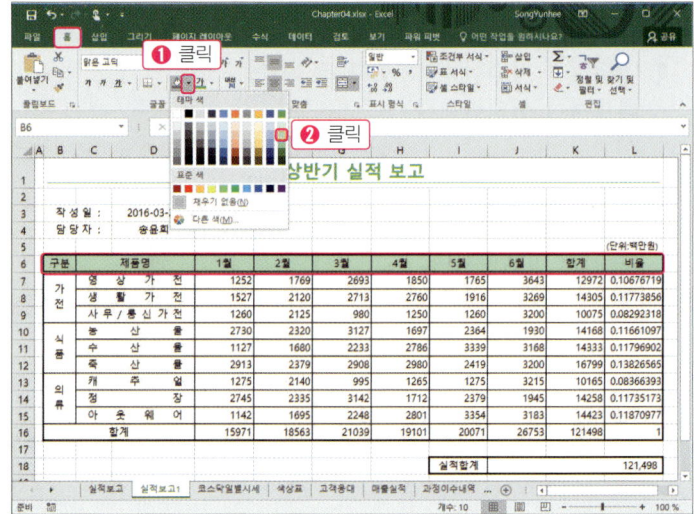

SECTION 04 표시 형식 지정하기

[셀 서식] 창의 [표시 형식] 탭에서 [범주] 별로 제공되는 다양한 형식을 사용하여 셀에 입력된 문자, 숫자, 날짜, 시간 등의 데이터를 원하는 형식으로 표시할 수 있습니다. 예를 들어 천 단위 콤마(,)를 표시하거나 통화 기호를 표시하고, 날짜에 요일을 표시할 수 있습니다. 다양한 표시 형식을 지정하는 방법에 대해 알아보겠습니다.

📁 실습예제 : Chapter04.xlsx – [실적보고2] 시트

01 천 단위 콤마(,) 표시하기

01 [E7~K16] 셀 범위를 선택하고 [홈] 탭 – [표시 형식] 그룹 – [쉼표 스타일]을 클릭하여 천 단위 구분 기호(,)를 표시합니다.

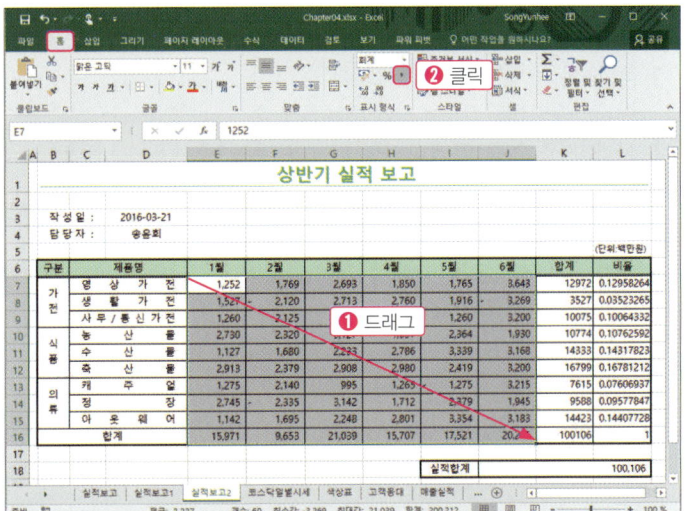

> [쉼표 스타일] 도구를 사용하여 천 단위 구분 기호를 표시할 경우 [회계] 표시 형식이 적용되어 음수의 경우 음수 부호(–)가 셀의 왼쪽 끝에 표시됩니다.

02 음수일 경우 부호(–)와 빨간색으로 표시

01 음수 부호를 표시하기 위해 Ctrl + 1 을 눌러 [셀 서식] 창을 표시합니다.

02 [표시 형식] 탭에서 [범주]의 [숫자]를 선택하고, 음수일 경우 빨간색 글꼴로 표시하는 [음수] 형식 중 마지막 옵션을 선택하고 [확인]을 클릭합니다.

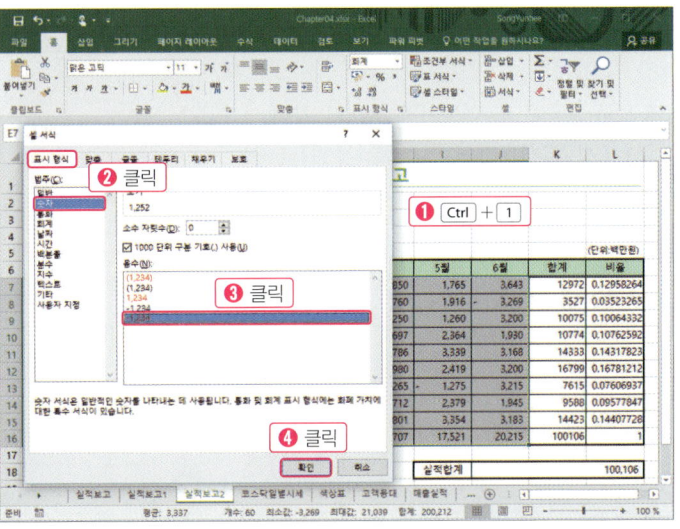

Chapter 04_ 문서 서식 지정하기 • 133

03 통화 기호 표시하기

01 [K7~K16] 셀 범위를 선택하고, [홈] 탭 - [표시 형식] 그룹 - [회계 표시 형식]의 목록 단추를 클릭한 후 [₩ 한국어]를 선택하여 숫자에 통화 기호를 표시합니다.

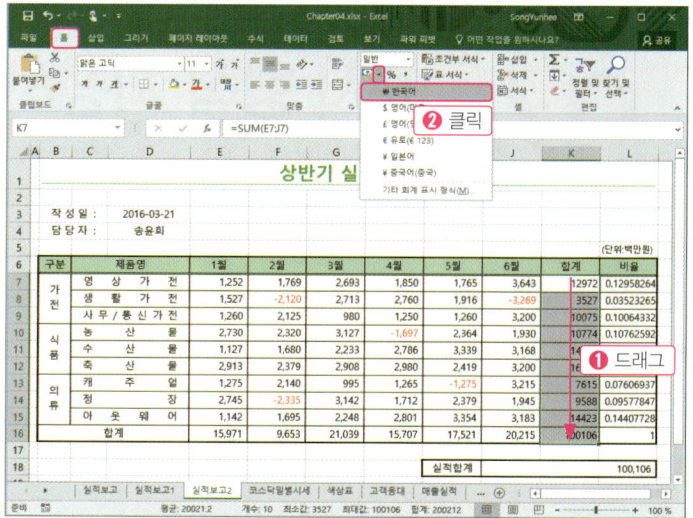

04 소수 아래 자릿수 줄이기

01 [홈] 탭 - [표시 형식] 그룹 - [자릿수 줄임]을 두 번 클릭하여 소수 아래 자릿수를 없앱니다.

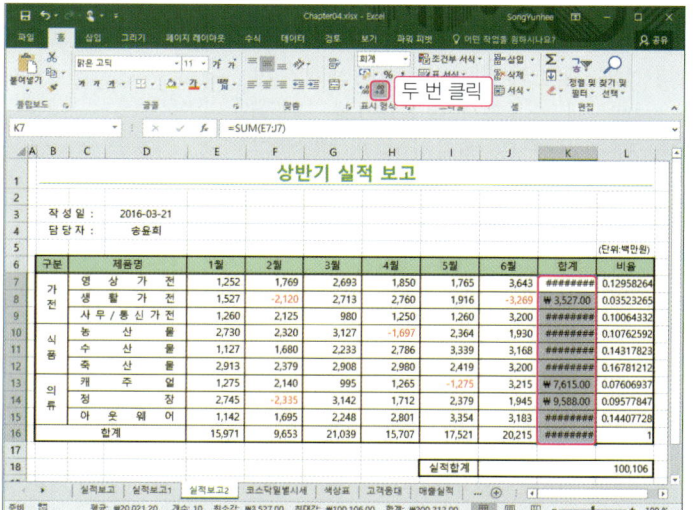

05 숫자 바로 앞에 통화 기호 표시하기

01 Ctrl+1을 누르고 [셀 서식] 창에서 [표시 형식] 탭의 범주를 [통화]로 선택하고 [음수] 서식을 지정한 후 [확인]을 클릭합니다. 통화 기호가 숫자 바로 앞에 표시되고 음수의 경우 빨간색으로 표시됩니다.

> [회계 표시 형식] 아이콘을 사용하여 통화 기호를 표시하면 통화 기호가 셀의 왼쪽 끝에 표시됩니다. 통화 기호를 숫자 바로 앞에 표시하려면 [통화] 표시 형식을 사용합니다.

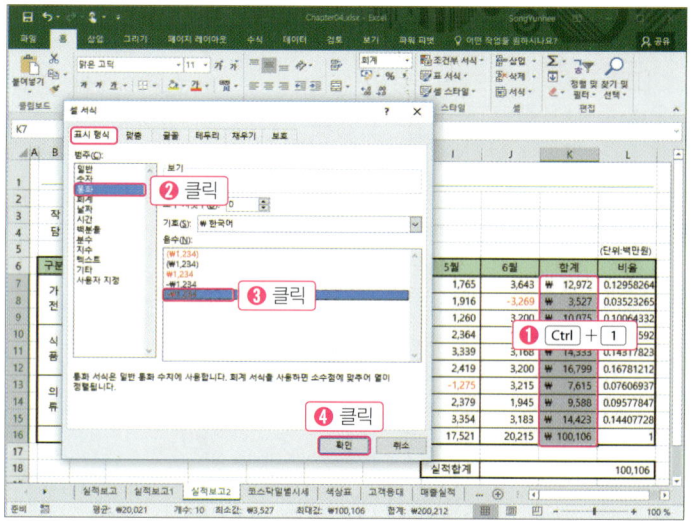

06 백분율 형식으로 표시

01 [L7~L16] 셀 범위를 선택한 후 [홈] 탭 – [표시 형식] 그룹 – [백분율 스타일]을 클릭합니다.

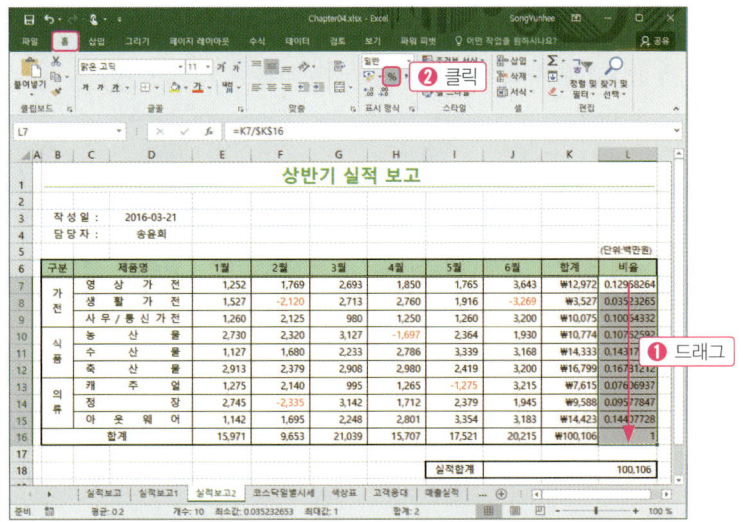

07 소수 아래 자릿수 늘림

01 [홈] 탭 – [표시 형식] 그룹 – [자릿수 늘림]을 두 번 클릭하여 소수 아래 두 자리로 표시합니다.

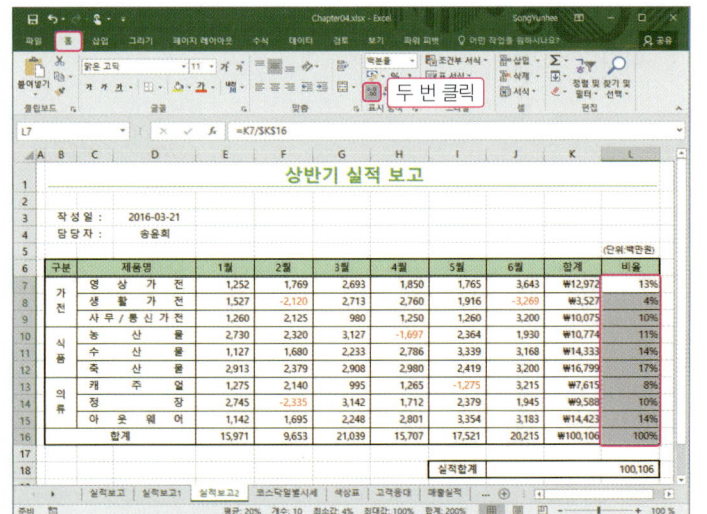

08 날짜를 '년 월 일'로 표시하기

01 [D3] 셀을 클릭한 후 Ctrl+1을 누릅니다.

02 [셀 서식] 창에서 [표시 형식] 탭의 범주를 [날짜]로 선택한 후 [형식]에서 [2012년 3월 14일]을 선택하고 [확인]을 클릭합니다.

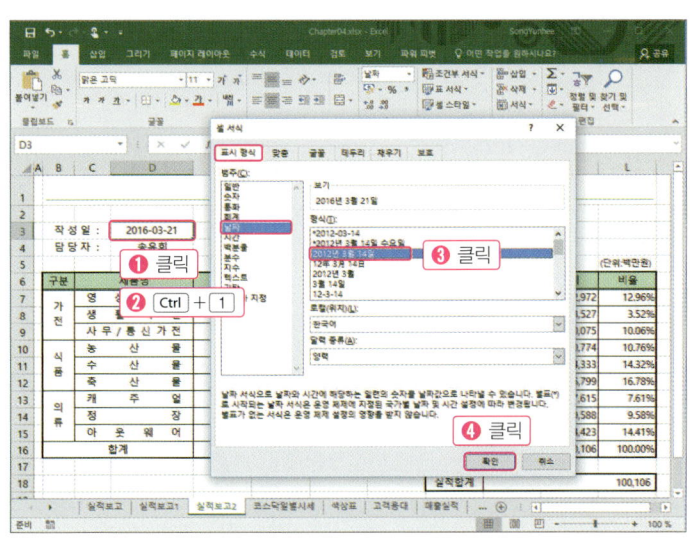

Chapter 04_ 문서 서식 지정하기 • 135

09 숫자를 한글로 표시

01 [J18] 셀을 클릭하고 Ctrl+1을 누릅니다.

02 [셀 서식] 창에서 [표시 형식] 탭의 [범주]에서 [기타]를 선택한 후 [형식]에서 [숫자(한글)]를 선택하고 [확인]을 클릭합니다.

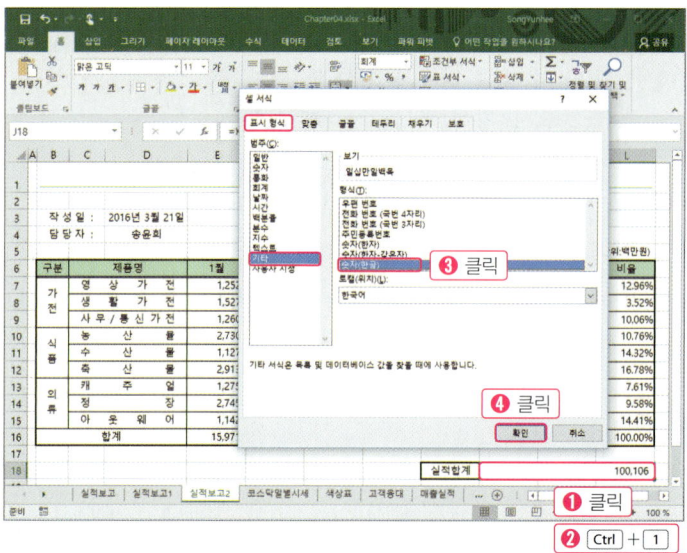

03 숫자가 한글로 표시된 것을 확인합니다.

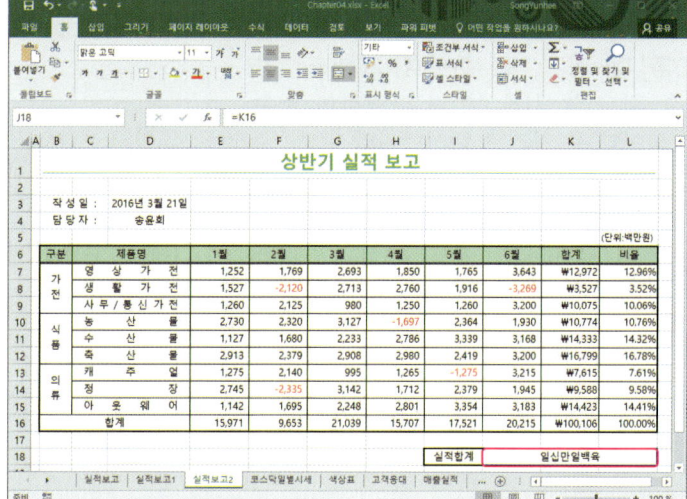

SECTION 05 사용자 지정 표시 형식 이해하기

기본 제공되는 [표시 형식]에 원하는 형식이 없을 경우 사용자가 원하는 표시 형식을 직접 만들 수 있습니다. 예를 들어, 숫자 뒤에 '원', '개', '㎠'와 같은 단위를 표시한다거나 날짜에 요일을 표시하고, 숫자를 천원 또는 백만 원 단위로 표시할 수도 있습니다.

사용자 지정 표시 형식을 작성하려면 데이터 형식에 따라 서식 코드가 사용됩니다. 데이터 형식별로 제공되는 다양한 서식 코드에 대해 알아보겠습니다.

01 모든 데이터에 공통적으로 사용되는 서식 코드

서식 코드	설명
[색]	[ ] 안에 지정한 색으로 데이터를 표시합니다. 검정, 녹색, 흰색, 파랑, 자홍, 노랑, 녹청, 빨강 등의 키워드를 사용하거나 [색1] ~ [색56]과 같이 [색no] 형식으로 색을 지정할 수 있습니다.
"문자열"	"" 안에 입력된 문자열을 화면에 표시합니다. $, ₩, +, -, (,), {, }, :, ^, ', <, >, =, /, !, &, ~ 등의 문자열은 ""를 사용하지 않고 그냥 입력하여 표시할 수 있습니다.
공백	Spacebar 를 눌러 입력하는 공백은 화면에 그대로 표시됩니다.

02 숫자 표시 형식

숫자 데이터가 입력된 셀에 작성할 수 있는 서식은 최대 4개 영역으로 이루어집니다. 영역은 순서대로 '양수 ; 음수 ; 0 ; 문자'의 표시 형식을 의미하며, 각 영역은 ';(세미콜론)'으로 구분됩니다.

> 양수 서식 ; 음수 서식 ; 0 서식 ; 문자 서식

4개의 영역을 모두 작성할 필요는 없습니다. 사용자 지정 숫자 서식에 한 개의 영역만 지정할 경우 해당 형식이 모든 숫자에 적용되고, 양수, 음수 두 개의 영역만 지정할 경우 첫 번째 영역은 양수 및 0에 사용되고 두 번째 영역은 음수에 사용됩니다.

숫자 표시 형식을 작성하기 위해 사용되는 서식 코드는 다음과 같습니다.

서식 코드	설명	서식 코드	설명
G/표준	숫자를 일반 표시 형식으로 지정	?	소수점에 맞추어 숫자 데이터 표시 유효하지 않은 '0' 대신 공백으로 표시
,	천 단위마다 ','를 표시	.	소수점 구분 기호 표시
#	숫자 데이터 표시 유효하지 않은 '0'은 표시하지 않습니다. 예를 들어 서식을 '#.##'으로 지정하고 '1.20'을 입력할 경우 '1.2'로 표시됩니다.	0	숫자 데이터 표시 서식에 지정된 자릿수보다 적으면 유효하지 않은 '0'을 표시합니다. 예를 들어 '1.2'를 입력하고 '1.20'으로 표시하려고 할 경우 0.00 서식을 사용합니다.
	※ 12340 : 맨 뒤의 0은 일의 자리를 나타내는 유효한 숫자 ※ 012 : 맨 앞의 0은 유효하지 않은 숫자		

표시 형식 적용 예

표시 형식	입력	표시	표시 형식	입력	표시
#	0		0	0	0
#,###	123	123	0,000	123	0,123
#,##0	1234	1,234	#,##0.00	1234	1,234.00
#,##0,	1200000	1,200	#,##0,,	1200000	1
#,##0 "원"	1200	1,200 원	$#,##0.00	1200	$1,200.00

03 날짜 표시 형식

다음의 서식 코드를 사용하여 셀에 입력된 날짜 데이터를 원하는 형식으로 표시할 수 있습니다.

서식 코드	설명	서식 코드	설명
yy	연을 두 자리 숫자로 표시	yyyy	연을 네 자리 숫자로 표시
m	맨 앞에 '0'을 표시하지 않고 월을 숫자로 표시	mm	'0'과 함께 월을 숫자로 표시(01 - 12)
mmm	약자로 영문 월 표시(Jan - Dec)	mmmm	완전한 이름으로 영문 월 표시(January - December)
mmmmm	한 글자로 영문 월 표시(J - D)	d	맨 앞에 '0'을 표시하지 않고 날짜를 숫자로 표시
dd	0과 함께 날짜를 숫자로 표시(01 - 31)	ddd	약자로 요일 표시(Sun - Sat)
dddd	완전한 이름으로 영문 요일 표시(Sunday - Saturday)	aaa	한글 약자로 요일 표시 (월 - 일)
aaaa	완전한 이름으로 한글 요일 표시		

04 시간 표시 형식

서식 코드	설명	서식 코드	설명
h	맨 앞에 '0'을 표시하지 않고 시간 표시(0~23)	[h]	경과된 시간을 누적하여 표시
hh	'0'과 함께 시간 표시(00~23)	m	맨 앞에 '0'을 표시하지 않고 분 표시(0~59)
[m]	경과된 시간을 분으로 표시	mm	'0'과 함께 분 표시(00~59)
s	맨 앞에 '0'을 표시하지 않고 초 표시(0~59)	[s]	경과된 시간을 초로 표시
ss	'0'과 함께 초 표시(00~59)	AM/PM	12시간제를 사용하여 시간 표시 자정에서 오전까지는 시간에 AM, 정오부터 자정까지는 시간에 PM 표시

05 문자 표시 형식

문자 데이터가 입력된 셀에 사용자 지정 표시 형식을 작성할 때는 '@' 서식 기호가 사용됩니다.

SECTION 06 숫자에 단위 자동으로 표시하기

숫자 서식 코드 '#'과 '0'을 사용하여 숫자에 천 단위 구분 기호 콤마(,)와 소수 아래 둘째 자리까지 표시하고 '원'이라는 단위를 표시해 보겠습니다.

📂 **실습예제** : Chapter04.xlsx – [코스닥일별시세] 시트

01 [D4~E18] 셀 범위를 드래그하여 선택하고 Ctrl + 1 을 누릅니다.

02 [셀 서식] 창의 [표시 형식] 탭에서 [사용자 지정] 범주를 선택한 후 [형식]에 '#,##0.00"원"'을 입력하고 [확인]을 클릭합니다.

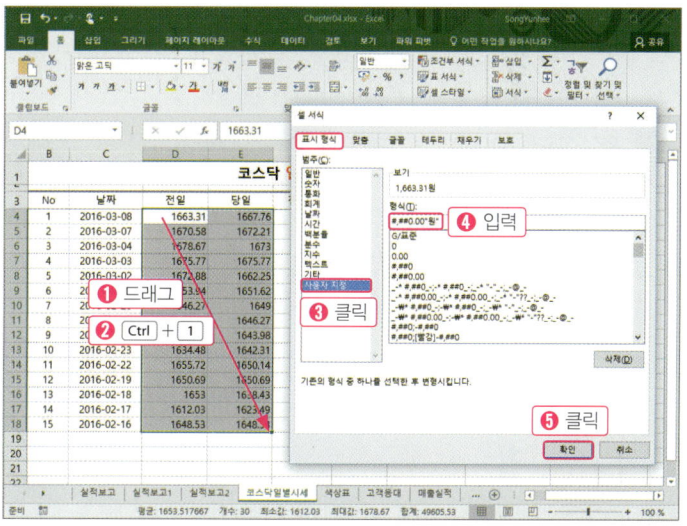

03 숫자 서식이 적용된 것을 확인합니다.

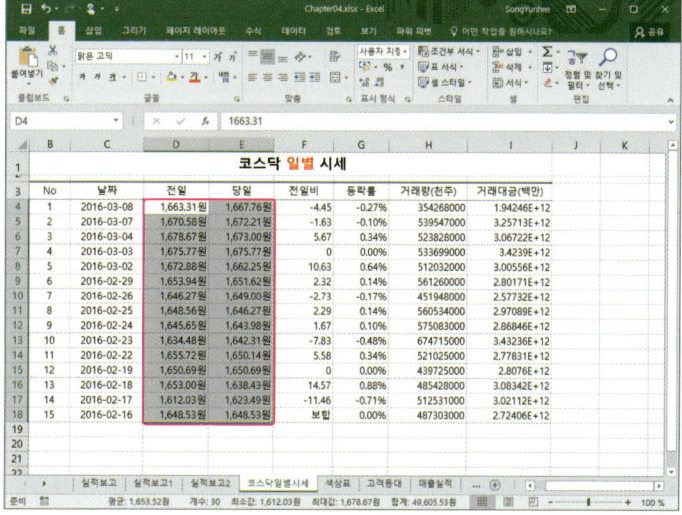

Chapter 04_ 문서 서식 지정하기 • **139**

 #,##0.00 서식 코드를 사용하는 이유

일반적으로 셀에 숫자 표시 형식을 지정할 때는 서식 코드 '#'이나 '0'이 사용됩니다. 보통 소수 아래 자릿수가 없을 때는 '#,##0'이 자주 사용됩니다. '#,###'이나 '0,000'과 같이 한 가지 서식 코드만 사용하면 편한데 왜 두 서식 코드를 함께 사용할까요?

그 이유는 아래 예를 보면 쉽게 이해할 수 있습니다.

서식 코드 입력 값	#,###	0,000	#,##0
0	아무것도 표시되지 않음	0,000	0
120	120	0,120	120
1,234	1,234	1,234	1,234

위의 표에 표시된 것과 같이 '#'은 유효하지 않은 '0'은 표시하지 않기 때문에 서식 코드를 '#,###'으로 작성하고 '0'을 입력하면 셀에 아무것도 표시되지 않습니다.

서식 코드를 '0,000'으로 작성한 후 '0'을 입력하면 '0'은 표시 형식에 작성된 자릿수에 값이 입력되지 않으면 유효하지 않은 '0'을 무조건 표시하므로 '0,000'으로 표시됩니다. '0'이 입력되면 셀에 '0'을 표시하고 십 단위 이상의 데이터가 입력되면 입력된 유효한 자릿수만 셀에 표시되도록 '#,##0'을 사용하는 것입니다. 그래서 소수 아래 자릿수를 표시할 때는 '0'을 사용해야 값이 입력되지 않아도 '0'을 표시해 소수 아래 자릿수를 맞춥니다.

이해가 어렵다구요? 어려워하지 않으셔도 됩니다. [형식]에 '#'이나 '0'을 사용하여 코드를 작성하면 위에 해당 결과가 적용된 미리 보기가 표시됩니다. 미리 보기를 확인하면서 코드를 수정해보면 원하는 코드를 어렵지 않게 작성할 수 있습니다.

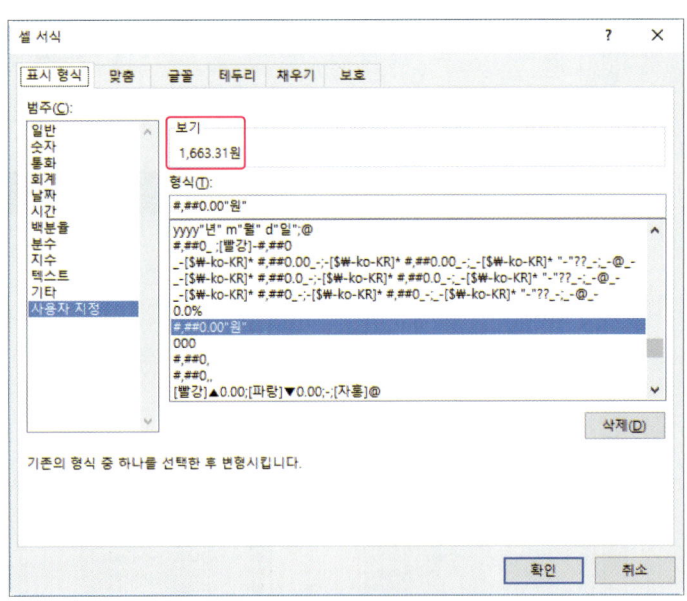

SECTION 07 자릿수 맞추어 번호 표시하기

서식 코드 '0'을 사용하여 No를 001, 002, 003, …과 같이 3자리로 맞추어 표시하는 표시 형식을 작성해 보겠습니다.

실습예제 : Chapter04.xlsx - [코스닥일별시세] 시트

01 [B4~B18] 셀 범위를 선택하고 Ctrl + 1 을 누릅니다.

02 [셀 서식] 창에서 [표시 형식] 탭의 [사용자 지정] 범주를 선택한 후 [형식]에 '000'을 입력하고 [확인]을 클릭합니다.

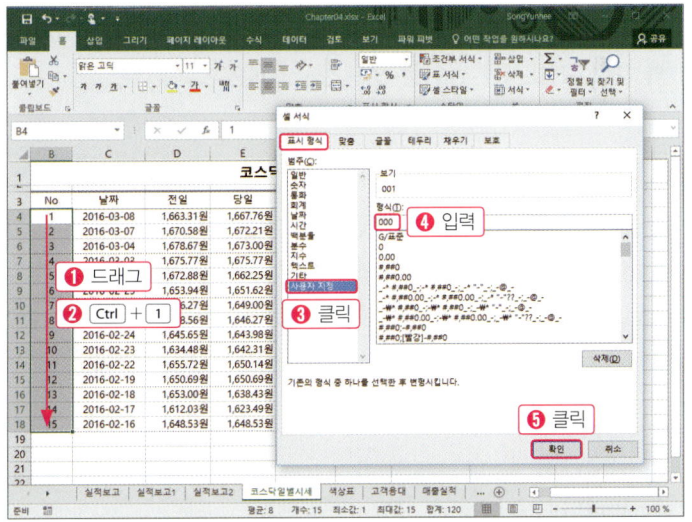

03 숫자가 3자리로 맞추어 표시됩니다.

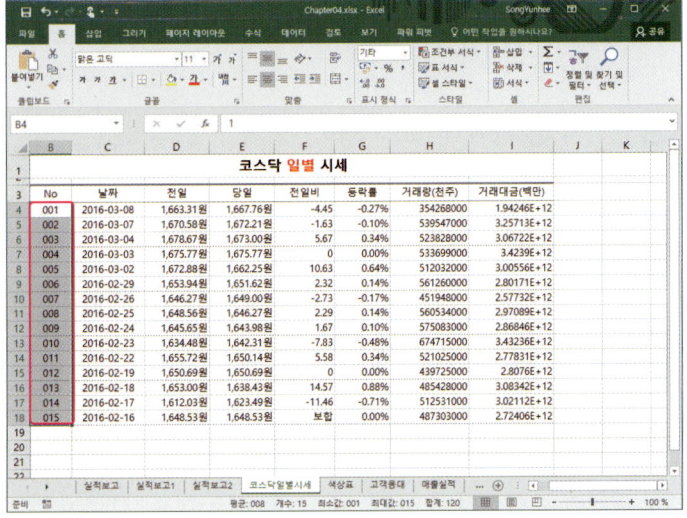

SECTION 08 천/백만 단위 생략하여 표시하기

셀에 입력된 숫자 데이터의 단위가 큰 경우 천 단위 또는 백만 단위를 생략하고 값을 표시하는 경우가 많습니다. 숫자 서식 코드를 사용하여 숫자를 천 단위, 백만 단위를 생략하여 표시해 보겠습니다.

실습예제 : Chapter04.xlsx – [코스닥일별시세] 시트

01 천 단위 생략

01 [H4~H18] 셀 범위를 선택하고 Ctrl + 1 을 누릅니다.

02 [셀 서식] 창에서 [표시 형식] 탭의 [사용자 지정] 범주를 선택한 후 [형식]에 '#,##0,'을 입력합니다.

> '#,##0,' 코드 뒤에 Spacebar 를 한 번 눌러 오른쪽에 공백을 한 칸 표시할 수 있습니다.

03 거래량이 천 단위를 생략하고 표시됩니다.

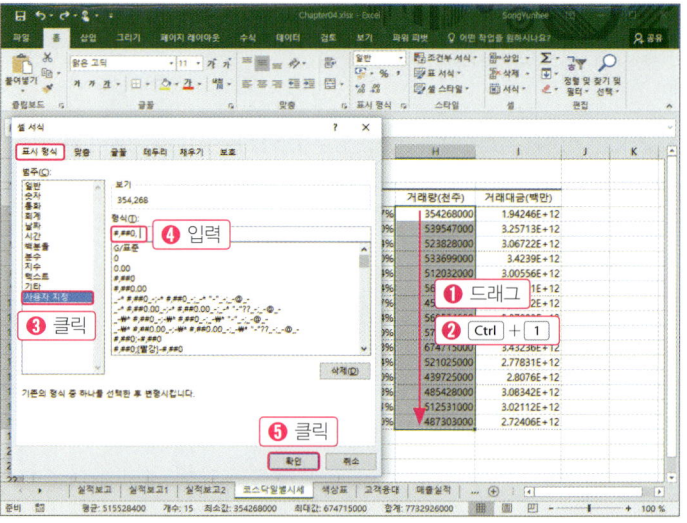

04 [I4~I8] 셀 범위를 선택하고, Ctrl + 1 을 누릅니다.

05 [셀 서식] 창에서 [표시 형식] 탭의 [사용자 지정] 범주를 선택한 후 [형식]에 '#,##0,, '을 입력하고 [확인]을 클릭합니다.

06 금액이 백만 원 단위를 생략하고 표시되는 것을 확인합니다.

> 숫자 서식 코드 맨 뒤에 콤마(,)를 찍을 때마다 3자리씩 추가로 생략됩니다. '#,##0,'는 천원 단위, '#,##0,,'는 백만 원 단위, '#,##0,,,'는 십억 단위가 됩니다.

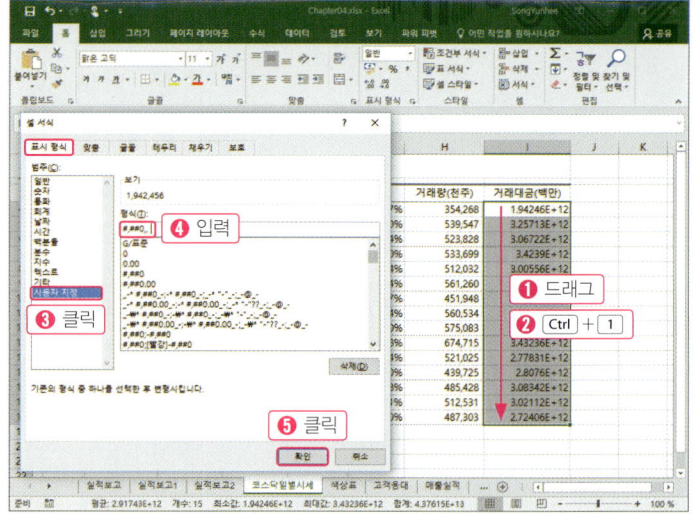

SECTION 09 양수, 음수, 0, 문자에 각각 서식 지정하기

'Section 05 사용자 지정 표시 형식 이해하기'에서 설명한 바와 같이 숫자 표시 형식을 작성할 때는 '양수;음수;0;문자'를 다르게 표시할 수 있습니다. 양수, 음수, 0, 문자에 각각의 서식을 지정하는 방법에 대해 알아보겠습니다.

실습예제 : Chapter04.xlsx – [코스닥일별시세] 시트

01 [전일비] 데이터에 표시 형식 지정

01 [F4~F18] 셀 범위를 선택하고 Ctrl + 1 을 누릅니다.

02 [셀 서식] 창에서 [표시 형식] 탭의 [사용자 지정] 범주를 선택한 후 [형식]에 '[빨강]▲0.00;[파랑]▼0.00;-;[자홍]@'을 입력한 다음 [확인]을 클릭합니다.

03 [전일비] 데이터에 양수, 음수, 0, 문자에 따라 다르게 서식이 적용된 것을 확인합니다.

> '▲, ▼' 기호는 한글 자음 'ㅁ'을 입력한 후 [한자]를 눌러 삽입합니다.

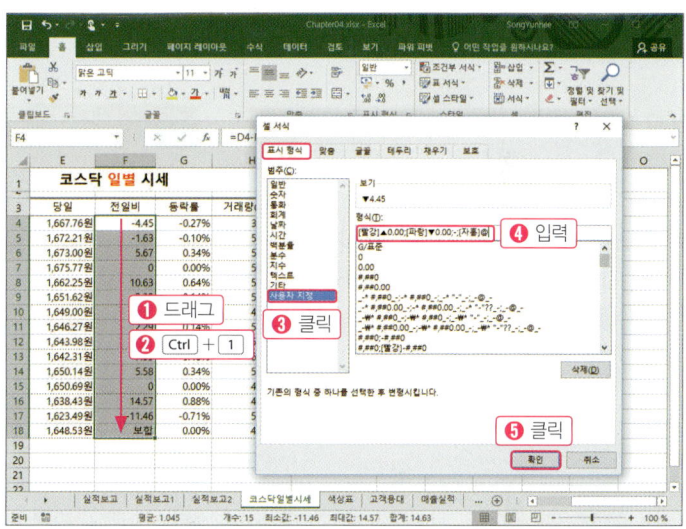

02 [등락률] 데이터에 표시 형식 지정

01 [G4~G18] 셀 범위를 선택하고 Ctrl + 1 을 누릅니다.

02 [셀 서식] 창의 [표시 형식] 탭에서 [사용자 지정] 범주를 선택한 후 [형식]에 '[빨강]+0.00%;[파랑]-0.00%;0.00%'를 입력한 다음 [확인]을 클릭합니다.

03 [등락률] 데이터에 양수, 음수, 0에 따라 다르게 서식이 적용된 것을 확인합니다.

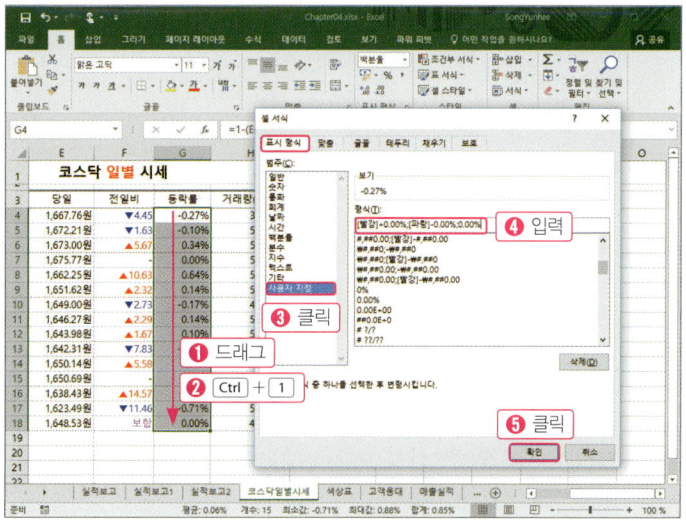

SECTION 10 날짜에 요일 표시하기

날짜 서식 코드 'aaa'를 사용하여 날짜에 한글 요일 약자를 표시하는 표시 형식을 작성해 보겠습니다.

실습예제 : Chapter04.xlsx – [코스닥일별시세] 시트

01 [C4~C18] 셀 범위를 선택하고 Ctrl + 1 을 누릅니다.

02 [셀 서식] 창의 [표시 형식] 탭에서 [사용자 지정] 범주를 선택한 후 [형식]에 'yyyy-mm-dd(aaa)'를 입력하고 [확인]을 클릭합니다.

03 날짜에 한글 요일 약자가 표시됩니다.

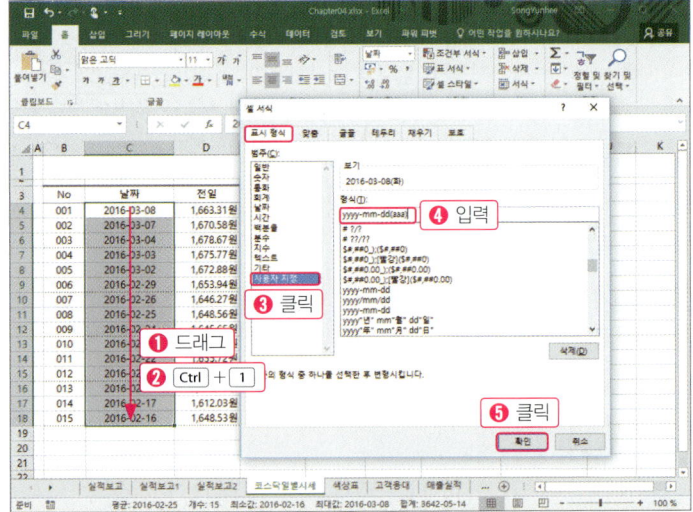

서식 코드 'aaa'는 한글 요일 약자(ex. 월), 'aaaa'는 한글 요일 전체(ex. 월요일), 'ddd'는 영문 요일 약자(ex. Mon), 'dddd'는 영문 요일 전체(ex. Monday)를 표시합니다.

SECTION 11 누적 시간 표시하기

시간 서식 코드 'h, m, s'를 사용하여 누적 시간을 표시하는 표시 형식을 작성해 보겠습니다.

📁 실습예제 : Chapter04.xlsx – [고객응대] 시트

01 [D4~D13] 셀에는 [접수일]로부터 [처리일]까지 처리 시간이 얼마나 경과되었는지를 계산하는 수식이 작성되어 있습니다. 특정 서식을 지정하지 않아 실수로 표시된 [소요시간]을 '시:분:초' 형식으로 표시해 보겠습니다. [D4~D13] 셀 범위를 선택합니다.

02 Ctrl + 1 을 누르고 [셀 서식] 창의 [표시 형식] 탭에서 [사용자 지정] 범주를 선택한 후 '형식'에 '[h]:mm:ss'를 입력하고 [확인]을 클릭합니다.

> 24시간이 넘는 경우 hh 코드를 사용하면 시간이 누적되지 않고 일수를 제외한 잔여 시간만 표시됩니다.

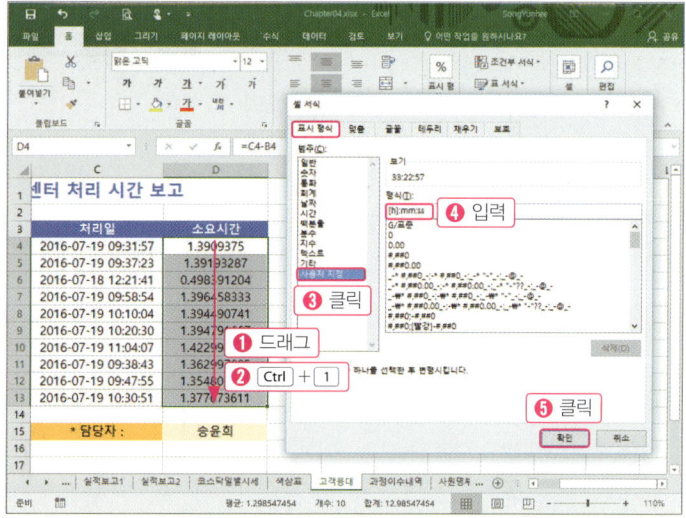

03 24시간 이상의 경우 시간이 누적되어 표시됩니다.

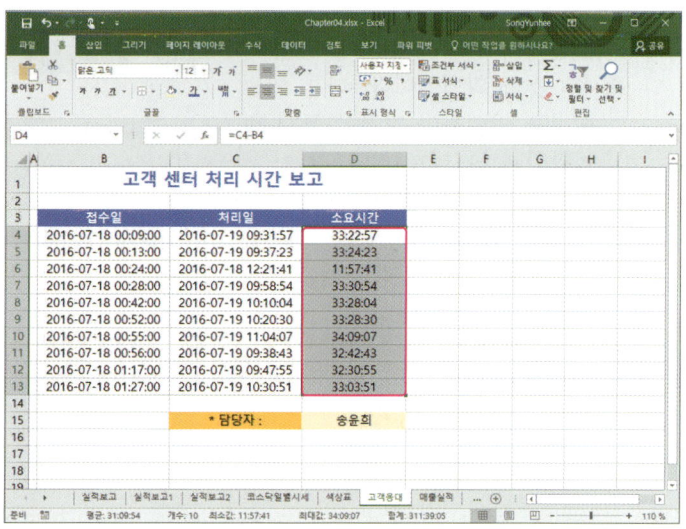

SECTION 12 특정 문자 자동으로 표시하기

문자 서식 코드 '@'를 사용하여 문자 데이터 입력 시 입력한 문자 뒤에 '팀장' 직책을 자동으로 표시하는 형식을 작성해 보겠습니다.

실습예제 : Chapter04.xlsx - [실적보고2] 시트

01 [D15] 셀을 클릭합니다.

02 Ctrl+1을 누르고 [셀 서식] 창의 [표시 형식]에서 [사용자 지정] 범주를 선택한 후 [형식]에 '@ "팀장"'을 입력하고 [확인]을 클릭합니다.

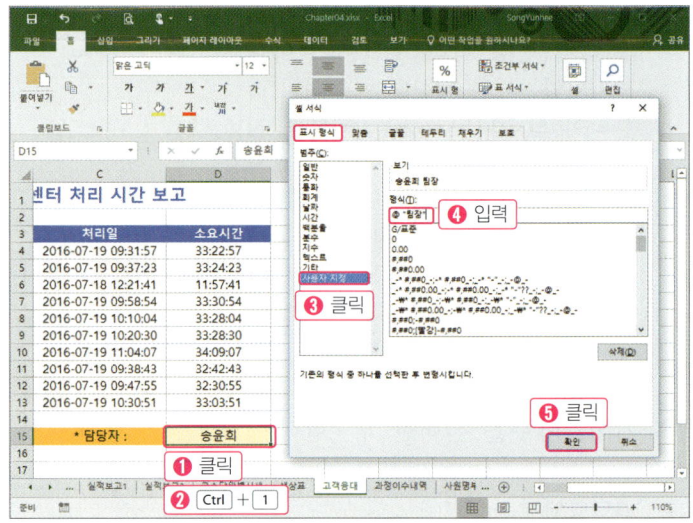

03 셀에 입력되어 있던 문자에 '팀장'이 표시된 것을 확인합니다. 다른 임의의 이름을 입력하여 지정한 표시 형식을 확인해봅니다.

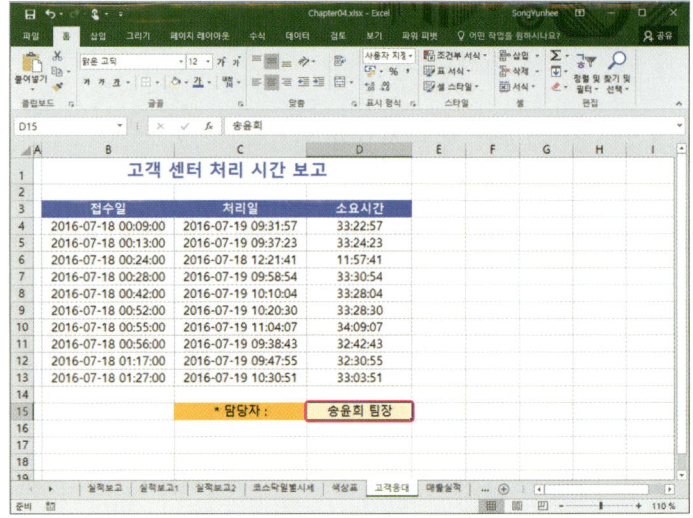

SECTION 13 표 서식 지정하기

표 서식은 기본 제공되는 표 스타일을 사용하여 표에 빠르게 서식을 지정할 수 있는 기능입니다. 또한 '표 스타일 옵션'을 사용하여 머리글과 요약 행, 첫째 열과 마지막 열, 줄무늬 행과 열 등 표를 구성하는 요소에 지정된 서식을 조정할 수 있습니다.

실습예제 : Chapter04.xlsx - [과정이수내역] 시트

[표 서식]을 사용하여 표에 서식을 지정하면 셀 범위가 '표'로 변환됩니다. 표는 다량의 데이터를 효과적으로 관리할 수 있는 독립된 데이터 범위입니다. '표' 기능에 대해서는 'Chapter 10. 데이터 관리 및 분석'에서 다루므로 지금은 표에 서식을 지정한 후 '표'를 정상 셀 범위로 되돌려서 표의 서식과 관련된 기능만 사용해 보겠습니다.

01 표 서식 지정하기

01 표 서식을 지정할 표 내부 임의의 셀 (E7)을 클릭합니다(표 서식을 적용할 데이터 범위를 선택해도 됩니다).

02 [홈] 탭 - [스타일] 그룹 - [표 서식]을 클릭한 후 [표 스타일 보통 7]을 선택합니다.

03 서식을 적용할 데이터 범위가 선택된 상태로 [표 서식] 창이 표시되면 [확인]을 클릭합니다.

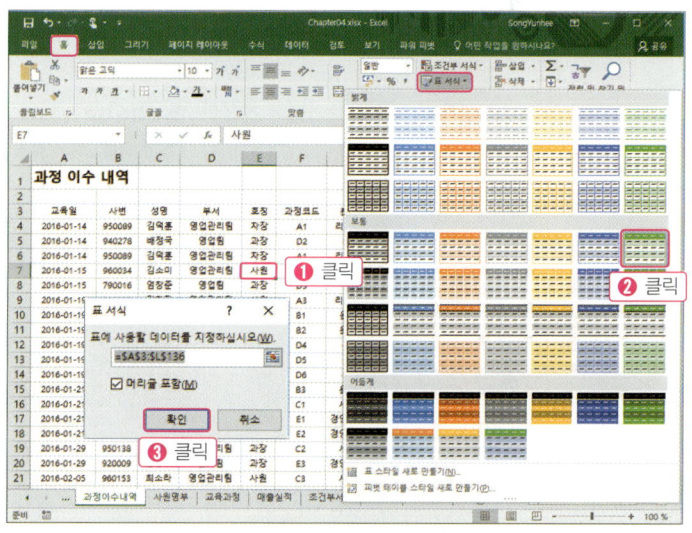

02 표 스타일 옵션 설정

01 [표 도구] - [디자인] 탭 - [표 스타일 옵션]에서 [줄무늬 행]과 [필터 단추] 옵션을 해제하고 [줄무늬 열] 옵션을 설정합니다.

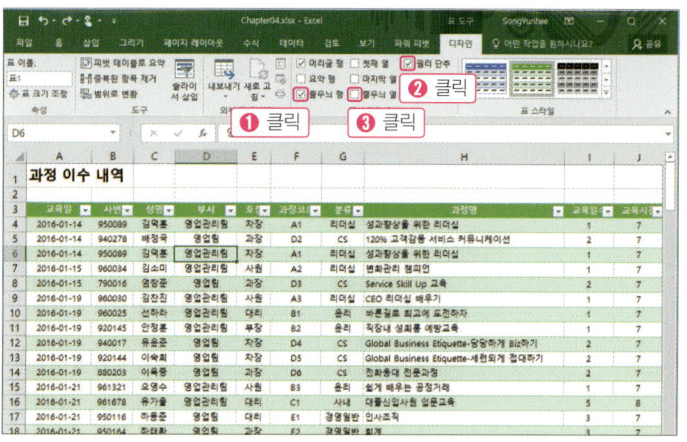

03 정상 셀 범위로 변환

01 표를 정상 셀 범위로 변환하기 위해 표 내부 임의의 셀(D6)을 선택한 후 [표 도구] - [디자인] 탭 - [도구] 그룹 - [범위로 변환]을 클릭합니다.

02 표를 정상 범위로 변환할지 묻는 창이 표시되면 [예]를 클릭합니다.

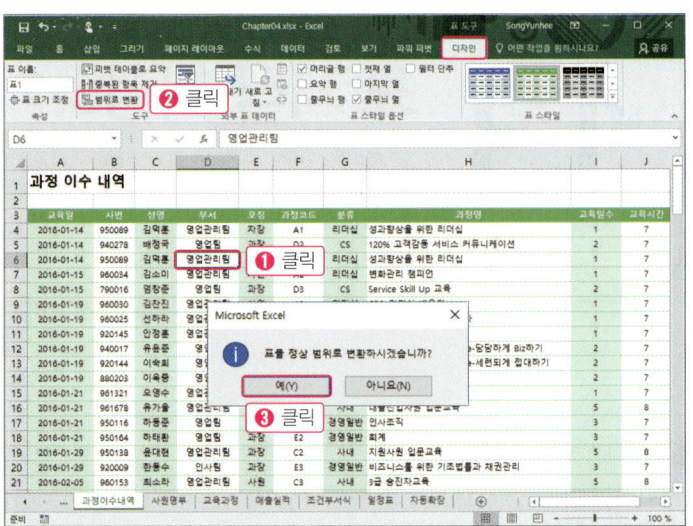

03 표일 때 적용되었던 서식이 그대로 유지된 채 표가 정상 셀 범위로 변환된 것을 확인합니다.

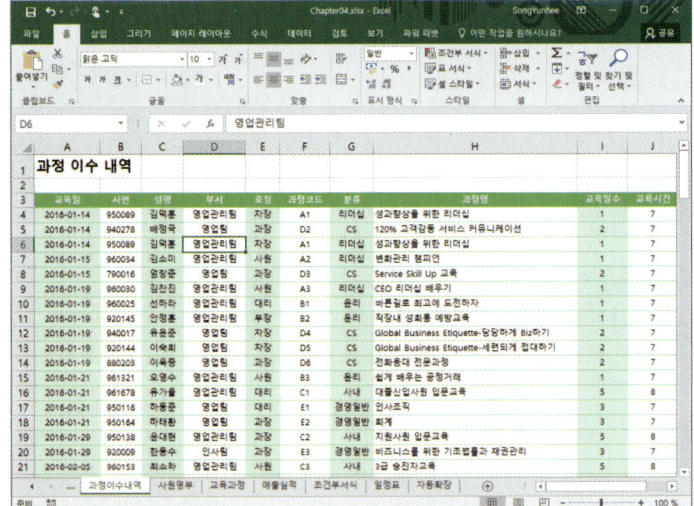

표와 셀 범위 구분
데이터 내부 임의의 셀을 클릭했을 때 리본 메뉴에 [표 도구]가 표시되면 표, 아니면 정상 셀 범위입니다.

SECTION 14 셀 스타일 지정하기

'셀 스타일'은 셀 서식(글꼴, 글꼴 크기, 표시 형식, 테두리 및 음영 등)이 정의된 서식 집합입니다. 기본 제공되는 셀 스타일을 사용하여 선택한 셀이나 셀 범위에 손쉽게 서식을 지정할 수 있고, 스타일을 수정하거나 추가하여 사용할 수도 있습니다. 스타일을 사용하는 방법에 대해 알아보도록 하겠습니다.

📁 **실습예제** : Chapter04.xlsx - [매출실적] 시트

01 셀 스타일 지정

01 셀 스타일을 적용할 [B1] 셀을 클릭합니다.

02 [홈] 탭 - [스타일] 그룹 - [셀 스타일]을 클릭한 후 [제목 및 머리글] 범주의 [제목 1] 스타일을 선택합니다.

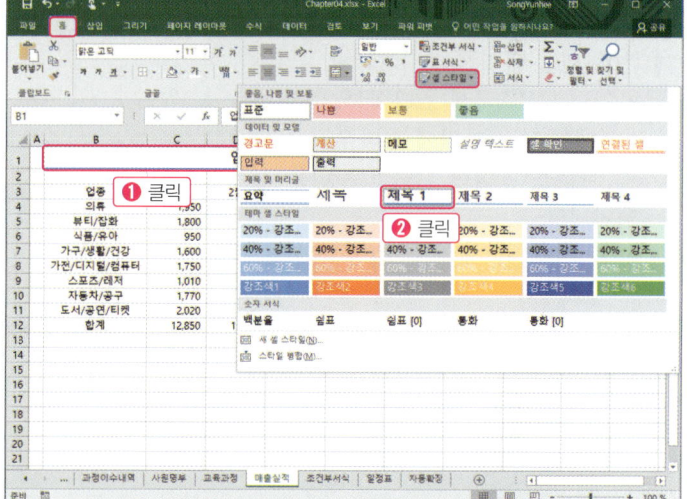

03 같은 방법으로 [B3~I3] 셀 범위를 선택한 후 [홈] 탭 - [스타일] 그룹 - [셀 스타일]을 클릭하고 [테마 및 스타일] 범주의 [강조색 1] 스타일을 선택합니다.

> [페이지 레이아웃] 탭 - [테마] 그룹 - [테마 색]에서 원하는 색 구성을 선택하면 문서에 사용되는 색을 변경할 수 있습니다. 예를 들어, 테마 색을 변경하면 [셀 스타일] 갤러리에 표시되는 색상 및 글꼴 색 등의 색상표가 변경됩니다.

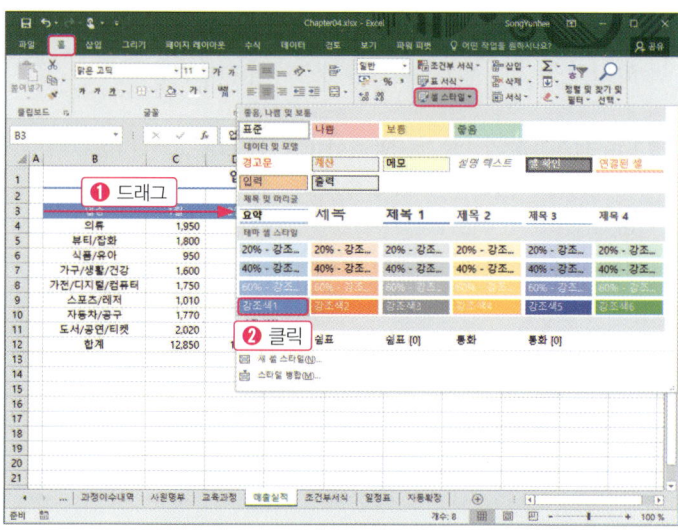

04 [B12~I12] 셀 범위를 선택한 후 [홈] 탭 - [스타일] 그룹 - [셀 스타일]을 클릭하고 [제목 및 머리글] 범주의 [요약] 스타일을 선택합니다.

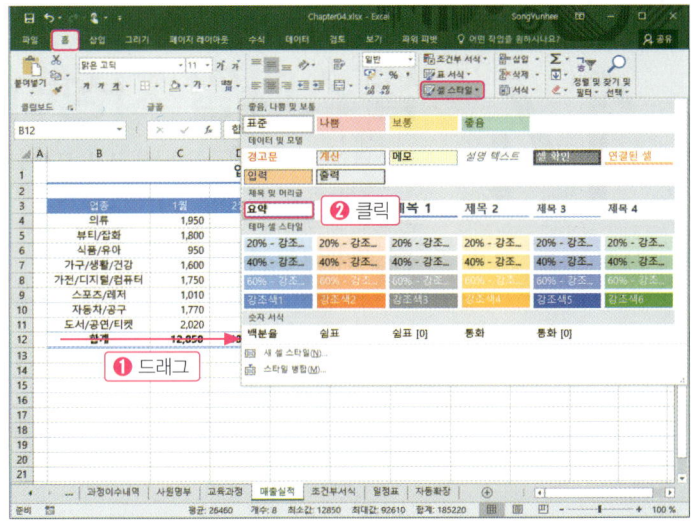

02 스타일 수정

01 [B1] 셀을 클릭한 후 [홈] 탭 - [스타일] 그룹 - [셀 스타일]을 클릭하고 [제목 1] 스타일에서 마우스 오른쪽 버튼을 클릭한 다음 [수정]을 선택합니다.

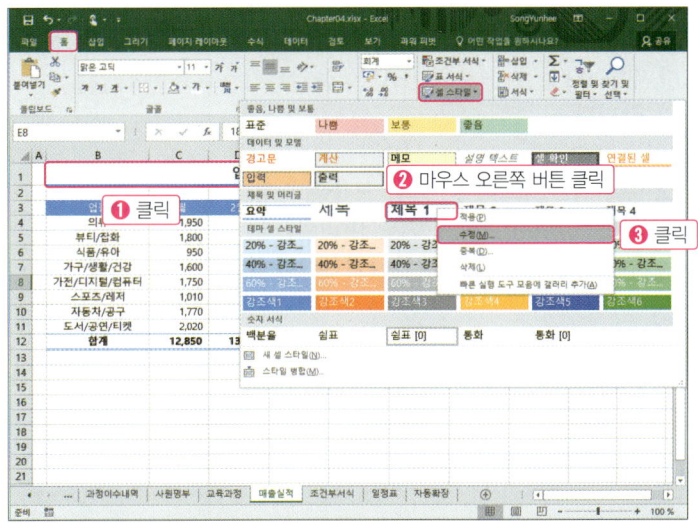

02 [스타일] 창에서 [서식] 버튼을 클릭합니다.

03 [셀 서식] 창의 [글꼴] 탭에서 [크기]는 [18], [색]은 [파랑,강조 1]로 설정한 다음 [확인]을 클릭한 후, [스타일] 창의 [확인]을 클릭합니다.

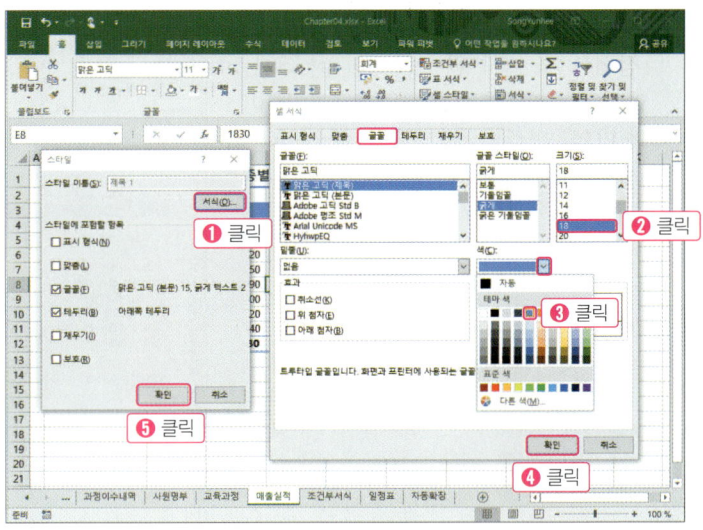

04 문서에 적용된 제목 1 스타일의 서식이 업데이트 됩니다.

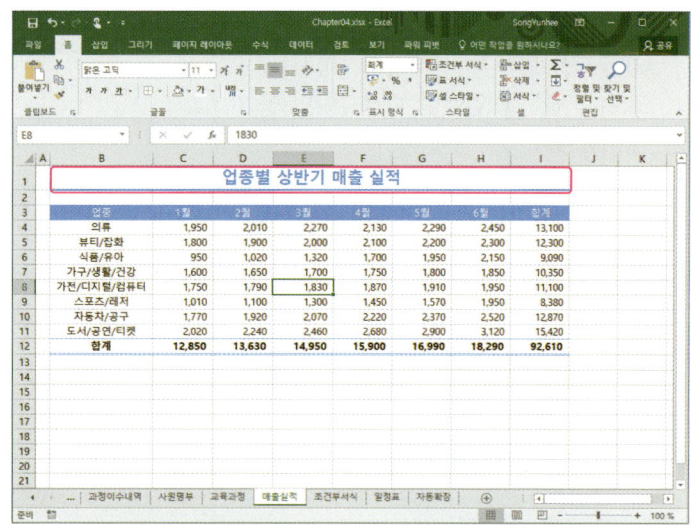

03 새 셀 스타일 만들기

01 자주 사용하는 셀 서식을 셀 스타일에 추가하여 사용할 수 있습니다. [홈] 탭 - [스타일] 그룹 - [셀 스타일]을 클릭한 후 [새 셀 스타일]을 선택합니다.

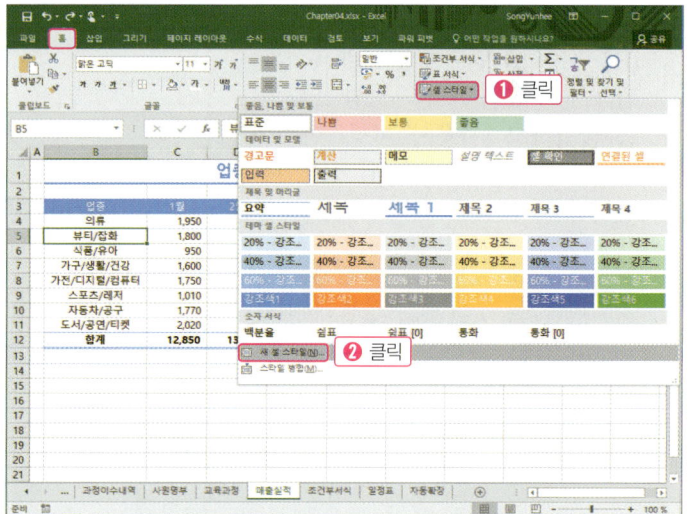

02 [스타일] 창에서 [스타일 이름]에 [점선 및 원 표시]를 입력하고 [스타일에 포함할 항목]에서 [표시 형식]과 [테두리]만 설정한 다음 [서식]을 클릭합니다.

03 [셀 서식] 창의 [테두리] 탭에서 원하는 테두리 색을 선택한 후 미리 보기 영역 아래쪽 부분을 클릭하여 테두리 서식을 지정합니다.

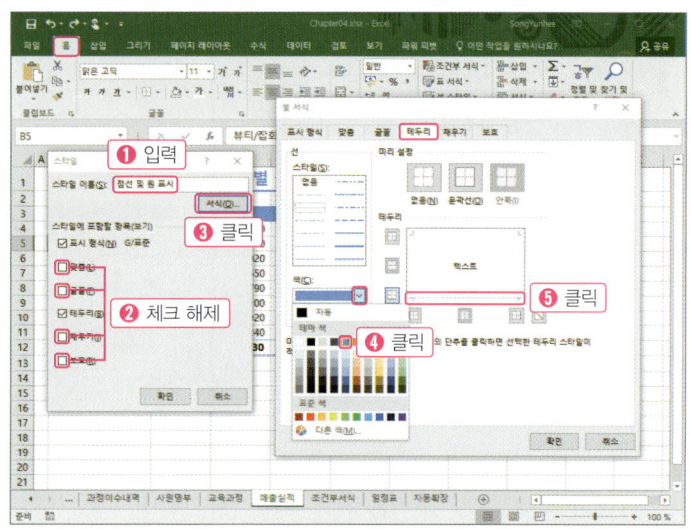

04 [표시 형식] 탭을 클릭한 후 [사용자 지정] 범주를 선택하고 [형식]에 '#,##0"원"'을 입력한 다음 [확인]을 클릭합니다.

05 다시 [스타일] 창에서 [확인]을 클릭합니다.

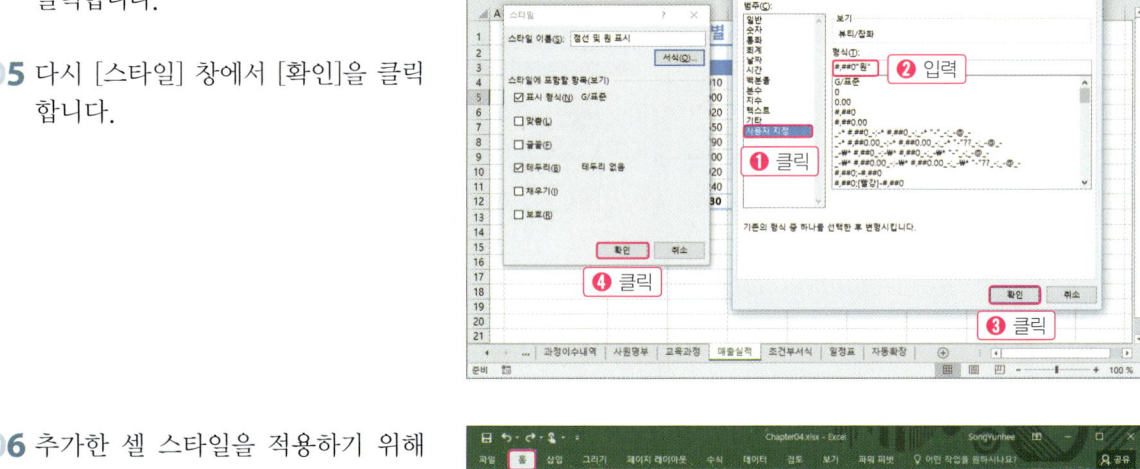

06 추가한 셀 스타일을 적용하기 위해 [B4~I10] 셀 범위를 선택한 후 [홈] 탭 - [스타일] 그룹 - [셀 스타일]을 클릭하고 [사용자 지정] 범주에 추가된 [점선 및 원 표시] 스타일을 선택합니다.

07 임의의 셀을 클릭하여 영역 선택을 해제하고 셀 스타일이 적용된 것을 확인합니다.

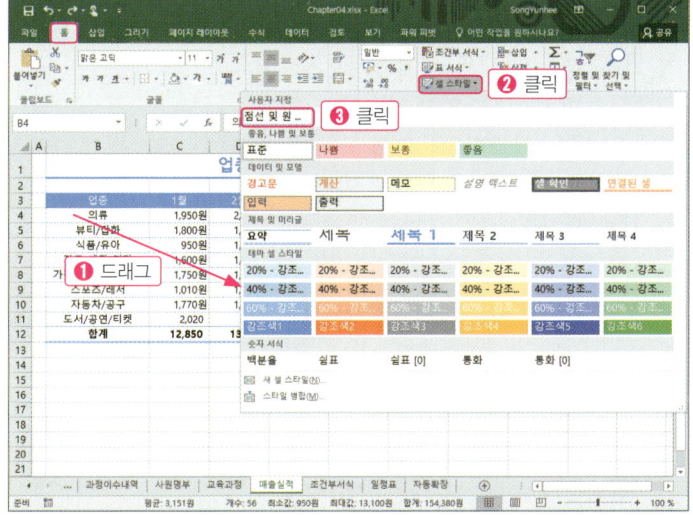

04 셀 스타일 삭제

01 불필요한 셀 스타일을 삭제할 때는 [홈] 탭 - [스타일] 그룹 - [셀 스타일]을 클릭한 후 삭제하고자 하는 스타일에서 마우스 오른쪽 버튼을 클릭하고 [삭제]를 선택합니다.

셀 스타일을 삭제하면 해당 셀에 지정되었던 서식은 사라집니다.

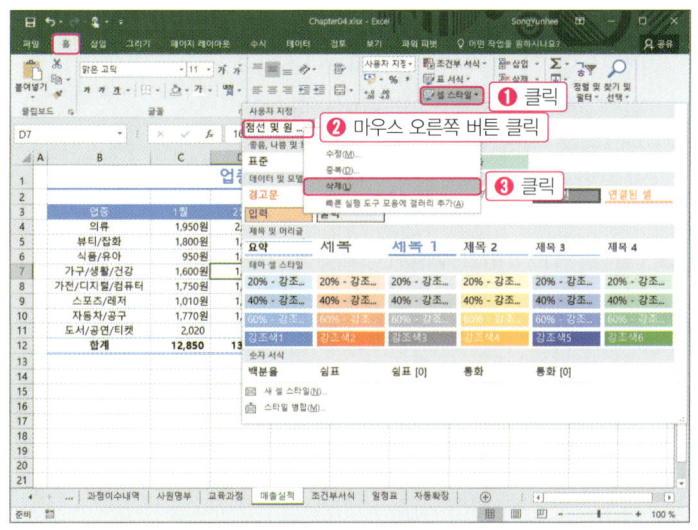

SECTION 15 조건부 서식 이해하기

조건부 서식을 사용하여 문서에 서식을 지정하기 위해 먼저 조건부 서식에 대해 알아보도록 하겠습니다.

실습예제 : Chapter04.xlsx - [조건부서식] 시트

[조건부 서식]은 입력된 데이터 중 조건에 만족하는 셀에만 자동으로 서식을 지정하는 기능입니다.

예를 들어, ❶ [매출액]이 15000 이상인 데이터 또는 상위 3건의 데이터, 하위 10%의 데이터, ❷ [부서]가 '기획실'인 데이터, ❸ [사번]이 중복된 데이터 등 다양한 조건을 설정할 수 있습니다. 뿐만 아니라 ❹ [데이터 막대], ❺ [색조], ❻ [아이콘 집합]의 시각화 요소를 사용하여 데이터를 시각적으로 탐색하고, 추세 및 패턴을 손쉽게 확인할 수 있습니다.

[조건부 서식]은 [홈] 탭 - [스타일] 그룹에서 제공되며 ❼ [셀 강조 규칙]과 [상위/하위 규칙]을 사용하여 조건을 설정하고, ❽ [데이터 막대], [색조], [아이콘 집합]을 사용하여 셀에 시각적 요소를 표시합니다.

❾ [새 규칙]을 사용하여 제공되지 않는 다양한 규칙을 새로 만들 수 있고, ❿ [규칙 관리]를 사용하여 규칙의 편집과 삭제 등의 관리가 가능합니다.

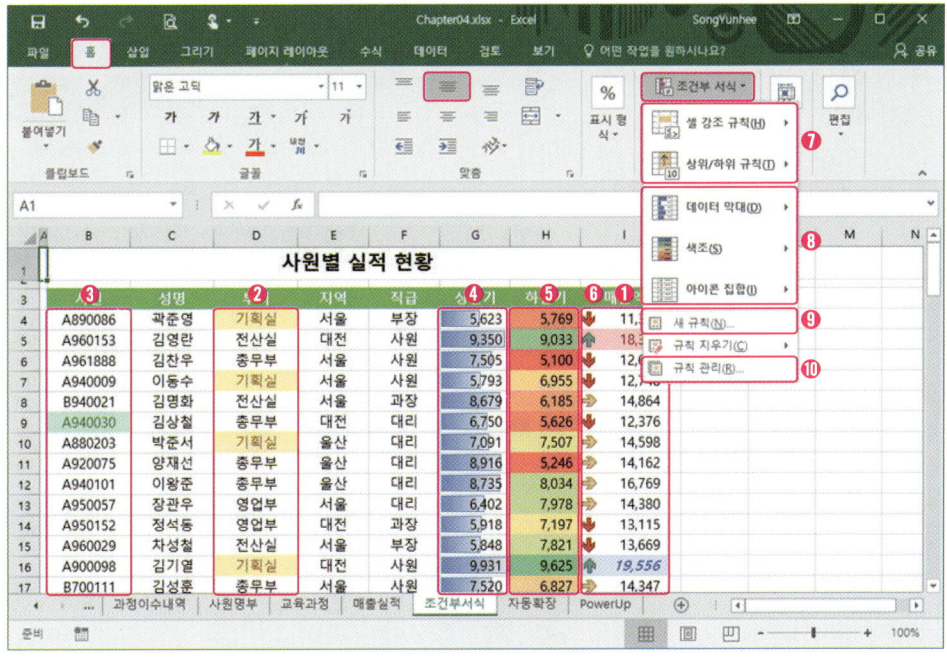

SECTION 16

지정한 금액보다 큰 셀에 서식 지정하기

조건부 서식의 [셀 강조 규칙] – [보다 큼] 조건을 사용하여 매출액이 조건으로 지정한 금액보다 큰 셀에 서식을 지정해 보겠습니다.

📁 실습예제 : Chapter04.xlsx – [조건부서식] 시트

01 조건부 서식을 적용할 [매출액] 전체 데이터 범위를 선택하기 위해 [I4] 셀을 클릭한 후 Ctrl + Shift + ↓ 를 누릅니다.

02 [홈] 탭 – [스타일] 그룹 – [조건부 서식]을 클릭한 후 [셀 강조 규칙] – [보다 큼]을 선택합니다.

03 [보다 큼] 창이 표시되면 [K4] 셀을 클릭하여 조건을 지정한 후 [적용할 서식]의 목록 단추를 클릭한 다음 조건에 만족하는 셀에 적용할 서식을 선택합니다.

> 조건을 셀이 아닌 값으로 지정해도 됩니다. 예를 들어, 지금 [K4] 셀로 지정된 조건을 18000과 같은 숫자 값으로 지정하면 매출액이 18000 보다 큰 셀에 서식이 지정됩니다.

04 [K4] 셀의 [매출액] 조건을 '15000'으로 수정한 후 조건에 만족하는 셀에 서식이 적용되는지 확인합니다.

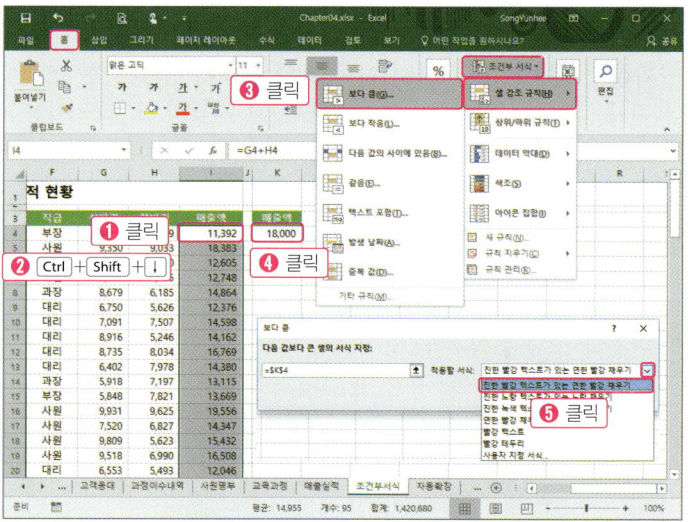

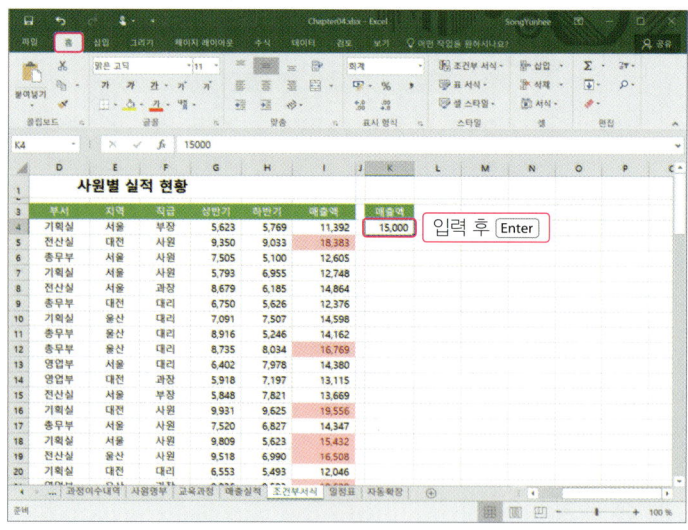

SECTION 17 특정 부서에 서식 지정하기

조건부 서식의 [셀 강조 규칙] – [같음] 조건을 사용하여 [부서]가 '기획실'인 데이터에 서식을 지정해 보겠습니다.

실습예제 : Chapter04.xlsx – [조건부서식] 시트

01 [D4] 셀을 클릭한 후 Ctrl+Shift+↓를 눌러 조건부 서식을 적용할 셀 범위를 선택합니다.

02 [홈] 탭 – [스타일] 그룹 – [조건부 서식]을 클릭한 후 [셀 강조 규칙] – [같음]을 선택합니다.

03 [같음] 창에서 조건에 '기획실'을 입력하고 [적용할 서식]의 목록 단추를 클릭한 다음 [진한 노랑 텍스트가 있는 노랑 채우기]를 선택합니다.

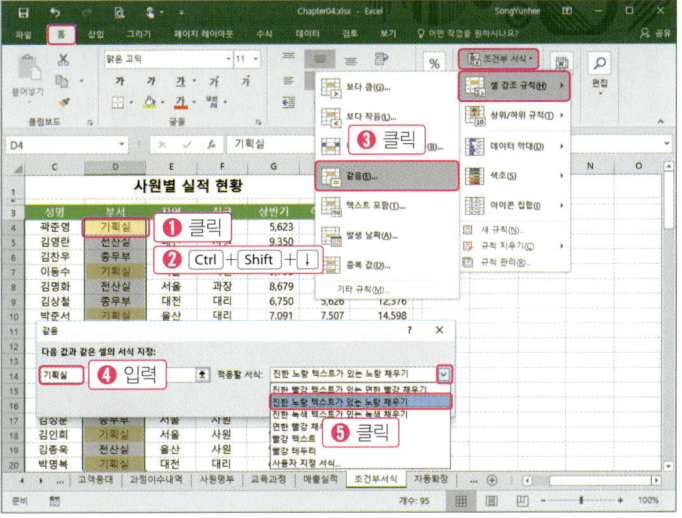

04 조건에 만족하는 셀에 서식이 적용된 것을 확인합니다.

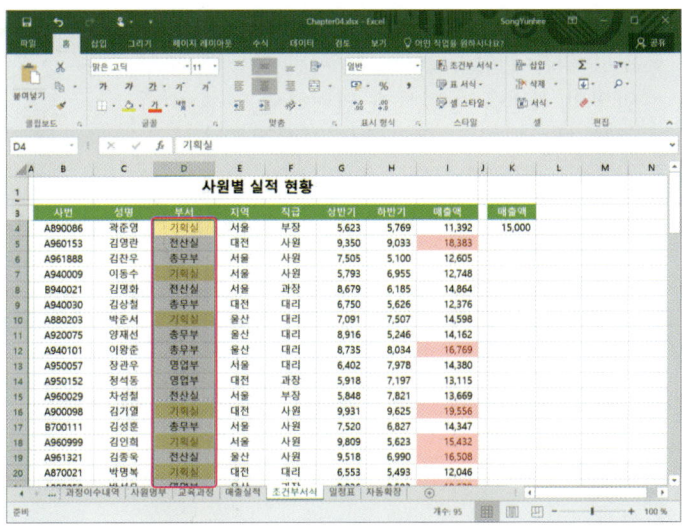

Chapter 04_ 문서 서식 지정하기 • 155

SECTION 18. 중복 데이터에 서식 지정하기

조건부 서식의 [셀 강조 규칙] - [중복 값] 조건을 사용하여 중복 데이터에 서식을 지정해 보겠습니다.

실습예제 : Chapter04.xlsx - [조건부서식]시트

01 열 머리글 [B]를 클릭하여 조건부 서식을 적용할 셀 범위를 선택합니다.

02 [홈] 탭 - [스타일] 그룹 - [조건부 서식]을 클릭한 후 [셀 강조 규칙] - [중복 값]을 선택합니다.

03 [중복 값] 창에서 [적용할 서식]의 목록 단추를 클릭하고 [진한 녹색 텍스트가 있는 녹색 채우기]를 선택하고 [확인]을 클릭합니다.

04 B열 임의의 셀을 선택한 후 Ctrl + ↓ 를 눌러 연속 데이터의 끝으로 이동합니다.

05 새 데이터를 입력할 [B99] 셀을 클릭하고 위쪽에 입력되어 있는 사번 중 임의의 사번을 동일하게 입력하면, 중복 데이터가 발생하면서 서식이 적용되는 것을 확인할 수 있습니다.

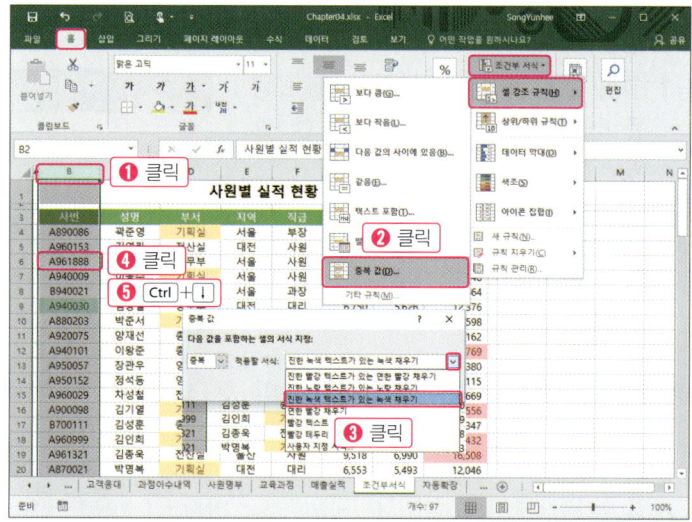

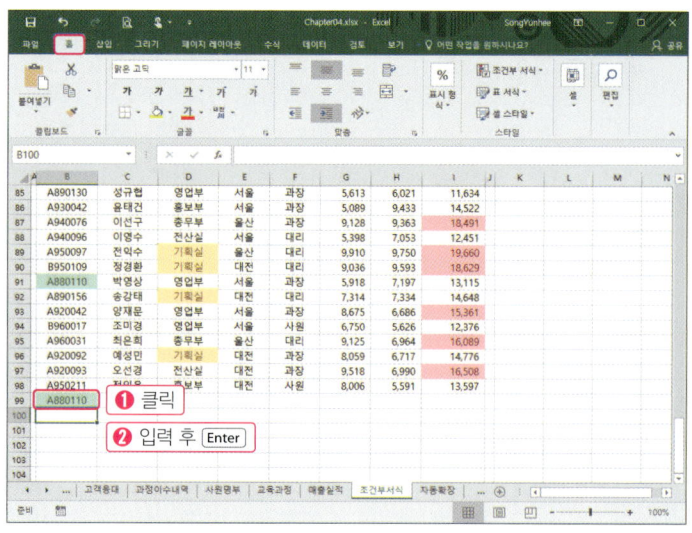

156 · 엑셀 2016

SECTION 19 매출 상위 3건에 서식 지정하기

조건부 서식의 [상위/하위 규칙] 중 [상위 10개 항목]을 사용하여 [매출액] 필드의 데이터 중 매출액 상위 3건의 데이터에 서식을 지정해 보겠습니다.

실습예제 : Chapter04.xlsx – [조건부서식] 시트

01 [I4] 셀을 클릭한 후 Ctrl+Shift+↓를 눌러 셀 범위를 선택하고, [홈] 탭 – [스타일] 그룹 – [조건부 서식]을 클릭한 후 [상위/하위 규칙] – [상위 10개 항목]을 선택합니다.

02 [상위 10개 항목] 창에서 항목 수를 '3'으로 설정하고, [적용할 서식]의 목록 단추를 클릭한 후 [사용자 지정 서식]을 선택합니다.

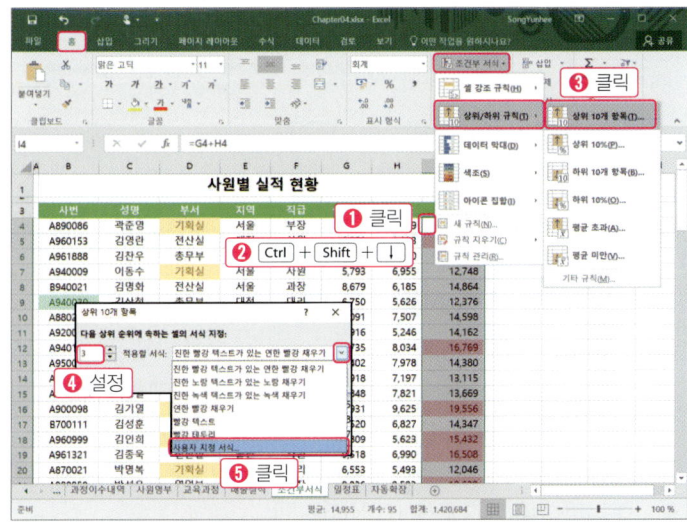

03 [셀 서식] 창의 [글꼴] 탭에서 [글꼴 스타일]은 [굵은 기울임꼴], [색]은 [파랑, 강조 5]를 선택하고, [채우기] 탭에서 [배경색]은 [파랑, 강조 5, 80% 더 밝게]를 선택한 다음 [확인]을 클릭합니다.

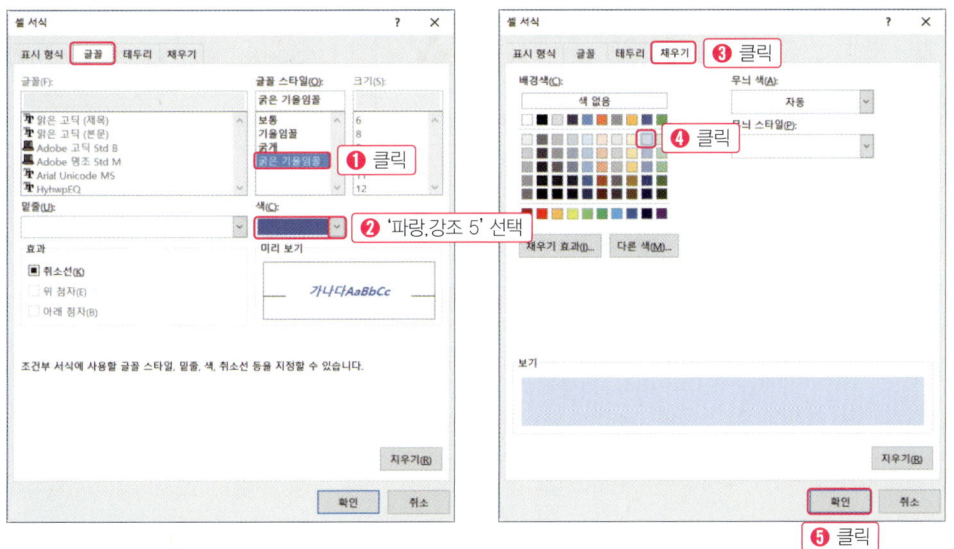

Chapter 04_ 문서 서식 지정하기 • 157

04 [상위 10개 항목] 창에서 표시되면 [확인]을 클릭합니다. [매출액] 필드를 아래로 이동하며, 매출액 상위 3건의 데이터만 서식이 적용되었는지 확인합니다.

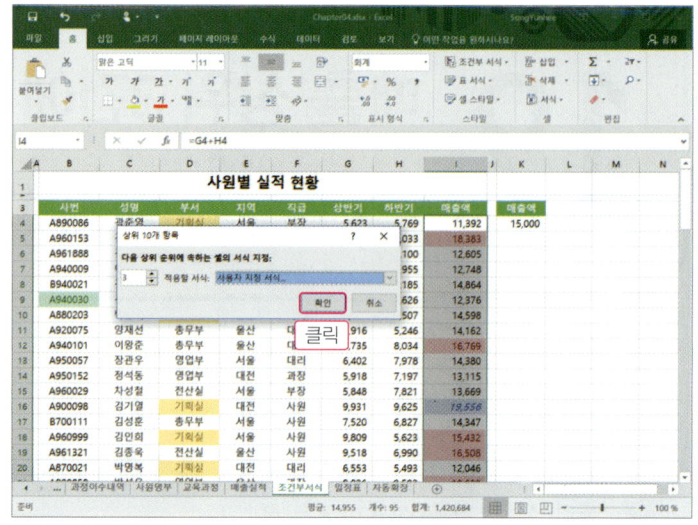

PowerUp 빠른 분석 도구

데이터 범위를 선택했을 때 오른쪽 하단에 표시되는 [빠른 분석] 아이콘을 클릭하거나 Ctrl+Q를 눌러 표시되는 빠른 분석 도구를 사용하여 [조건부 서식]을 손쉽게 적용할 수 있습니다.

[빠른 분석] 도구에는 데이터의 종류에 따라 필요한 조건부 서식 규칙이 표시되고, 적용할 규칙을 클릭하면 선택 범위의 셀에 바로 조건부 서식이 지정됩니다.

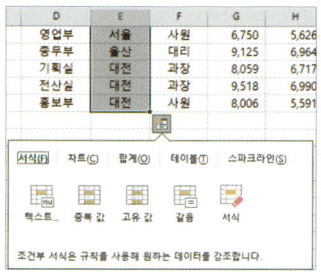
문자 범위 지정

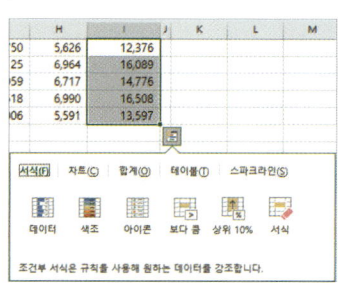
숫자 범위 지정

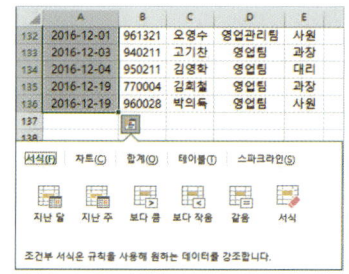
날짜 범위 지정

SECTION 20
데이터 막대, 색조, 아이콘 집합으로 데이터 시각화하기

이번엔 조건부 서식의 시각화 구성 요소 [데이터 막대], [색조], [아이콘 집합]을 사용하여 조건부 서식을 지정해 보겠습니다.

실습예제 : Chapter04.xlsx - [조건부서식] 시트

01 데이터 막대

01 [G4] 셀을 클릭한 후 Ctrl + Shift + ↓ 를 누르고, [홈] 탭 - [스타일] 그룹 - [조건부 서식]을 클릭한 후 [데이터 막대]에서 원하는 막대 서식을 선택합니다.

02 [상반기] 필드의 셀에 막대 그래프가 표시되며, 막대 그래프를 통해 매출액의 높고 낮음을 좀 더 시각적으로 확인할 수 있습니다.

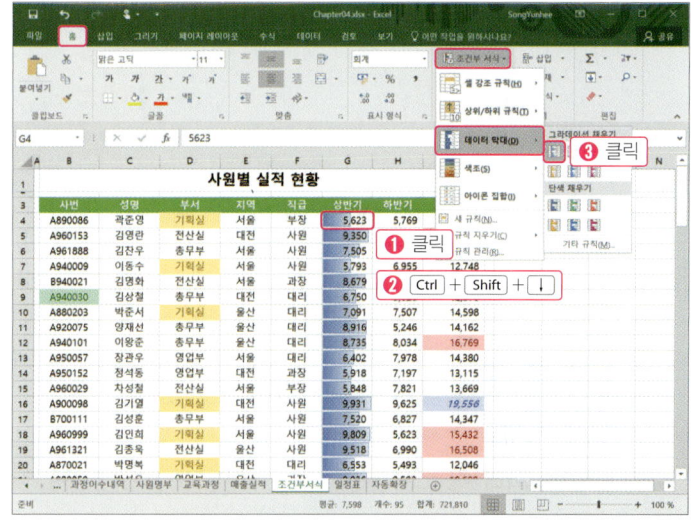

02 색조

01 [H4] 셀을 클릭한 후 Ctrl + Shift + ↓ 를 누르고, [홈] 탭 - [스타일] 그룹 - [조건부 서식]을 클릭한 후 [색조]에서 원하는 색조를 선택합니다.

02 셀에 채워진 색을 통해 데이터 값의 크고 작음을 더 빠르게 판단할 수 있습니다.

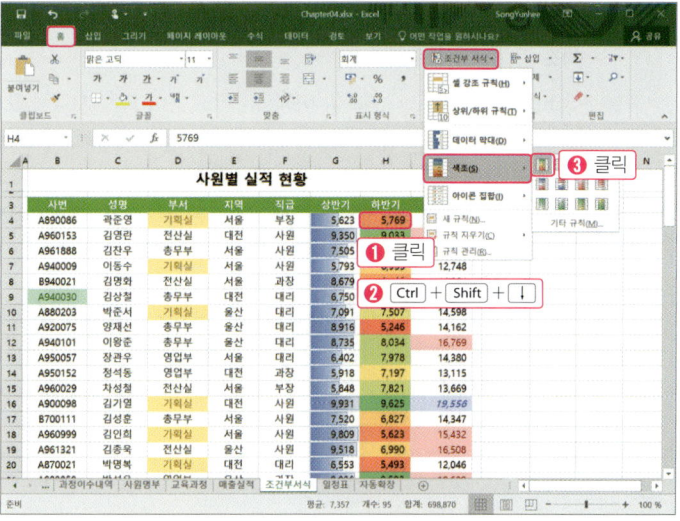

03 아이콘 집합

01 [I4] 셀을 선택한 후 Ctrl + Shift + ↓를 눌러 [매출액] 전체 범위를 선택합니다.

02 [홈] 탭 - [스타일] 그룹 - [조건부 서식]을 클릭한 후 [아이콘 집합]에서 원하는 아이콘 서식을 선택합니다.

03 아이콘의 개수에 따라 1/3, 1/4, 1/5 간격으로 데이터를 나누어 해당 아이콘을 표시합니다. 예를 들어, [3방향 화살표(컬러)]를 선택한 경우 가장 낮은 매출액과 가장 높은 매출액을 기준으로 상위 1/3에는 초록색 위쪽 방향 화살표, 중위 1/3에는 노랑색 오른쪽 방향 화살표, 하위 1/3에는 빨강색 아래 방향 화살표를 표시합니다.

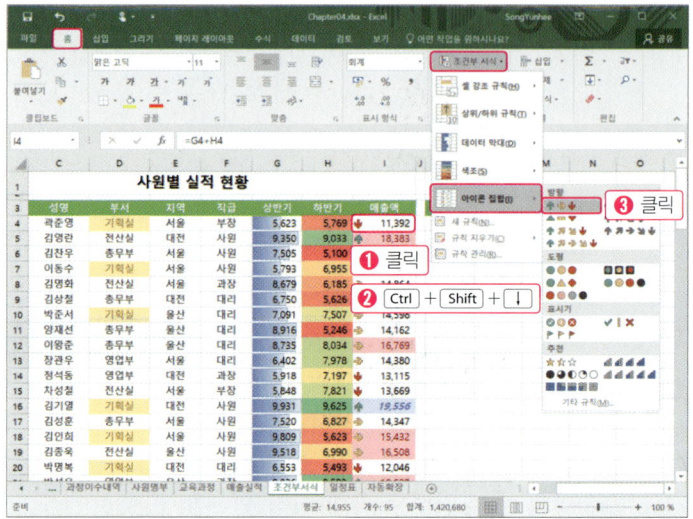

PowerUp 데이터 막대/색조/아이콘 집합

- **데이터 막대**

  데이터 막대를 사용하여 특정 셀 값을 다른 셀과 비교하여 볼 수 있습니다. 데이터 막대의 길이는 셀의 값을 나타냅니다. 데이터 막대는 많은 양의 데이터에서 상위 값과 하위 값을 식별하는데 특히 유용합니다.

- **색조**

  색조는 데이터 분포와 변화를 이해하는데 도움이 되는 시각적 표시입니다. 2색조나 3색조를 사용하여 두 가지 색, 세 가지 색의 그라데이션으로 셀 범위를 비교할 수 있습니다. 2색조의 경우 색은 상위 값이나 하위 값을 나타냅니다. 예를 들어, 녹색과 빨강의 2색조를 사용하여 상위값 셀은 녹색으로 표시하고 하위값 셀은 빨간색으로 표시할 수 있습니다. 상위값과 하위값 중간의 값들은 두 색이 혼합된 색으로 표시됩니다.

- **아이콘 집합**

  데이터를 임계값으로 구분되는 3~5가지 범주로 분류하여 아이콘을 표시하려면 아이콘 집합을 사용합니다. 각 아이콘은 특정값 범위를 나타냅니다. 예를 들어, '3방향 화살표(↓ → ↑)'의 경우 초록색 위쪽 화살표는 상위 1/3 값을, 노란색 오른쪽 화살표는 중위 1/3 값을, 빨간색 아래쪽 화살표는 하위 1/3 값을 나타냅니다.

SECTION 21

조건이 만족할 때 행 전체에 서식을 지정하는 새 규칙 만들기

조건부 서식의 [새 규칙]을 사용하여 기본 제공되는 조건 이외에 다양한 새 규칙을 만들어 사용할 수 있습니다. 예를 들어, 기본 제공되는 [셀 강조 규칙]에는 [보다 큼], [보다 작음], [같음] 등이 제공 되는데 '크거나 같다', '작거나 같다' 또는 '같지 않다' 등의 새 규칙을 만들어 사용할 수 있습니다.

실습예제 : Chapter04.xlsx - [조건부서식] 시트

여기서는 [새 규칙]의 [규칙 유형] 중 [수식을 사용하여 서식을 지정할 셀 결정]을 사용하여 조건에 만족하는 경우 행 전체에 서식을 지정하는 새 규칙을 작성해 보겠습니다. 조건에 만족하는 경우 행 전체에 서식을 지정하는 새 규칙을 작성하려면 다음과 같은 순서로 작업합니다.

❶ 조건부 서식을 적용할 범위를 입력된 데이터 전체 범위로 지정합니다(필드명 제외).

❷ [홈] 탭 - [스타일] 그룹 - [조건부 서식] - [새 규칙] - 규칙 유형 중 [수식을 사용하여 서식을 지정할 셀 결정]을 선택합니다.

❸ 조건을 작성합니다.
조건을 작성할 때는 필드의 첫 셀을 참조하여 작성하되 열은 고정되고, 행은 상대적으로 바뀔 수 있는 혼합 참조로 작성합니다. 예를 들어, '[지역] 필드의 데이터가 L4 셀에 입력된 지역과 같은 경우'라는 조건을 지정할 때는 '=$E4=$L$4'와 같이 조건을 작성합니다. '[지역] 필드의 첫 셀인 E4와 L4 셀에 입력된 조건이 같으면'이라는 조건인데, 이때 E4 셀은 E4, E5, E6, …과 같이 [지역] 필드의 각 셀이 조건으로 판단될 수 있도록 $E4와 같이 E열은 고정되고, 4행은 5, 6, 7, …로 바뀔 수 있는 혼합 참조로 설정하고, L4 셀은 셀 주소가 바뀌지 않고 계속해서 조건으로 참조되므로 $L$4와 같이 절대 참조로 설정합니다.

❹ [서식]을 클릭하여 조건에 만족할 때 지정할 서식을 설정합니다.

위의 단계를 참고하여 [지역] 필드의 값이 L4 셀에 입력된 지역과 같은 경우 행 전체에 서식을 지정하는 조건부 서식을 작성해 보겠습니다.

01 [L3] 셀에 '지역', [L4] 셀에 '서울'을 입력하여 조건부 서식에 사용할 조건 영역을 작성합니다.

02 [B4] 셀을 클릭한 후 Ctrl + Shift + →, Ctrl + Shift + ↓를 눌러 [B4~I98]까지 선택합니다.

03 [홈] 탭 - [스타일] 그룹 - [조건부 서식]을 클릭한 후 [새 규칙]을 선택합니다.

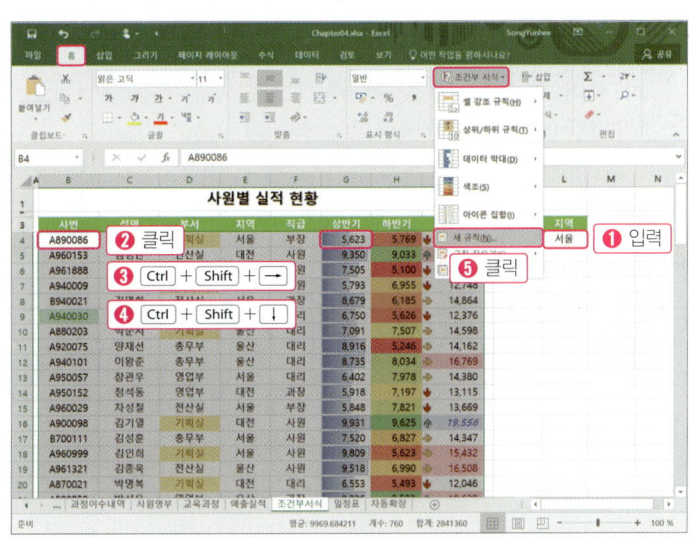

04 [새 서식 규칙] 창에서 [규칙 유형 선택]은 '수식을 사용하여 서식을 지정할 셀 결정', [다음 수식이 참인 값의 서식 지정]은 '=$E4=$L$4' 조건식을 입력합니다.

05 [서식]을 클릭한 후 [채우기] 탭에서 원하는 색을 선택한 후 [확인] 클릭, 다시 [새 서식 규칙] 창에서 [확인]을 클릭합니다.

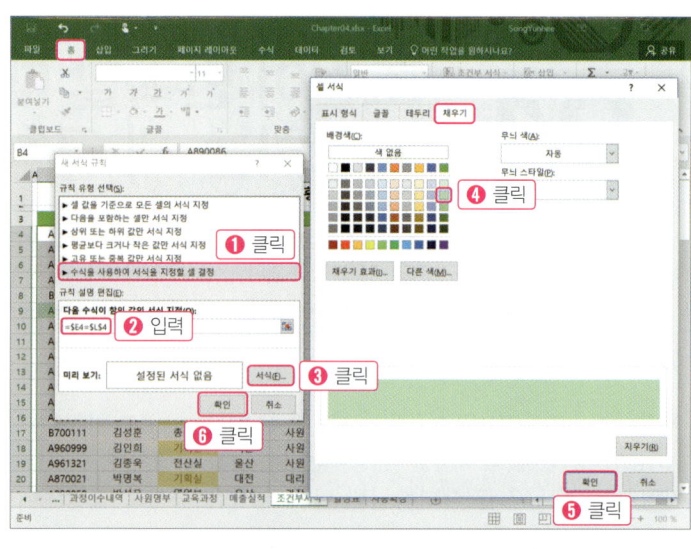

06 [지역]이 [서울]인 행 전체에 서식이 적용된 것을 확인합니다.

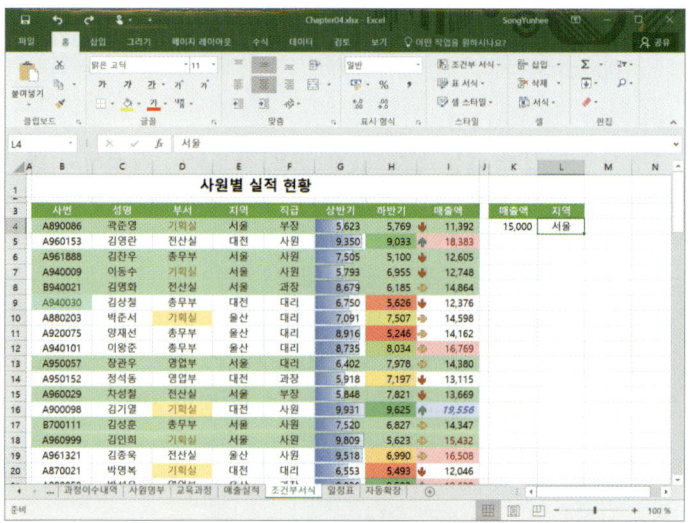

07 [L4] 셀의 조건을 '대전'으로 수정합니다. [지역]이 '대전'인 행 전체에 서식이 적용되는 것을 확인할 수 있습니다.

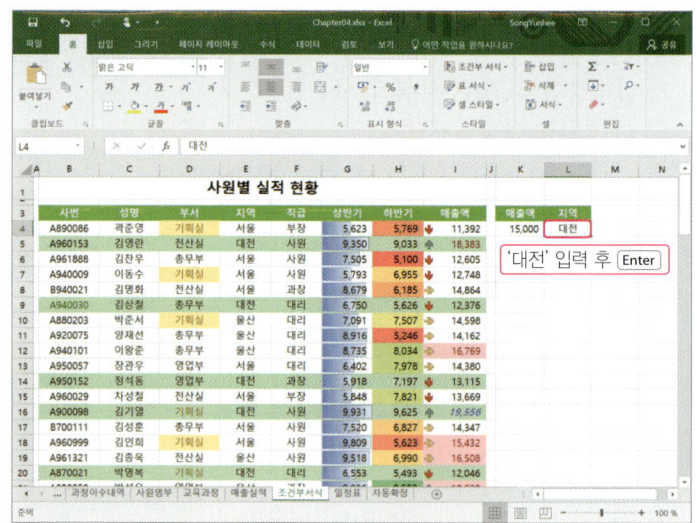

SECTION 22
새 레코드가 추가되면 자동으로 테두리를 그리는 새 규칙 만들기

[조건부 서식]의 [새 규칙] 중 [수식을 사용하여 서식을 지정할 셀 결정]을 사용하여 새 레코드가 추가되면 테두리를 자동으로 표시하는 새 규칙을 작성해 보겠습니다.

실습예제 : Chapter04.xlsx – [자동확장] 시트

01 [B3] 셀을 클릭한 후 '1' Enter, '2' Enter, '3' Enter를 입력하면 [No] 필드에 테두리가 자동으로 표시됩니다.

02 [No]가 입력되면 테두리가 자동으로 표시되는 조건부 서식을 지정하기 위해 [G3~J20] 셀 범위를 선택하고, [홈] 탭 – [스타일] 그룹 – [조건부 서식] – [새 규칙]을 선택합니다.

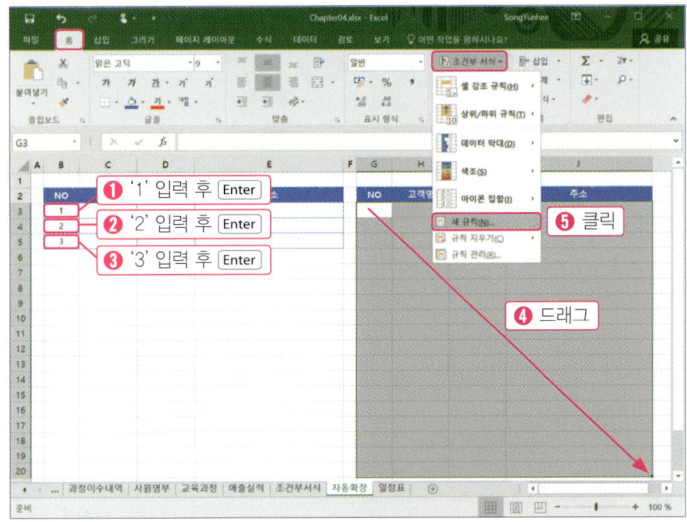

03 [새 서식 규칙] 창에서 [규칙 유형 선택]을 '수식을 사용하여 서식을 지정할 셀 결정'을 선택하고 조건 입력란에 '=$G3<>""' 수식을 작성하고 [서식]을 클릭합니다.

> '=$G3<>""' 수식은 'G3 셀의 값이 비어 있지 않으면'이라는 의미입니다.

04 [셀 서식] 창에서 [테두리] 탭을 선택한 후 [색]에서 원하는 테두리 색을 지정하고 [미리 설정]의 [윤곽선]을 클릭하여 조건에 만족할 때 지정할 테두리 서식을 지정한 다음 [확인]을 클릭합니다.

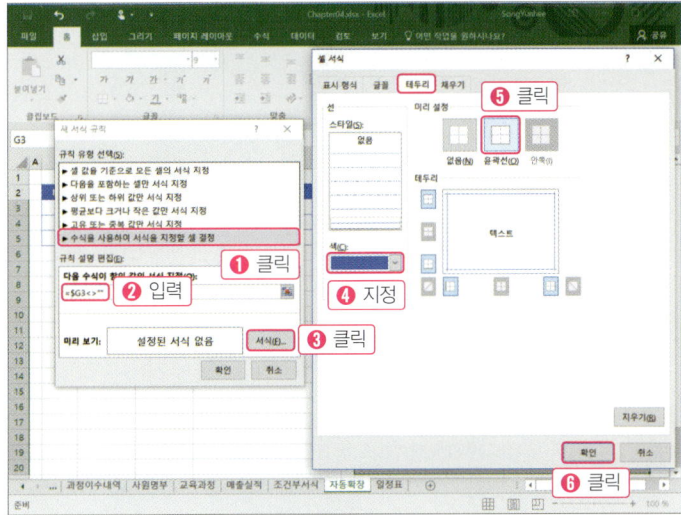

Chapter 04_ 문서 서식 지정하기 • 163

05 [G3] 셀을 클릭한 후 '1' Enter, '2' Enter, '3' Enter를 입력하여 지정된 조건부 서식을 확인합니다.

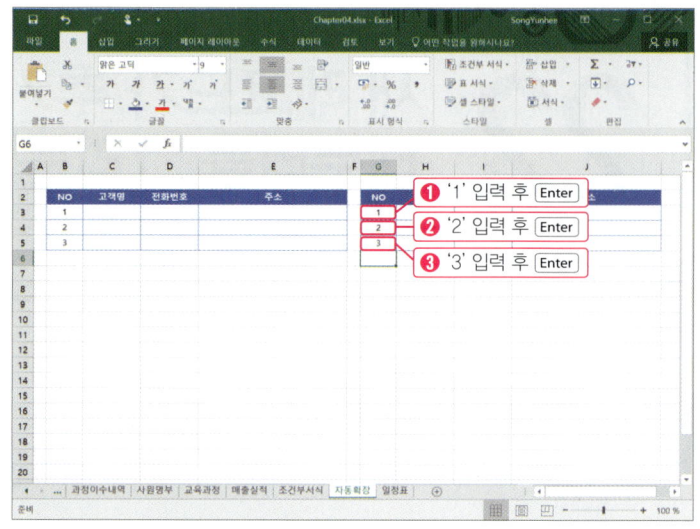

SECTION 23 조건부 서식의 조건 편집하기

[조건부 서식] - [규칙 관리] 명령을 사용하여 기존에 지정했던 조건부 서식의 규칙 중 아이콘 집합 규칙을 [매출액]이 18000 이상이면 🟢, 15000 이상이면 🟡, 나머지 경우는 🔴 아이콘이 표시되도록 편집해 보겠습니다.

📁 실습예제 : Chapter04.xlsx - [조건부서식] 시트

01 [홈] 탭 - [스타일] 그룹 - [조건부 서식]을 클릭한 후 [규칙 관리]를 선택합니다.

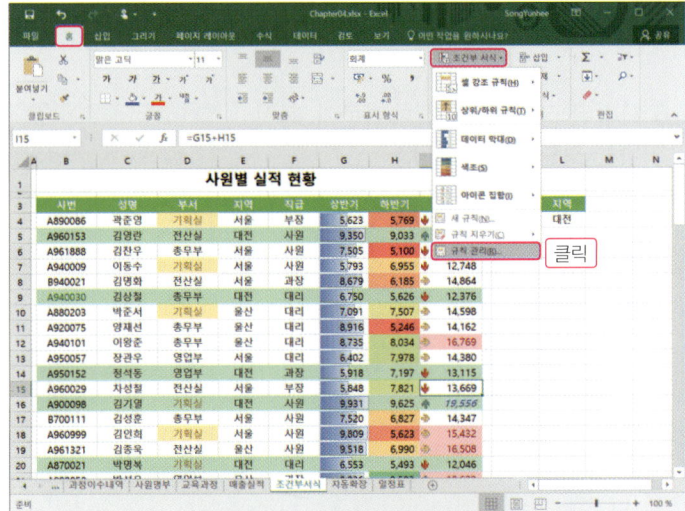

02 [조건부 서식 규칙 관리자] 창에서 [서식 규칙 표시] 옵션을 '현재 워크시트'로 변경하여 현재 워크시트에 설정된 모든 규칙을 표시합니다.

03 규칙 목록에서 [아이콘 집합] 규칙을 선택한 후 [규칙 편집]을 클릭합니다.

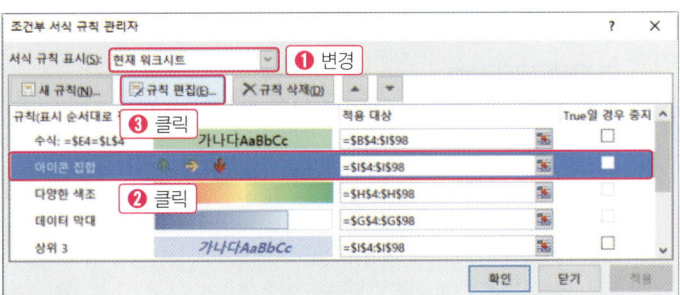

04 [서식 규칙 편집] 창의 [아이콘 스타일]에서 [🔴🟡🟢]을 선택하고, [다음 규칙에 따라 각 아이콘 표시]에서 [종류]에 '숫자', [값]에 각각 '18000'과 '15000'을 입력한 후 [확인]을 클릭합니다.

05 다시 [조건부 서식 규칙 관리자] 창이 표시되면 [확인]을 클릭합니다.

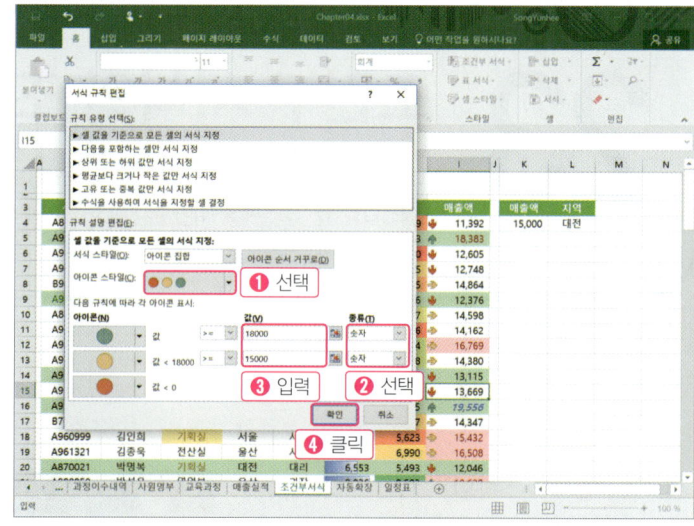

06 편집된 조건에 맞게 아이콘이 표시되는 것을 확인합니다.

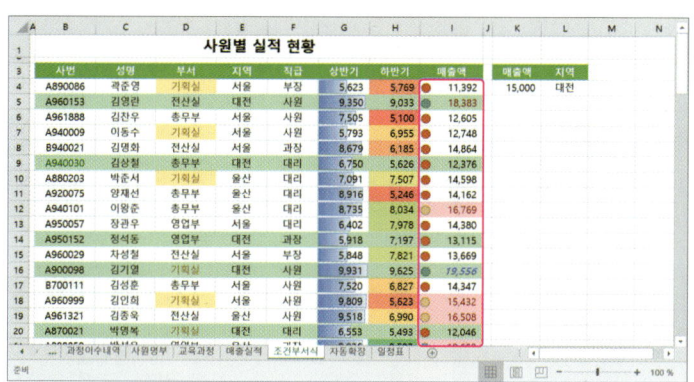

PowerUp 여러 개의 조건에 만족하는 데이터에 서식 지정하기

2개 이상의 조건이 만족하는 레코드에 서식을 지정하고자 하는 경우 AND 함수를 사용하여 조건 수식을 작성하면 됩니다. AND 함수는 인수로 지정한 조건들이 모두 만족할 때만 True를 반환하는 함수로 '=AND(조건1, 조건2, 조건3, …)'과 같이 조건식을 작성하면 조건이 모두 만족하는 경우 행 전체에 서식을 지정할 수 있습니다.

다음 그림과 같이 [매출액]이 K4 셀의 값 이상이고, [지역]이 L4 셀과 같은 경우 서식을 지정하는 조건식은 '=AND($I4>=$K$4,$E4=$L$4)'와 같이 작성합니다.

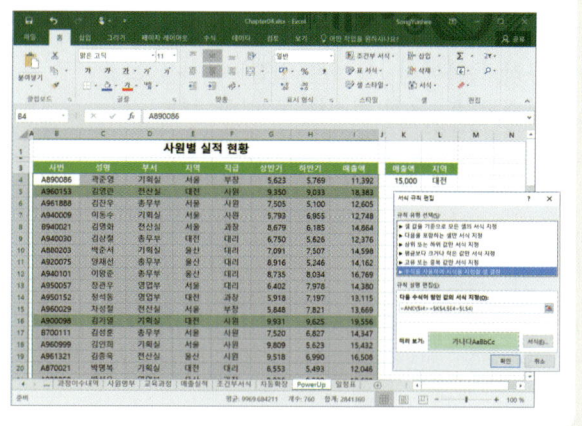

166 · 엑셀 2016

SECTION 24
조건부 서식 삭제하기

조건부 서식을 삭제할 때는 [규칙 지우기]와 [규칙 관리] 명령을 사용합니다. [규칙 관리]는 지정된 조건부 서식의 규칙 중 원하는 규칙을 선택하여 삭제할 수 있고, [규칙 지우기]는 선택한 셀 범위의 조건부 서식을 모두 지우는 [선택한 셀의 규칙 지우기]와 현재 워크시트의 모든 조건부 서식을 지우는 [시트 전체에서 규칙 지우기]가 제공됩니다. 조건부 서식의 규칙을 삭제하는 방법에 대해 알아보겠습니다.

📁 **실습예제** : Chapter04.xlsx - [조건부서식] 시트

01 [규칙 관리]를 사용하여 규칙 삭제

01 [홈] 탭 - [스타일] 그룹 - [조건부 서식] - [규칙 관리]를 선택합니다.

02 [조건부 서식 규칙 관리자] 창의 [서식 규칙 표시]에서 '현재 워크시트'를 선택하고, 규칙 목록에서 삭제하고자 하는 규칙을 선택한 후 [규칙 삭제]를 클릭한 다음 [확인]을 클릭합니다.

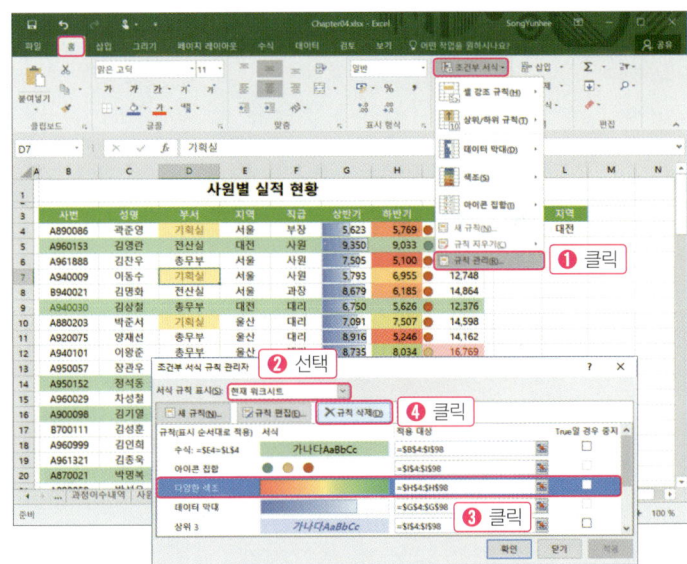

02 [규칙 지우기]를 사용하여 규칙 삭제

01 [사번] 필드 전체 데이터 범위를 선택한 후 [홈] 탭 - [스타일] 그룹 - [조건부 서식] - [규칙 지우기] - [선택한 셀의 규칙 지우기]를 선택합니다.

02 선택한 셀 범위의 조건부 서식이 사라진 것을 확인합니다.

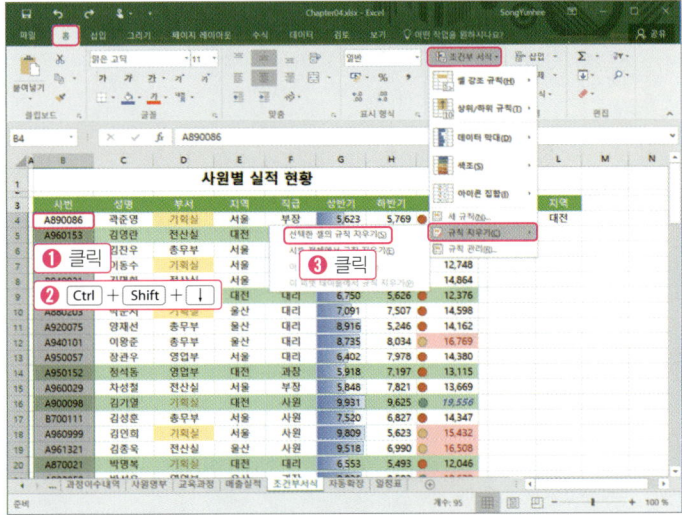

Excel 2016

CHAPTER 05

창 관리와 인쇄

틀 고정, 창 정렬, 화면 확대/축소 등 엑셀 창을 관리하는 명령과 다양한 인쇄 옵션과 머리글/바닥글을 설정하여 문서를 효과적으로 인쇄하는 방법에 대해 알아봅니다.

SECTION 01 틀 고정하기

워크시트에 데이터가 많은 경우 틀 고정을 사용하여 다른 영역으로 스크롤하는 동안 특정 행과 열을 화면에 계속해서 표시되도록 할 수 있습니다. 틀 고정은 선택한 셀을 기준으로 왼쪽 행, 위쪽 열을 고정합니다.

실습예제 : Chapter05.xlsx - [성과보고서] 시트

01 틀 고정하기

01 [D8] 셀을 클릭하고 [보기] 탭 - [창] 그룹 - [틀 고정] - [틀 고정]을 선택합니다.

02 수평 스크롤바를 오른쪽으로 드래그하여 C열까지 고정되고 나머지 열만 이동되는 것을 확인합니다.

03 수식 스크롤 바를 아래로 이동하거나 마우스 휠을 아래로 돌려 7행까지 고정되고 나머지 행만 이동되는 것을 확인합니다.

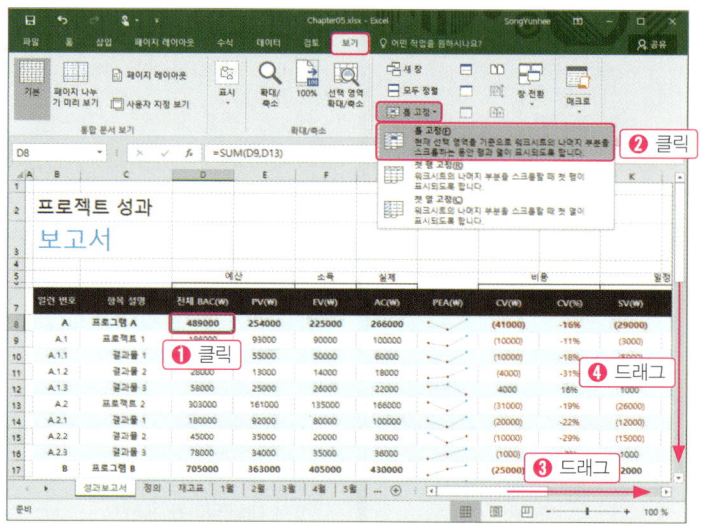

행만 고정하고자 하는 경우 A열의 셀을 선택한 후 [틀 고정]을 실행하면 됩니다.

02 틀 고정 취소하기

01 틀 고정을 취소하려면 [보기] 탭 - [창] 그룹 - [틀 고정] - [틀 고정 취소]를 선택합니다.

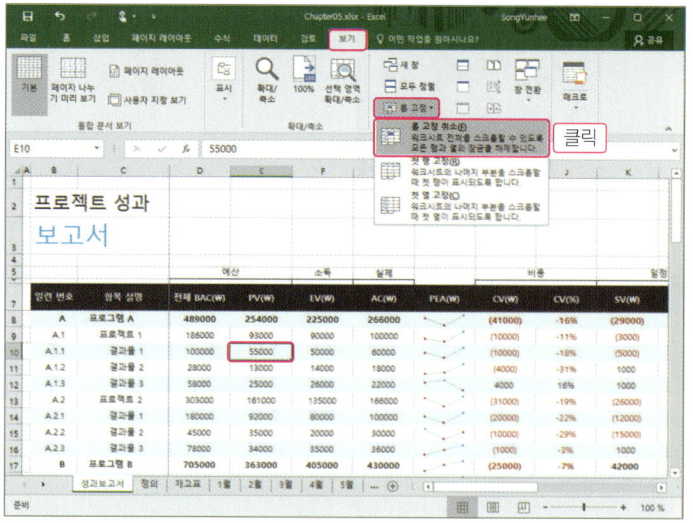

SECTION 02 창 나누기

나누기 명령을 사용하여 화면을 개별적으로 스크롤되도록 상하, 좌우로 분할할 수 있습니다.

📁 실습예제 : Chapter05.xlsx - [성과보고서] 시트

01 창 나누기

01 [I11] 셀을 클릭하고 [보기] 탭 - [창] 그룹 - [나누기]를 클릭합니다.

02 I11 셀을 기준으로 위쪽, 왼쪽으로 창이 나뉜 것을 확인합니다.

03 나뉜 영역별로 생성된 가로, 세로 스크롤바를 이동하여 각 창들이 이동되는 것을 확인합니다.

04 세로 창 분할선을 좌, 우로, 가로 분할선을 위, 아래로 드래그하여 분할된 창의 크기를 조절할 수도 있습니다.

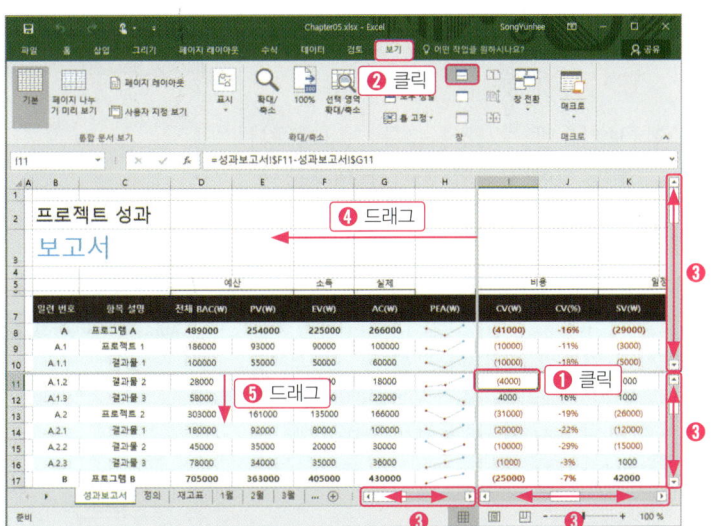

02 창 나누기 해제하기

01 창 나누기를 해제하려면 [보기] 탭 - [창] 그룹 - [나누기]를 클릭합니다.

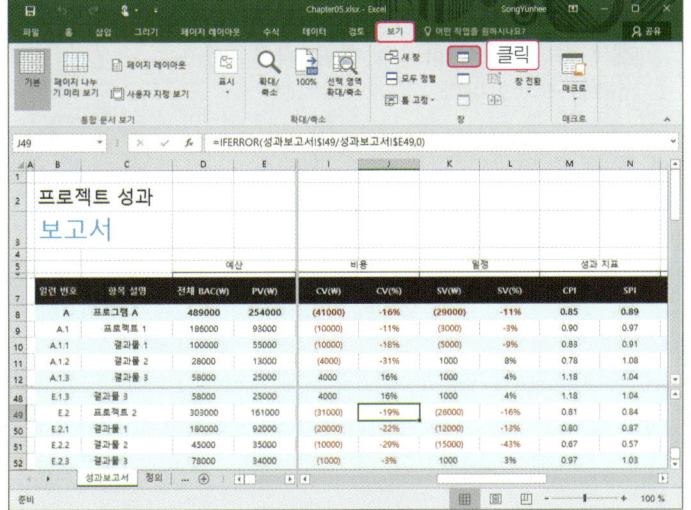

> 창 분할선을 더블 클릭하여 창 나누기를 해제할 수도 있습니다.

SECTION 03 여러 개의 통합 문서 창 정렬하기

한 통합 문서 안에서 두 개의 워크시트를 동시에 화면에 표시하여 다른 시트의 내용을 참고하며 작업할 수 있습니다. 또는 두 개의 통합 문서를 나란히 보고, 동시에 화면을 스크롤하며 작업할 수도 있습니다. 한 통합 문서에서 두 개의 워크시트를 한 화면에 표시하고, 두 개의 통합 문서를 나란히 비교하거나 열려 있는 엑셀 창을 전환하는 등 다양한 창 설정 방법에 대해 알아보겠습니다.

실습예제 : Chapter05.xlsx - [성과보고서], [정의] 시트

01 두 개의 워크시트 한 화면에 표시하기

01 [보기] 탭 - [창] 그룹 - [새 창]을 클릭하면 통합 문서가 새로운 창에 하나 더 열리고, 제목 표시줄에 [Chapter05.xlsx2]라고 파일명이 표시됩니다.

02 [보기] 탭 - [창] 그룹 - [모두 정렬]을 클릭한 후 [창 정렬] 창에서 [바둑판식]을 선택하고 [확인]을 클릭합니다.

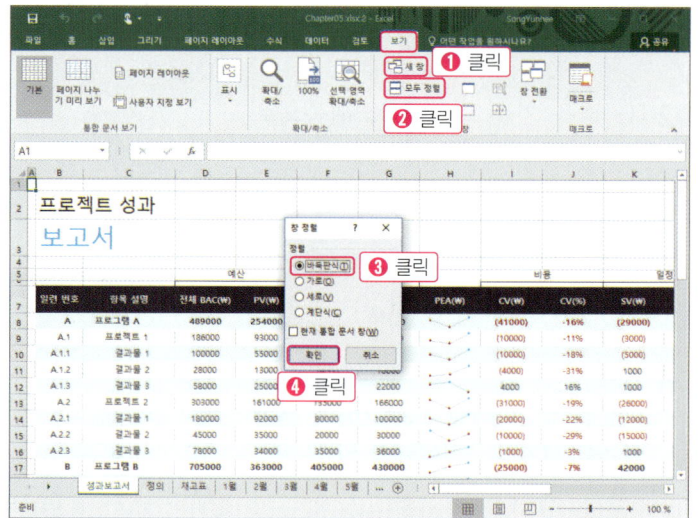

03 창이 세로로 나란히 배열되면 각 창에서 화면에 표시하고자 하는 워크시트를 선택합니다.

04 두 창 중 임의의 창의 [닫기]를 클릭하여 파일을 닫으면 원래의 한 화면으로 돌아옵니다.

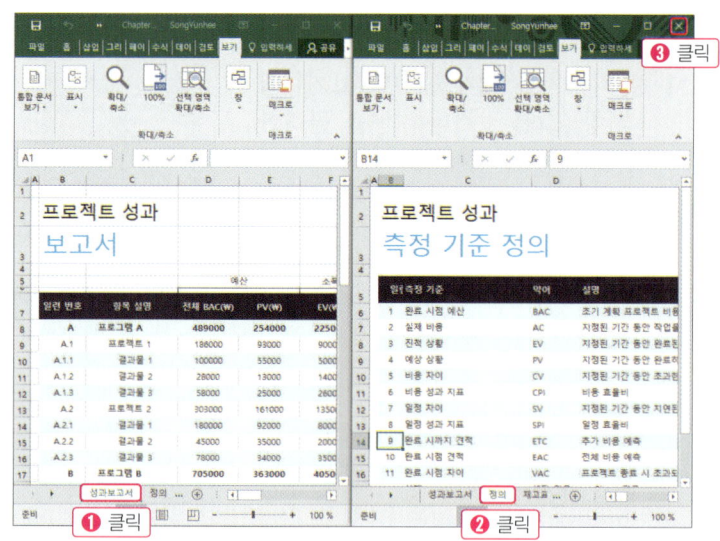

02 두 통합 문서 나란히 보기

01 [Chapter05.xlsx] 파일이 열려 있는 상태에서 [파일] 탭 - [새로 만들기] - [새 통합 문서]를 클릭하여 새 통합 문서를 만듭니다.

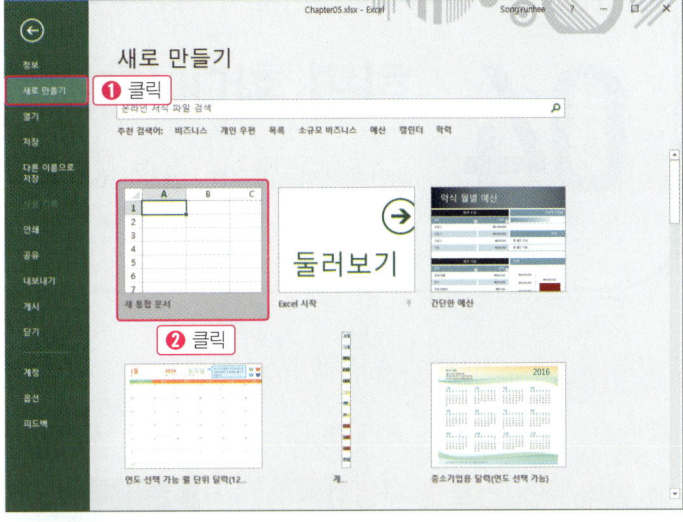

02 [보기] 탭 - [창] 그룹 - [나란히 보기]를 클릭합니다.

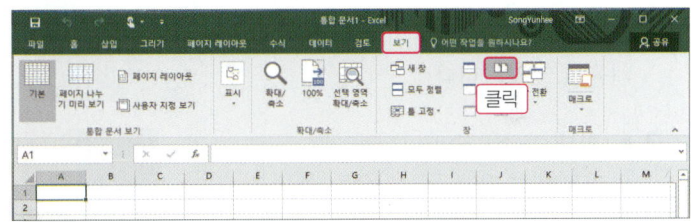

03 열려 있던 두 개의 통합 문서가 나란히 배치되며 [동시 스크롤]이 자동으로 설정됩니다. 두 창 중 임의의 창의 수직 스크롤바를 아래로 이동하면 동시에 두 화면이 스크롤됩니다.

04 [보기] 탭 - [창] 그룹 - [나란히 보기]를 클릭하여 나란히 보기 상태를 해제합니다.

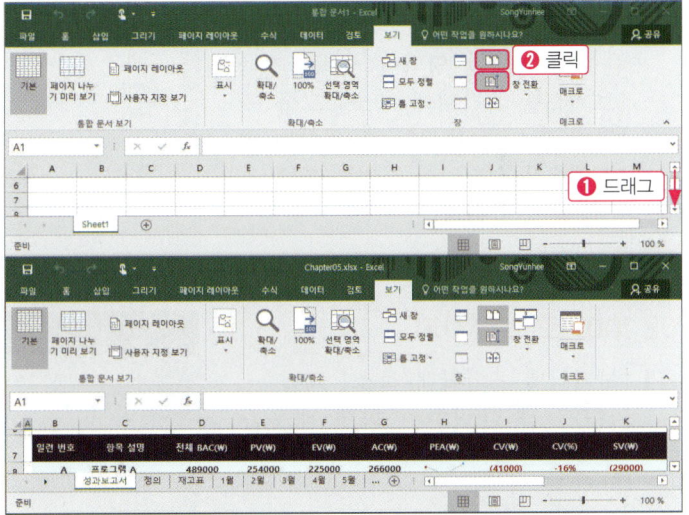

03 창 전환하기

01 여러 개의 통합 문서가 열려 있는 경우 [보기] 탭 - [창] 그룹 - [창 전환]을 클릭한 후 통합 문서를 선택하여 창을 이동할 수 있습니다.

> Ctrl + Tab 을 눌러 열려 있는 엑셀 창을 전환할 수 있고, Alt + Tab 을 눌러 엑셀뿐 아니라 현재 실행 중인 프로그램 창들을 전환할 수 있습니다.

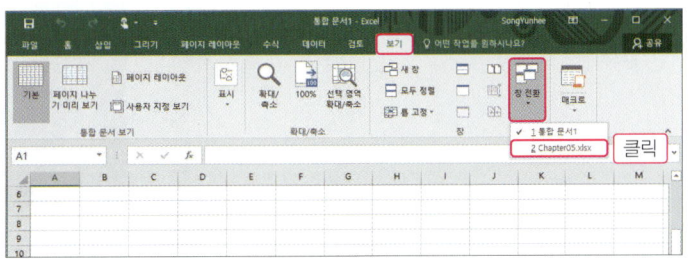

SECTION 04 화면 확대/축소하기

화면 확대/축소 도구를 사용하여 문서 내용을 더 효과적으로 보여줄 수 있습니다.
화면 확대/축소 도구에 대해 알아보겠습니다.

실습예제 : Chapter05.xlsx – [대시보드] 시트

01 확대/축소 컨트롤 사용하기

01 화면 오른쪽 하단 ➖(축소), ➕(확대) 컨트롤을 클릭하면 10%씩 화면 배율이 조절됩니다.

02 ▮(확대/축소) 슬라이더를 좌, 우로 드래그하여 원하는 배율로 화면을 확대/축소 할 수도 있습니다.

03 확대/축소 컨트롤 오른쪽에 화면 배율이 표시되는 영역을 클릭하거나 [보기] 탭 – [확대/축소] 그룹 – [확대/축소]를 클릭한 후 원하는 화면 배율을 설정하여 화면을 확대/축소할 수도 있습니다.

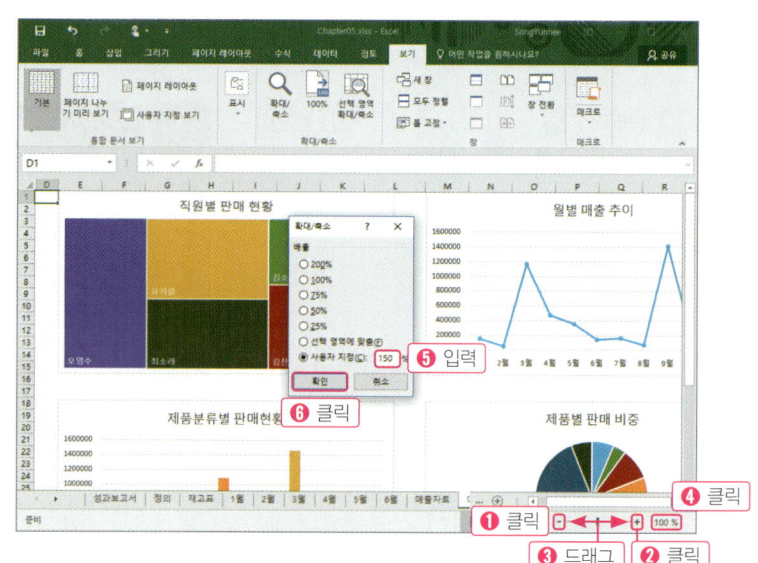

02 100%로 설정하기

01 [보기] 탭 – [확대/축소] 그룹 – [100%]를 클릭하여 화면 배율을 100%로 손쉽게 설정할 수 있습니다.

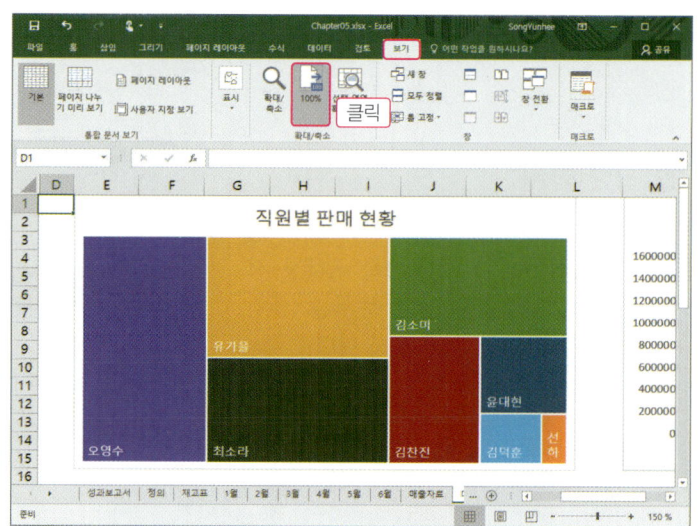

03 선택 영역 확대/축소하기

01 셀 범위를 선택하거나 차트, 그림 등의 개체를 선택합니다.

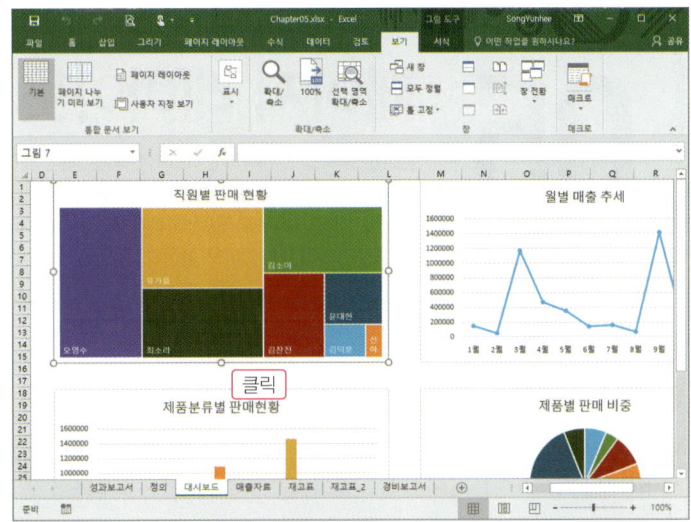

02 [보기] 탭 - [확대/축소] 그룹 - [선택 영역 확대/축소]를 클릭하면 선택 영역이 화면 전체에 표시되도록 확대/축소 배율을 자동으로 설정합니다.

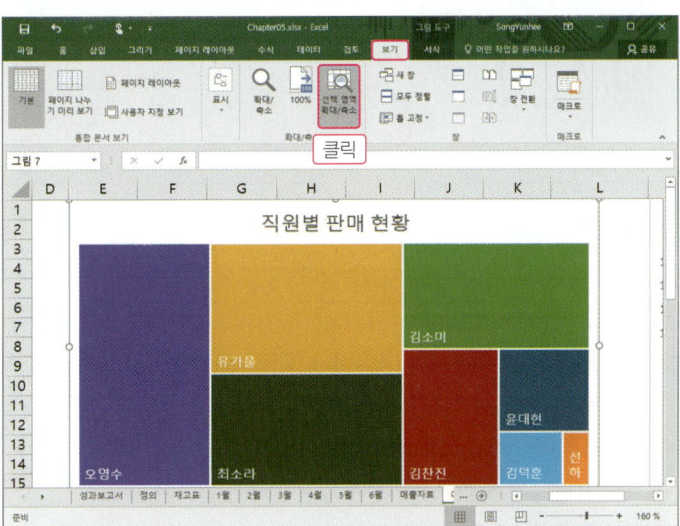

SECTION 05 페이지 레이아웃 설정 및 인쇄

완성된 문서를 인쇄하기 전에 여백, 용지 방향, 페이지 나누기, 인쇄 배율 등의 페이지 레이아웃을 적절히 설정해야 합니다. 페이지 레이아웃 설정과 관련된 명령은 [페이지 레이아웃] 탭에서 제공됩니다. 페이지 레이아웃 설정을 마친 후 '인쇄 미리 보기 및 인쇄' 화면에서 문서의 인쇄 상태를 확인하고, 문서를 인쇄할 수 있습니다. 페이지 레이아웃 설정과 인쇄 및 인쇄 미리 보기 관련 명령, 화면 구성에 대해 알아보겠습니다.

01 페이지 레이아웃 설정

페이지 레이아웃 설정과 관련된 명령은 [페이지 레이아웃] 탭과 [페이지 설정] 창에서 제공됩니다. [페이지 설정] 창은 [페이지 레이아웃] 탭의 각 그룹에 있는 [대화상자 표시 아이콘]을 클릭하여 실행합니다.

❶ 문서 여백을 설정합니다.
❷ 용지 방향을 가로, 세로로 지정합니다.
❸ 용지 크기를 설정합니다.
❹ 인쇄 영역을 설정하거나 해제합니다. 워크시트에 작성된 내용 중 인쇄 영역으로 설정된 영역만 인쇄됩니다.
❺ 페이지를 나누거나 나누기를 제거합니다. 선택한 셀을 기준으로 왼쪽, 위쪽으로 페이지를 나눕니다.
❻ 워크시트 배경에 그림 파일을 표시합니다.
❼ 특정 행이나 열을 전체 페이지에 인쇄하도록 설정합니다.
❽ 선택한 페이지 수에 맞추어 내용이 작성된 모든 열이 인쇄되도록 인쇄 배율을 자동으로 설정합니다.
❾ 선택한 페이지 수에 맞추어 내용이 작성된 모든 행이 인쇄되도록 인쇄 배율을 자동으로 설정합니다.
❿ 인쇄 배율을 설정합니다. 인쇄 배율 값을 지정하려면 [너비], [높이] 옵션이 [자동]으로 설정되어야 합니다.
⓫ 행과 열 경계의 회색 눈금선의 화면 표시 및 인쇄 여부를 설정합니다.
⓬ 행 머리글과 열 머리글의 화면 표시 및 인쇄 여부를 설정합니다.

02 인쇄 미리 보기 및 인쇄 화면 실행

인쇄 미리 보기 및 인쇄를 실행하려면 [파일] 탭 - [인쇄]를 클릭, 또는 [빠른 실행 도구 모음]의 [인쇄 미리 보기 및 인쇄] 아이콘을 클릭하거나 Ctrl+P를 누릅니다.

03 인쇄 미리 보기 및 인쇄 화면 구성

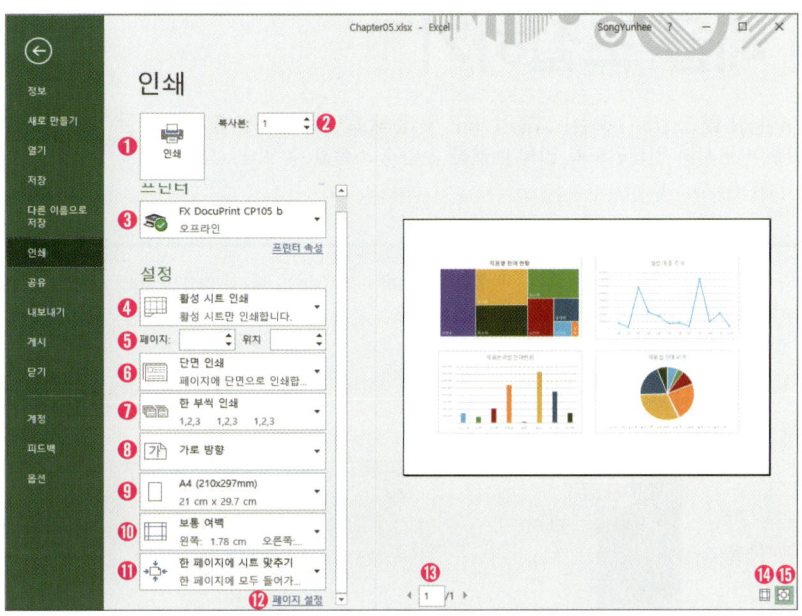

❶ **인쇄** : 문서를 프린터로 인쇄합니다.
❷ **복사본** : 문서를 몇 부 인쇄할지를 지정합니다.
❸ **프린터** : 컴퓨터에 연결되어 있는 프린터 중 문서를 인쇄할 프린터를 선택합니다. [프린터 속성]을 클릭하여 프린터의 상세 속성을 지정할 수 있습니다.
❹ **인쇄 대상**
  • 활성 시트 인쇄 : 현재 선택되어 있는 시트의 내용만 인쇄합니다.
  • 전체 통합 문서 인쇄 : 통합 문서(파일) 내의 모든 워크시트를 인쇄합니다.
  • 선택 영역 인쇄 : 워크시트의 선택된 영역만 인쇄합니다. 인쇄 명령 실행 전 인쇄할 영역을 선택해야 합니다.
  • 인쇄 영역 무시 : 옵션을 선택하면 설정된 인쇄 영역이 있는 경우 무시하고 인쇄합니다.
❺ **인쇄 범위**
  • 페이지 : 문서가 여러 장인 경우 인쇄할 시작 페이지를 지정합니다.
  • 위치 : 문서가 여러 장인 경우 인쇄할 끝 페이지를 지정합니다.
❻ **인쇄 방식** : 단면, 양면 인쇄를 선택합니다.
❼ **인쇄 방법**
  • 한 부씩 인쇄 : 한 부 인쇄가 끝나면 다시 한 부를 인쇄하는 형식으로 지정된 매수를 인쇄합니다.
  • 한 부씩 인쇄 안 함 : 페이지 별로 지정된 매수를 인쇄합니다.
❽ **용지 방향** : 용지 방향을 가로, 세로로 설정합니다.
❾ **용지 크기** : 용지 크기를 선택합니다.
❿ **인쇄 여백** : 문서 여백을 설정합니다.
⓫ **인쇄 배율**
  • 현재 설정된 용지 : 워크시트에 작성한 문서 크기 그대로 인쇄합니다.
  • 한 페이지에 시트 맞추기 : 한 페이지에 문서 내용이 모두 인쇄되도록 인쇄 배율을 자동으로 조정합니다.
  • 한 페이지에 모든 열 맞추기 : 한 페이지에 문서의 가로(열)가 모두 인쇄되도록 인쇄 배율을 자동으로 조정합니다.
  • 한 페이지에 모든 행 맞추기 : 한 페이지에 문서의 세로(행)가 모두 인쇄되도록 인쇄 배율을 자동으로 조정합니다.
⓬ **페이=지 설정** : 인쇄와 관련된 다양한 페이지 레이아웃 설정 옵션을 제공하는 페이지 설정 창을 엽니다.
⓭ **페이지 이동** : ◀(이전 페이지), ▶(다음 페이지) 단추를 클릭하거나 입력란 안에 페이지 번호를 입력하고 Enter 를 눌러 인쇄 페이지로 이동합니다.
⓮ **여백 표시** : 여백 표시줄을 표시/해제합니다. 문서에 표시되는 여백 표시줄을 드래그하여 여백을 조절할 수 있습니다.
⓯ **페이지 확대/축소** : 인쇄 미리 보기 화면을 확대/축소합니다.

SECTION 06 인쇄 배율 조절하기

[페이지 레이아웃] 탭 – [크기 조정] 그룹의 도구 및 인쇄 화면의 옵션을 통해 지정한 페이지에 맞추어 문서가 인쇄되도록 인쇄 배율을 손쉽게 조절할 수 있습니다.

실습예제 : Chapter05.xlsx – [성과보고서] 시트

01 [파일] 탭 – [인쇄]를 클릭한 후 인쇄 배율을 지정하는 옵션을 클릭하고 [한 페이지에 모든 열 맞추기]를 선택합니다.

02 인쇄 미리 보기 화면에서 설정된 것을 확인한 후 ▶(다음 페이지) 단추를 눌러 확인합니다.

03 4페이지에 레코드가 몇 개 없으므로 3페이지에 인쇄되도록 인쇄 배율을 설정하기 위해 ⓒ 버튼을 클릭하거나 Esc 를 눌러 워크시트로 이동합니다.

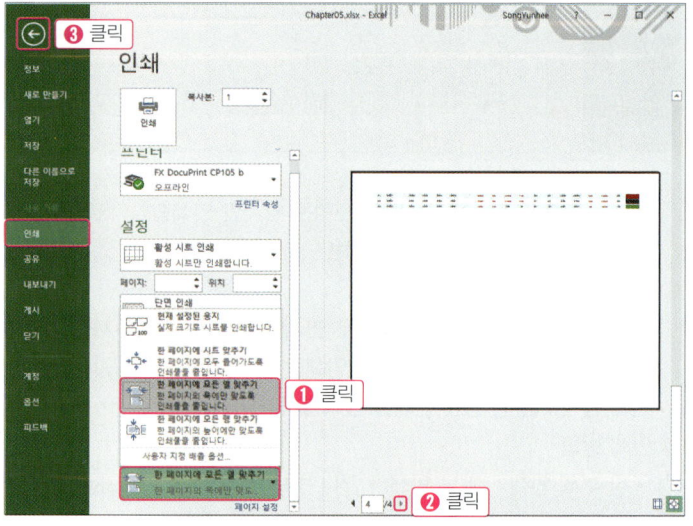

04 [페이지 레이아웃] 탭 – [크기 조정] 그룹 – [높이]의 목록 단추를 클릭한 후 [3페이지]를 선택합니다.

05 Ctrl + P 를 눌러 인쇄 미리 보기 및 인쇄 화면으로 이동하여 문서가 3페이지로 인쇄되는 것을 확인합니다.

> [페이지 레이아웃] 탭 – [크기 조정] 그룹 – [너비]를 사용하여 워크시트의 모든 열이 지정한 페이지 수에 맞추어 인쇄되도록 설정할 수 있습니다.

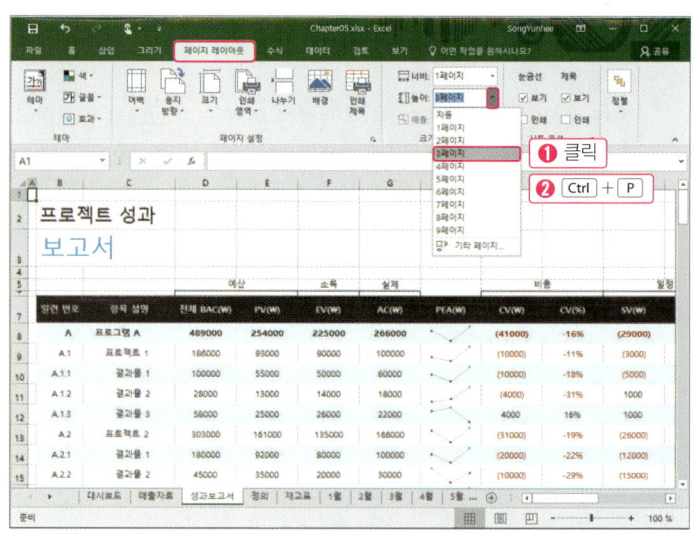

SECTION 07 특정 행을 페이지마다 반복해서 인쇄하기

여러 페이지에 걸쳐 데이터가 인쇄되는 경우 첫 페이지를 제외한 나머지 페이지에는 필드명이 표시되지 않습니다. [인쇄 제목]을 사용하여 특정 행이나 열이 모든 페이지에 인쇄되도록 설정할 수 있습니다.

실습예제 : Chapter05.xlsx – [성과보고서] 시트

01 [페이지 레이아웃] 탭 – [페이지 설정] 그룹 – [인쇄 제목]을 클릭합니다.

02 [페이지 설정] 창에서 [인쇄 제목]의 [반복할 행]을 클릭한 다음 워크시트의 7행 임의의 위치를 클릭합니다.

03 [페이지 설정] 창의 [인쇄 미리 보기]를 클릭하여 인쇄 미리 보기 및 인쇄 화면으로 이동합니다.

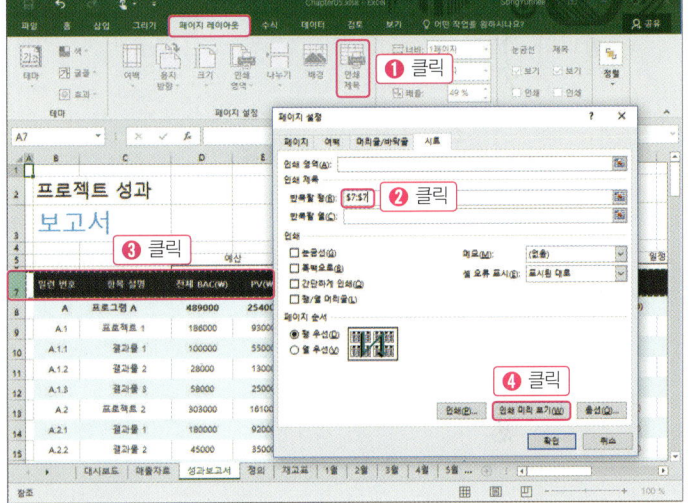

04 인쇄 미리 보기 화면 하단 ▶(다음 페이지) 단추를 클릭하여 다음 페이지로 이동하면서 7행이 페이지마다 인쇄되는지 확인합니다.

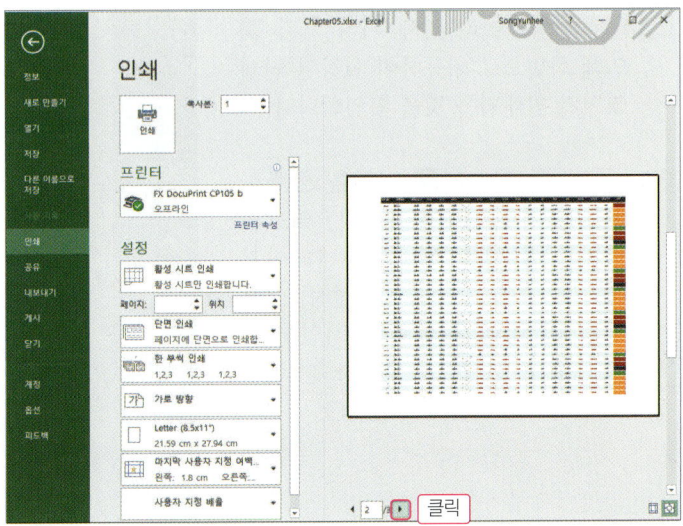

Chapter 05_ 창 관리와 인쇄 • 179

SECTION 08 인쇄 영역 설정하기

[인쇄 영역] 명령을 사용하여 워크시트의 특정 영역만 인쇄되도록 인쇄 영역을 지정하고 설정된 인쇄 영역을 해제할 수 있습니다.

실습예제 : Chapter05.xlsx - [재고표] 시트

01 [A1~L14] 셀 범위를 드래그하여 선택합니다.

02 [페이지 레이아웃] 탭 - [페이지 설정] 그룹 - [인쇄 영역]을 클릭한 후 [인쇄 영역 설정]을 선택합니다.

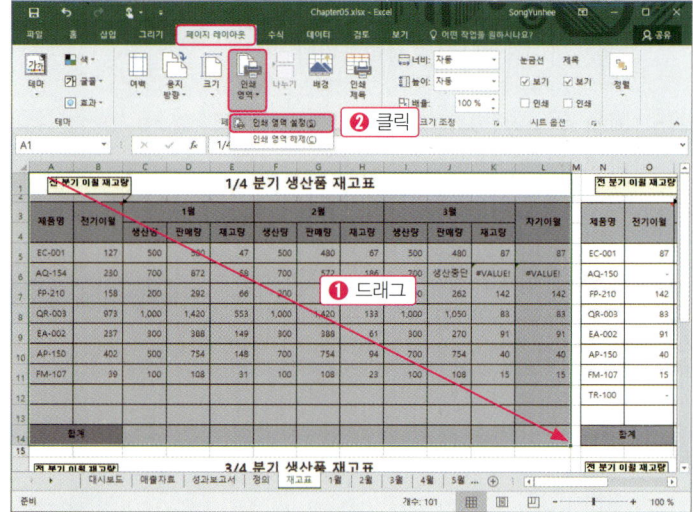

03 Ctrl+P를 눌러 인쇄 미리 보기 및 인쇄 화면으로 이동하여 설정된 인쇄 영역만 인쇄되는 것을 확인합니다.

04 Esc를 누르거나 ⓒ 버튼을 클릭하여 워크시트로 돌아옵니다. 워크시트 임의의 셀을 선택한 후 [페이지 레이아웃] 탭 - [페이지 설정] 그룹 - [인쇄 영역]을 클릭하고 [인쇄 영역 해제]를 선택하여 문서가 3페이지로 인쇄되는 것을 확인합니다.

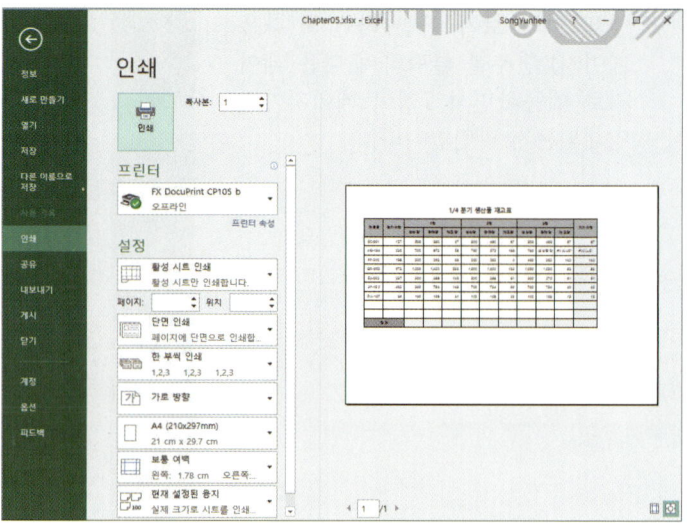

SECTION 09 용지 방향 변경하고 페이지 나누기

인쇄 용지의 방향을 가로, 세로로 설정할 수 있습니다. 워크시트에 자동으로 삽입되는 자동 페이지 나누기 대신 원하는 위치에서 직접 페이지를 나눌 수도 있습니다. 페이지 나누기를 삽입하면 선택한 셀을 기준으로 왼쪽, 위쪽으로 나누어집니다.

📁 **실습예제** : Chapter05.xlsx - [재고표] 시트

01 용지 방향 변경하기

01 [페이지 레이아웃] 탭 - [페이지 설정] 그룹 - [용지 방향]을 클릭한 후 [가로]를 선택합니다.

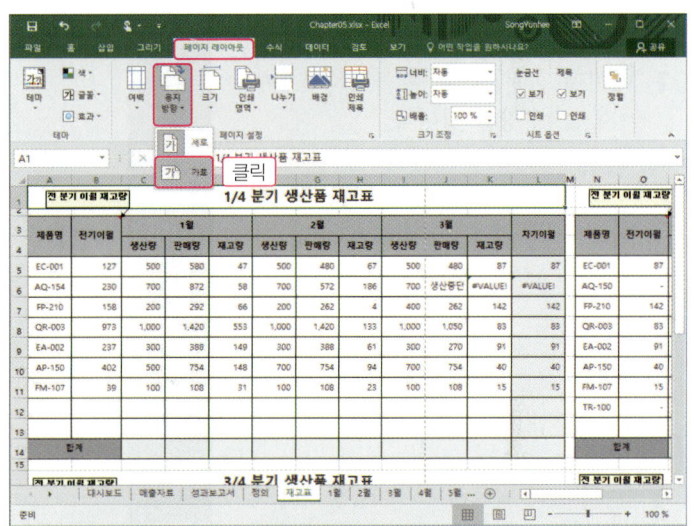

02 페이지 나누기

01 [N16] 셀을 클릭한 후 [페이지 레이아웃] 탭 - [페이지 설정] - [나누기] - [페이지 나누기 삽입]을 클릭합니다.

02 선택한 셀을 기준으로 왼쪽, 위쪽으로 페이지가 나뉩니다.

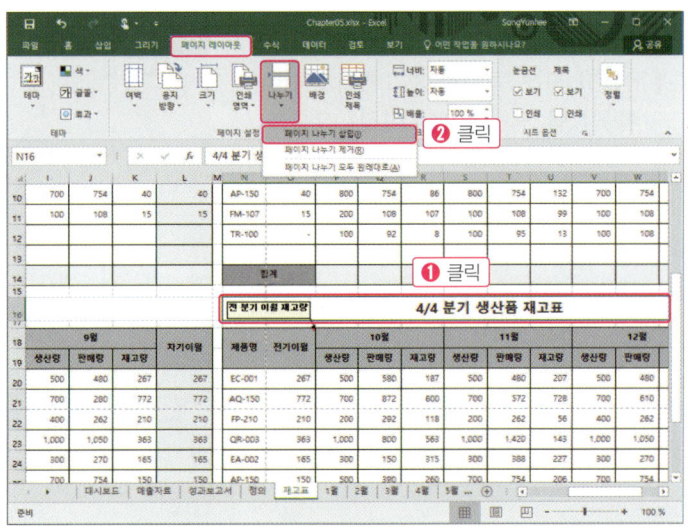

03 Ctrl+P를 눌러 인쇄 미리 보기 및 인쇄 화면으로 이동합니다.

04 ▶ (다음 페이지) 단추를 클릭하여 다음 페이지로 이동하며 1/4 분기, 3/4 분기, 2/4 분기, 4/4 분기 순서로 페이지가 표시되는 것을 확인합니다.

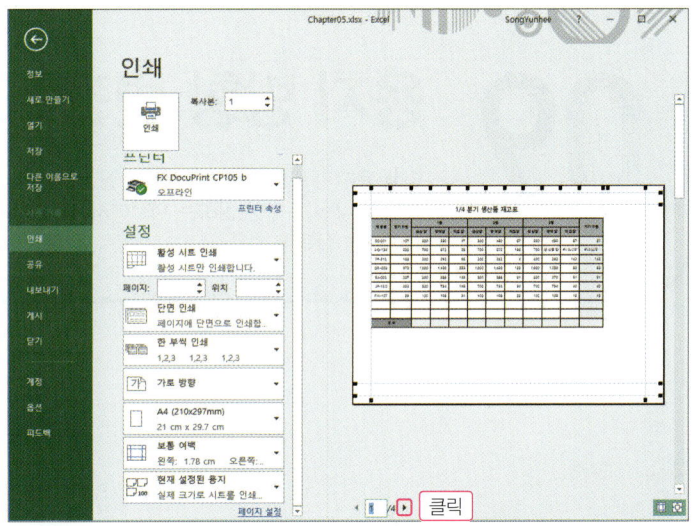

03 페이지 순서 변경하기

01 [페이지 설정] 메뉴를 클릭하여 [페이지 설정] 창을 엽니다.

02 [시트] 탭을 클릭한 후 [페이지 순서]에서 [열 우선] 옵션을 설정한 후 [확인]을 클릭합니다.

03 1/4 분기, 2/4 분기, 3/4 분기, 4/4 분기 순서로 페이지가 표시되는 것을 확인합니다.

04 Esc를 눌러 워크시트로 이동합니다.

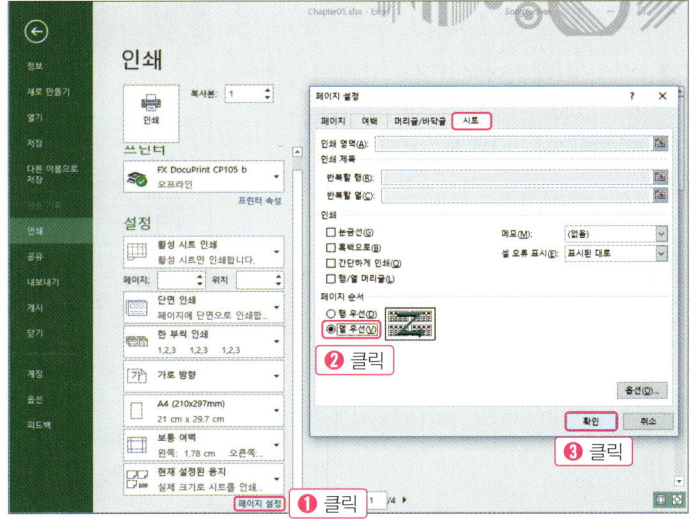

04 페이지 나누기 제거하기

01 [N16] 셀을 클릭한 후 [페이지 레이아웃] 탭 - [페이지 설정] 그룹 - [나누기]를 클릭하고 [페이지 나누기 제거]를 선택합니다.

워크시트에 수동 설정된 모든 페이지 나누기 설정을 제거하려면 [나누기] - [페이지 나누기 모두 원래대로]를 사용합니다.

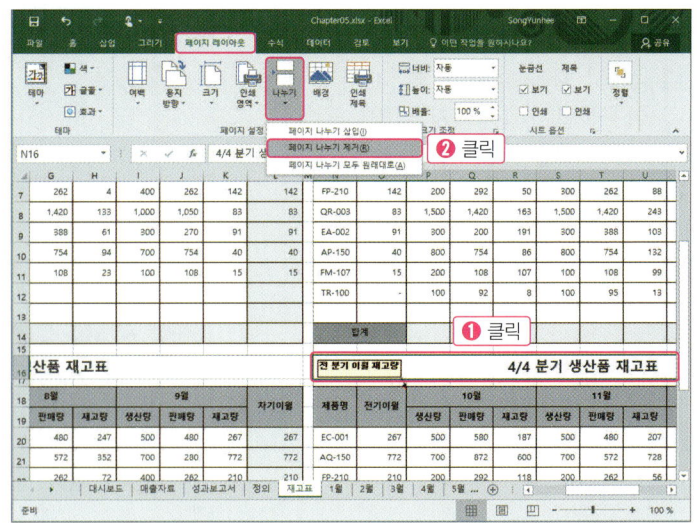

SECTION 10 여백 설정하고 문서 정가운데 인쇄하기

기본으로 설정되어 있는 여백을 원하는 대로 조정할 수 있고, 문서 내용을 설정된 용지의 정가운데에 인쇄되도록 설정할 수 있습니다.

📁 실습예제 : Chapter05.xlsx - [재고표_2] 시트

01 여백 설정하기

01 [파일] 탭 - [인쇄]를 클릭한 후 인쇄 미리 보기 화면 오른쪽 하단의 [여백 표시]를 클릭합니다.

02 인쇄 미리 보기 화면에 표시된 여백 표시줄을 드래그하여 여백을 설정할 수 있습니다.

03 인쇄 옵션 중 [여백] 옵션을 클릭한 후 기본 제공되는 옵션 중 원하는 여백값을 선택하거나 [사용자 지정 여백]을 선택하여 여백을 지정할 수도 있습니다.

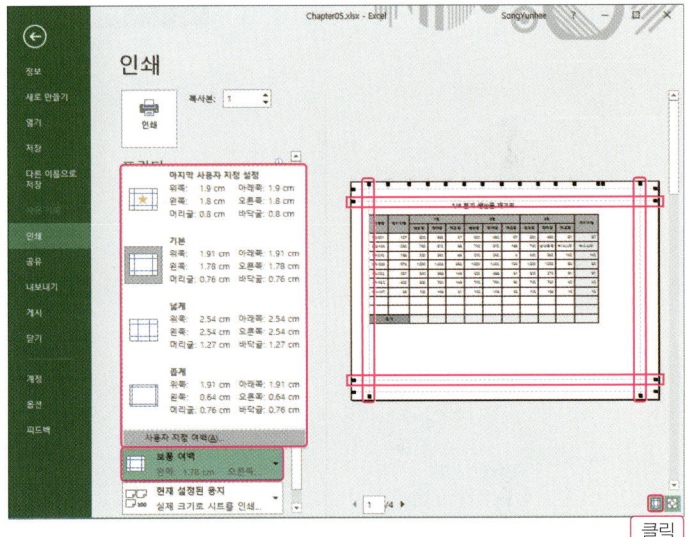

04 Esc 를 눌러 워크시트로 이동한 후 [페이지 레이아웃] 탭 - [페이지 설정] 그룹 - [여백]을 클릭한 후 [사용자 지정 여백]을 선택합니다.

05 위쪽, 아래쪽, 왼쪽, 오른쪽 여백을 '2'로 설정합니다.

02 문서 정가운데 인쇄하기

01 [페이지 가운데 맞춤] 옵션의 [가로], [세로] 옵션을 설정한 후 [인쇄 미리 보기]를 클릭합니다.

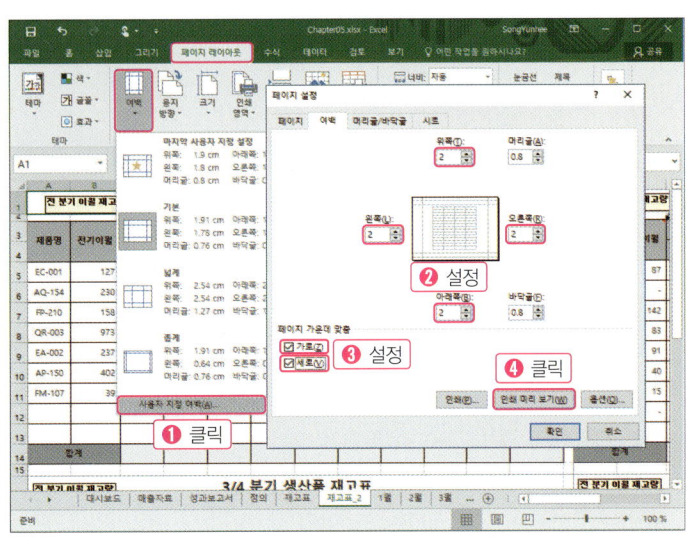

Chapter 05_ 창 관리와 인쇄 • 183

02 상, 하, 좌, 우 여백이 2cm로 설정되고, 설정된 용지의 정가운데에 문서 내용이 인쇄되는 것을 확인합니다.

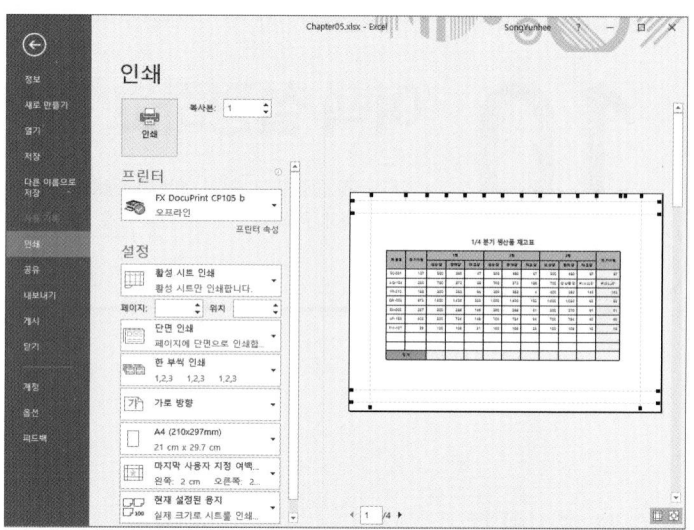

SECTION 11
메모 및 오류 인쇄 옵션 설정하기

인쇄 시 메모는 인쇄되지 않고, 셀에 표시된 오류 메시지는 오류 그대로 표시되는 것이 기본 설정입니다. 메모를 인쇄하거나 오류 대신 원하는 값이 표시되도록 인쇄 옵션을 설정할 수 있습니다.

실습예제 : Chapter05.xlsx - [재고표_2] 시트

01 Ctrl+P를 눌러 [인쇄 미리 보기 및 인쇄] 화면으로 이동하여 셀에 작성된 메모는 인쇄되지 않고, 오류는 오류 메시지 그대로 표시되는 것을 확인한 후 Esc를 눌러 워크시트로 돌아옵니다.

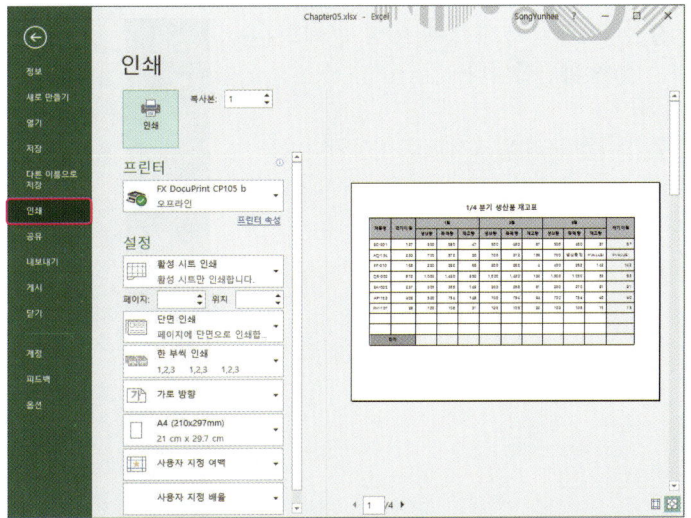

02 [페이지 레이아웃] 탭 - [페이지 설정] 그룹의 [대화상자 표시 아이콘]을 클릭하여 [페이지 설정] 창을 엽니다.

03 [시트] 탭을 선택한 후 [메모]에 [시트에 표시된 대로], [셀 오류 표시]에 [〈공백〉]을 선택하고 [인쇄 미리 보기]를 클릭합니다.

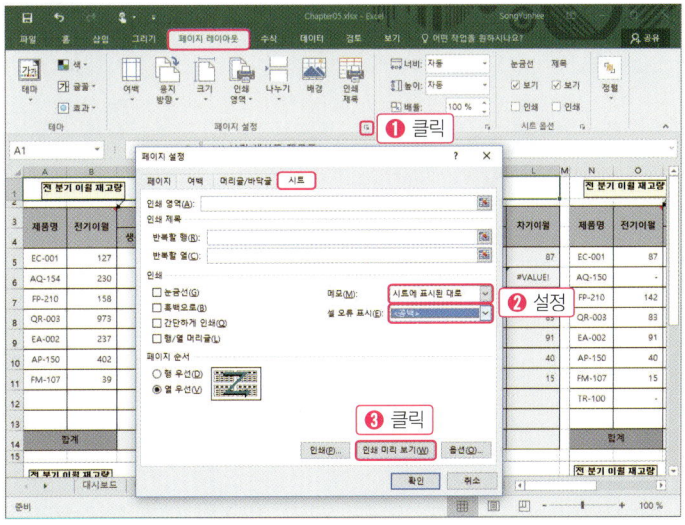

04 인쇄 미리 보기 화면 오른쪽 하단 [페이지 확대/축소]를 클릭하여 화면을 확대한 후 문서 왼쪽 상단의 메모가 인쇄되는 것을 확인합니다.

05 가로 스크롤바를 오른쪽으로 이동합니다.

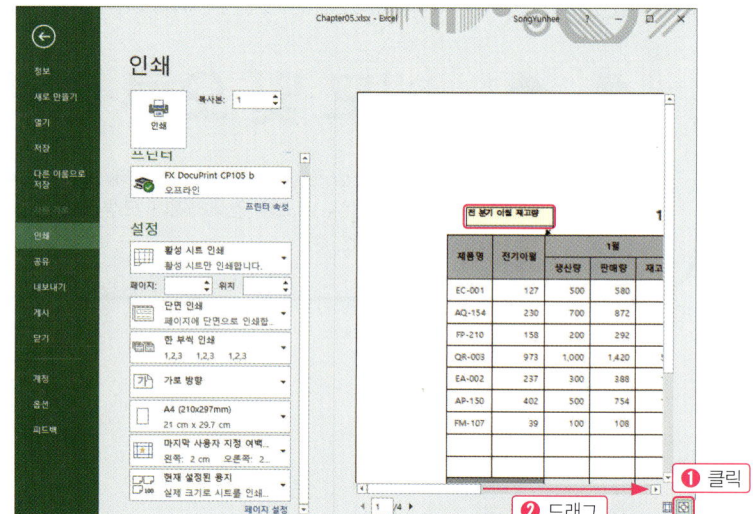

06 오류 메시지가 공백으로 인쇄되는 것을 확인합니다.

07 Esc 를 눌러 워크시트로 이동합니다.

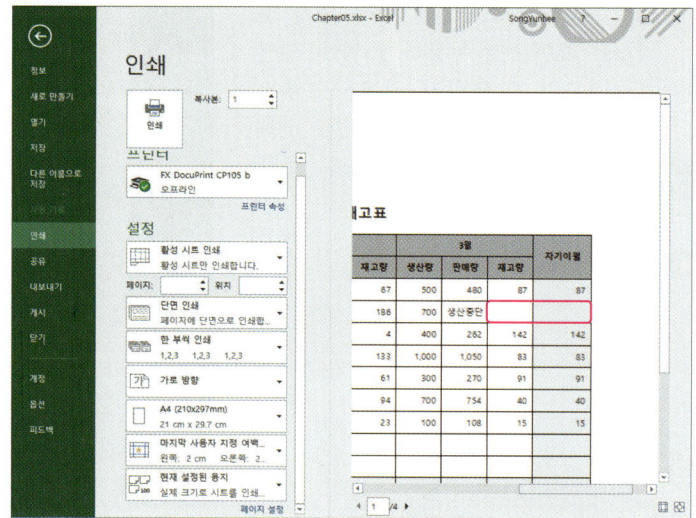

SECTION 12 머리글/바닥글 작성하기

머리글/바닥글을 사용하여 모든 페이지에 공통적으로 회사 로고나 페이지 번호, 파일 이름 등을 삽입할 수 있습니다. [페이지 레이아웃] 보기나 [삽입] 탭 – [텍스트] 그룹 – [머리글/바닥글] 도구를 사용하여 머리글/바닥글을 작성합니다.

📁 실습예제 : Chapter05.xlsx – [재고표_2] 시트

01 머리글에 파일명, 시트명 삽입하기

01 화면 오른쪽 하단 [페이지 레이아웃] 보기를 클릭하거나 [삽입] 탭 – [텍스트] 그룹 – [머리글/바닥글]을 클릭합니다.

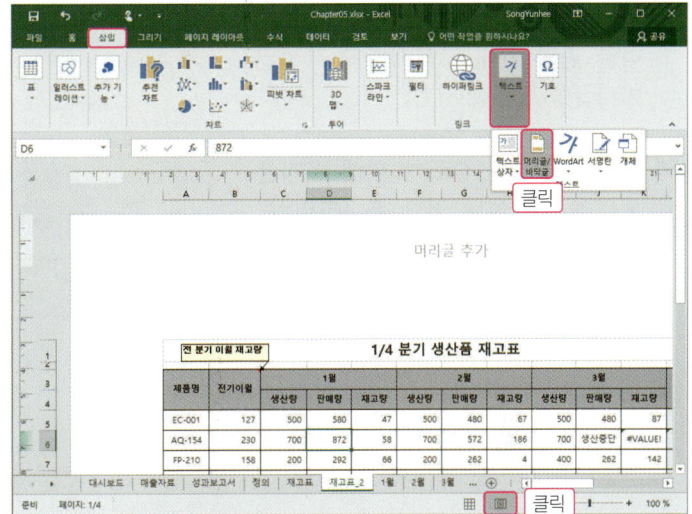

02 머리글 왼쪽 영역을 클릭하고, [머리글/바닥글 도구] – [머리글/바닥글] 탭 – [머리글/바닥글 요소] 그룹 – [파일 이름]을 클릭한 후 '/'를 입력하고 [시트 이름]을 클릭합니다.

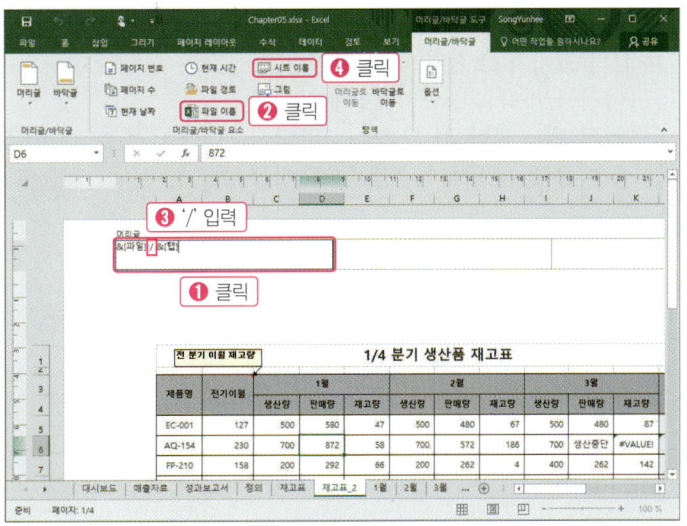

Chapter 05_ 창 관리와 인쇄 · **187**

02 머리글에 로고 삽입하기

01 머리글 오른쪽 구역을 클릭하고, [머리글/바닥글 도구] - [머리글/바닥글] 탭 - [머리글/바닥글 요소] 그룹 - [그림]을 클릭합니다. [그림 삽입] 창의 [파일에서]의 [찾아보기]를 클릭합니다.

02 [그림 삽입] 창에서 예제 폴더를 선택하고 삽입할 그림을 선택한 후 [삽입]을 클릭합니다.

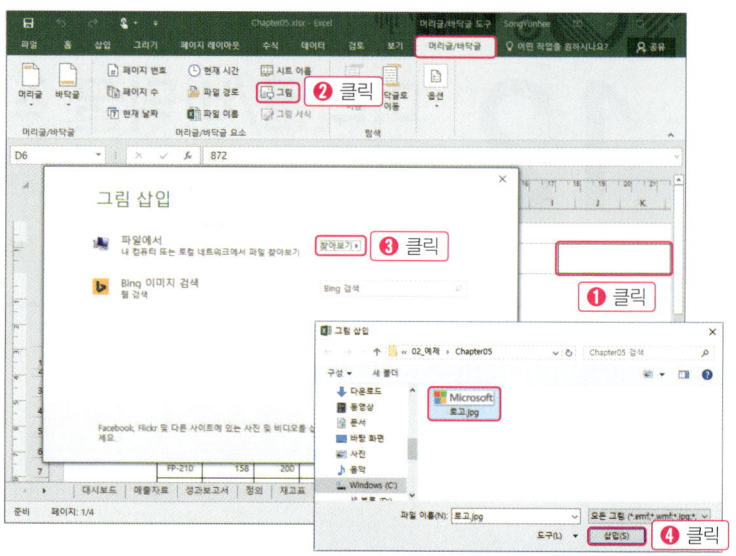

03 워크시트 임의의 셀을 클릭하여 머리글 편집 상태를 해제하고 작성된 머리글을 확인합니다.

04 로고의 크기를 줄이기 위해 머리글 오른쪽 구역을 클릭한 후 [머리글/바닥글 도구] - [머리글/바닥글] 탭 - [머리글/바닥글 요소] 그룹 - [그림 서식]을 클릭합니다.

05 [그림 서식] 창에서 [높이]에 '1'을 입력한 후 [확인]을 클릭합니다.

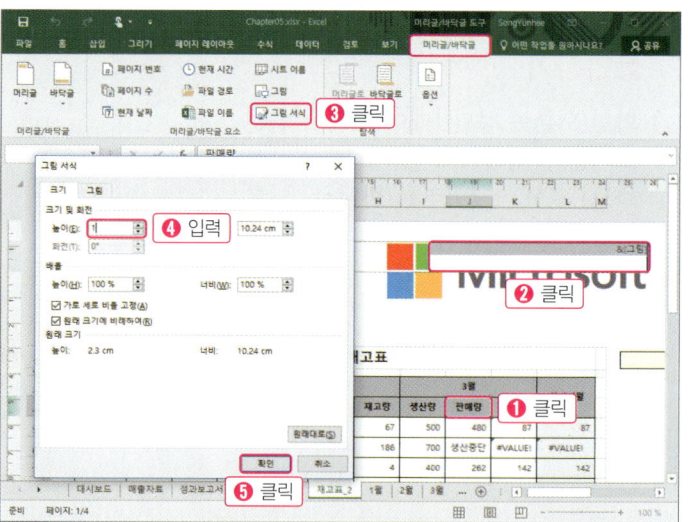

06 머리글 가운데 영역을 클릭하여 그림의 크기가 조절된 것을 확인한 후 [머리글/바닥글 도구] - [머리글/바닥글] 탭 - [탐색] 그룹 - [바닥글로 이동]을 클릭하여 바닥글로 이동합니다.

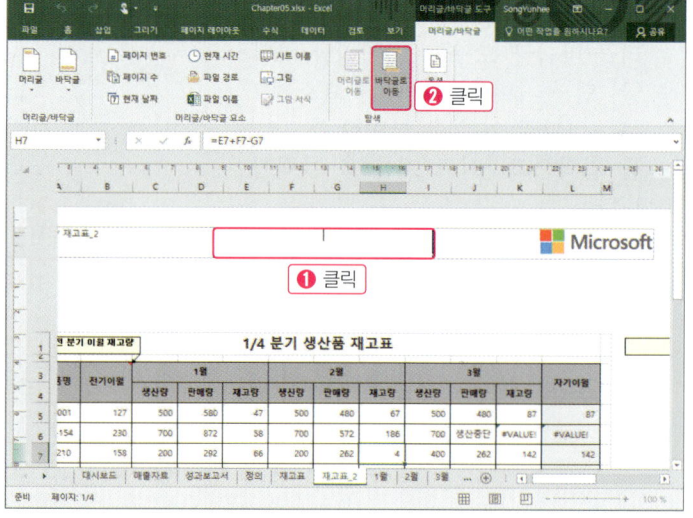

03 바닥글에 페이지 번호 삽입하기

01 바닥글 가운데 영역에서 [머리글/바닥글 도구] - [머리글/바닥글] 탭 - [머리글/바닥글 요소] 그룹 - [페이지 번호]를 클릭한 후 ' / '를 입력하고 [페이지 수]를 클릭합니다.

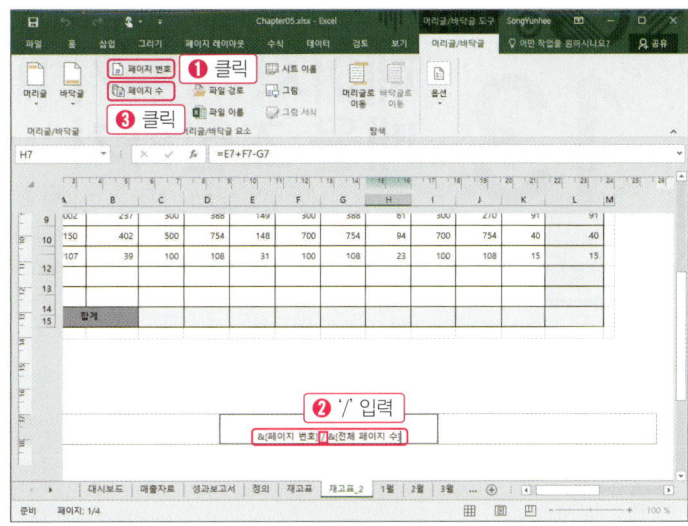

02 워크시트 임의의 셀을 클릭하여 바닥글 편집 상태를 빠져 나온 후 작성된 바닥글 내용을 확인합니다.

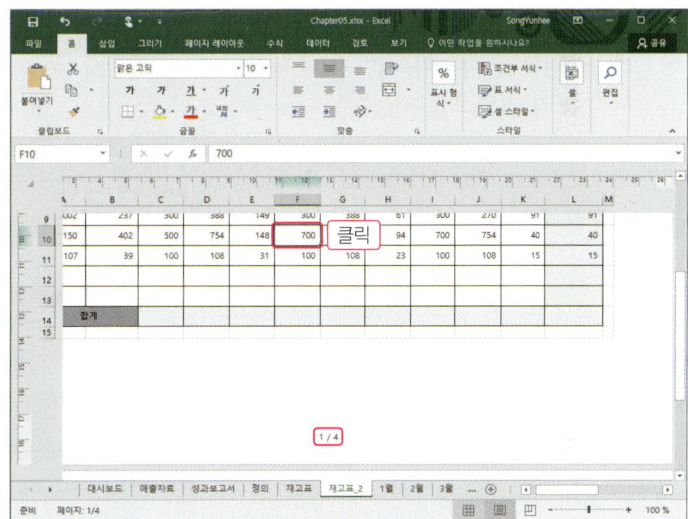

SECTION 13

페이지 나누기 미리 보기로 인쇄 배율 조절하기

페이지 나누기 미리 보기는 문서가 인쇄될 때 어디서 페이지가 나뉘는지를 파란색 점선으로 표시하고, 문서 이외의 영역은 회색으로 표시됩니다. 파란색 점선을 드래그하여 페이지를 나눌 위치를 조정하면 인쇄 배율이 자동으로 지정됩니다.

실습예제 : Chapter05.xlsx - [경비보고서] 시트

01 화면 오른쪽 하단 [페이지 나누기 미리 보기]를 클릭하여 페이지 나누기 미리 보기 화면으로 이동합니다.

02 세로 방향 파란 점선을 [M] 열까지 드래그 합니다.

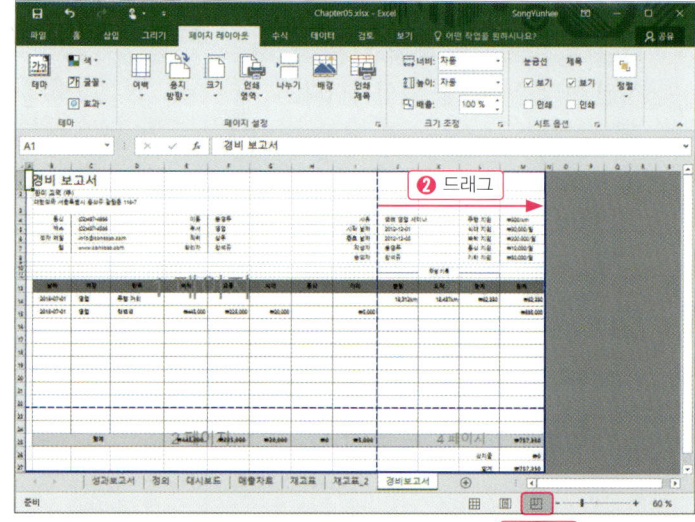

03 [M] 열까지 한 페이지에 인쇄될 수 있도록 설정되었습니다. [페이지 레이아웃] 탭 - [크기 조정] 그룹 - [배율]이 자동으로 조정된 것을 확인합니다.

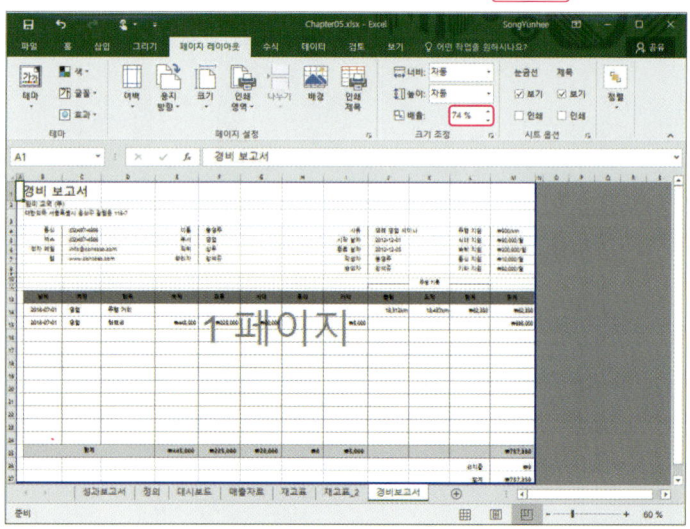

SECTION 14 워크시트 눈금선 해제하기

완성된 문서의 경우 워크시트 눈금선을 보이지 않게 설정하여 흰 바탕에 인쇄된 문서처럼 화면에 표시할 수 있습니다.

📁 실습예제 : Chapter05.xlsx - [경비보고서] 시트

01 [페이지 레이아웃] 탭 - [시트 옵션] 그룹 - [눈금선]의 [보기] 옵션을 해제합니다. 워크시트의 행, 열 경계에 표시되던 회색 눈금선이 사라지는 것을 확인합니다.

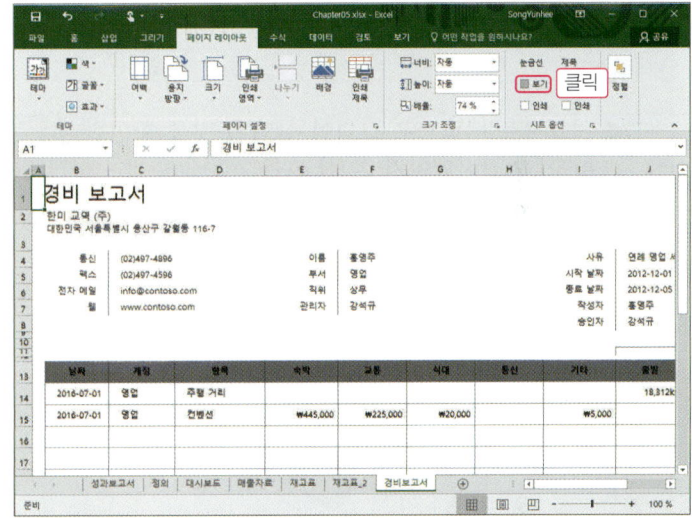

PowerUp 문서에 '대외비' 표시하기

문서에 '대외비', '복사금지', '긴급' 등 문서의 상태를 표시하고 싶은 경우가 있습니다. 단순히 워크시트 배경에 상태를 표시하고 싶은 경우 '배경' 도구를 사용하고, 문서 인쇄 시 상태를 표시하고 싶은 경우 머리글/바닥글을 사용하면 됩니다. 워크시트 및 인쇄 문서에 '대외비'를 표시하는 방법에 대해 알아보겠습니다.

📁 실습예제 : Chapter05.xlsx - [경비보고서] 시트

01 워크시트 배경에 대외비 표시하기

01 [페이지 레이아웃] 탭 - [페이지 설정] 그룹 - [배경]을 클릭합니다.

02 [그림 삽입] 창이 표시되면 '파일에서'의 [찾아보기]를 클릭합니다.

03 [시트 배경] 창에서 [대외비.png] 그림 파일을 선택하고 [삽입]을 클릭합니다.

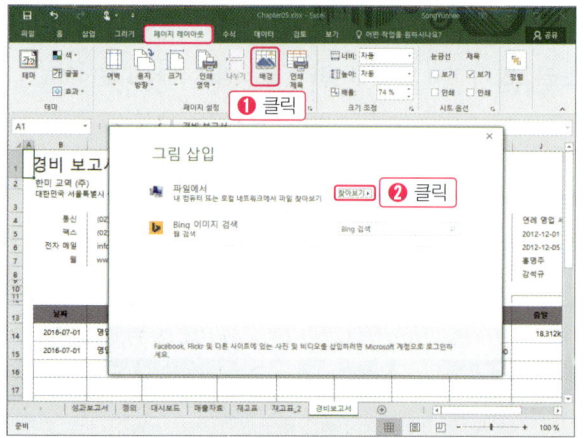

04 워크시트 배경으로 그림이 삽입된 것을 확인합니다. 배경 그림을 삭제하려면 [페이지 레이아웃] 탭 – [페이지 설정] 그룹 – [배경 제거]를 클릭합니다.

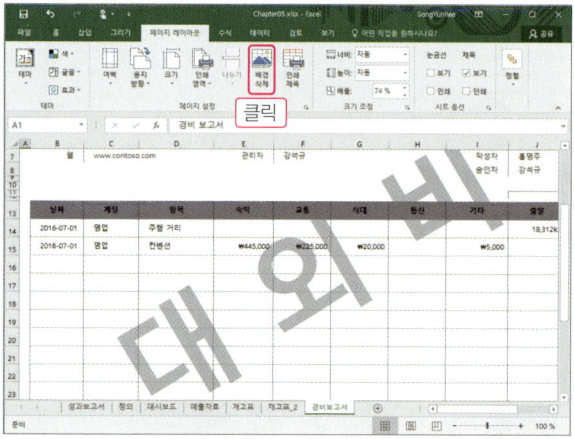

02 인쇄 문서에 '대외비' 표시하기

01 화면 오른쪽 하단 [페이지 레이아웃] 보기를 클릭하고, 머리글 가운데 영역을 클릭합니다.

02 [머리글/바닥글 도구] – [머리글/바닥글] 탭 – [머리글/바닥글 도구] 그룹 – [그림]을 클릭합니다.

03 [그림 삽입] 창이 표시되면 [파일에서]의 [찾아보기]를 클릭한 후 예제 폴더에서 [대외비.png] 파일을 선택하고 [삽입]을 클릭합니다.

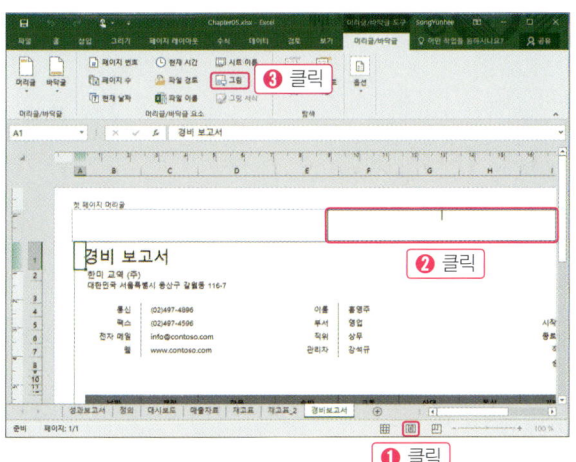

04 그림 파일의 크기를 문서 크기에 맞게 키우기 위해 [머리글/바닥글 도구] - [머리글/바닥글] 탭 - [머리글/바닥글 요소] 그룹 - [그림 서식]을 클릭합니다.

05 [비율]의 [높이]를 '200'으로 입력하고 [확인]을 클릭합니다.

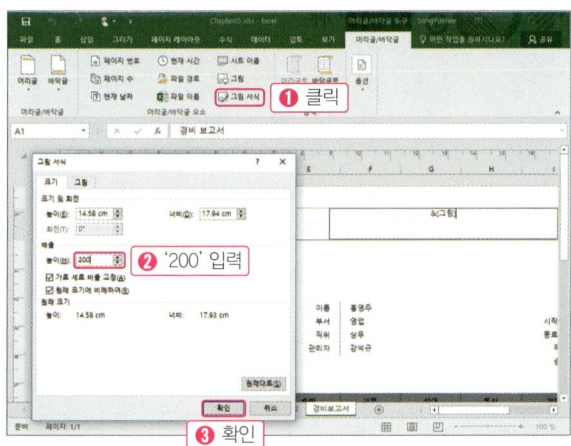

06 [파일] 탭 - [인쇄]를 클릭하여 설정된 머리글을 확인합니다.

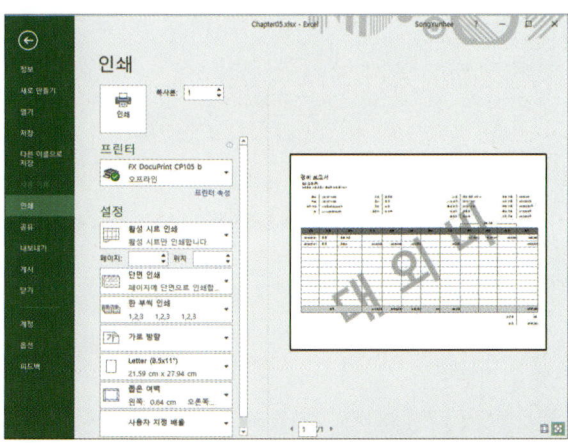

Excel 2016

CHAPTER

06

수식 작성

엑셀의 가장 중요한 기능 중 하나가 계산 기능입니다. 셀에 입력되어 있는 데이터를 사용하여 수식을 작성하면 아무리 복잡한 수식도 결과값을 자동으로 계산해줍니다. 엑셀에서 수식을 작성하여 원하는 값을 계산하는 방법에 대해 알아보겠습니다.

SECTION 01 엑셀 수식 이해하기

엑셀의 가장 중요한 기능 중의 하나가 계산 기능입니다. 셀에 입력된 데이터를 사용하여 수식을 작성하면 아무리 복잡한 수식도 결과값을 자동으로 계산해줍니다. 수식을 작성하는 방법에 대해 알아보겠습니다.

📁 실습예제 : Chapter05.xlsx - [수식의이해] 시트

❶ 엑셀 수식은 '=(등호)'를 먼저 입력한 후 작성합니다. '=(등호)'는 입력한 내용이 수식이라는 약속입니다. ❷ 수식은 '=A1*B1+10'과 같이 데이터가 입력된 셀의 주소를 사용하거나 직접 값을 입력하고 ❸ 필요한 연산자를 입력하여 작성합니다. 수식에 사용되는 셀 주소는 데이터가 입력된 셀을 클릭하면 자동으로 삽입됩니다. 또는 직접 셀 주소를 타이핑하여 입력할 수도 있습니다. 수식이 작성된 셀에는 수식의 결과 값이 표시되고, 수식 입력줄에서 작성된 수식을 확인 및 수정할 수 있습니다.

= A1 * B1 + 10
❶ ❷ ❸ ❷ ❸ ❷

01 공급가액 계산하기

01 수식을 작성할 [I4] 셀을 클릭하고, '=' 입력, [G4] 셀을 클릭 후 '*' 입력, [H4] 셀을 클릭 후 Enter를 누릅니다.

02 [I4] 셀을 클릭한 후 채우기 핸들에서 더블 클릭하여 [I24] 셀까지 자동 채우기 합니다.

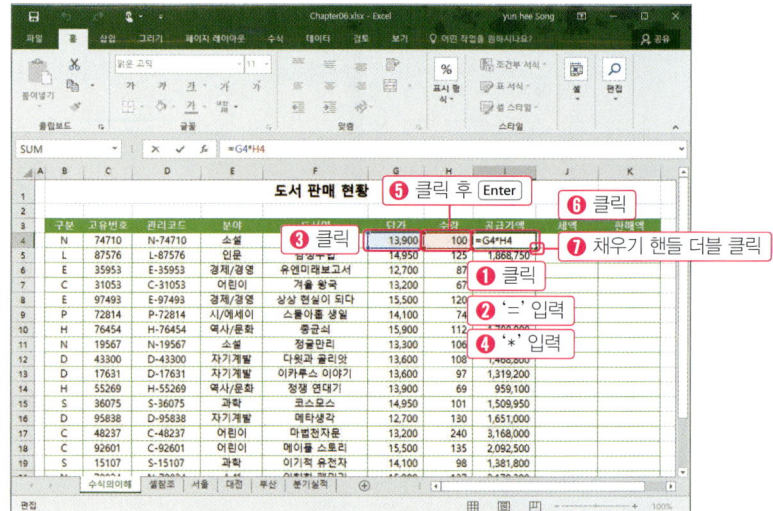

02 세액 계산하기

01 수식을 작성할 [J4] 셀을 클릭합니다.

02 '='을 입력한 후 [I4] 셀을 클릭하고 '*10%'를 입력한 다음 Enter를 누릅니다.

03 [J4] 셀을 클릭한 후 채우기 핸들에서 더블 클릭하여 [J24] 셀까지 자동 채우기 합니다.

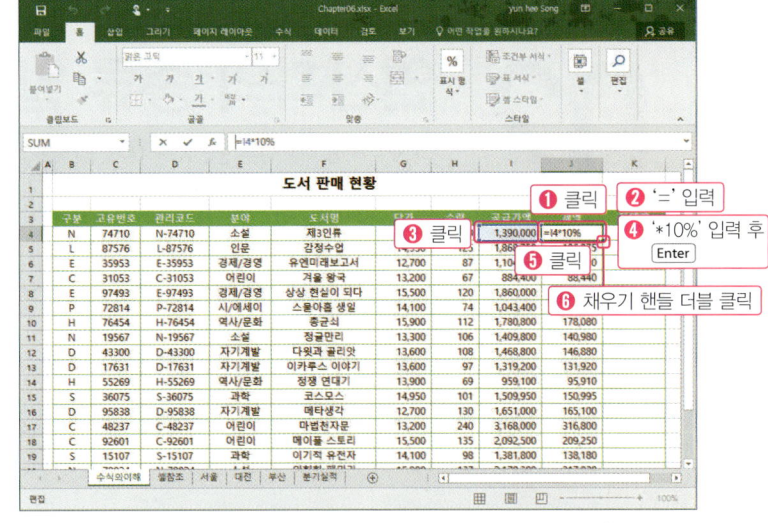

03 판매액 계산하기

01 수식을 작성할 [K4] 셀을 클릭합니다.

02 '='을 입력한 후 [I4] 셀을 클릭하고 '-'를 입력한 다음 [J4] 셀을 선택한 후 Enter를 누릅니다.

03 [K4] 셀을 클릭한 후 채우기 핸들에서 더블 클릭하여 [K24] 셀까지 자동 채우기 합니다.

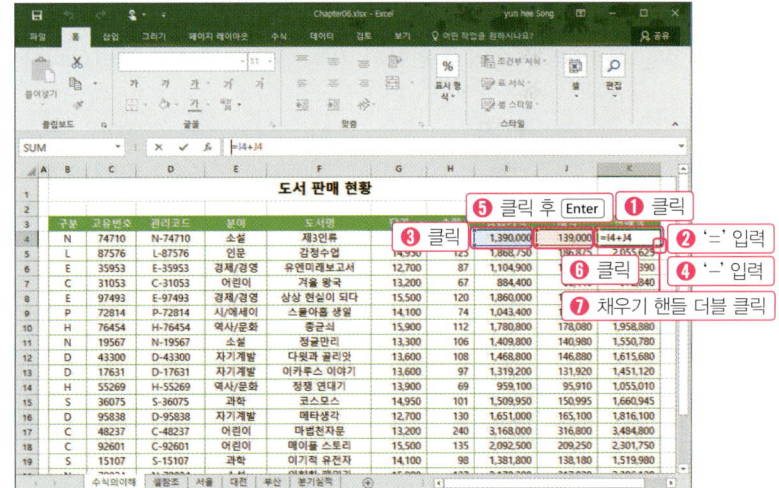

Chapter 06_ 수식 작성 · 197

SECTION 02 연산자의 종류 알아보기

엑셀 수식에 사용되는 연산자에 대해 알아보겠습니다. 엑셀 수식에서 연산자의 우선 순위는 참조 연산자, 산술 연산자, 문자 연산자, 비교 연산자 순입니다. 연산자는 왼쪽에서 오른쪽으로 계산하고, 괄호가 있을 경우 괄호를 먼저 계산합니다. 수식의 기본은 연산자이므로 잘 확인해야 합니다.

01 산술 연산자

산술 연산자는 더하기, 빼기, 곱하기 나누기 등의 기본 수치 연산에 사용하는 연산자입니다. 산술 연산자에도 우선 순위가 있습니다. 산술 연사자의 우선 순위는 백분율, 지수, 곱하기/나누기, 더하기/빼기 순입니다. 동일 우선 순위가 조합된 경우에는 왼쪽부터 처리합니다.

연산자	의미	예제
%	백분율	100%
^	거듭제곱	2^3
*	곱하기	=5*3
/	나누기	=100/25
+	더하기	=5+4
−	빼기	=7−2

02 문자 연산자

문자 연산자는 '&(Ampersand)' 하나입니다. &는 여러 문자열을 연결할 때 사용합니다.

데이터		예제	결과
N	74710	=A1&"−"&B1	N−74710
홍길동		=A1&" 귀하"	홍길동 귀하

03 비교 연산자

비교 연산자는 두 값을 비교할 때 사용하며, 연산의 결과는 참(True) 또는 거짓(False)으로 계산됩니다.

연산자	의미	예제
=	같다	A1=100, A1="서울"
>	크다	A1>100
>=	크거나 같다	A1>=100
<	작다	A1<100
<=	작거나 같다	A1<=100
<>	같지 않다	A1<>100

04 참조 연산자

참조 연산자는 수식이나 함수를 사용할 때, 계산에 필요한 셀 범위를 지정하기 위해 사용합니다.

연산자	의미	예제
: (콜론)	연속된 셀 영역 지정	=SUM(A3:A9)
, (콤마)	떨어진 셀 영역 지정	=SUM(A3, A6, B3:B6)

SECTION 03 셀 참조 이해하기

엑셀은 수식을 작성할 때 데이터가 입력된 셀 주소를 사용합니다. 수식에 데이터가 입력된 셀 주소를 사용하는 것을 '셀 참조'라 합니다. 엑셀의 셀 참조는 상대 참조, 절대 참조, 혼합 참조 3가지가 있습니다. 각 참조 유형 및 셀 참조 유형을 변경하는 방법에 대해 알아보겠습니다.

실습예제 : Chapter05.xlsx - [셀참조] 시트

01 상대 참조

상대 참조는 수식 작성 시 기본적으로 사용되는 참조 형식으로 수식이 작성되어 있는 셀의 위치가 바뀌면 참조하는 셀 주소도 자동으로 바뀌는 것을 말합니다. 수식이 작성된 셀을 복사하거나 이동하면 이동한 행/열만큼 셀의 주소가 자동으로 바뀌는데 이를 상대 참조라고 합니다. 상대 참조를 사용하여 '판매액=단가*수량' 수식을 계산해 보겠습니다.

01 수식을 작성할 [F6] 셀을 클릭합니다.

02 '=' 입력 후 [D6] 셀 클릭, '*' 입력 후 [E6] 셀을 클릭하고 Enter를 누릅니다.

03 [F6] 셀을 클릭한 후 채우기 핸들에서 더블 클릭하여 [F13] 셀까지 자동 채우기 합니다.

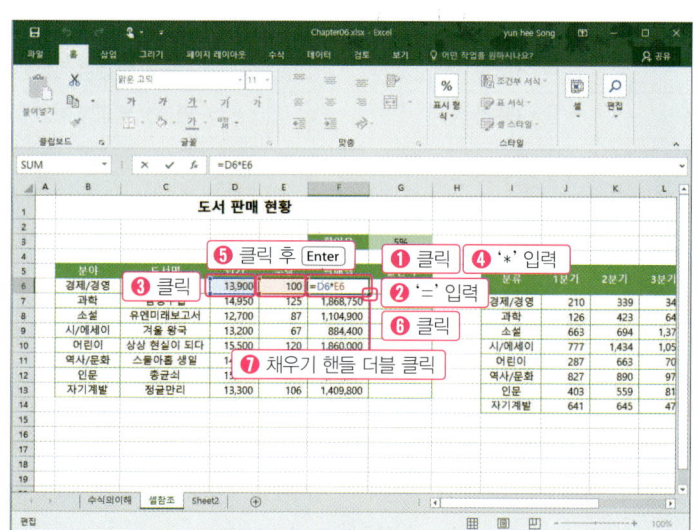

수식을 확인해보면 F6 셀에 작성된 '=D6*E6' 수식이 아래로 복사되면서 '=D7*E7', '=D8*E8'과 같이 셀 주소가 상대적으로 바뀐 것을 확인할 수 있습니다.

02 절대 참조

절대 참조는 수식이 작성되어 있는 셀의 위치가 바뀌더라도 참조하는 셀의 주소는 바뀌지 않고 고정되어 있는 것을 말합니다. 셀 참조 형식을 절대 참조로 지정하려면 '$A$1'과 같이 셀 주소의 행, 열 앞에 '$' 기호를 지정합니다. 절대 참조를 사용하여 '할인액=판매액*할인율' 수식을 계산해 보겠습니다.

01 수식을 작성할 [G6] 셀을 클릭합니다.

02 '=' 입력 후 [F6] 셀 클릭, '*' 입력 후 [G3] 셀 클릭, F4를 눌러 절대 참조로 설정 후 Enter를 누릅니다.

03 [G6] 셀을 클릭한 후 채우기 핸들에서 더블 클릭하여 [G13] 셀까지 자동 채우기 합니다.

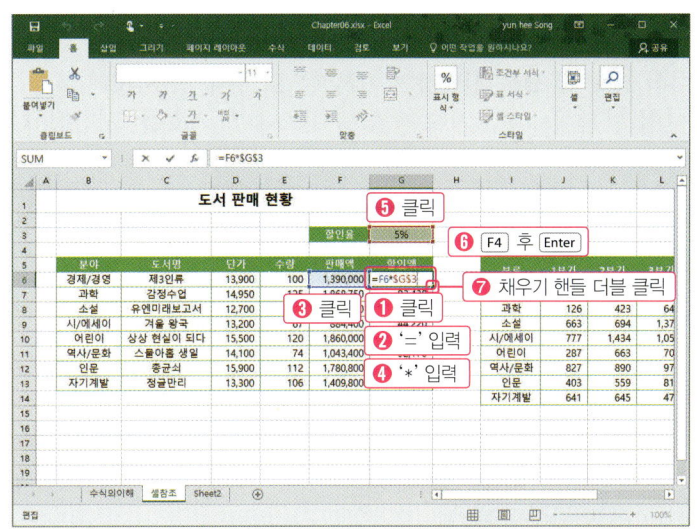

[G7~G13] 셀에 작성된 수식을 확인해보면 상대 참조로 설정된 셀 주소는 [F7], [F8], [F9]와 같이 셀 주소가 변경되지만 절대 참조로 설정된 [G3] 셀은 셀 주소가 바뀌지 않고 고정되어 참조된 것을 확인할 수 있습니다.

03 혼합 참조

혼합 참조는 상대 참조와 절대 참조를 혼합한 형태로 '$A1', 'A$1'과 같이 행과 열 중 하나만 위치를 고정하는 참조 형식입니다. '$'가 붙은 행이나 열은 주소가 고정되고 '$'가 붙지 않은 행이나 열은 주소가 상대적으로 변경됩니다. 혼합 참조를 사용하여 '예상 수익 목표=합계*예상 수익률' 수식을 계산해 보겠습니다.

01 수식을 작성할 [O5] 셀을 클릭합니다.

02 '=' 입력 후 [N5] 셀 클릭, F4 세 번 누르고, '*' 입력 후 [O4] 셀 클릭, F4 두 번 누르고 Enter를 누릅니다.

> F4를 누르는 대신 직접 셀 주소에 [$]를 입력해도 됩니다.

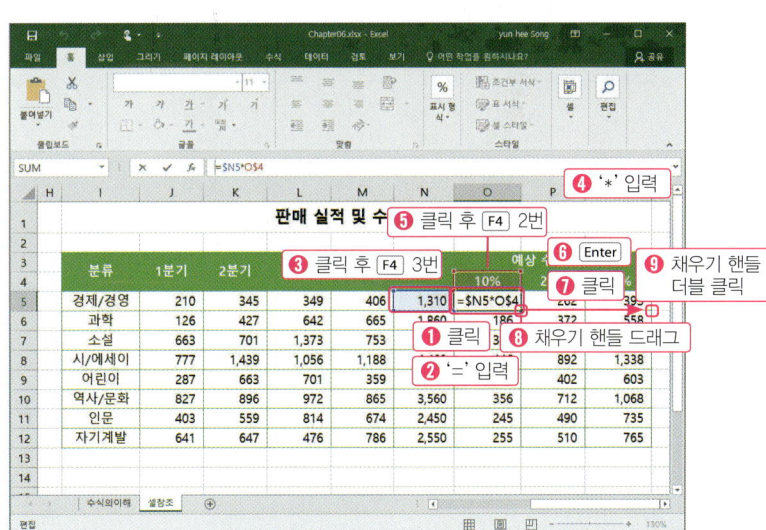

03 [O5] 셀을 클릭한 후 [O5] 셀의 채우기 핸들을 드래그하여 [Q5] 셀까지 자동 채우기 하고, [Q7] 셀의 채우기 핸들에서 더블 클릭하여 [Q12] 셀까지 자동 채우기 합니다.

04 셀 참조 형식 변환

수식 작성 시 셀을 선택하면 기본적으로 상대 참조 형태로 셀 주소가 입력됩니다. 참조 형식을 변환하려면 F4를 반복해서 누르거나 직접 셀 주소에 '$' 기호를 입력합니다.

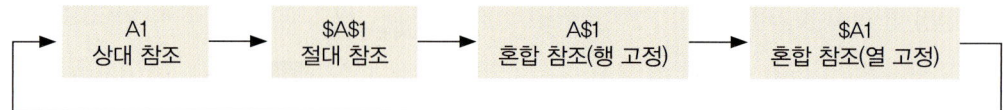

PowerUp 3차원 참조

통합 문서의 여러 워크시트에 있는 동일한 셀이나 셀 범위 데이터를 참조하려면 3차원 참조를 사용하면 편리합니다. 3차원 참조는 셀 또는 셀 범위 참조 앞에 워크시트 이름의 범위가 포함됩니다. 3차원 참조에서는 참조에 지정한 시작 이름과 끝 이름 사이에 위치한 모든 워크시트가 참조됩니다. 예를 들어 서울, 대전, 부산 각 지점의 판매 현황을 분기 실적 시트에 요약하고자 하는 경우 ❶과 같이 '='를 입력한 후 각 시트의 셀들을 하나씩 클릭하여 수식을 작성할 수도 있지만 ❷와 같이 서울부터 부산 사이에 있는 모든 시트의 'C4' 셀이 참조되도록 수식을 작성할 수도 있습니다.

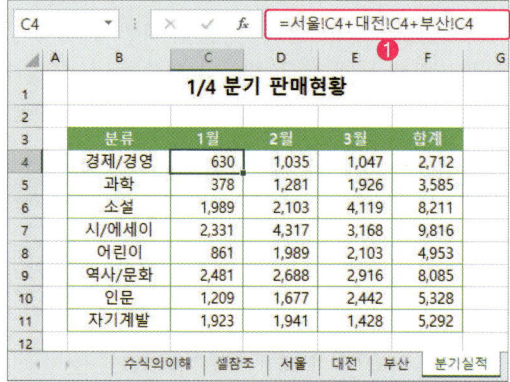
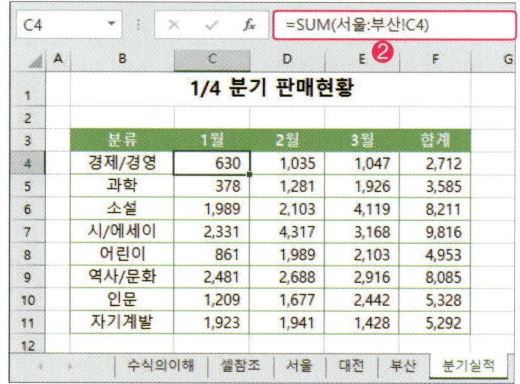

SECTION 04

자동 합계 도구로 합계, 평균, 숫자 개수, 최댓값, 최솟값 계산하기

값을 계산할 때 자주 사용되는 합계, 평균, 숫자 개수, 최댓값, 최솟값 등을 손쉽게 계산할 수 있도록 제공되는 도구가 '자동 합계' 입니다. 자동 합계 도구를 사용하여 다양한 값을 손쉽게 계산하는 방법에 대해 알아보겠습니다.

📁 실습예제 : Chapter05.xlsx - [자동합계] 시트

01 판매액 합계 구하기

01 [J3] 셀을 클릭하고 [홈] 탭 - [편집] 그룹 - [자동 합계]를 클릭합니다.

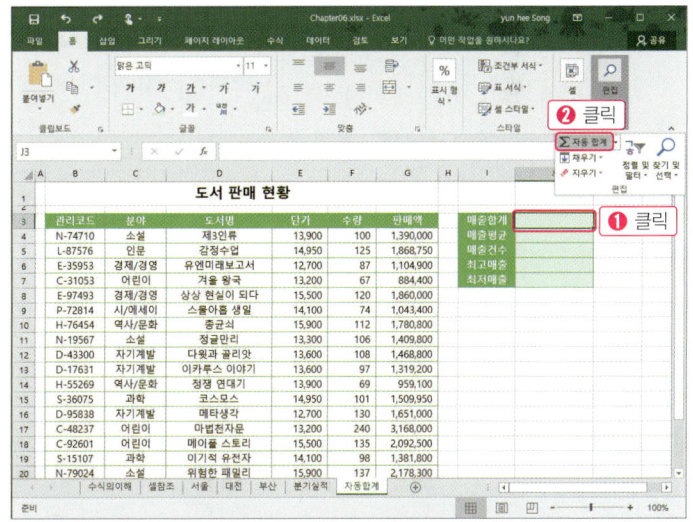

02 [SUM] 함수식이 자동으로 삽입되면 합계를 계산할 셀 범위를 지정하기 위해 [G4] 셀을 클릭한 후 Ctrl + Shift + ↓를 눌러 판매액 전체 범위를 선택하고 Enter를 누릅니다.

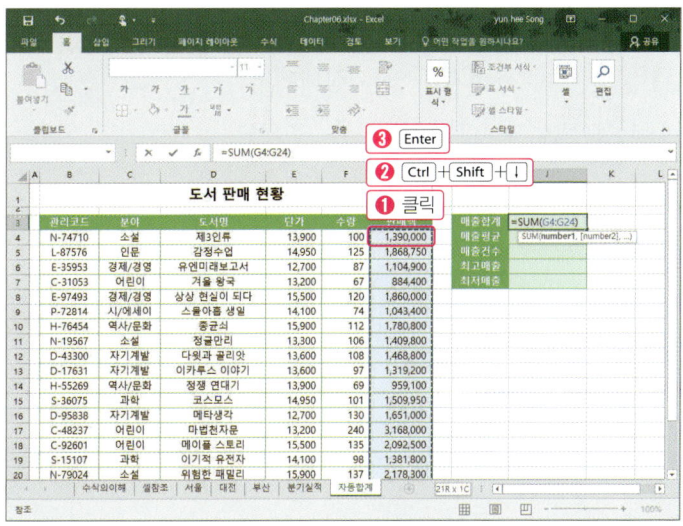

Chapter 06_ 수식 작성 · **203**

02 매출 평균 구하기

01 [J4] 셀이 선택되어 있는 상태에서 [홈] 탭 - [편집] 그룹 - [자동 합계]의 목록 단추를 클릭한 후 [평균]을 선택합니다.

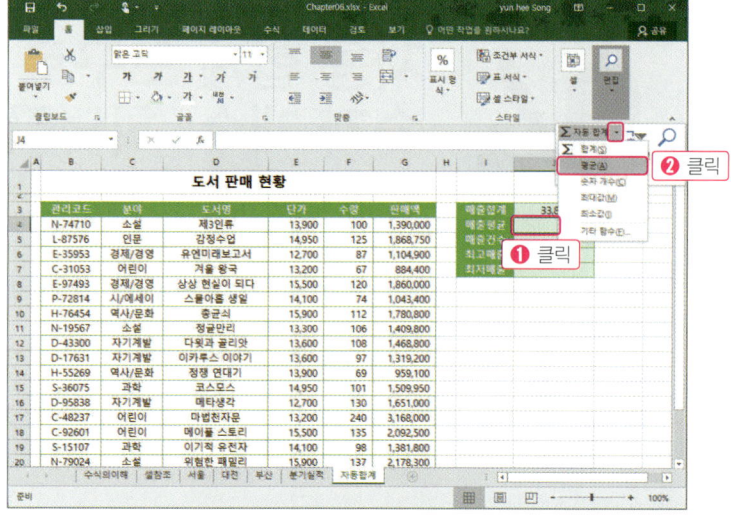

02 [AVERAGE] 함수식이 자동으로 삽입되면 합계를 계산할 셀 범위를 지정하기 위해 [G4] 셀을 클릭한 후 Ctrl + Shift + ↓ 를 눌러 판매액 전체 범위를 선택한 다음 Enter 를 누릅니다.

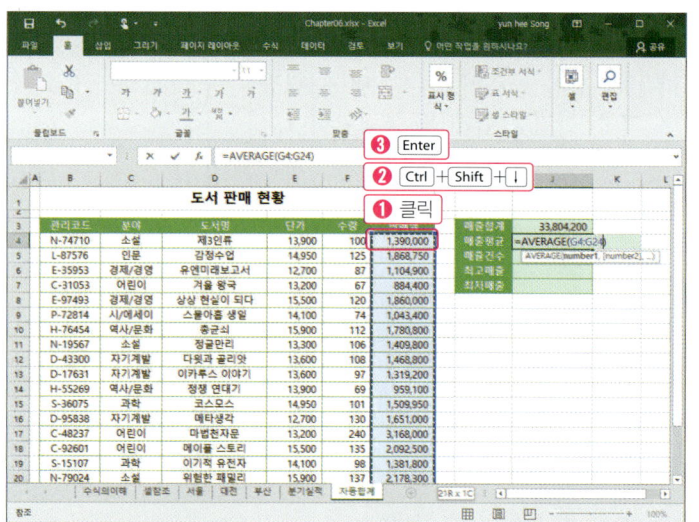

03 매출 건수 구하기

01 [J5] 셀이 선택되어 있는 상태에서 [홈] 탭 - [편집] 그룹 - [자동 합계]의 목록 단추를 클릭한 후 [숫자 개수]를 선택합니다.

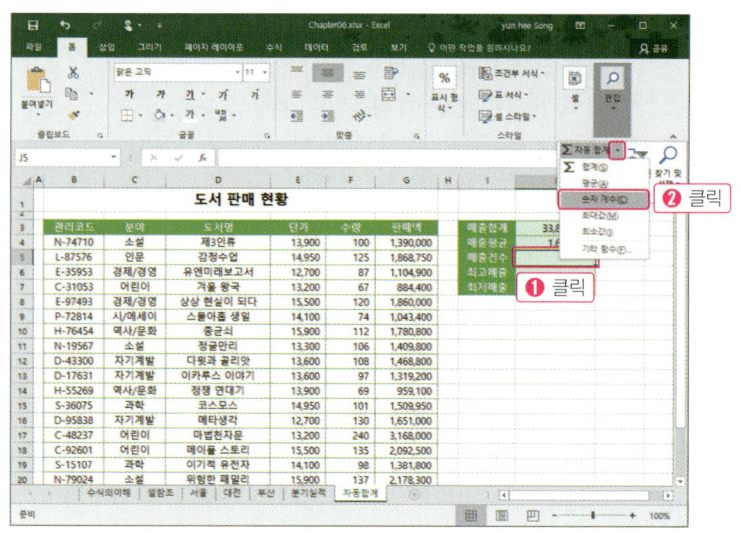

02 [COUNT] 함수식이 자동으로 삽입되면 합계를 계산할 셀 범위를 지정하기 위해 [G4] 셀을 클릭한 후 Ctrl + Shift + ↓를 눌러 판매액 전체 범위를 선택한 다음 Enter를 누릅니다.

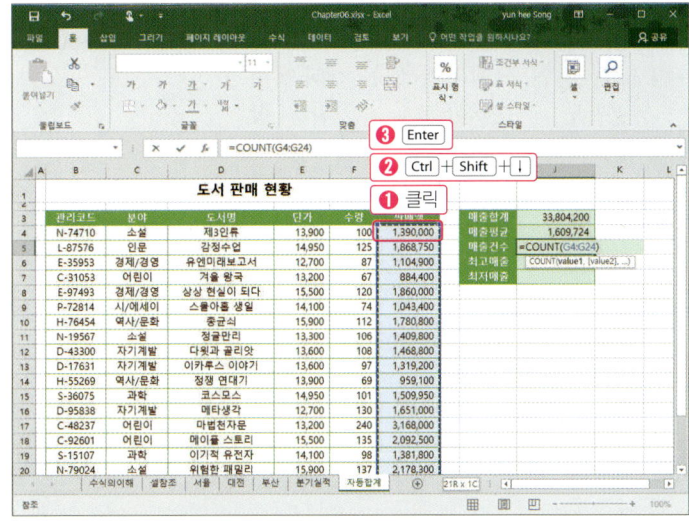

04 최대 매출액 구하기

01 [J6] 셀이 선택되어 있는 상태에서 [홈] 탭 - [편집] 그룹 - [자동 합계]의 목록 단추를 클릭한 후 [최대값]을 선택합니다.

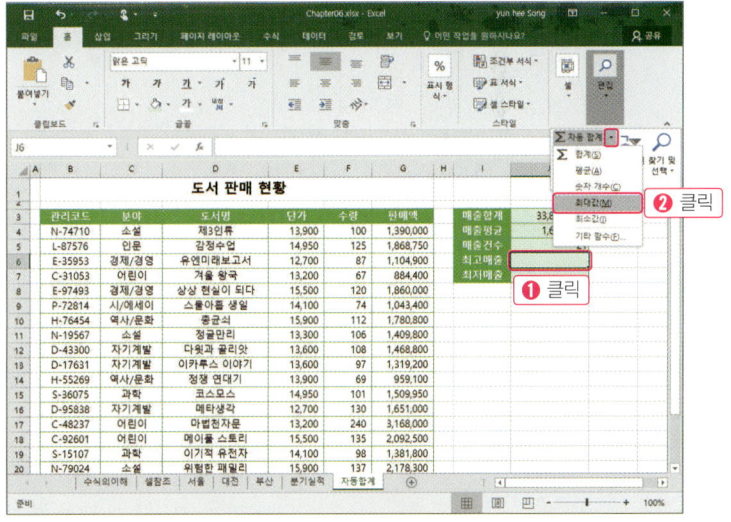

02 [MAX] 함수식이 자동으로 삽입되면 합계를 계산할 셀 범위를 지정하기 위해 [G4] 셀을 클릭한 후 Ctrl + Shift + ↓를 눌러 판매액 전체 범위를 선택한 다음 Enter를 누릅니다.

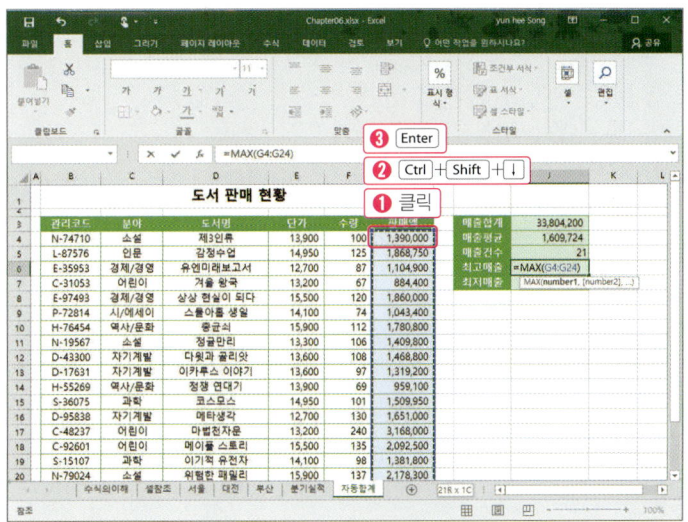

05 최소 매출액 구하기

01 [J7] 셀이 선택되어 있는 상태에서 [홈] 탭 - [편집] 그룹 - [자동 합계]의 목록 단추를 클릭한 후 [최소값]을 선택합니다.

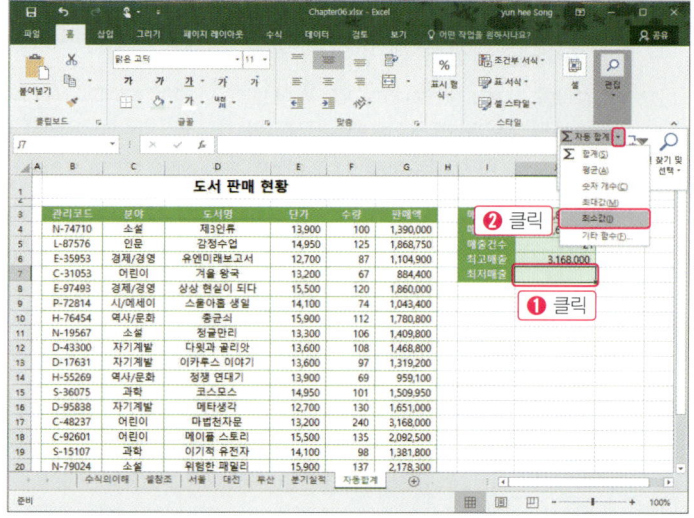

02 [MIN] 함수식이 자동으로 삽입되면 합계를 계산할 셀 범위를 지정하기 위해 [G4] 셀을 클릭한 후 Ctrl + Shift + ↓를 눌러 판매액 전체 범위를 선택한 다음 Enter를 누릅니다.

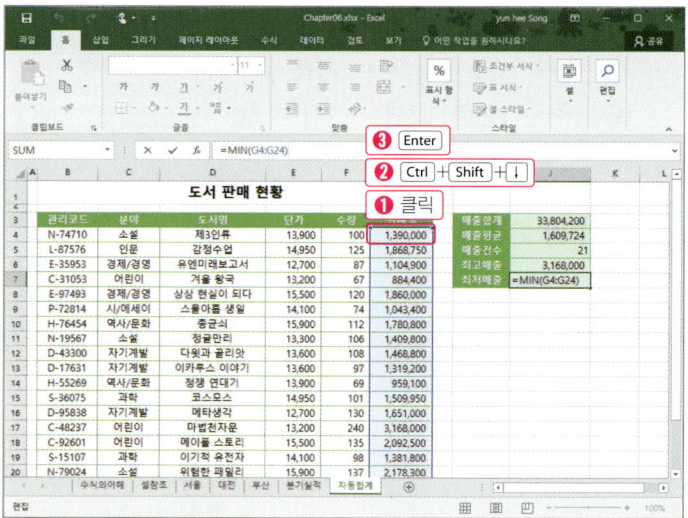

SECTION 05 빠른 분석 도구로 편리하게 계산하기

빠른 분석 도구는 데이터 범위를 선택하면 오른쪽 하단에 자동으로 표시되는 도구로 지정한 데이터의 합계, 평균, 누계, 총% 등을 계산하거나 조건부 서식, 차트, 피벗 테이블 등을 손쉽게 작성할 수 있습니다. 빠른 분석 도구를 사용하여 합계, 총%, 누계 등을 계산하는 방법에 대해 알아보겠습니다.

📁 실습예제 : Chapter05.xlsx – [지출내역], [카드사용내역] 시트

01 항목별 비중 구하기

01 [C4~H17] 셀 범위를 드래그하여 선택합니다.

02 선택 범위의 오른쪽 하단에 표시된 [빠른 분석] 도구를 클릭한 후 상단 메뉴 중 [합계]를 클릭합니다.

03 옵션 오른쪽 끝의 ▶를 클릭한 후 [총%] 옵션을 클릭합니다.

02 누계 구하기

01 [카드사용내역] 시트의 [D4~D15] 셀 범위를 드래그하여 선택합니다.

02 선택 범위의 오른쪽 하단에 표시된 [빠른 분석] 도구를 클릭한 후 상단 메뉴 중 [합계]를 클릭합니다.

03 옵션 오른쪽 끝의 ▶를 클릭한 후 [누계] 옵션을 클릭합니다.

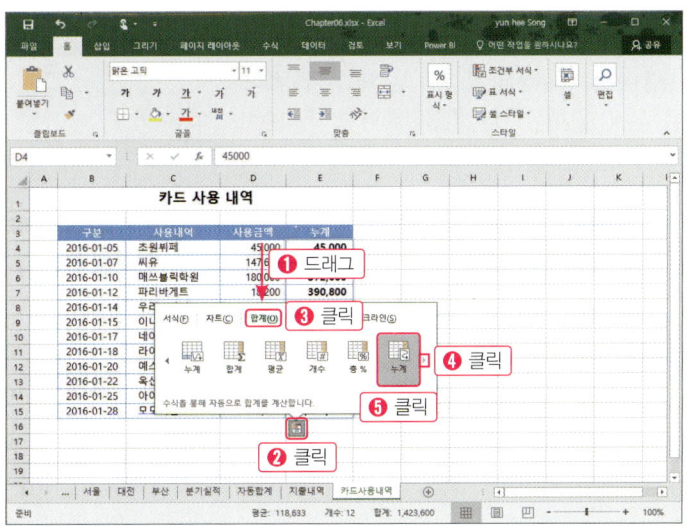

SECTION 06 이름 정의하기

'이름 정의'란 셀이나 셀 범위에 이름을 붙이는 것을 말합니다. 셀 범위에 이름을 정의하면 이름이 붙여진 셀 범위를 손쉽게 참조할 수 있고, 수식 작성 시 셀 주소 대신 정의된 이름을 참조하여 간편하게 수식을 작성할 수 있습니다. 이름을 정의하는 여러 가지 방법에 대해 알아보겠습니다.

실습예제 : Chapter05.xlsx – [도서판매현황] 시트

방법 1. 이름 상자 사용

01 이름을 정의할 셀 범위를 선택하기 위해 [G4] 셀을 클릭한 후 Ctrl + Shift + ↓ 를 누릅니다.

02 [수식 입력줄]의 [이름 상자]를 클릭한 후 정의할 이름(판매액)을 입력하고 Enter 를 누릅니다.

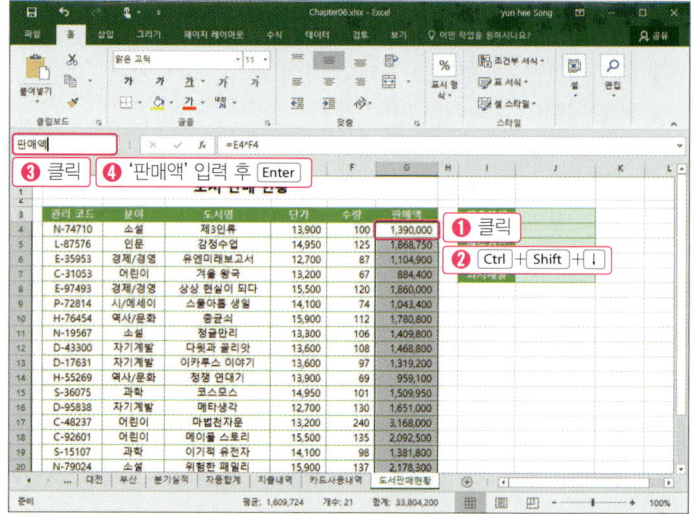

방법 2. [이름 정의] 명령 사용

01 이름을 정의할 셀 범위를 선택하기 위해 [F4] 셀을 클릭한 후 Ctrl + Shift + ↓ 를 누릅니다.

02 [수식] 탭 – [정의된 이름] 그룹 – [이름 정의]를 클릭합니다.

03 [새 이름] 창에서 이름(수량)을 입력하고 [확인]을 클릭합니다.

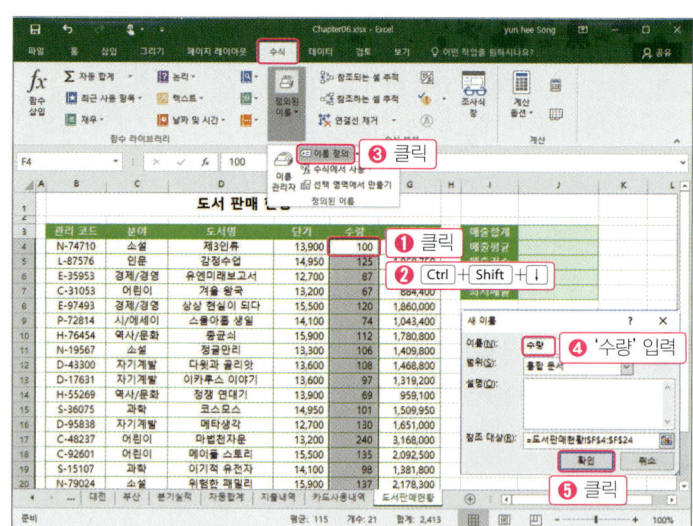

방법 3. [선택 영역에서 만들기] 명령 사용

[선택 영역에서 만들기] 명령을 사용하면 선택 영역의 첫 행, 왼쪽 열, 끝 행, 오른쪽 열에 있는 텍스트를 사용하여 자동으로 이름을 정의할 수 있습니다. 하나씩 범위를 지정하여 이름을 정의하는 것보다 훨씬 빠르고 편리하게 여러 필드의 이름을 정의할 수 있습니다.

01 [B3]부터 [E3] 셀까지 드래그하여 선택한 후 Ctrl+Shift+↓를 눌러, 첫 행의 필드명을 포함하여 이름을 정의할 데이터 범위를 선택합니다.

02 [수식] 탭 - [정의된 이름] 그룹 - [선택 영역에서 만들기]를 클릭합니다.

03 [선택 영역에서 이름 만들기] 창에서 [첫 행] 옵션만 설정한 후 [확인]을 클릭합니다. 첫 행의 텍스트를 사용하여 열마다 자동으로 이름이 정의됩니다.

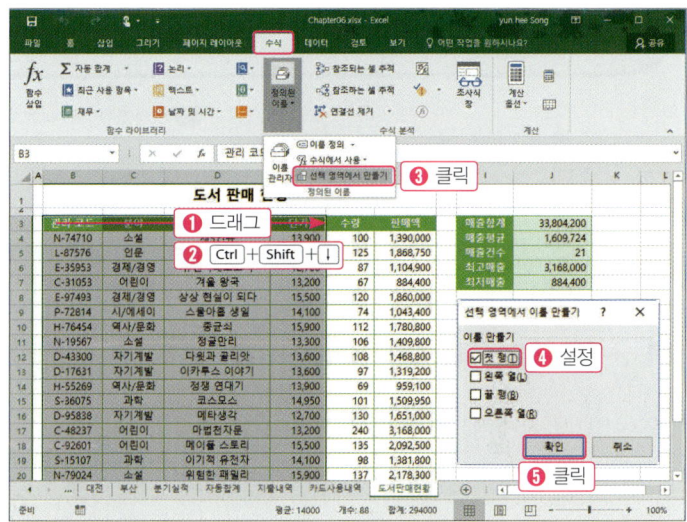

> **이름 명명 규칙**
> 이름의 첫 번째 문자는 문자, 밑줄(_), 원화 기호(₩)로 해야 하고, 나머지 문자는 문자, 숫자, 마침표 및 밑줄이 될 수 있습니다. 공백을 포함할 수 없고, 영문의 경우 대/소문자를 구분하지 않습니다.

SECTION 07 이름을 사용하여 수식 작성하기

셀 주소 대신 이름을 사용하여 수식을 작성하면 수식을 조금 더 쉽게 작성할 수 있고, 더 직관적으로 수식을 이해할 수 있습니다. 정의된 이름을 사용하여 수식을 작성하는 방법에 대해 알아보겠습니다.

실습예제 : Chapter05.xlsx - [도서판매현황] 시트(Section 06 과정 연결)

방법 1. 셀 주소 대신 이름을 직접 입력

01 수식을 작성할 [J3] 셀을 클릭합니다.

02 '=SUM(판매액)'을 입력한 후 Enter 를 누릅니다.

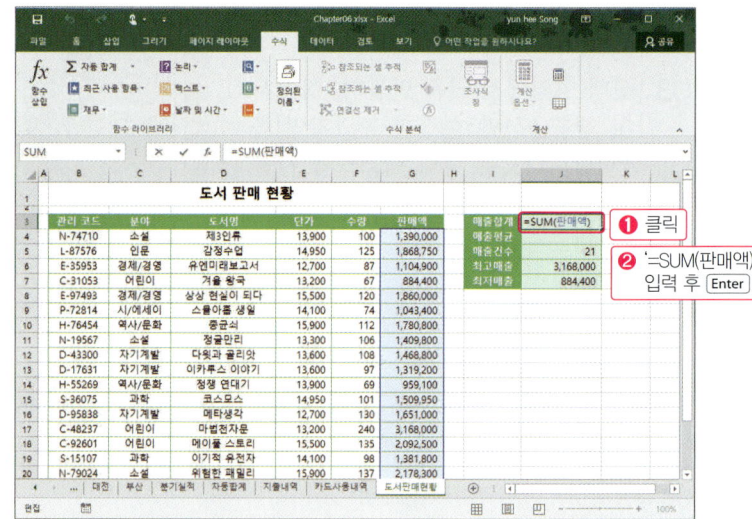

방법 2. [수식] 탭 - [정의된 이름] 그룹 - [수식에서 사용]에서 이름 선택

01 수식을 작성할 [J4] 셀을 클릭합니다.

02 '=AVERAGE('를 입력한 후 [수식] 탭 - [정의된 이름] 그룹 - [수식에서 사용]을 클릭한 다음 [판매액]을 선택합니다.

03 ')'를 입력한 후 Enter 를 누릅니다.

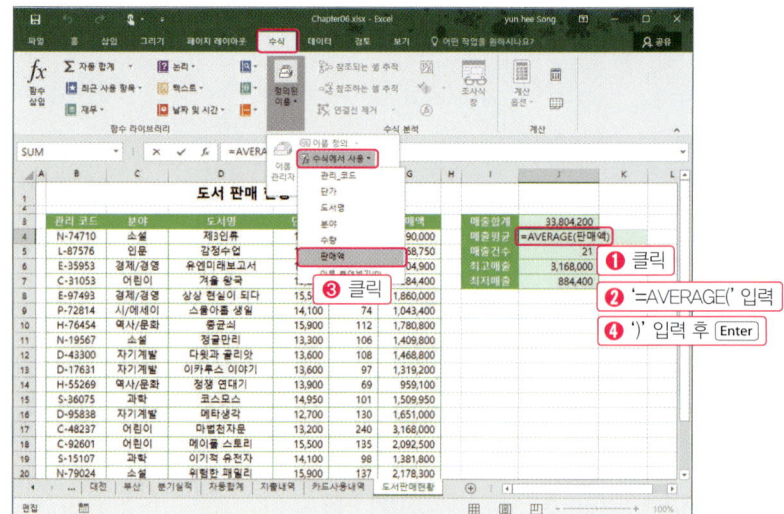

SECTION 08 이름 관리하기

이름 관리자를 사용하여 워크시트에 정의된 이름을 관리할 수 있습니다. 예를 들어, 이름을 편집, 삭제하거나 오류가 있는 이름을 필터 하는 등의 작업이 가능합니다. 이름을 관리하는 방법에 대해 알아보겠습니다.

📁 실습예제 : Chapter05.xlsx – [도서판매현황] 시트(Section 07 과정 연결)

01 이름 확인하기

워크시트에 정의된 이름을 확인할 때는 다음 2가지 방법을 사용할 수 있습니다.

방법 1. [이름 상자]에서 확인

01 수식 입력줄 왼쪽 끝, [이름 상자]의 목록 단추를 클릭하여 정의된 이름을 확인한 후 임의의 이름을 선택합니다.

02 이름을 선택하면 해당 이름으로 정의된 데이터 범위가 자동으로 선택됩니다.

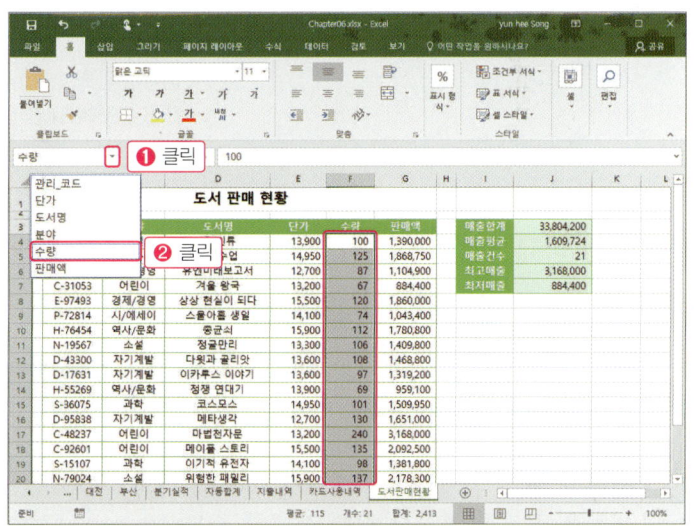

방법 2. [이름 관리자]에서 확인

01 [수식] 탭 – [정의된 이름] 그룹 – [이름 관리자]를 선택합니다.

02 [이름 관리자]에는 워크시트에 정의된 모든 이름이 표시되며, 이름을 선택하면 하단 [참조 대상]에 정의된 이름의 셀 범위를 확인할 수 있습니다.

03 [닫기]를 클릭하여 이름 관리자를 닫습니다.

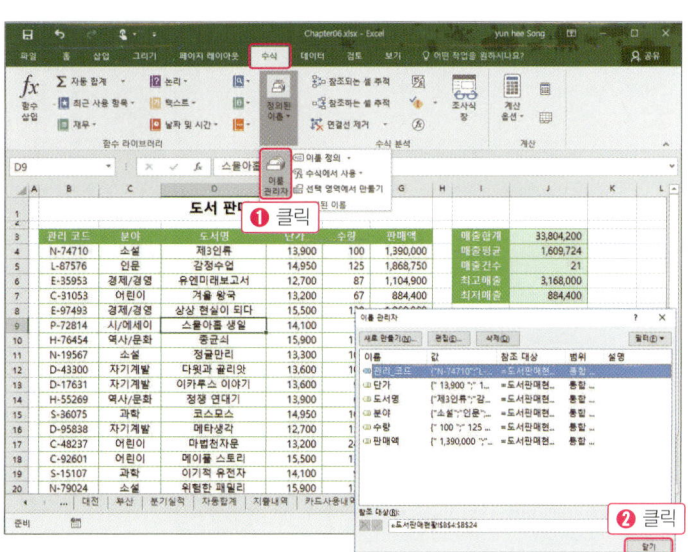

02 이름 편집하기

[이름 관리자]를 사용하여 정의된 이름을 수정하거나 참조 범위를 변경하는 등 이름을 편집할 수 있습니다.

01 [수식] 탭 – [정의된 이름] 그룹 – [이름 관리자]를 선택합니다.

02 [이름 관리자] 창에서 수정할 이름을 선택한 후 [편집]을 클릭합니다.

03 [이름]에서 '_' 앞을 클릭한 후 Delete 를 누르고 [확인]을 클릭합니다.

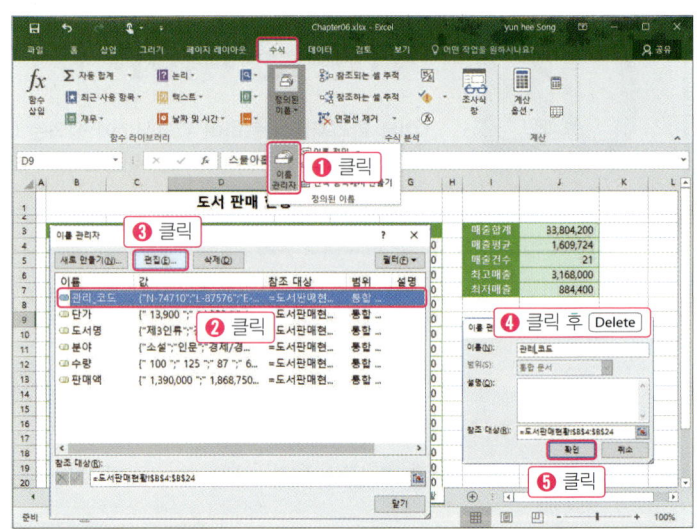

'이름'에서 정의된 이름을 수정하거나 '참조 대상'에서 이름이 참조하는 셀 범위를 수정합니다

03 이름 삭제하기

[이름 관리자]를 사용하여 불필요한 이름을 삭제하는 방법에 대해 알아보겠습니다.

01 열 머리글 [B]에서 [C]까지 드래그하여 B, C 열을 선택합니다.

02 선택한 셀 범위에서 마우스 오른쪽 버튼을 클릭한 후 [삭제]를 선택합니다.

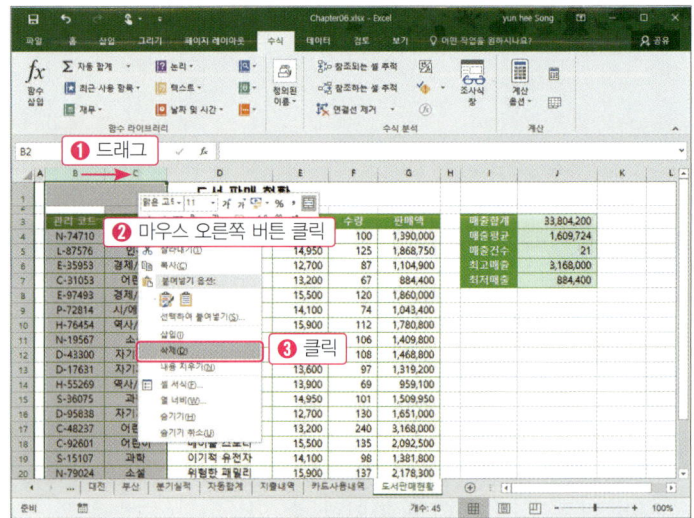

03 [수식] 탭 – [정의된 이름] 그룹 – [이름 관리자]를 선택합니다.

04 이름이 정의된 셀 범위가 삭제되었기 때문에 [관리코드]와 [분야]에 오류가 발생한 것을 확인할 수 있습니다. 오류가 발생한 이름은 사용할 수 없는 이름이므로 일괄 삭제하기 위해 [이름 관리자] 창에서 오른쪽 상단 [필터]를 클릭한 후 [오류가 있는 이름]을 선택합니다.

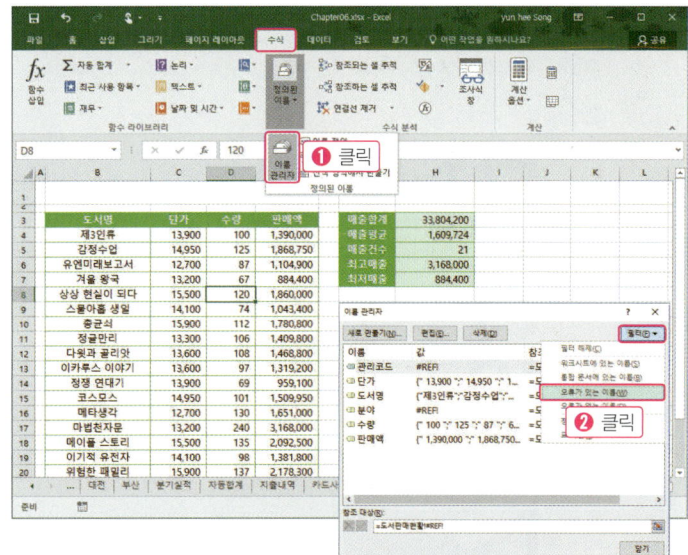

05 오류가 발생한 이름만 필터가 되고 첫 번째 이름을 클릭한 후 마지막 이름을 Shift+클릭하여 모두 선택하고 [삭제]를 클릭합니다.

06 삭제 여부를 묻는 창이 표시되면 [확인]을 클릭합니다.

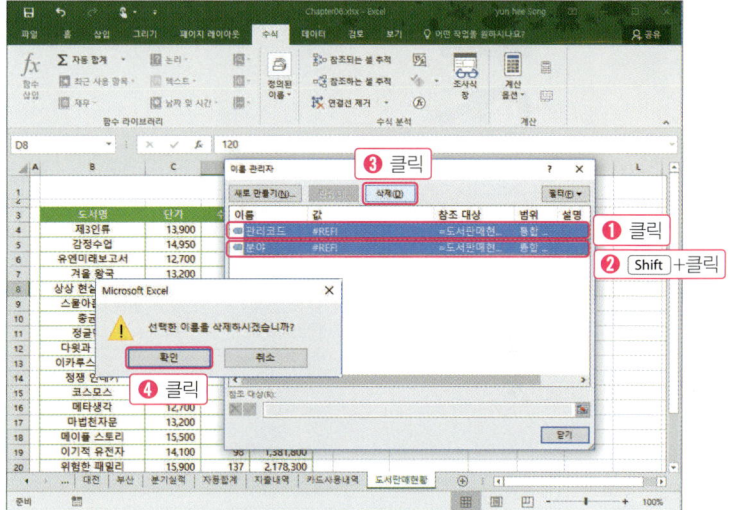

Excel 2016

CHAPTER

07

꼭 알아야 할 실무 함수

엑셀에서 제공되는 다양한 함수를 사용하면 복잡한 공식이나 수식도 손쉽게 계산할 수 있습니다. '함수'가 무엇인지 정확히 이해하고, 실무에 자주 사용되는 꼭 알아야 할 함수에 대해 알아보겠습니다.

SECTION 01 함수 이해하기

엑셀의 다양한 기능 중 '함수'는 원하는 값을 계산하기 위해 꼭 필요한 중요한 기능입니다. 함수를 사용하여 다양한 계산을 하기에 앞서 함수가 무엇인지 정확히 이해하고, 엑셀 2016에서 제공되는 함수의 종류에 대해 알아보도록 하겠습니다.

01 함수란?

'함수'란 인수라고 하는 특정 값을 사용하여 자동으로 계산을 수행하는 미리 정의된 수식을 말합니다. 함수를 사용하면 반복적이고 복잡한 일련의 계산 과정을 거치지 않고 빠르고 손쉽게 계산 값을 얻을 수 있습니다. 예를 들어, 특정 범위의 데이터를 모두 더하는 계산을 할 경우 값을 하나하나 더해주는 수식 [=A1+A2+A3+A4+A5]를 작성할 수도 있지만 'SUM' 함수를 사용하여 합계를 계산하고자 하는 셀 범위를 인수로 지정하는 [=SUM(A1:A5)] 수식을 작성하면 손쉽게 합계를 계산할 수 있습니다.

02 함수의 종류

수학의 함수에도 1차 함수, 2차 함수, 삼각 함수, 무리 함수, 지수 함수 등 다양한 함수가 있듯 엑셀 함수에도 재무, 날짜/시간, 수학/삼각, 통계, 찾기/참조 영역, 데이터베이스, 텍스트, 논리, 정보, 공학, 큐브, 호환성, 웹 등의 범주에서 특정 값을 계산하기 위한 수백 가지의 함수가 제공됩니다. 원하는 값을 계산하기 위해 어떤 함수를 사용해야 하는지만 알면 손쉽게 원하는 값을 계산할 수 있게 될 것입니다.

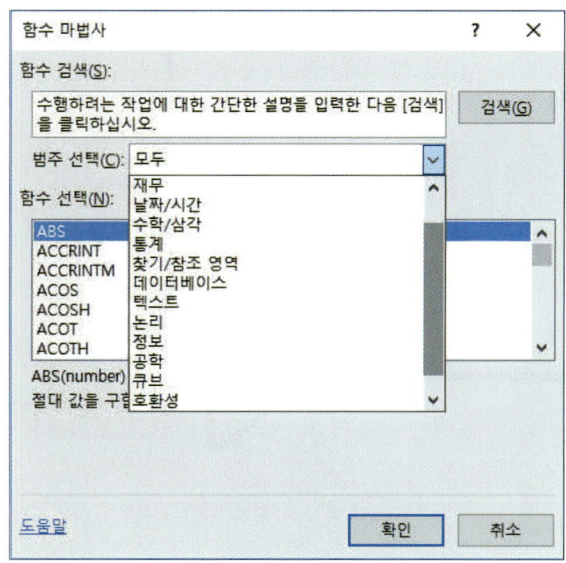

엑셀 2010 버전부터 함수의 정확도와 성능이 향상되고, 이름으로 해당 용도를 쉽게 이해할 수 있는 새 함수가 많이 추가되었습니다. 이렇게 추가된 함수들은 함수 이름에 '.'가 포함되어 있으며, 'RANK.AVG'나 'RANK.EQ' 등이 있습니다. 이렇게 새 함수가 많이 추가되었지만 이전 버전 Excel과의 호환을 위해 이전에 사용하던 함수도 그대로 유지되는데 이런 함수를 '호환성 함수'라고 부릅니다.

워크시트에서 함수를 입력하기 시작하면 자동으로 표시되는 함수 목록에 이름이 바뀐 함수와 호환성 함수가 둘 다 표시됩니다. 엑셀 이전 버전과 호환되는 함수는 노란색 삼각형 모양의 아이콘이 표시됩니다.

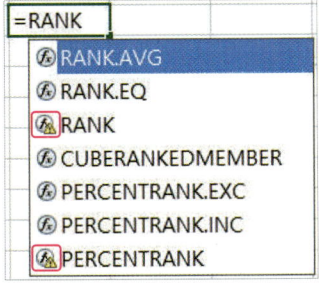

03 함수 구문

함수의 기본 구문은 다음과 같은 구조로 되어있습니다.

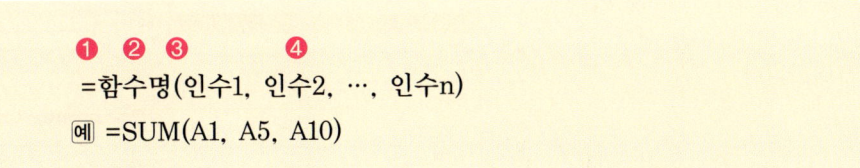

❶ =	함수를 사용한 수식의 맨 앞은 '='로 시작합니다.
❷ 함수명	어떤 함수를 사용하여 값을 계산할지 사용할 함수명을 입력합니다. 함수명은 대문자, 소문자 구분 없이 사용됩니다. 소문자로 입력해도 계산식을 완료하는 순간 자동으로 대문자로 변환됩니다.
❸ 괄호	함수에 사용되는 인수는 꼭 괄호 안에 입력해야 합니다.
❹ 인수	함수를 사용하여 값을 계산할 때 입력해야 하는 값입니다. 함수마다 인수의 개수가 다르고, 인수가 여러 개일 때는 ','로 인수를 구분합니다.

SECTION 02
함수 마법사를 사용하여 함수식 작성하기

함수 마법사는 엑셀에서 제공하는 모든 함수를 모아 놓은 것으로 처음 사용하는 함수이거나 함수명과 인수를 정확히 모를 때 사용하면 좋습니다.

📁 실습예제 : Chapter07.xlsx - [함수1] 시트

01 수식을 작성할 [E4] 셀을 클릭합니다.

02 [수식 입력줄]의 [함수 삽입]을 클릭하거나 [수식] 탭 - [함수 라이브러리] 그룹 - [함수 삽입]을 클릭합니다.

03 [범주 선택]의 목록 단추를 클릭하여 '모두' 범주를 선택합니다.

04 'S'를 누르면 [함수 선택] 목록에서 함수명이 'S'로 시작하는 첫 번째 함수로 이동합니다. 스크롤 바를 아래로 이동하여 [SUM] 함수를 선택하고 [확인]을 클릭합니다.

> [수식] 탭 - [함수 라이브러리] 그룹에서 제공되는 함수 범주 아이콘을 사용하여 함수를 선택할 수도 있습니다. 예를 들어, [수학/삼각]을 클릭한 후 [SUM] 함수를 선택합니다.

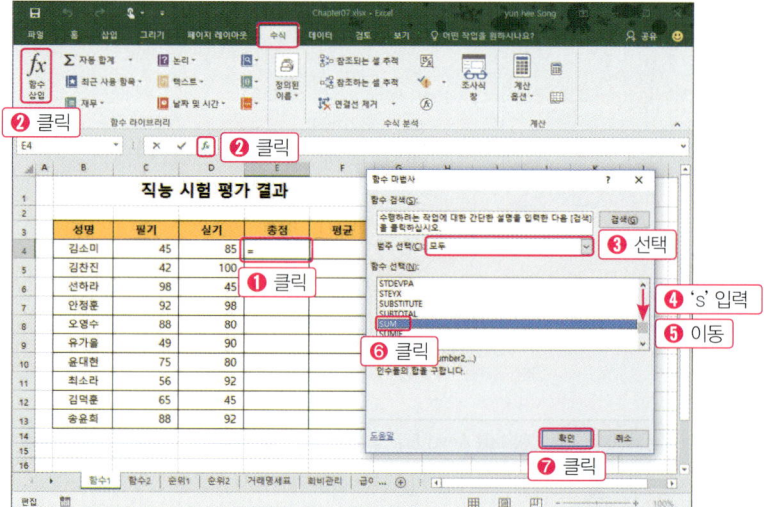

05 합계를 계산할 데이터 범위인 'C4:D4'가 인수로 지정되어 있는 것을 확인한 후 [확인]을 클릭합니다.

06 [E4] 셀의 채우기 핸들에서 더블 클릭하여 [E13] 셀까지 자동 채우기 합니다.

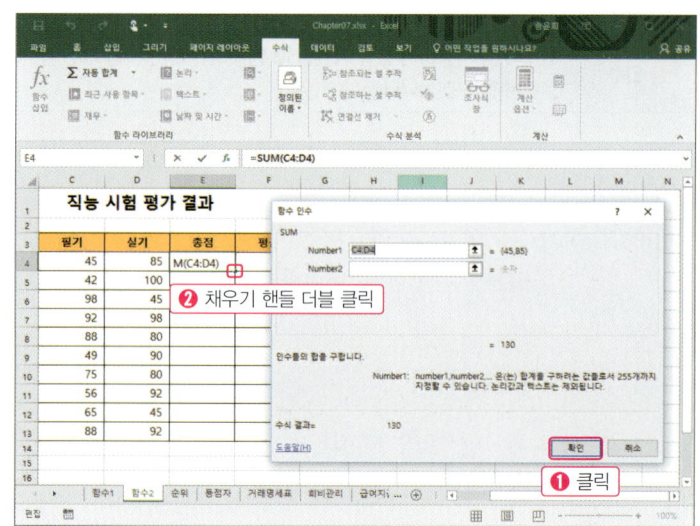

SECTION 03 함수명을 직접 입력하여 함수식 작성하기

함수명과 해당 함수에 필요한 인수를 정확히 알고 있으면 직접 입력하여 함수식을 작성하는 것이 빠를 수 있습니다. 함수식을 직접 입력하여 작성할 때 '=함수명('를 입력하면 해당 함수에 필요한 인수가 스크린 팁으로 표시되며, 현재 입력해야 할 인수는 굵은 글꼴로 표시되고, 입력하지 않아도 되는 인수는 '[ ]'가 표시됩니다.

📁 실습예제 : Chapter07.xlsx – [함수2] 시트

01 평균을 계산할 [F4] 셀을 클릭합니다.

02 '=AV'를 입력한 후 아래 방향키(↓)를 눌러 [AVERAGE] 함수로 이동한 후 Tab 을 누릅니다.

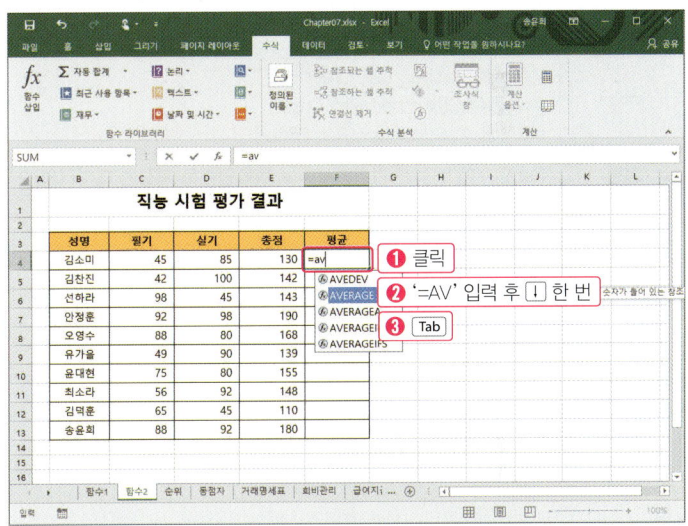

> 함수 목록에서 사용할 함수를 더블 클릭하여 함수를 선택할 수도 있습니다.

03 '=AVERAGE('까지 자동으로 작성되면 평균을 계산할 데이터 범위 [C4~D4]를 드래그하여 선택한 후 ')'를 입력하고 Enter 를 누릅니다.

04 수식이 작성된 [F4] 셀을 클릭한 후 채우기 핸들에서 더블 클릭하여 [F13] 셀까지 자동 채우기 합니다.

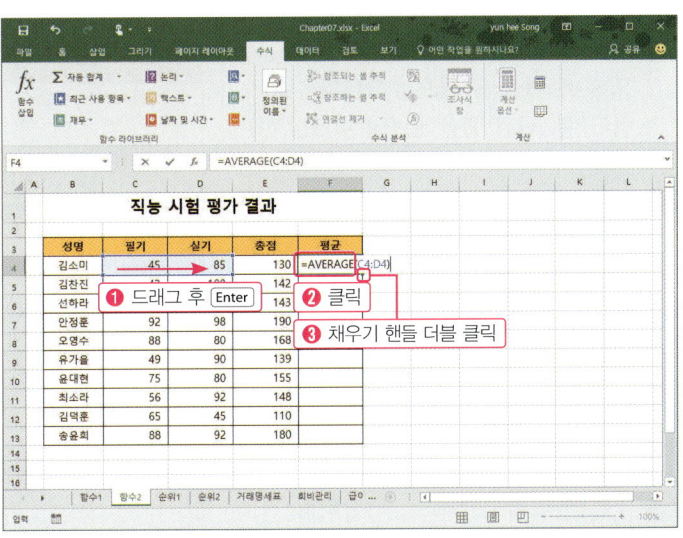

> '=함수명' 또는 '=함수명('로 입력된 상태에서 Ctrl + A 를 눌러 함수 인수 창을 표시하고 수식을 작성할 수도 있습니다.

Chapter 07_ 꼭 알아야 할 실무 함수 • **219**

SECTION 04

RANK, RANK.EQ, RANK.AVG 함수로 순위 구하기

RANK, RANK.EQ, RANK.AVG 함수는 모두 순위를 구하는 함수입니다. RANK는 이전 버전과 호환되는 호환성 함수이고 RANK.EQ와 RANK.AVG는 엑셀 2010부터 새롭게 제공되는 함수입니다.

실습예제 : Chapter07.xlsx - [순위] 시트

RANK.EQ는 동점자가 있을 경우 모두 가장 높은 순위를 부여하고, RANK.AVG는 동점자의 평균 순위를 부여합니다. 예를 들어, 5위가 3개인 경우 RANK.EQ은 3개 모두 5위로 순위를 부여하고, RANK.AVG는 3개 모두 6위로 순위를 부여합니다. RANK 함수는 RANK.EQ 함수와 같은 결과가 계산됩니다.

구문	= RANK(Number, Ref, Order) = RANK.EQ(Number, Ref, Order) = RANK.AVG(Number, Ref, Order)	
설명	Ref 인수에 지정된 범위에서 Number 인수로 지정된 데이터의 순위를 구합니다.	
인수	Number	순위를 구하려는 값을 지정합니다.
	Ref	순위를 구할 때 사용할 데이터 범위입니다. 절대 참조로 설정합니다.
	Order	순위를 결정할 방법을 정의하는 수입니다 Order가 0 또는 생략되면 Number 값이 가장 큰 숫자가 1위로 계산됩니다. Order가 0이 아니면(주로 1을 사용함) Number 값이 가장 작은 숫자가 1위로 계산됩니다.
참고	RANK 함수는 중복된 수에 같은 순위를 부여합니다. 중복된 순위가 있으면 다음 수의 순위에 영향을 줍니다. 예를 들어 5위가 두 명이면 6위는 없고 다음 수가 7위로 계산됩니다.	

01 RANK로 순위 구하기

01 [평균] 점수가 높은 사람이 1위가 되도록 순위를 구해보겠습니다. 순위를 구할 [G4] 셀을 클릭합니다.

02 '=RANK('를 입력한 후 다음과 같이 인수를 지정합니다.
- Number : F4 셀 클릭
- ',' 입력
- Ref : F4~F13 선택 후 F4
- ',' 입력
- Order : 0 입력

03 ')'를 입력하고 Enter 를 누릅니다.

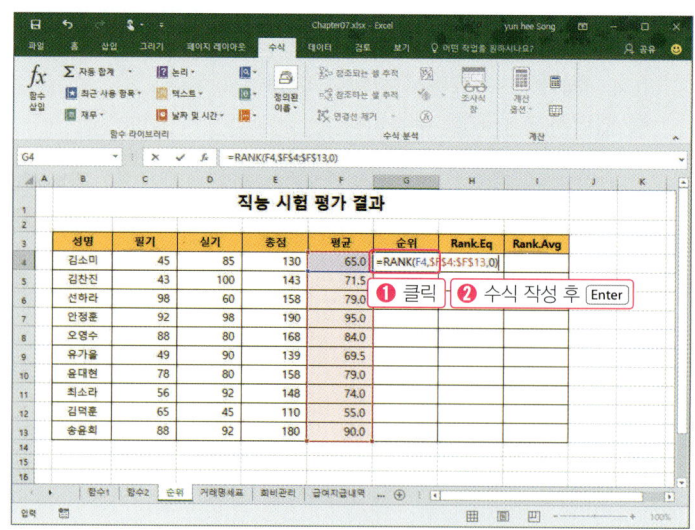

04 수식이 작성된 [G4] 셀을 클릭한 후 채우기 핸들에서 더블 클릭하여 [G13] 셀까지 자동 채우기 합니다. 평균이 같은 79점의 순위가 동일하게 4위로 계산된 것을 확인합니다.

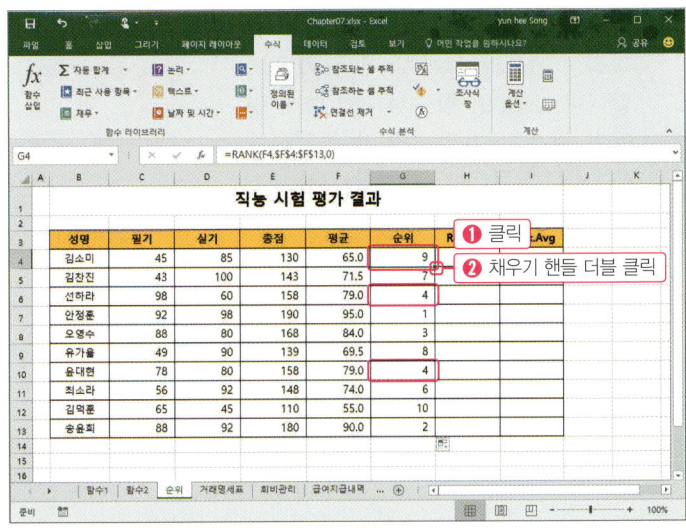

02 RANK.EQ 함수로 순위 구하기

01 순위를 구할 [H4] 셀을 클릭하고, 수식 입력줄의 [함수 삽입]을 클릭합니다.

02 [함수 마법사] 창의 [함수 선택]에서 [RANK.EQ] 함수를 선택하고 [확인]을 클릭합니다.

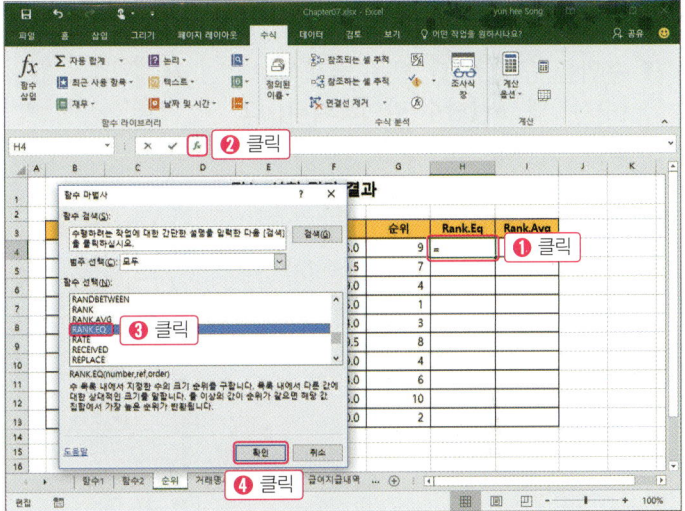

03 [함수 인수] 창에 다음과 같이 인수를 지정한 후 [확인]을 클릭합니다.

- Number : F4 셀 클릭
- Ref : F4~F13 선택 후 F4
- Order : '0' 입력

[함수 인수] 창의 제목 표시줄을 드래그하면 창의 위치를 이동할 수 있고, 인수 항목 오른쪽 끝의 (축소 단추)를 클릭하여 창을 축소하고, 축소 창 오른쪽 끝의 (확대 단추)를 클릭하여 원래 상태로 되돌릴 수 있습니다.

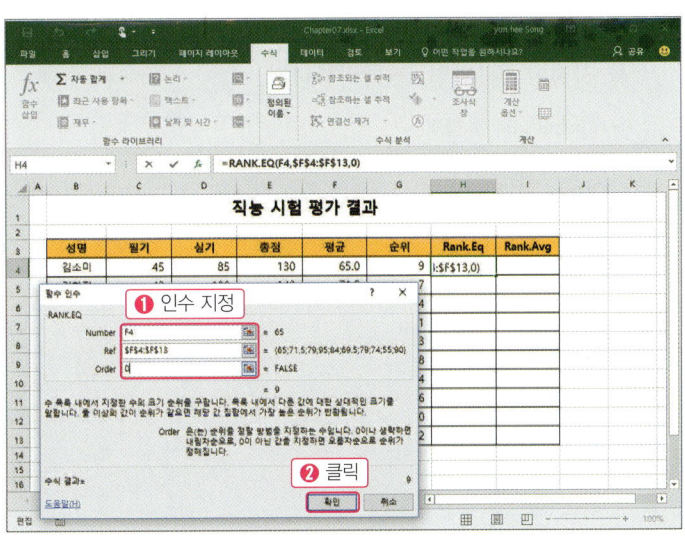

Chapter 07_ 꼭 알아야 할 실무 함수 • **221**

04 [H4] 셀의 채우기 핸들에서 더블 클릭하여 [H13] 셀까지 자동 채우기 합니다. RANK 함수와 동일하게 평균이 같은 79점의 순위가 동일하게 4위로 계산된 것을 확인합니다.

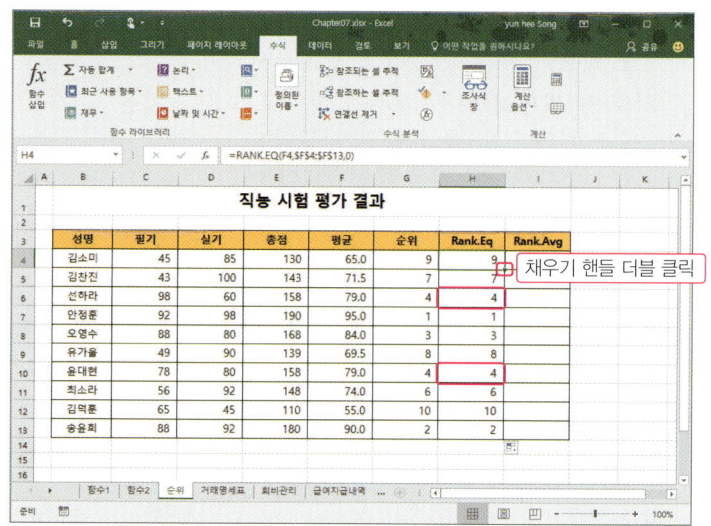

03 RANK.AVG 함수로 순위 구하기

01 순위를 구할 [I4] 셀을 클릭하고, [수식] 탭 - [함수 라이브러리] 그룹 - [기타 함수] - [통계] - [RANK.AVG] 함수를 선택합니다.

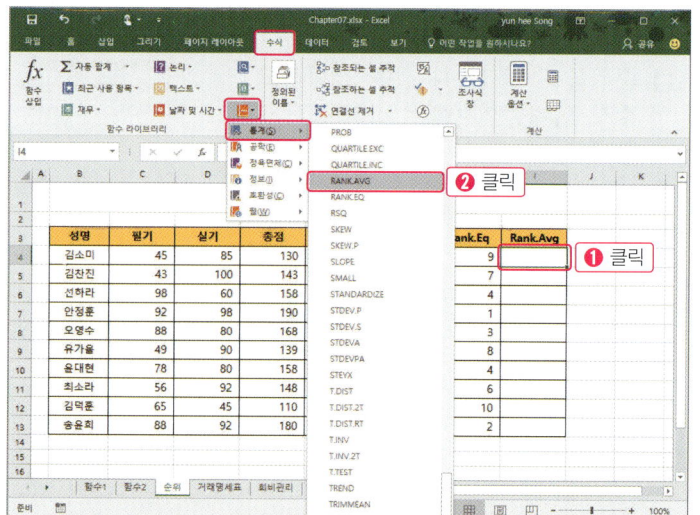

02 [함수 인수] 창에 다음과 같이 인수를 지정한 후 [확인]을 클릭합니다.

- Number : F4 셀 클릭
- Ref : F4~F13 선택 후 F4
- Order : '0' 입력

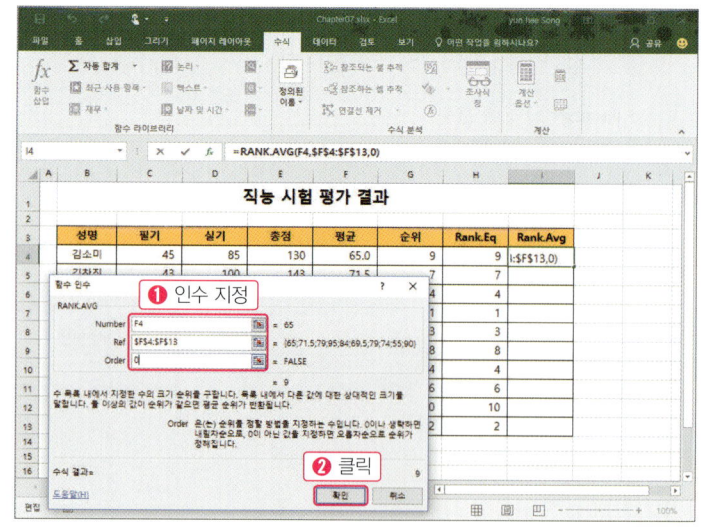

03 [I4] 셀의 채우기 핸들에서 더블 클릭하여 [I13] 셀까지 자동 채우기 합니다. 평균이 같은 79점의 순위가 4위와 5위의 평균인 4.5위로 계산된 것을 확인합니다.

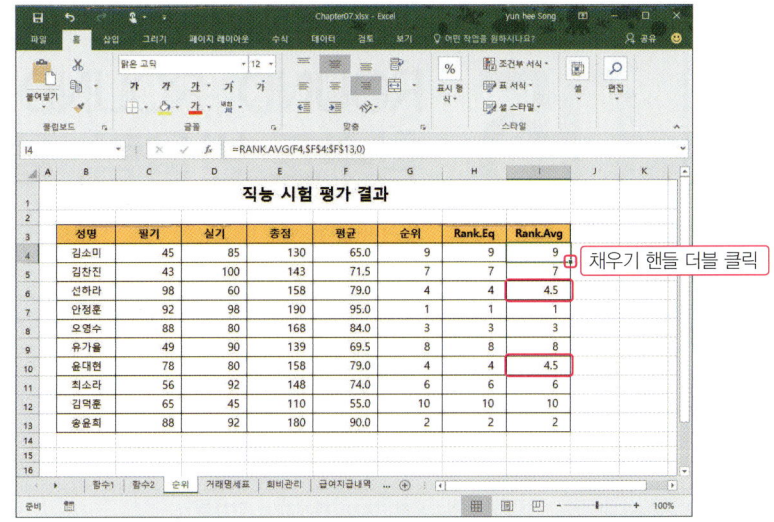

PowerUp 동점자 순위 설정하기

RANK 관련 함수의 경우 같은 값에는 모두 동일한 순위를 부여합니다. 필요하다면 배열 수식을 추가하여 동점자의 경우 두 번째 기준을 추가하여 다시 순위를 매길 수 있습니다. 다음 수식은 [평균] 점수가 높은 사람이 1위가 되도록 작성된 RANK 함수식의 결과에 [평균] 점수가 같고, [실기] 점수가 낮은 경우 1이 더해지도록 배열 수식이 추가된 것입니다. 배열 수식에 대한 자세한 내용은 'Chapter 08, Section 32~35'를 참고하세요.

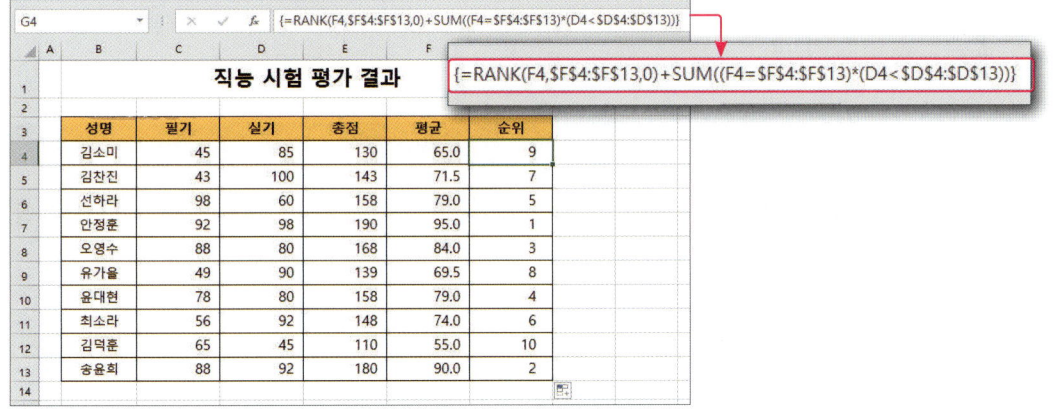

SECTION 05

ROUND, ROUNDUP, ROUNDDOWN 함수로 반올림, 올림, 내림하기

수식의 결과값을 지정한 자릿수로 반올림, 올림, 내림하여 표시할 수 있습니다.

실습예제 : Chapter07.xlsx – [거래명세표] 시트

구문	= ROUND(Number, Num_digits) – 반올림 = ROUNDUP(Number, Num_digits) – 올림 = ROUNDDOWN(Number, Num_digits) – 내림	
설명	수(Number)를 지정한 자릿수(Num_digits)로 반올림, 올림, 내림합니다.	
인수	Number	반올림, 올림, 내림할 수 또는 수가 입력된 셀 주소입니다.
	Num_digits	반올림, 올림, 내림하고자 하는 자릿수를 지정합니다. 정수로 반올림, 올림, 내림할 때는 0, 소수점 아래 자릿수는 양수, 위 자릿수는 음수로 지정합니다.

구문	1	5	5	1	7	.	3	2
설명	-4	-3	-2	-1	0	.	1	2

01 공급액을 반올림하여 소수 아래 첫째 자리까지 표시하기

01 [H4] 셀을 클릭하고, '=ROUND(G4,1)' 수식을 입력한 후 Enter 를 누릅니다.

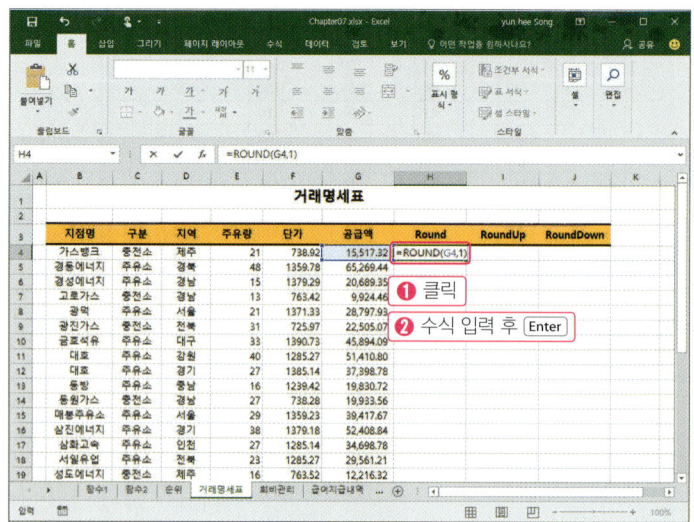

02 [H4] 셀을 클릭한 후 채우기 핸들에서 더블 클릭합니다. [공급액]이 소수 아래 첫째 자리까지 반올림하여 표시된 것을 확인합니다.

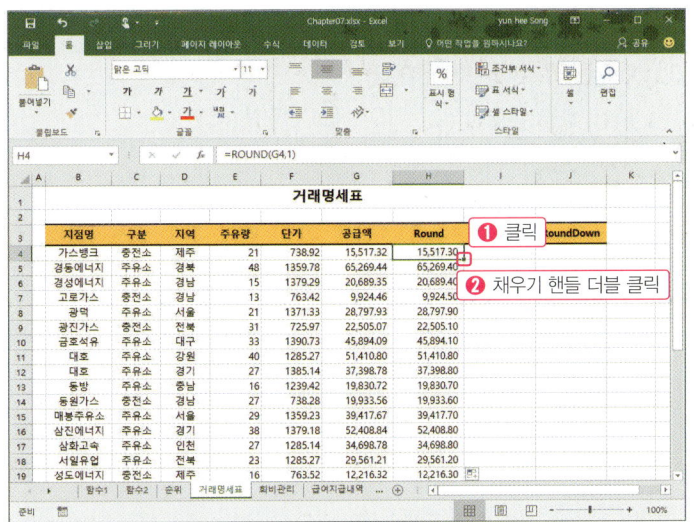

02 공급액을 올림하여 소수 위 첫째 자리(1원 단위)까지 표시하기

01 [I4] 셀을 클릭하고, '=ROUNDUP(G4,0)' 수식을 입력한 후 Enter를 누릅니다.

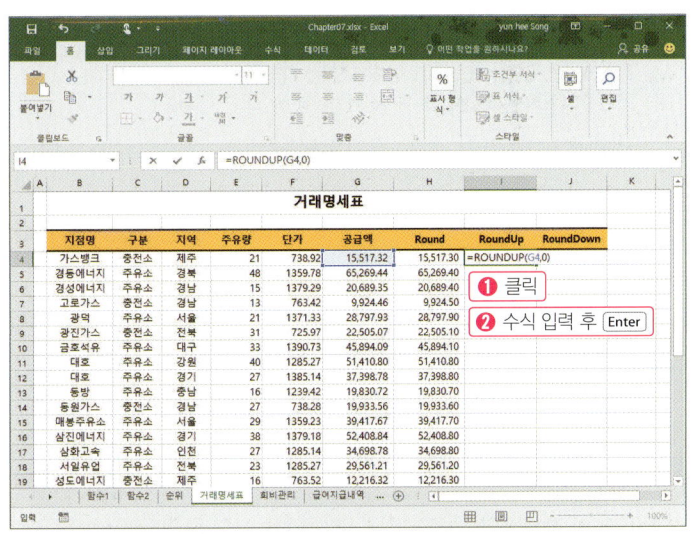

02 [I4] 셀을 클릭한 후 채우기 핸들에서 더블 클릭합니다. [공급액]이 소수 위 첫째 자리인 1원 단위까지 올림하여 표시된 것을 확인합니다.

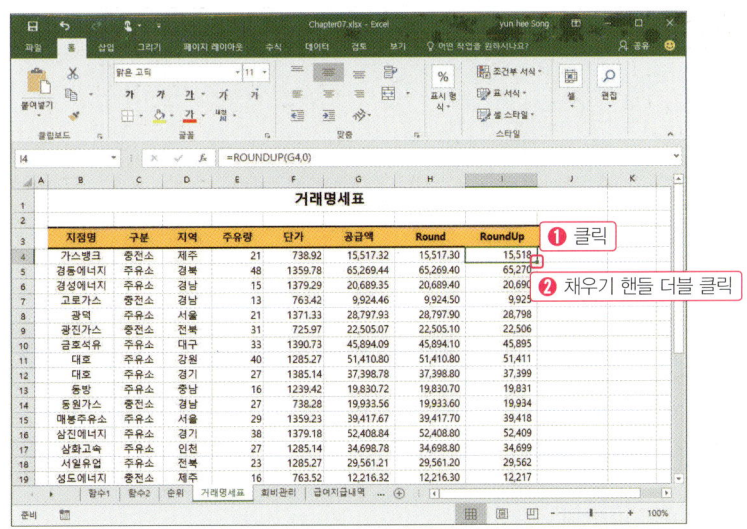

Chapter 07_ 꼭 알아야 할 실무 함수 • **225**

03 공급액을 내림하여 소수 위 둘째 자리(10원 단위)까지 표시하기

01 [J4] 셀을 클릭하고, '=ROUNDDOWN(G4,-1)' 수식을 입력한 후 Enter를 누릅니다.

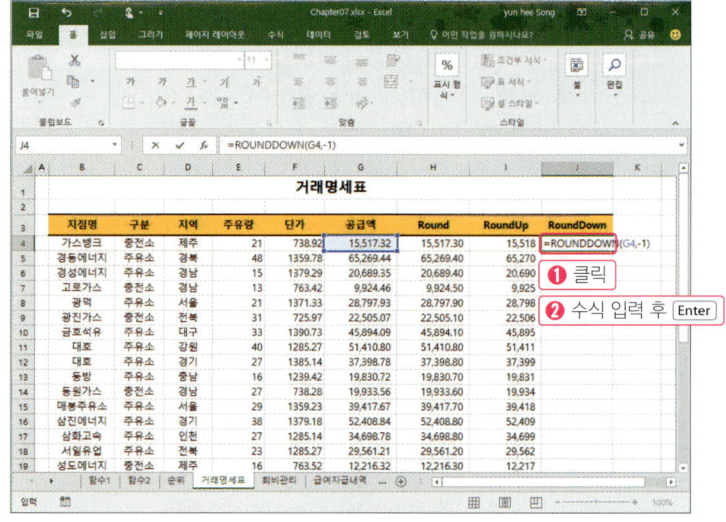

02 [J4] 셀을 클릭한 후 채우기 핸들에서 더블 클릭합니다. [공급액]이 소수 위 둘째 자리인 10원 단위까지 내림하여 표시된 것을 확인합니다.

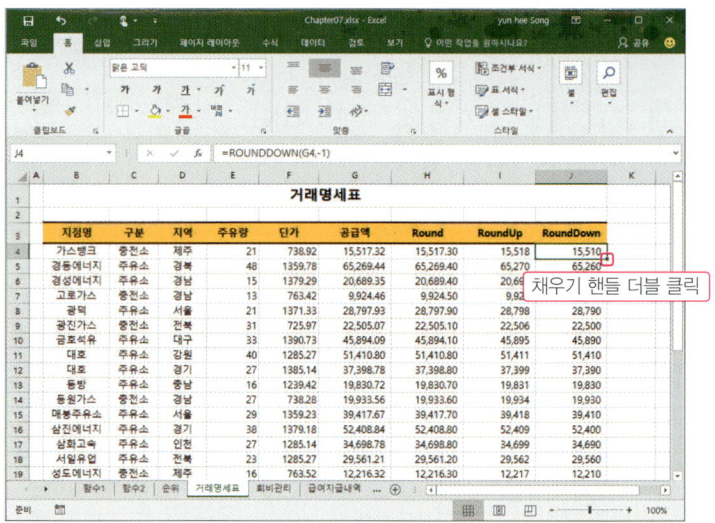

SECTION 06
COUNT, COUNTA, COUNTBLANK 함수로 데이터 개수 세기

COUNT, COUNTA, COUNTBLANK 함수는 셀의 개수를 구할 때 사용하는 함수입니다. 세려고 하는 데이터가 무엇인지 상황에 따라 적합한 함수를 선택하여 사용하면 됩니다.

📁 실습예제 : Chapter07.xlsx – [회비관리] 시트

구문		= COUNT(Value1, [Value2], …) – 숫자가 입력된 셀의 개수 = COUNTA(Value1, [Value2], …) – 공백이 아닌 셀의 개수 = COUNTBLANK(Range) – 빈 셀의 개수
설명		인수로 지정한 셀 범위에 있는 셀의 개수를 구합니다.
인수	Value	개수를 셀 데이터 범위로 지정합니다. 개수를 구할 값, 수식, 셀 주소, 셀 범위 등으로 최대 255개까지 지정할 수 있습니다.
	Range	개수를 구할 셀 범위입니다.

01 COUNT 함수로 회비 납부 인원 구하기

01 [G3] 셀을 클릭하고 '=COUNT('를 입력합니다.

02 셀의 개수를 셀 데이터 범위로 지정하기 위해 [D4] 셀을 클릭한 후 [D18] 셀을 Shift+클릭합니다. ')'를 입력한 후 Enter를 누릅니다.

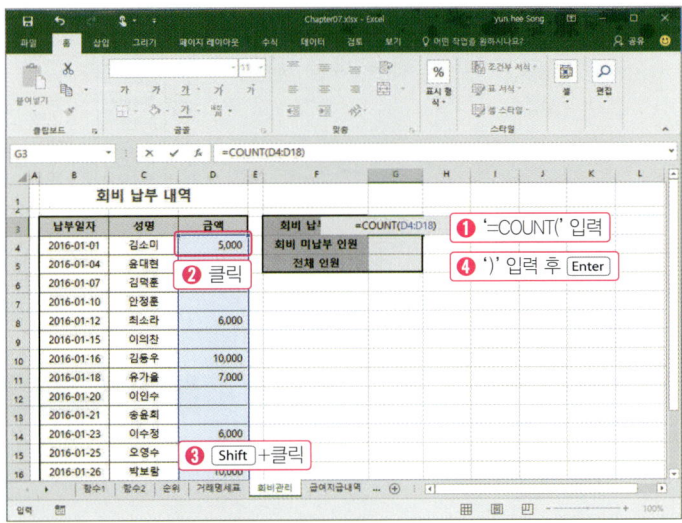

02 COUNTBLANK 함수로 회비 미납부 인원 구하기

01 [G4] 셀을 클릭하고, '=COUNTBLANK('를 입력합니다.

02 [D4] 셀을 클릭한 후 [D18] 셀을 Shift+클릭하고 ')'를 입력한 다음 Enter를 누릅니다. 데이터가 입력되지 않은 빈 셀의 개수가 계산된 것을 확인합니다.

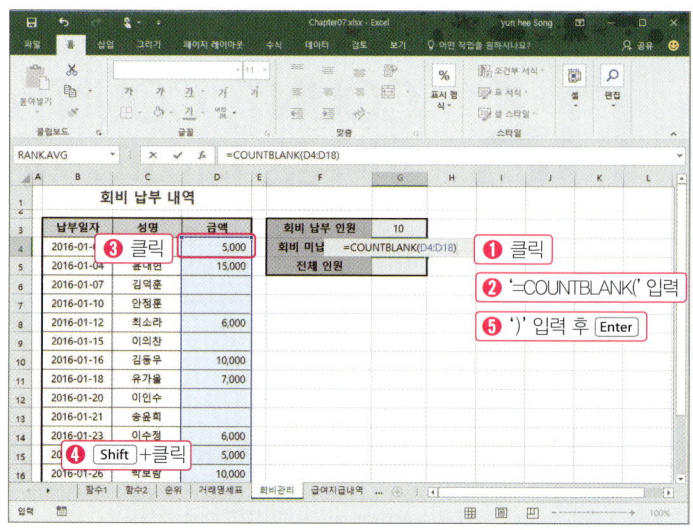

03 COUNTA 함수로 전체 인원 구하기

01 [G5] 셀을 클릭하고, '=COUNTA('를 입력합니다.

02 [C4] 셀을 클릭한 후 Ctrl+Shift+↓를 누르고, ')'를 입력한 다음 Enter를 누릅니다.

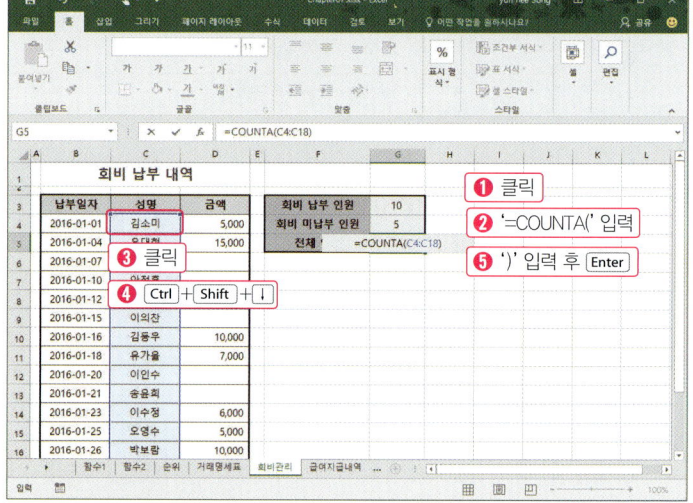

03 '성명'이 입력된(비어 있지 않은) 셀 범위에 데이터가 셀의 개수가 계산된 것을 확인합니다.

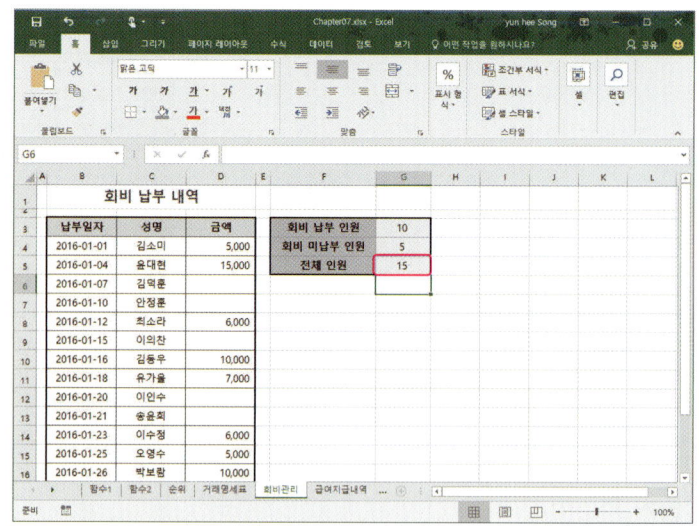

SECTION 07 COUNTIF, COUNTIFS 함수로 조건에 만족하는 데이터의 개수 계산하기

COUNTIF와 COUNTIFS 함수는 조건에 만족하는 셀의 개수를 구하는 함수입니다. 조건이 하나일 때 COUNTIF를 사용하고, 조건이 두 개 이상일 때 COUNTIFS를 사용합니다.

📁 실습예제 : Chapter07.xlsx - [급여지급내역] 시트

구문	=COUNTIF(Range, Criteria) =COUNTIFS(Criteria_range1, Criteria1, Criteria2_Range, Criteria2…)	
설명	범위(Range) 내에서 조건(Criteria)에 만족하는 셀의 개수를 구합니다.	
인수	Range Criteria_Range	조건에 만족하는지 판단할 셀의 범위를 지정합니다.
	Criteria	Range 인수에 지정한 범위의 각 셀을 대상으로 판단할 조건을 지정합니다. 단일 숫자 값을 제외한 조건 즉, 문자나 부등호를 포함하는 숫자를 조건으로 지정하는 경우는 Criteria 인수 앞, 뒤에 " "를 입력해야 합니다.(ex. 30, ")=30", "영업팀") 단, 함수 마법사를 사용하여 수식을 작성하는 경우에는 조건만 지정하면 " "는 엑셀이 자동으로 표시합니다.

01 COUNTIF 함수로 부서별 직원 수 구하기

01 [M4] 셀을 클릭하고 '=COU'를 입력한 후 함수 목록의 [COUNTIF]를 더블 클릭한 다음 Ctrl+A를 눌러 [함수 인수] 창을 엽니다.

02 [Range] 인수에 [부서] 데이터 전체 범위를 절대 참조로 지정하기 위해 [E4] 셀을 클릭한 후 Ctrl+Shift+↓를 누른 다음 F4를 누릅니다.

03 [Criteria] 인수를 클릭한 후 조건으로 사용할 [L4] 셀을 클릭하고 [확인]을 클릭합니다.

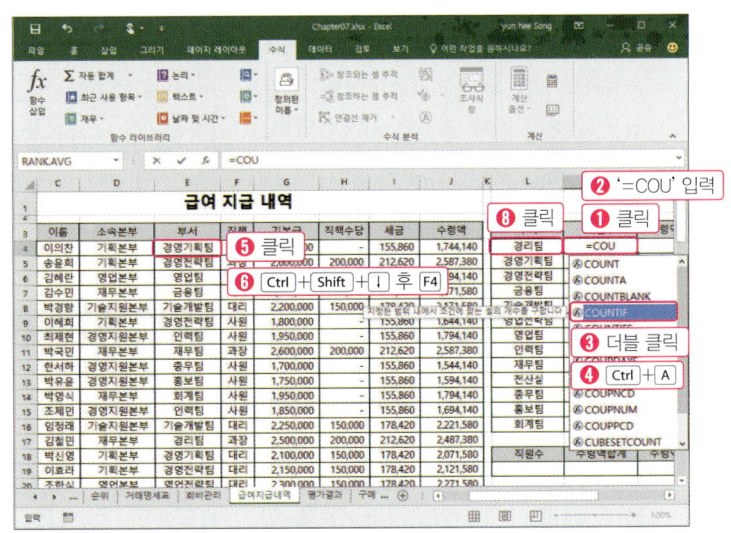

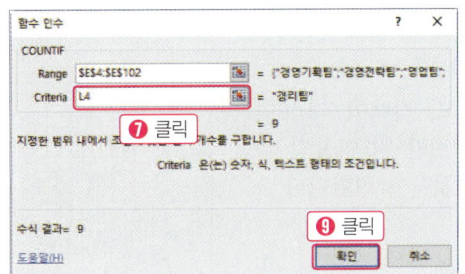

04 [M4] 셀의 채우기 핸들에서 더블 클릭하여 수식을 자동 채우기 합니다.

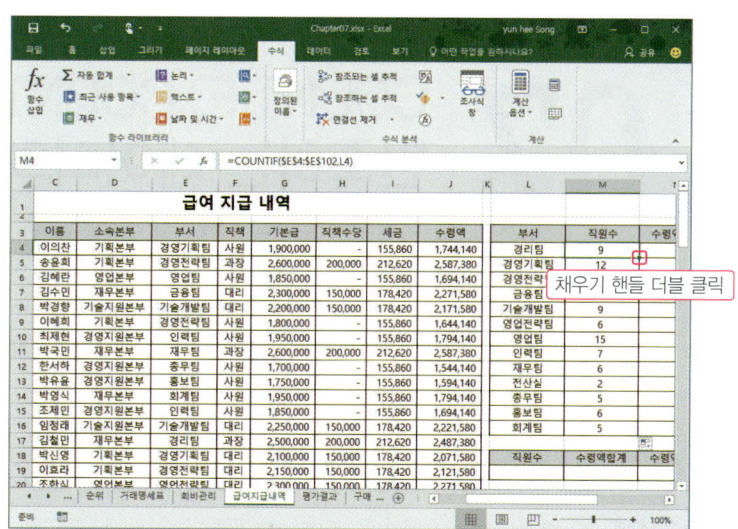

> **수식 설명**
>
> [부서]가 입력된 전체 범위에서 각 부서가 입력된 셀의 개수를 구합니다. 조건을 판단할 [Range] 인수는 수식 작성 후 자동 채우기 했을 때, 셀 범위가 상대적으로 변경되면 안되므로 절대 참조로 설정합니다. [Criteria]로 사용된 [L4] 셀의 경우 조건이 'L4, L5, L6, …'으로 변경되어야 하므로 상대 참조로 설정해야 합니다.

02 COUNTIFS 함수로 '영업팀, 대리, 수령액 200만 원 이상'인 인원수 구하기

01 [L19] 셀을 클릭하고 '=COUNTIFS('를 입력합니다.

02 첫 번째 조건의 데이터 범위를 지정하기 위해 [E4] 셀을 클릭한 후 Ctrl+Shift+↓를 누르고, ',"영업팀",'을 입력하여 첫 번째 조건을 지정합니다.

03 두 번째 조건을 판단할 [직책] 전체 데이터 범위를 지정하기 위해 [F4] 셀을 클릭한 후 Ctrl+Shift+↓를 누르고, ',"대리",'를 입력하여 두 번째 조건을 지정합니다.

04 세 번째 조건을 판단할 [수령액] 전체 데이터 범위를 지정하기 위해 [J4] 셀을 클릭한 후 Ctrl+Shift+↓를 누르고, ',">=2000000")'을 입력하여 세 번째 조건을 지정한 후 Enter를 누릅니다.

05 부서가 '영업팀'이고, 직책이 '대리'이면서, 수령액이 200만 원 이상인 셀의 개수가 계산된 것을 확인합니다.

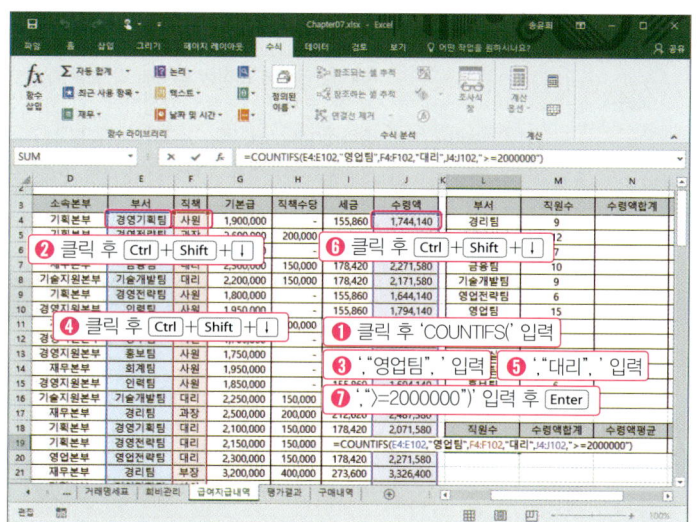

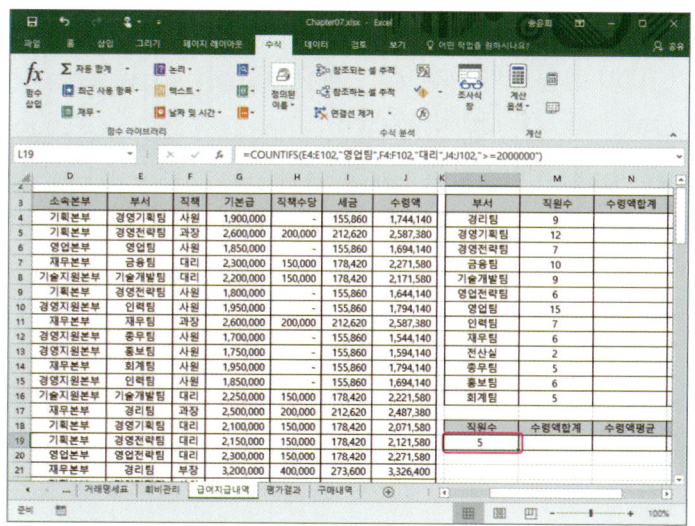

SECTION 08
SUMIF/SUMIFS 함수로 조건에 만족하는 데이터의 합계 계산하기

SUMIF와 SUMIFS 함수는 조건에 만족하는 데이터의 합계를 구하는 함수입니다. 조건이 하나일 때 SUMIF를 사용하고, 조건이 두 개 이상일 때 SUMIFS를 사용합니다.

실습예제 : Chapter07.xlsx - [급여지급내역] 시트

구문	=SUMIF(Range, Criteria, Sum_Range) =SUMIFS(Sum_Range, Criteria_Range1, Criteria1, Criteria_Range2, Criteria2, …)	
설명	범위(Range)에서 조건(Criteria)에 만족하는 데이터의 합계를 구합니다.	
인수	Range Criteria_Range	조건에 만족하는지 판단할 셀의 범위를 지정합니다.
	Criteria	Range에 지정된 범위의 각 셀을 대상으로 판단할 조건을 지정합니다. 문자나 부등호를 포함하는 숫자를 조건으로 지정하는 경우는 Criteria 인수 앞, 뒤에 ""를 입력해야 합니다.
	Sum_Range	조건에 만족하는 데이터의 합계를 계산할 셀 범위를 지정합니다.

01 SUMIF 함수로 부서별 수령액 합계 구하기

01 [N4] 셀을 클릭하고, '=SUMIF('를 입력한 후 Ctrl+A를 눌러 [함수 인수] 창을 엽니다.

02 [Range] 인수에 [부서] 데이터 전체 범위를 절대 참조로 지정하기 위해 [E4] 셀을 클릭한 후 Ctrl+Shift+↓를 누르고, F4를 누릅니다.

03 [Criteria] 인수를 클릭한 후 조건으로 사용할 [L4] 셀을 클릭합니다.

04 [Sum_range] 인수를 클릭한 후 [수령액] 데이터 전체 범위를 절대 참조로 지정하기 위해 [J4] 셀을 클릭한 후 Ctrl+Shift+↓를 누르고, F4를 누른 다음 [확인]을 클릭합니다.

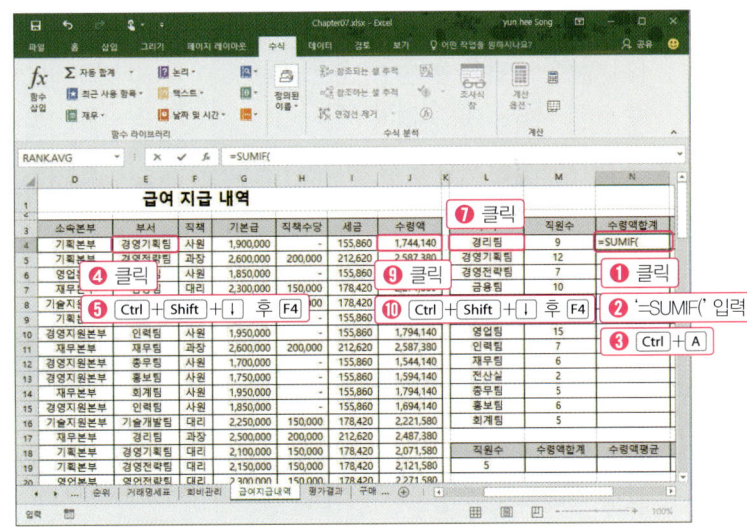

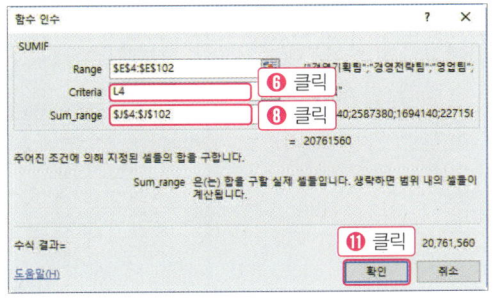

05 [N4] 셀의 채우기 핸들에서 더블 클릭하여 수식을 자동 채우기 합니다.

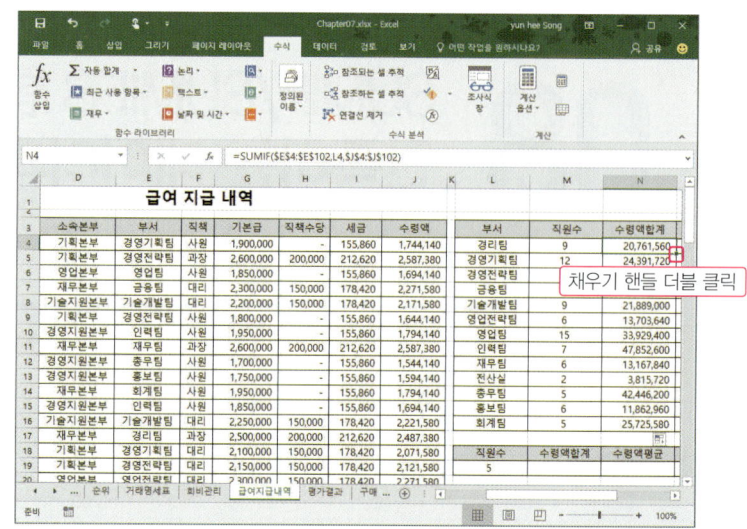

02 SUMIFS 함수로 '영업팀, 대리'의 '수령액' 합계 구하기

01 [M19] 셀을 클릭한 후 '=SUMIFS('를 입력합니다.

02 합계를 계산할 셀 범위인 [수령액] 전체 데이터 범위를 지정하기 위해 [J4] 셀을 클릭한 후 Ctrl + Shift + ↓ 를 누른 다음 ','를 입력합니다.

03 첫 번째 조건을 판단할 셀 범위인 [부서] 전체 데이터 범위를 지정하기 위해 [E4] 셀을 클릭한 후 Ctrl + Shift + ↓를 누르고 ,"영업팀",'을 입력하여 첫 번째 조건을 지정합니다.

04 두 번째 조건을 판단할 [직책]전체 데이터 범위를 지정하기 위해 [F4] 셀을 클릭한 후 Ctrl + Shift + ↓를 누르고 ,"대리")'를 입력한 후 Enter를 누릅니다.

05 부서가 '영업팀'이고, 직책이 '대리'인 데이터들의 수령액 합계가 계산된 것을 확인합니다.

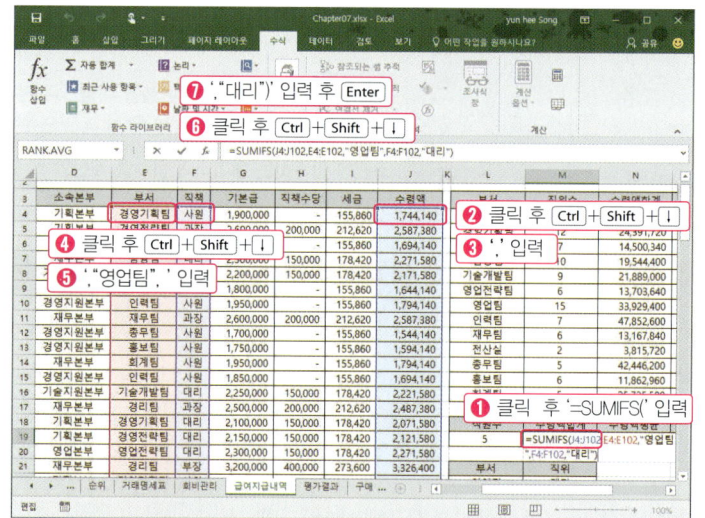

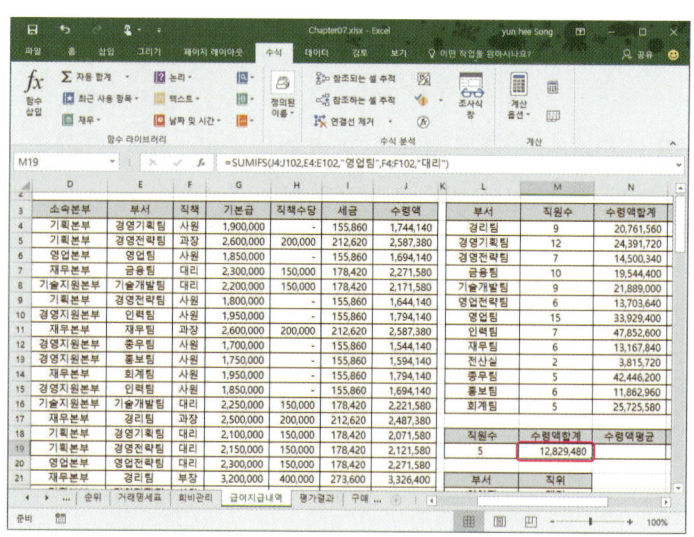

SECTION 09

AVERAGEIF, AVERAGEIFS 함수로 조건에 만족하는 데이터의 평균 계산하기

AVERAGEIF와 AVERAGEIFS 함수는 조건에 만족하는 데이터의 평균을 구하는 함수입니다. 조건이 하나일 때 AVERAGEIF를 사용하고, 조건이 두 개 이상일 때 AVERAGEIFS를 사용합니다.

📁 실습예제 : Chapter07.xlsx - [급여지급내역] 시트

구문	=AVERAGEIF(Range, Criteria, Average_range) =AVERAGEIFS(Average_range, Criteria_range1, Criteria1, Criteria_range2, Criteria2, …)	
설명	범위(Range)에서 조건(Criteria)에 만족하는 데이터의 평균을 구합니다.	
인수	Range Criteria_range	조건에 만족하는지 판단할 셀의 범위를 지정합니다.
	Criteria	Range에 지정된 범위의 각 셀을 대상으로 판단할 조건을 지정합니다. 문자나 부등호를 포함하는 숫자를 조건으로 지정하는 경우는 Criteria 인수 앞, 뒤에 " "를 입력해야 합니다.
	Average_range	조건에 만족하는 데이터의 평균을 계산할 셀 범위를 지정합니다.

01 AVERAGEIF 함수로 부서별 수령액 평균 구하기

01 [O4] 셀을 클릭한 후 '=AV'를 입력한 다음 함수 목록에서 [AVERAGEIF] 함수를 더블 클릭하여 선택하고 Ctrl+A를 눌러 [함수 인수] 창을 엽니다.

02 [Range] 인수에 [부서] 데이터 전체 범위를 절대 참조로 지정하기 위해 [E4] 셀을 클릭한 후 Ctrl+Shift+↓를 누른 다음 F4를 누릅니다.

03 [Criteria] 인수에 클릭한 후 조건으로 사용할 [L4] 셀을 선택합니다.

04 [Average_range] 인수를 클릭한 후 [수령액] 데이터 전체 범위를 절대 참조로 지정하기 위해 [J4] 셀을 클릭한 후 Ctrl+Shift+↓를 누른 다음 F4를 누르고, [확인]을 클릭합니다.

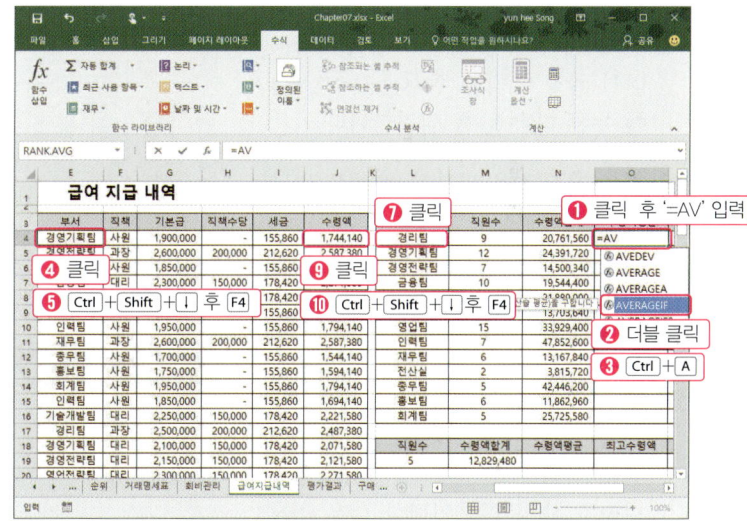

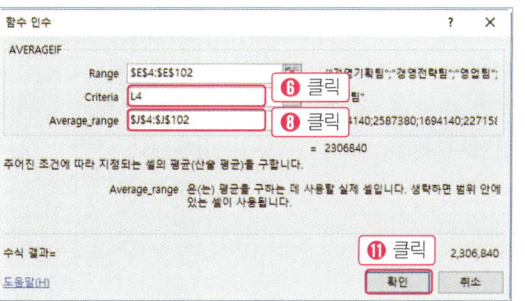

05 [O4] 셀의 채우기 핸들에서 더블 클릭하여 수식을 자동 채우기 합니다.

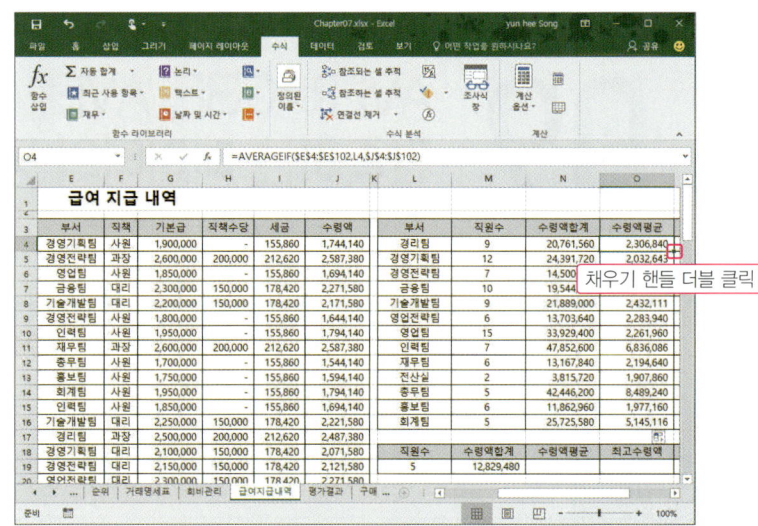

02 AVERAGEIFS 함수로 '영업팀, 대리'의 '수령액' 평균 구하기

01 [N19] 셀을 클릭한 후 '=AVERAGEIFS('를 입력합니다.

02 평균을 계산할 셀 범위인 [수령액] 전체 데이터 범위를 지정하기 위해 [J4] 셀을 클릭한 후 Ctrl + Shift + ↓ 를 누른 다음 ','를 입력합니다.

03 첫 번째 조건을 판단할 셀 범위인 [부서] 전체 데이터 범위를 지정하기 위해 [E4] 셀을 선택한 후 Ctrl + Shift + ↓ 를 누르고 ',"영업팀",'을 입력하여 첫 번째 조건을 지정합니다.

04 두 번째 조건을 판단할 [직책] 전체 데이터 범위를 지정하기 위해 [F4] 셀을 선택한 후 Ctrl + Shift + ↓ 를 누르고 ',"대리")'를 입력한 다음 Enter 를 누릅니다.

05 부서가 '영업팀'이고, 직책이 '대리'인 데이터들의 수령액 평균이 계산된 것을 확인합니다.

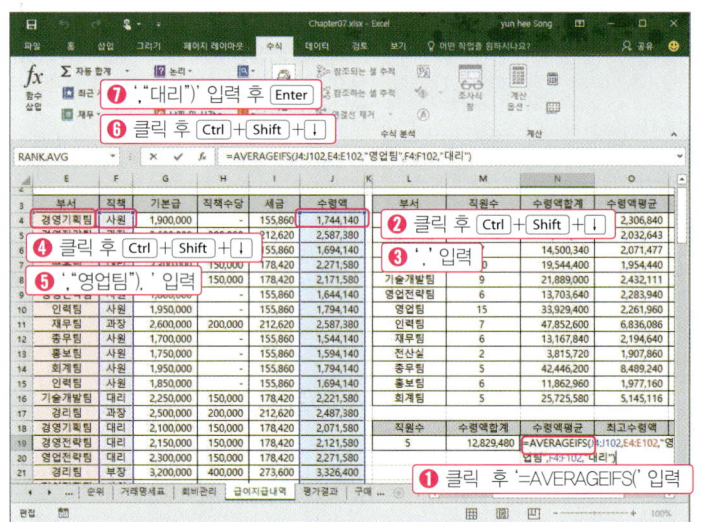

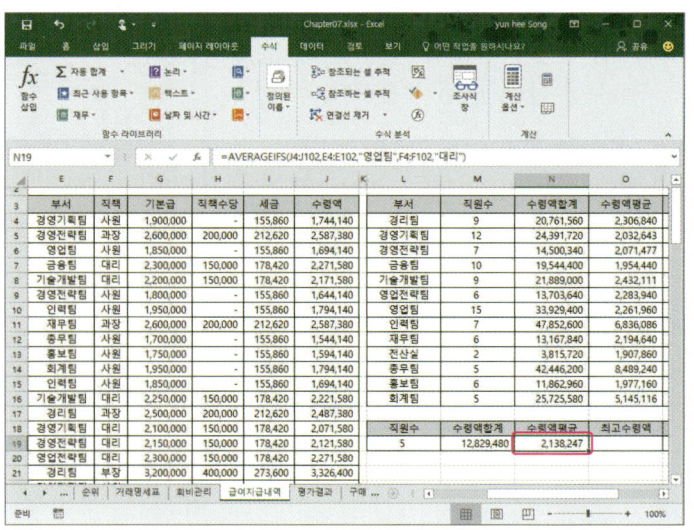

SECTION 10

MAXIFS 함수로 조건에 만족하는 데이터의 최댓값 계산하기

MAXIFS 함수는 Office 2016에서 새롭게 제공되는 함수로 조건에 만족하는 데이터 중에서 최댓값을 구하는 함수입니다.

실습예제 : Chapter07.xlsx - [급여지급내역] 시트

구문	=MAXIFS(Max_range, Criteria_range1, Criteria1, Criteria_range2, Criteria2, …)	
설명	범위(Range)에서 조건(Criteria)에 만족하는 데이터의 최댓값을 구합니다.	
인수	Max_range	조건에 만족하는 데이터의 최댓값을 구할 셀 범위를 지정합니다.
	Criteria	Range에 지정된 범위의 각 셀을 대상으로 판단할 조건을 지정합니다. 문자나 부등호를 포함하는 숫자를 조건으로 지정하는 경우는 Criteria 인수 앞, 뒤에 " "를 입력해야 합니다.
	Criteria_range	조건에 만족하는지 판단할 셀의 범위를 지정합니다.

01 인수로 사용할 데이터 범위에 이름 정의하기

01 급여 지급 내역 데이터 전체 범위를 선택하기 위해 데이터 내부 임의의 셀을 클릭한 후 Ctrl + A 를 누릅니다.

02 [수식] 탭 - [정의된 이름] 그룹 - [선택 영역에서 만들기]를 클릭합니다.

03 [첫 행] 옵션만 설정한 후 [확인]을 클릭합니다. 각 열의 첫 행에 있는 텍스트로 열마다 자동으로 이름이 정의됩니다.

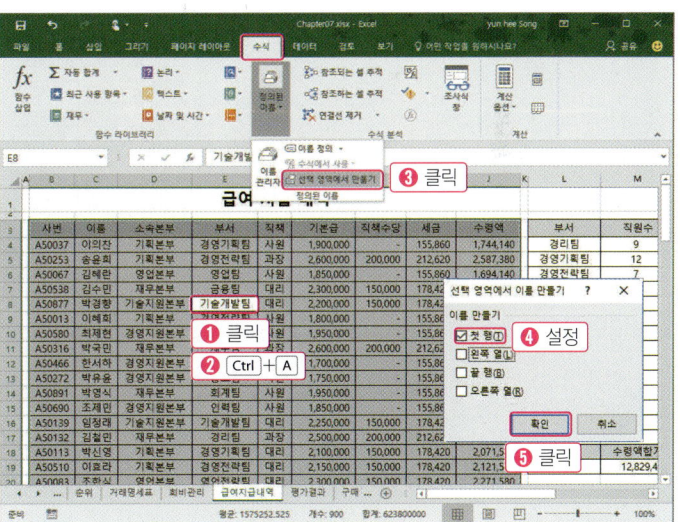

Chapter 07_ 꼭 알아야 할 실무 함수 · 235

02 정의된 이름과 MAXIFS 함수로 '영업팀, 대리' 중 최고 수령액 구하기

01 [O19] 셀을 클릭하고, '=MAXIFS('를 입력한 후 Ctrl+A를 누릅니다.

02 [함수 인수] 창에 다음과 같이 인수를 지정한 후 [확인]을 클릭합니다.

- Max_range : 수령액
- Criteria_range1 : 부서
- Criteria1 : 영업팀
- Criteria_ragne2 : 직책
- Criteria2 : 대리

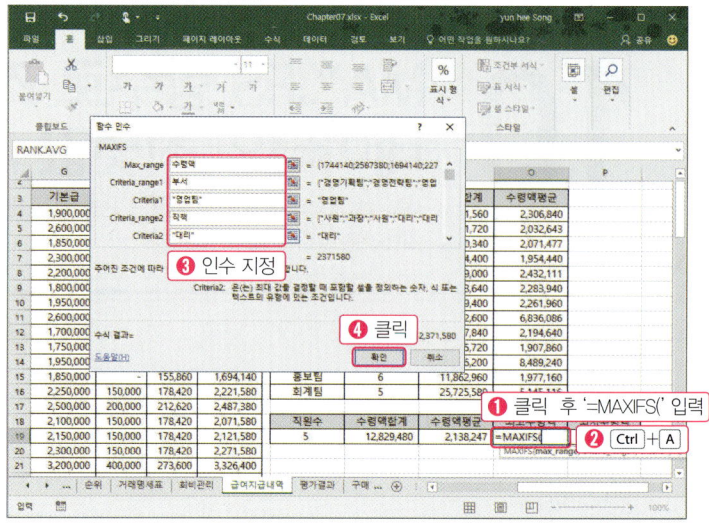

> [함수 인수] 창에서 인수 항목을 이동할 때는 Tab을 사용합니다.

03 부서가 '영업팀'이고, 직책이 '대리'인 데이터 중 수령액 최댓값이 구해진 것을 확인합니다.

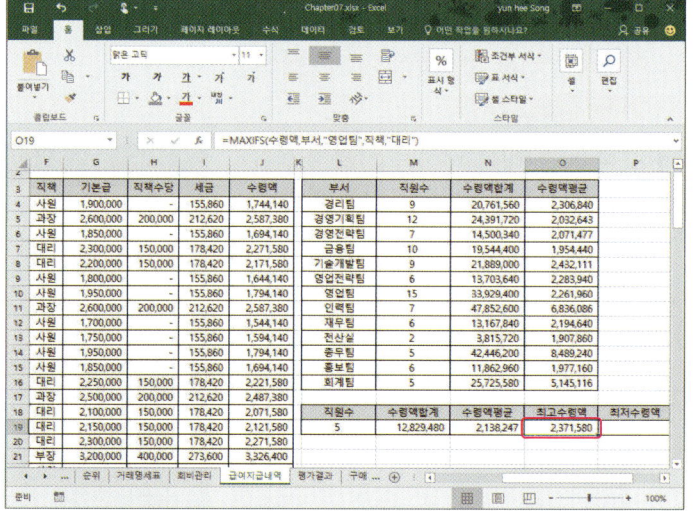

SECTION 11

MINIFS 함수로 조건에 만족하는 데이터의 최솟값 계산하기

MINIFS 함수 역시 Office 2016에서 새롭게 제공되는 함수로 조건에 만족하는 데이터 중에서 최솟값을 구하는 함수입니다.

실습예제 : Chapter07.xlsx - [급여지급내역] 시트

구문	=MINIFS(Min_range, Criteria_range1, Criteria1, Criteria_range2, Criteria2, …)	
설명	범위(Range)에서 조건(Criteria)에 만족하는 데이터의 최솟값을 구합니다.	
인수	Min_range	조건에 만족하는 데이터의 최솟값을 구할 셀 범위를 지정합니다.
	Criteria	Range에 지정된 범위의 각 셀을 대상으로 판단할 조건을 지정합니다. 문자나 부등호를 포함하는 숫자를 조건으로 지정하는 경우는 Criteria 인수 앞, 뒤에 " "를 입력해야 합니다.
	Criteria_range	조건에 만족하는지 판단할 셀의 범위를 지정합니다.

01 정의된 이름과 MAXIFS 함수를 사용하여 '영업팀, 대리' 중 최저 수령액 구하기

01 [P19] 셀을 클릭하고, '=MINIFS('를 입력한 후 Ctrl+A를 누릅니다.

02 [함수 인수] 창에 다음과 같이 인수를 지정한 후 [확인]을 클릭합니다.
- Min_range : 수령액
- Criteria_range1 : 부서
- Criteria1 : 영업팀
- Criteria_ragne2 : 직책
- Criteria2 : 대리

03 부서가 '영업팀'이고, 직책이 '대리'인 데이터 중 수령액 최솟값이 구해진 것을 확인합니다.

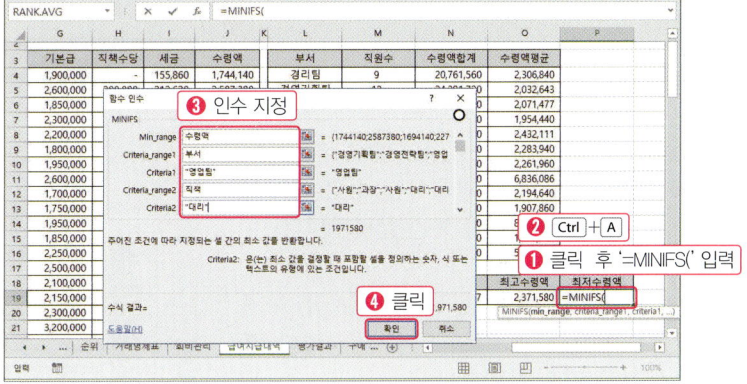

Chapter 07_ 꼭 알아야 할 실무 함수 · 237

SECTION 12
IF 함수로 조건에 따라 다른 결과 반환하기

IF 함수는 주어진 조건이 참(True)인지, 거짓(False)인지를 판단하여 조건 판단 결과에 따라 다른 값을 반환하는 함수입니다.

📁 실습예제 : Chapter07.xlsx - [급여지급내역] 시트

구문	=IF(Logical_test, Value_If_true, Value_If_false)	
설명	주어진 조건식(Logical_test)의 판단 결과가 참(True)이면 Value_if_true를 거짓(False)이면 Value_if_false를 반환합니다.	
인수	Logical_test	판단하고자 하는 조건식을 지정합니다. 조건식의 결과값은 참(True) 또는 거짓(False)으로 반환됩니다.
	Value_if_true	Logical_test의 결과값이 True일 때 반환할 값 또는 수식입니다.
	Value_if_false	Logical_test의 결과값이 False일 때 반환할 값 또는 수식입니다.

01 점수를 기준으로 합격 여부 계산하기

01 점수가 '70'점 이상이면 '합격' 아니면 '불합격'을 반환하는 수식을 작성하기 위해 [D4] 셀을 클릭합니다.

02 '=IF'를 입력한 후 Ctrl+A를 누르고, 다음과 같이 인수를 지정한 후 [확인]을 클릭합니다.

- Logical_test : C4>=70
- Value_if_true : 합격
- Value_if_false : 불합격

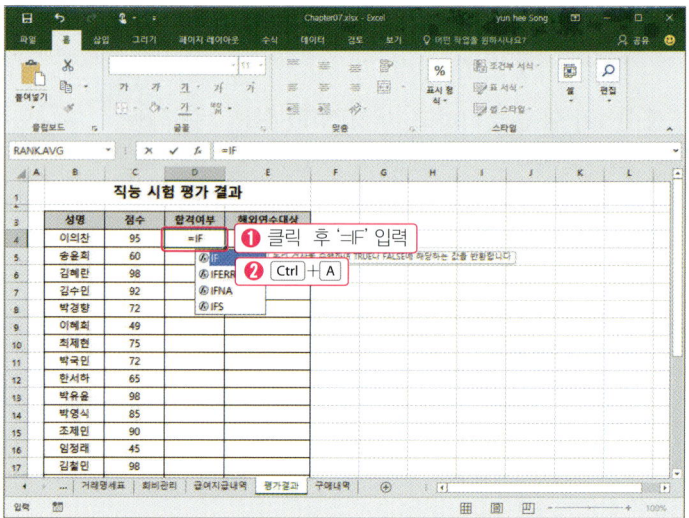

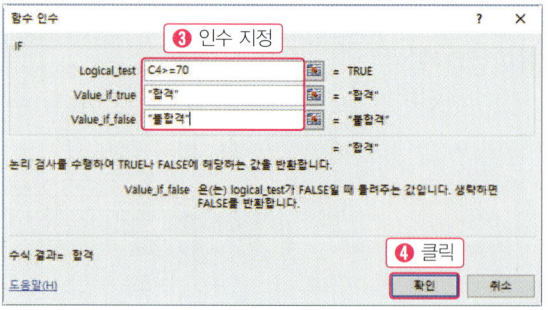

'Value_if_true', 'Value_if_false' 인수 지정 시 " "를 입력하지 않고 인수 값만 입력한 후 [확인]을 클릭하여 수식 작성을 마치면 " "는 자동으로 입력됩니다.

03 [D4] 셀의 채우기 핸들을 더블 클릭하여 자동 채우기 한 후 점수가 70점 이상이면 '합격' 아니면 '불합격'이 표시된 것을 확인합니다.

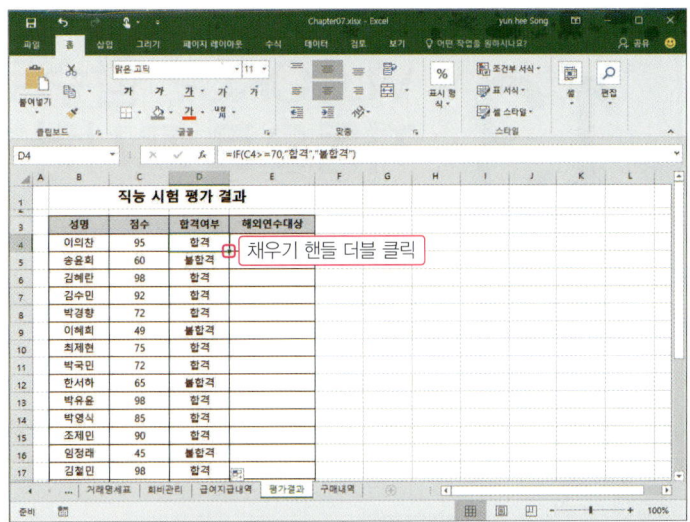

02 점수를 기준으로 해외연수대상 표시하기

01 점수가 '90'점 이상이면 '해외연수대상'에 'O', 아니면 공백을 표시하는 수식을 작성하기 위해 [E4] 셀을 클릭합니다.

02 '=IF(C4>=90,"O"," ")'를 입력한 후 Enter 를 누릅니다.

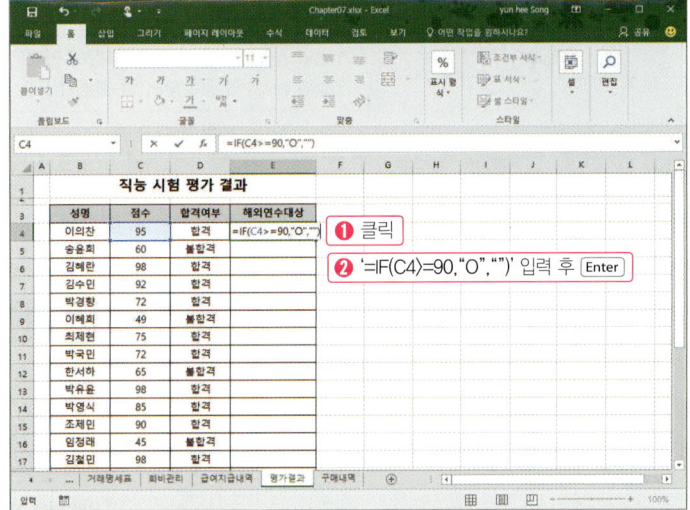

03 [F4] 셀을 클릭한 후 채우기 핸들에서 더블 클릭합니다.

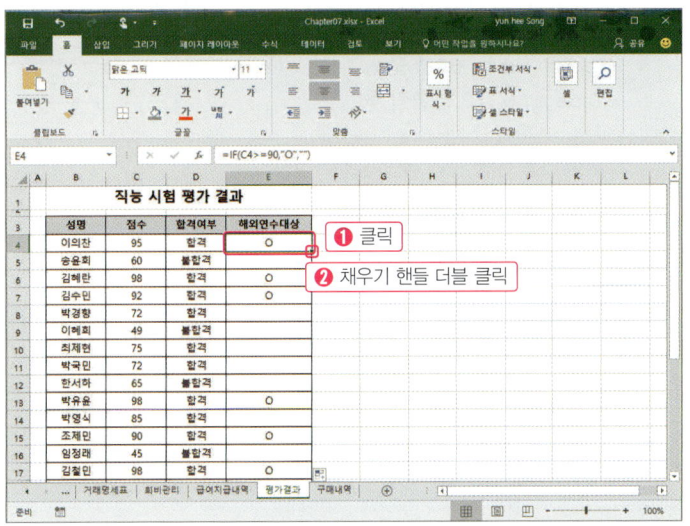

Chapter 07_ 꼭 알아야 할 실무 함수 • **239**

SECTION 13

VLOOKUP 함수로 관련 데이터 찾아 자동으로 표시하기

VLOOKUP 함수는 참조표에서 관련 데이터를 찾아 자동으로 표시해주는 함수입니다. VLOOKUP의 'V'는 'Vertical(수직)'을 말하는데 이는 참조할 데이터가 입력된 참조표가 수직 방향으로 입력되어 있음을 의미합니다.

📁 실습예제 : Chapter07.xlsx - [구매내역] 시트

구문	=VLOOKUP(Lookup_value, Table_array, Col_Index_num, Range_lookup)	
설명	지정된 값(Lookup_value)을 Table_array의 첫 열에서 찾은 후 이와 같은 행에 있는 해당 열(Col_index)의 값을 추출하여 표시합니다.	
인수	Lookup_value	Table_array의 첫 번째 열에서 찾으려는 값을 지정합니다.
	Table_array	찾을 값과 결과로 추출할 값들이 포함된 데이터 범위를 지정합니다.
	Col_index_num	Table_array의 열 중 추출할 값이 입력된 열의 열 번호를 지정합니다. Table_array의 왼쪽부터 열 번호가 1, 2, 3, …으로 지정됩니다.
	Range_lookup	Table_array의 첫 번째 열에서 Lookup_value를 찾을 때 정확히 일치하는 값을 찾으려면 False 또는 0을, 근사값을 찾으려면 True 또는 1을 지정합니다. 근사값을 찾는 경우 Table_array의 첫 열을 기준으로 데이터가 정렬되어 있어야 합니다.

01 고객정보 데이터를 참조하여 [고객코드]에 따른 [고객명] 표시하기

01 [C7] 셀을 클릭하고 '=VLOOKUP'을 입력한 후 Ctrl + A 를 누릅니다.

02 [함수 인수] 창에 다음과 같이 인수를 지정한 후 [확인]을 클릭합니다.
- Lookup_value : B7 셀 클릭
- Table_array : L3 셀 클릭 후 Ctrl + Shift + →, Ctrl + Shift + ↓ 를 누른 다음 F4 를 눌러 절대 참조로 설정
- Col_index_num : 2
- Range_lookup : 0

수식 설명
[B7] 셀에 입력된 '고객코드(A02)'를 [L3:N32] 데이터 범위의 첫 열에서 정확하게 일치하는 값을 찾은 후 2번째 열에 있는 [고객명]을 결과로 추출합니다.

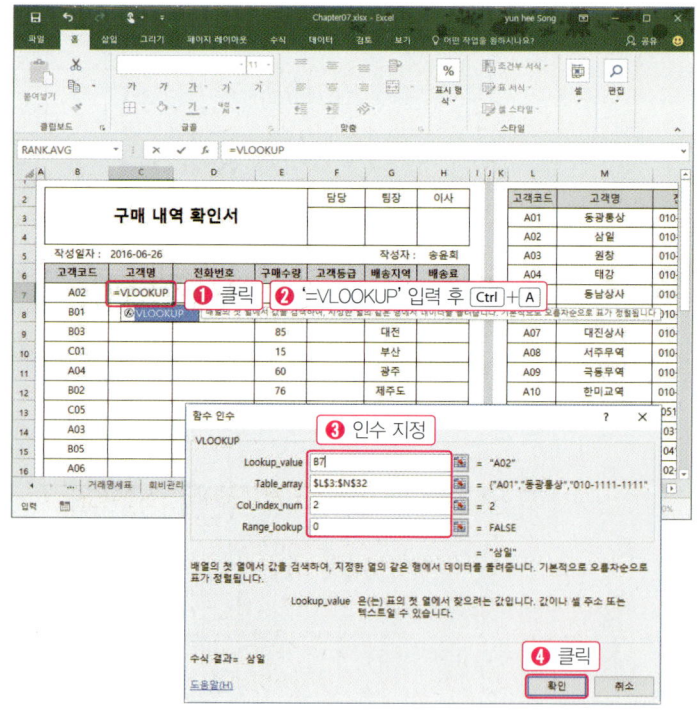

03 [C7] 셀의 채우기 핸들을 더블 클릭하여 자동 채우기 합니다.

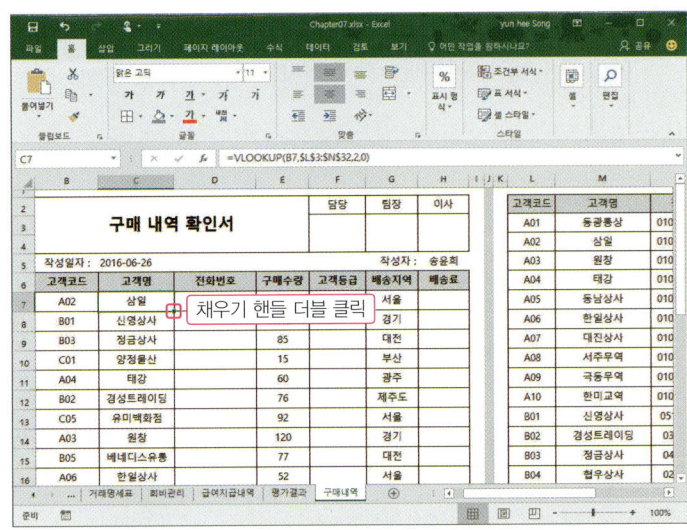

02 [고객코드]에 따른 [전화번호] 표시하기

01 VLOOUP 함수의 Table_array 인수로 사용할 데이터 범위에 이름을 정의하여 수식을 작성해 보겠습니다. [L3] 셀을 클릭한 후 Ctrl + Shift + →, Ctrl + Shift + ↓를 눌러 참조할 데이터 전체 범위를 선택합니다.

02 [이름 상자]를 클릭한 후 '고객정보'를 입력하고 Enter를 누릅니다.

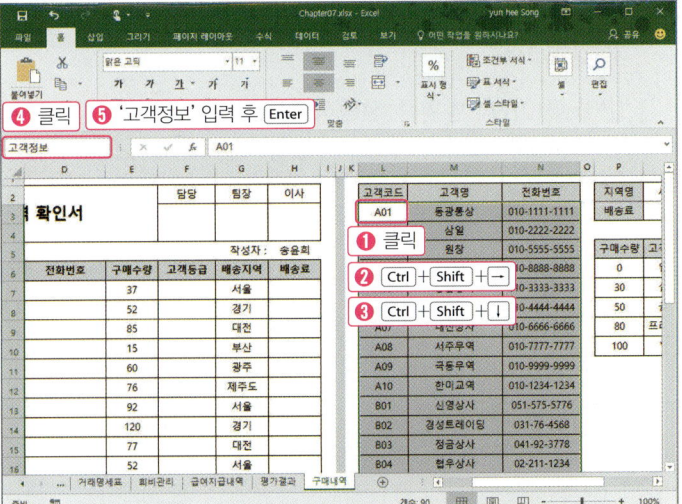

03 [D7] 셀을 클릭하고, '=VLOOKUP (B7,고객정보,3,0)' 수식을 입력한 후 Enter를 누릅니다.

> **수식 설명**
> [B7] 셀에 입력된 '고객코드(A02)'를 고객정보 데이터 범위의 첫 열에서 정확하게 일치하는 값을 찾은 후 3번째 열에 있는 [전화번호]를 결과로 추출합니다.

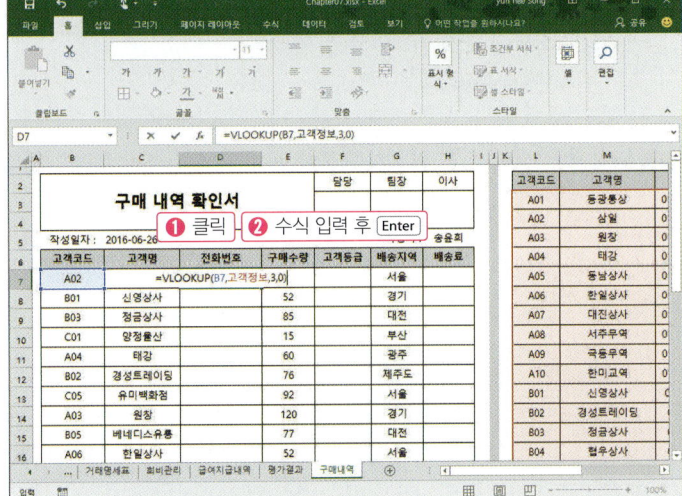

04 [D7] 셀을 클릭한 후 채우기 핸들에서 더블 클릭하여 자동 채우기 합니다.

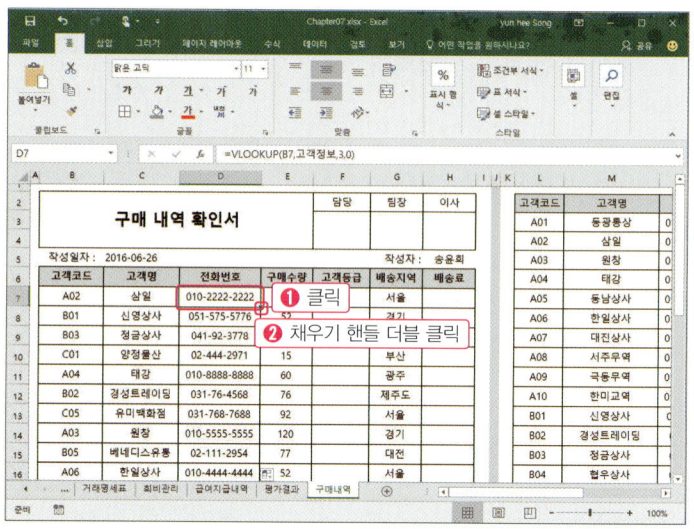

03 [구매수량]에 따른 [고객등급] 표시하기

01 [P6~Q10] 셀 범위를 선택하고, [이름 상자]를 클릭한 후 '고객등급표'를 입력하고 Enter 를 누릅니다.

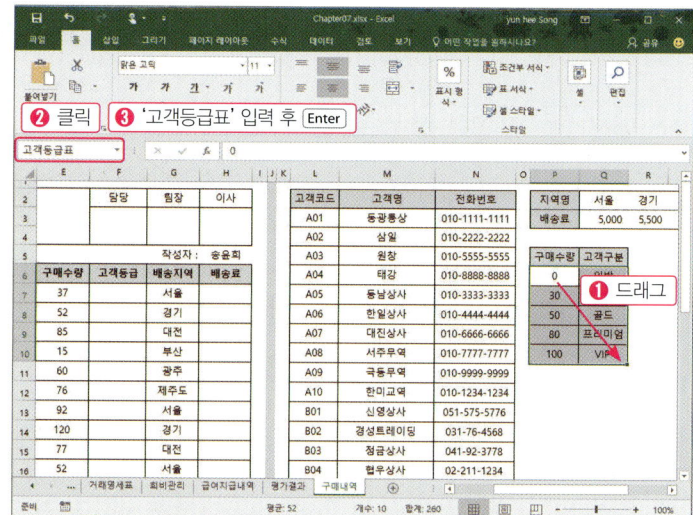

02 [F7] 셀을 클릭하고, '=VLOOKUP (E7,고객등급표,2,1)' 수식을 입력한 후 Enter 를 누릅니다.

03 [F7] 셀을 클릭한 후 채우기 핸들에서 더블 클릭하여 자동 채우기 합니다.

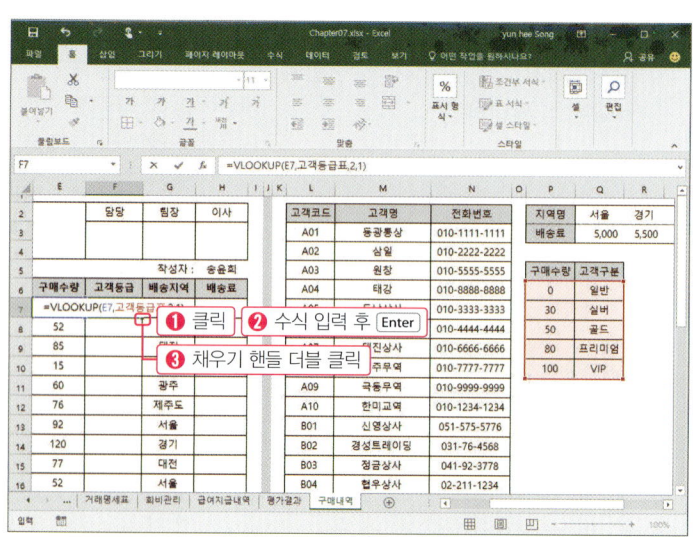

> **수식 설명**
> [E7] 셀에 입력된 [구매수량]을 고객등급표의 첫 열에서 근사값을 찾은 후 2번째 열에 있는 [고객구분]을 결과로 추출합니다.

SECTION 14
HLOOKUP 함수로 관련 데이터 찾아 자동으로 표시하기

HLOOKUP 함수 역시 VLOOKUP과 동일하게 참조표에서 관련 데이터를 찾아 자동으로 표시해주는 함수입니다. 단, HLOOKUP의 경우 'Table_array'가 'Horizontal(가로)'로 작성되어 있다는 점만 다릅니다.

📁 실습예제 : Chapter07.xlsx - [구매내역] 시트

구문	=HLOOKUP(Lookup_value, Table_array, Row_index_num, Range_lookup)	
설명	지정된 값(Lookup_value)을 Table_array의 첫 행에서 찾은 후 이와 같은 열에 있는 해당 행(Row_index)의 값을 추출하여 표시합니다.	
인수	Lookup_value	Table_array의 첫 번째 행에서 찾으려는 값을 지정합니다.
	Table_array	찾을 값과 결과로 추출할 값들이 포함된 데이터 범위를 지정합니다.
	Row_index_num	Table_array의 행 중 추출할 값이 입력된 행의 행 번호를 지정합니다. Table_array의 위쪽부터 행 번호가 1, 2, 3, …으로 지정됩니다.
	Range_lookup	Table_array의 첫 번째 행에서 Lookup_value를 찾을 때 정확히 일치하는 값을 찾으려면 False 또는 0을, 근사값을 찾으려면 True 또는 1을 지정합니다. 근사값을 찾는 경우 Table_array의 첫 행을 기준으로 데이터가 정렬되어 있어야 합니다.

01 지역에 따른 배송료 표시하기

01 [Q2~V3] 셀 범위를 선택하고, [이름 상자]를 클릭한 후 '배송료표'를 입력하고 Enter 를 누릅니다.

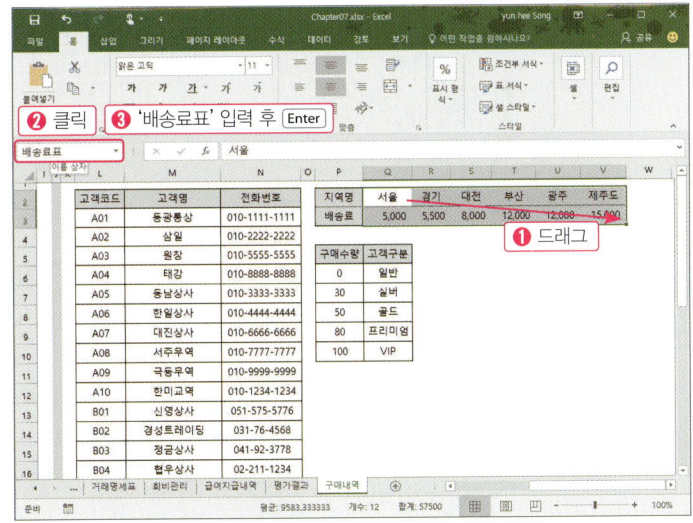

02 [H7] 셀을 클릭하고, '=HLOOKUP(G7,배송료표,2,0)' 수식을 입력한 후 Enter를 누릅니다.

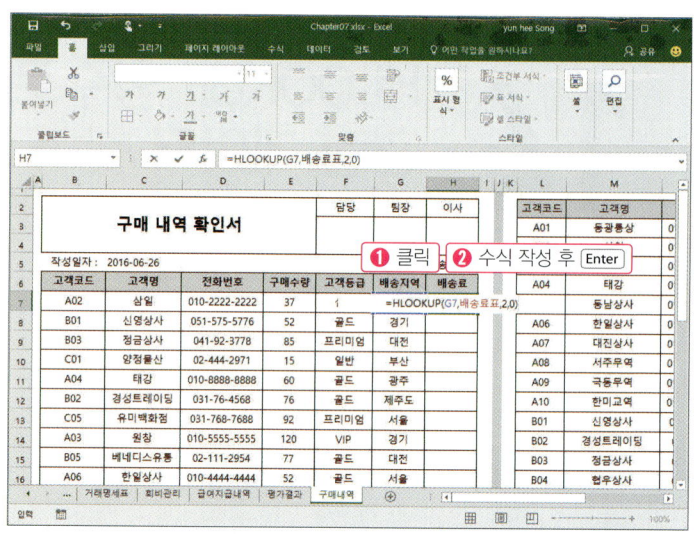

수식 설명

[G7] 셀에 입력된 [배송지역]을 [배송료]의 첫 행에서 정확하게 일치하는 값을 찾은 후 2번째 행에 있는 [배송료]를 결과로 추출합니다.

03 [H7] 셀을 클릭한 후 채우기 핸들에서 더블 클릭하여 자동 채우기 합니다.

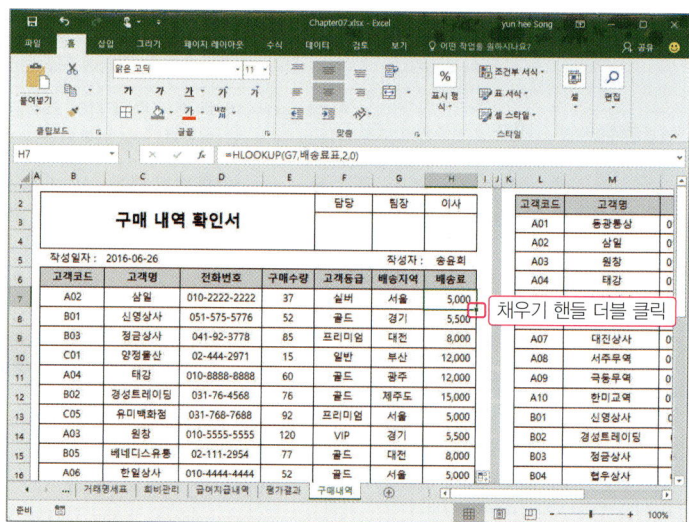

PowerUp 엑셀 2016에서 새롭게 제공되는 함수 New!

함수명	구문	설명
TEXTJOIN	=TEXTJOIN(Delimiter, Ignore_empty, Text1, [Text2], …)	결합할 텍스트 값 사이에 지정되는 구분 기호를 포함하여 여러 범위 또는 문자열의 텍스트를 결합합니다. (263pg 참고)
CONCAT	=CONCAT(Text1, [Text2],…)	이전 버전의 CONCATENATE 함수를 대체하는 함수로 여러 범위 또는 문자열을 결합합니다. 이전 버전과의 호환을 위해 CONCATENATE 함수도 계속 제공됩니다. (263pg 참고)
IFS	=IFS(Logical_test1, Value_if_true1, Logical_test2, Value_if_true2, …)	이전 버전의 중첩된 IF 함수문을 대체하는 함수로 조건의 충족 여부에 따라 지정된 값을 반환합니다. (248pg 참고)
SWITCH	=SWITCH(Expression, Value1, Result1, [Default or value2, Result2],…)	식의 판단 결과에 따라 다른 값을 반환합니다. (254pg 참고)
MAXIFS	=MAXIFS(Max_range, Criteria_range1, Criteria1, [Criteria_range2, Criteria2], …)	주어진 여러 개의 조건에 만족하는 셀 중에서 최댓값을 반환합니다. (235pg 참고)
MINIFS	=MINIFS(Min_range, Criteria_range1, Criteria1, [Criteria_range2, Criteria2], …)	주어진 여러 개의 조건에 만족하는 셀 중에서 최솟값을 반환합니다. (237pg 참고)

Excel 2016

CHAPTER

08

알수록 득이 되는 실무 함수

함수는 많이 알수록 더 효과적인 계산이 가능합니다. 엑셀 2016에 새롭게 제공되는 함수를 포함하여 엑셀의 주요 함수들의 사용 방법에 대해 알아보겠습니다.

SECTION 01 중첩 IF와 IFS로 여러 개의 조건 판단하기

IF 함수는 조건의 판단 결과에 따라 다른 값을 반환하는 함수로, 만약 판단할 조건이 여러 개라면 IF 함수를 중첩하여 사용할 수 있습니다. 엑셀 2016에서는 IFS 함수가 새롭게 제공되며, IFS 함수는 주어진 조건식(Logical_test)의 판단 결과가 참(True)이면 Value_if_true에 해당하는 값을 반환하는 함수로, 이전 버전까지 사용하던 중첩 IF 함수식을 더 쉽게 작성할 수 있습니다.

실습예제 : Chapter07.xlsx - [판매분석] 시트

■ 중첩 IF

구문	=IF(Logical_test1, Value_if_true1, IF(Logical_test2, Value_if_true2, …,IF(Logical_testN, Value_if_trueN, Value_if_false))
인수	IF 함수와 동일(238pg 참고)

■ IFS

구문		=IFS([Logical_test1, Value_if_true1, Logical_test2, Value_if_True2], …, Logical_test127, Value_if_True127)
인수	Logical_test	판단하고자 하는 조건식을 지정합니다. 조건식의 결과값은 참(True) 또는 거짓(False)로 반환됩니다.
	Value_if_true	Logical_test의 결과값이 True일 때 반환할 값 또는 수식입니다.

01 중첩 IF로 여러 조건 판단하기

01 [판매량]이 1만 이상이면 '1등급', 5천 이상이면 '2등급', 1천 이상이면 '3등급', 5백 이상이면 '4등급', 나머지 경우는 '5등급'으로 [판매등급]을 계산해 보겠습니다. [H4] 셀을 클릭한 후 '=IF'를 입력하고 Ctrl+A를 누릅니다.

02 [함수 인수] 창의 [Logical_test] 인수에 'E4>=10000', [Value_if_true] 인수에 '1등급'을 입력한 후 [Value_if_false] 인수를 클릭한 다음 IF 함수를 중첩하기 위해 [이름 상자]의 ▼를 클릭하고 'IF' 함수를 선택합니다.

> 이름 상자 목록에 IF 함수가 없는 경우 [함수 추가...]를 클릭한 후 [함수 마법사] 창에서 중첩할 함수를 선택합니다.

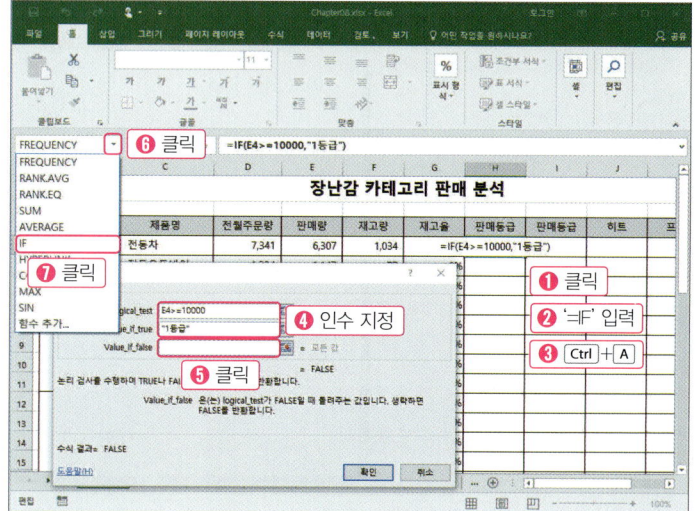

03 새로운 IF [함수 인수] 창에서 [Logical_test] 인수에 'E4>=5000', [Value_if_true] 인수에 '2등급'을 입력한 후 [Value_if_false] 인수를 클릭한 다음 다시 IF 함수를 중첩하기 위해 [이름 상자]의 ▼를 클릭한 후 'IF' 함수를 선택합니다.

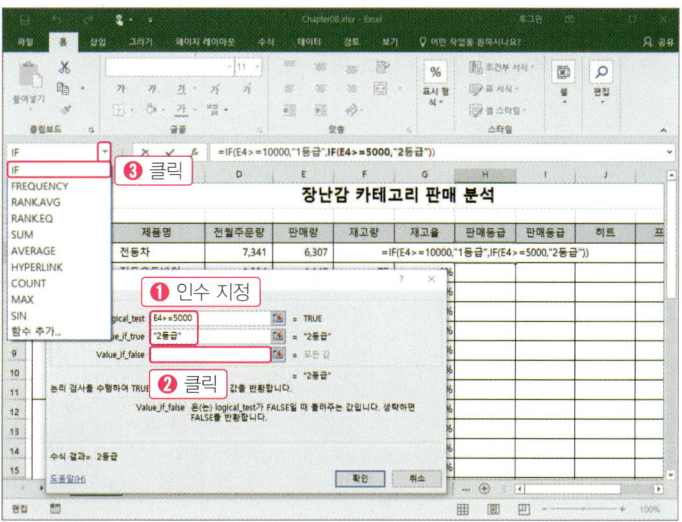

04 새로운 IF [함수 인수] 창의 [Logical_test] 인수에 'E4>=1000', [Value_if_true] 인수에 '3등급'을 입력한 후 [Value_if_false] 인수를 클릭하고 [이름 상자]의 ▼를 클릭한 다음 [IF] 함수를 선택합니다.

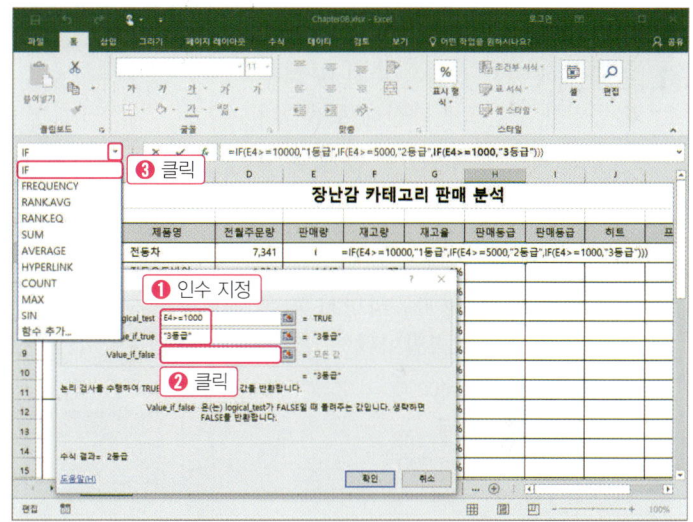

05 [Logical_test] 인수에 'E4>=500', [Value_if_true] 인수에 '4등급', [Value_if_false] 인수에 '5등급'을 입력하고 [확인]을 클릭합니다.

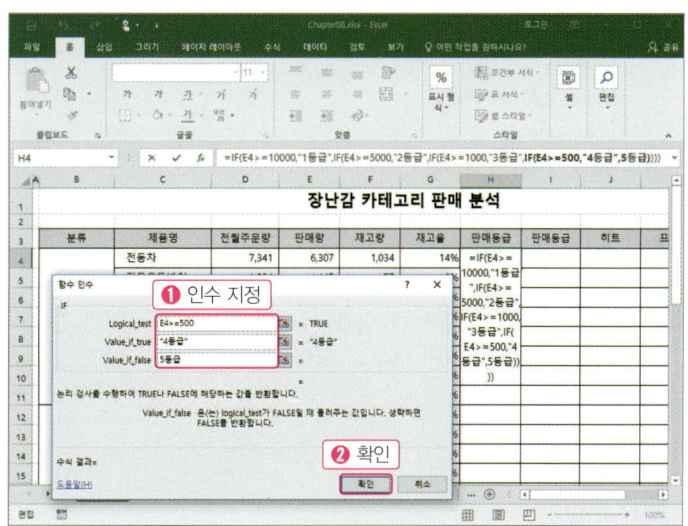

Chapter 08_ 알수록 득이되는 실무 함수 • **249**

06 [H4] 셀의 채우기 핸들을 더블 클릭하여 [H35] 셀까지 자동 채우기 합니다.

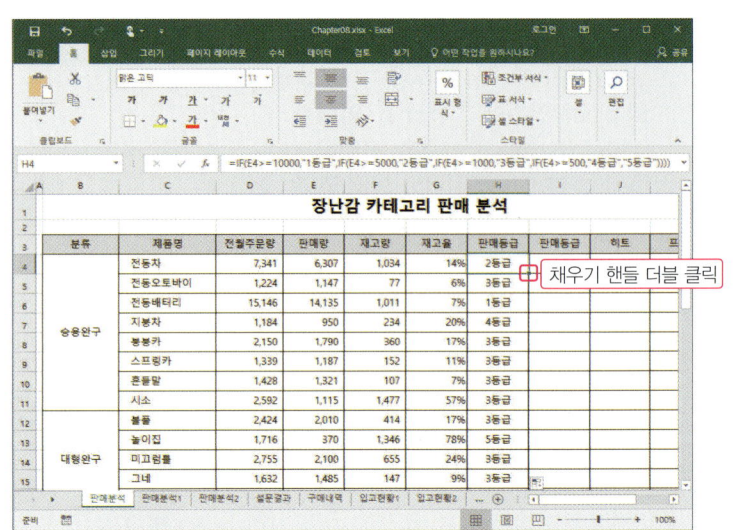

02 IFS로 여러 조건 판단하기

01 [판매량]에 따른 등급을 중첩 IF 함수와 동일한 조건으로 계산해 보겠습니다. [I4] 셀을 클릭한 후 '=IFS'를 입력하고 Ctrl+A를 누릅니다.

02 [함수 인수] 창이 표시되면 Tab을 눌러 인수 항목을 이동하면서 다음과 같이 인수를 입력합니다.

- Logical_test1 : E4>=10000
- Value_if_true1 : 1등급
- Logical_test2 : E4>=5000
- Value_if_true2 : 2등급
- Logical_test3 : E4>=1000
- Value_if_true3 : 3등급
- Logical_test4 : E4>=500
- Value_if_true4 : 4등급
- Logical_test5 : E5<500
- Value_if_true5 : 5등급

03 [확인]을 클릭합니다.

04 [I4] 셀의 채우기 핸들을 더블 클릭하여 [I35] 셀까지 자동 채우기 합니다.

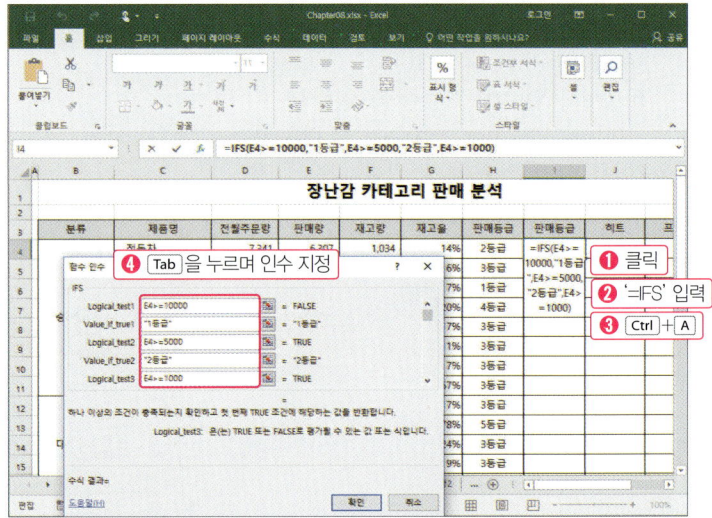

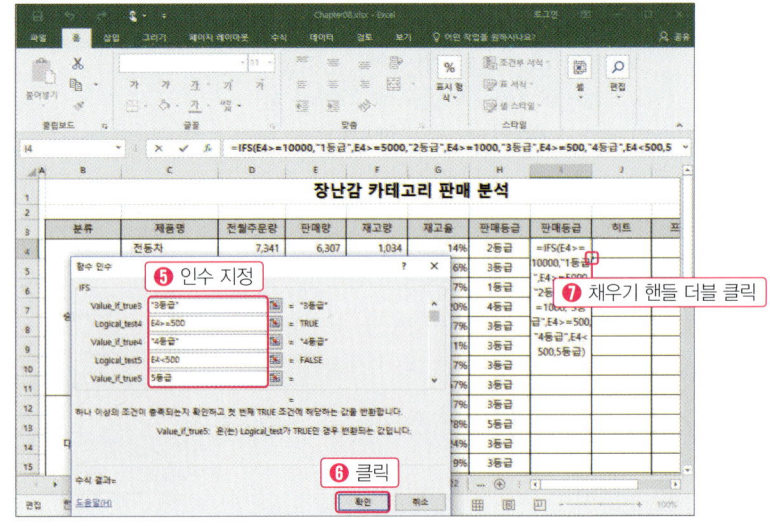

SECTION 02

AND/OR 함수로 여러 조건 판단하기

AND, OR 함수는 지정한 조건이 모두 만족하는지 일부만 만족하는지를 판단하는 함수입니다. AND 함수는 인수로 지정한 조건의 판단 결과가 모두 참(True)인 경우 결과값으로 True를, 하나라도 거짓(False)이 있다면 False를 반환하고, OR 함수는 인수로 지정한 조건의 판단 결과 중 하나라도 참(True)이 있으면 결과값으로 True를, 모든 조건의 판단 결과가 거짓(False)이면 False를 반환합니다. 단독으로 사용되는 경우보다 IF 함수와 중첩하여 사용하는 경우가 많습니다.

📂 실습예제 : Chapter08.xlsx – [판매분석1] 시트

구문	=AND(Logical1, Logical2,…, Logical255)
	=OR(Logical1, Logical2,…, Logical255)
인수	LogicalN	판단하고자 하는 조건식을 지정합니다. 조건식의 결과값은 참(True) 또는 거짓(False)으로 반환됩니다.

01 AND 함수로 여러 조건 판단하기

01 판매등급이 '1등급'이고, 재고율이 '20%' 이하면 '히트상품', 아니면 공백을 표시하는 수식을 작성해보겠습니다. [I4] 셀을 클릭하고 '=IF(AND'를 입력한 후 Ctrl + A 를 누릅니다.

02 [AND 함수 인수] 창에서 다음과 같이 인수를 지정합니다.
- Logical1 : H4="1등급"
- Logical2 : G4>=20%

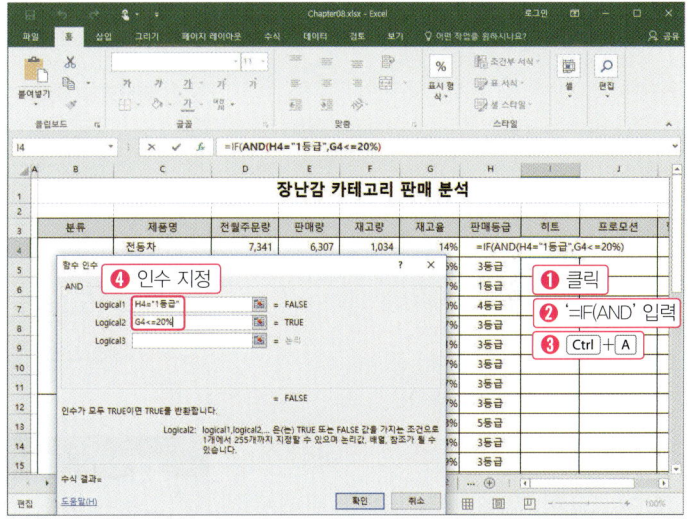

03 AND 함수의 인수 지정이 모두 끝났으므로 IF 함수 인수 창으로 돌아가기 위해 [수식 입력줄]의 IF 함수명 부분을 클릭합니다.

04 [IF 함수 인수] 창에서 다음과 같이 인수를 지정하고 [확인]을 클릭합니다.
- Value_if_true : 히트상품
- Value_if_false : ""

> 조건이 만족하지 않을 때 셀을 공백으로 표시하려면 ""를 인수로 지정합니다.

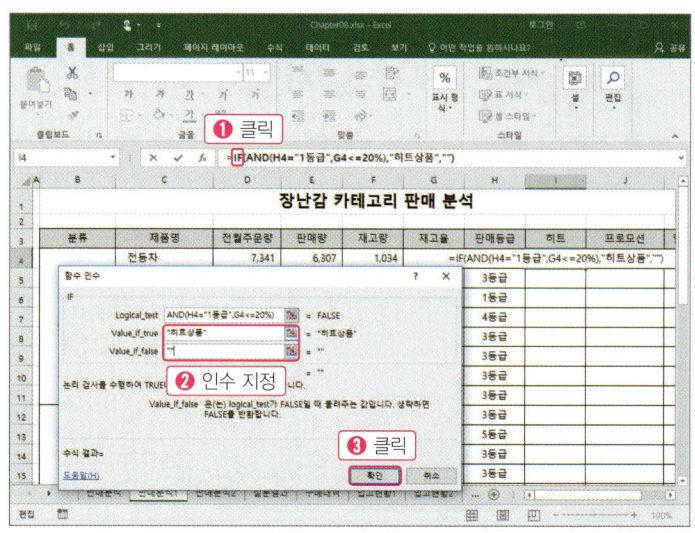

05 [I4] 셀의 채우기 핸들을 더블 클릭하여 [I35] 셀까지 자동 채우기 합니다.

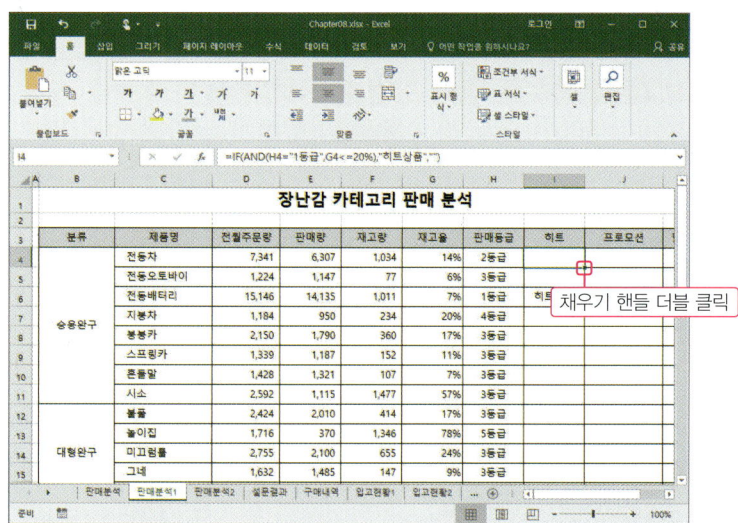

02 OR 함수로 여러 조건 판단하기

01 재고율이 70% 이상이거나 판매등급이 4등급 또는 5등급이면 "프로모션" 아니면 공백을 표시하는 수식을 작성해 보겠습니다. [J4] 셀을 클릭한 후 '=IF(OR'을 입력하고 Ctrl + A 를 누릅니다.

02 [OR 함수 인수] 창에서 다음과 같이 인수를 지정합니다.
- Logical1 : G4>=70%
- Logical2 : H4="4등급"
- Logical3 : H4="5등급"

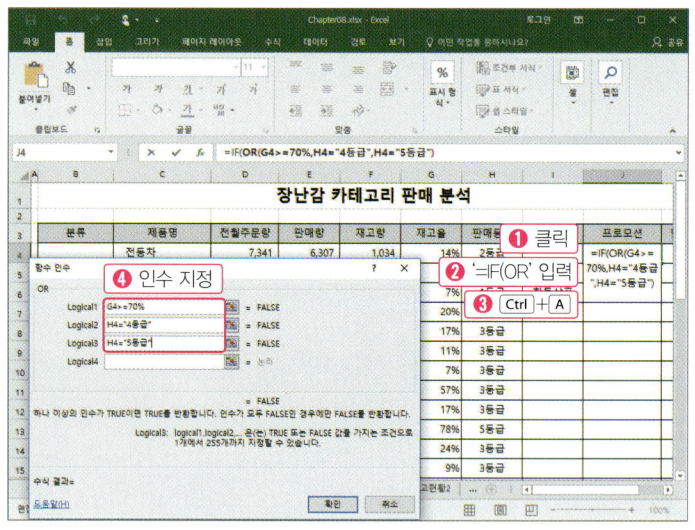

03 OR 함수의 인수 지정이 모두 끝났으므로 IF 함수 인수 창으로 돌아가기 위해 [수식 입력줄]의 IF 함수명 부분을 클릭합니다.

04 [IF 함수 인수] 창에서 다음과 같이 인수를 지정하고 [확인]을 클릭합니다.

- Value_if_true : 프로모션
- Value_if_false : ""

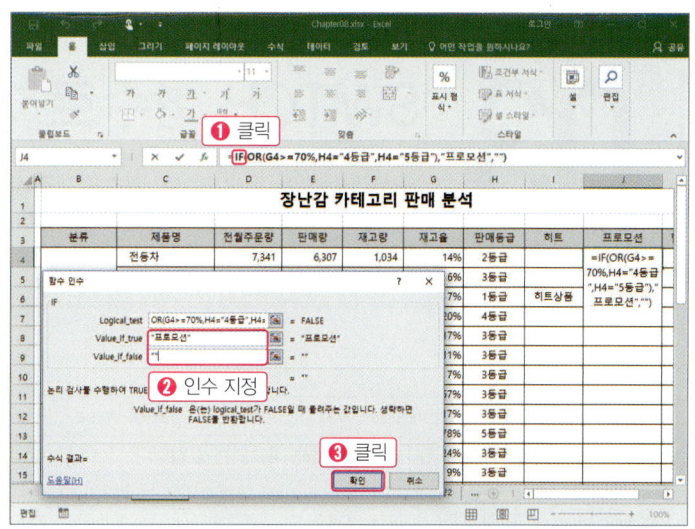

05 [J4] 셀의 채우기 핸들을 더블 클릭하여 [J35] 셀까지 자동 채우기 합니다.

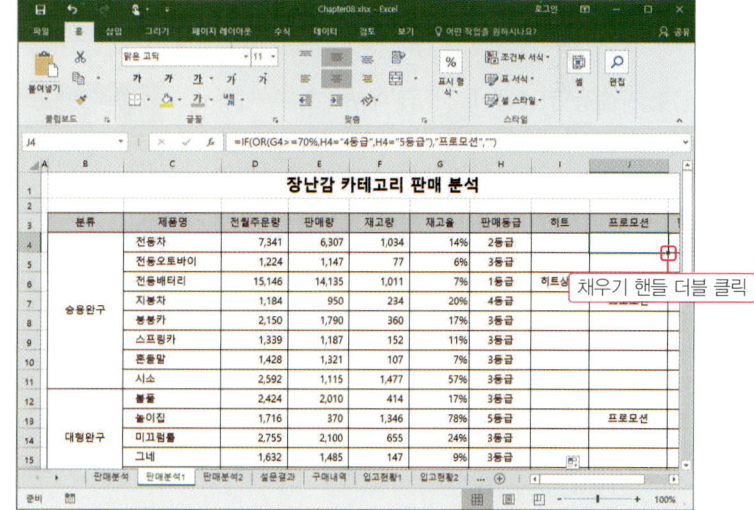

SECTION 03 SWITCH 함수로 여러 조건 판단하기

SWITCH 함수는 엑셀 2016에 새롭게 제공되는 함수이며, 식(Expressioin)으로 지정된 값을 ValueN과 비교한 후 조건이 만족할 때 ResultN을 반환합니다.

📁 실습예제 : Chapter08.xlsx – [판매분석2] 시트

구문	=SWITCH(Expression, Value1, Result1, Default or value2, Result2, …, Default or value126, Result126)	
인수	Expression	Value에 대해 비교되는 값입니다.
	Value	식(Expression)에 대해 비교되는 값입니다.
	Result	ValueN 인수가 식(Expression)과 일치할 때 반환되는 값입니다.
	Default	ValueN이 식(Expression)에 일치하는 항목이 없을 경우에 반환되는 값입니다. Default는 마지막 인수여야 합니다.

01 판매등급(H4)이 '1등급'이면 '10%', '2등급'이면 '7%', '3등급'이면 '5%', '4등급'이면 '3%', 나머지 경우는 '0%'로 [할인율]을 계산해 보겠습니다. [K4] 셀을 클릭한 후 '=SWITCH'를 입력하고 Ctrl +A를 누릅니다.

02 [함수 인수] 창에서 Tab을 눌러 이동하며 다음과 같이 인수를 지정한 후 [확인]을 클릭합니다.

– Expression : H4
– Value1 : 1등급
– Result1 : 10%
– Defalut_or_value2 : 2등급
– Result2 : 7%
– Defalut_or_value3 : 3등급
– Result3 : 5%
– Defalut_or_value4 : 4등급
– Result4 : 3%
– Defalut_or_value5 : 0%

03 [K4] 셀의 채우기 핸들을 더블 클릭하여 [K35] 셀까지 자동 채우기 합니다.

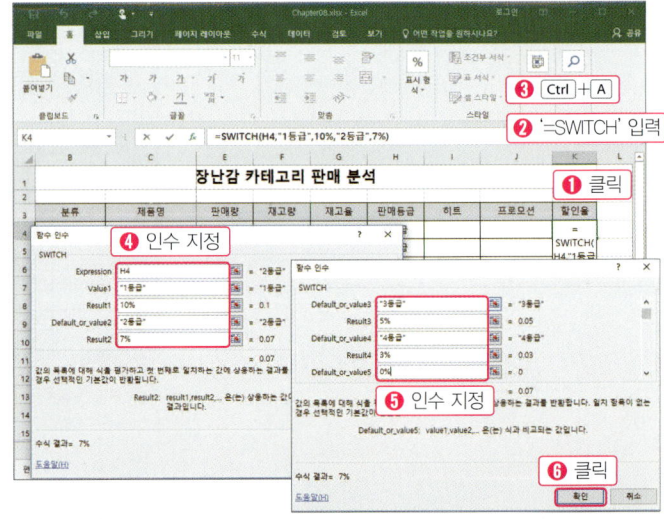

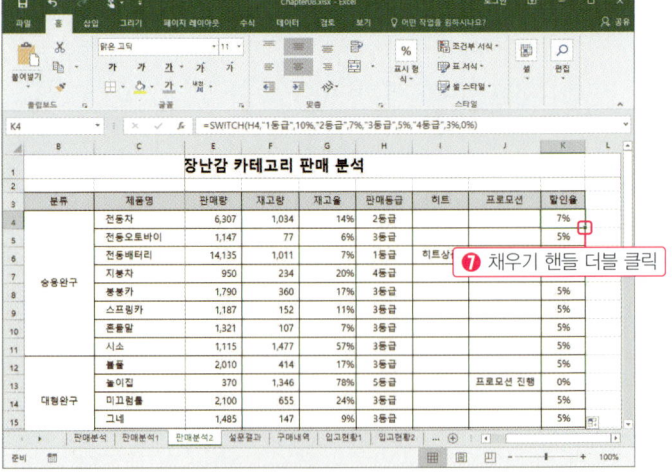

SECTION 04

IFERROR 함수로 오류 처리하기

IFERROR 함수는 수식 계산 결과(Value)에서 오류가 발생할 경우 오류 대신 지정된 값(Value_if_error)을 반환하고, 오류가 없으면 수식 결과를 반환하는 함수입니다. 예를 들어, 오류가 발생하면 오류 메시지 대신 공백으로 표시할 수 있습니다.

📂 실습예제 : Chapter08.xlsx – [설문결과], [구매내역] 시트

구문	=IFERROR(Value, Value_if_error)	
인수	Value	오류를 검사할 수식을 지정합니다.
	Value_if_error	수식(Value)에서 오류가 발생할 경우에 반환할 값입니다.

01 #DIV/0 오류 공백으로 표시하기

01 [설문결과] 시트의 [E7] 셀은 인수로 지정한 범위에 아직 값이 입력되지 않아 오류가 발생되었습니다. 오류 메시지 대신 공백으로 표시하기 위해 [E7] 셀을 클릭합니다.

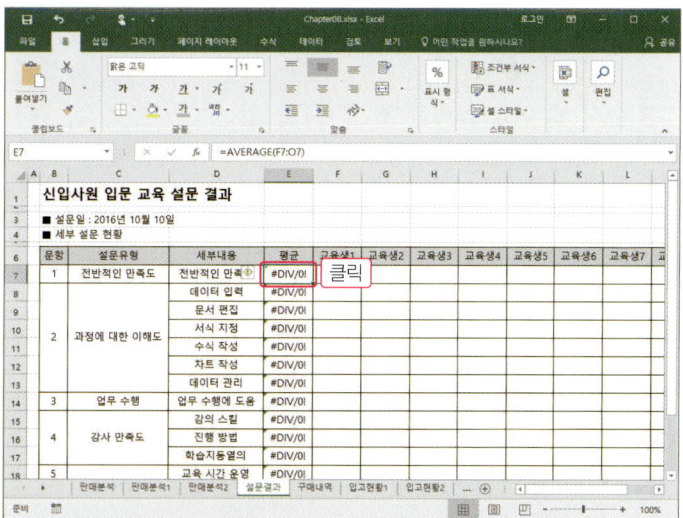

02 수식 입력줄의 '=' 뒤를 클릭한 후 'IFERROR('를 입력합니다.

03 수식 맨 뒤를 클릭한 후 ', "")'를 입력하고 Enter 를 누릅니다.

04 [E7] 셀의 채우기 핸들을 더블 클릭하여 [E21] 셀까지 자동 채우기 합니다.

> **수식 설명**
> AVERAGE(F7:O7) 수식에 오류가 있다면 공백으로 표시하고, 오류가 없다면 수식의 결과 값을 표시합니다.

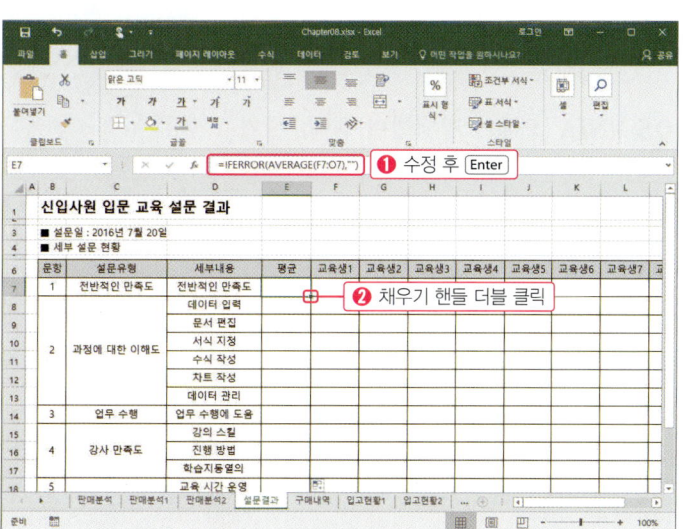

02 #N/A 오류 * 로 표시하기

01 [구매내역] 시트의 [고객명] 열에는 [고객코드]에 따른 [고객명]을 [고객정보] 표에서 찾아 표시하는 VLOOKUP 수식이 작성되어 있습니다. [고객정보] 표에 [고객코드]가 존재하지 않는 경우 #N/A 오류가 발생됩니다. #N/A 오류가 발생될 경우 오류 메시지 대신 '*'를 표시하는 수식을 작성해 보겠습니다.

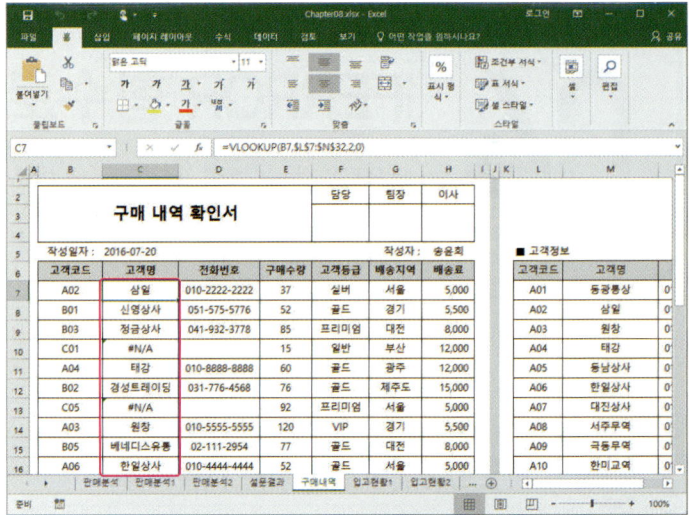

02 수식 입력줄 '=' 뒤를 클릭한 후 'IFERROR('를 입력합니다.

03 수식 맨 뒤를 클릭한 후 ',"*")'를 입력한 다음 Enter 를 누릅니다.

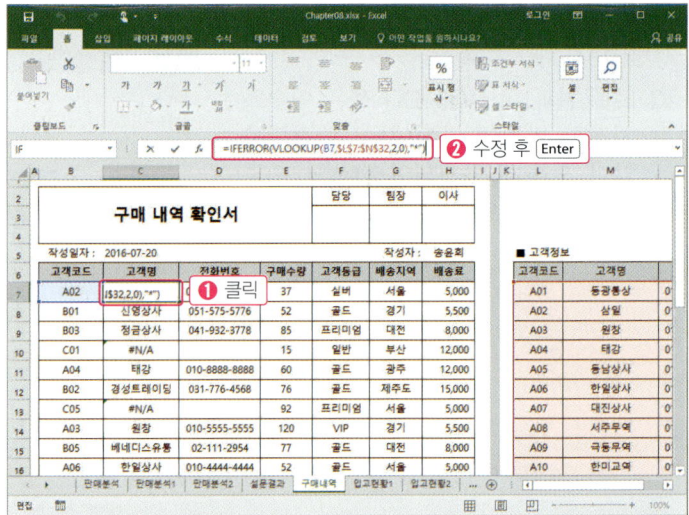

04 [C7] 셀의 채우기 핸들을 더블 클릭하여 자동 채우기 합니다.

05 '#N/A' 오류가 발생했던 셀에 '*'가 표시된 것을 확인합니다.

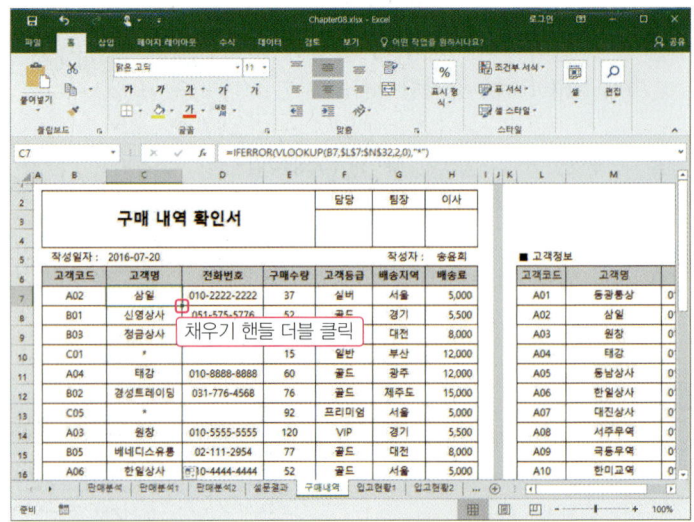

SECTION 05

문자의 일부를 추출하는 LEFT, RIGHT, MID 함수

LEFT, RIGHT, MID 함수는 텍스트에서 왼쪽, 오른쪽, 가운데 몇 글자를 추출하는 함수입니다.

📁 실습예제 : Chapter08.xlsx – [입고현황1] 시트

구문	=LEFT(Text, Num_chars) =RIGHT(Text, Num_chars) =MID(Text, Start_num, Num_chars)	
인수	Text	추출할 문자가 들어있는 텍스트를 지정합니다.
	Num_chars	추출할 문자 개수를 지정합니다.
	Start_num	문자를 추출할 위치를 지정합니다. 텍스트의 왼쪽에서부터 시작 번호를 셉니다.

01 LEFT 함수로 왼쪽 몇 글자 추출하기

01 [제품분류]를 의미하는 [입고코드] 왼쪽 3글자를 추출하기 위해 [D5] 셀을 클릭합니다.

02 '=LEFT'를 입력한 후 Ctrl + A 를 누르고, [LEFT 함수 인수] 창에서 다음과 같이 인수를 지정하고 [확인]을 클릭합니다.
- Text : C5
- Num_chars : 3

> **수식 설명**
> C5 셀의 텍스트에서 왼쪽 3글자를 추출합니다.

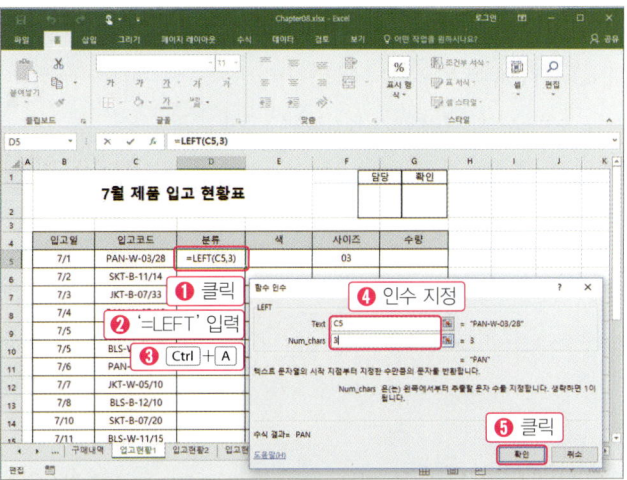

02 MID 함수로 가운데 몇 글자 추출하기

01 제품의 [색]을 의미하는 [입고코드] 왼쪽 5번째부터 1글자를 추출하기 위해 [E5] 셀을 클릭합니다.

02 '=MID'를 입력한 후 Ctrl + A 를 누르고, [MID 함수 인수] 창에서 다음과 같이 인수를 지정하고 [확인]을 클릭합니다.
- Text : C5
- Start_num : 5
- Num_chars : 1

> **수식 설명**
> C5 셀의 왼쪽에서 다섯 번째 텍스트부터 시작해서 한 글자를 추출합니다.

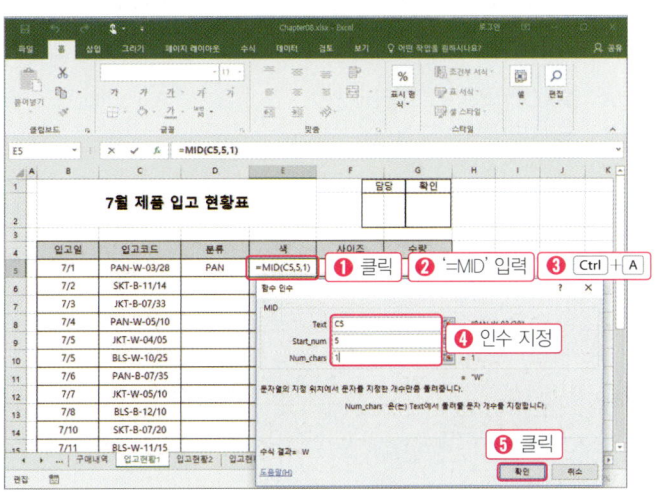

Chapter 08_ 알수록 득이되는 실무 함수 · 257

03 RIGHT 함수로 오른쪽 몇 글자 추출하기

01 [G5] 셀을 클릭하고, '=RIGHT'를 입력한 후 Ctrl + A를 누릅니다.

02 [RIGHT 함수 인수] 창에서 다음과 같이 인수를 지정하고 [확인]을 클릭합니다.
- Text : C5
- Num_chars : 2

> **수식 설명**
> C5 셀의 텍스트에서 오른쪽 2글자를 추출합니다.

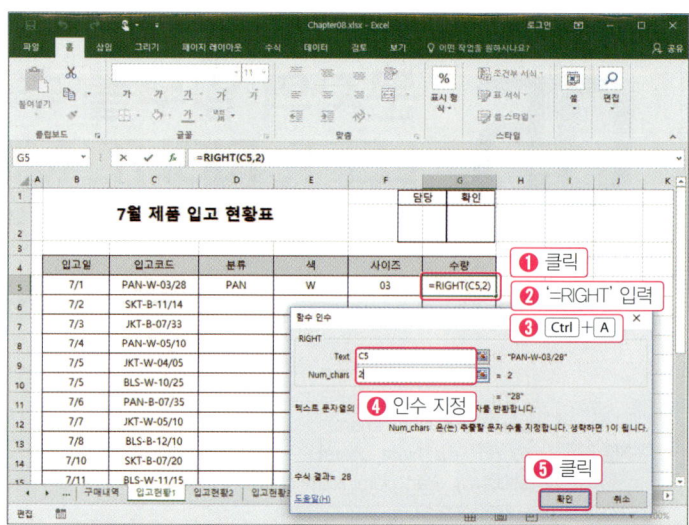

03 [D5~G5] 셀 범위를 드래그하여 선택한 후 [G5] 셀의 채우기 핸들을 더블 클릭하여 자동 채우기 합니다.

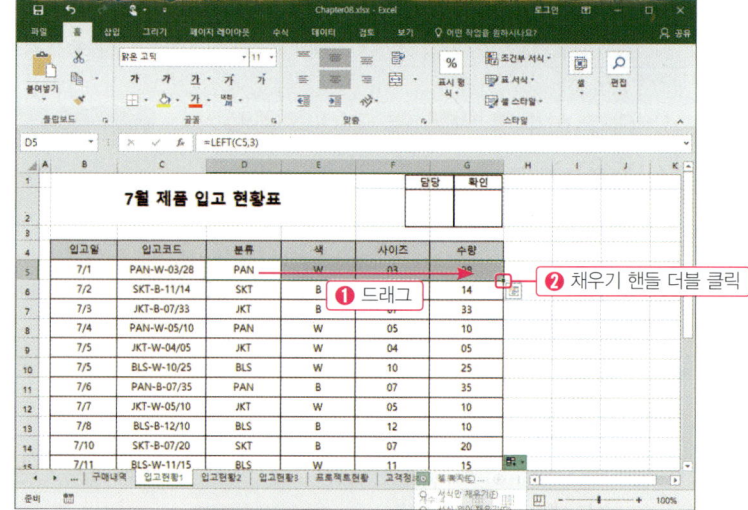

SECTION 06
문자를 숫자로 바꾸는 VALUE 함수

VALUE 함수는 문자로 설정된 숫자 텍스트를 숫자로 변환하는 함수입니다. VALUE 함수를 사용하여 LEFT, RIGHT, MID 등의 텍스트 함수를 사용하여 추출한 텍스트를 숫자로 변환할 수 있습니다.

실습예제 : Chapter08.xlsx – [입고현황2] 시트

구문	=VALUE(Text)	
인수	Text	숫자로 변환할 텍스트를 지정합니다.

01 [G4] 셀에는 [수량] 열의 합계를 구하는 수식이 작성되어 있습니다. 결과 값이 0으로 표시되는 이유는 RIGHT 함수로 추출된 [수량] 열의 데이터가 문자이기 때문입니다. [수량] 열의 데이터를 숫자로 변환하는 수식을 작성해보겠습니다.

02 [G7] 셀을 클릭하고, 수식 입력줄의 '=' 뒤를 클릭한 후 'VALUE('를 입력합니다.

03 수식 맨 뒤를 클릭한 후 ')'를 입력하고 Enter 를 누릅니다.

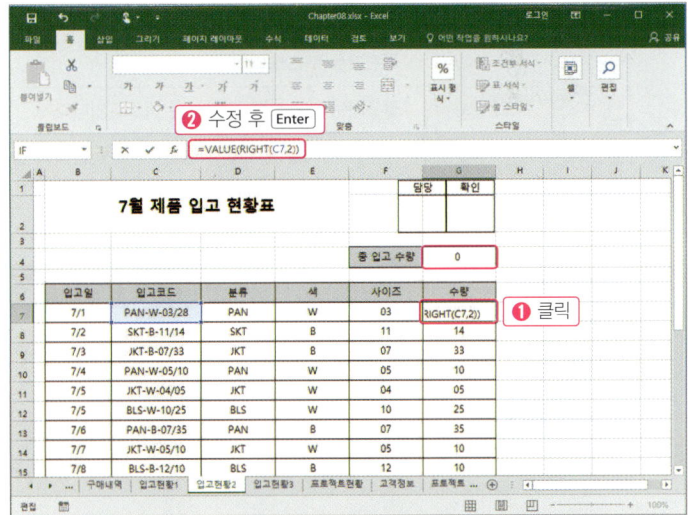

04 [G7] 셀을 클릭한 후 채우기 핸들에서 더블 클릭하여 자동 채우기 합니다.

05 [수량] 열의 데이터가 숫자로 변환되어 [G4] 셀에 합계가 계산된 것을 확인합니다.

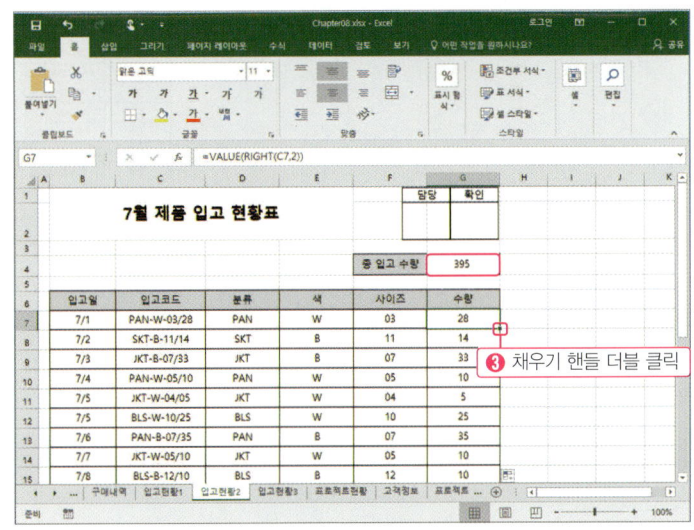

SECTION 07

문자열 개수를 구하는 LEN, 특정 문자의 위치를 찾아주는 FIND 함수

문자열의 문자 수를 구하는 LEN과 특정 문자의 위치를 찾아주는 FIND 함수를 사용하여 LEFT, RIGHT, MID 함수 단독으로는 추출할 수 없는 문자를 더 유연하게 추출할 수 있습니다.

📁 실습예제 : Chapter08.xlsx - [입고현황3] 시트

구문	=LEN(Text)	
인수	Text	문자 수를 확인하려는 문자열입니다. 공백도 문자로 계산됩니다.

구문	=FIND(Find_text, Within_text, [Start_num])	
인수	Find_text	찾으려는 텍스트입니다.
	Within_text	찾으려는 텍스트를 포함하는 텍스트입니다.
	Start_num	검색을 시작할 문자를 지정합니다. 첫 문자의 문자 번호는 1입니다. 생략하면 1로 간주됩니다.

01 LEN, FIND 함수 이해하기

01 [H7] 셀을 클릭한 후 '=LEN(C7)' 수식을 작성한 후 Tab 을 눌러 오른쪽 셀로 이동합니다.

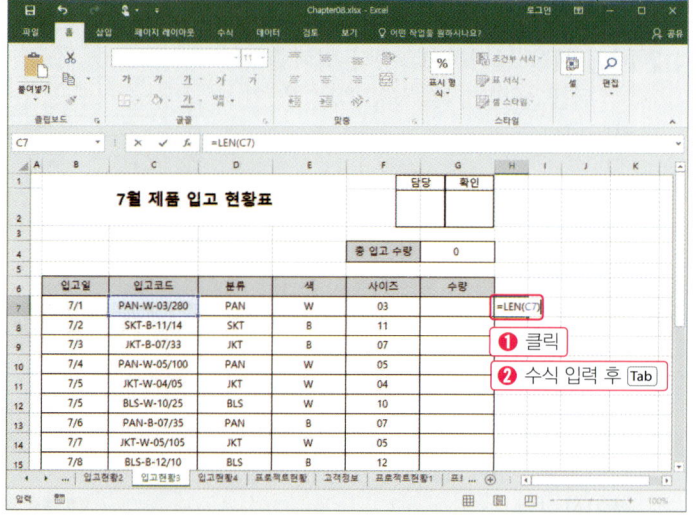

수식 설명
[C7] 셀의 문자 수 반환

02 [I7] 셀에 '=FIND("/", C7)' 수식을 작성한 다음 Enter 를 누릅니다.

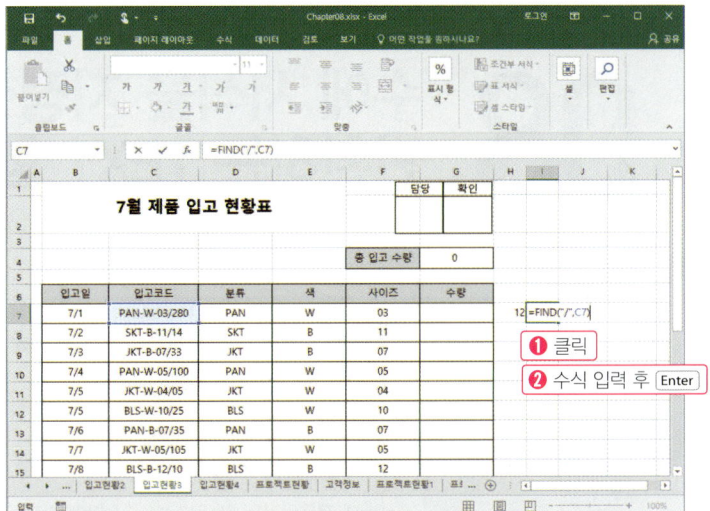

> **수식 설명**
> [C7] 셀의 텍스트에서 '/'의 위치 반환

02 수량을 의미하는 [입고코드]의 '/' 뒤 텍스트 추출 후 숫자로 변환

01 [G7] 셀을 클릭하고, '=VALUE (RIGHT(C7,LEN(C7)−FIND ("/",C7)))' 수식을 작성한 후 Enter 를 누릅니다.

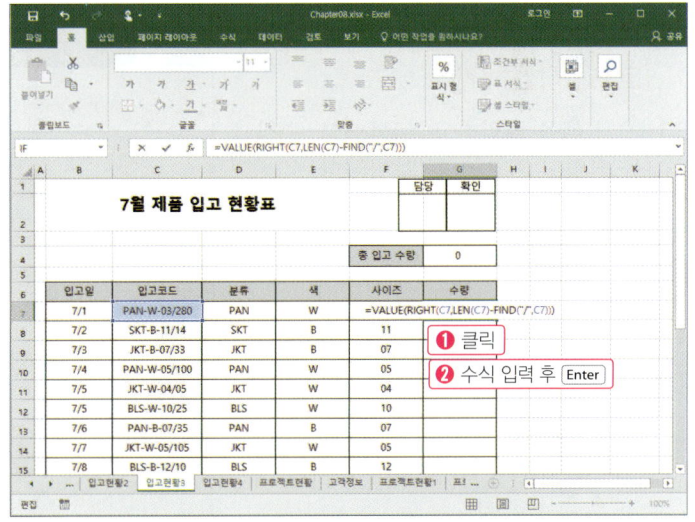

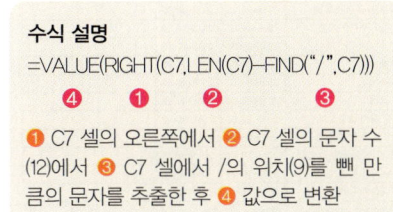

> ❶ C7 셀의 오른쪽에서 ❷ C7 셀의 문자 수 (12)에서 ❸ C7 셀에서 /의 위치(9)를 뺀 만큼의 문자를 추출한 후 ❹ 값으로 변환

02 [G7] 셀을 클릭한 후 채우기 핸들을 더블 클릭하여 자동 채우기 합니다.

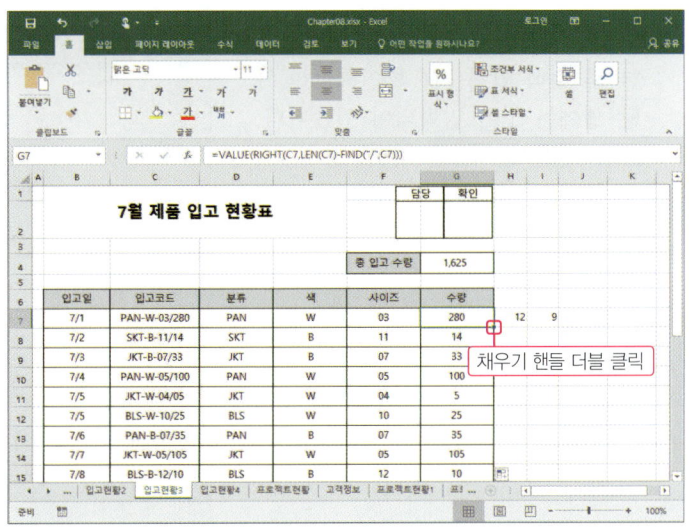

Chapter 08_ 알수록 득이되는 실무 함수 · **261**

SECTION 08 수에 서식을 지정한 후 텍스트로 반환하는 TEXT 함수

Text 함수는 숫자(Value)에 지정한 형식(Format_text)을 적용하여 결과를 반환하는 함수입니다.

📁 실습예제 : Chapter08.xlsx - [프로젝트 현황] 시트

구문	=TEXT(Value, Format_text)	
인수	Value	형식을 지정하려는 값입니다.
	Format_text	Value에 적용하려는 형식입니다. " " 안에 지정하며, 사용자 지정 표시 형식 코드와 동일하게 작성합니다.

01 [구분]과 [고유번호]를 연결하여 [코드] 작성하기

01 [D4] 셀을 클릭하고 '=B4&C4' 수식을 작성한 후 Enter를 누릅니다.

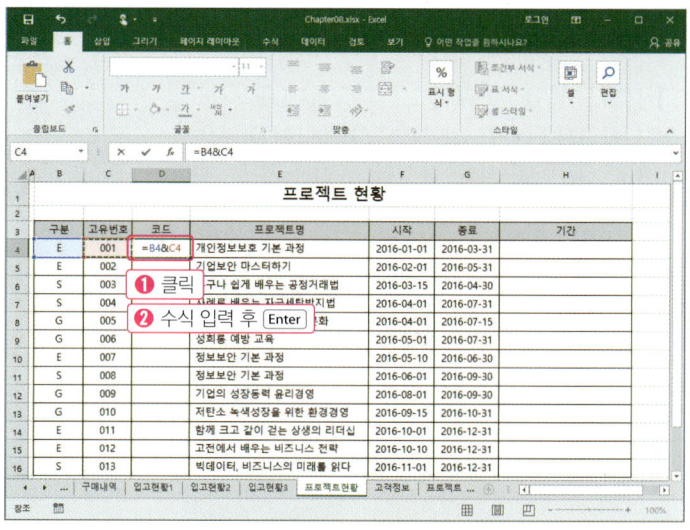

수식 설명
&(Ampersand)는 값을 연결하여 표시하는 연결 연산자입니다.

02 'E1'이 표시됩니다. [C4] 셀을 선택한 후 수식 입력줄을 확인해보면 해당 셀에는 '1'이 입력되어 있습니다. Ctrl+1을 눌러 [셀 서식] 창의 [사용자 지정] 형식에 '000' 서식 코드가 작성되어 있는 것을 확인할 수 있습니다. 이런 이유로 [코드]가 'E1'으로 결과가 표시된 것입니다.

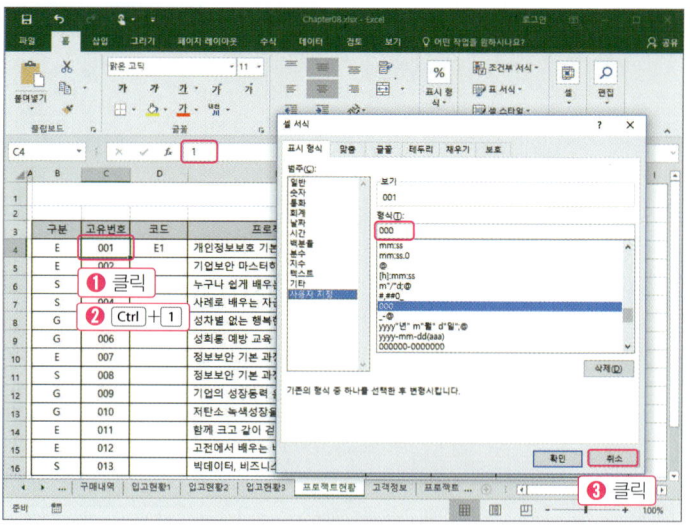

03 'E001' 형식으로 코드가 표시되도록 [D4] 셀을 클릭한 후 [수식 입력줄]의 'C4' 앞을 클릭합니다.

04 'TEXT('를 입력하고, 수식 맨 뒤를 클릭한 후, ',"000")'를 입력하고 Enter 를 누릅니다.

> **수식 설명**
> [C4] 셀의 값에 '000' 형식을 적용하여 텍스트로 반환

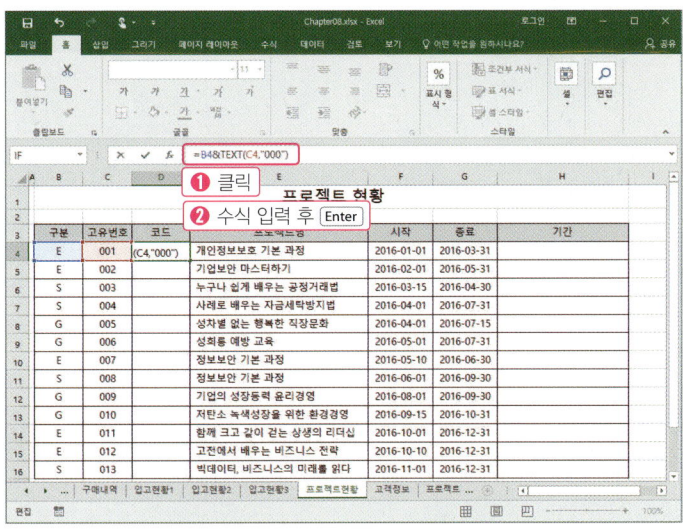

05 [D4] 셀을 클릭한 후 채우기 핸들을 더블 클릭하여 자동 채우기 합니다.

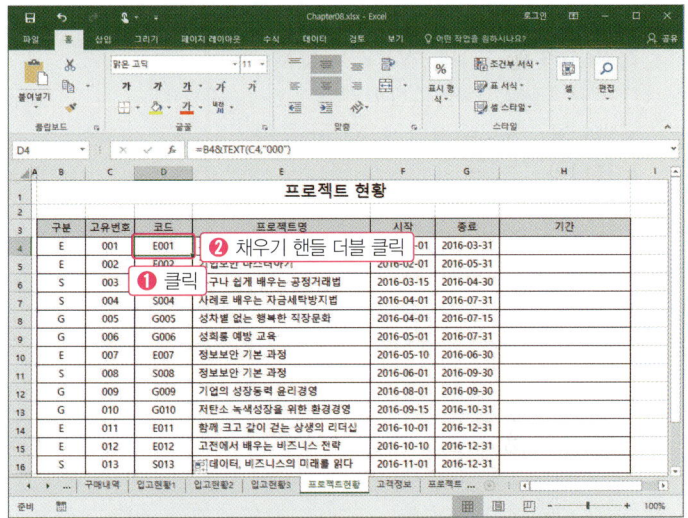

02 [시작], [종료] 날짜를 연결하여 '시작~종료(2016-01-01 ~ 2016-03-31)' 형식으로 표시

01 [H4] 셀을 클릭하고, '=F4&"~"&G4' 수식을 작성한 후 Enter 를 누릅니다.

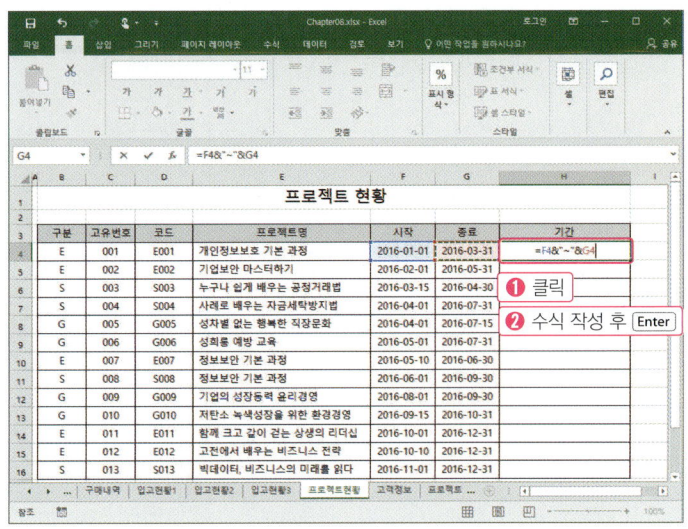

02 날짜 형식이 아닌 숫자 값으로 날짜가 표시됩니다.

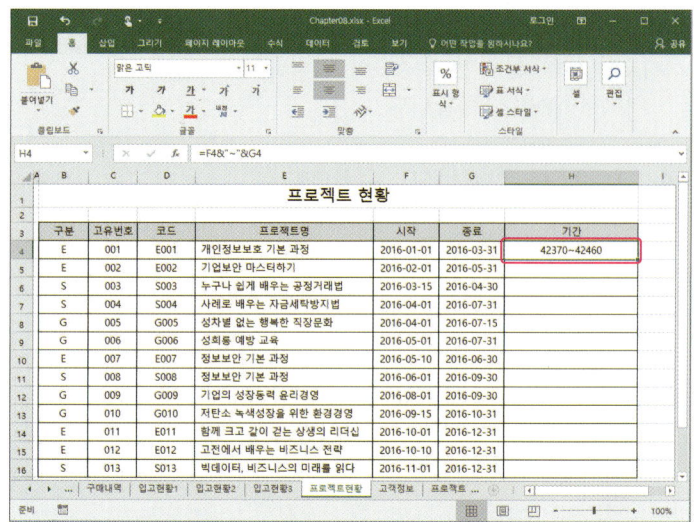

03 수식 입력줄 'F4' 앞을 클릭한 후 수식을 '=TEXT(F4,"YYYY-MM-DD")&"~"&TEXT(G4,"YYYY-MM-DD")'로 수정한 다음 Enter를 누릅니다.

> **TEXT 함수식 설명**
> [F4] 셀과 [G4] 셀에 "YYYY-MM-DD" 형식을 적용하여 텍스트로 반환

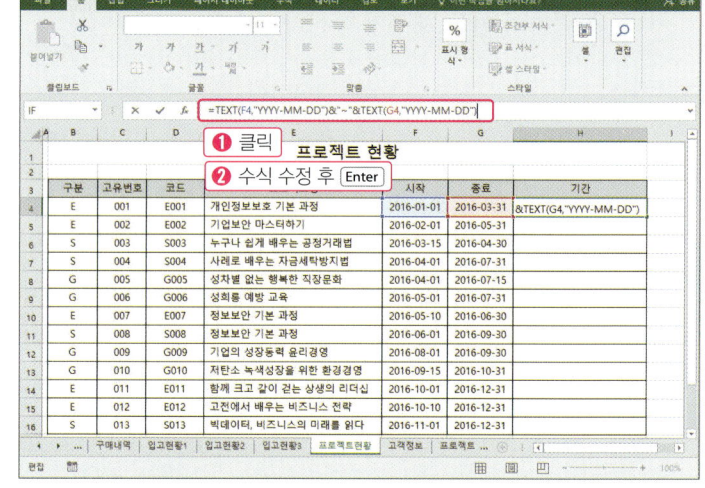

04 [H4] 셀을 클릭한 후 채우기 핸들을 더블 클릭하여 자동 채우기 합니다.

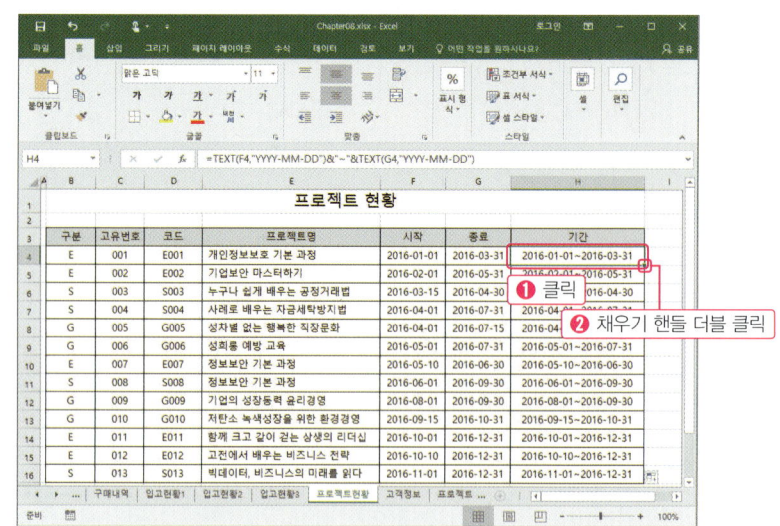

SECTION 09 여러 텍스트를 합치는 CONCAT, TEXTJOIN 함수

CONCAT와 TEXTJOIN 함수는 엑셀 2016에서 새롭게 제공되는 함수로 텍스트를 연결할 때 사용합니다. 이중 CONCAT 함수는 이전 버전의 CONCATENATE 함수를 대체합니다. 이전 버전과의 호환성을 위해 CONCATENATE 함수도 계속 사용할 수 있습니다.

📁 실습예제 : Chapter08.xlsx – [배송목록] 시트

구문	=CONCAT(Text1, Text2,…)	
인수	Text	연결할 텍스트입니다.

구문	=TEXTJOIN(Delimiter, Ignore_empty, Text1, Text2, …)	
인수	Delimiter	각 텍스트를 구분할 기호를 지정합니다.
	Ignore_empty	True의 경우 빈 셀을 무시하고, False의 경우 빈 셀을 포함합니다.
	Text	연결할 텍스트입니다.

01 CONCAT 함수로 텍스트 연결하기

01 [주소1]~[주소5] 열의 데이터들 사이에 공백을 추가하여 연결하기 위해 [K4] 셀을 클릭합니다.

02 '=CONC'를 입력하고 함수 목록에서 [CONCAT] 함수를 더블 클릭하여 선택한 후 수식 입력줄, [함수 삽입]을 클릭합니다.

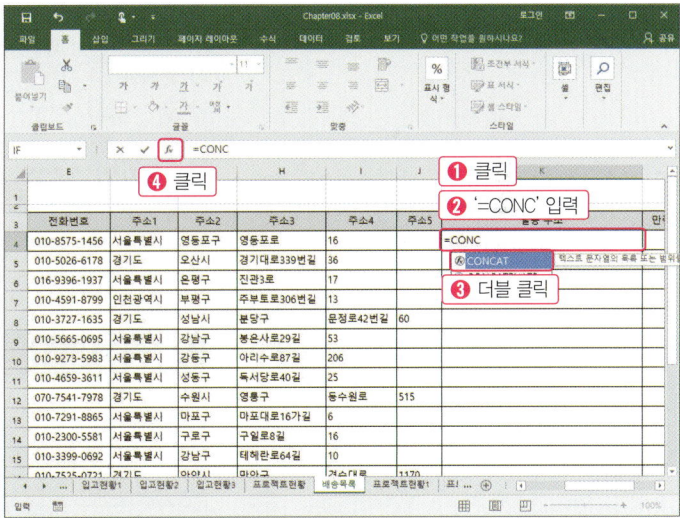

03 [함수 인수] 창의 [Text1] 인수에 [F4] 셀을 지정한 후 Tab 을 눌러 [Text2] 인수로 이동한 다음 Spacebar 를 눌러 공백을 입력합니다. 같은 방법으로 다음과 같이 나머지 인수를 지정한 후 [확인]을 클릭합니다.

- Text3 : G4
- Text4 : Spacebar
- Text5 : H4
- Text6 : Spacebar
- Text7 : I4
- Text8 : Spacebar
- Text9 : J4

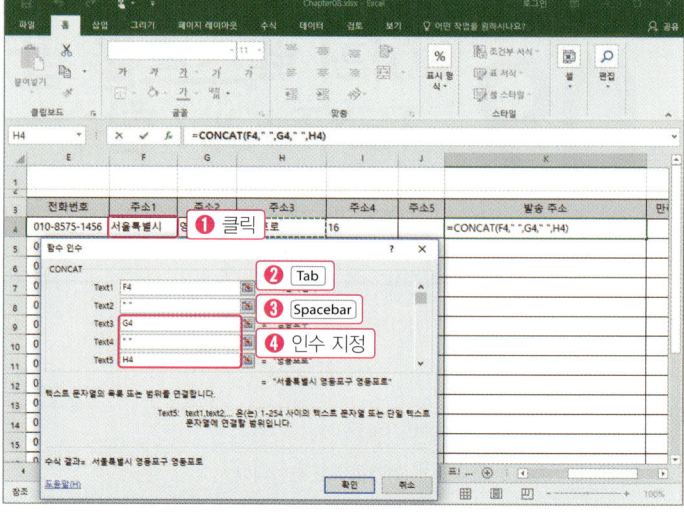

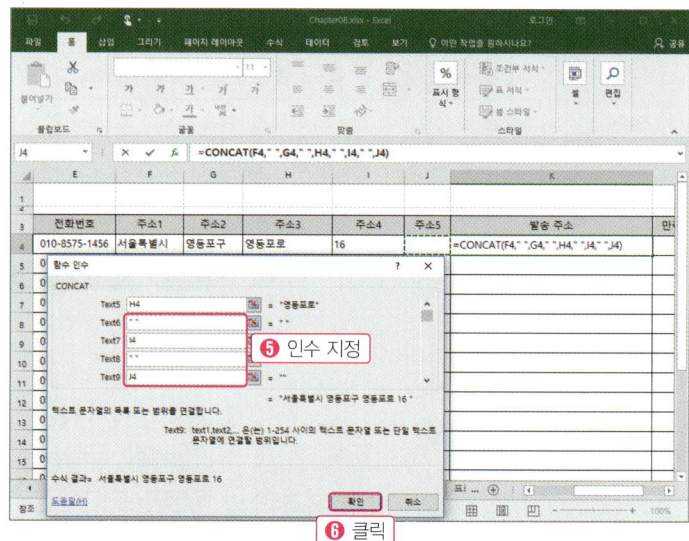

수식 설명
[F4], [G4], [H4], [I4], [J4]에 입력된 데이터들 사이에 공백을 추가하여 연결

04 [K4] 셀의 채우기 핸들을 더블 클릭하여 자동 채우기 합니다.

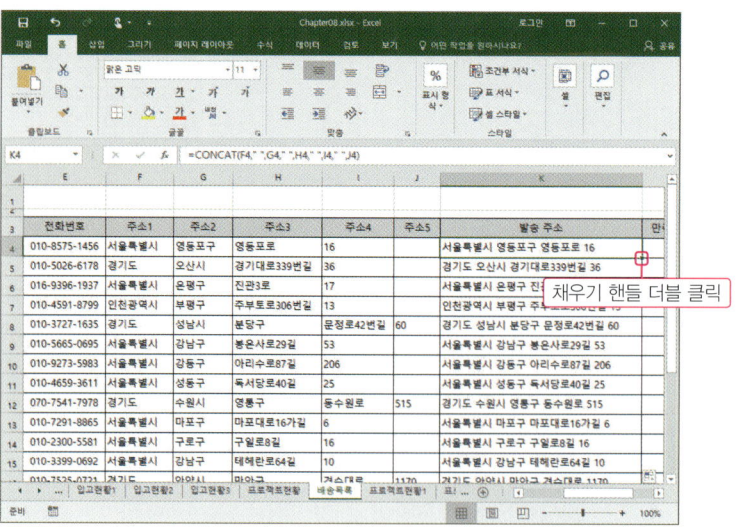

02 TEXTJOIN 함수로 텍스트 연결하기

01 [K4] 셀을 클릭한 후 Delete 를 눌러 수식을 삭제하고, '=TEXTJOIN'을 입력한 후 Ctrl + A 를 누릅니다.

02 [함수 인수] 창에서 다음과 같이 인수를 지정한 후 [확인]을 클릭합니다.

- Delimiter : Spacebar
- Ignore_empty : True
- Text1 : F4
- Text2 : G4
- Text3 : H4
- Text4 : I4
- Text5 : J4

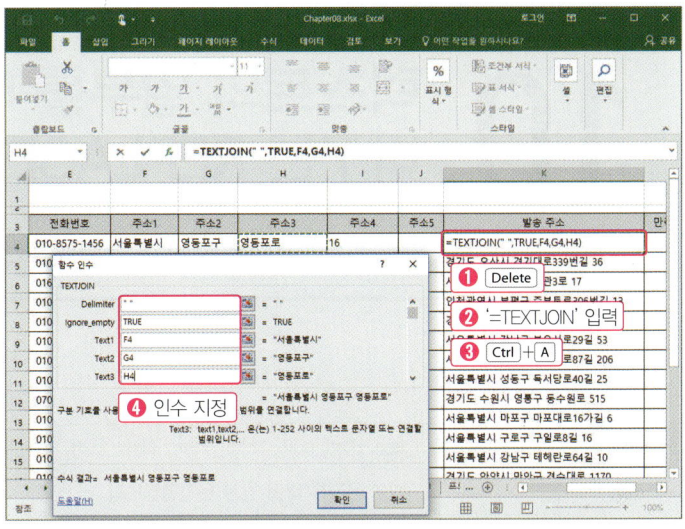

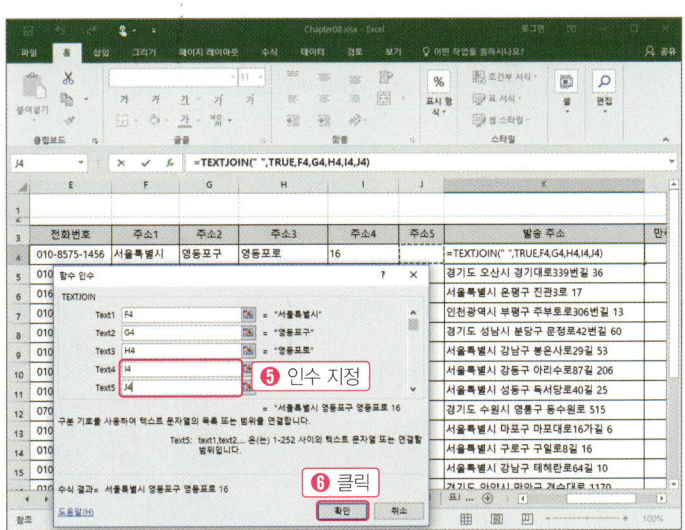

수식 설명
공백 한 칸을 구분 기호로 [F4], [G4], [H4], [I4], [J4] 셀의 데이터를 연결합니다. 단, 빈 셀은 무시합니다.

03 [K4] 셀의 채우기 핸들을 더블 클릭하여 자동 채우기 합니다.

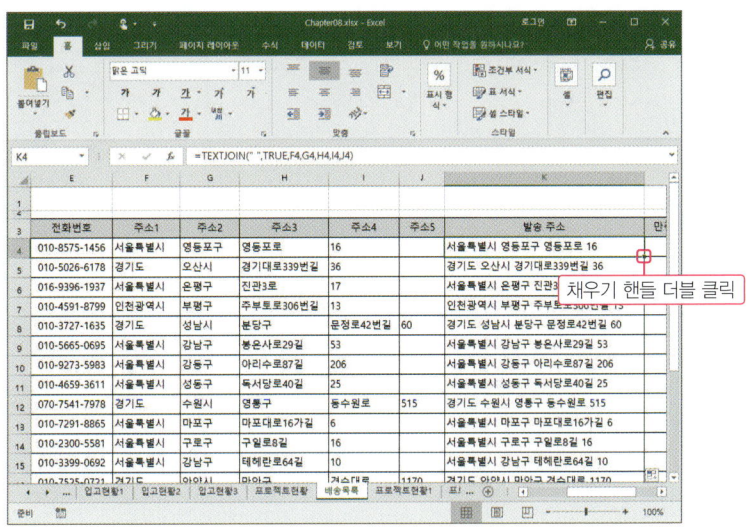

Chapter 08_ 알수록 득이되는 실무 함수 · **267**

SECTION

10 텍스트의 일부를 다른 텍스트로 바꾸는 REPLACE 함수

REPLACE 함수는 지정한 자리(Start_num)부터 지정한 문자 개수(Num_chars)만큼 기존 문자열(Old_text)의 일부를 다른 문자열(New_text)로 바꾸는 함수입니다.

📁 실습예제 : Chapter08.xlsx – [배송목록] 시트

구문	=REPLACE(Old_text, Start_num, Num_chars, New_text)		
인수	Old_text	일부 문자를 바꿀 원본 문자열입니다.	
	Start_num	Old_text에서 New_text로 바꿀 문자의 시작 위치입니다.	
	Num_chars	Old_text에서 New_text로 바꿀 문자의 개수입니다.	
	Num_text	Old_text에 바꿔 넣을 새 문자열입니다.	

01 [수령인] 열의 이름을 '**'로 바꾸기 위해 [D4] 셀을 클릭한 후, '=RE'를 입력하고 함수 목록에서 'REPLACE' 함수를 더블 클릭합니다.

02 [수식 입력줄]의 [함수 삽입] 버튼을 클릭합니다.

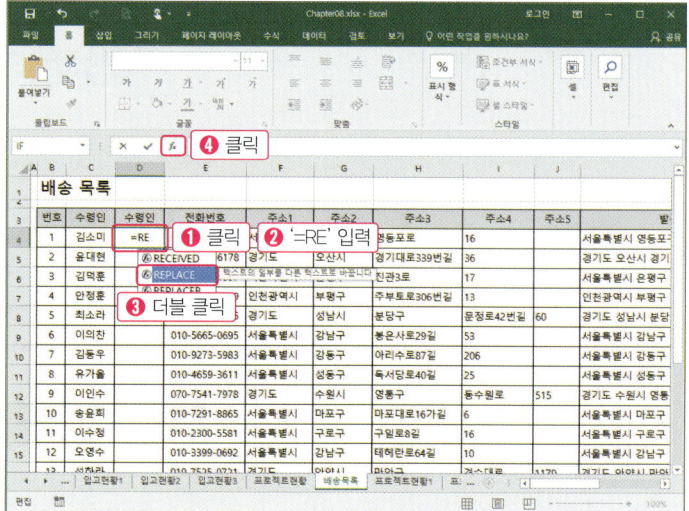

268 · 엑셀 2016

03 다음과 같이 인수를 지정한 후 [확인]을 클릭합니다.

- Old_text : C4
- Start_num : 2
- Num_chars : 2
- New_text : **

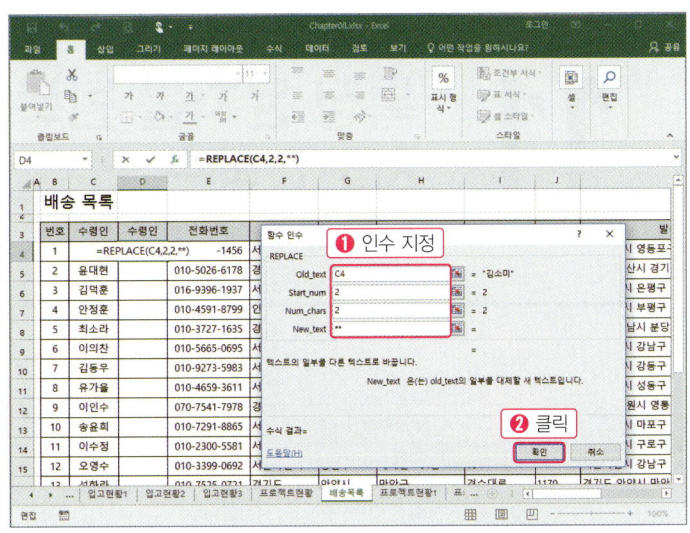

수식 설명

[C4] 셀 왼쪽 2번째 자리부터 시작해서 2개의 문자를 '**'로 바꿈

04 [D4] 셀의 채우기 핸들을 더블 클릭하여 자동 채우기 합니다.

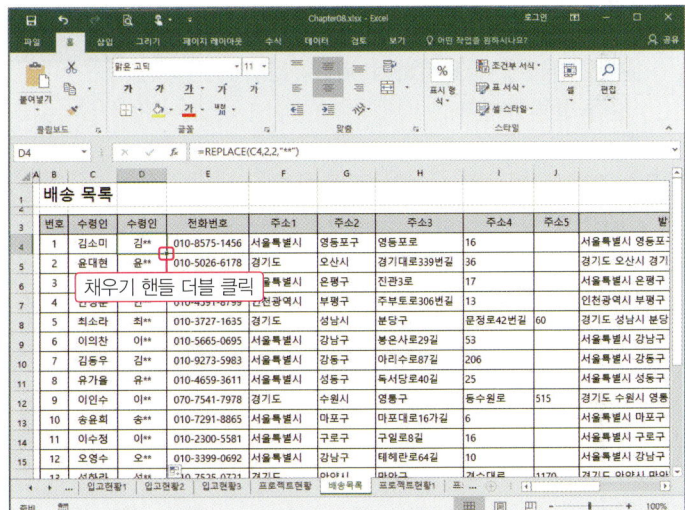

Chapter 08_ 알수록 득이되는 실무 함수 · **269**

SECTION 11. 특정 문자를 반복해서 표시하는 REPT 함수

REPT 함수는 특정 문자(Text)를 지정한 횟수(Number_times)만큼 반복해서 표시하는 함수입니다.

실습예제 : Chapter08.xlsx - [배송목록] 시트

구문	=REPT(Text, Number_times)	
인수	Text	반복해서 표시하려는 문자를 지정합니다.
	Number_times	반복 횟수를 지정합니다.

01 [그래프] 열에 [만족도]만큼 '★' 문자를 반복해서 표시하기 위해 [M4] 셀을 클릭합니다.

02 '=RE'를 입력한 후 함수 목록에서 'REPT' 함수를 더블 클릭하고, [수식 입력줄]의 [함수 삽입] 버튼을 클릭합니다.

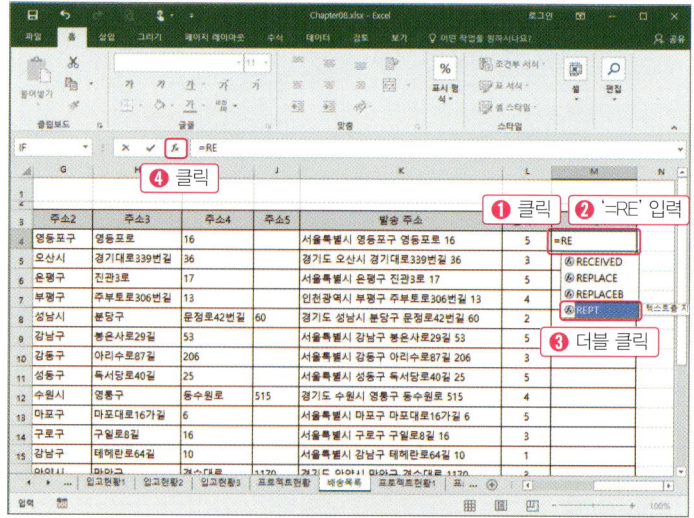

03 [Text] 인수에 'ㅁ'을 입력한 후 한자 를 눌러 '★' 기호를 선택합니다.

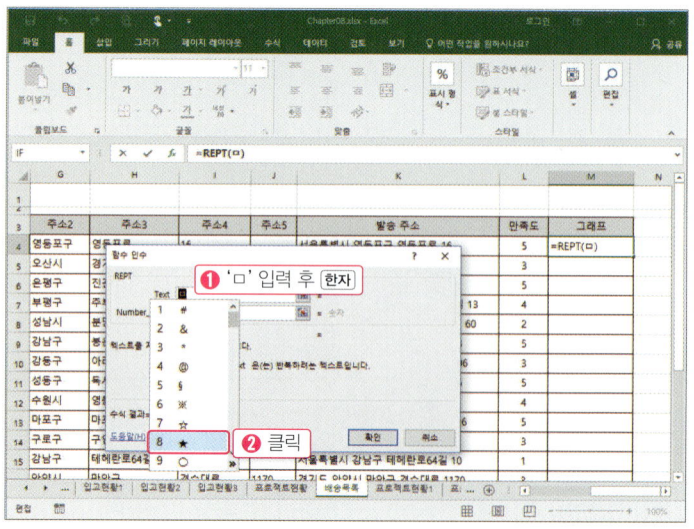

04 [Number_times] 인수에 [L4] 셀을 지정한 후 [확인]을 클릭합니다.

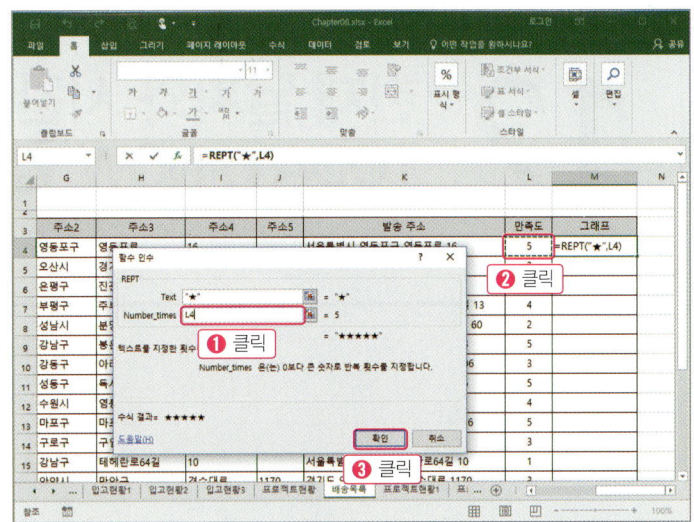

05 [M4] 셀의 채우기 핸들을 더블 클릭하여 자동 채우기 합니다.

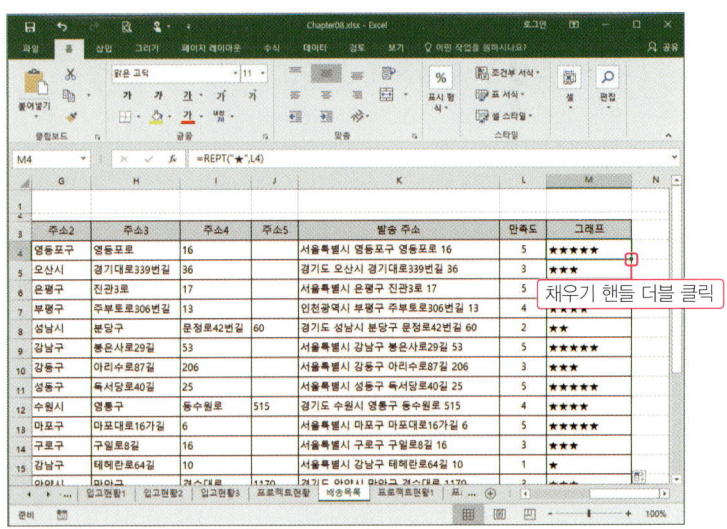

SECTION 12

현재 날짜와 시간을 표시하는 TODAY, NOW 함수

TODAY는 현재 날짜를, NOW는 현재 날짜와 시간을 반환하는 함수로 두 함수 모두 인수가 없습니다.

📂 실습예제 : Chapter08.xlsx - [프로젝트현황1] 시트

구문	=TODAY() =NOW()

01 [C3] 셀을 클릭하고 '=TODAY()' 수식을 작성한 후 Enter를 누릅니다.

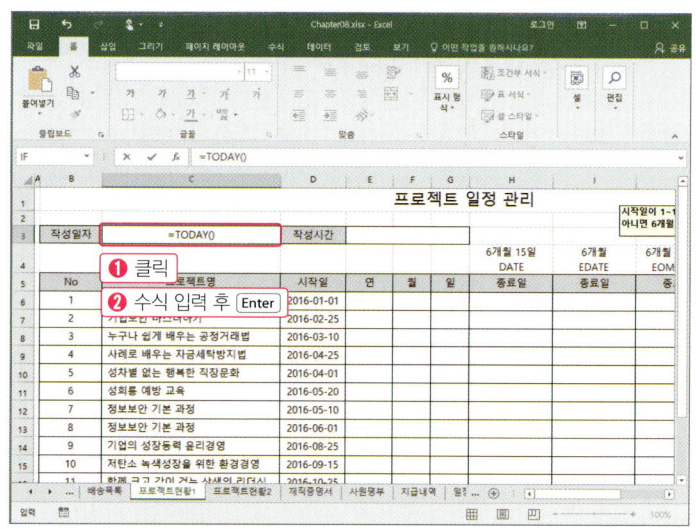

02 [E3] 셀을 클릭하고 '=NOW()' 수식을 작성한 후 Enter를 누릅니다.

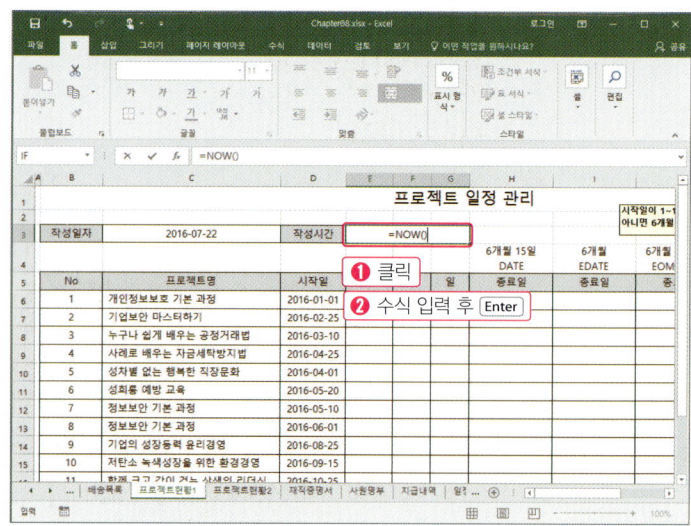

03 [E3] 셀에서 마우스 오른쪽 버튼을 클릭한 후 [셀 서식]을 선택합니다.

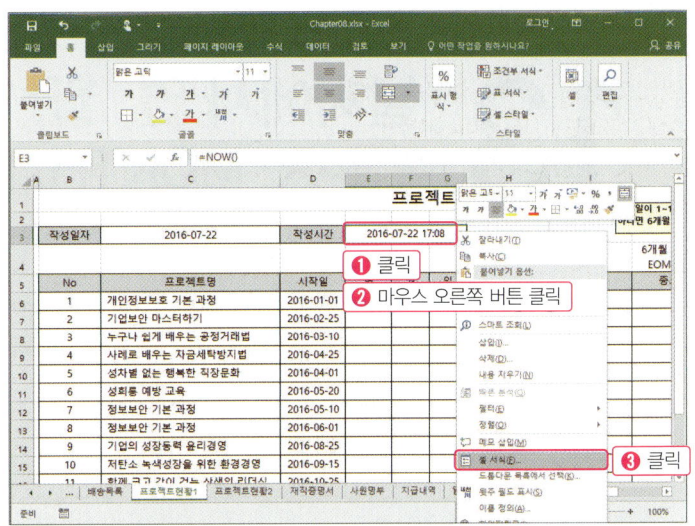

04 [셀 서식] 창 [표시 형식] 탭의 [범주]에서 [시간]을 선택한 후 [형식]에서 '오후 1:30'을 선택하고 [확인]을 클릭합니다.

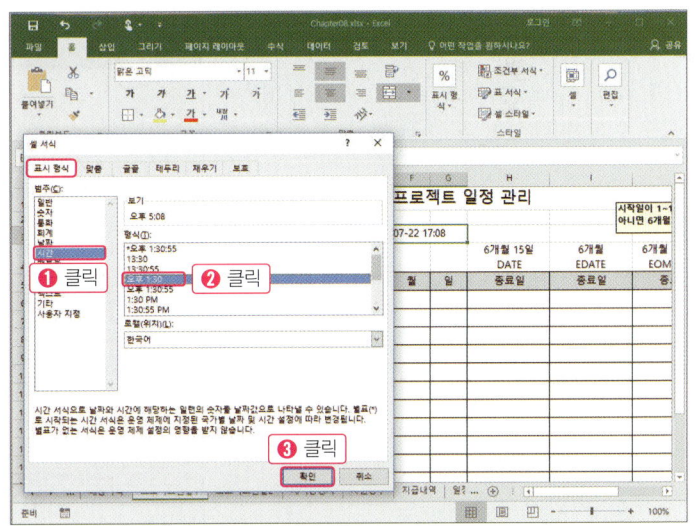

05 [Now] 함수의 날짜, 시간 중 시간만 표시되는 것을 확인합니다.

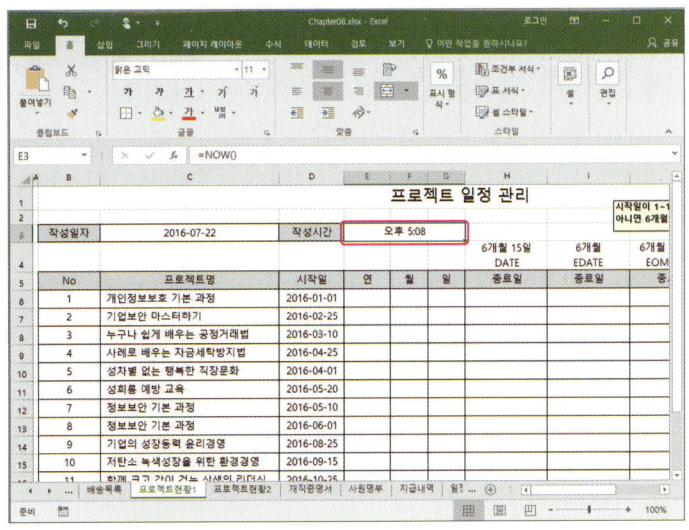

SECTION 13

날짜에서 연, 월, 일을 추출하는 YEAR, MONTH, DAY 함수

YEAR, MONTH, DAY 함수는 날짜에서 연도, 월, 일만 추출하는 함수입니다.

📁 **실습예제** : Chapter08.xlsx – [프로젝트현황1] 시트

구문	=YEAR(Serial_number) =MONTH(Serial_number) =DAY(Serial_number)	
인수	Serial_number	연, 월, 일을 추출하고자 하는 날짜입니다.

01 YEAR 함수로 연도 추출하기

01 [E6] 셀을 클릭하고 '=YEAR(D6)' 수식을 작성한 후 Enter 를 누릅니다.

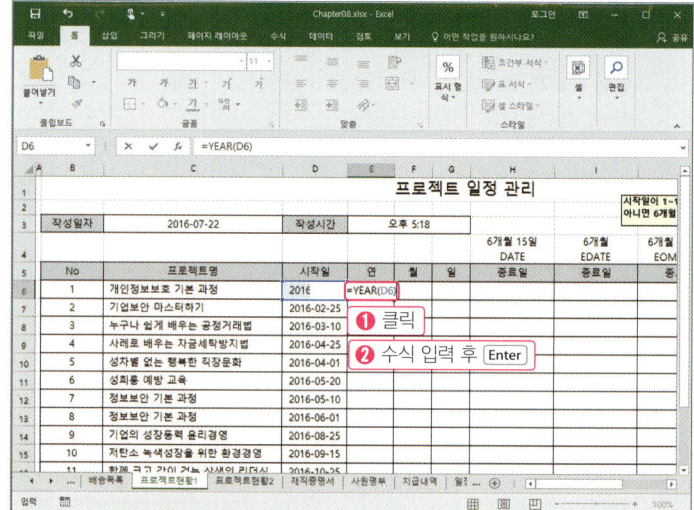

02 MONTH 함수로 월 추출하기

01 [F6] 셀을 클릭하고 '=MONTH(D6)' 수식을 작성한 후 Enter 를 누릅니다.

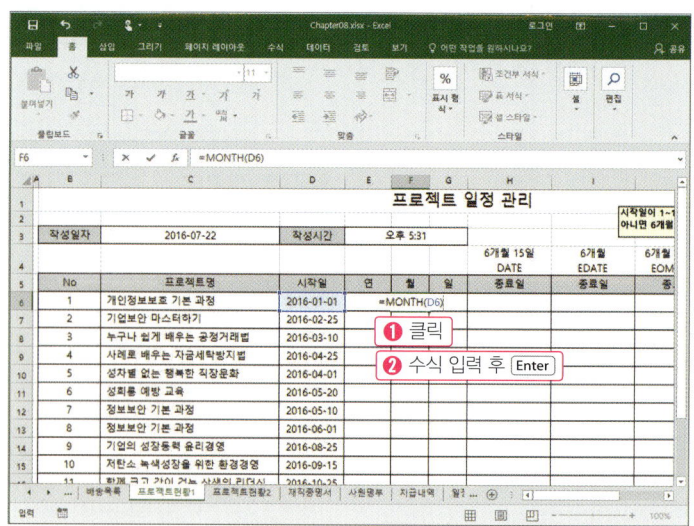

03 DAY 함수로 일 추출하기

01 [G6] 셀을 클릭하고 '=DAY(D6)' 수식을 작성한 후 Enter 를 누릅니다.

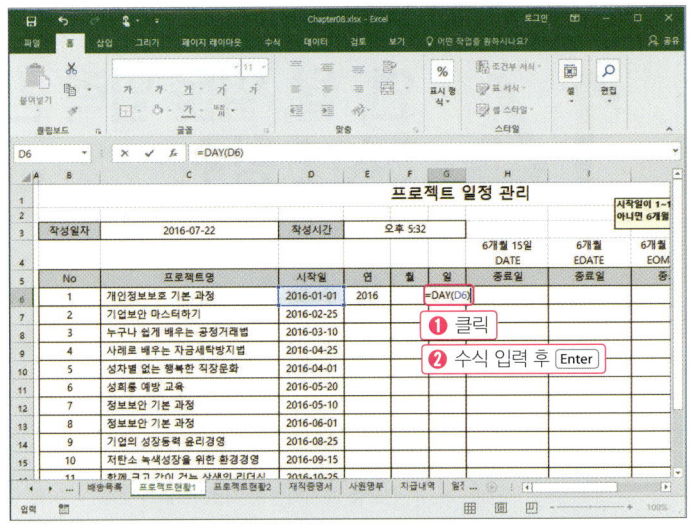

02 [E6~G6] 셀을 드래그하여 선택한 후 채우기 핸들에서 더블 클릭하여 자동 채우기 합니다.

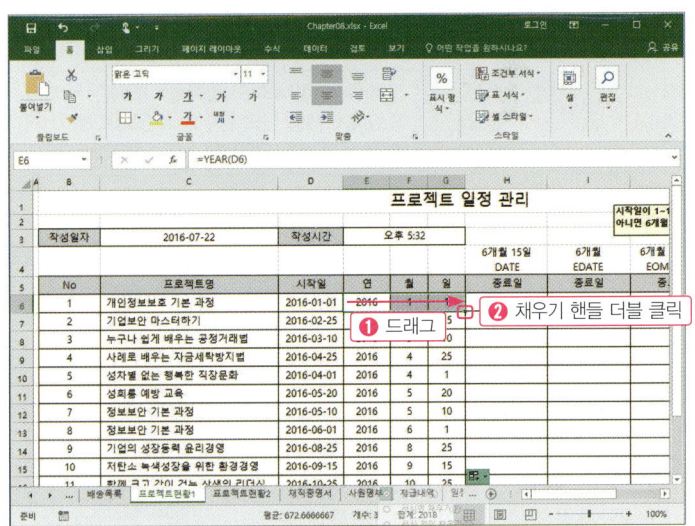

SECTION 14

연, 월, 일을 입력 받아 날짜로 반환하는 DATE 함수

DATE 함수는 연(Year), 월(Month), 일(Day)로 구분된 데이터를 인수로 받아들여 날짜 데이터로 반환하는 함수입니다.

📁 실습예제 : Chapter08.xlsx - [프로젝트현황1] 시트

구문	=DATE(Year, Month, Day)	
인수	Year	연도를 표시하는 숫자로 1900과 9999 사이의 숫자를 지정합니다.
	Month	1월에서 12월 사이의 월을 나타내는 숫자를 지정합니다. 12보다 크면 다음 해로 넘어가고 Month에서 12를 차감하여 계산됩니다. 예를 들어, DATE(2016,14,2) 수식은 2017년 2월 2일을 반환합니다.
	Day	1일에서 31일 사이의 일자를 나타내는 숫자를 지정합니다. 달의 전체 일수보다 크면 다음 월로 넘어가고 Day에서 해당 월의 일수를 차감하여 계산합니다. 예를 들어, DATE(2016,1,35) 수식은 2016년 2월 4일을 반환합니다.

01 프로젝트 [시작일]로부터 6개월 15일 후의 프로젝트 [종료일]을 구하기 위해 [H6] 셀을 클릭하고 '=DATE'를 입력한 후 Ctrl + A 를 누릅니다.

02 [함수 인수] 창에서 다음과 같이 인수를 지정한 후 [확인]을 클릭합니다.

- Year : E6
- Month : F6+6
- Day : G6+15

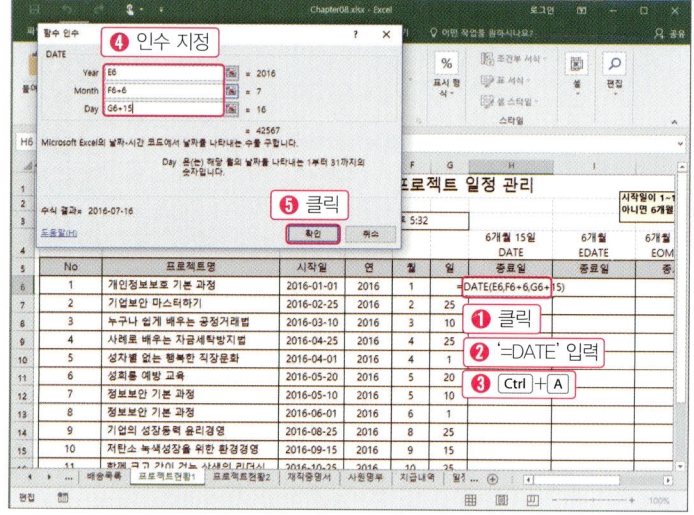

03 [H6] 셀의 채우기 핸들을 더블 클릭하여 자동 채우기 합니다.

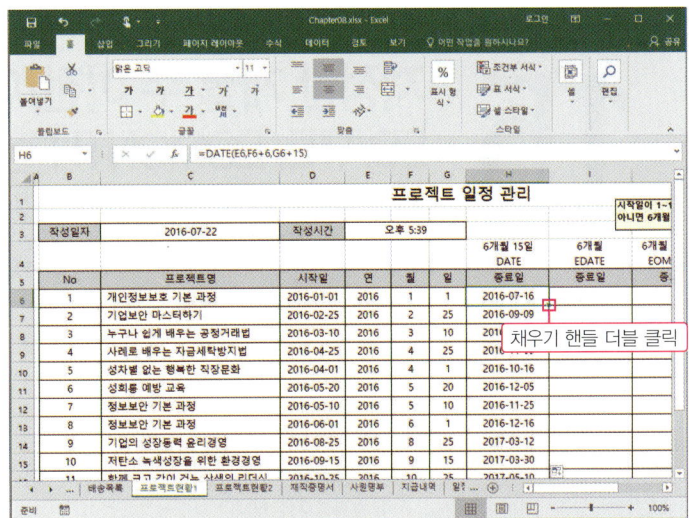

앞서 작성한 [종료일] 수식을 DATE, YEAR, MONTH, DAY 함수를 중첩하여 다음과 같이 수식을 =DATE(YEAR(D6), MONTH(D6)+6,DAY(D6)+15)를 작성할 수 있습니다.

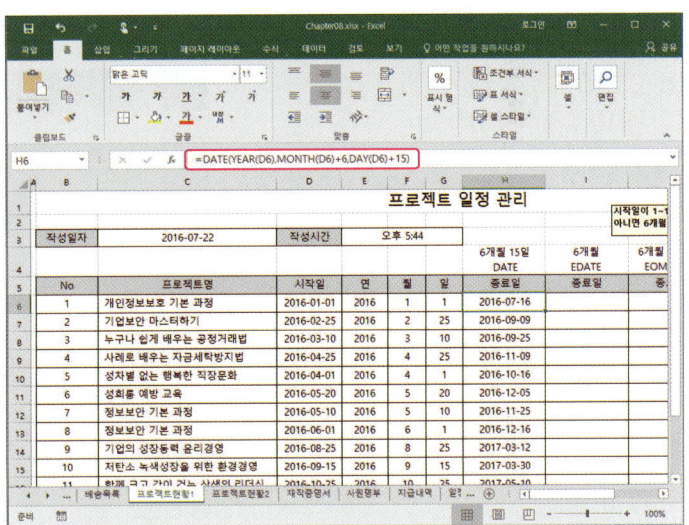

SECTION 15

지정한 개월 수 이전/이후의 날짜를 반환하는 EDATE, EOMONTH 함수

EDATE 함수는 시작일(Start_date)로부터 지정한 개월 수(Months) 이전 또는 이후에 해당하는 날짜를 반환하고, EOMONTH 함수는 시작일(Start_date)로부터 지정한 개월 수(Months) 이전 또는 이후에 해당하는 달의 마지막 날짜를 반환합니다.

📁 실습예제 : Chapter08.xlsx – [프로젝트현황2] 시트

구문	=EDATE(Start_date, Months), =EOMONTH(Start_date, Months)	
인수	Start_date	시작 날짜를 지정합니다.
	Months	시작일(Start_date) 전이나 후의 개월 수입니다. 앞으로의 날짜는 양수로, 지난 날짜는 음수로 표시됩니다.

01 EDATE 함수로 6개월 후의 날짜 계산하기

01 [E6] 셀을 클릭하고 '=EDATE'를 입력한 후 Ctrl+A를 누릅니다.

02 다음과 같이 인수를 지정한 후 [확인]을 클릭합니다.
- Start_date : D6
- Month : 6

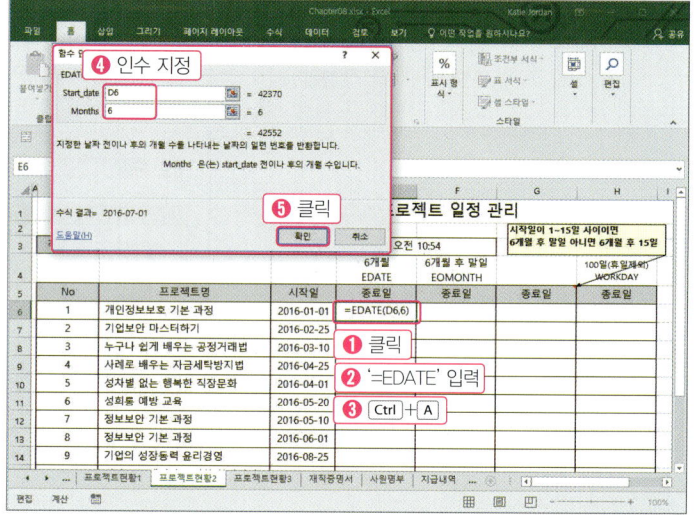

03 [E6] 셀의 채우기 핸들을 더블 클릭하여 자동 채우기 합니다.

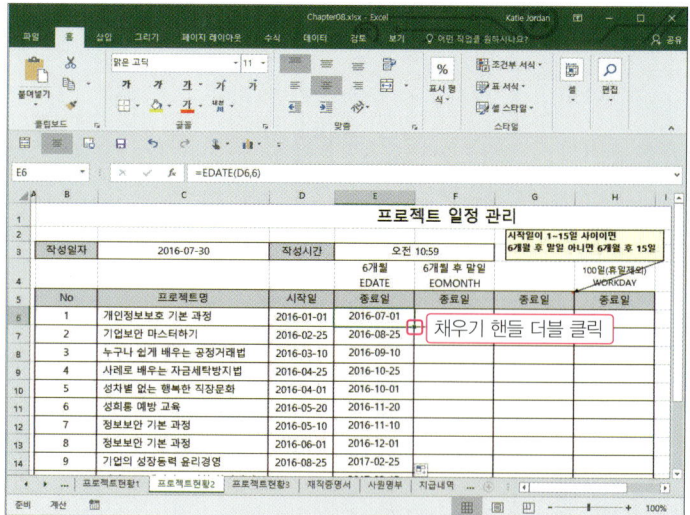

02 EOMONTH 함수로 6개월 후 마지막 날짜 계산하기

01 [F6] 셀을 클릭하고 '=EOMONTH'를 입력한 후 Ctrl+A를 누릅니다.

02 다음과 같이 인수를 지정하고 [확인]을 클릭합니다.
- Start_date : D6
- Month : 6

> **수식 설명**
> D6 셀의 날짜로부터 6개월 후의 마지막 날짜 계산

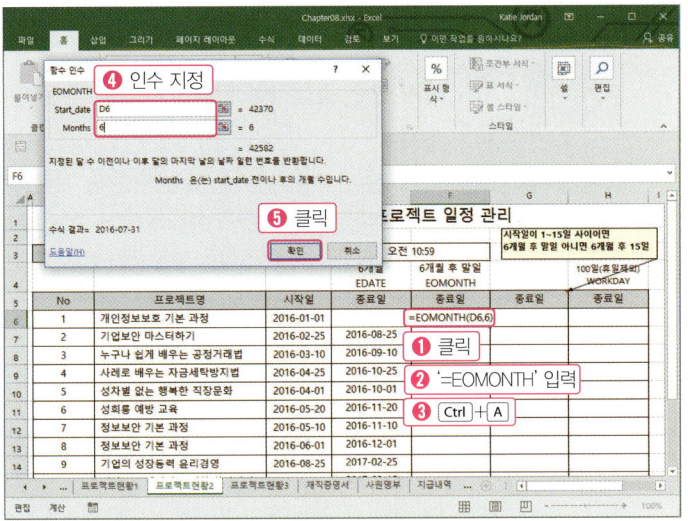

03 [F6] 셀의 채우기 핸들을 더블 클릭하여 자동 채우기 합니다.

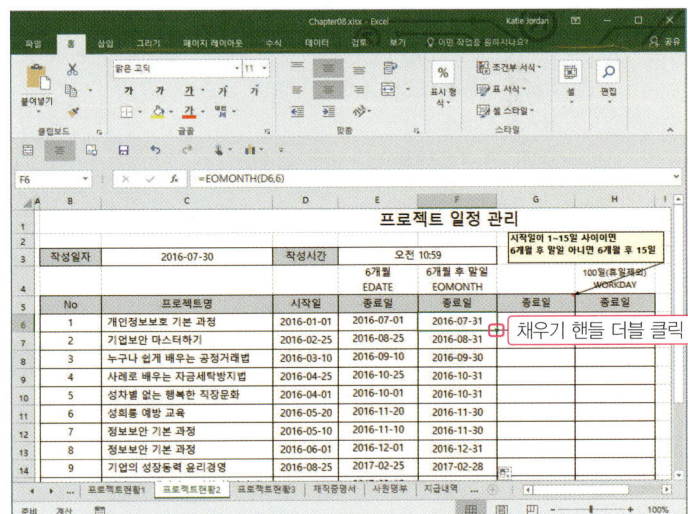

PowerUp 날짜 함수 중첩하여 활용하기

날짜 함수를 사용하여 원하는 날짜를 계산하다 보면 단순 몇 개월, 몇 일 후의 날짜가 아니라 더 복잡한 로직이 필요한 경우가 발생할 수 있습니다. 앞서 학습한 YEAR, MONTH, DAY, EOMONTH, DATE 등의 날짜 함수와 IF 함수를 활용하여 다음 조건과 같이 날짜를 계산하는 로직을 설정해 보겠습니다. 이를 통해 날짜 함수를 조금 더 잘 활용할 수 있게 될 것입니다.

시작일이 1~15일 사이이면 6개월 후의 마지막 날짜를 반환하고, 1~15일 사이가 아니면 6개월 후의 15일을 반환하는 수식을 작성해 보겠습니다.

01 결과를 표시할 [G6] 셀을 클릭하고 '=IF'를 입력한 후 Ctrl+A를 누릅니다. [함수 인수] 창에서 다음과 같이 인수를 지정한 후 [확인]을 클릭합니다.

- Logical_test : DAY(D6)<=15
- Value_if_true : EOMONTH(D6,6)
- Value_if_false : DATE(YEAR(D6),MONTH(D6)+6,15)

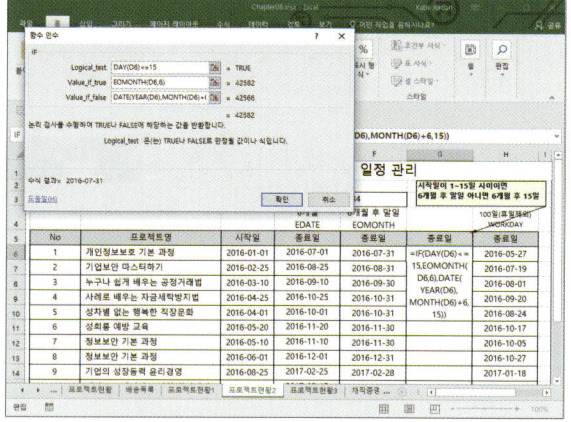

02 [G6] 셀의 채우기 핸들을 더블 클릭하여 자동 채우기 합니다.

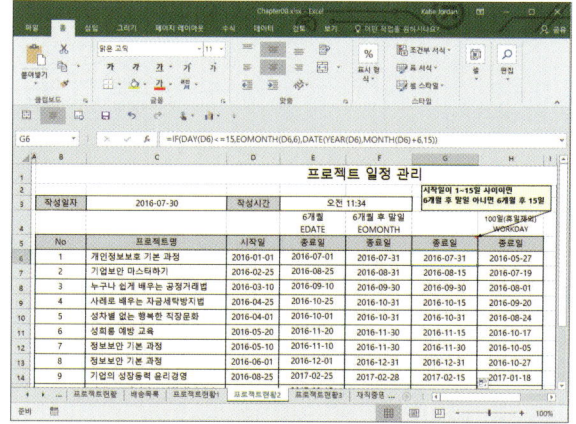

수식 설명

=IF(DAY(D6)<=15,EOMONTH(D6,6),DATE(YEAR(D6),MONTH(D6)+6,15))
      ❶   ❷   ❸

❶ 만약 D6 셀의 날짜에서 일을 추출한 값이 15 이하이면
❷ ①의 조건이 만족하는 경우 D6 셀의 날짜로부터 6개월 후의 마지막 날짜를 반환하고,
❸ ①의 조건이 만족하지 않는 경우 D6 셀의 연도, 6개월 후의 월, 15일의 날짜를 반환

SECTION 16 휴일을 제외한 지정한 일수 후의 날짜를 반환하는 WORKDAY 함수

WORKDAY 함수는 시작일(Start_date)로부터 지정된 작업 일수의 이전 또는 이후에 해당하는 날짜를 반환합니다. 프로젝트 [시작일]부터 휴일을 제외한 100일 후의 날짜를 계산해 보겠습니다.

구문	=WORKDAY(Start_date, Days, Holidays)	
인수	Start_date	시작 날짜를 지정합니다.
	Days	Start_date 전이나 후의 주말이나 휴일을 제외한 날짜 수입니다. Days 값이 양수이면 앞으로의 날짜이고 음수이면 지나간 날짜입니다.
	Holidays	국경일, 공휴일, 임시 공휴일과 같이 작업 일수에서 제외되는 날짜 범위이며, 생략할 수 있습니다.

01 [H6] 셀을 클릭하고 '=WORKDAY'를 입력한 후 Ctrl+A를 누릅니다. [함수 인수] 창에서 다음과 같이 인수를 지정한 후 [확인]을 클릭합니다.

- Start_date : D6
- Days : 100
- Holidys : K3:K18 선택 후 F4

02 [H6] 셀의 채우기 핸들을 더블 클릭하여 자동 채우기 합니다.

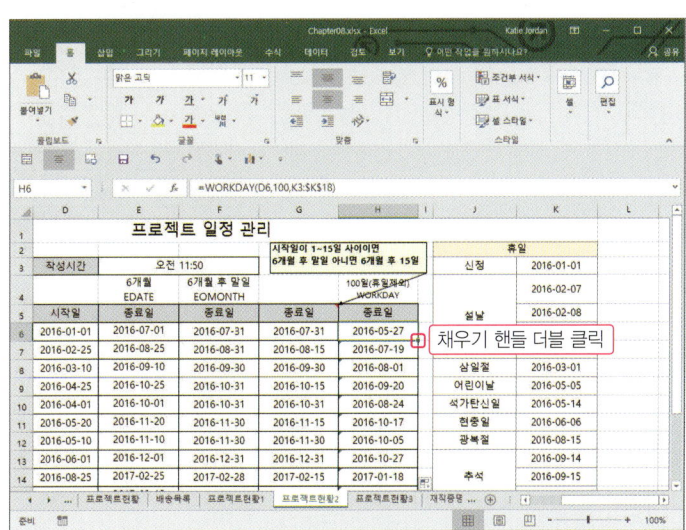

SECTION 17 두 날짜 사이의 일수를 구하는 DAYS, DAYS360 함수

두 날짜 사이의 일수를 계산할 때는 빼기 연산을 통해 쉽게 계산할 수 있습니다. 단순 빼기 연산 이외에 DAYS 함수로도 두 날짜 사이의 일수를 구할 수 있습니다. DAYS360 함수는 1년을 360일(30일 기준의 12개월)로 보고 두 날짜 사이의 일수를 반환하며 회계 계산에 사용됩니다. 회계 체계가 12달 30일을 기준으로 할 경우 이 함수를 사용하여 임금 등을 계산할 수 있습니다.

실습예제 : Chapter08.xlsx - [프로젝트현황3] 시트

구문	=DAYS(End_date, Start_date)	
인수	End_date	일수를 계산할 종료일을 지정합니다.
	Start_date	일수를 계산할 시작일을 지정합니다.

구문	=DAYS360(Start_date, End_date, Method)	
인수	Start_date	일수를 계산할 시작일을 지정합니다.
	End_date	일수를 계산할 종료일을 지정합니다.
	Method	FALSE 또는 생략하면 미국식(NASD), TRUE를 지정하면 유럽식 방법을 사용합니다.

01 DAYS 함수로 두 날짜 사이의 일수 계산하기

01 [F6] 셀을 클릭하고 '=DAYS'를 입력한 후 Ctrl + A 를 누릅니다. 다음과 같이 인수를 지정한 후 [확인]을 클릭합니다.
- End_date : E6
- Start_date : D6

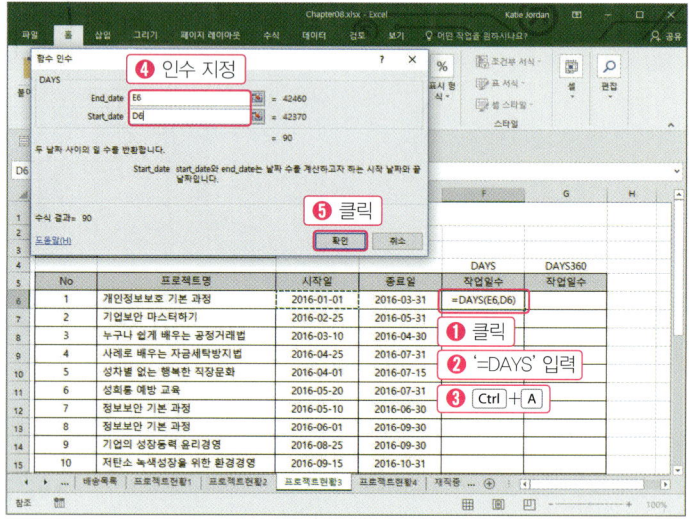

02 DAYS360 함수로 두 날짜 사이의 일수 계산하기

01 [G6] 셀을 클릭하고 '=DAYS360'을 입력한 후 Ctrl+A를 누릅니다. 다음과 같이 인수를 지정한 후 [확인]을 클릭합니다.

- Start_date : D6
- End_date : E6

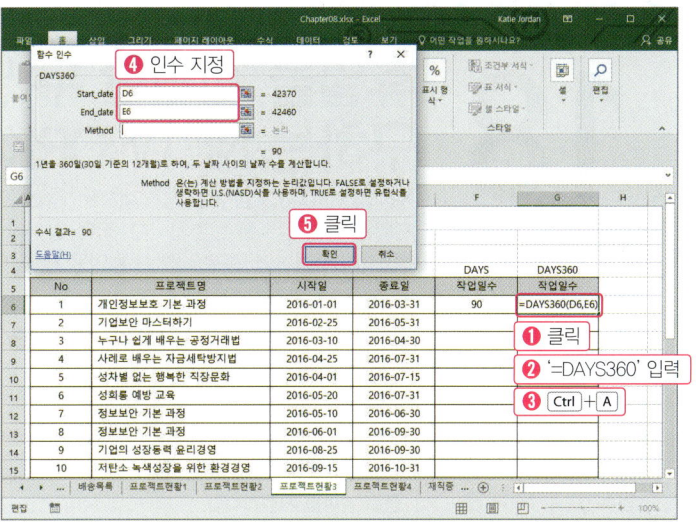

02 [F6~G6] 셀을 선택한 후 채우기 핸들에서 더블 클릭하여 자동 채우기 합니다.

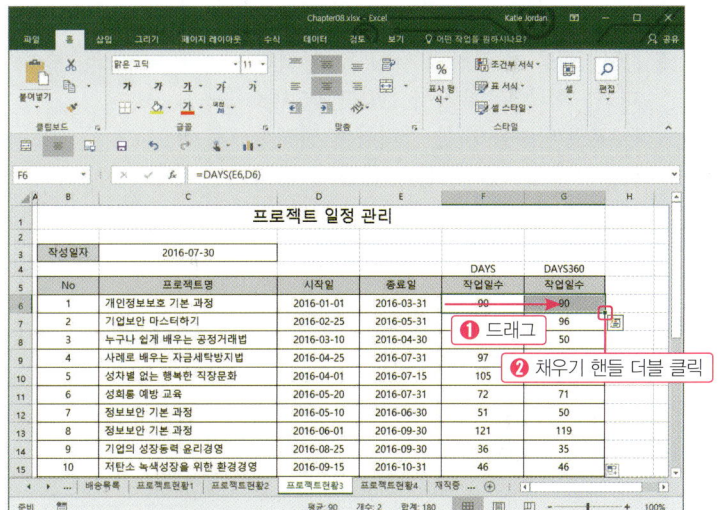

SECTION 18

휴일을 제외한 두 날짜 사이의 일수를 구하는 NETWORKDAYS 함수

NETWORKDAYS 함수는 시작일(Start_date)과 종료일(End_date) 사이의 휴일(Holidays)을 제외한 작업 일수를 반환합니다. 작업 일수에 주말은 기본적으로 포함되지 않습니다. 프로젝트 [시작일]부터 [종료일]까지 휴일을 제외한 작업 일수를 계산해 보겠습니다.

실습예제 : Chapter08.xlsx – [프로젝트현황4] 시트

구문	=NETWORKDAYS(Start_date, End_date, Holidays)	
인수	Start_date	시작 날짜를 지정합니다.
	End_date	종료 날짜를 지정합니다.
	Holidays	국경일, 공휴일, 임시 공휴일과 같이 작업 일수에서 제외되는 날짜 범위이며, 생략할 수 있습니다.

01 [F6] 셀을 클릭하고 '=N'을 입력합니다. 함수 목록에서 [NETWORKDAYS] 함수를 더블 클릭하여 선택하고, 수식 입력줄의 [함수 삽입]을 클릭합니다.

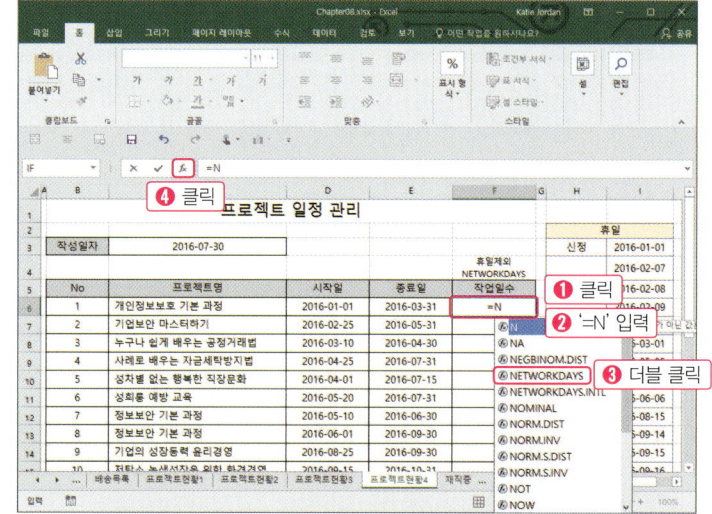

02 [함수 인수] 창에서 다음과 같이 인수를 지정하고 [확인]을 클릭합니다.
- Start_date : D6
- End_date : E6
- Holidays : I3:I18 셀 선택 후 F4

03 [F6] 셀의 채우기 핸들을 더블 클릭하여 자동 채우기 합니다.

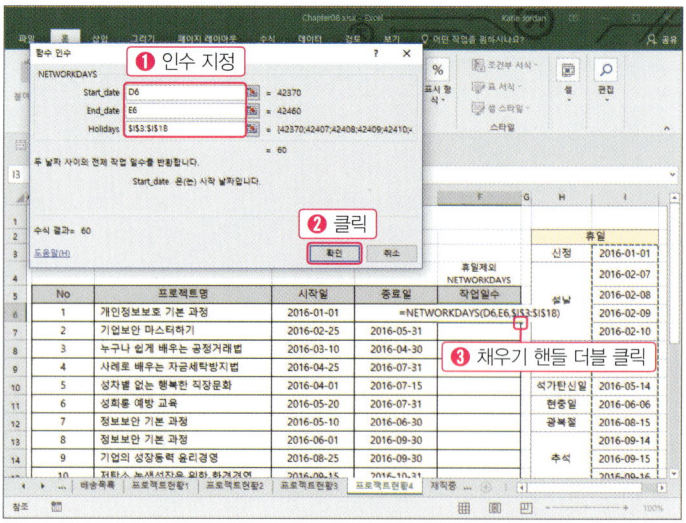

SECTION 19

두 날짜 사이의 경과 기간을 구하는 DATEDIF 함수

DATEDIF 함수는 두 날짜 사이의 경과된 일, 월, 연도 수 등을 계산합니다. 함수 마법사에서 제공되지 않는 함수이므로 수식을 직접 타이핑하여 입력해야 합니다.

실습예제 : Chapter08.xlsx - [재직증명서] 시트

구문		=DATEDIF(Start_date, End_date, Unit)
인수	Start_date	기간을 구할 시작일을 지정합니다.
	End_date	기간을 구할 종료일을 지정합니다.
	Unit	경과된 기간을 계산할 유형을 " " 안에 지정합니다. • Y : 경과된 누적 연도 수 • YM : 경과된 연도 수를 제외한 잔여 월수 • M : 경과된 누적 월수 • MD : 경과된 연도와 개월 수를 제외한 잔여 일수 • D : 결과된 누적 일수 • YD : 경과된 연도 수를 제외한 잔여 일수

01 재직 연수 계산하기

01 입사일부터 재직일까지의 재직 연수를 계산해 보겠습니다. [D15] 셀을 클릭하고 '=DATEDIF(D13,D14, "Y")'를 입력한 후 Enter 를 누릅니다.

02 두 날짜 사이의 경과된 연수가 계산됩니다.

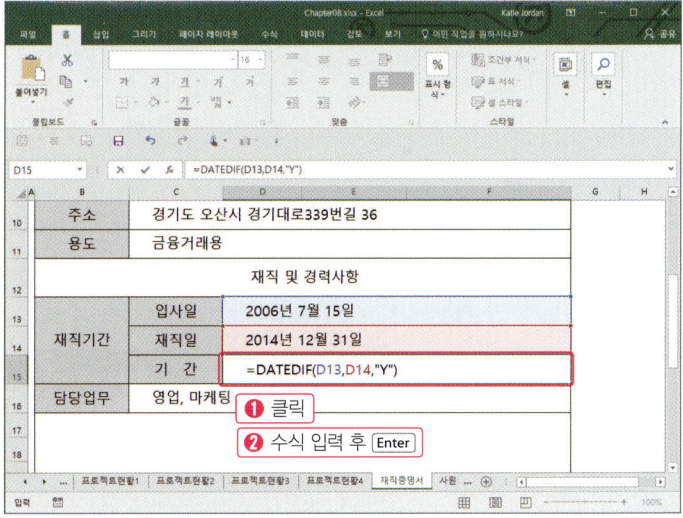

02 재직 기간 구하기

01 [D15] 셀을 클릭한 후 수식 입력줄 '=' 뒤를 클릭하고 'CONCAT('를 입력합니다. CONCAT 함수명 임의의 위치를 클릭하고 [함수 삽입]을 클릭합니다.

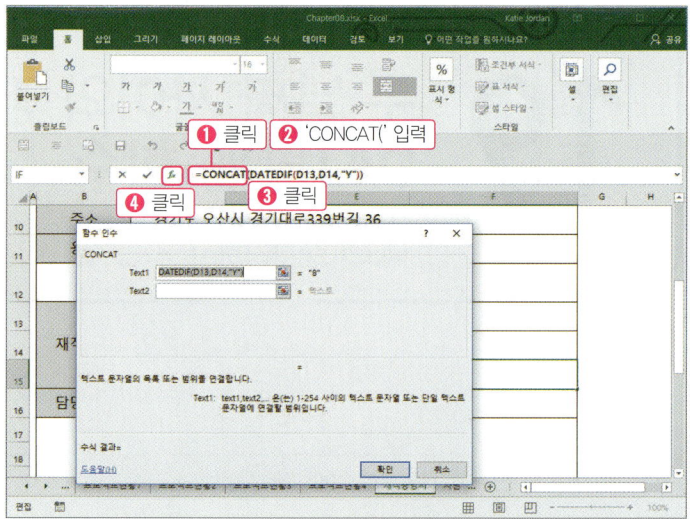

02 [함수 인수] 창에서 다음과 같이 인수를 지정하고 [확인]을 클릭합니다.

- Text1 : 작성되어 있던 수식
- Text2 : 년 Spacebar
- Text3 : DATEDIF(D13,D14,"YM")
- Text4 : 개월 Spacebar
- Text5 : DATEDIF(D13,D14,"MD")
- Text6 : 일

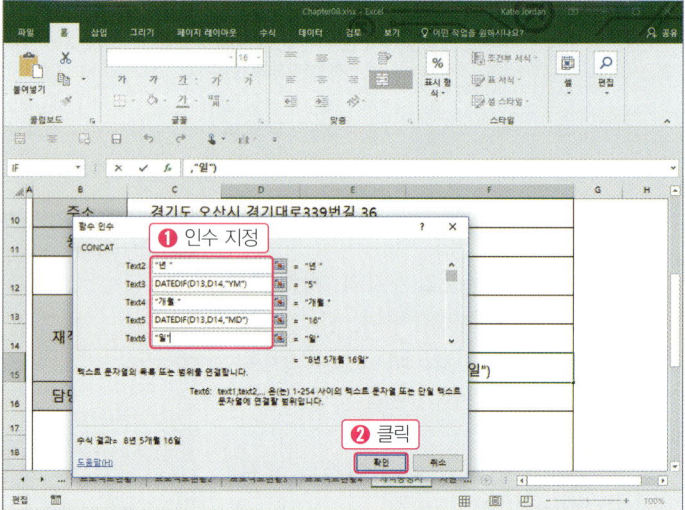

03 CONCAT 함수와 DATEDIF 함수를 중첩하여 재직기간이 'O년 O개월 O일' 형식으로 계산된 것을 확인합니다.

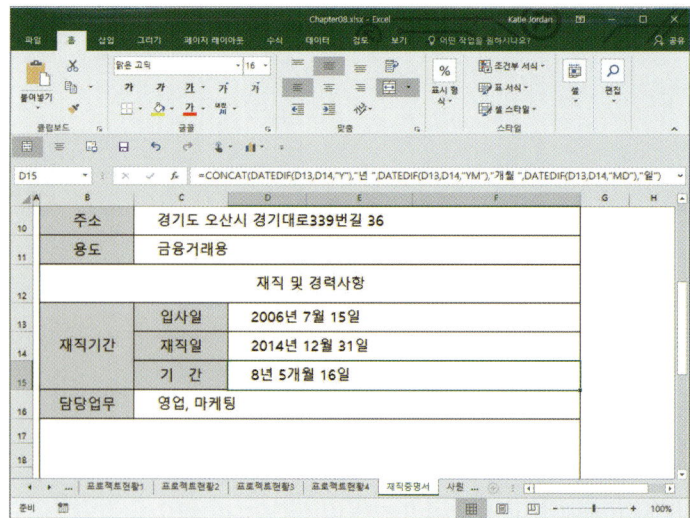

SECTION 20

날짜가 무슨 요일인지를 계산하는 WEEKDAY 함수

WEEKDAY 함수는 날짜에 해당하는 요일을 1~7 사이의 정수로 표시합니다.

📁 실습예제 : Chapter08.xlsx - [지급내역] 시트

구문	=WEEKDAY(Serial_number, Return_type)	
인수	Serial_number	요일을 표시하려는 날짜입니다.
	Return_type	계산된 요일을 반환할 유형을 결정하는 숫자입니다. - 1 또는 생략 : 1(일요일)에서 7(토요일) 사이의 숫자 반환 - 2 : 1(월요일)에서 7(일요일) 사이의 숫자 반환 - 3 : 0(월요일)에서 6(일요일) 사이의 숫자 반환 - 11 : 1(월요일)에서 7(일요일) 사이의 숫자 반환 - 12 : 1(화요일)에서 7(월요일) 사이의 숫자 반환 - 13 : 1(수요일)에서 7(화요일) 사이의 숫자 반환 … - 17 : 1(일요일)에서 7(토요일) 사이의 숫자 반환

01 WEEKDAY 함수로 요일 구하기

01 [J4] 셀을 클릭하고 '=WEEKDAY(I4)'를 입력한 후 Enter 를 누릅니다.

02 일요일에 해당하는 숫자 '1'이 결과로 표시된 것을 확인합니다.

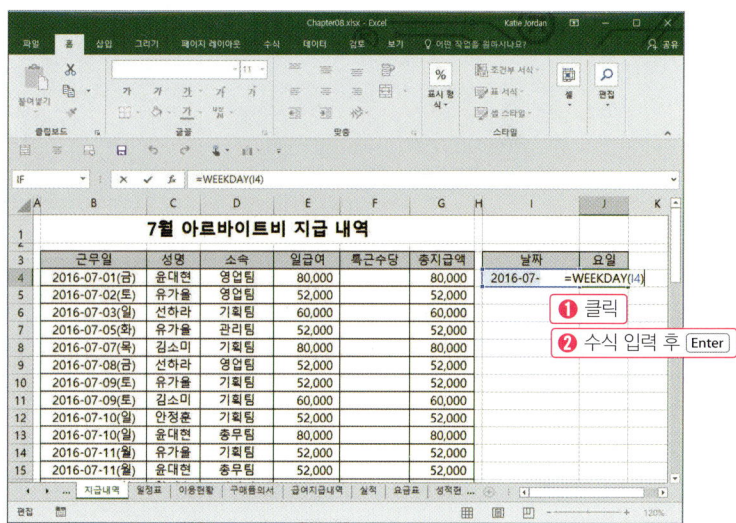

02 특근수당 계산하기

01 [근무일]이 주말(토요일 또는 일요일)이면 [특근수당] 3만원 아니면 0을 계산해 보겠습니다. [F4] 셀을 클릭하고 '=IF'를 입력한 후 Ctrl +A를 누릅니다.

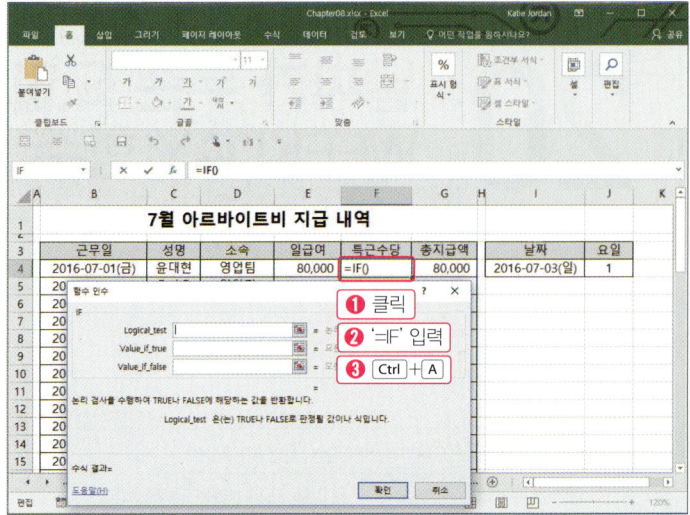

02 [함수 인수] 창에서 다음과 같이 인수를 지정한 후 [확인]을 클릭합니다.

- Logical_test :
  OR(WEEKDAY(B4)=7,WEEKDAY(B4)=1)
- Value_if_true : 30000
- Value_if_false : 0

> **수식 설명**
> [B4] 셀의 요일이 토요일(7)이거나 일요일(1)이면 30000, 아니면 0을 반환

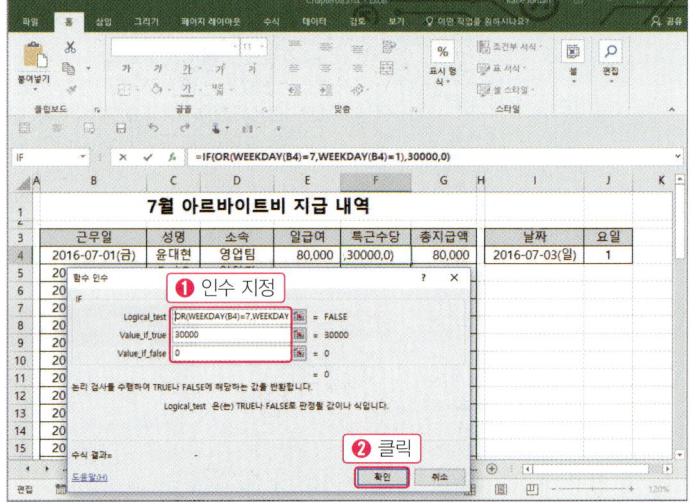

03 [F4] 셀의 채우기 핸들을 더블 클릭하여 자동 채우기 합니다.

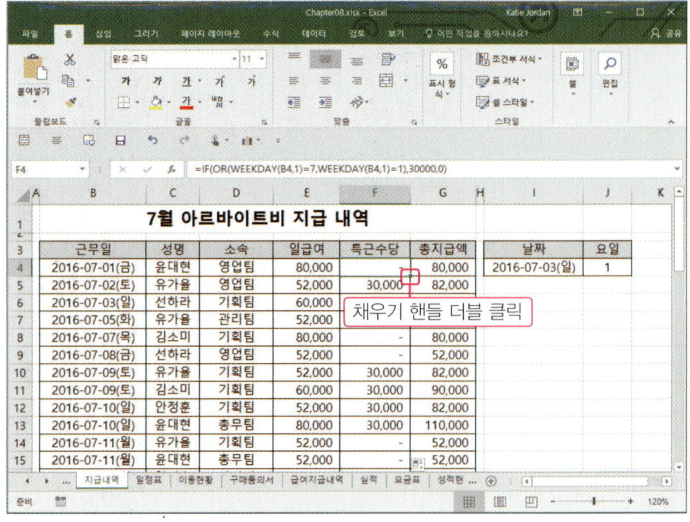

PowerUp 조건부 서식과 WEEKDAY 함수로 일정표 자동화하기

조건부 서식과 WEEKDAY 함수를 사용하여 일정표의 토요일과 일요일에 자동으로 서식을 지정하는 양식을 작성해 보겠습니다.

01 [D7~D17] 셀 범위를 드래그하여 선택한 후 Ctrl + Shift + → 를 눌러 데이터가 입력된 오른쪽 끝까지 범위를 선택합니다.

02 [홈] 탭 - [스타일] 그룹 - [조건부 서식]을 클릭한 후 [새 규칙]을 선택합니다.

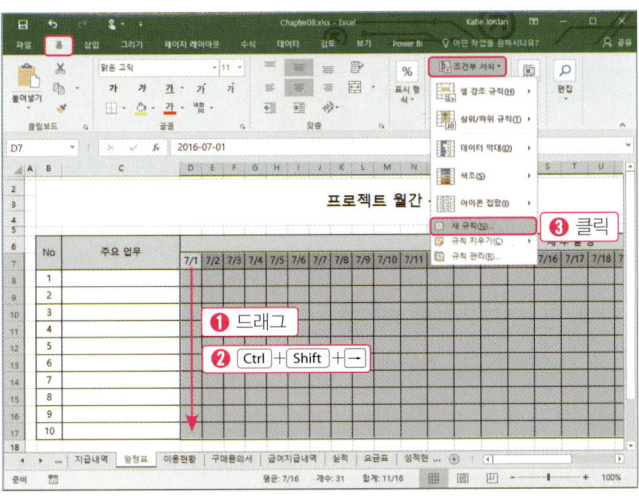

03 [새 서식 규칙] 창에서 '수식을 사용하여 서식을 지정할 셀 결정'을 선택한 후 수식 입력란을 클릭하고 '=WEEKDAY(D$7)=7' 수식을 입력합니다.

04 조건에 만족하는 셀에 지정할 서식을 설정하기 위해 [서식] 버튼을 클릭합니다.

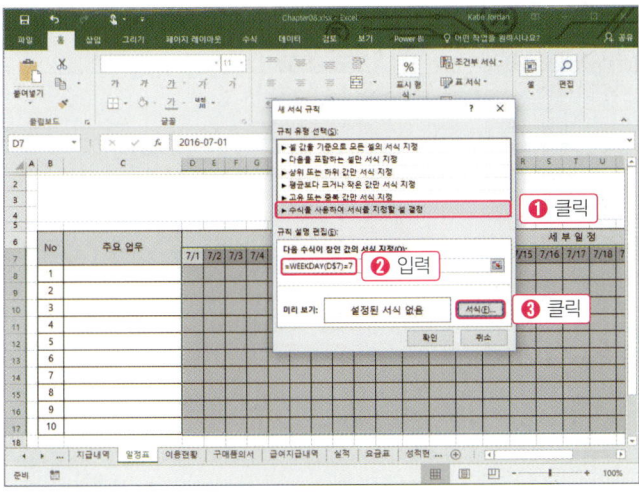

05 [채우기] 탭에서 밝은 파랑색을 선택한 후 [확인]을 클릭합니다.

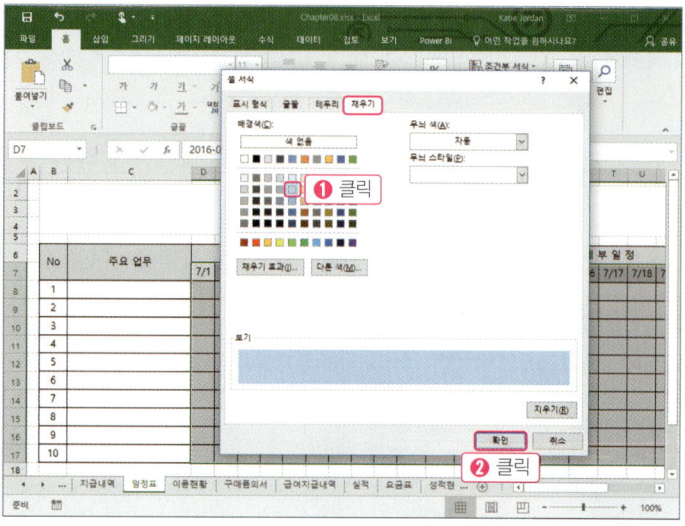

06 동일한 방법으로 일요일도 서식을 지정하기 위해 [홈] 탭 - [스타일] 그룹 - [조건부 서식]을 클릭한 후 [새 규칙]을 선택합니다.

07 '수식을 사용하여 서식을 지정할 셀 결정'을 선택한 후 수식 입력란에 '=WEEKDAY(D$7)=1'을 입력하고 [서식]을 클릭하여 원하는 채우기 색을 지정한 후 [확인]을 클릭합니다.

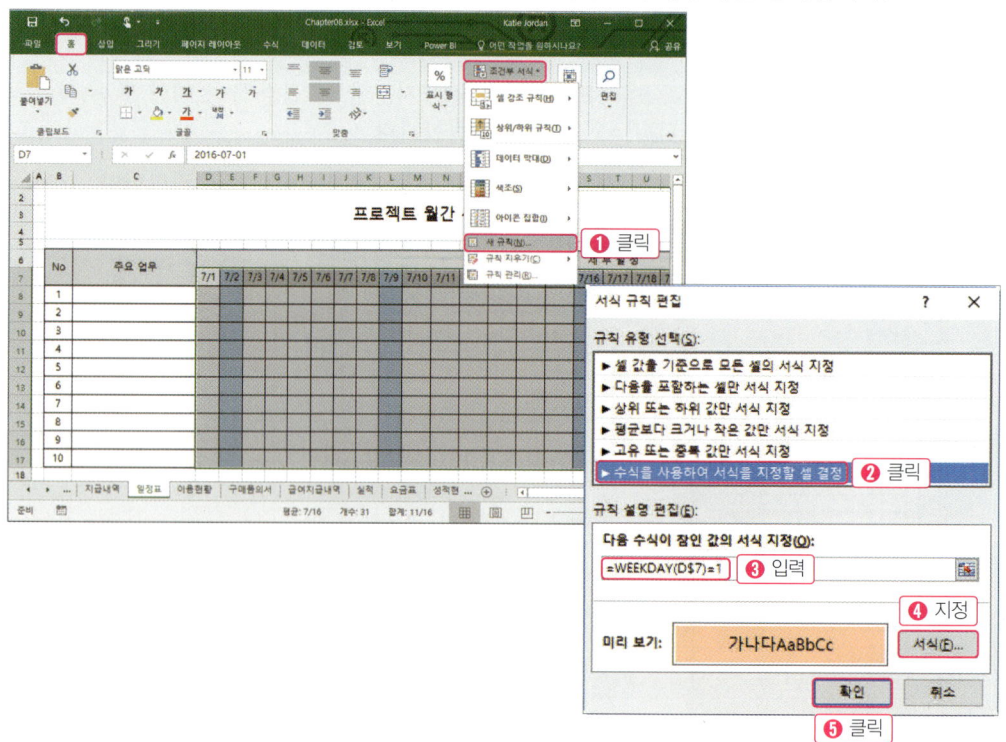

08 일요일에 해당하는 날짜에 서식이 지정된 것을 확인한 후 [D7] 셀을 클릭하고 '8-1'을 입력하여 날짜를 수정합니다.

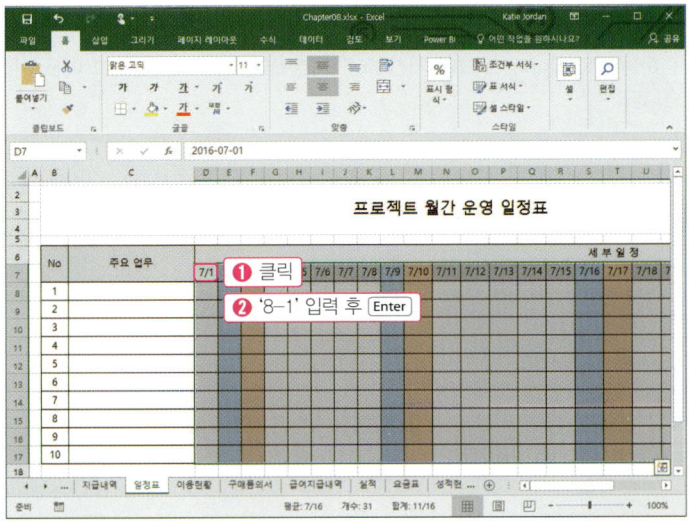

09 7행의 날짜가 입력된 셀들은 '왼쪽 셀+1' 수식이 작성되어 있어 날짜가 자동으로 변경되고, 그에 따라 주말에 해당하는 날짜들의 서식이 설정되는 것을 확인합니다.

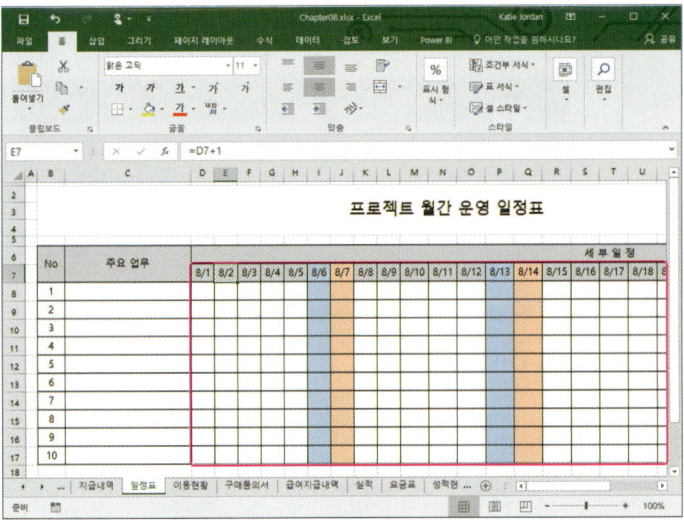

SECTION 21

시간을 다루는 TIME, HOUR, MINUTE, SECOND 함수

TIME 함수는 시(Hour), 분(Minute), 초(Second)로 구분된 데이터를 인수로 받아들여 시간 데이터로 반환하는 함수입니다. 로그인 시간부터 1시간 30분 후의 자동 로그 아웃 시간을 계산해 보겠습니다.

실습예제 : Chapter08.xlsx - [이용현황] 시트

구문	=TIME(Hour, Minute, Second)	
인수	Hour	시간을 나타내는 숫자입니다.
	Minute	분을 나타내는 숫자입니다.
	Second	초를 나타내는 숫자입니다.

구문	=HOUR(Serial_number) - 시간 데이터에서 시 반환 =MINUTE(Serial_number) - 시간 데이터에서 분 반환 =SECOND(Serial_number) - 시간 데이터에서 초 반환
인수	Serial_number	시, 분, 초를 계산할 시간 값입니다.

01 [F4] 셀을 클릭하고 '=TIME'을 입력한 후 Ctrl+A를 누릅니다.

02 다음과 같이 인수를 지정한 후 [확인]을 클릭합니다.

- Hour : HOUR(E4)+1
- Minute : MINUTE(E4)+30
- Second : SECOND(E4)

03 [F4] 셀의 채우기 핸들을 더블 클릭하여 자동 채우기 합니다.

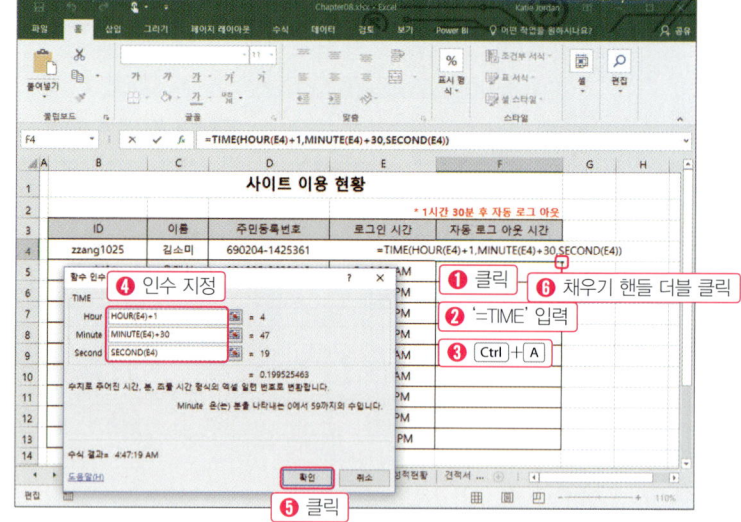

SECTION 22
행 번호를 반환하는 ROW 함수

ROW 함수는 행 번호를 반환하는 함수입니다. [No] 필드에 레코드 순서대로 일련번호를 표시하는 수식을 작성해 보고, 다시 IF 함수와 ROW 함수를 사용하여 [품목]이 입력되면 [No]가 자동으로 표시되도록 수식을 작성해 보겠습니다.

📁 실습예제 : Chapter08.xlsx – [구매품의서] 시트

구문	= ROW(Reference)	
인수	Reference	행 번호를 구할 셀 또는 셀 범위입니다. 생략하면 수식을 입력한 셀의 행 번호가 참조됩니다.

01 ROW 함수로 일련번호 표시하기

01 [B10] 셀을 클릭하고 '=ROW()-9'를 작성한 후 Enter를 누릅니다.

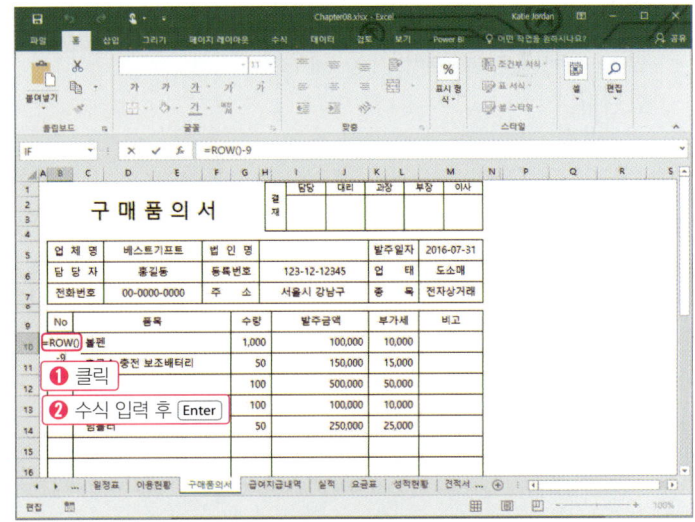

02 [B10] 셀의 채우기 핸들을 더블 클릭하여 자동 채우기 합니다.

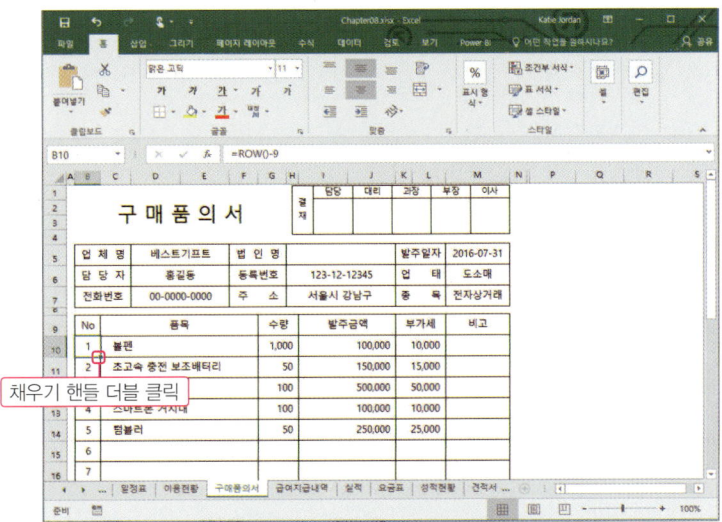

02 [품목]이 입력되면 [No] 표시

01 [B10] 셀을 클릭한 후 Delete 를 눌러 수식을 삭제합니다.

02 '=IF'를 입력한 후 Ctrl+A 를 누르고, 다음과 같이 인수를 지정하고 [확인]을 클릭합니다.

- Logical_test : C10=" "
- Value_if_true : " "
- Value_if_false : ROW()-9

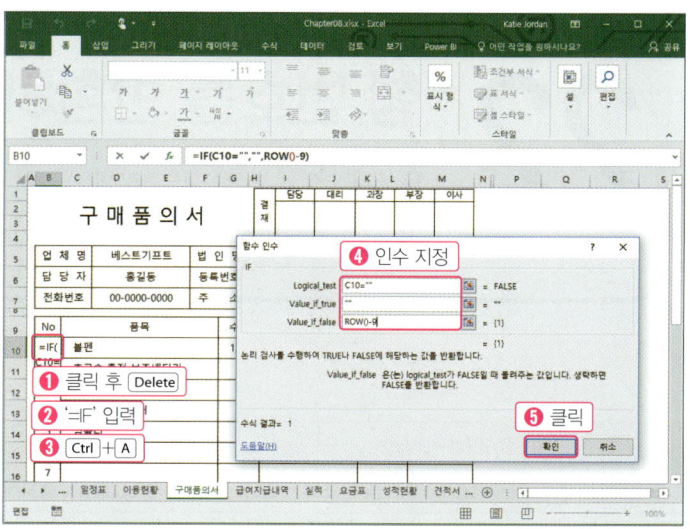

03 [B10~B24] 셀을 드래그하여 선택한 후 Ctrl+D 를 눌러 자동 채우기 합니다.

채우기 핸들을 더블 클릭하여 자동 채우기 할 수도 있습니다.

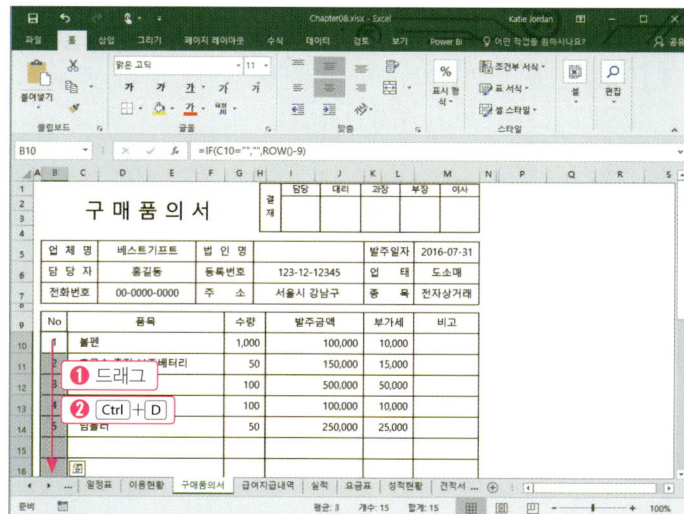

SECTION 23

1~254까지 일련번호에 따른 값을 반환하는 CHOOSE 함수

CHOOSE 함수는 1~254까지의 인덱스 번호(Index_num)에 해당하는 값(Value)을 반환하는 함수입니다. CHOOSE와 MID 함수를 사용하여 주민등록번호 뒷자리 첫 글자가 1이면 남, 2이면 여, 3이면 남, 4이면 여를 표시하고, CHOOSE와 SUM 함수를 사용하여 H6 셀에서 코드번호를 선택하면 해당 코드번호의 사원명과 소모품비 합계를 계산해 보겠습니다

📁 실습예제 : Chapter08.xlsx – [고객명부] 시트

구문	=CHOOSE(Index_num, Value1, Value2, …, Value254)	
인수	Index_num	인수가 선택되는 값을 지정합니다. 1~254 사이의 숫자이거나 이에 해당하는 숫자가 들어 있는 수식 또는 셀 참조여야 합니다.
	ValueN	Index_num을 기준으로 수행할 작업이나 값을 지정합니다.

01 [주민등록번호] 뒷자리 첫 글자로 성별 판단하기

01 [E4] 셀을 클릭하고 '=CHOOSE'를 입력한 후 Ctrl + A를 누릅니다. 다음과 같이 인수를 지정한 후 [확인]을 클릭합니다.

- Index_num : MID(D4,8,1)
- Value1 : 남
- Value2 : 여
- Value3 : 남
- Value4 : 여

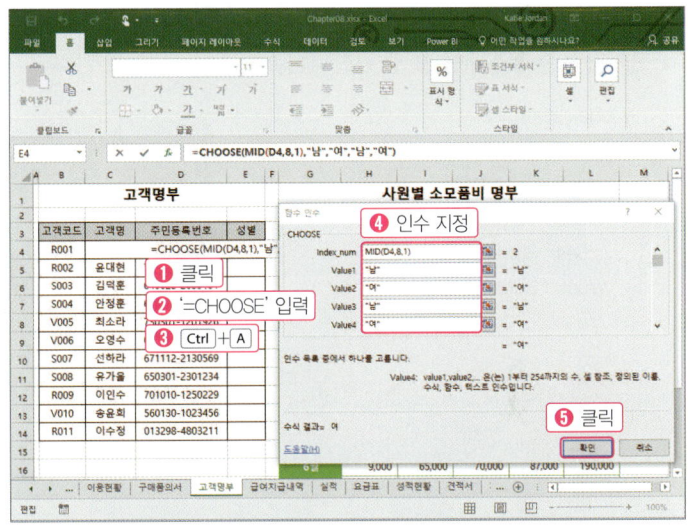

02 [E7] 셀의 채우기 핸들을 더블 클릭하여 자동 채우기 합니다.

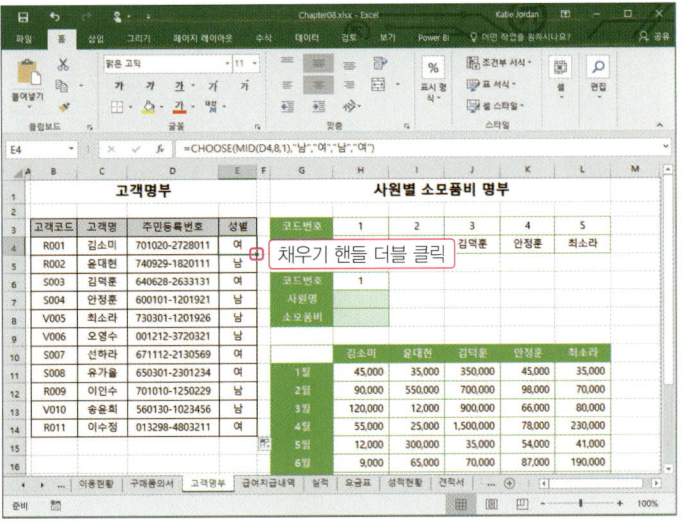

02 코드번호에 따른 사원명과 소모품비 합계 계산하기

01 [H7] 셀을 클릭하고 '=CHOOSE(H6,H4,I4,J4,K4,L4)'을 입력한 후 Enter를 누릅니다.

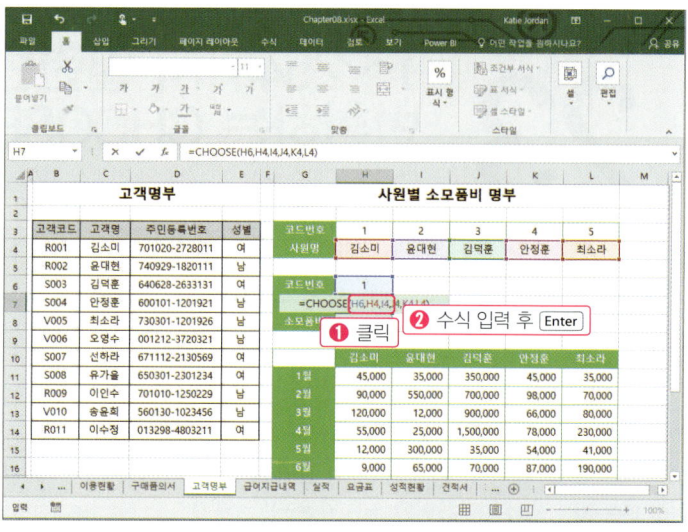

02 [H8] 셀에 '=CHOOSE'를 입력한 후 Ctrl+A를 누르고, 다음과 같이 인수를 지정한 후 [확인]을 클릭합니다.

- Index_num : H6
- Value1 : SUM(H11:H22)
- Value2 : SUM(I11:I22)
- Value3 : SUM(J11:J22)
- Value4 : SUM(K11:K22)
- Value5 : SUM(L11:L22)

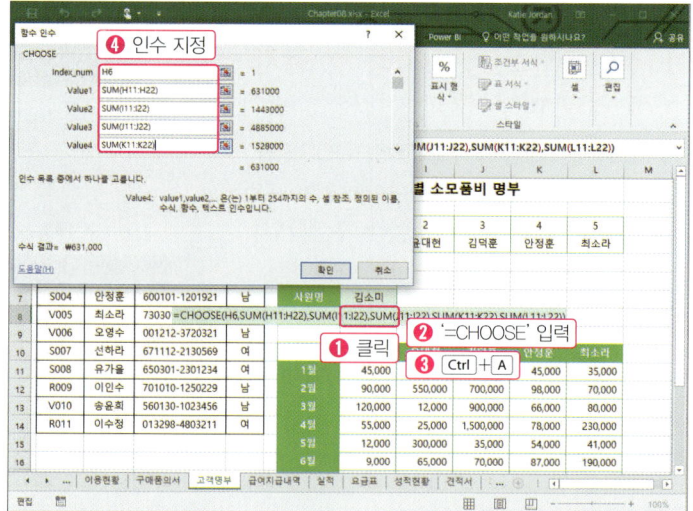

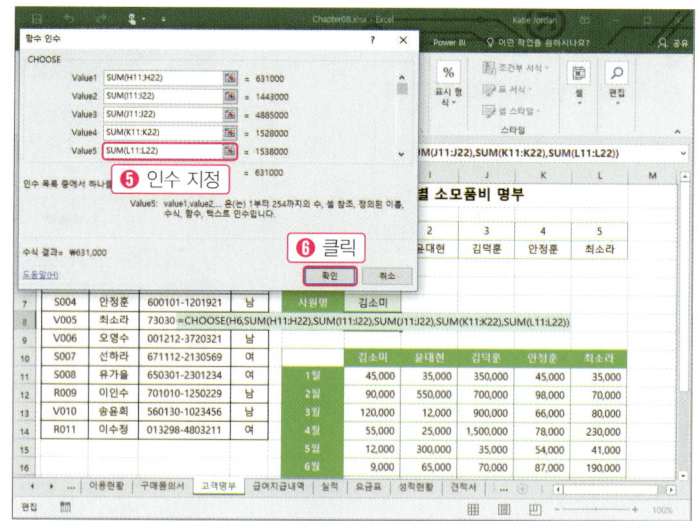

03 [H6] 셀을 클릭한 후 목록 단추를 눌러 코드번호 '3'을 선택합니다.

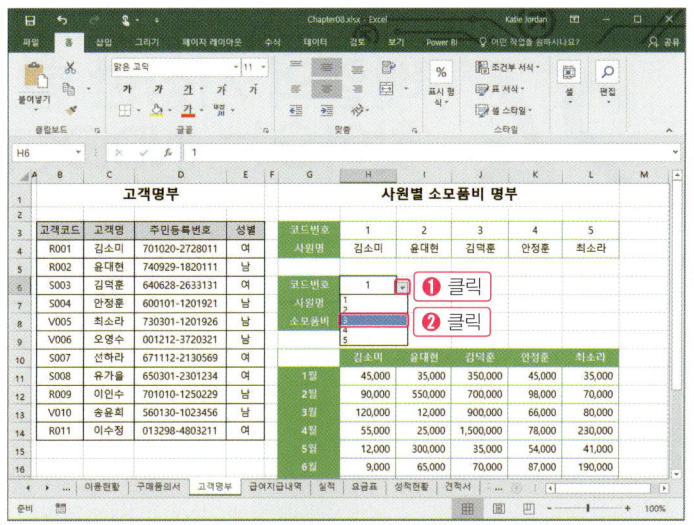

04 해당 코드번호의 사원명과 소모품비 합계가 계산되는 것을 확인합니다.

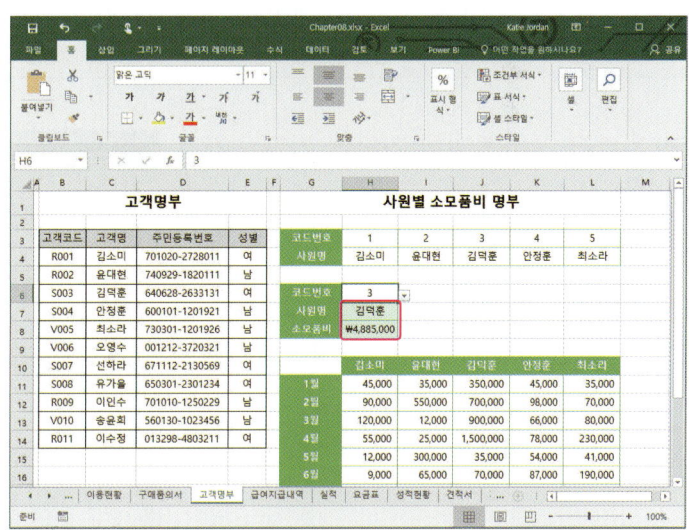

SECTION 24

배열의 지정한 행, 열에서 값을 찾아오는 INDEX 함수

INDEX 함수는 지정한 데이터 범위(Array)에서 지정한 행(Row_num), 열(Column_num)의 위치에서 값을 추출해주는 함수입니다. 기본급 테이블에서 급, 호에 해당하는 기본급을 반환하는 수식과 연간 매출 실적표에서 당월 실적을 가져오는 수식을 작성해 보겠습니다.

📁 실습예제 : Chapter08.xlsx – [급여지급내역], [실적] 시트

구문	= INDEX(Array, Row_num, Column_num)	
인수	Array	반환할 값을 포함하는 셀 범위나 배열 상수입니다. 배열(Array)에 행이나 열이 하나만 있을 때는 Row_num이나 Column_num 인수를 생략할 수 있습니다.
	Row_num	값을 반환할 배열(Array)의 행 번호를 지정합니다.
	Column_num	값을 반환할 배열(Array)의 열 번호를 지정합니다.

01 기본급 테이블에서 기본급 가져오기

01 [급여지급내역] 시트의 [H4] 셀을 클릭하고 '=INDEX'를 입력한 후 Ctrl + A 를 누릅니다.

02 [함수 선택] 창에서 첫 번째 항목을 선택한 후 [확인]을 클릭합니다.

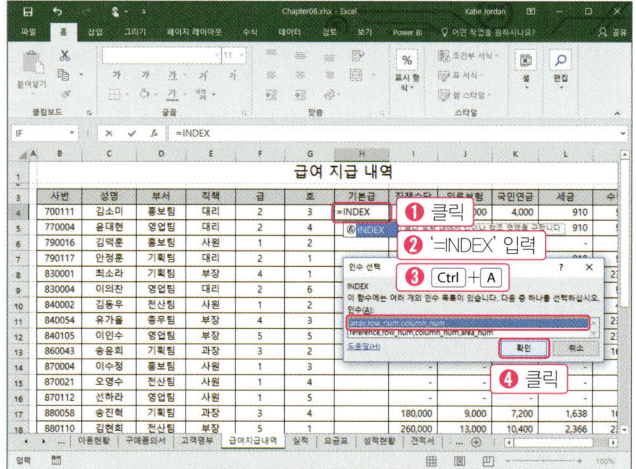

03 [함수 인수] 창에서 [Array] 인수를 지정하기 위해 화면을 아래로 스크롤하여 [C22~I26] 셀 범위를 선택한 후 F4 를 눌러 절대 참조로 설정합니다.

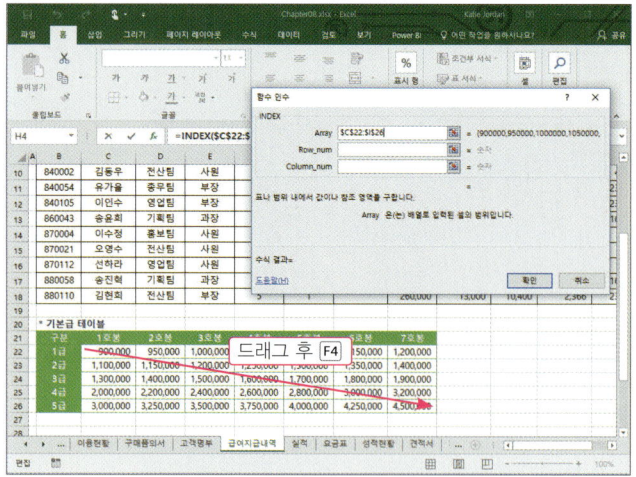

04 [Row_num] 인수를 클릭한 후 [F4] 셀을 선택, [Column_num] 인수를 클릭한 후 [G4] 셀을 선택하고 [확인]을 클릭합니다.

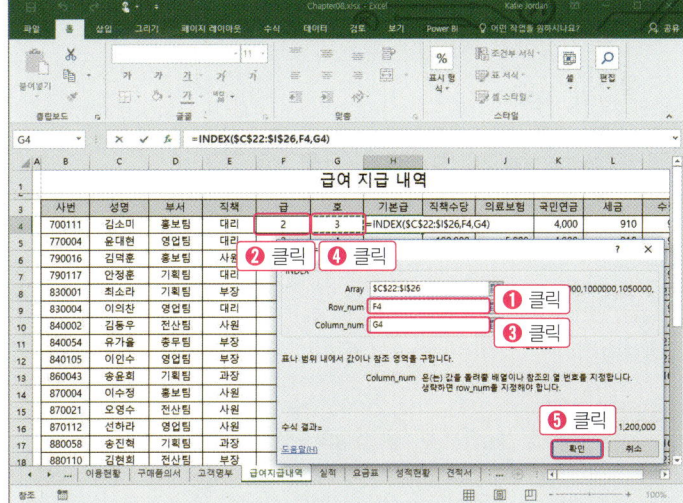

수식 설명
[C22~I26] 셀 범위에서 2행, 3열에 있는 데이터를 추출

05 [H4] 셀의 채우기 핸들을 더블 클릭하여 자동 채우기 합니다.

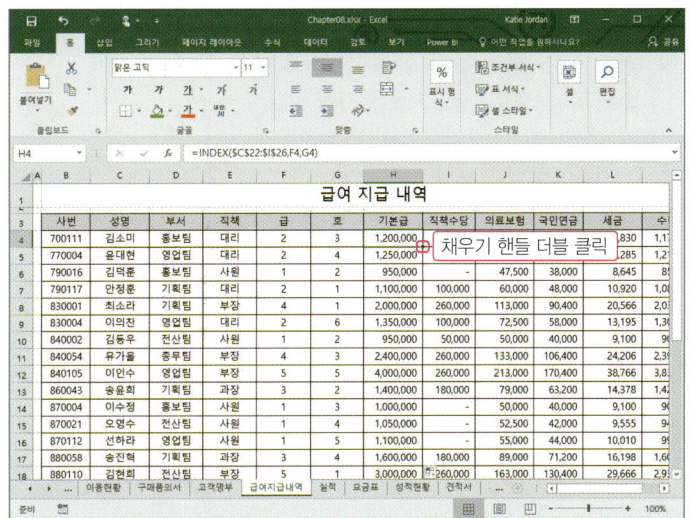

02 연간 매출 실적 표에서 당월 실적 가져오기

01 [실적] 시트의 [R4] 셀을 클릭하고 '=INDEX'를 입력한 후 Ctrl + A 를 누릅니다.

02 [함수 선택] 창에서 표시되면 첫 번째 항목을 선택하고 [확인]을 클릭합니다.

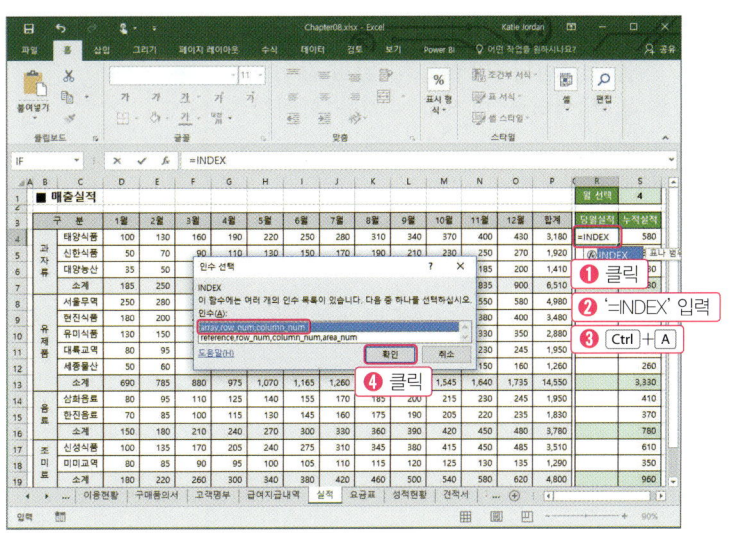

Chapter 08_ 알수록 득이되는 실무 함수 · **299**

03 [함수 인수] 창에서 다음과 같이 인수를 지정하고 [확인]을 클릭합니다.

- Array : D4:O4
- Row_num : 생략 또는 1
- Column_num : S1 셀 지정 후 F4 를 눌러 절대 참조로 설정

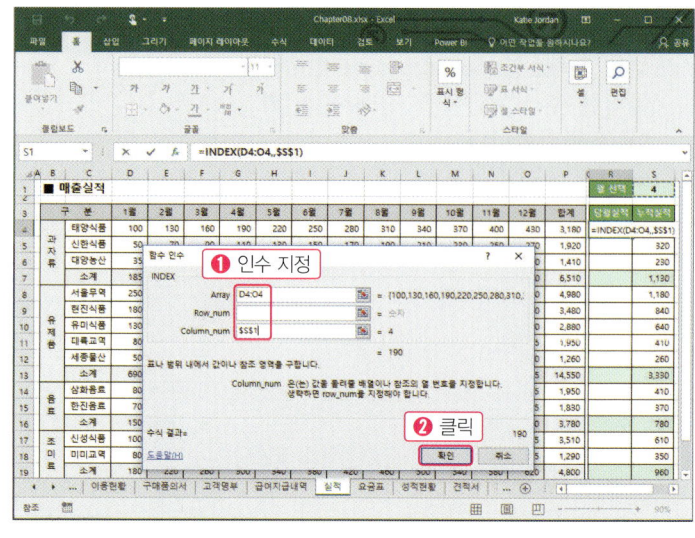

> **수식 설명**
> [D4~O4] 셀 범위에서 4(S1 셀 값)열의 값을 반환

04 [R4] 셀의 채우기 핸들을 더블 클릭하여 자동 채우기 합니다. 서식이 변경되는 셀이 생기므로 [자동 채우기 옵션]을 클릭하여 [서식 없이 채우기]를 선택합니다.

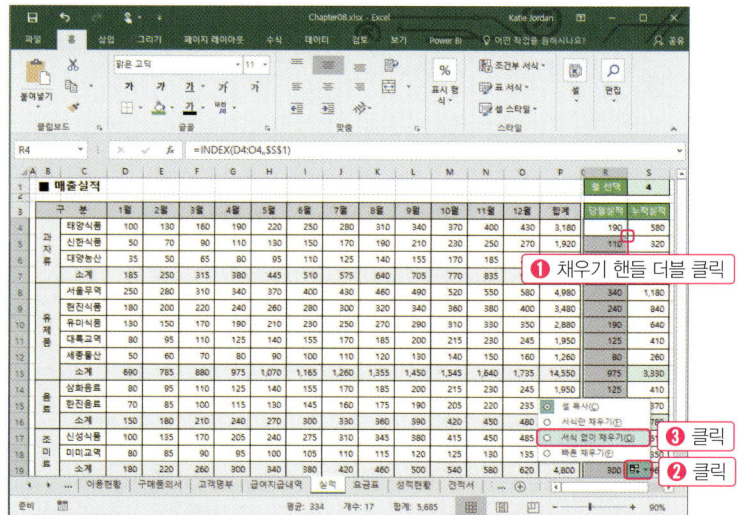

05 [S1] 셀에 목록 단추를 클릭한 후 '7'을 선택하면 [당월실적] 열의 값이 7월 데이터로 변경되는 것을 확인합니다.

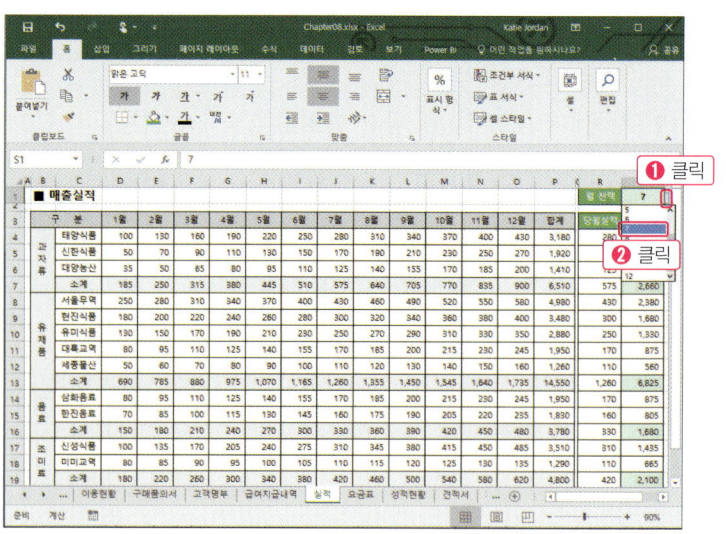

SECTION 25
지정한 범위에서 찾는 값의 위치를 알려주는 MATCH 함수

MATCH 함수는 셀 범위(Lookup_array)에서 지정된 항목(Lookup_value)을 검색하고 범위에서 해당 항목의 몇 번째 위치에 있는지 반환하는 함수입니다. MATCH 함수와 INDEX 함수를 함께 활용하면 두 가지 조건에 만족하는 데이터를 찾아서 표시할 수 있습니다.

📁 실습예제 : Chapter08.xlsx – [요금표] 시트

구문	=MATCH(Lookup_value, Lookup_array, Match_type)	
인수	Lookup_value	Lookup_array에서 찾으려는 값입니다.
	Lookup_array	Lookup_value를 검색할 셀 범위입니다.
	Match_type	찾는 방법을 지정하는 숫자로 -1, 0, 1을 지정할 수 있으며 기본값은 1입니다. • 1 또는 생략 : Lookup_value 보다 작거나 같은 값 중에서 최댓값을 찾습니다. Lookup_array는 오름차순으로 지정해야 합니다. • 0 : Lookup_value와 같은 첫째 값을 찾습니다. Lookup_array는 임의의 순서여도 됩니다. • -1 : Lookup_value 보다 크거나 같은 값 중에서 최솟값을 찾습니다. Lookup_array는 내림차순으로 지정해야 합니다.

01 MATCH 함수 이해하기

01 [F3] 셀을 클릭하고 '=MATCH'를 입력하고 Ctrl+A를 누릅니다. 다음과 같이 인수를 지정하고 [확인]을 클릭합니다.

- Lookup_value : D3
- Lookup_array : B8:B32
- Match_type : 0

> 출발지가 데이터 범위 내에 몇 번째 위치에 있는지 계산하는 수식으로 [B8~B32] 범위에서 첫 번째 '서초'를 찾아 범위 내에 몇 번째에 위치하는지 반환

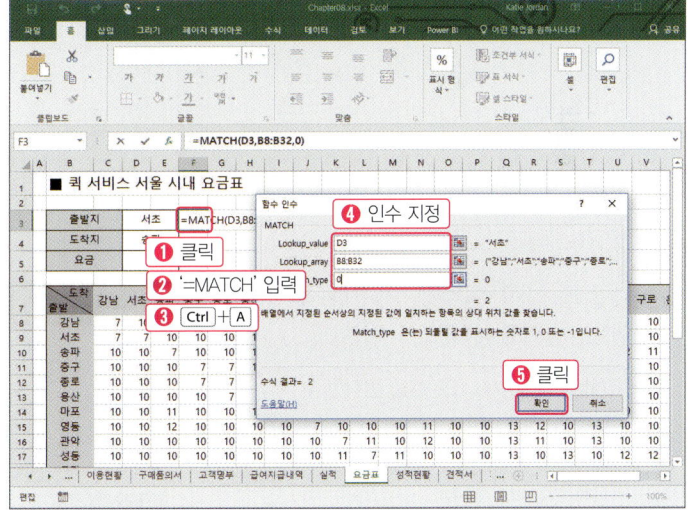

02 [F4] 셀을 클릭하고 '=MATCH'를 입력한 후 Ctrl+A를 누릅니다. 다음과 같이 인수를 지정하고 [확인]을 클릭합니다.

- Lookup_value : D4
- Lookup_array : C7:AA7
- Match_type : 0

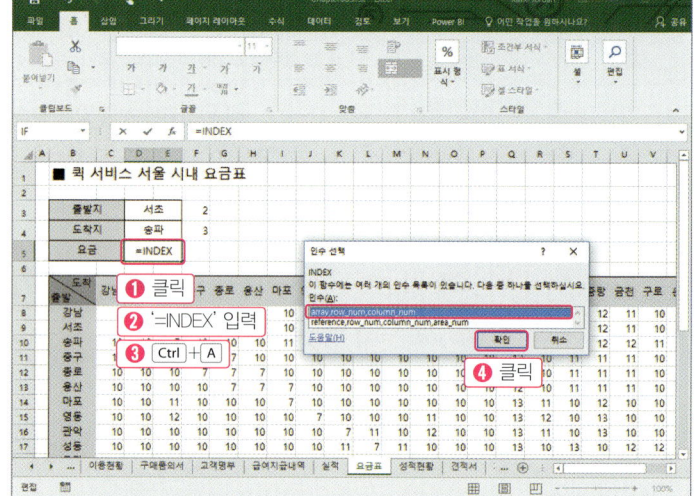

02 출발지와 도착지에 따른 요금 조회하기

01 [D5] 셀을 클릭하고 '=INDEX'를 입력한 후 Ctrl+A를 누릅니다.

02 첫 번째 항목이 선택된 상태로 [인수 선택] 창이 나타나면 [확인]을 클릭합니다.

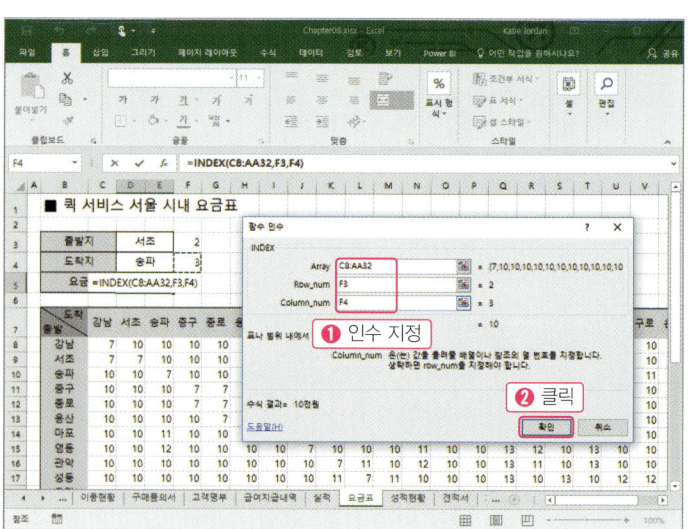

03 다음과 같이 인수를 지정한 후 [확인]을 클릭합니다.

- Array : C8:AA32(C8 셀을 클릭한 후 Ctrl+Shift+→, ↓)
- Row_num : F3
- Column_num : F4

> **수식 설명**
> MATCH, INDEX 함수를 사용하여 출발지와 도착지를 선택하면 요금표에서 요금을 조회 하는 수식으로 [C8~AA32] 셀 범위에서 2행, 3열에 있는 값을 추출합니다.

04 [출발지]와 [도착지]에 해당하는 요금이 추출된 것을 확인합니다.

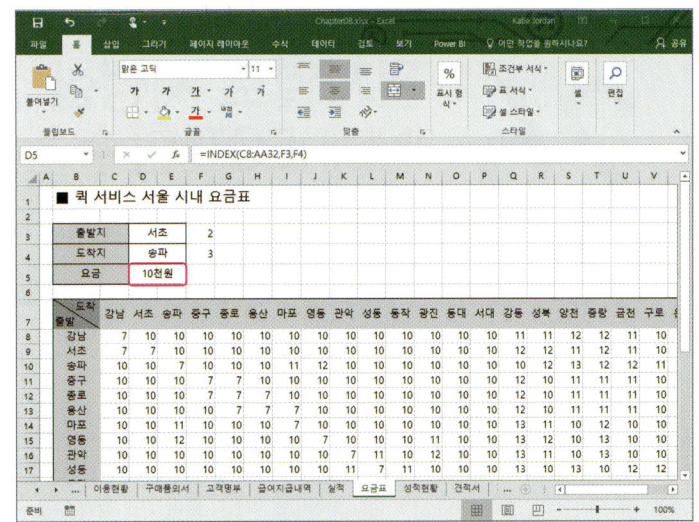

05 [출발지]를 바꾸어 값이 잘 업데이트 되는지 확인해봅니다.

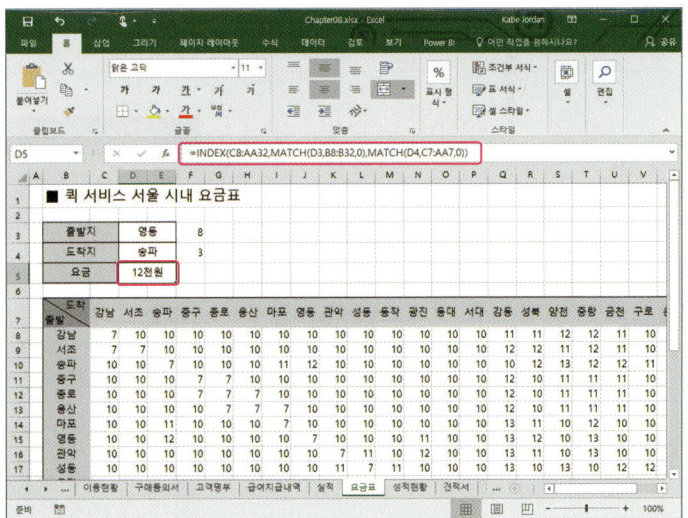

> F3, F4에 작성된 수식을 참조하지 않고, INDEX, MATCH 함수를 중첩하여 다음과 같이 수식을 작성할 수 있습니다.
> =INDEX(C8:AA32,MATCH(D3,B8:B32,0), MATCH(D4,C7:AA7,0))

SECTION 26

문자열로 지정한 셀 주소를 반환하는 INDIRECT 함수

INDIRECT 함수는 텍스트 문자열로 지정된 셀 주소나 정의된 이름의 데이터 범위를 반환합니다. 수식 자체는 변경하지 않고, 수식 안에 있는 셀에 대한 참조를 변경하려는 경우에 INDIRECT 함수를 사용합니다.

📁 실습예제 : Chapter08.xlsx - [성적현황] 시트

구문	=INDIRECT(Ref_text, [A1])	
인수	Ref_text	참조로 정의된 이름이 들어 있는 셀에 대한 참조이거나 셀에 대한 텍스트 문자열 참조입니다.
	A1	선택 요소로 지정하지 않아도 됩니다. Ref_text가 있는 셀의 참조 영역의 유형을 정하는 논리값입니다. - TRUE 이거나 생략 : A1 스타일로 참조 - FALSE : R1C1 스타일로 참조

01 이름을 정의하여 부서별 과목 평균 계산하기

01 [D6] 셀을 클릭한 후 Ctrl + Shift + →, Ctrl + Shift + ↓ 를 눌러 [D6~J31] 셀 범위를 선택하고, [수식] 탭 - [정의된 이름] 그룹 - [선택 영역에서 만들기]를 선택합니다.

02 [선택 영역에서 만들기] 창의 [첫 행] 옵션만 설정한 후 [확인]을 클릭합니다.

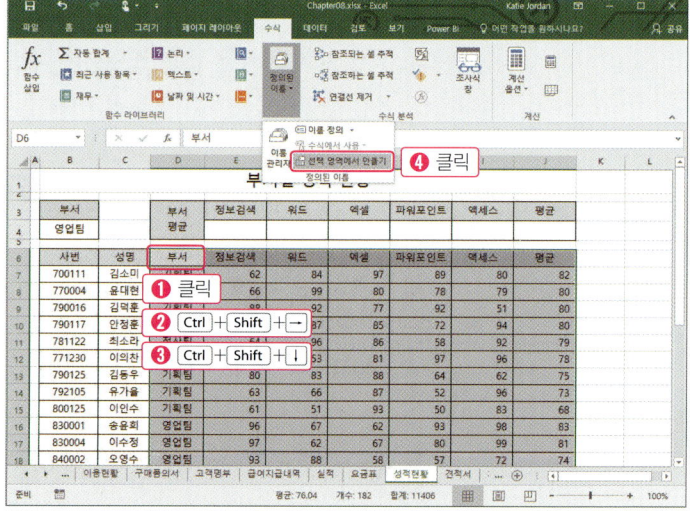

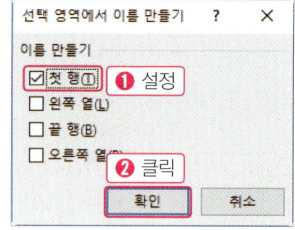

첫 행에 있는 텍스트로 함수의 인수로 사용할 데이터 범위에 이름 정의

03 [E4] 셀을 클릭하고 '=AVERAGEIF'
를 입력한 후 Ctrl+A를 누릅니다.
다음과 같이 인수를 지정한 후 [확인]
을 클릭합니다.

- Range : 부서
- Criteria : B4 셀 선택 후 F4를 눌러
  절대 참조로 설정
- Average_range : 정보검색

> **수식 설명**
> [부서] 데이터 범위에서 '영업팀' 조건에 만
> 족하는 경우, [정보검색] 데이터 범위의 평
> 균 계산

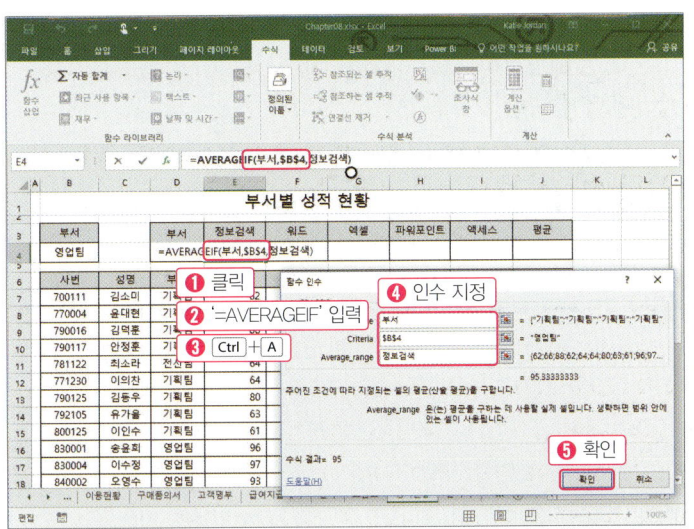

04 [E4] 셀의 채우기 핸들을 오른쪽으
로 드래그하여 [J4] 셀까지 자동 채
우기 합니다.

05 [F4] 셀을 클릭한 후 [Average_
range] 인수를 '워드'로 수정합니다.
같은 방법으로 [G4~J4] 셀까지 마
지막 인수를 엑셀, 파워포인트, 액
세스, 평균으로 수정합니다.

> [F4~J4] 셀은 [E4] 셀에 작성된 수식에서
> [Average_ragne] 인수만 워드, 엑셀, 파워
> 포인트, 액세스, 평균으로 수정

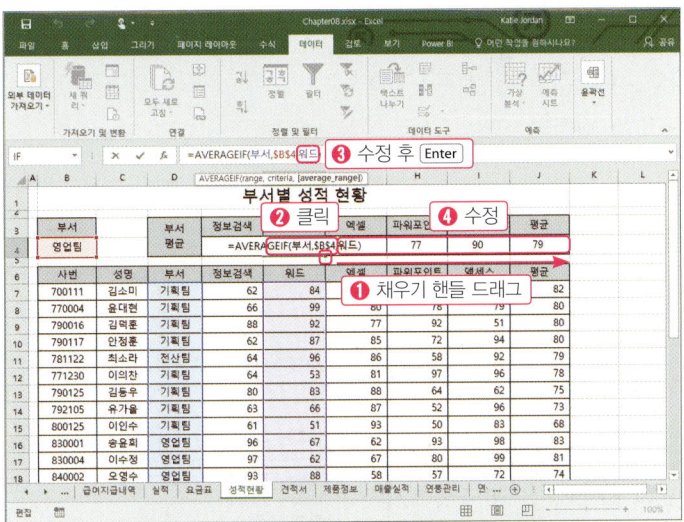

06 앞서 작성한 수식의 [Average_range]
인수로 사용된 텍스트들이 [E3~J3]
셀에 입력되어 있으므로 해당 텍스
트를 사용하도록 수식을 수정해 보겠습
니다. [E4] 셀을 클릭합니다.

07 [수식 입력줄]의 [함수 삽입]을 클릭하
고 [함수 인수] 창의 [Average _range]
인수를 삭제한 후 'INDIRECT(E3)'으
로 입력하고 [확인]을 클릭합니다.

> **[Average_range] 인수 설명**
> E3 셀에 입력된 텍스트로 정의된 이름 범위 참조

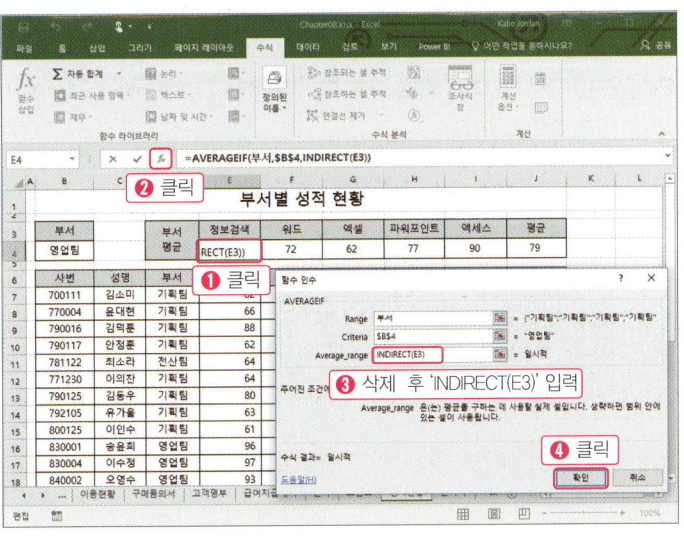

08 [E4] 셀의 채우기 핸들을 오른쪽으로 드래그하여 [J4] 셀까지 자동 채우기 합니다.

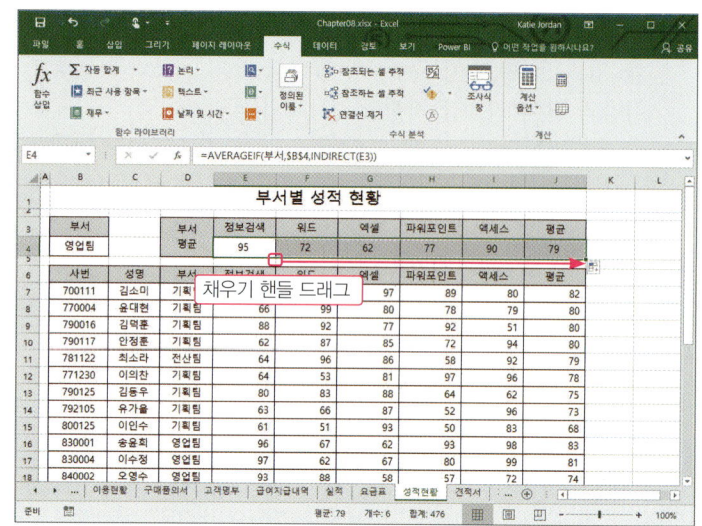

PowerUp | Indirect 함수를 활용하여 이중 목록 작성하기

Indirect 함수와 이름 정의, 데이터 유효성 검사 목록 기능을 활용하여 목록에서 대분류를 선택하면 대분류에 따른 소분류 항목이 목록에 표시되도록 이중 목록을 작성할 수 있습니다. 예를 들어, [제품분류]를 목록에서 선택하면 해당 제품분류의 [제품 이름]이 하위 목록에 표시되도록 이중 목록을 작성할 수 있습니다.

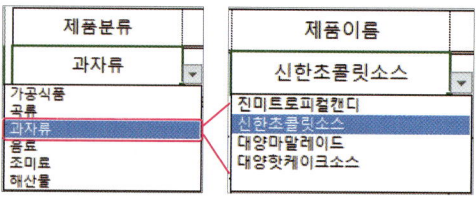

이중 목록을 작성하기 위해서는 하위 목록의 데이터 범위에 상위 목록의 항목과 동일한 이름이 정의되어 있어야 합니다.

	A	B	C	D	E	F	G	H	I
1									
2		제품분류		가공식품	곡류	과자류	음료	조미료	해산물
3		가공식품		대양특선건과(자두)	한성통밀가루	진미트로피컬캔디	태일라이트맥주	태양체리시럽	훈제대합조개통조
4		곡류		대양특선건과(배)	필로믹스	신한초콜릿소스	태양100%오렌지주스	대양특선딸기소스	보스톤산게살통조
5		과자류		유림사과통조림		대양마말레이드	콜롬비아산원두커피	신한100%파인애플시럽	
6		음료		서울구이김		대양핫케이크소스	성보야생녹차	대양특선블루베리잼	
7		조미료			동일한 이름			신한100%복숭아시럽	
8		해산물							

이중 목록을 작성하는 방법에 대해 알아보도록 하겠습니다.

01 상위 목록 항목과 하위 목록 항목에 이름 정의하기

01 [제품정보] 시트의 [B3~B8] 셀 범위를 선택한 후 [이름 상자]를 클릭하고 '제품분류'를 입력한 후 Enter 를 누릅니다.

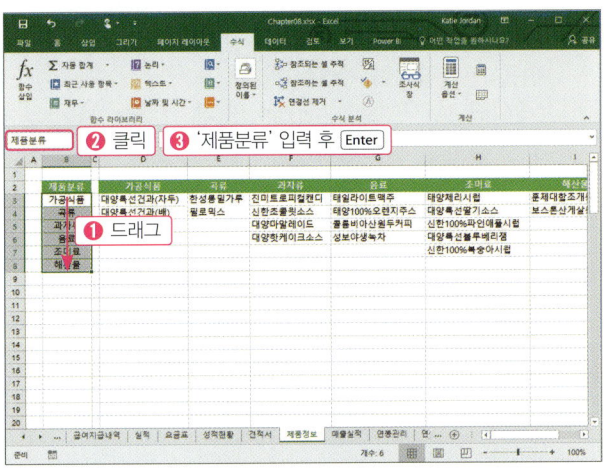

02 하위 목록 항목으로 사용할 데이터에 이름을 정의하기 위해 [D2~I7] 셀 범위를 선택한 후 [수식] 탭 – [정의된 이름] 그룹 – [선택 영역에서 만들기]를 클릭합니다.

03 [선택 영역에서 이름 만들기] 창에서 [왼쪽 열] 옵션을 해제하여 [첫 행] 옵션만 남긴 후 [확인]을 클릭합니다.

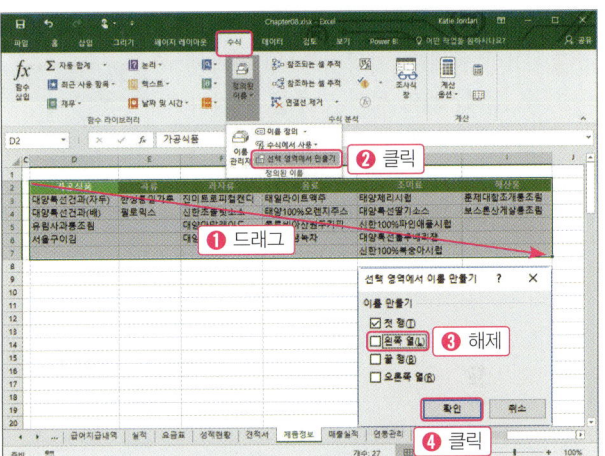

02 상위 목록 작성하기

01 [견적서] 시트의 [B12~B25] 셀 범위를 선택하고 [데이터] 탭 – [데이터 도구] 그룹 – [데이터 유효성 검사]를 클릭합니다.

02 [제한 대상]에서 '목록'을 선택하고 [원본]은 '=제품분류'를 입력하고 [확인]을 클릭합니다.

'제품분류' 텍스트로 정의된 이름 범위를 참조하여 목록 작성

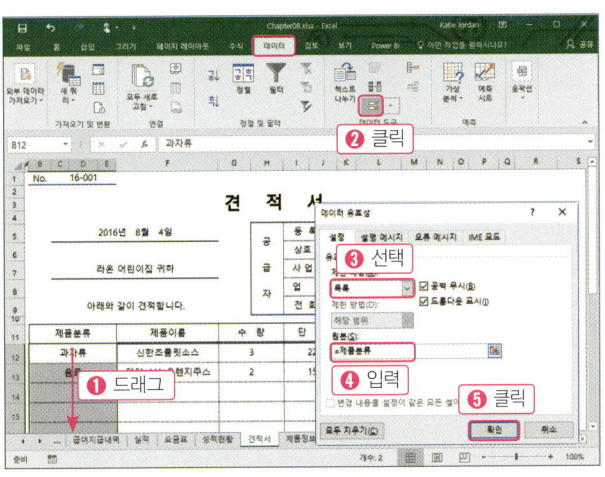

03 하위 목록 작성하기

01 [견적서] 시트의 [F12~F25] 셀 범위를 선택합니다. [데이터] 탭 - [데이터 도구] 그룹 - [데이터 유효성 검사]를 클릭합니다.

02 [제한 대상]에서 '목록'을 선택하고 [원본]에 '=INDIRECT($B12)'를 입력하고 [확인]을 클릭합니다.

> B12 셀의 텍스트로 정의된 이름 범위를 참조하여 목록 작성

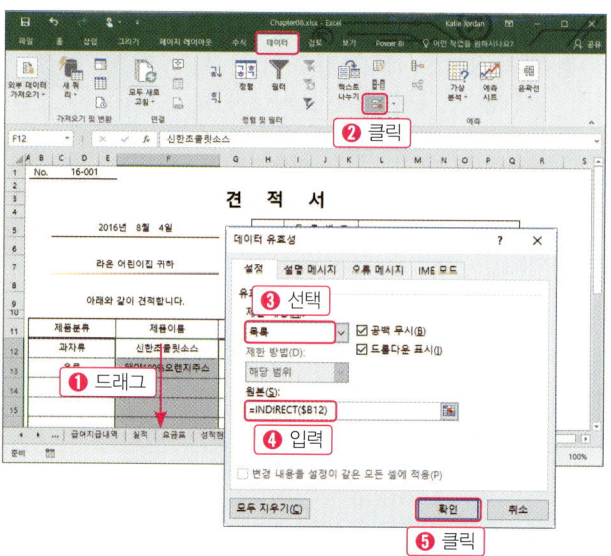

03 [D14] 셀에서 [가공식품]을 선택한 후 [F14] 셀의 목록 단추를 클릭하면 '가공식품'에 해당하는 하위 항목이 표시되는 것을 확인합니다.

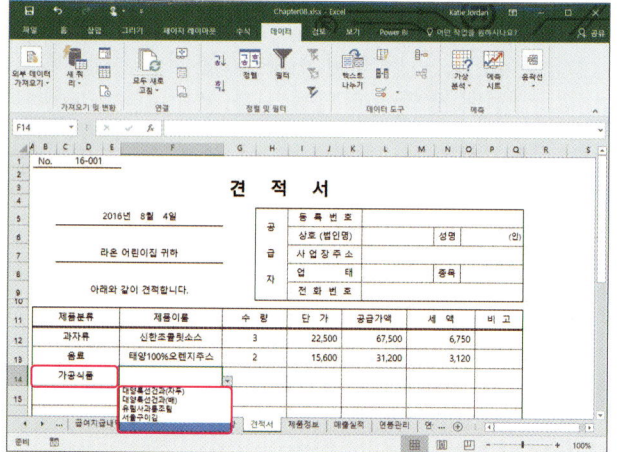

SECTION 27. 동적으로 데이터 범위를 참조하는 OFFSET 함수

OFFSET 함수는 수식으로 셀 범위를 참조하고자 할 때 사용합니다. 수식을 수정하지 않고 지정한 인수 값이 변함에 따라 다른 범위가 자동으로 참조되도록 할 때 OFFSET 함수를 사용하면 유용합니다. 매출 실적 데이터의 S1 셀에는 월(1~12)을 선택하는 목록이 작성되어 있습니다. 목록에서 월을 선택하면 [누적실적] 열에 해당 월까지의 실적 합계가 자동으로 표시되도록 SUM, OFFSET 함수를 사용하여 수식을 작성해 보겠습니다.

실습예제 : Chapter08.xlsx - [매출실적] 시트

구문	=OFFSET(Reference, Rows, Cols, Height, Width)	
인수	Reference	범위를 참조할 때 기준이 되는 셀입니다.
	Rows	기준 셀(Reference)로부터 몇 행 이동할지를 지정합니다.
	Cols	기준 셀(Reference)로부터 몇 열 이동할지를 지정합니다.
	Height	참조하고자 하는 세로 높이를 지정합니다. 생략하면 1이 지정된 것과 같습니다.
	Width	참조하고자 하는 가로 너비를 지정합니다. 생략하면 1이 지정된 것과 같습니다.

01 [S4] 셀을 클릭하고 '=SUM(OFFSET'을 입력한 후 Ctrl + A를 누릅니다. 다음과 같이 OFFSET 함수의 인수를 지정한 후 [확인]을 클릭합니다.

- Reference : D4
- Rows : 0
- Cols : 0
- Height : 1
- Width : S1 셀 선택 후 F4를 눌러 절대 참조로 설정

수식 설명
[D4] 셀을 기준으로 0행, 0열 떨어진 위치부터 세로로 1개, 가로로 4개의 셀 범위를 참조

참조
SUM 함수의 ')'가 닫히지 않아 오류가 발생하는데 [확인]을 클릭하면 오류를 자동으로 수정합니다.

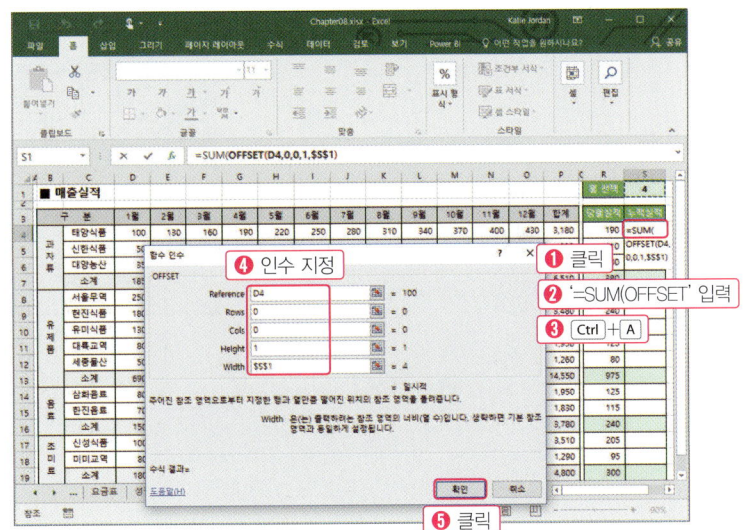

02 [S4] 셀의 채우기 핸들을 더블 클릭하여 자동 채우기 합니다.

03 서식이 변경되므로 [자동 채우기 옵션]을 클릭하여 [서식 없이 채우기]를 선택합니다.

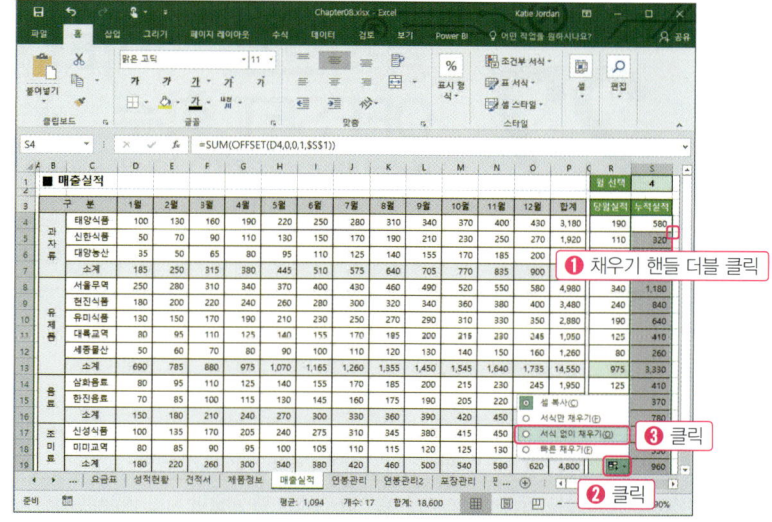

04 [S1] 셀을 클릭한 후 목록 단추를 클릭하고 '7'월을 선택하여 [누적실적]이 업데이트되는 것을 확인합니다.

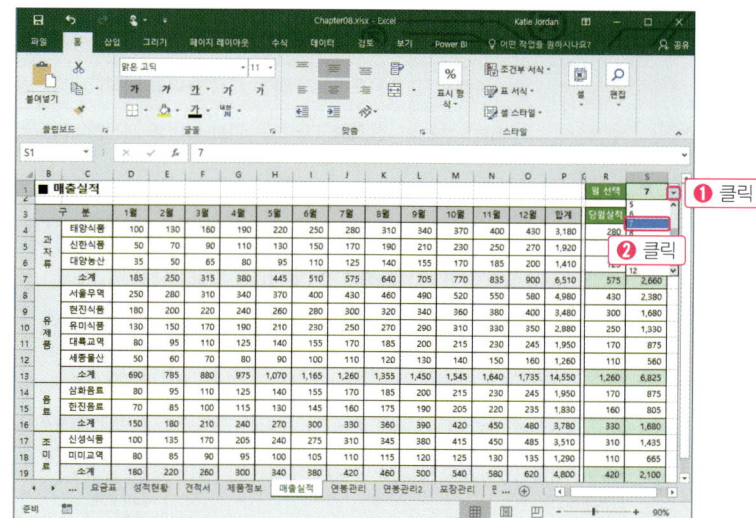

SECTION 28
K번째로 큰 값과 작은 값, 중간값을 구하는 LARGE, SMALL, MEDIAN 함수

LARGE, SMALL 함수는 주어진 데이터 범위에서 K번째로 큰 값, 작은 값을 구하고, MEDIAN 함수는 중간값을 구하는 함수입니다.

📁 실습예제 : Chapter08.xlsx - [연봉관리] 시트

구문	=LARGE(Array, K) =SMALL(Array, K) =MEDIAN(Number1, Number2, ..., Number255)	
인수	Array	K번째로 크거나 작은 값을 확인할 숫자 데이터 범위입니다.
	K	데이터 범위에서 가장 크거나 작은 값을 기준으로 한 상대 순위입니다.
	Number	중간 값을 계산할 인수로, 1~255까지 사용할 수 있습니다.

01 LARGE 함수로 상위 세 명의 연봉 알아보기

01 [L5] 셀을 클릭하고 '=LARGE'를 입력한 후 Ctrl+A를 누릅니다. 다음과 같이 인수를 지정하고 [확인]을 클릭합니다.
- Array : $I$4:$I$38(I4 셀 클릭 후 Ctrl+Shift+↓를 누른 다음 F4를 눌러 절대 참조로 설정)
- K : K5

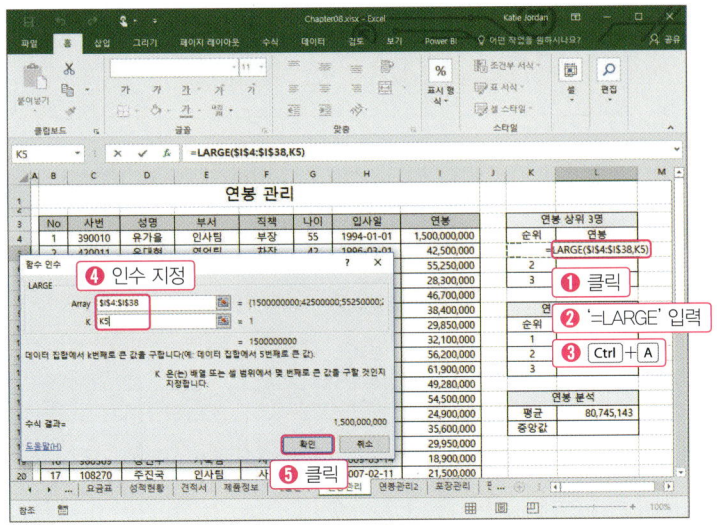

수식 설명
[I4~I38] 셀 범위에서 첫 번째 큰 값 반환

02 [L5] 셀의 채우기 핸들에서 더블 클릭하여 자동 채우기 합니다. [연봉] 데이터 중 두 번째, 세 번째로 큰 값이 구해집니다.

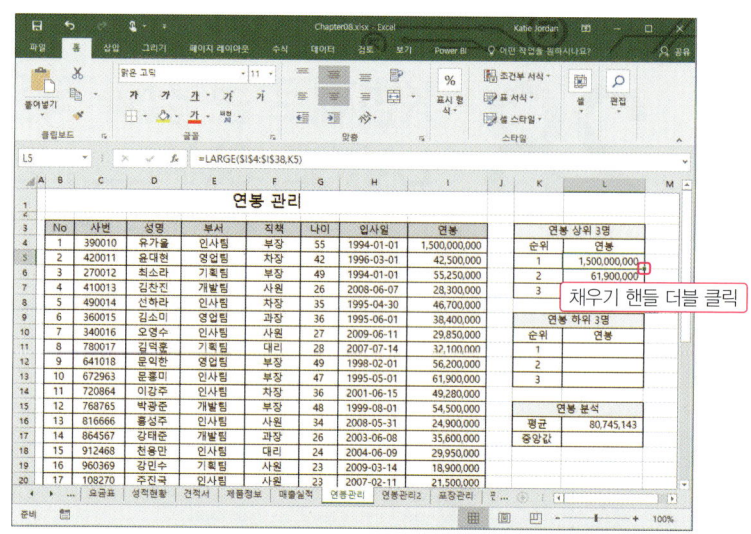

02 SMALL 함수로 하위 세 명의 연봉 알아보기

01 [L11] 셀을 클릭하고 '=SMALL'을 입력한 후 Ctrl + A 를 누릅니다. 다음과 같이 인수를 지정하고 [확인]을 클릭합니다.

- Array : $I$4:$I$38
- K : K11

> **수식 설명**
> [I4~I38] 셀 범위에서 첫 번째 작은 값 반환

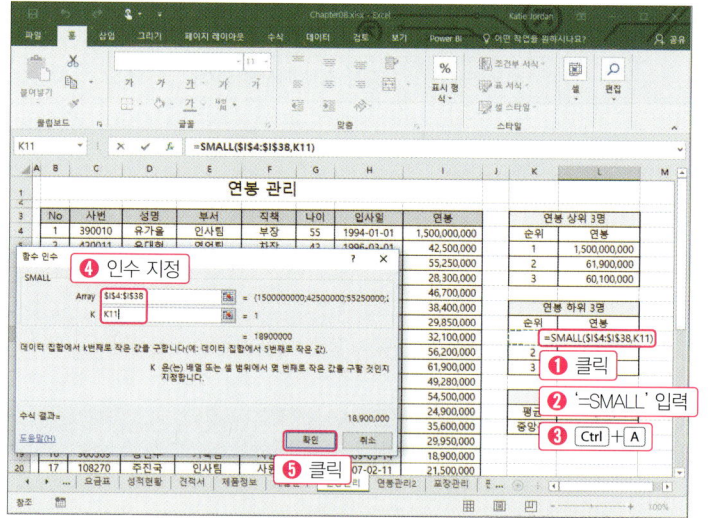

02 [L11] 셀의 채우기 핸들에서 더블 클릭하여 자동 채우기 합니다. [연봉] 데이터 중 두 번째, 세 번째로 작은 값이 구해집니다.

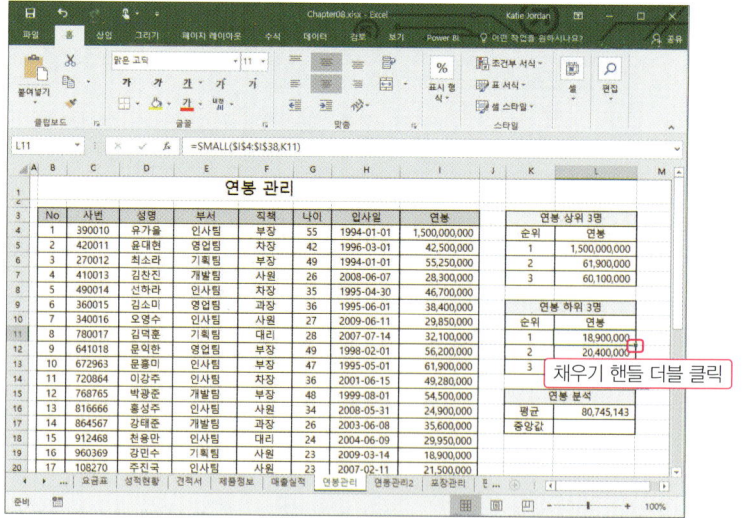

03 MEDIAN 함수로 중간값 구하기

01 [L17] 셀을 클릭하고 '=MEDIAN'을 입력한 후 Ctrl+A를 누릅니다. [I4:I38] 셀 범위를 인수로 지정한 후 [확인]을 클릭합니다.

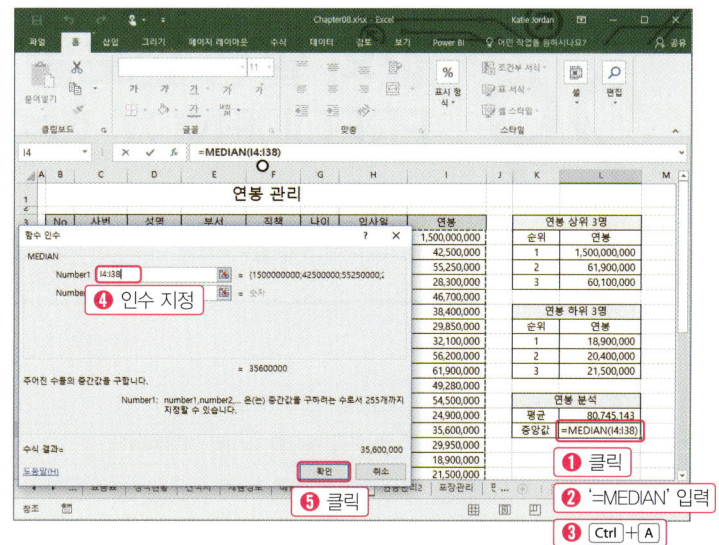

> [L16] 셀에는 평균 연봉이 계산되어 있습니다. 이 값으로 평균 연봉을 8천 정도로 예상할 수 있으나 이는 값이 아주 큰 하나의 연봉 데이터로 인해 왜곡된 정보가 도출된 것입니다. 이런 경우 데이터의 정확한 분석을 위해 평균과 함께 중간 값을 구해 데이터를 분석해볼 수 있습니다.

02 연봉의 중간값이 계산된 것을 확인합니다. 만약 평균 연봉을 확인하고자 했다면 한 개의 높은 데이터로 인해 왜곡된 평균값보다 중간값을 더 신뢰할 수 있습니다.

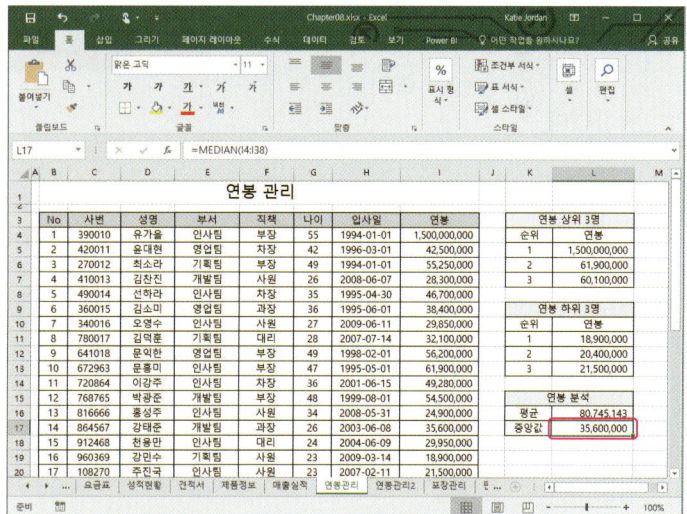

SECTION 29 값의 발생 빈도를 구하는 FREQUENCY 함수

FREQUENCY 함수는 값의 범위 내에서 해당 값의 발생 빈도를 계산하여 세로 배열 형태로 반환합니다. FREQUENCY 함수는 수식의 결과 값으로 배열을 반환하므로 배열 수식으로 입력해야 합니다. FREQUENCY 함수를 사용하여 연봉구간 별 인원수를 계산해 보겠습니다.

📁 실습예제 : Chapter08.xlsx - [연봉관리1] 시트

구문	=FREQUENCY(Data_array, Bins_array)	
인수	Data_array	빈도를 계산할 데이터 범위입니다.
	Bins_array	Data_array에서 값을 분류할 간격 데이터 범위입니다.
참고	배열 수식은 함수의 인수를 배열(2개 이상의 셀 범위)로 지정하고 Ctrl + Shift + Enter 를 눌러 수식을 마칩니다.	

01 [L4~L8] 셀 범위를 선택하고 '=FR'을 입력한 후 Tab 을 눌러 함수를 선택합니다.

02 [수식 입력줄]의 [함수 삽입]을 클릭합니다.

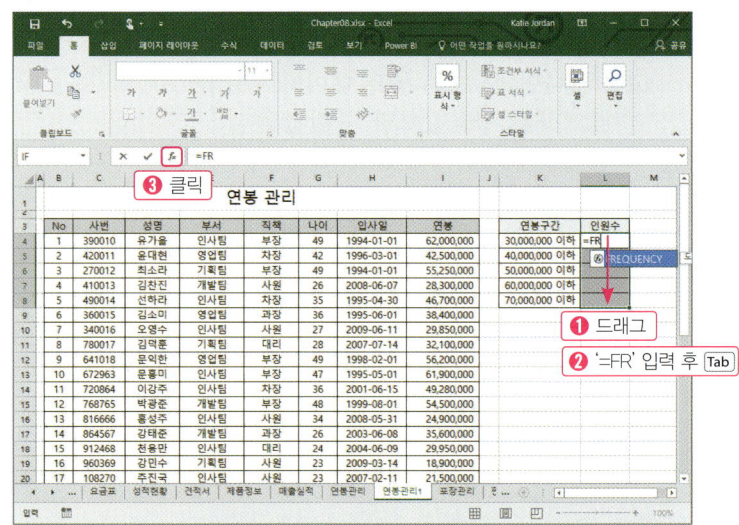

03 [Date_array] 인수에 [I4:I38] 셀 범위를 지정합니다(I4 셀을 클릭한 후 Ctrl + Shift + ↓ 를 누릅니다.)

04 [Bins_array] 인수에 [K4:K8] 셀 범위를 지정합니다.

[연봉구간]이 입력된 [K4~K8] 셀을 확인해보면 각 셀에는 30000000과 같이 숫자 값이 입력되어 있으나 셀 서식이 적용되어 '30,000,000 이하' 형식으로 표시된 것입니다. 구간 값은 0~3천 이하, 3천 초과~4천 이하, 4천 초과~5천 이하, 5천 초과~6천 이하, 6천 초과~7천 이하로 적용됩니다.

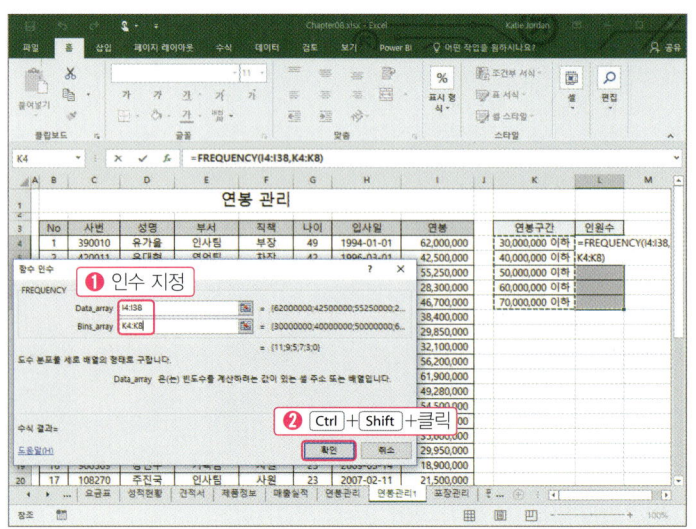

05 Ctrl과 Shift를 동시에 누른 상태에서 [확인]을 클릭합니다.

> FREQUENCY 함수는 배열 수식이므로 수식을 타이핑하여 작성한 경우 수식 입력 후 Ctrl + Shift + Enter 를 눌러 수식을 완료해야 합니다.

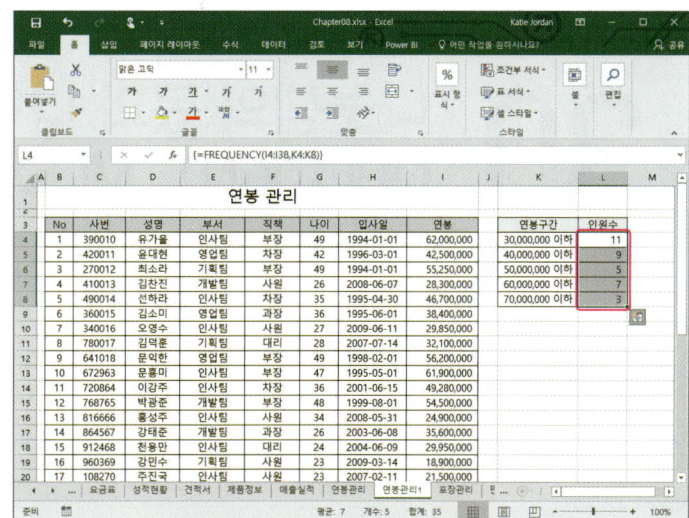

06 각 연봉 구간별 빈도 수가 계산된 것을 확인합니다.

FREQUENCY 함수는 배열 수식이므로 배열의 일부 수식을 수정할 수 없습니다. 배열 수식의 일부를 수정하려는 경우 다음과 같은 오류 메시지가 표시됩니다.

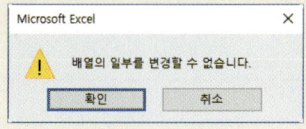

SECTION 30

나눗셈의 몫과 나머지를 구하는 QUOTIENT, MOD 함수

QUOTIENT 함수는 나눗셈 몫의 정수 부분을 반환하고, MOD 함수는 나눗셈 나머지를 반환합니다.

실습예제 : Chapter08.xlsx – [포장관리] 시트

구문	=QUOTIENT(Numerator, Denominator)	
인수	Numerator	피제수입니다.
	Denominator	제수입니다.

구문	=MOD(Number, Divisor)	
인수	Number	피제수입니다.
	Divisor	제수입니다.

01 QUOTIENT 함수로 상품 포장 시 필요한 박스 수 계산하기

01 [F6] 셀을 클릭하고 '=Q'를 입력한 후 함수 목록에서 [QUOTIENT] 함수를 더블 클릭합니다.

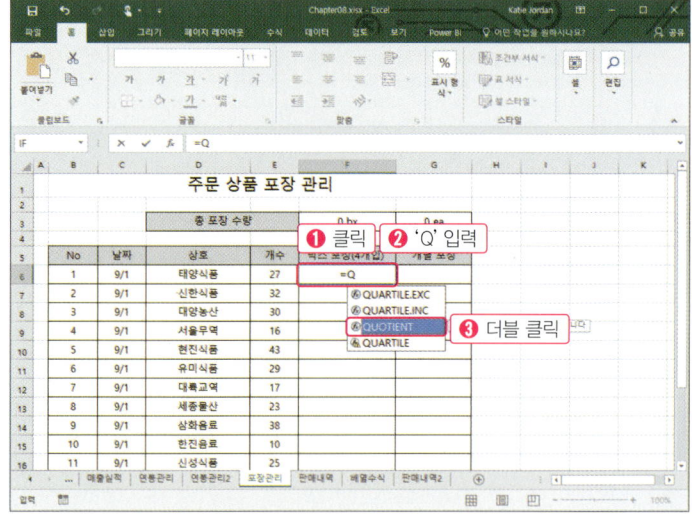

> 아래 방향키를 눌러 QUOTIENT 함수로 이동한 후 Tab 을 눌러 QUOTIENT 함수를 선택할 수도 있습니다.

02 'E6,4)' 수식을 작성한 후 Enter를 누릅니다.

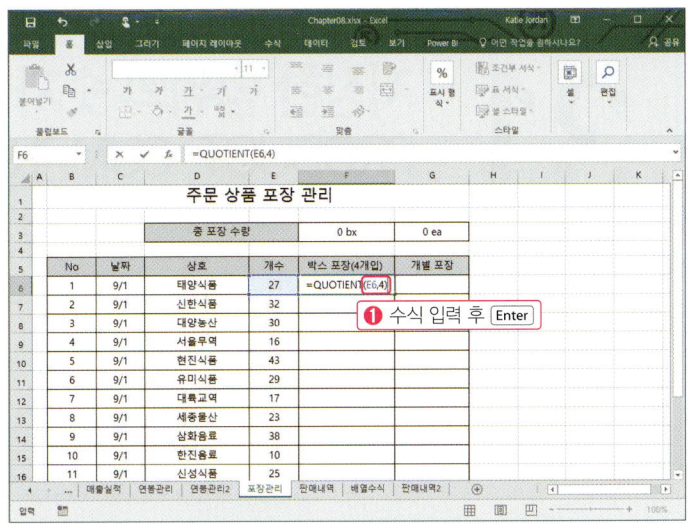

수식 설명
[E6] 셀의 값(27)을 4로 나눈 후 나눗셈의 몫을 반환하는 수식으로 한 BOX에 4개씩 상품을 포장할 때 필요한 BOX 계산

02 MOD 함수를 사용하여 개별 포장 수 계산하기

01 [G6] 셀을 클릭하고 '=MOD(E6,4)' 수식을 작성한 후 Enter를 누릅니다.

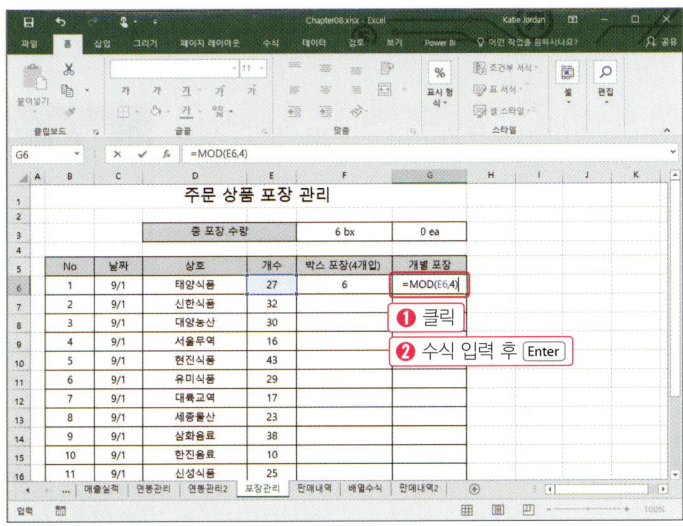

수식 설명
[E6] 셀의 값(27)을 4로 나눈 후 나눗셈의 나머지 값을 반환하는 수식으로 한 BOX에 4개씩 포장한 후 남는 잔여 수량을 개별 포장하기 위해 개별 포장 수 계산

02 [F6~G6] 셀을 선택한 후 채우기 핸들에서 더블 클릭하여 자동 채우기 합니다.

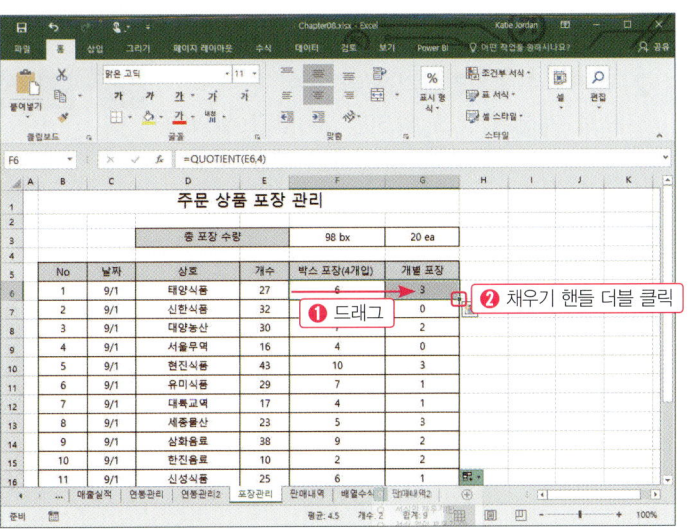

SECTION 31

지정한 범위의 숫자를 모두 곱하고 더하는 PRODUCT, SUMPRODUCT 함수

PRODUCT 함수는 인수로 지정된 숫자를 모두 곱한 결과를 표시하고, SUMPRODUCT 함수는 인수로 지정된 숫자를 모두 곱한 후 그 곱의 합계를 반환합니다.

실습예제 : Chapter08.xlsx [판매내역] 시트

구문	=PRODUCT(Number1, Number2, …, Number255)	
인수	Number	곱하려는 숫자 또는 데이터 범위입니다.

구문	=SUMPRODUCT(Array1, Array2, …, Array255)	
인수	Array	계산하려는 숫자 또는 데이터 범위입니다.

01 PRODUCT 함수로 [판매금액] 계산하기

01 [J7] 셀을 클릭하고 '=PRODUCT('를 입력한 후 [G7~I7] 셀 범위를 선택한 다음 ')'를 입력하고 Enter를 누릅니다.

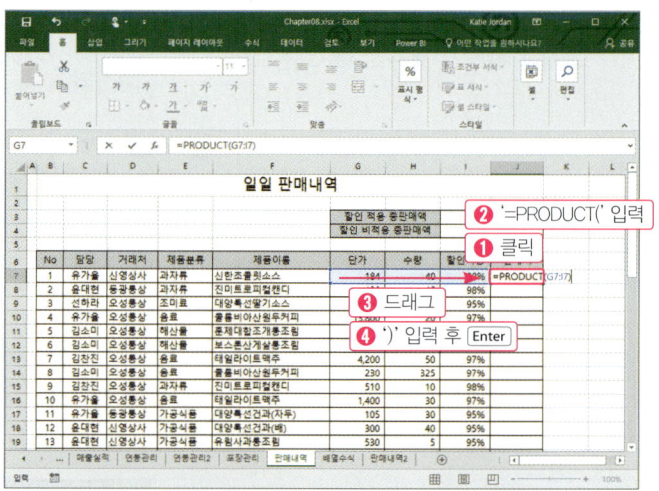

02 '단가×수량×할인적용'된 값이 판매액으로 계산된 것을 확인한 후 [J7] 셀의 채우기 핸들을 더블 클릭하여 자동 채우기 합니다.

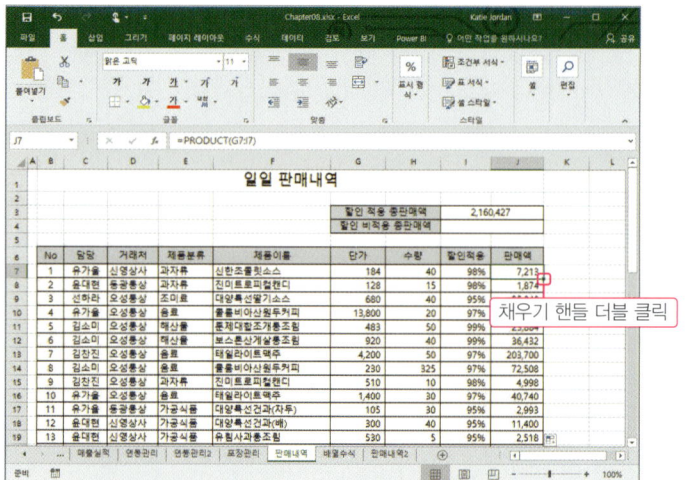

02 SUMPRODUCT 함수로 할인이 적용되지 않은 총판매액 계산하기

01 [I4] 셀을 클릭하고 '=SU'를 입력한 후 함수 목록에서 [SUMPRODUCT] 함수를 더블 클릭하여 선택합니다.

02 [수식 입력줄]의 [함수 삽입]을 클릭합니다.

03 다음과 같이 인수를 지정하고 [확인]을 클릭합니다.

- Array1 : G7:G51
  (G7 셀 선택 후 Ctrl + Shift + ↓)
- Array2 : H7:H51
  (H7 셀 선택 후 Ctrl + Shift + ↓)

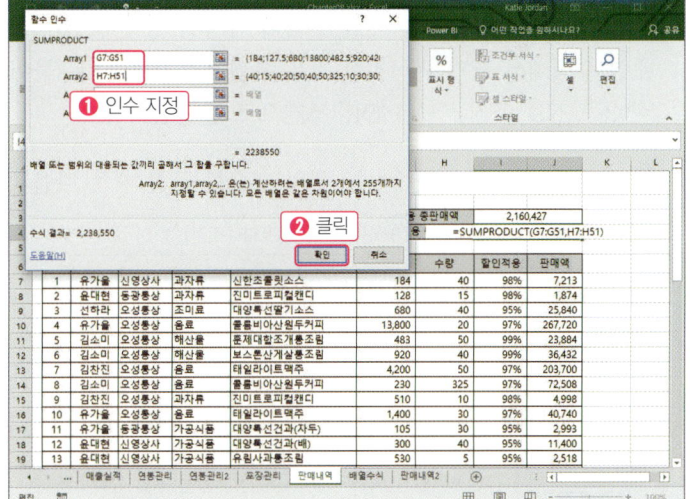

04 단가 열과 수량 열의 값을 곱한 후 합계가 계산된 것을 확인합니다.

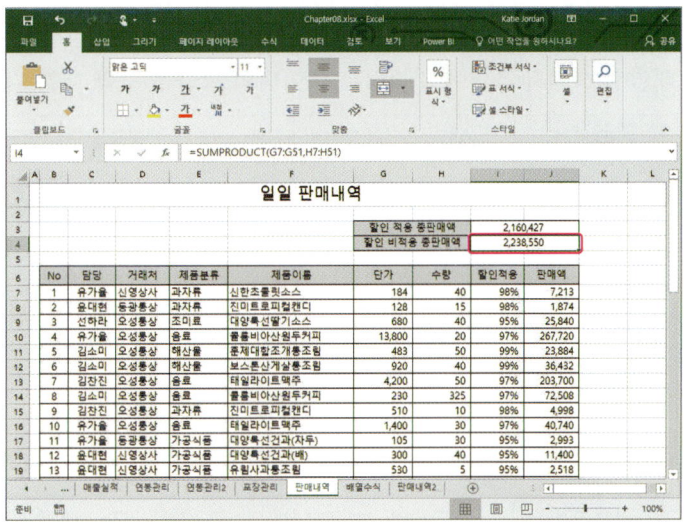

SECTION 32 배열 수식 이해하기

엑셀의 수식은 일반적으로 =A1+B1과 같이 셀 하나를 참조하여 작성됩니다. 배열 수식은 수식의 인수를 하나의 셀이 아닌 배열 인수(두 개 이상의 값 집합)로 지정하는 수식을 말합니다. 배열 수식을 사용하면 여러 번 나누어 작성해야 하는 수식을 한 번에 작성하여 문서를 단순화 할 수 있고, 함수로 풀 수 없는 복잡한 계산을 할 수도 있습니다. 하지만 배열의 범위가 크거나 배열 수식이 많이 포함된 워크시트의 경우 계산 속도가 느려질 수도 있습니다.

배열 수식은 다음가 같은 특징을 가집니다.

- 각 배열 인수의 행 개수와 열 개수는 같아야 합니다.
- 배열 수식은 수식 작성 후 Ctrl + Shift + Enter 를 눌러 수식을 완료해야 합니다.
- 배열 수식을 작성하면 수식의 맨 앞과 맨 뒤에 자동으로 '{ }(중괄호)'가 표시됩니다.
- 배열 수식은 셀 하나만 따로 수정하거나 삭제할 수 없습니다.
- 배열 수식을 삭제하려면 배열 수식이 작성된 셀 전체 범위를 선택한 후 삭제해야 합니다.
- 배열 수식에서 조건을 처리할 경우 조건은 '( )(괄호)'로 묶어서 표시해야 합니다.
- '*'는 'AND' 조건, '+'는 'OR' 조건으로 판단됩니다.

배열 수식에서 조건에 만족하는 셀의 개수를 구할 때는 다음과 같이 수식을 작성합니다.

하나의 조건	{=SUM((조건)*1)} 또는 {=SUM(IF(조건1, 1, 0))}
AND 조건	{=SUM((조건1)*(조건2)*…*(조건n))} 또는 {=SUM(IF((조건1)*(조건2)*(조건n), 1, 0))}
OR 조건	{=SUM(IF((조건1)+(조건2)+…+(조건n), 1, 0))}

배열 수식에서 조건에 만족하는 데이터의 합계를 구할 때는 다음과 같이 수식을 작성합니다.

AND 조건	{=SUM((조건1)*(조건2)*…*(조건n)*합을 구할 범위)} 또는 {=SUM(IF((조건1)*(조건2)*…*(조건n), 합을 구할 범위, 0))}
OR 조건	{=SUM(IF((조건1)+(조건2)+…+(조건n), 합을 구할 범위, 0))}

배열 수식에서 조건에 만족하는 데이터의 평균을 구할 때는 다음과 같이 수식을 작성합니다.

AND 조건	{=AVERAGE(IF(조건1)*(조건2)*…*(조건n), 평균을 구할 범위))}
OR 조건	{=AVERAGE(IF(조건1)+(조건2)+…+(조건n), 평균을 구할 범위))}

배열 수식에서 조건에 만족하는 k번째 큰 값을 구할 때는 다음과 같이 수식을 작성합니다.

AND 조건	{=LARGE((조건1)*(조건2)*…*(조건n)*값을 구할 범위, k번째)} 또는 {=LARGE(IF((조건1)*(조건2)*…*(조건n), 값을 구할 범위), k번째)}
OR 조건	{=LARGE(IF((조건1)+(조건2)+…+(조건n), 값을 구할 범위), k번째)}

배열 수식에서 특정 범위에서 값을 찾을 때는 다음과 같이 수식을 작성합니다.

AND 조건	{=INDEX(범위, MATCH(찾을 값, (조건1)*(조건2)*…*찾을 범위, 0))}

SECTION 33 배열 수식 작성하기

배열 수식을 작성하는 방법에 대해 알아보도록 하겠습니다.

실습예제 : Chapter08.xlsx – [배열수식] 시트

01 배열 수식으로 판매액 계산하기

01 [J4] 셀을 클릭한 후 수직 스크롤 바를 아래로 이동하고 [J101] 셀을 Shift + Click 하여 [J4~J101] 셀 범위를 선택합니다.

02 '=H4:H101*I4:I101' 수식을 작성한 후 Ctrl + Shift + Enter 를 눌러 수식을 완료합니다.

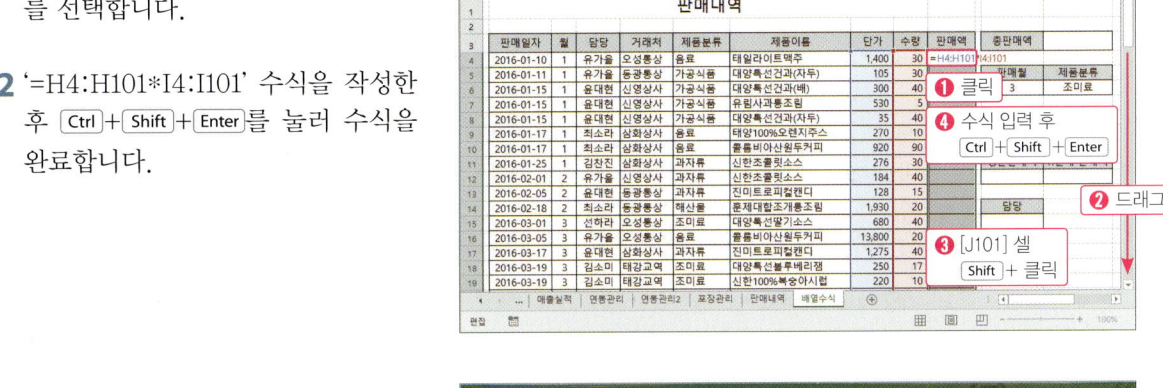

03 수식 입력줄에서 수식 앞, 뒤에 '{ }(중괄호)'가 표시된 배열 수식을 확인합니다.

04 이렇게 배열 수식은 수식의 인수를 배열 인수로 지정하는 수식을 말합니다.

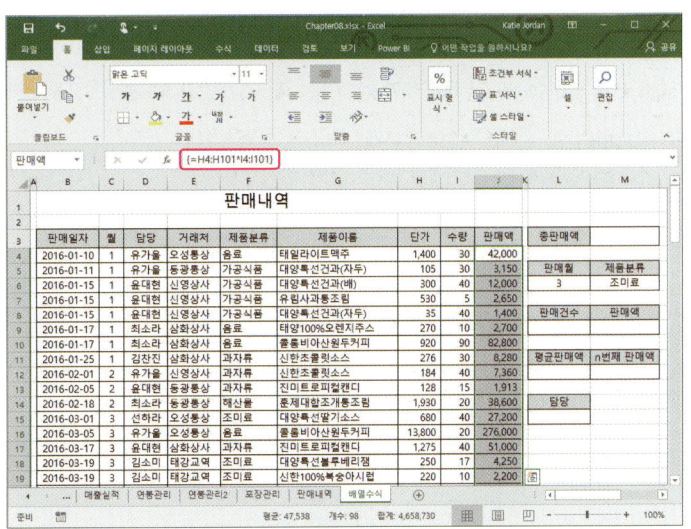

02 배열 수식으로 총판매액 계산하기

01 [M3] 셀을 클릭하고 '=SUM(H4:H101*I4:I101)' 수식을 작성한 후 Ctrl + Shift + Enter 를 누릅니다.

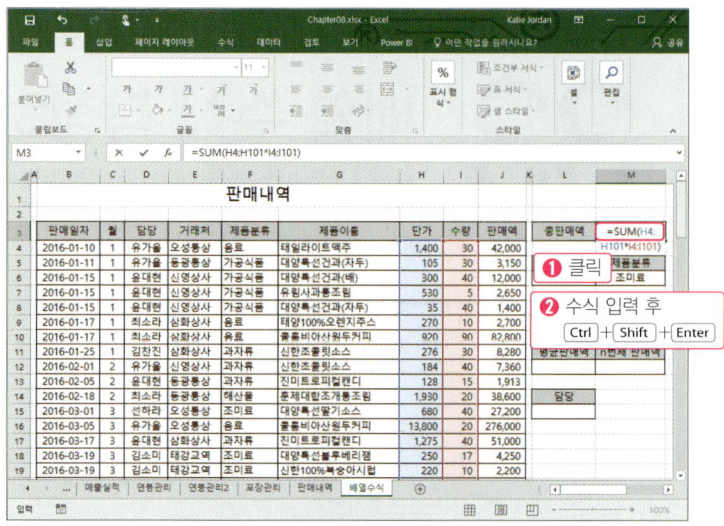

02 수식 입력줄에서 수식 앞, 뒤에 '{ }(중괄호)'가 표시된 배열 수식을 확인합니다. 배열 수식을 사용하지 않은 경우라면 판매액(단가*수량)을 계산한 후 판매액의 합계를 구하는 수식을 2단계에 걸쳐 작성해야 합니다. 배열 수식의 경우 [판매액]을 계산하지 않더라도 총판매액을 계산할 수 있으므로 여러 단계로 나누어 계산해야 하는 일반 수식보다 더 용이하게 사용할 수 있습니다.

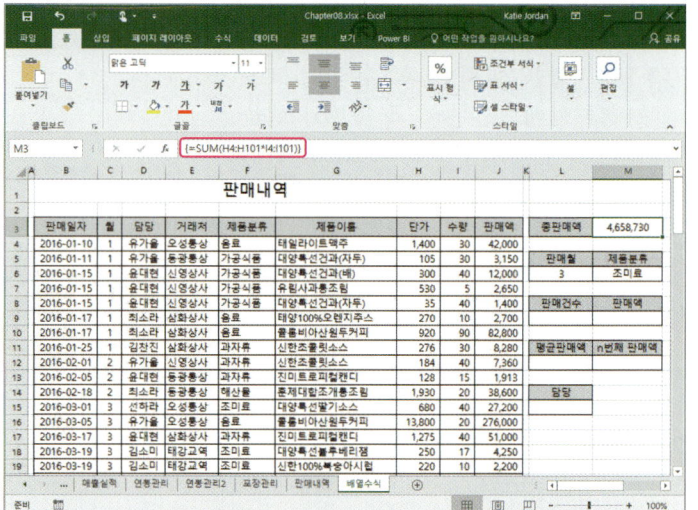

SECTION 34 배열 수식으로 조건에 만족하는 데이터의 개수와 합계 구하기

배열 수식으로 조건에 만족하는 데이터의 개수와 합계를 구하는 방법에 대해 알아보겠습니다.

실습예제 : Chapter08.xlsx – [배열수식1] 시트

01 배열 수식의 인수로 사용할 셀 범위에 이름 정의하기

01 [C3] 셀을 클릭한 후 Ctrl+Shift+→, Ctrl+Shift+↓를 눌러 [C3~J101] 셀 범위를 선택합니다.

02 [수식] 탭 – [정의된 이름] 그룹 – [선택 영역에서 만들기]를 선택하고 [첫 행] 옵션만 설정한 후 [확인]을 클릭합니다.

> 배열 수식은 셀 범위를 인수로 지정해야 하기 때문에 인수로 사용할 셀 범위에 이름을 정의해 놓으면 더 쉽고, 직관적으로 수식을 작성할 수 있습니다.

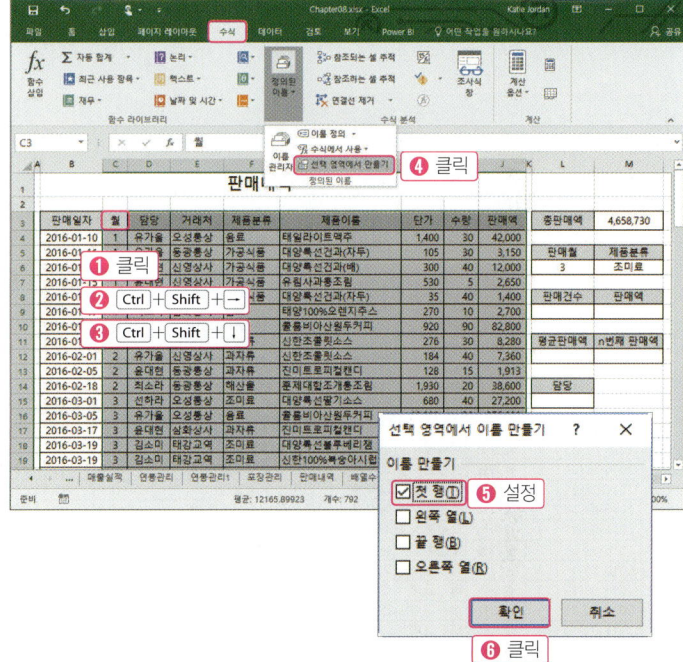

02 배열 수식으로 조건에 만족하는 데이터의 개수 구하기

01 [L9] 셀을 클릭하고 '=SUM((월=L6)*(제품분류=M6))' 수식을 작성한 후 Ctrl+Shift+Enter를 누릅니다.

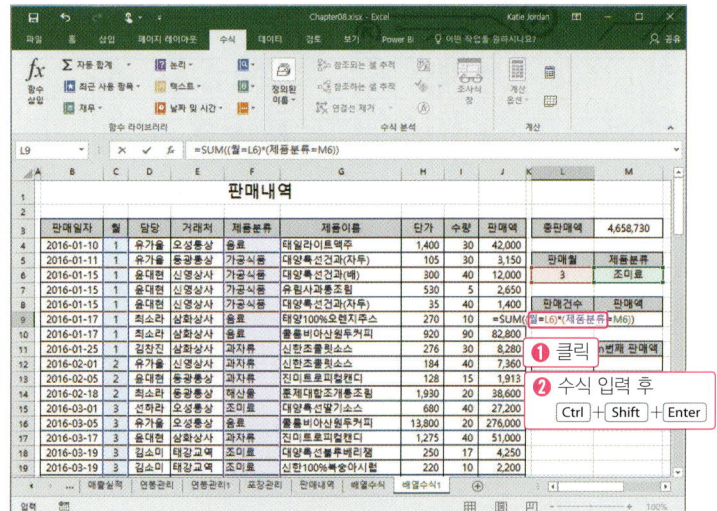

03 배열 수식으로 조건에 만족하는 데이터의 합계 구하기

01 [M9] 셀을 클릭하고 '=SUM((월=L6)*(제품분류=M6)*판매액)' 수식을 작성한 후 Ctrl + Shift + Enter를 누릅니다.

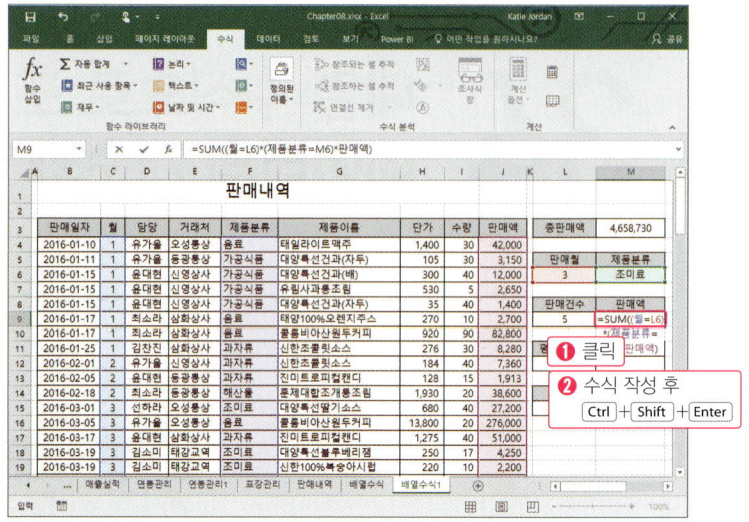

배열 수식 설명

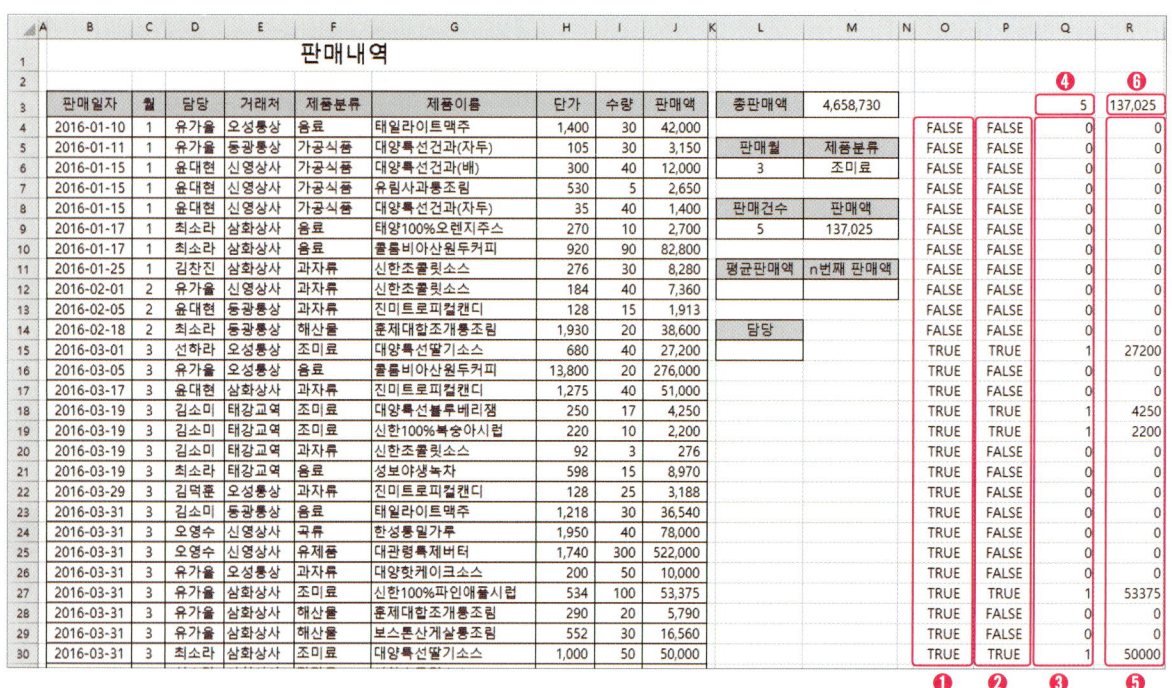

배열 수식은 배열로 인수를 지정하지만 각 셀마다 조건이 판단됩니다. 앞서 계산한 월이 3월이고, 제품분류가 조미료인 조건에 만족하는 데이터의 개수와 합계는 다음과 같은 방법으로 결과가 도출된 것입니다.

❶ =(월=L6) 수식의 결과

'월이 3월'이면 이라는 조건은 그림의 O열과 같이 판단되어 3월인 셀만 TRUE가 반환됩니다.

❷ =(제품분류=M6) 수식의 결과

'제품분류가 조미료이면' 이라는 조건은 그림의 P열과 같이 판단되어 조미료인 셀만 TRUE가 반환됩니다.

❸ =O4*P4 : ①과 ②의 결과의 곱

이 두 조건의 결과를 곱하면 Q열과 같은 결과가 계산됩니다(엑셀은 TRUE는 1, FALSE는 0으로 처리되기 때문에 논리값의 연산이 가능합니다).

❹ =SUM(Q4:Q101) : ③의 결과의 합

두 조건이 모두 만족하는 데이터만 1이 반환된 Q열의 데이터 합계(SUM)를 구하였으므로 이는, 두 개의 조건에 만족하는 데이터의 개수가 됩니다. 즉, {=SUM((월=L6)*(제품분류=M6))}의 결과가 이런 단계를 거쳐 계산된 것입니다.

❺ =O4*P4*J4 : ①과 ②의 결과와 [판매액]의 곱

두 개의 조건이 모두 만족하면 [판매액]에 1이 곱해지고, 조건이 하나라도 만족하지 않으면 0이 곱해진 결과가 계산됩니다. 결국 조건 2개가 모두 만족할 때만 판매액이 계산됩니다.

❻ =SUM(R4:R101) : ⑤의 결과의 합

2개의 조건이 모두 만족할 경우만 계산된 [판매액]의 합계(SUM)가 계산되었습니다. 즉, {=SUM((월=L6)*(제품분류=M6)*판매액)}의 결과가 이런 단계를 거쳐 계산된 것입니다.

SECTION 35 배열 수식으로 조건에 만족하는 데이터의 평균, k번째 큰 값 계산 및 특정 값 찾기

배열 수식으로 조건에 만족하는 데이터의 평균과 k번째 큰 값, 관련 데이터를 추출하는 수식을 작성해 보겠습니다.

실습예제 : Chapter08.xlsx - [배열수식1] 시트

01 조건에 만족하는 데이터의 평균 구하기

01 [L12] 셀을 클릭하고 '=AVERAGE(IF((월=L6)*(제품분류=M6),판매액))' 수식을 작성한 후 Ctrl + Shift + Enter 를 누릅니다.

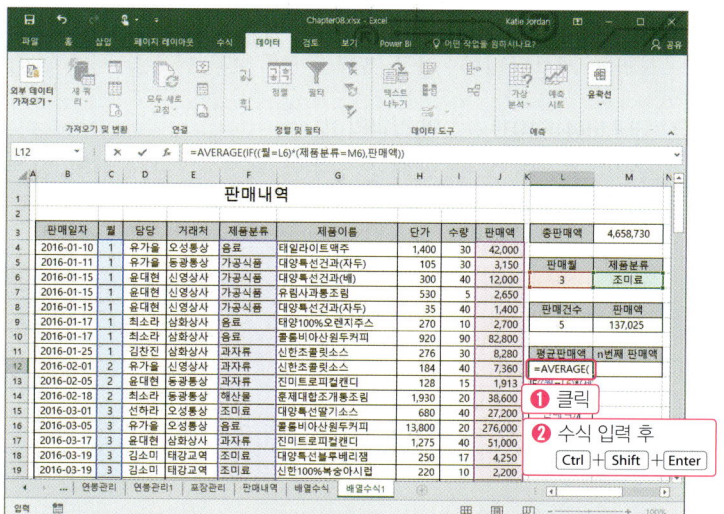

02 조건에 만족하는 k번째 큰 값 구하기

01 [M12] 셀을 클릭하고 '=LARGE((월=L6)*(제품분류=M6)*판매액,1)' 수식을 작성한 후 Ctrl + Shift + Enter 를 누릅니다.

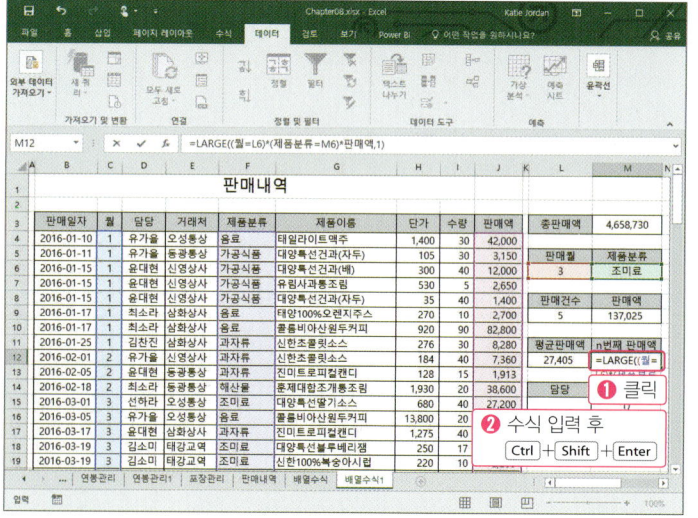

02 3월, 조미료 판매액 중 값이 가장 큰 '53,375'가 계산됩니다. 두 번째 큰 판매액을 계산해보기 위해 [수식 입력줄]에서 마지막 인수를 '2'로 수정하고 Ctrl + Shift + Enter 를 누릅니다.

03 두 번째로 큰 매출액인 '50,000'이 계산됩니다.

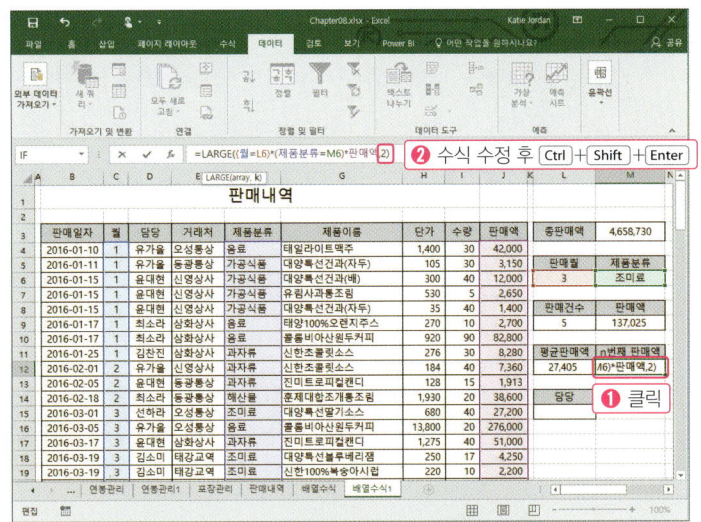

03 k번째 판매액에 해당하는 [담당] 추출하기

01 [L15] 셀을 클릭하고 '=INDEX(담당,MATCH(M12,(월=L6)*(제품분류=M6)*판매액,0))' 수식을 작성한 후 Ctrl + Shift + Enter 를 누릅니다.

> INDEX, MATCH 함수를 사용하여 [M12] 셀에 계산되어 있는 k번째 판매액에 해당하는 [담당]을 구하는 배열 수식 작성

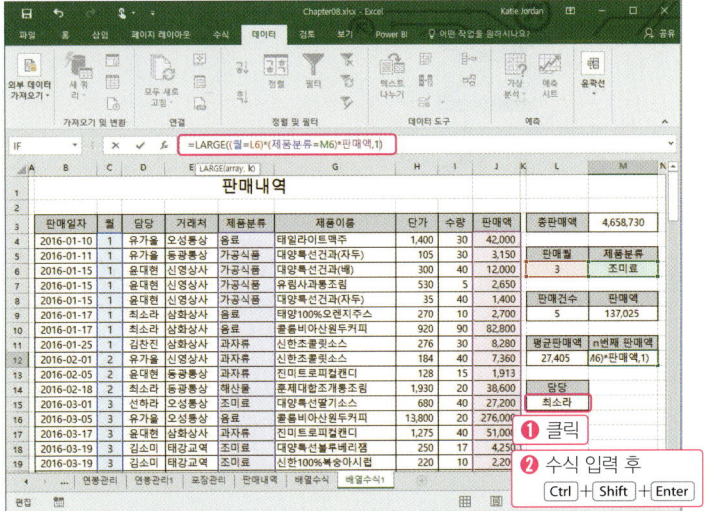

02 담당이 추출된 것을 확인합니다. k번째 판매액에 따라 [담당]이 업데이트되는 것을 확인하기 위해 [M12] 셀을 클릭한 후 [수식 입력줄]에서 마지막 인수를 '1'로 수정하고 Ctrl + Shift + Enter 를 누릅니다.

03 [담당]이 변경된 것을 확인합니다.

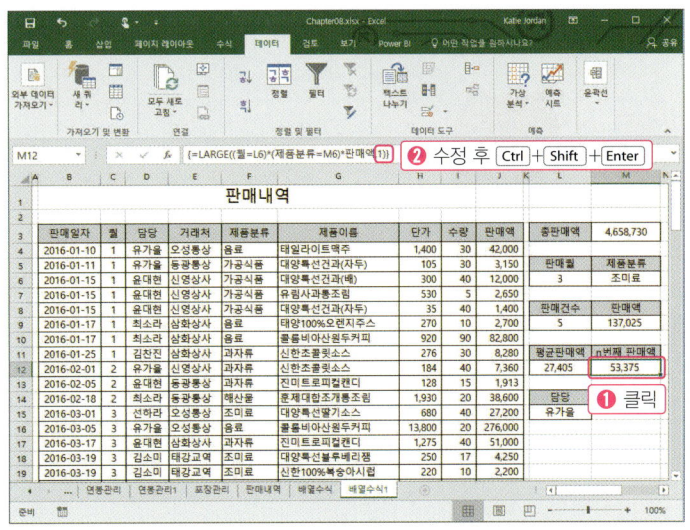

Chapter 08_ 알수록 득이되는 실무 함수 • **327**

Excel 2016

CHAPTER

09

차트 작성 및 편집

숫자와 문자 데이터를 시각적으로 표현하기 위해 막대, 꺾은선, 원 등의 형태로 표현하는 것을 '차트'라고 합니다. 데이터 값을 비교할 때 '막대형 차트', 항목별 변화량을 쉽게 파악하고 다음 값을 예측할 때 '꺾은선형 차트', 항목별 비율을 나타날 때 '원형 차트', 도수 분포를 비교할 때 '분산형 차트', 기타 혼합형, 주식형, 영역형, 방사형 등 다양한 차트를 삽입하고, 편집하는 방법에 대해 알아보겠습니다.

SECTION 01 차트 삽입하기

차트는 많은 양의 데이터 및 여러 데이터 계열 간의 관계를 보다 쉽게 이해할 수 있도록 숫자 데이터를 시각적으로 표시하는 데 사용되는 중요한 개체입니다. 차트 원본 데이터를 선택한 후 원하는 차트 종류를 선택하면 손쉽게 차트를 삽입할 수 있습니다. 차트를 삽입하는 다양한 방법에 대해 알아보겠습니다.

📁 실습예제 : Chapter09.xlsx – [차트1] 시트

01 리본 메뉴를 사용하여 차트 삽입하기

01 차트 작성 시 사용할 원본 데이터인 [B3~E8] 셀 범위를 드래그하여 선택합니다.

02 [삽입] 탭 – [차트] 그룹에서 작성하고자 하는 차트 종류를 선택합니다.

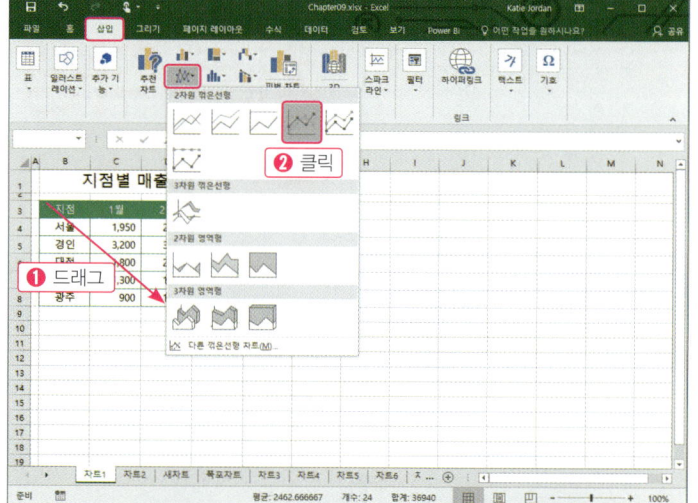

03 워크시트에 차트가 삽입됩니다. 차트 영역을 드래그하여 차트의 위치를 이동할 수 있습니다. 다음 작업을 위해 Delete 를 눌러 차트를 삭제합니다.

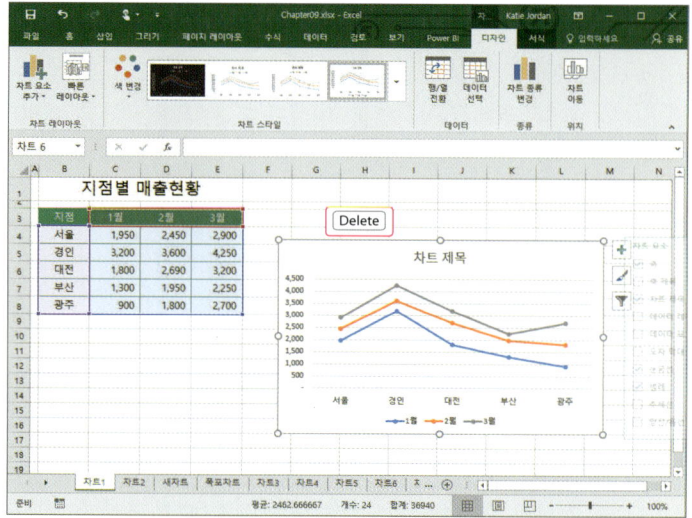

02 Alt + F1 로 차트 삽입하기

01 차트를 작성할 원본 데이터 범위 (B3~E8)를 드래그하여 선택합니다.

02 Alt + F1 을 누르면 워크시트에 기본 차트가 삽입됩니다.

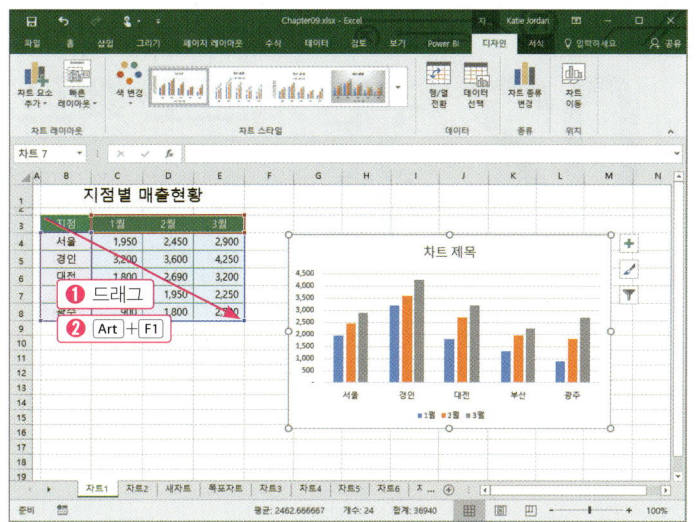

기본 차트 변경

Alt + F1 을 눌렀을 때 삽입되는 기본 차트를 변경하고자 하는 경우 [삽입] 탭 - [차트] 그룹 - [대화상자 표시 아이콘]을 클릭한 후 기본 차트로 설정할 차트 종류에서 마우스 오른쪽 버튼을 클릭하고 [기본 차트로 설정]을 선택합니다.

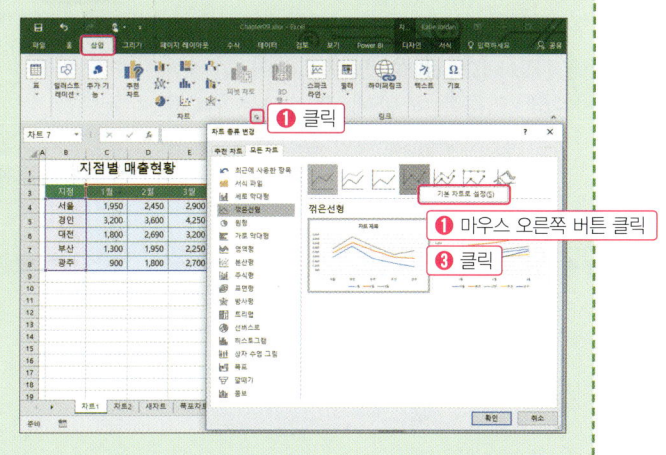

03 F11 로 차트 시트 삽입하기

차트를 작성할 원본 데이터 범위를 선택하고 F11 을 누르면 기본 차트가 작성된 차트 시트가 삽입됩니다.

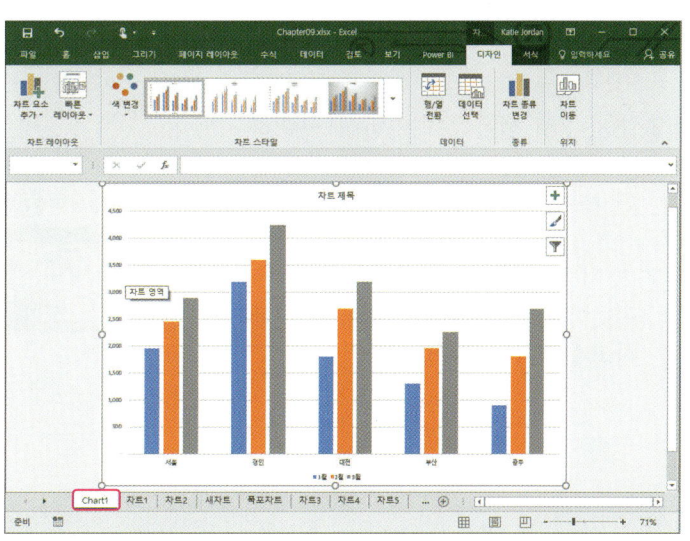

SECTION 02 추천 차트로 빠르게 차트 삽입하기

추천 차트 명령을 사용하면 신속하게 데이터에 가장 적합한 차트를 추천 받아 손쉽게 차트를 만들 수 있습니다. 추천 차트 기능으로 데이터에 적합한 차트를 빠르게 삽입하는 방법에 대해 알아보겠습니다.

실습예제 : Chapter09.xlsx – [차트2] 시트

01 빠른 분석 도구로 추천 차트 삽입하기

01 [B3~E8] 셀을 드래그하여 선택하고 오른쪽 하단에 표시되는 [빠른 분석] 도구를 클릭한 후 [차트] 메뉴를 선택합니다.

02 표시되는 차트 종류에 마우스 포인터를 위치시키면 차트 작성 결과가 미리 보기됩니다. 원하는 차트 종류를 클릭하면 차트가 삽입됩니다.

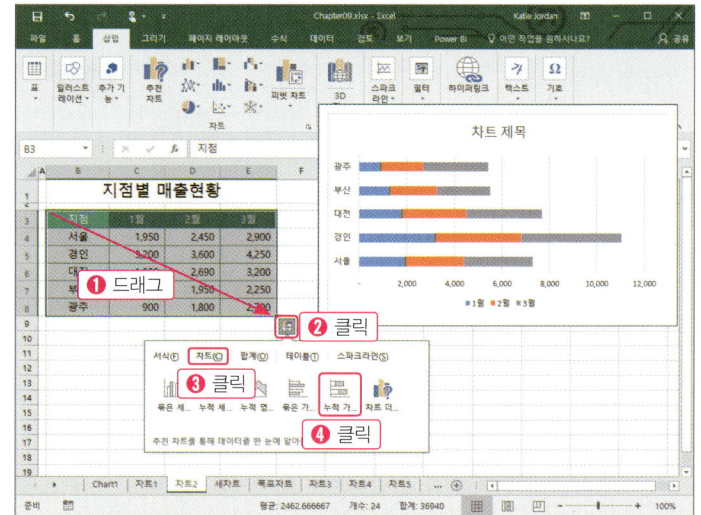

02 리본 메뉴에서 추천 차트 삽입하기

01 [B3~E8] 셀을 드래그하여 선택하고 [삽입] 탭 - [차트] 그룹 - [추천 차트]를 클릭합니다.

02 [추천 차트] 탭에 표시된 추천 차트 목록에서 원하는 차트 종류를 선택하고 [확인]을 클릭합니다.

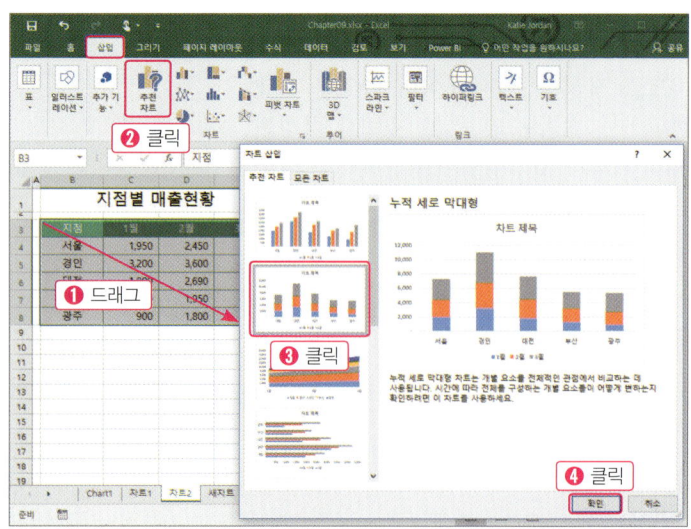

03 차트 영역을 드래그하면 차트의 위치를 이동할 수 있습니다.

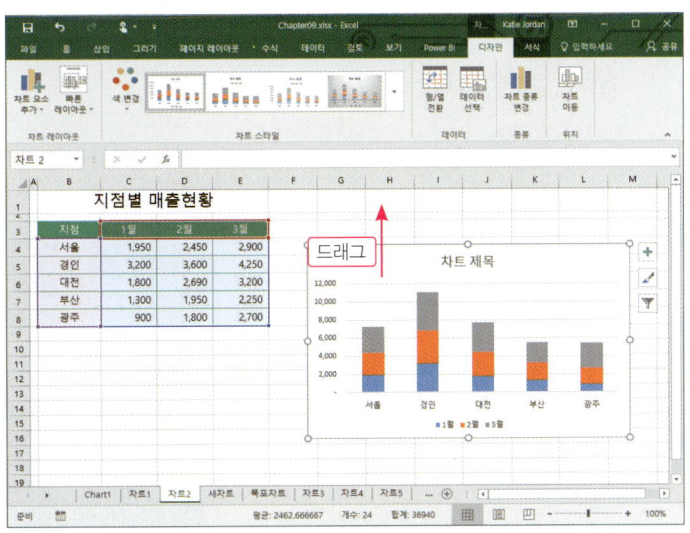

PowerUp | 2016 새 차트 살펴보기

엑셀 2016에서는 트리맵, 폭포, 파레토, 히스토그램, 상자 수염 그림, 선버스트 등 새 차트 종류가 제공됩니다. 새롭게 제공되는 차트 종류를 사용하여 데이터의 통계 속성을 강조할 수 있습니다.

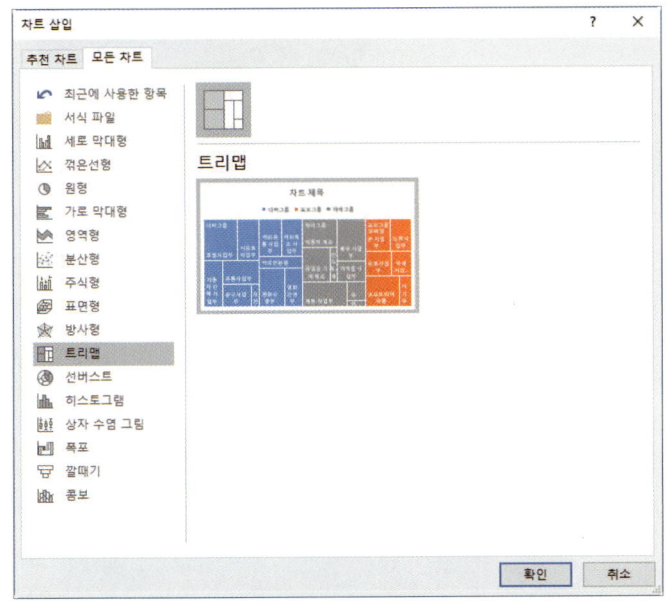

01 트리맵 차트

데이터를 계층 구조 보기로 제공하므로 패턴을 손쉽게 찾을 수 있습니다. 트리 분기는 사각형으로 나타나고 각 하위 분기는 더 작은 사각형으로 나타납니다. 트리맵 차트는 색과 근접성을 기준으로 범주를 표시하며 다른 차트 유형으로 표시하기 어려운 많은 양의 데이터를 쉽게 표시할 수 있습니다.

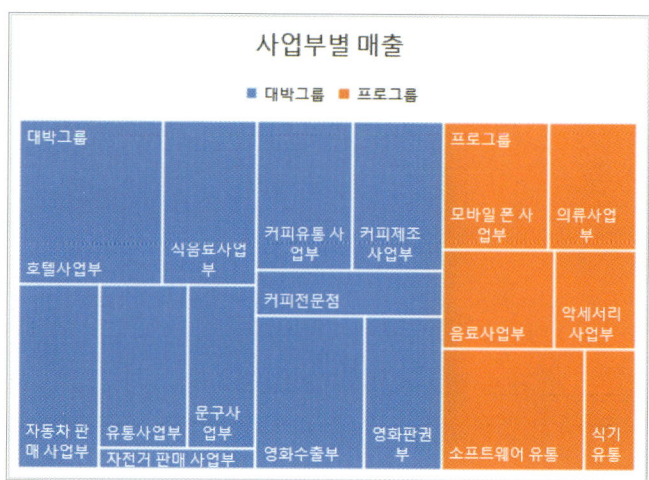

02 선버스트 차트

선버스트 차트는 계층 구조 데이터를 표시하는데 적합합니다. 하나의 고리 또는 원이 계층 구조의 각 수준을 나타내며 가장 안쪽에 있는 원이 계층 구조의 가장 높은 수준을 나타냅니다.

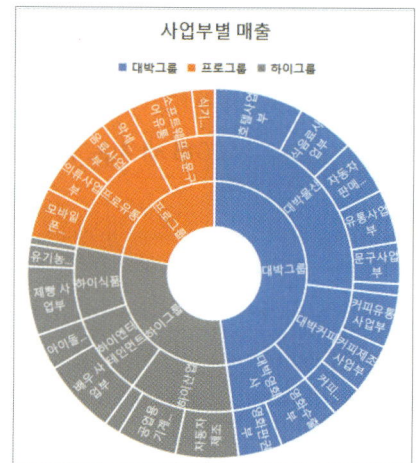

03 히스토그램, 파레토 차트

히스토그램 또는 파레토(순차적 히스토그램)는 빈도 데이터를 보여 주는 세로 막대형 차트입니다. 파레토 차트는 데이터 집합에서 가장 큰 요소를 강조 표시하며, 가장 일반적인 문제를 쉽게 볼 수 있으므로 품질 관리의 7가지 기본 도구 중 하나로 간주됩니다.

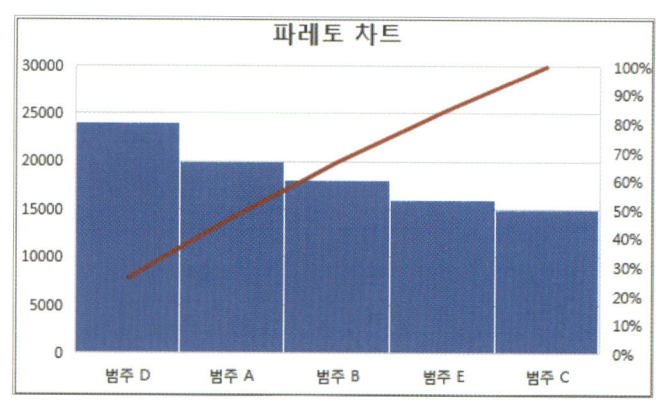

04 폭포 차트

폭포 차트는 값을 더하거나 빼는 경우의 누계를 나타내며 초기값(예: 순수입)이 일련의 양의 값 및 음의 값에 의해 어떤 영향을 받는지 이해하는데 유용합니다. 막대는 색으로 구분되므로 양수와 음수를 빠르게 구분할 수 있습니다. 초기값 및 계산값 막대는 주로 가로 축에서 시작하는 반면 중간 값은 부동 막대입니다. 이러한 모양 때문에 폭포 차트를 다리형 차트라고도 합니다.

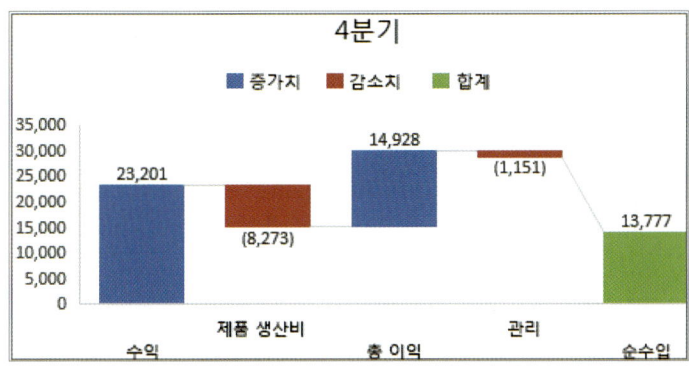

05 상자 수염 그림 차트

상자 수염 그림 차트는 데이터 분포를 사분위수로 나타내며 평균 및 이상값을 강조하여 표시합니다. 상자에는 수직으로 확장되는 '수염'이라는 선이 포함될 수 있습니다. 이러한 선은 제1사분위수와 제3사분위수 외부의 변동성을 나타내며 이와 같은 선 또는 수염 외부의 모든 점은 이상값으로 간주됩니다. 상자 수염 그림 차트는 통계 분석에서 가장 일반적으로 사용됩니다.

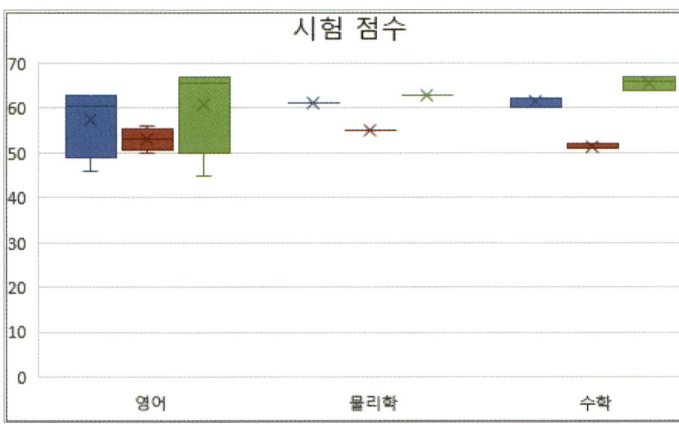

SECTION 03 차트 구성 요소 알아보기

차트 종류만 선택하면 손쉽게 차트가 작성되지만 원하는 형태의 차트를 만들기 위해서는 다양한 도구를 사용하여 차트를 편집해주어야 합니다. 차트를 편집하기 위해서는 차트를 구성하고 있는 요소가 어떤 것들이 있는지 정확하게 알고 있어야 작업이 수월해지므로 본격적인 차트 편집에 앞서 차트를 구성하고 있는 요소는 어떤 것들이 있는지 알아보도록 하겠습니다.

실습예제 : Chapter09.xlsx - [차트3] 시트

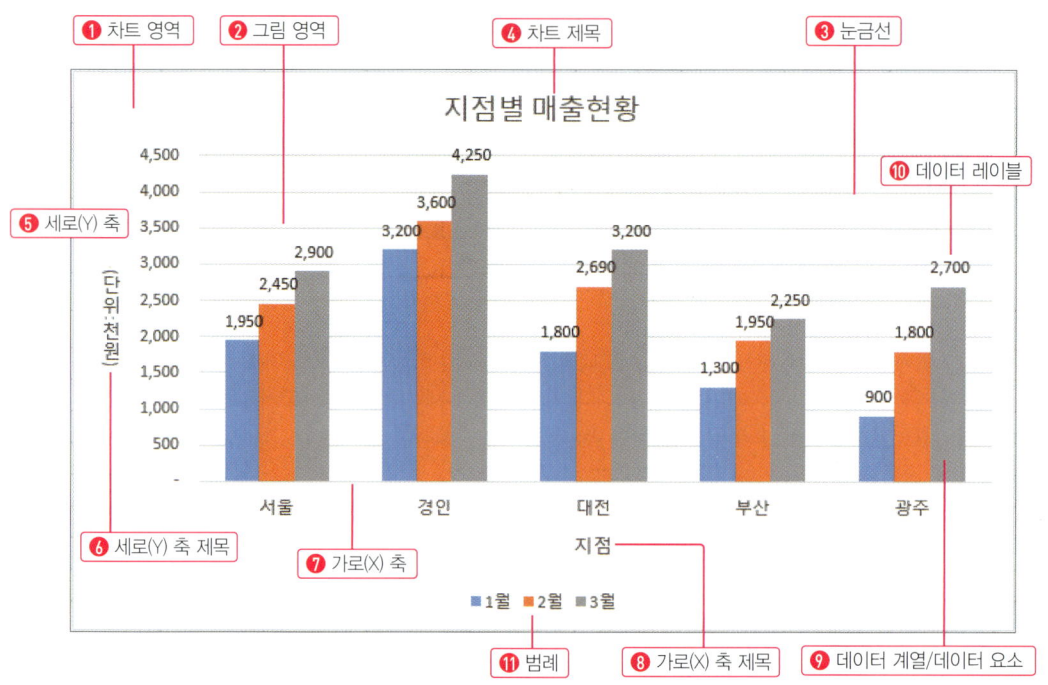

요소	설명
❶ 차트 영역	차트 전체 영역으로 이 영역을 드래그하여 차트를 이동하거나 차트 전체에 적용될 서식을 지정할 수 있습니다.
❷ 그림 영역	X축과 Y축을 포함한 실제 차트가 표시되는 영역입니다. 3차원 차트의 경우 그림 영역에 옆면, 뒷면, 밑면 영역이 존재합니다. 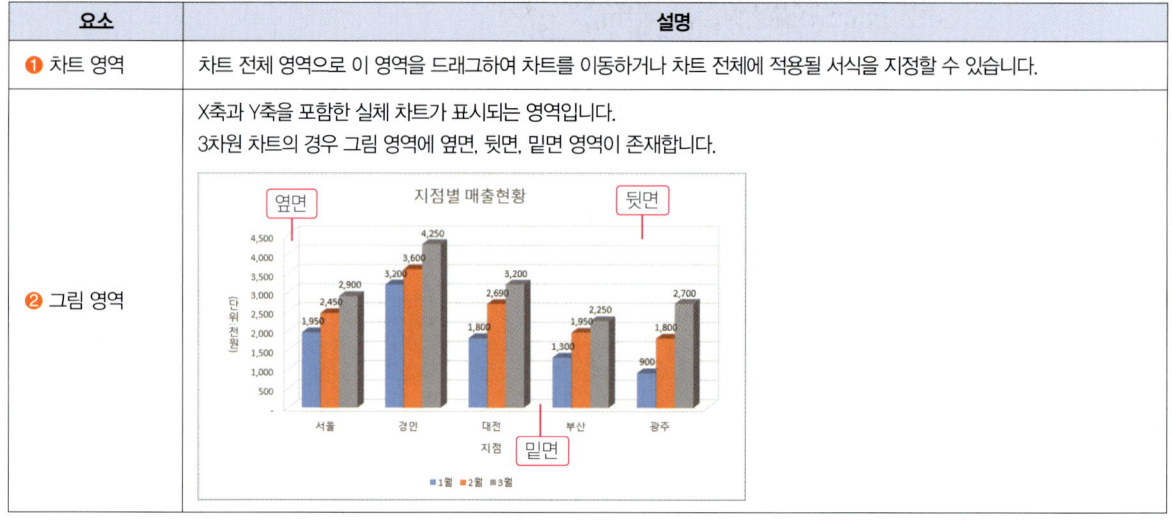

❸ 눈금선	Y축이나 X축 눈금에 대한 실선을 그림 영역에 표시한 것입니다.
❹ 차트 제목	차트를 대표하는 제목을 표시합니다.
❺ 세로(Y) 축	차트에 표현할 데이터의 기준이 되는 수치 값을 나타내는 기준선입니다.
❻ 세로(Y) 축 제목	Y축의 수치가 무엇을 의미하는 것인지를 알려주는 문자열입니다.
❼ 가로(X) 축	차트에 표현할 항목을 포함하는 기준선입니다.
❽ 가로(X) 축 제목	X축의 항목이 무엇을 의미하는 것인지를 알려주는 문자열입니다.
❾ 데이터 계열 데이터 요소	데이터 계열은 수치 데이터를 표현하는 막대, 꺾은선, 원형 등을 의미하며 각 데이터 계열은 고유의 색이나 무늬를 가지며 차트 범례 안에 표시됩니다. 데이터 계열에 포함된 하나하나의 요소(막대, 원형 조각 등)를 데이터 요소라고 합니다.
❿ 데이터 레이블	데이터 값이나 항목, 계열에 대한 정보를 제공하는 레이블입니다.
⓫ 범례	차트에서 각 막대가 어떤 데이터 계열에 대한 것인지를 알려주는 표식입니다.

실습예제 : Chapter09.xlsx – [차트6] 시트

차트의 각 구성 요소를 정확히 알고 있는 경우 해당 요소를 클릭하면 손쉽게 선택할 수 있습니다.

만약 차트 구성 요소를 정확히 모를 경우 [차트 도구] – [서식] 탭 – [현재 선택 영역] 그룹 – [차트 요소]의 목록 단추를 클릭하면 차트 구성 요소를 확인할 수 있고, 원하는 요소를 선택할 수 있습니다.

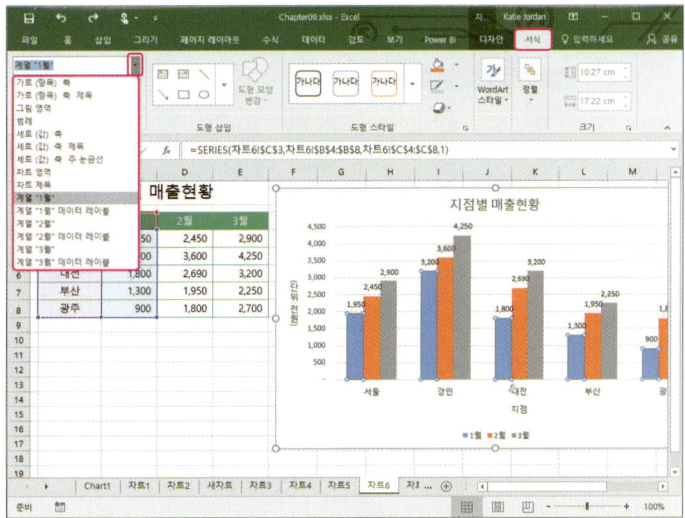

SECTION 04 차트 편집하기

차트를 편집할 때는 ① 차트를 선택하면 리본 메뉴에 자동으로 표시되는 [차트 도구]와 ② 차트 오른쪽 상단에 표시되는 [차트 단추], ③ 편집할 차트 요소에서 마우스 오른쪽 버튼을 클릭하면 표시되는 단축 메뉴를 사용합니다. 모든 차트 구성 요소는 요소를 선택한 후 Delete 를 누르거나 마우스 오른쪽 버튼을 클릭한 후 [삭제]를 선택하여 삭제할 수 있습니다. 이 Section에서는 차트 편집에 사용되는 메뉴 전반을 이해하고, 다음 Section부터 자세한 차트 편집 방법에 대해 하나하나 살펴보도록 하겠습니다.

📁 실습예제 : Chapter09.xlsx - [차트4]시트

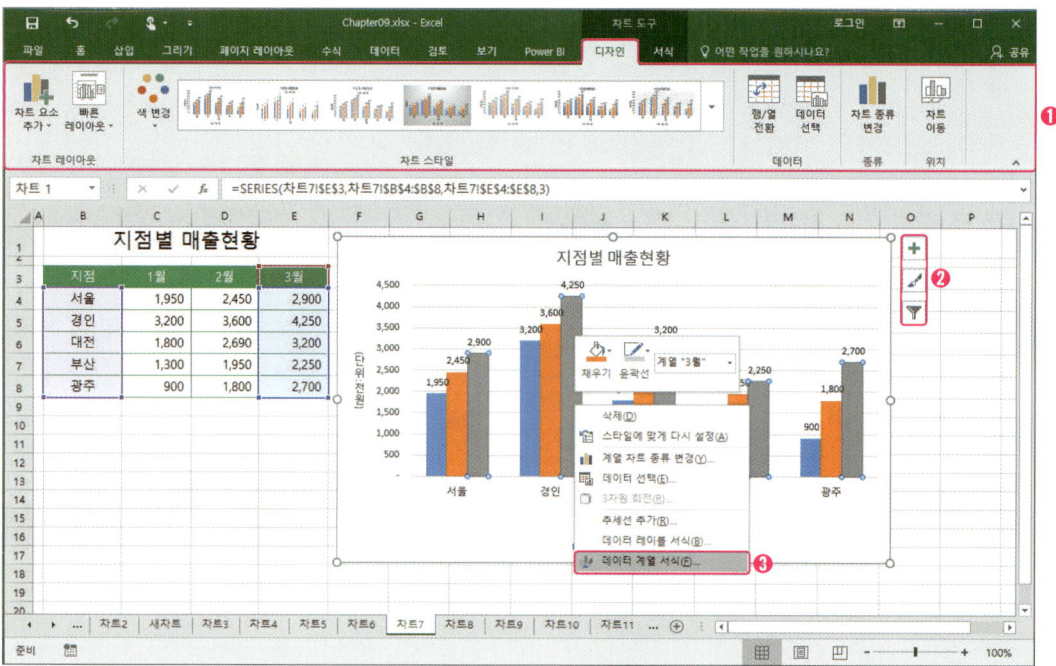

01 차트 도구

01 [디자인] 탭

[차트 도구] - [디자인] 탭에는 차트 종류를 변경하거나 차트 전체에 적용될 서식이나 레이아웃을 설정하는 등 차트 전체를 편집할 때 사용하는 도구들이 제공됩니다. 예를 들어, 차트 종류를 변경하거나 원본 데이터를 변경하고, 차트 스타일을 선택하여 차트 서식을 빠르게 변경하는 등의 편집 작업이 가능합니다.

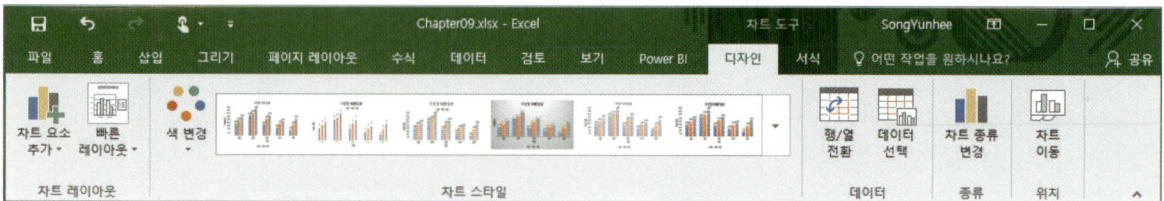

그룹	명령	설명
차트 레이아웃	차트 요소 추가	차트 구성 요소를 차트에 추가합니다.
	빠른 레이아웃	기본 제공되는 레이아웃 갤러리에서 원하는 레이아웃을 선택하여 차트 전체 레이아웃을 변경합니다.
차트 스타일	색 변경	원하는 색상형을 선택하여 차트의 전체적인 색상을 변경합니다.
	차트 스타일 갤러리	기본 제공되는 차트 스타일 갤러리에서 원하는 스타일을 선택하여 차트 전체 서식을 변경합니다.
데이터	행/열 전환	X, Y축을 바꿉니다.
	데이터 선택	차트의 데이터 범위를 바꿉니다.
종류	차트 종류 변경	차트의 종류를 변경합니다.
위치	차트 이동	차트의 위치를 다른 워크시트나 차트 시트로 이동합니다.

02 [서식] 탭

[차트 도구] - [서식] 탭에서는 차트 구성 요소별로 서식을 지정하는 도구들이 제공되며, 차트 영역에 배경색을 지정하거나 눈금선을 점선으로 설정하는 등의 작업을 할 수 있습니다.

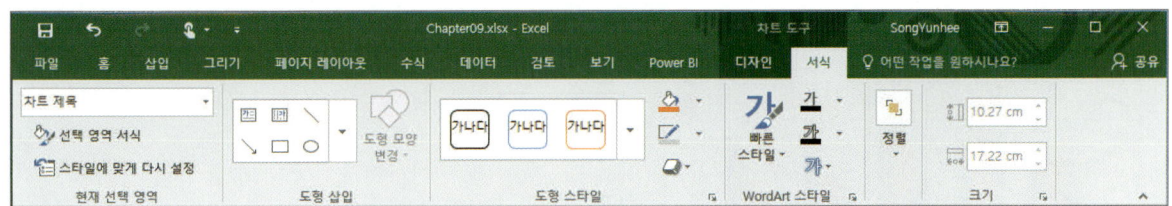

02 차트 단추

엑셀 2013부터 새롭게 제공된 [차트 단추]를 사용하여 더 빠르고 편리하게 차트를 편집할 수 있습니다. [차트 단추]는 차트 요소, 차트 스타일, 차트 필터 3개의 단추가 제공됩니다.

01 차트 요소

축, 축 제목, 차트 제목, 데이터 레이블, 범례와 같은 차트 요소를 추가하거나 제거, 변경합니다.
[차트 도구] - [디자인] 탭 - [차트 레이아웃] 그룹 - [차트 요소 추가]와 동일한 기능입니다.

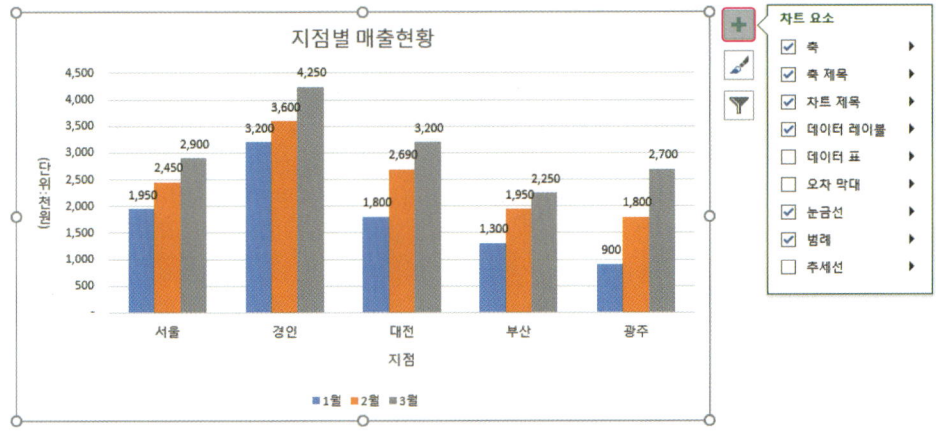

02 차트 스타일

차트에 스타일 및 색 구성표를 설정합니다. [차트 도구] - [디자인] 탭 - [차트 스타일] 그룹과 동일한 기능입니다.

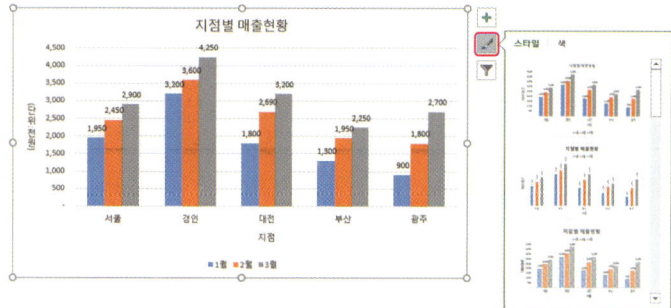

03 차트 필터

차트에 표시할 데이터를 필터합니다. [차트 도구] - [디자인] 탭 - [데이터] 그룹 - [데이터 선택]과 동일한 기능입니다.

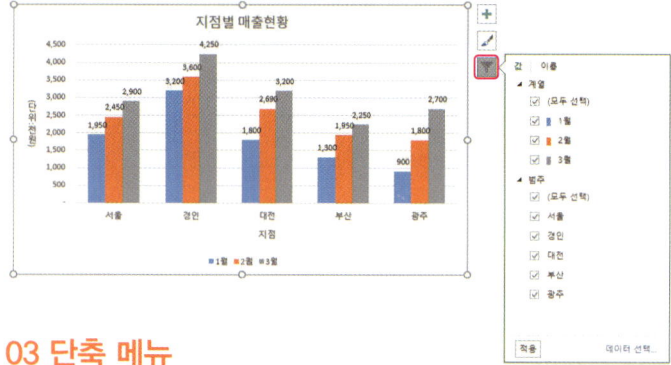

03 단축 메뉴

차트 구성 요소에서 마우스 오른쪽 버튼을 클릭하면 표시되는 단축 메뉴의 끝에 해당 요소의 편집 메뉴가 제공됩니다. 메뉴를 선택하면 화면 오른쪽에 작업 창이 표시되고 해당 요소에 대한 다양한 옵션을 설정할 수 있습니다.

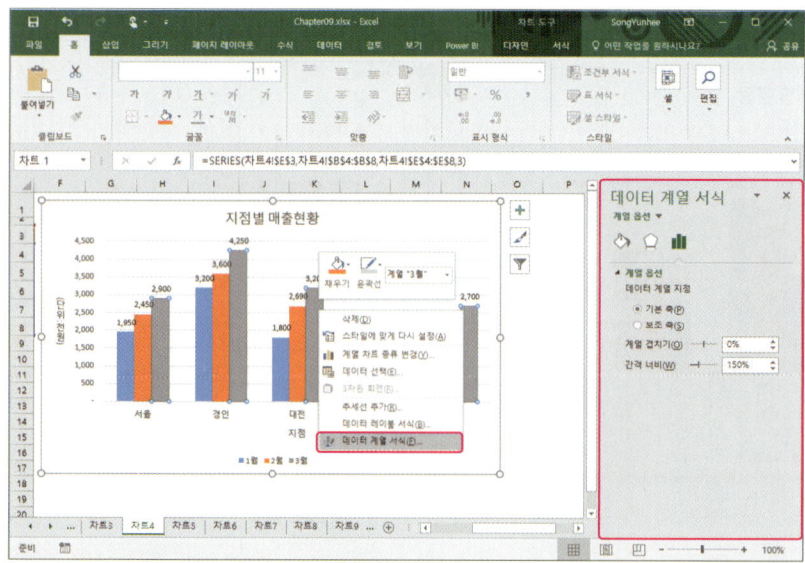

SECTION 05 차트 종류 변경하기

필요한 경우 작성된 차트의 종류를 손쉽게 다른 종류의 차트로 변경할 수 있습니다.

📁 **실습예제** : Chapter09.xlsx - [차트5] 시트

01 차트 개체를 선택하고 [차트 도구] - [디자인] 탭 - [종류] 그룹 - [차트 종류 변경]을 클릭하거나 차트 영역에서 마우스 오른쪽 버튼을 클릭하여 [차트 종류 변경]을 선택합니다.

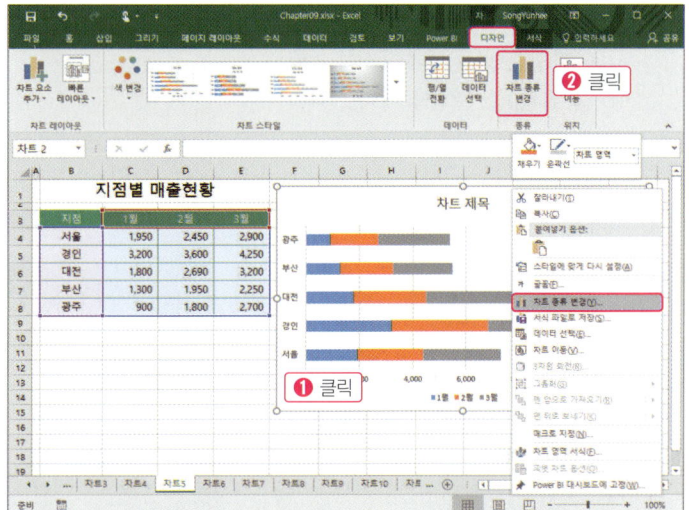

02 [차트 종류 변경] 창에서 변경할 차트 종류를 선택하고 [확인]을 클릭합니다.

03 차트 종류가 변경된 것을 확인합니다.

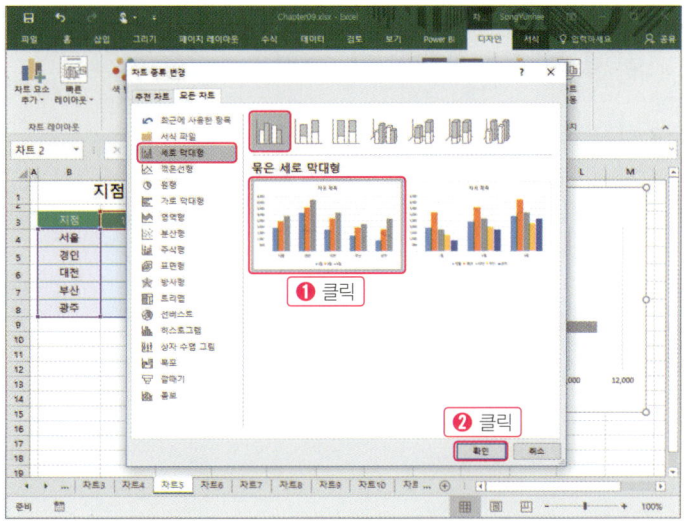

SECTION 06 차트 행/열 바꾸기

차트를 작성하면 기본적으로 열 기준 차트가 작성됩니다. 열 기준 차트는 차트 원본 데이터의 첫 열이 가로(X) 축으로 설정되는 차트입니다. 열 기준 차트를 차트 원본 데이터의 첫 행이 가로(X) 축으로 설정되는 행 기준 차트로 설정할 수 있습니다. 이번에는 차트 행/열을 바꾸는 방법에 대해 알아보겠습니다.

📁 실습예제 : Chapter09.xlsx - [차트6] 시트

01 차트 개체를 선택하고 [차트 도구] – [디자인] 탭 – [데이터] 그룹 – [행/열 전환]을 클릭합니다.

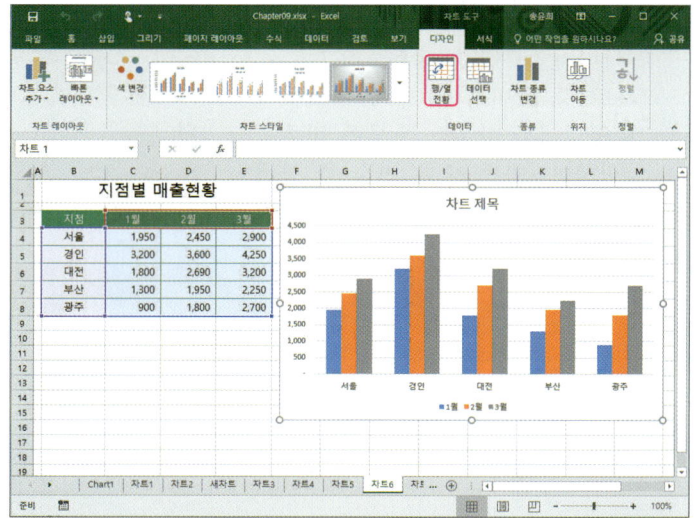

02 가로 축의 데이터가 [지점]에서 [월]로 변경된 것을 확인합니다.

03 다시 한 번 [행/열 전환]을 클릭하여 다시 [지점]이 가로 축으로 설정되는 것을 확인합니다.

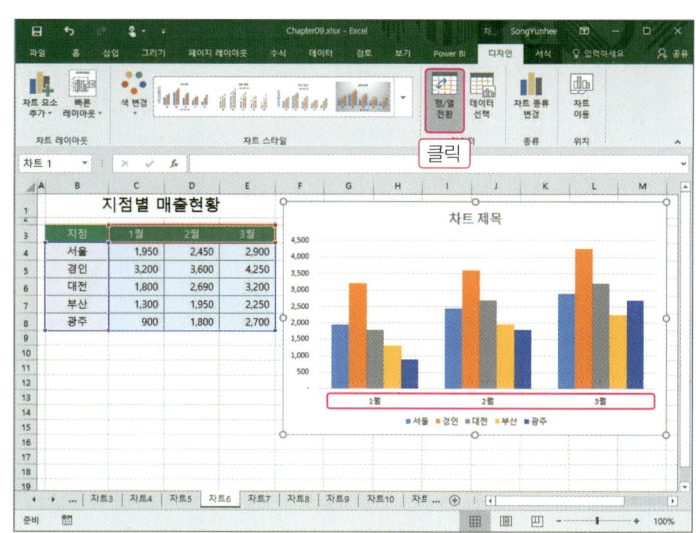

SECTION 07 차트 원본 데이터 변경하기

차트 작성 후 원본 데이터 범위가 변경된 경우 수정된 범위를 다시 설정하여 차트를 업데이트 할 수 있습니다. 차트 원본 데이터 범위를 변경하는 방법에 대해 알아보겠습니다.

실습예제 : Chapter09.xlsx - [차트7] 시트

01 크기 조정 핸들로 차트 원본 데이터 변경하기

01 차트를 클릭하고 오른쪽 하단의 파란색 크기 조정 핸들을 [H8] 셀까지 드래그하여 차트 원본 데이터 범위를 조정합니다.

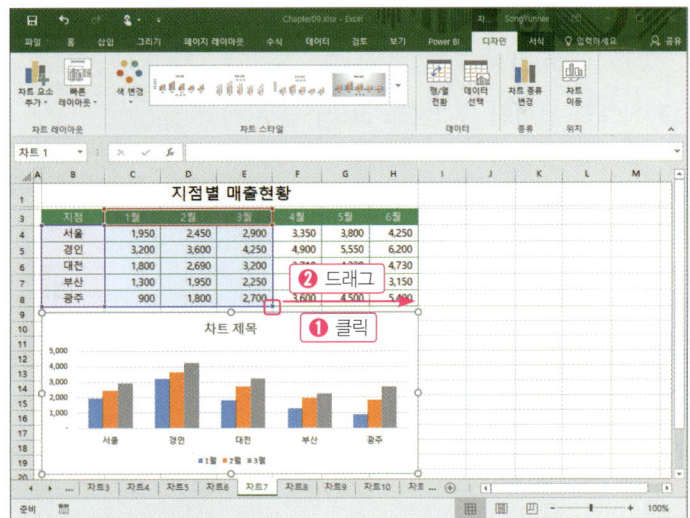

02 [데이터 선택] 도구로 차트 원본 데이터 변경하기

01 차트가 선택된 상태에서 [차트 도구] - [디자인] 탭 - [데이터] 그룹 - [데이터 선택]을 클릭합니다.

02 [데이터 원본 선택] 창이 표시되면 차트 원본 데이터 범위를 [B3~E8] 셀까지 드래그하여 선택한 후 [확인]을 클릭합니다.

03 변경된 원본 데이터 범위로 차트가 업데이트 됩니다.

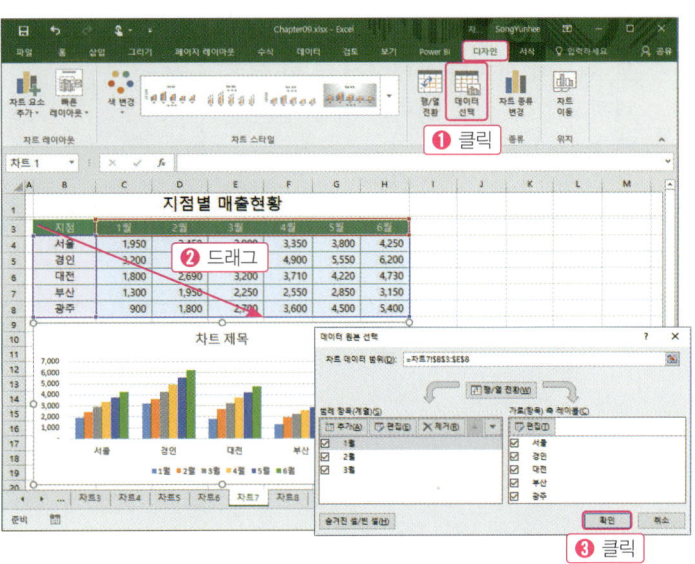

SECTION 08 차트 요소 추가 및 제거하기

[차트 요소] 단추와 [차트 요소 추가] 명령을 사용하여 차트에 구성 요소를 추가하고 제거하는 방법에 대해 알아보겠습니다.

📁 실습예제 : Chapter09.xlsx - [차트8] 시트

01 차트 제목 표시하고 셀과 연결하기

01 차트를 클릭한 후 [차트 요소] 단추를 클릭하고 [차트 제목]을 선택합니다.

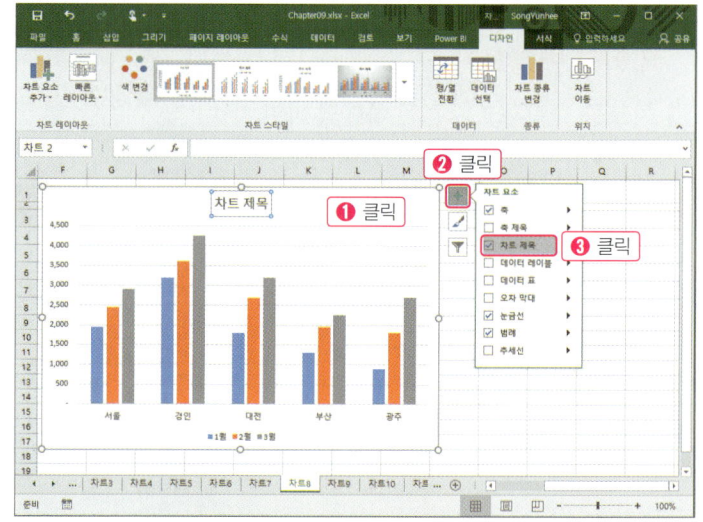

02 차트 제목을 셀과 연결하기 위해 차트 제목이 선택된 상태에서 '='를 입력하고 [B1] 셀을 클릭한 다음 Enter를 누릅니다.

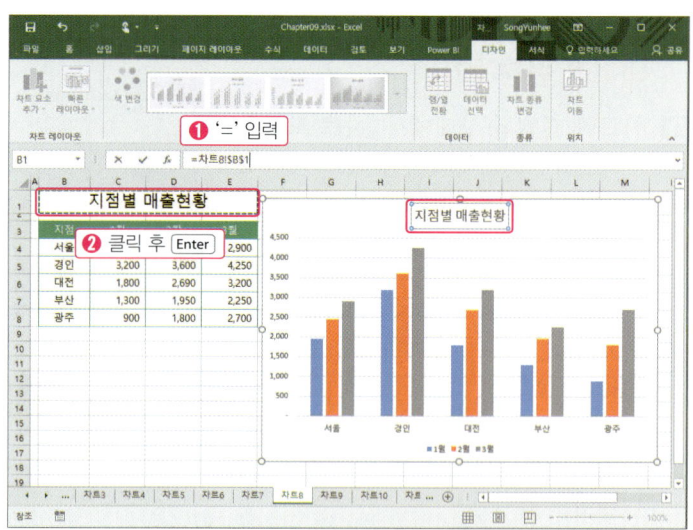

02 세로 축 제목 표시하기

01 [차트 요소]를 클릭한 후 [축 제목]의 [▶]를 클릭하고 [기본 세로]를 선택합니다. 삽입된 세로 축의 텍스트 방향을 변경하기 위해 [기타 옵션]을 클릭합니다.

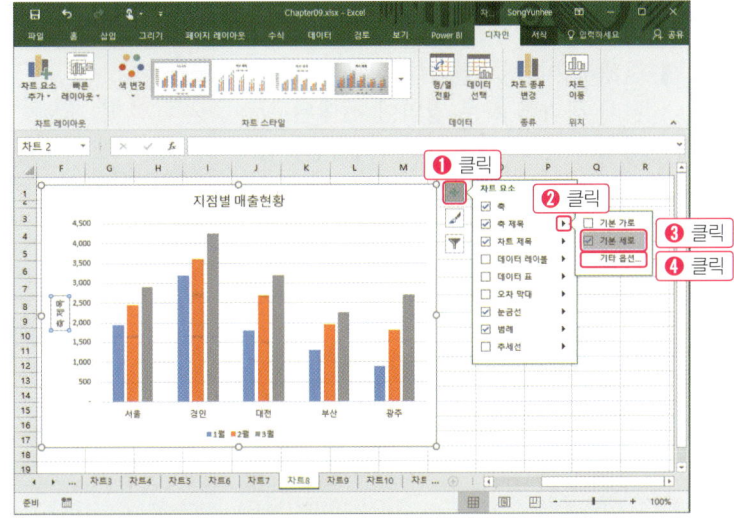

02 [축 제목 서식] 창에서 [텍스트 옵션], [텍스트 상자] 옵션을 선택하고 [텍스트 방향]에서 [세로]를 선택합니다.

03 세로 축 제목의 텍스트를 드래그하여 선택한 후 '(단위:천원)'을 입력합니다.

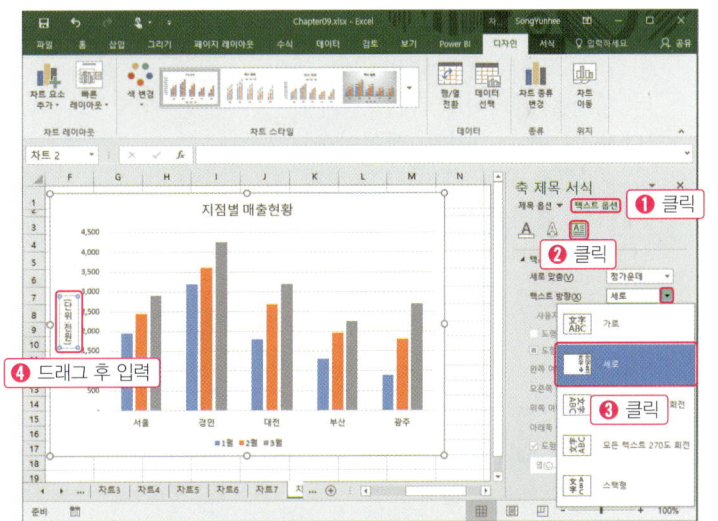

03 범례 위치 이동하기

01 차트가 선택된 상태에서 [차트 도구] - [디자인] 탭 - [차트 레이아웃] 그룹 - [차트 요소 추가]를 클릭한 후 [범례]에서 [위쪽]을 선택합니다.

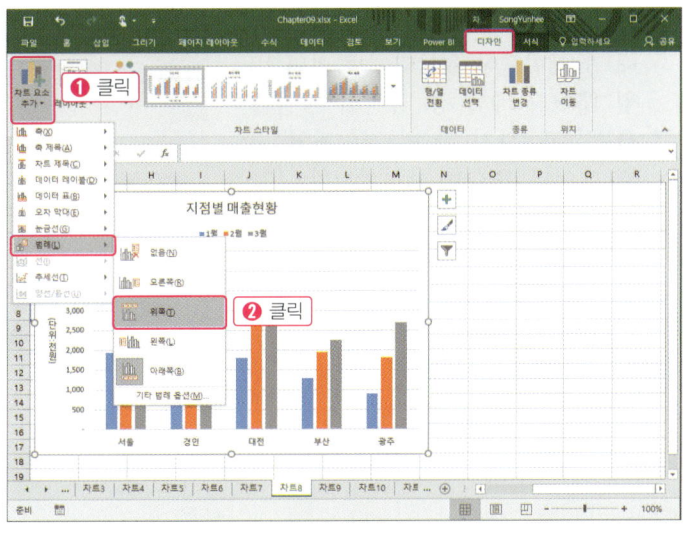

04 데이터 레이블 표시하기

01 전체 데이터 계열에 레이블이 표시되게 하려면 차트 영역이 선택된 상태에서 [차트 도구] - [디자인] 탭 - [차트 레이아웃] 그룹 - [차트 요소 추가]를 클릭한 후 [데이터 레이블]에서 [데이터 설명선]을 선택합니다.

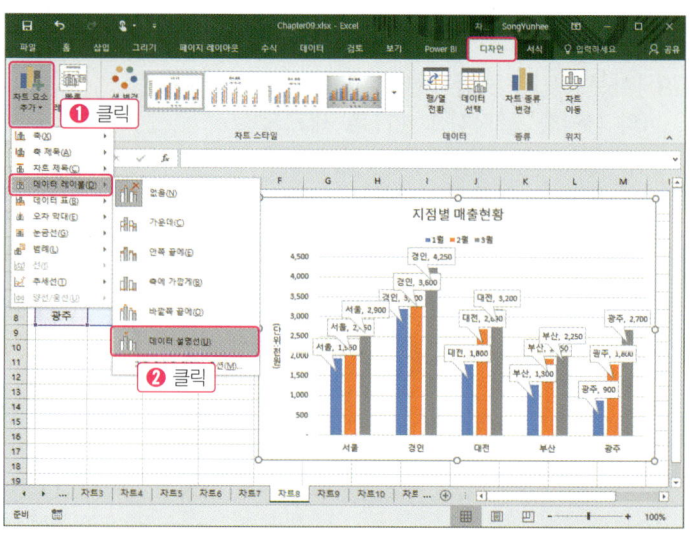

[차트 도구] - [디자인] 탭 - [차트 레이아웃] 그룹 - [차트 요소 추가] - [데이터 레이블] - [없음]을 선택하여 데이터 레이블을 제거합니다.

02 3월 데이터 계열(회색 막대)만 레이블이 표시되게 하려면 3월 데이터 계열을 클릭하고 [차트 도구] - [디자인] 탭 - [차트 레이아웃] 그룹 - [차트 요소 추가]를 클릭한 후 [데이터 레이블]에서 [데이터 설명선]을 선택합니다.

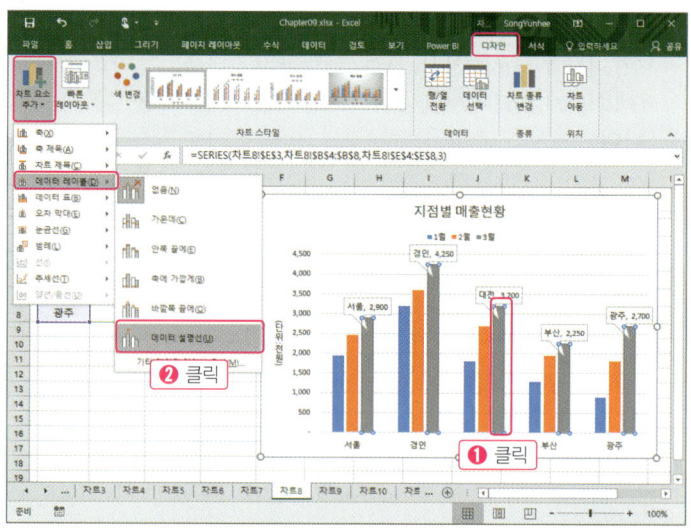

[데이터 레이블]을 클릭한 후 Delete 를 눌러 데이터 레이블을 제거합니다.

03 경인지역, 3월 데이터 계열(회색 막대)만 레이블이 표시되게 하려면, 3월 데이터 계열 중 임의의 계열을 클릭하고, 다시 한 번 경인지역, 3월 데이터 요소를 클릭합니다. [차트 도구] - [디자인] 탭 - [차트 레이아웃] 그룹 - [차트 요소 추가]를 클릭한 후 [데이터 레이블]에서 [데이터 설명선]을 선택합니다.

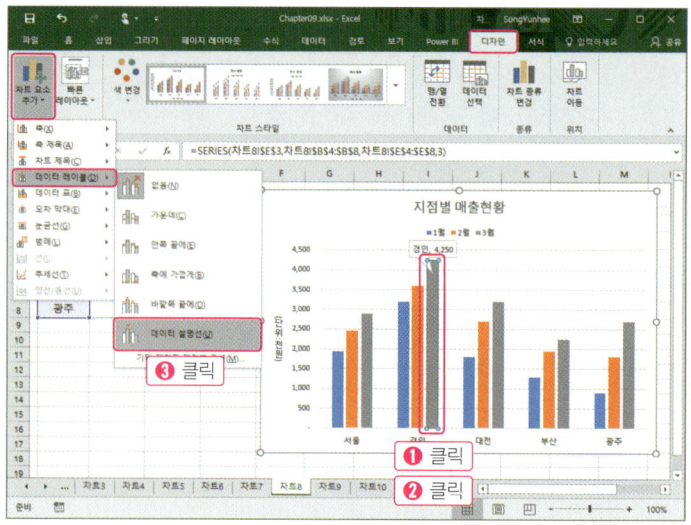

04 값만 데이터 레이블에 표시되도록 레이블에서 마우스 오른쪽 버튼을 클릭한 후 [데이터 레이블 서식]을 선택합니다.

05 [데이터 레이블 서식] 창의 [항목 이름] 옵션을 해제한 후 [닫기]를 클릭합니다.

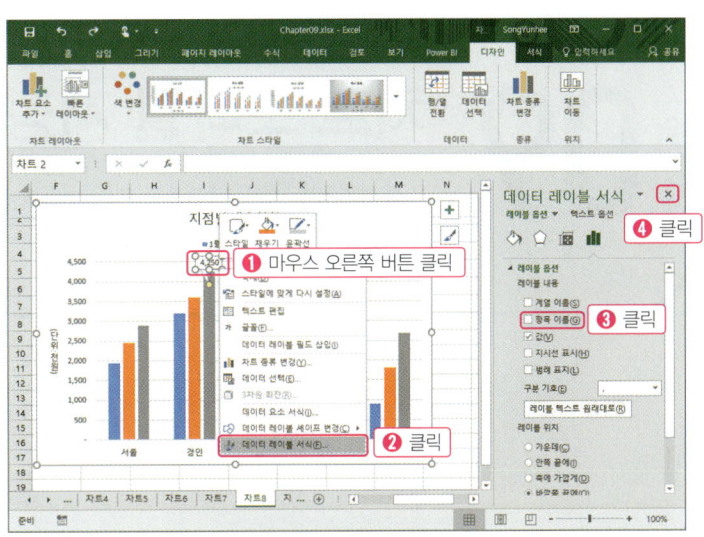

06 데이터 레이블의 크기 조절 핸들을 제외한 테두리 부분을 드래그하여 위치를 조절할 수 있고, 설명선 끝의 모양 조정 핸들을 드래그하여 설명선 끝의 위치를 변경할 수 있습니다.

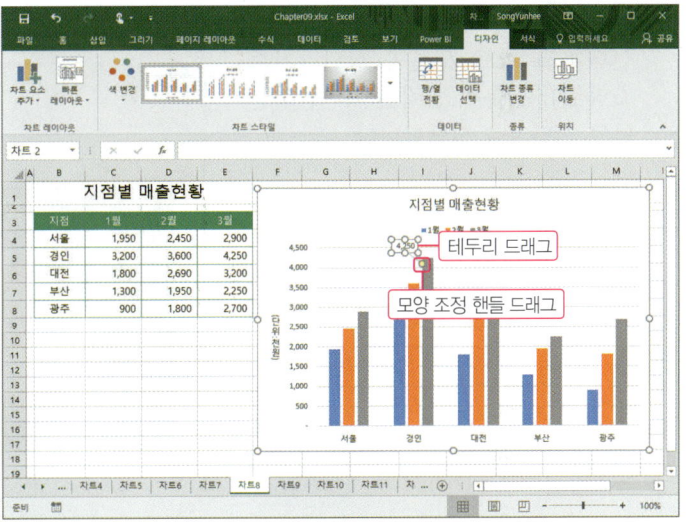

SECTION

09 차트 스타일 지정하기

기본 제공되는 [차트 스타일]과 [색] 구성표를 사용하여 손쉽게 차트에 서식을 지정할 수 있습니다.

실습예제 : Chapter09.xlsx - [차트9] 시트

01 차트 아무 곳이나 클릭하여 차트를 선택하고 차트 오른쪽 상단 [차트 스타일] 단추를 클릭한 후 원하는 차트 스타일을 선택합니다.

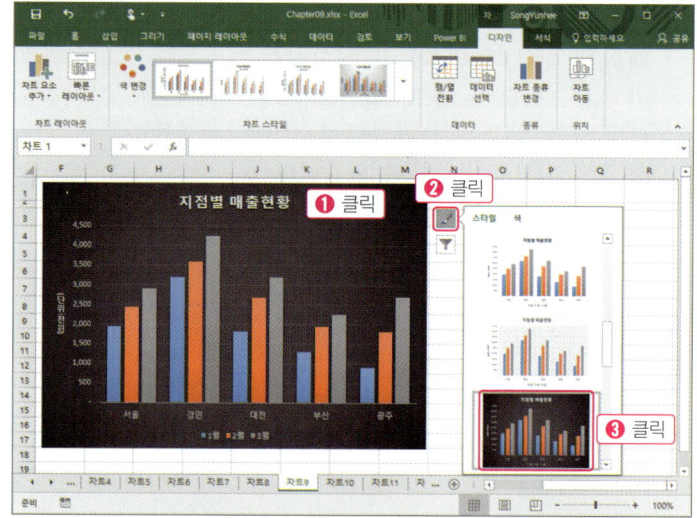

02 차트에 적용되는 색을 변경하기 위해 [색]을 클릭한 후 원하는 색 구성표를 선택합니다.

[차트 도구] - [디자인] 탭 - [차트 스타일] 그룹에서 제공되는 스타일 갤러리와 [색 변경]을 사용하여 동일한 서식을 지정할 수 있습니다.

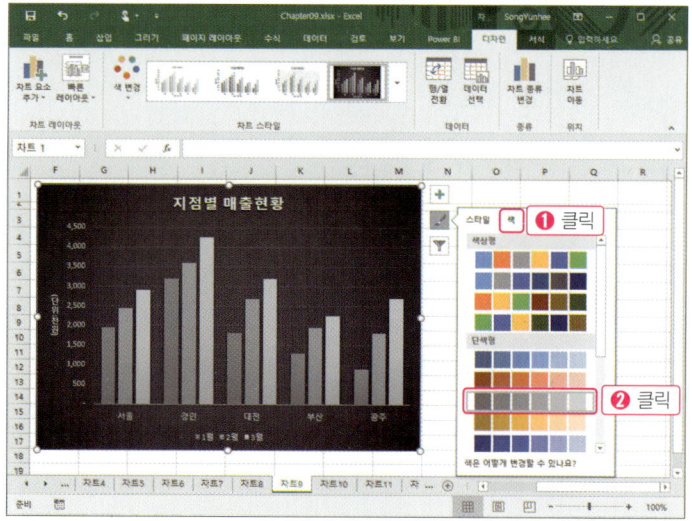

03 값이 가장 큰 경인지역, 3월 데이터 요소만 색상을 변경하기 위해 3월 데이터 계열 중 임의의 계열을 클릭하고, 다시 한 번 경인지역 3월 데이터 요소(막대)를 클릭한 후 [차트 도구] – [서식] 탭 – [도형 스타일] 그룹 – [도형 채우기]의 목록 단추를 클릭하고 원하는 색을 선택합니다.

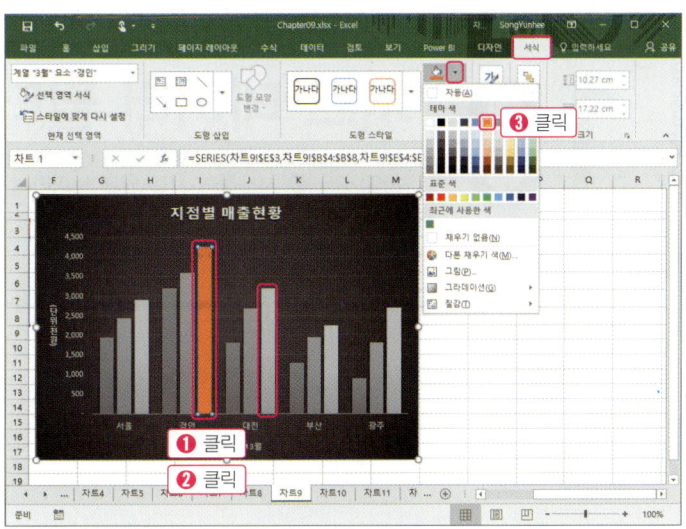

SECTION 10 차트 데이터 필터 및 해제하기

[차트 필터]를 사용하여 차트 원본 데이터의 수정 없이도 차트에 표시할 데이터를 선택할 수 있습니다.

실습예제 : Chapter09.xlsx - [차트10] 시트

01 차트를 클릭하여 선택하고 오른쪽 상단 [차트 필터] 단추를 클릭한 후 차트에 표시하지 않을 계열(1월, 2월)과 범주(서울)의 체크 표시를 해제한 후 [적용]을 클릭합니다.

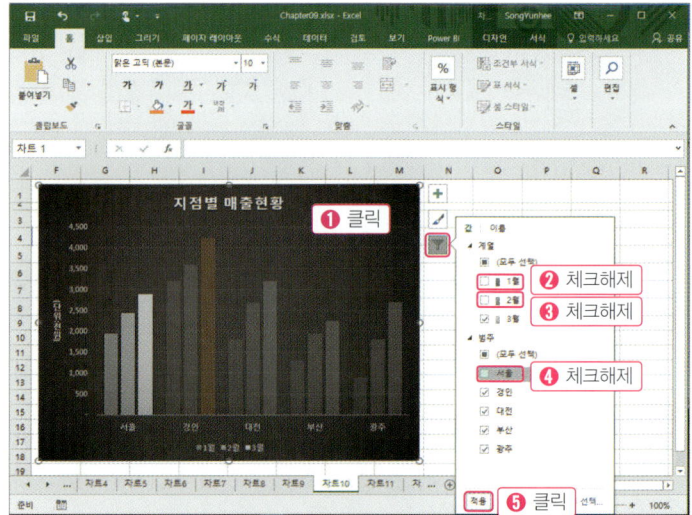

02 체크 표시된 계열과 범주만 필터되어 표시된 것을 확인한 후 모든 데이터가 표시되도록 원래 상태로 되돌리기 위해 [차트 필터] 단추를 클릭한 후 계열과 범주의 [(모두 선택)]에 체크 표시한 후 [적용]을 클릭합니다.

03 모든 데이터가 표시되는 것을 확인합니다.

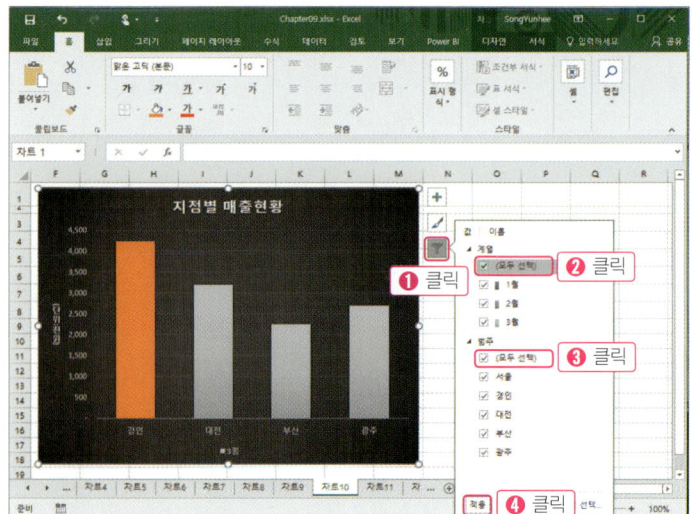

SECTION 11
3차원 원형 차트의 조각 분리하고 회전하기

원형 차트의 경우 데이터를 강조하기 위해 원형 조각(데이터 요소)을 분리할 수 있고, 3차원 차트의 경우 X축과 Y축으로 차트를 회전할 수 있습니다. 3차원 원형 차트의 조각을 분리하고 회전하는 방법에 대해 알아보겠습니다.

📁 실습예제 : Chapter09.xlsx – [차트11] 시트

01 원형 조각(데이터 요소) 분리하기

01 원형 차트에서 임의의 원형 조각(데이터 계열)을 클릭합니다. 다시 한 번 분리하고자 하는 원형 조각(데이터 요소)을 클릭하고 바깥쪽으로 드래그합니다.

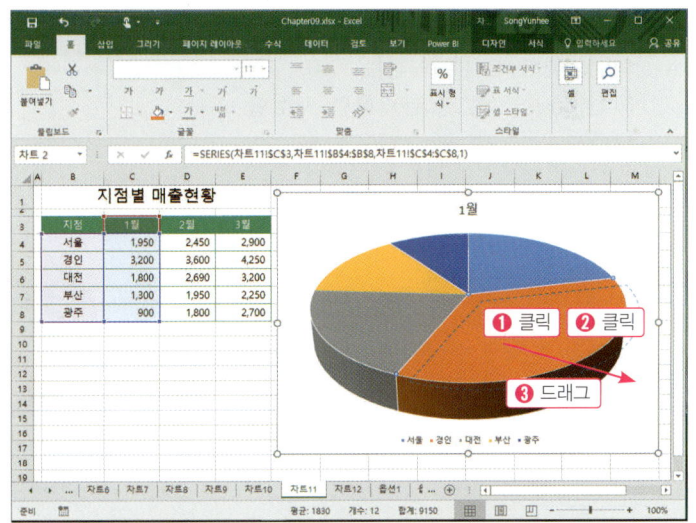

02 분리된 조각을 다시 모을 때는 분리된 조각을 차트 가운데로 드래그합니다.

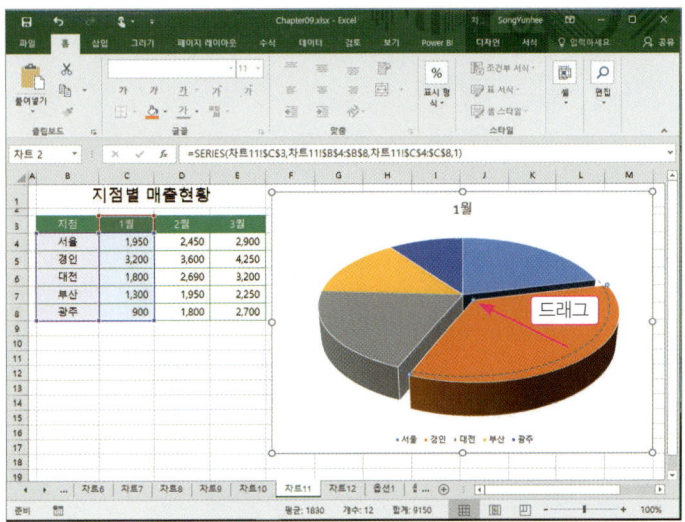

02 3차원 회전하기

01 차트 영역 빈 공간에서 마우스 오른쪽 버튼을 클릭한 후 [3차원 회전]을 선택합니다.

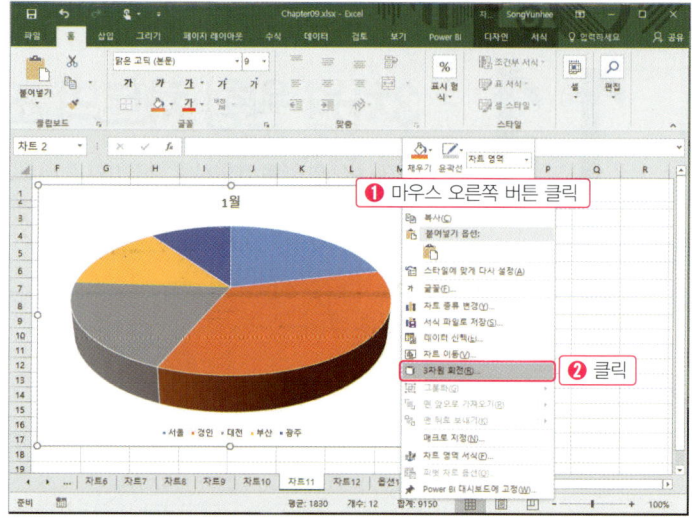

02 [차트 영역 서식] 작업 창의 [3차원 회전] 옵션 중 [X 회전]은 '40°', [Y 회전] '50°'를 ▲를 클릭하여 지정합니다.

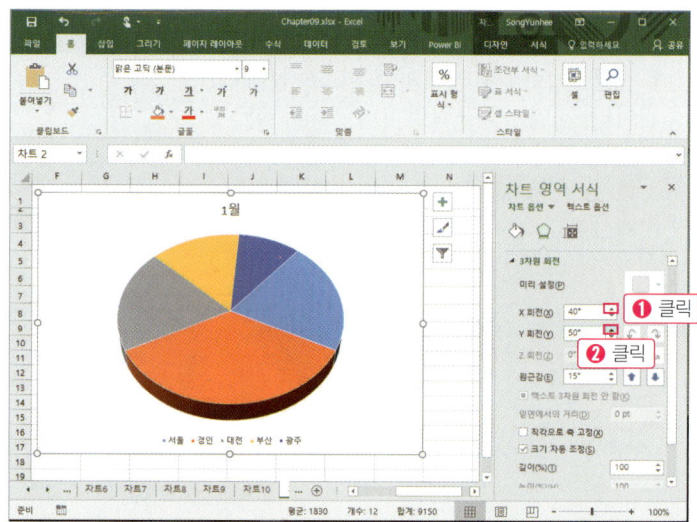

SECTION 12 원형 차트에 레이블 표시하기

원형 차트는 비율을 나타내기에 적합한 차트입니다. 그래서 데이터 레이블을 표시할 때 데이터 계열의 값보다는 항목과 비율을 표시하는 경우가 더 많습니다. 원형 차트에 레이블을 표시하고, 상세 옵션을 설정하는 방법에 대해 알아보겠습니다.

📁 실습예제 : Chapter09.xlsx - [차트12] 시트

01 데이터 레이블 표시하기

01 차트를 클릭하여 선택하고 [차트 도구] - [디자인] 탭 - [차트 레이아웃] 그룹 - [차트 요소 추가]를 클릭한 후 [데이터 레이블] - [안쪽 끝에]를 선택합니다.

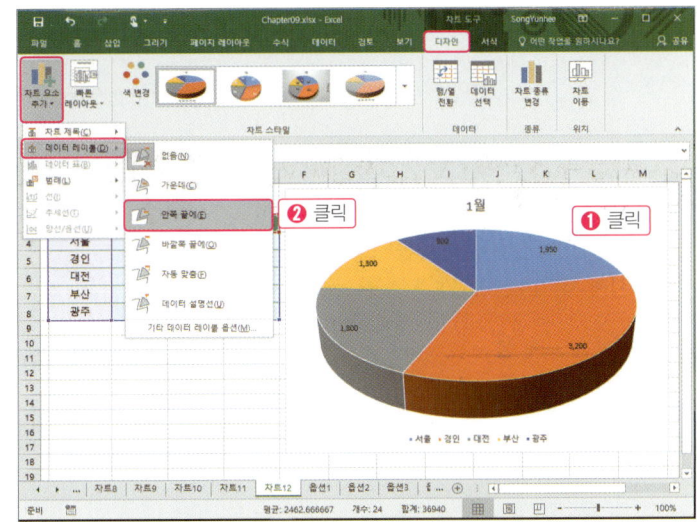

02 데이터 레이블 상세 옵션 설정하기

01 [차트 도구] - [디자인] 탭 - [차트 레이아웃] 그룹 - [차트 요소 추가]를 클릭한 후 [데이터 레이블] - [기타 데이터 레이블 옵션]을 선택합니다.

> 차트의 데이터 레이블에서 마우스 오른쪽 버튼을 클릭하고 [데이터 레이블 서식]을 선택해도 됩니다.

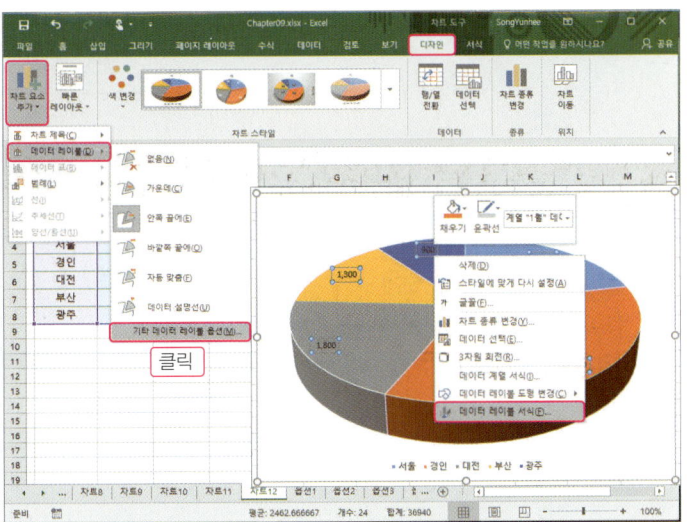

02 [데이터 레이블 서식] 작업 창의 [항목 이름], [백분율]을 설정하고, [값] 옵션을 해제한 후 [닫기]를 클릭하여 작업 창을 닫습니다.

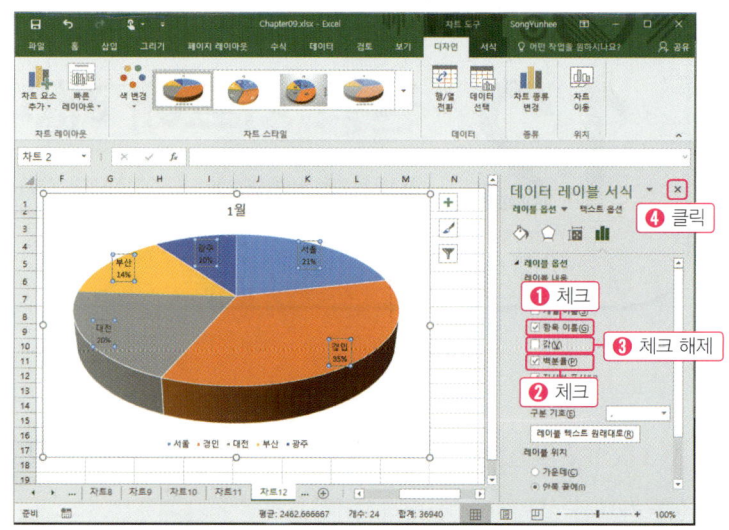

03 데이터 레이블 서식 지정하기

01 데이터 레이블이 선택된 상태에서 [홈] 탭 - [글꼴] 그룹 - [글꼴 크기]에서 '14', '굵게', 글꼴 색은 '흰색'으로 설정합니다.

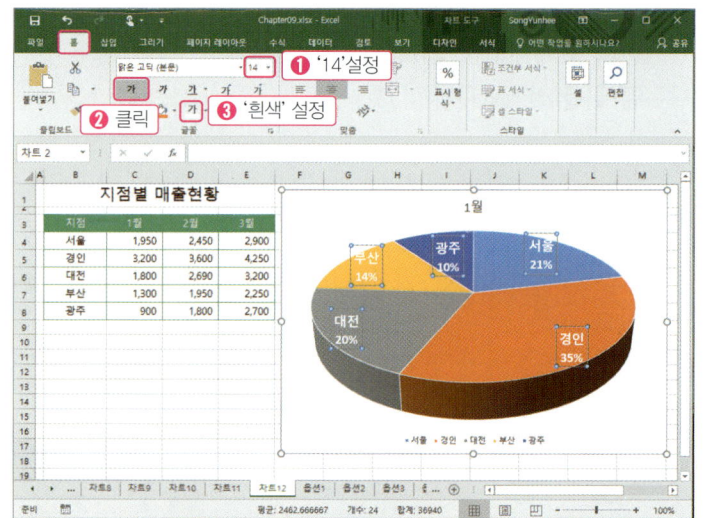

04 데이터 레이블 위치 이동하기

01 데이터 레이블이 선택되지 않은 상태에서 레이블을 클릭하고, 다시 한 번 특정 데이터 레이블(데이터 요소)을 클릭하여 해당 데이터 레이블을 선택합니다.

02 선택된 데이터 레이블을 드래그하여 원하는 위치로 이동합니다.

> 특정 데이터 레이블(데이터 요소) 하나만 선택된 상태일 때는 다른 레이블은 바로 드래그하여 이동할 수 있습니다.

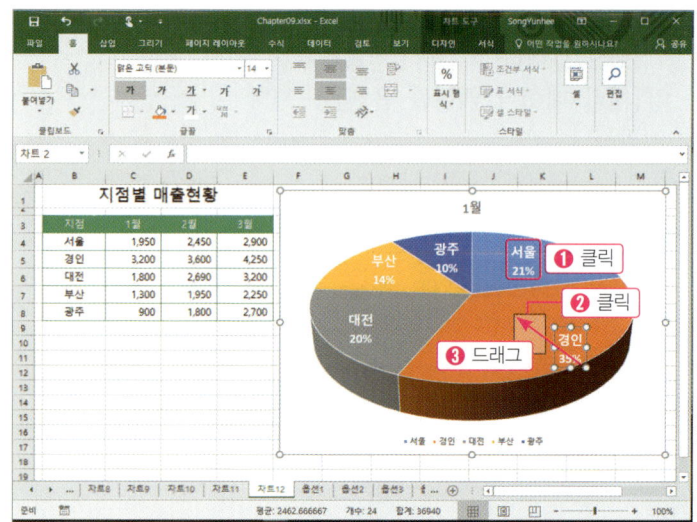

SECTION 13 꺾은선 차트의 꺾은선 서식 지정하기

꺾은선 차트의 중요한 요소인 꺾은선과 표식의 서식을 지정하는 방법에 대해 알아보겠습니다.

실습예제 : Chapter09.xlsx – [차트13] 시트

01 꺾은선 서식 지정하기

01 3월 데이터 계열(꺾은선)을 클릭하고 마우스 오른쪽 버튼을 클릭한 후 [데이터 계열 서식]을 선택하면 화면 오른쪽에 [데이터 계열 서식] 작업 창이 표시됩니다.

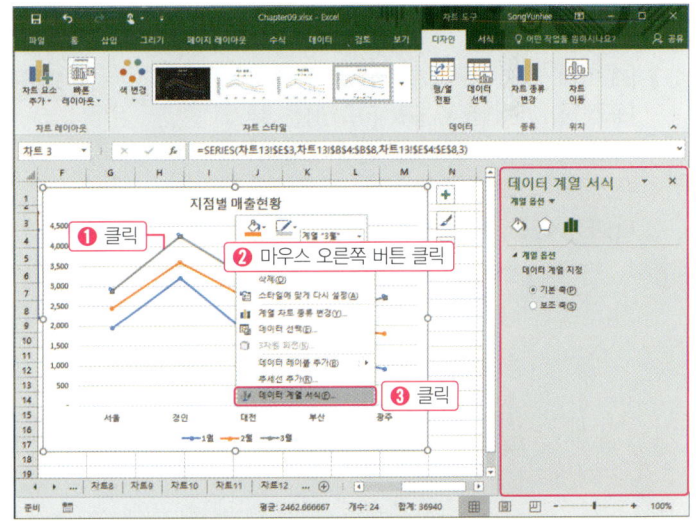

02 [채우기 및 선]의 [선]을 클릭하고 [색]은 '녹색, 강조 6', [너비]는 '3.5 pt'로 설정합니다.

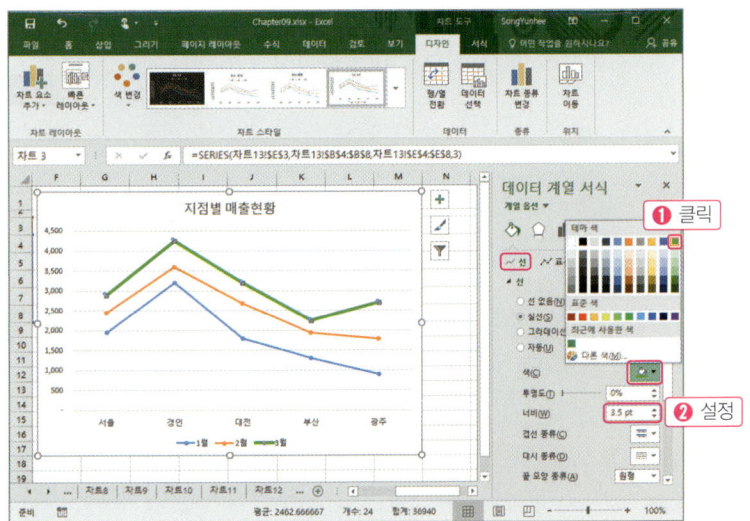

03 [대시 종류]는 '둥근 점선', [완만한 선] 옵션을 체크하여 선의 서식을 설정합니다.

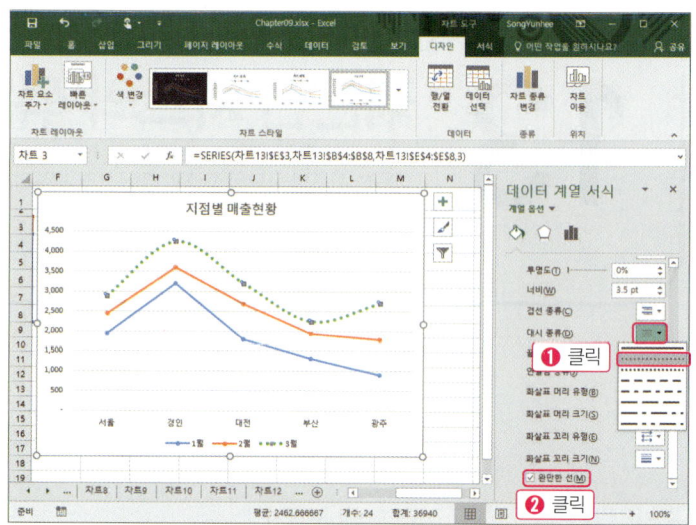

02 꺾은선의 표식 서식 지정하기

01 [데이터 계열 서식] 작업 창 상단의 [표식]을 클릭한 후 [표식 옵션]을 클릭하고, [기본 제공]을 선택, [형식]은 사각형 모양의 표식을 선택합니다. [크기]는 '10'으로 설정합니다.

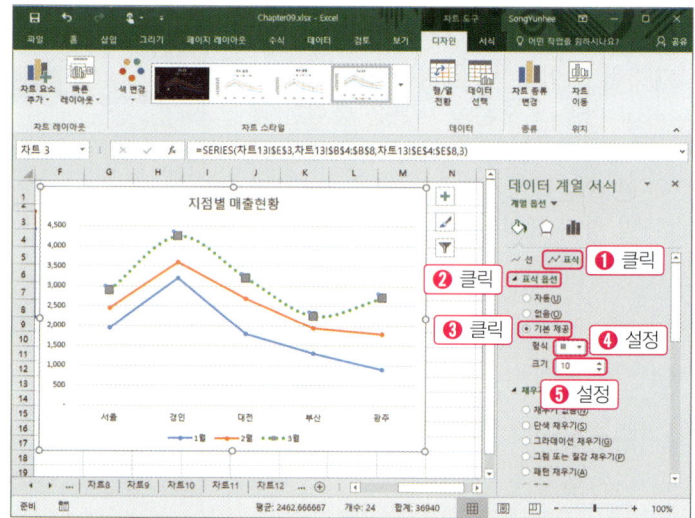

02 [채우기]의 [색]은 '녹색, 강조 6'을 선택하여 표식의 색을 변경합니다.

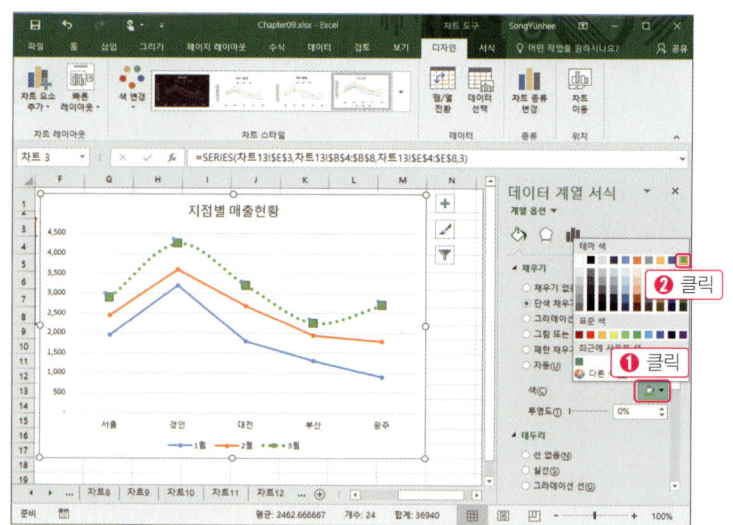

03 [테두리]의 [색]도 '녹색, 강조 6, 50% 더 어둡게'를 선택하여 표식의 테두리 색을 변경합니다.

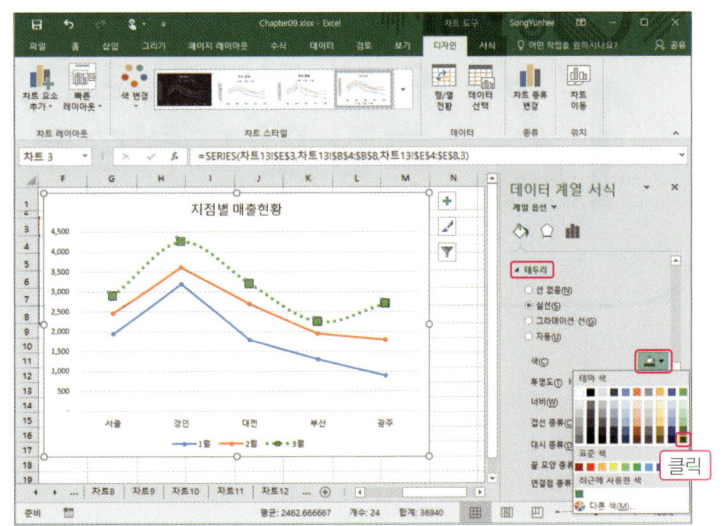

SECTION 14

막대 차트의 막대와 꺾은선의 표식 그림 및 도형으로 설정하기

그림이나 도형을 복사한 후 막대 차트의 막대나 꺾은선 차트의 꺾은선을 선택하고 붙여넣기 하면 데이터 계열을 그림이나 도형으로 표시하여 손쉽게 시각화할 수 있습니다. 막대 차트의 막대와 꺾은선의 표식을 그림이나 도형으로 설정하는 방법에 대해 알아보겠습니다.

📁 실습예제 : Chapter09.xlsx – [옵션1] 시트

01 그림으로 막대와 표식의 서식 지정하기

01 [H4] 셀을 클릭한 후 [삽입] 탭 – [일러스트레이션] 그룹 – [그림]을 클릭합니다.

02 [그림 삽입] 창에서 [Chapter09₩mobile.png] 그림 파일을 선택하고 [삽입]을 클릭합니다.

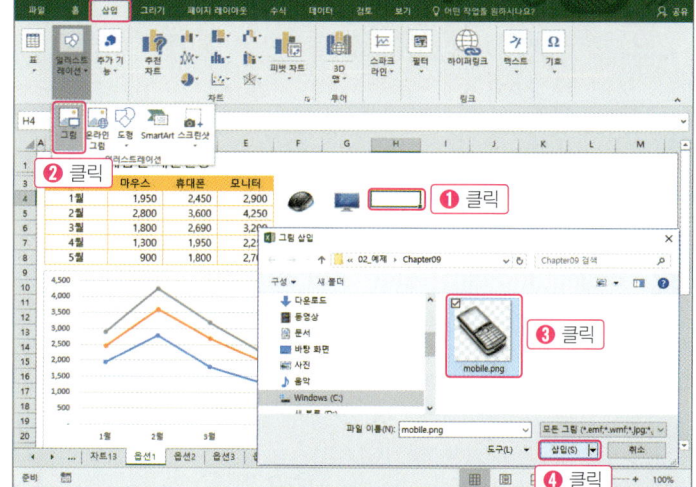

03 삽입된 그림의 크기 조절 핸들을 드래그하여 줄이고, Ctrl+C를 눌러 그림을 복사합니다.

04 꺾은선 차트의 회색 꺾은선을 클릭한 후 Ctrl+V를 눌러 붙여넣고, 막대 차트의 회색 막대를 클릭하고 Ctrl+V를 눌러 붙여넣습니다.

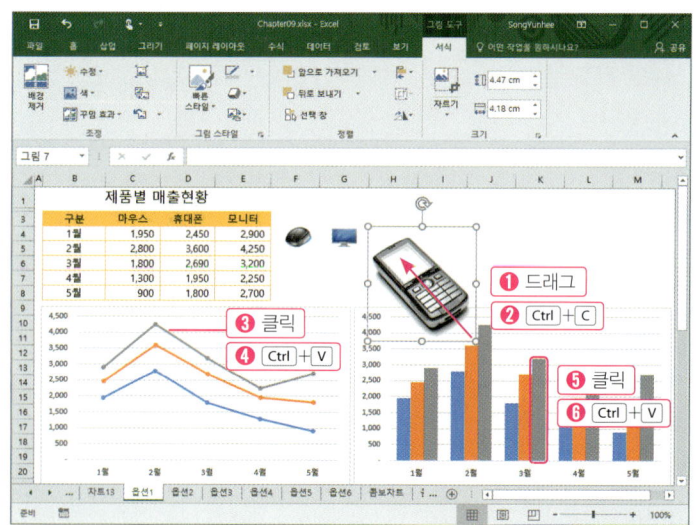

05 막대에 그림이 쌓이도록 옵션을 변경하기 위해 해당 막대에서 마우스 오른쪽 버튼을 클릭한 후 [데이터 계열 서식]을 선택합니다.

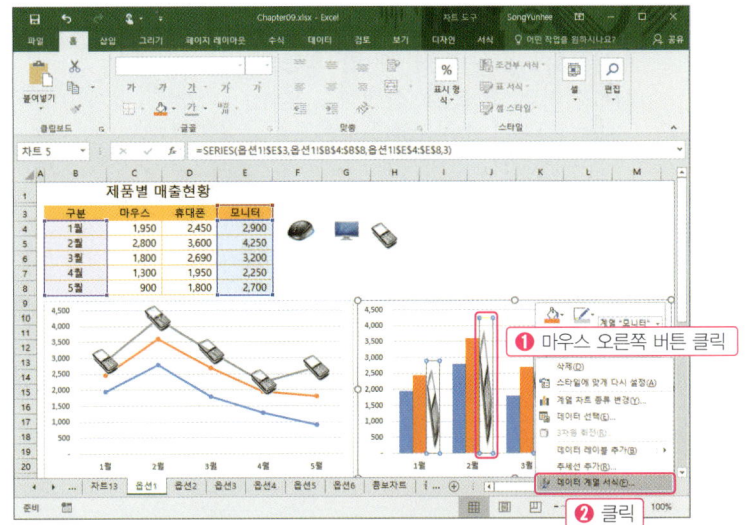

06 [데이터 계열 서식] 작업 창의 [채우기 및 선]을 선택한 후 [쌓기] 옵션을 설정합니다.

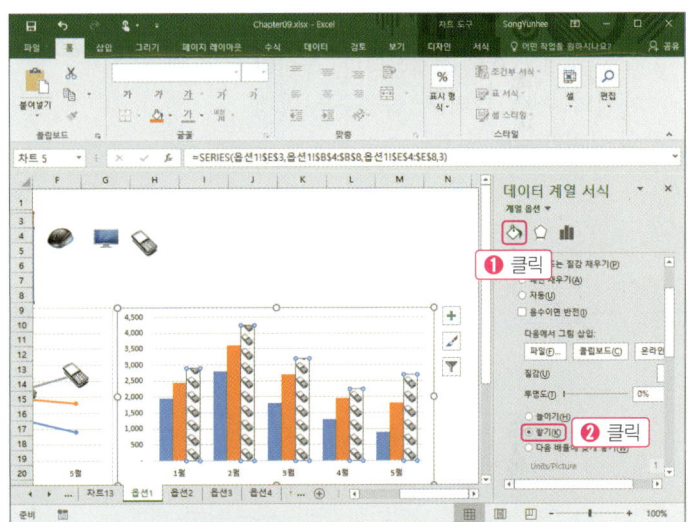

02 도형으로 데이터 계열 채우기

01 워크시트 하단에 작성되어 있는 사람 모양의 도형을 클릭하고, Ctrl + C 를 눌러 복사합니다.

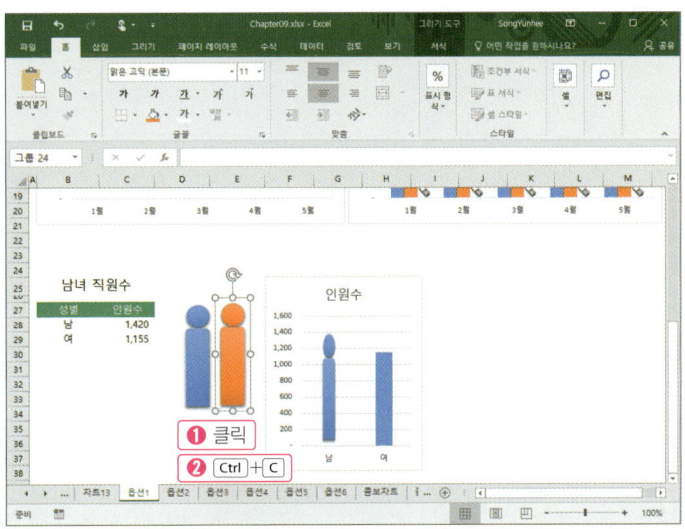

02 막대 차트의 오른쪽 막대(데이터 계열)를 클릭한 후 다시 한 번 오른쪽 막대(데이터 요소)를 선택하고 Ctrl +V를 눌러 붙여넣기합니다.

03 막대의 너비를 조금 더 넓게 설정하기 위해 막대에서 마우스 오른쪽 버튼을 클릭한 후 [데이터 요소 서식]을 선택합니다.

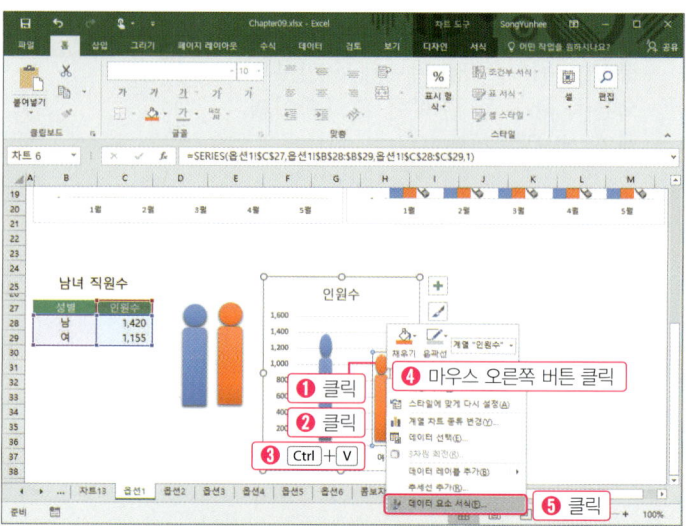

04 [데이터 요소 서식] 작업 창에서 [간격 너비]를 '100'으로 설정합니다. 데이터 계열의 [간격 너비]가 좁을수록 막대의 너비가 넓어집니다.

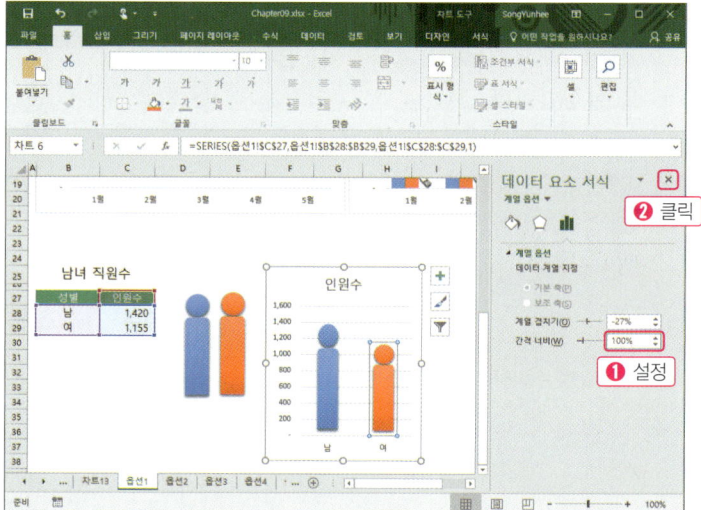

SECTION 15

날짜 항목의 불필요한 날짜 없애고 축 표시 형식 지정하기

날짜 데이터가 가로 축으로 설정되는 경우 차트 원본 데이터에 있는 날짜만 가로 축에 표시되는 것이 아니라 원본 데이터의 첫 날짜부터 마지막 날짜까지 모든 날짜가 표시됩니다. 축 서식을 변경하여 차트 원본 데이터에 있는 날짜만 가로 축에 표시되도록 설정할 수 있습니다. 차트의 가로 축과 세로 축의 서식은 차트 원본 데이터의 서식이 기본적으로 적용됩니다. 원한다면 축의 표시 형식을 원하는 대로 변경할 수 있습니다.

📁 실습예제 : Chapter09.xlsx - [옵션2] 시트

01 불필요한 날짜 항목 없애기

01 [B3~C12] 셀을 드래그하여 선택하고 [삽입] 탭 - [차트] 그룹 - [꺾은선형 또는 영역형 차트 삽입]을 클릭한 후 [2차원 꺾은선형] 범주의 [표식이 있는 꺾은선형] 차트를 선택합니다.

02 워크시트에 삽입된 차트의 위치 및 크기를 적절히 조절합니다.

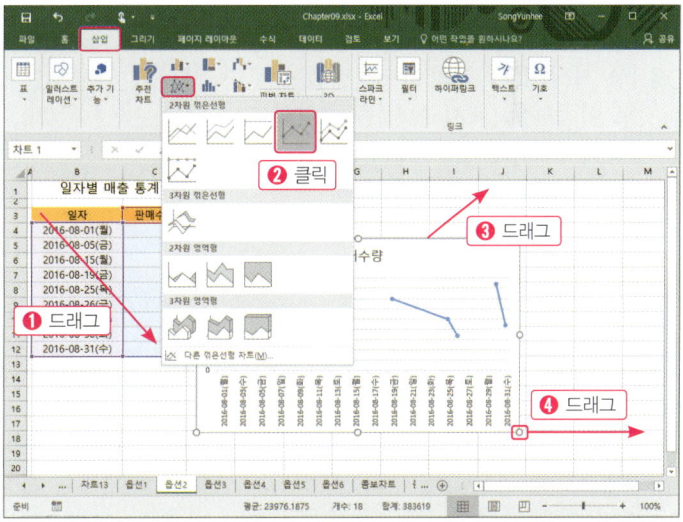

03 작성된 차트의 가로(X) 축을 보면 차트 원본 데이터에 없는 날짜가 표시되어 있는 것을 확인할 수 있습니다. 차트 원본 데이터에 있는 날짜만 가로(X) 축에 표시되도록 설정하기 위해 가로 축에서 마우스 오른쪽 버튼을 클릭한 후 [축 서식]을 선택합니다.

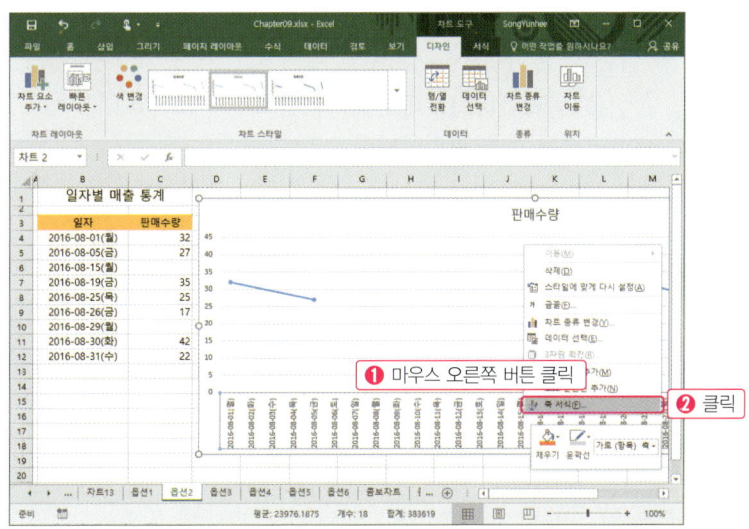

04 [축 서식] 작업 창에서 [축 옵션]의 [축 종류] 중 [텍스트 축]을 선택합니다. 차트 원본 데이터에 있는 날짜만 가로 축에 표시된 것을 확인합니다.

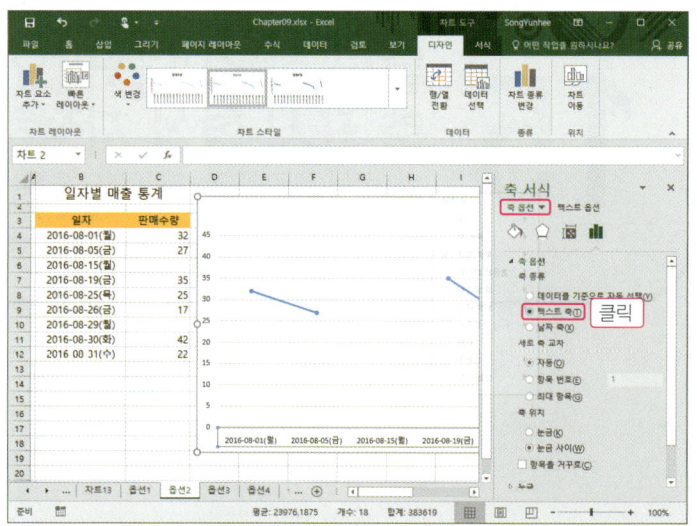

02 축 표시 형식 지정하기

01 [축 서식] 작업 창의 스크롤바를 아래로 이동하여 [표시 형식]을 클릭하고 [서식 코드]에 'm/d(aaa)'를 입력한 후 [추가]를 클릭합니다.

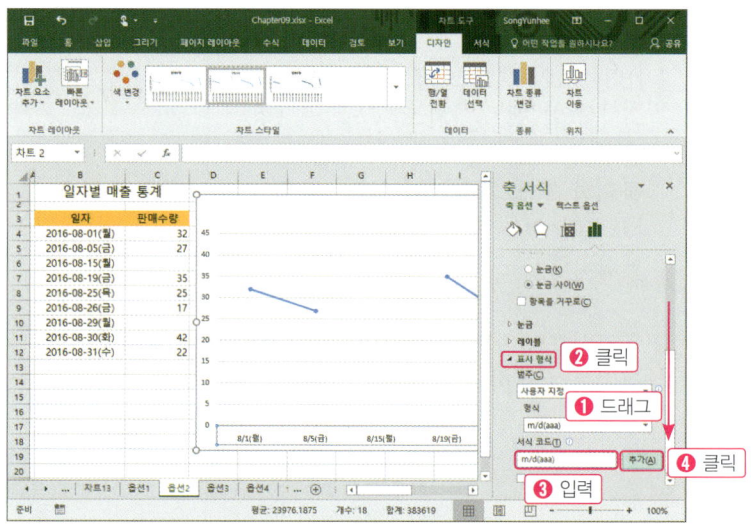

> 서식 코드는 셀 서식의 사용자 지정 표시 형식 코드와 동일합니다.

02 세로 축을 클릭하여 선택하고 [서식 코드]에 '0"만개"'를 입력한 후 [추가]를 클릭합니다. 세로 축의 서식이 변경된 것을 확인합니다.

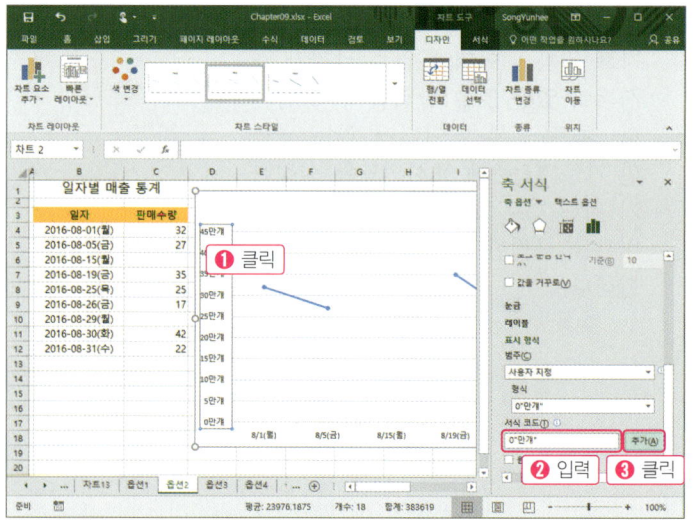

SECTION 16 꺾은선 차트의 0 값 처리하기

꺾은선 차트 작성 시 0 값이 있는 경우 0 값을 표시하는 대신 앞, 뒤 데이터를 바로 연결하여 표시하는 경우가 많습니다. 꺾은선 차트의 0 값을 효과적으로 처리하는 방법에 대해 알아보겠습니다.

📁 **실습예제** : Chapter09.xlsx - [옵션3] 시트

01 0 값이 입력된 셀 비우기

01 [C4~C12] 셀을 드래그하여 선택하고 [홈] 탭 - [편집] 그룹 - [찾기 및 선택] - [바꾸기]를 선택합니다.

02 [찾기 및 바꾸기] 창에서 [찾을 내용]은 '0', [바꿀 내용]은 그대로 비워 놓은 후 [모두 바꾸기]를 클릭합니다.

03 바꾸기 결과를 표시하는 창이 표시되면 [확인]을 클릭합니다.

04 빈 셀 값으로 인해 끊긴 꺾은선을 연결해 보겠습니다. 차트 아무 곳이나 클릭하여 차트를 선택하고 [차트 도구] - [디자인] 탭 - [데이터] 그룹 - [데이터 선택]을 클릭합니다.

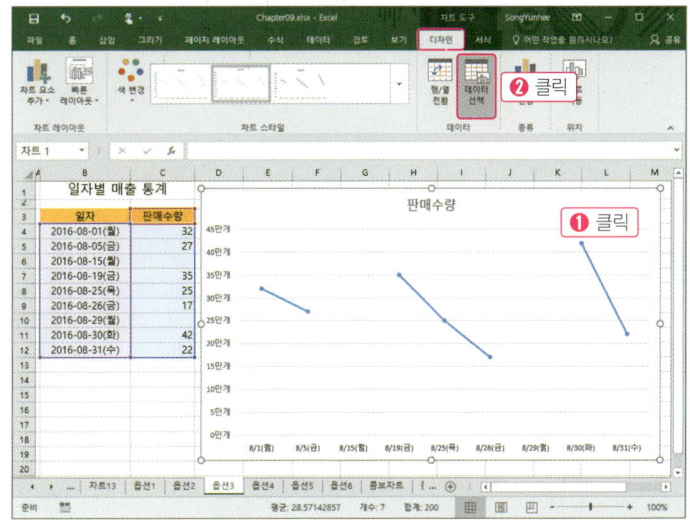

05 [데이터 원본 선택] 창에서 [숨겨진 셀/빈 셀]을 클릭합니다.

06 [숨겨진 셀/빈 셀 설정] 창에서 [선으로 데이터 요소 연결]을 선택하고 [확인]을 클릭한 후 다시 [확인]을 클릭합니다.

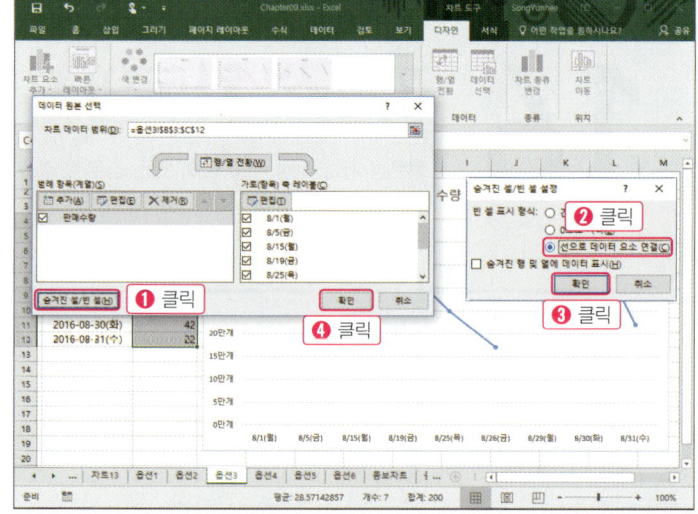

07 끊겼던 꺾은선이 연결된 것을 확인합니다.

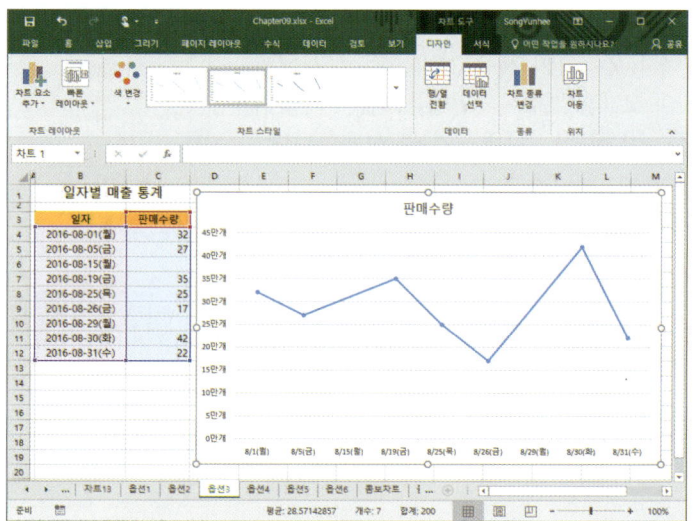

SECTION 17 차트 원본 데이터 숨기기

차트의 원본 데이터를 숨기면 차트 내용도 표시되지 않습니다. 차트 원본 데이터를 숨겨도 차트는 표시되도록 옵션을 설정해 보겠습니다.

📁 실습예제 : Chapter09.xlsx – [옵션4] 시트

01 [B], [C] 열을 드래그하여 선택하고, 선택된 셀 범위에서 마우스 오른쪽 버튼을 클릭한 후 [숨기기]를 선택합니다.

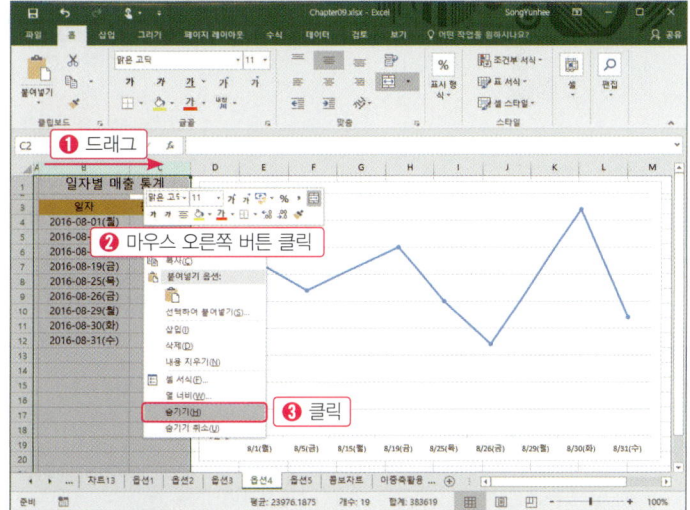

02 차트 내용이 사라지면 차트를 클릭하여 선택하고 [차트 도구] – [디자인] 탭 – [데이터] 그룹 – [데이터 선택]을 클릭합니다.

03 [데이터 원본 선택] 창에서 [숨겨진 셀/빈 셀]을 클릭합니다.

04 [숨겨진 셀/빈 셀 설정] 창의 [숨겨진 행 및 열의 데이터 표시] 선택 후 [확인]을 클릭합니다. [데이터 원본 선택] 창에서 다시 [확인]을 클릭합니다.

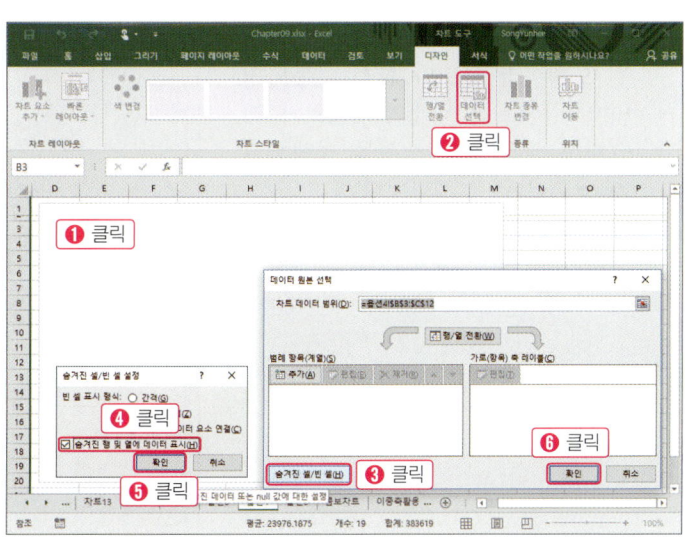

SECTION 18 차트에 도형 삽입하기

차트에 도형을 삽입할 때는 차트를 선택하고 도형을 작성해야 합니다. 차트가 선택된 상태에서 작성된 도형은 차트에 포함되어 차트 이동 시 자동으로 함께 이동됩니다. 차트를 선택하지 않고 작성한 도형은 워크시트에 삽입된 것으로 차트 개체와 함께 이동되지 않습니다.

실습예제 : Chapter09.xlsx – [옵션5] 시트

01 차트를 아래로 드래그하여 이동합니다.

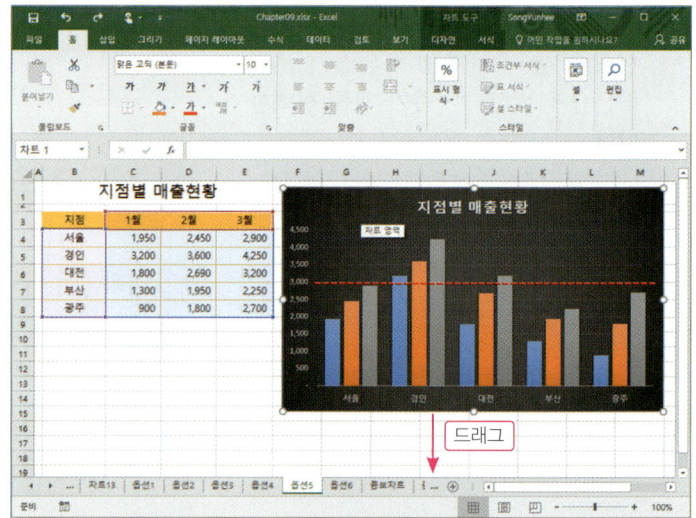

02 빨간 점선 도형은 워크시트에 삽입된 도형이라 차트와 함께 이동되지 않으며, 차트를 원래의 위치로 드래그하고 빨간 점선 도형을 선택하고 Delete를 눌러 삭제합니다.

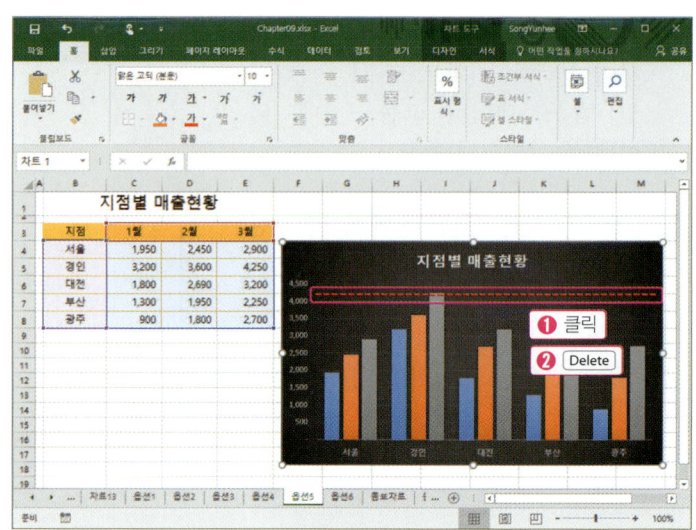

03 차트를 클릭하여 선택하고, [삽입] 탭 - [일러스트레이션] 그룹 - [도형]을 클릭한 후 [선] 범주의 [선] 도형을 선택한 다음 Shift +드래그하여 직선을 작성합니다.

> [차트 도구] - [서식] 탭 - [도형 삽입]에서 도형을 삽입해도 됩니다.

04 선의 서식을 지정하기 위해 선에서 마우스 오른쪽 버튼을 클릭한 후 [개체 서식]을 선택합니다.

05 [도형 서식] 작업 창에서 [색]은 '빨강', [너비]는 '3pt', [대시 종류]는 '사각 점선'을 지정합니다.

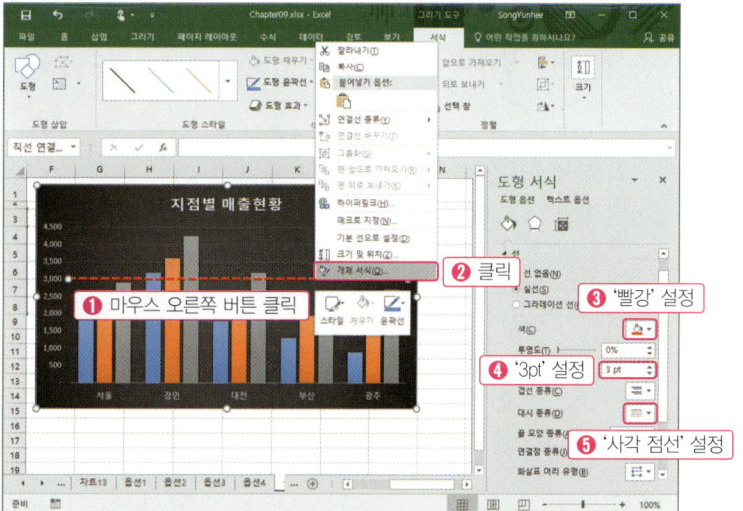

06 차트 영역을 드래그하면 차트에 작성된 선 도형도 함께 이동됩니다.

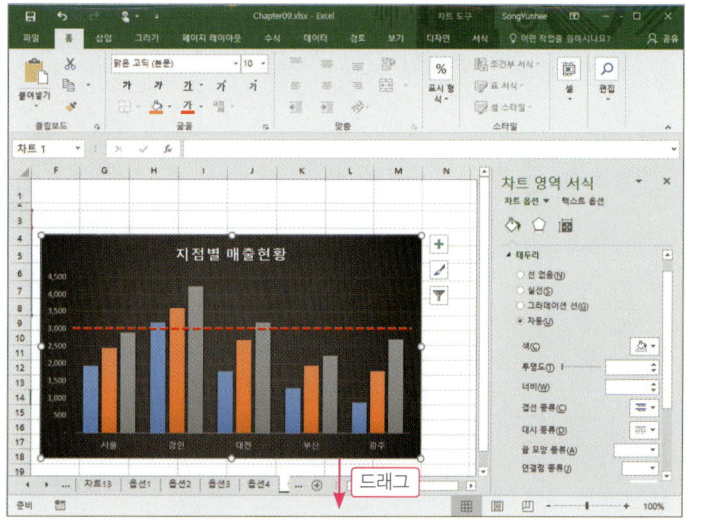

SECTION 19 콤보 차트 작성하기

콤보 차트는 데이터 계열 간의 값의 차이가 크거나 가격과 증감률과 같이 여러 종류의 데이터들이 혼합된 경우 사용합니다. 기본 축 이외에 보조 축이 추가되어 데이터를 표현하므로 이중 축 차트라고도 합니다.

실습예제 : Chapter09.xlsx - [콤보차드] 시드

01 차트를 작성할 원본 데이터 [B3 ~D9] 셀 범위를 선택합니다.

02 [삽입] 탭 - [차트] 그룹 - [콤보 차트 삽입]을 클릭한 후 [묶은 세로 막대형 - 꺾은선형,보조 축]을 선택합니다. [판매액]이 기본 축, [판매건수]가 보조 축을 사용하는 콤보 차트가 작성됩니다.

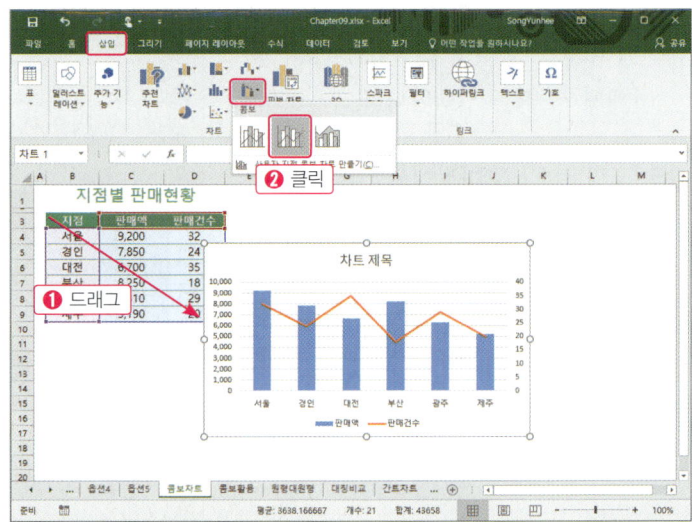

03 워크시트에 삽입된 차트의 크기 및 위치를 적절히 조절합니다.

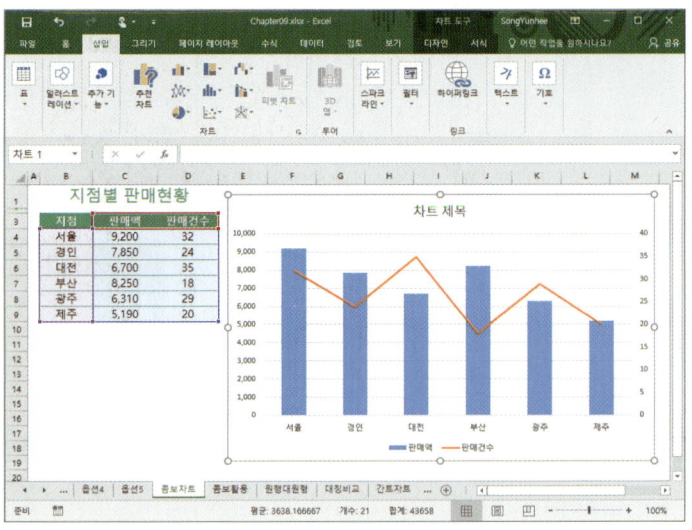

SECTION 20 이중 축 차트 활용하여 목표 대비 매출액 표시하기

기본 축과 보조 축을 사용하는 이중 축 차트를 만들어 목표 매출액 대비 실제 달성한 매출액의 달성 정도를 한 눈에 보기 좋게 표현하는 차트를 작성해 보겠습니다.

📁 실습예제 : Chapter09.xlsx - [콤보활용] 시트

01 2차원 묶은 세로 막대형 차트 작성하기

01 [B3~C10] 셀 범위를 드래그하여 선택한 후 Ctrl을 누르고 [P3~P10] 셀 범위를 추가로 선택합니다.

02 [삽입] 탭 - [차트] 그룹 - [세로 또는 가로 막대형 차트 삽입]을 클릭한 후 [2차원 세로 막대형] 범주의 [묶은 세로 막대형]을 선택합니다.

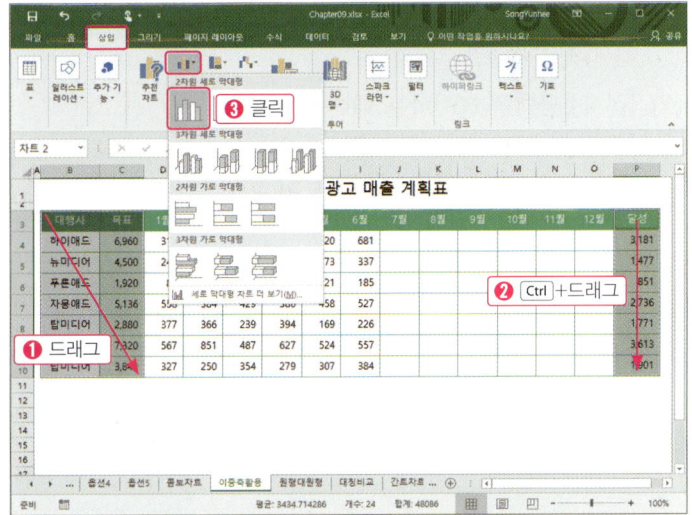

02 [달성] 금액 데이터 계열을 보조 축으로 설정하기

01 [달성] 금액을 표시하는 주황색 막대에서 마우스 오른쪽 버튼을 클릭한 후 [데이터 계열 서식]을 선택합니다.

02 [데이터 계열 서식] 작업 창이 표시되면 [보조 축] 옵션을 설정합니다.

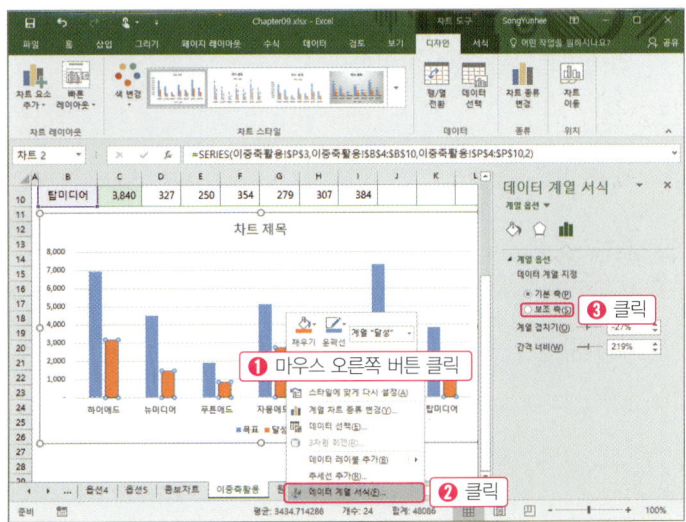

03 보조 축의 최댓값 수정하기

01 보조 축을 선택하고 [축 옵션]을 클릭한 후 [경계]의 [최대값]에 '8000'을 입력하고 Enter 를 누릅니다.

> 기본 축과 동일한 세로 축 값을 가져야 데이터가 왜곡되지 않으므로 보조 축의 최댓값을 기본 축과 동일하게 설정해야 합니다.

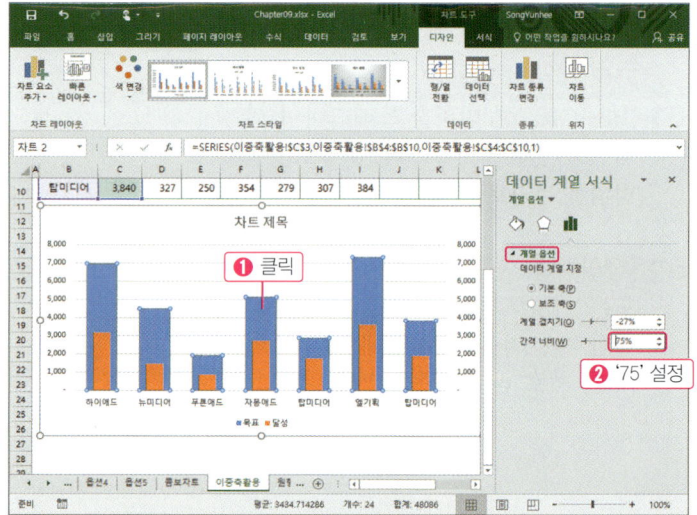

04 기본 축, 데이터 계열의 막대 너비 늘이기

01 [목표] 금액을 표시하는 데이터 계열(파랑색 막대)을 선택하고 [데이터 계열 서식] 작업 창의 [계열 옵션] 중 [간격 너비]를 '75%'로 설정합니다.

02 7월 열에 데이터를 입력하여 차트가 업데이트되는 것을 확인합니다.

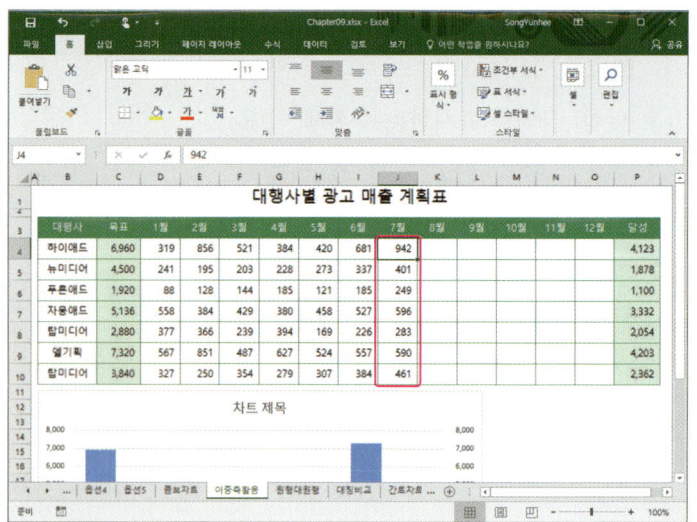

370 · 엑셀 2016

SECTION 21 원형 대 원형 차트 작성하기

원형 차트 작성 시 한 차트에 너무 많은 조각(데이터 요소)을 포함해야 하는 경우 [원형 대 원형] 차트를 사용하면 효과적으로 데이터를 표현할 수 있습니다. 원형 대 원형 차트를 작성하고 편집하는 방법에 대해 알아보겠습니다.

📁 실습예제 : Chapter09.xlsx - [원형대원형] 시트

01 [B3~C13] 셀 범위를 선택하고 [삽입] 탭 – [원형 또는 도넛형 차트 삽입]을 클릭한 다음 [2차원 원형] 범주의 [원형 대 원형]을 선택합니다.

02 작은 원형(둘째 영역)이 4개의 값으로 구성됩니다.

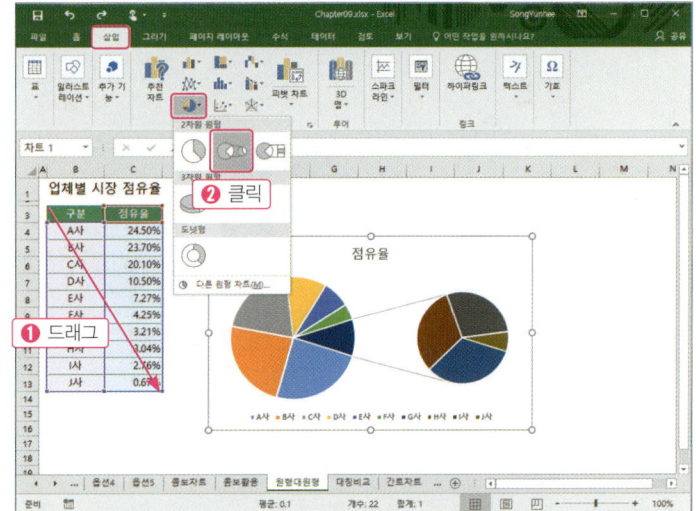

03 작은 원형에서 마우스 오른쪽 버튼을 클릭한 후 [데이터 계열 서식]을 선택합니다.

04 [데이터 계열 서식] 작업 창의 [계열 옵션] 중 [둘째 영역 값]을 '7'로 수정합니다.

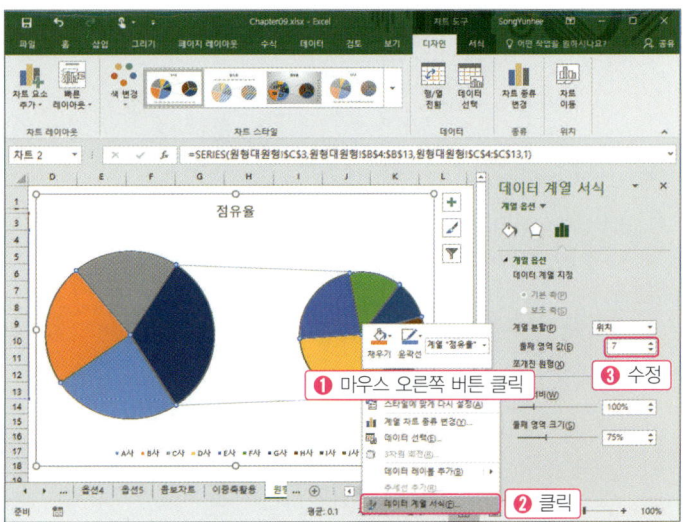

05 차트 영역 선택 후 [차트 도구] - [디자인] 탭 - [차트 레이아웃] 그룹 - [차트 요소 추가]를 클릭하고 [데이터 레이블]의 [안쪽 끝에]를 선택합니다.

06 레이블 내용을 변경하기 위해 [차트 도구] - [디자인] 탭 - [차트 레이아웃] 그룹 - [차트 요소 추가]를 클릭하고 [데이터 레이블]의 [기타 데이터 레이블 옵션]을 선택합니다.

07 [데이터 레이블 서식] 작업 창의 [레이블 내용] 중 [항목 이름], [백분율]을 설정한 후 [값] 옵션을 해제합니다.

08 데이터 레이블의 서식을 지정하기 위해 [홈] 탭 - [글꼴] 그룹의 [글꼴 크기] '14pt', '굵게', [글꼴 색] '흰색'을 설정합니다.

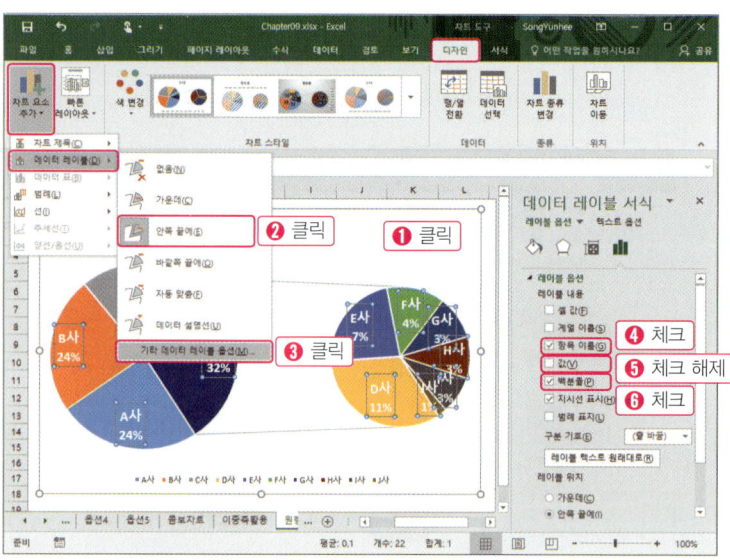

SECTION 22

양대칭 비교 가로 막대 차트 작성하기

두 개 항목의 값을 비교하는 차트를 작성하고자 하는 경우 차트 원본 데이터의 약간의 가공과 묶은 가로 막대형 차트의 다양한 옵션을 설정하여 더 효과적으로 데이터를 표현할 수 있습니다. 값을 비교할 때 효과적으로 사용할 수 있는 양대칭 가로 막대 차트를 작성하는 방법에 대해 알아보겠습니다.

📂 **실습예제** : Chapter09.xlsx – [대칭비교] 시트

01 묶은 가로 막대형 차트 삽입하기

01 [B3~H5] 셀 범위를 드래그하여 선택하고 [삽입] 탭 – [차트] 그룹 – [세로 또는 가로 막대형 차트 삽입]을 클릭한 후 [2차원 가로 막대형] 범주의 [묶은 가로 막대형]을 선택합니다.

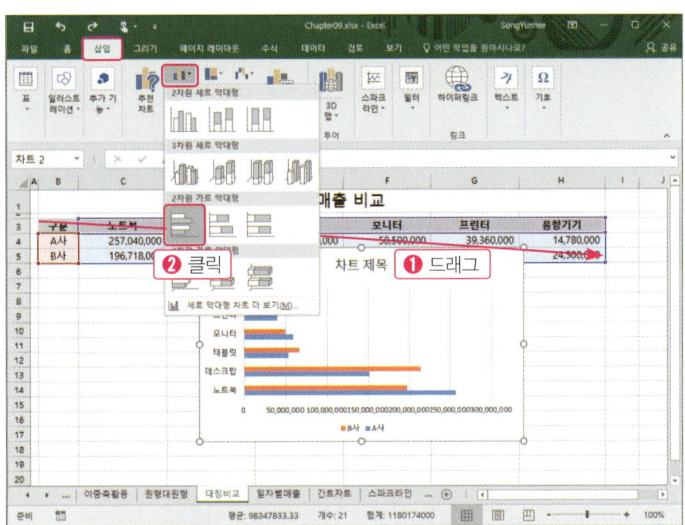

02 막대를 양대칭으로 설정하기

01 [I5] 셀을 선택한 후 '-1'을 입력하고 Enter를 누르고, 다시 [I5] 셀을 선택하고 Ctrl+C를 눌러 복사합니다.

02 [C5~H5] 셀 범위를 선택한 후 마우스 오른쪽 버튼을 클릭하고 [선택하여 붙여넣기]를 선택합니다.

03 [곱하기], [값] 옵션을 설정한 후 [확인]을 클릭합니다.

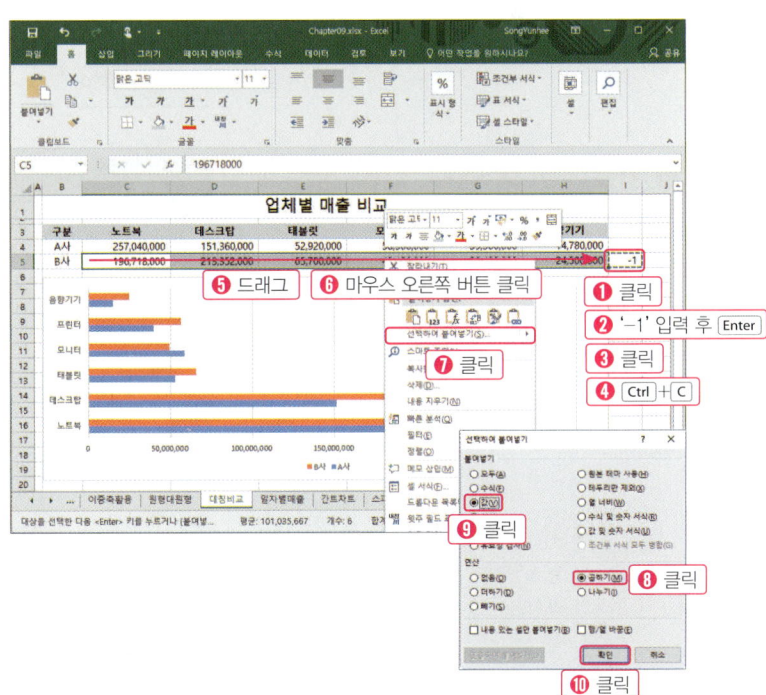

Chapter 09_ 차트 작성 및 편집 • 373

04 막대에서 마우스 오른쪽 버튼을 클릭한 후 [데이터 계열 서식]을 선택하고 작업 창에서 [계열 겹치기]는 '100%', [간격 너비]는 '50%'를 설정합니다.

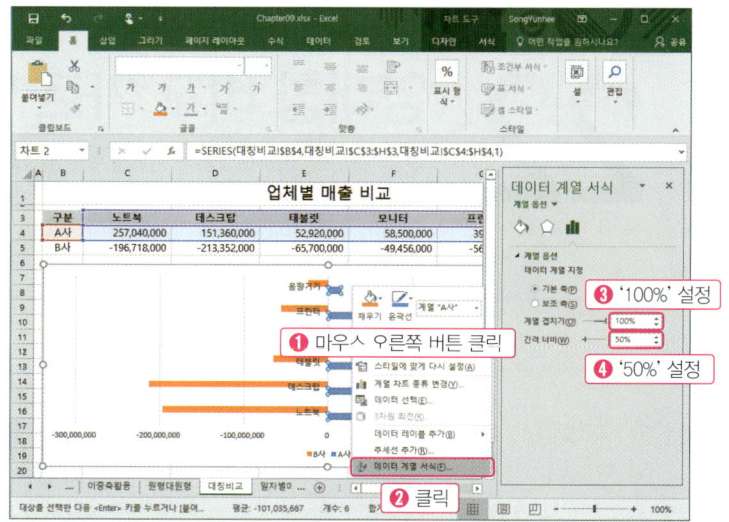

03 세로(항목) 축을 낮은 쪽에 표시

01 세로(항목) 축을 선택하고 [축 서식] 작업 창의 [레이블]을 클릭한 후 [레이블 위치]는 '낮은 쪽'을 선택합니다.

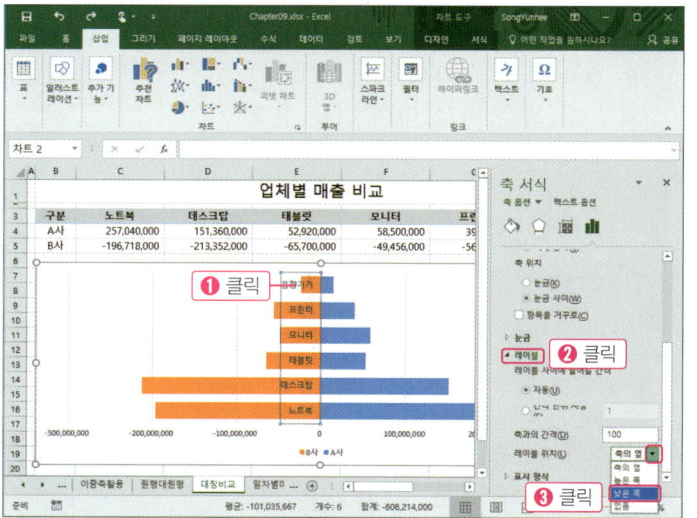

04 가로(값) 축 음수 값을 양수로 표시하기

01 가로(값) 축을 선택하고, [표시 형식]을 클릭한 후 [서식 코드]에 '#,##0;#,##0'을 입력하고 [추가]를 클릭합니다.

양대칭 차트를 작성하기 위해 B사의 값을 음수로 설정했지만 실제는 양수 값이므로 차트에 표시된 음수 값을 양수로 표시되도록 설성합니다.

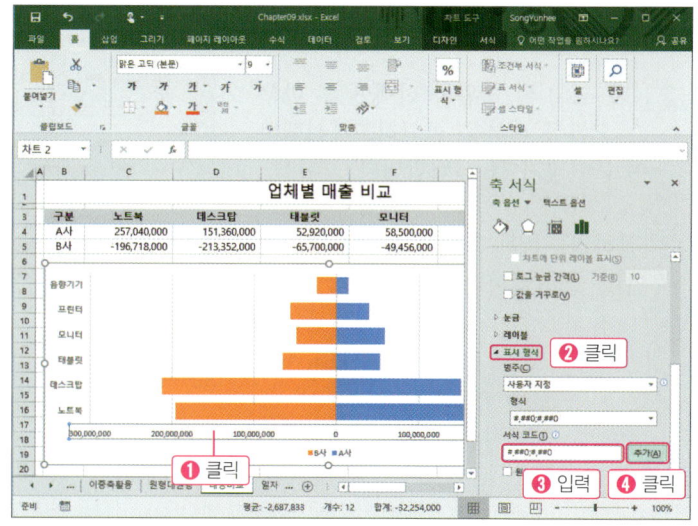

05 차트 원본 데이터의 음수 값, 양수로 표시하기

01 차트 원본 데이터의 음수 값을 양수로 표시해 보겠습니다. [C5~H5] 셀을 드래그하여 선택하고, Ctrl+1을 눌러 [셀 서식] 창을 엽니다.

02 [표시 형식] 탭 – [사용자 지정] 범주를 선택한 후 [형식]에 '#,##0_-;#,##0_-'를 입력한 후 [확인]을 클릭합니다.

> 사용자 지정 표시 형식 #,##0_-;#,##0_-는 숫자에 천 단위 구분 기호(,)를 표시하고, 숫자 오른쪽 끝에 _(언더바) 뒤에 있는 문자의 폭 만큼 간격을 추가하는 서식 코드입니다.

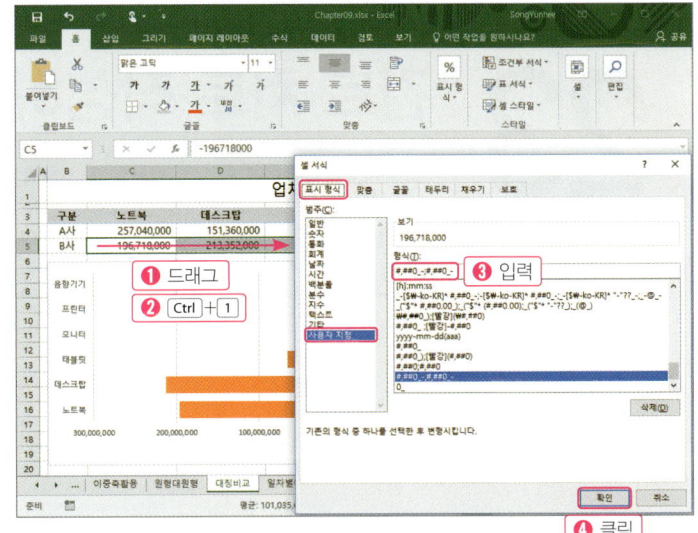

SECTION 23 간트 차트 작성하기

간트 차트는 한 축에 시간의 흐름을 표시하고 다른 한 축에 작업 내용을 표시하여 주로 공정이나 프로젝트 등의 일정을 관리하기 위해 사용하는 차트 종류입니다. 누적 가로 막대형 차트를 활용하여 간트 차트를 작성하는 방법에 대해 알아보겠습니다.

📁 **실습예제** : Chapter09.xlsx – [간트차트] 시트

01 누적 가로 막대형 차트 작성하기

01 [B3~C10] 셀 범위를 선택합하고 [삽입] 탭 – [차트] 그룹 – [세로 또는 가로 막대형 차트 삽입]을 클릭한 후 [2차원 가로 막대형] 범주의 [누적 가로 막대형] 차트를 선택합니다.

02 차트의 크기 및 위치를 적절히 조절합니다.

03 차트 제목을 클릭한 후 Delete를 눌러 삭제합니다.

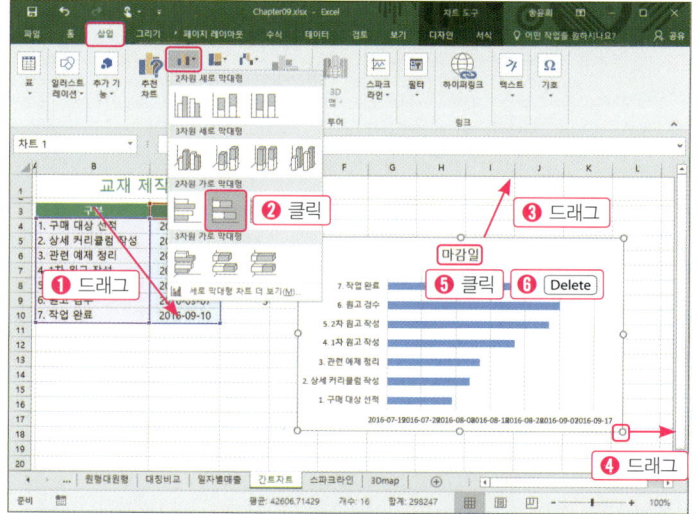

04 [작업 일수] 데이터를 차트에 추가하기 위해 [D3~D9] 셀 범위를 선택한 후 Ctrl+C를 눌러 복사합니다.

05 차트 영역을 클릭한 후 Ctrl+V를 눌러 붙여넣기 합니다.

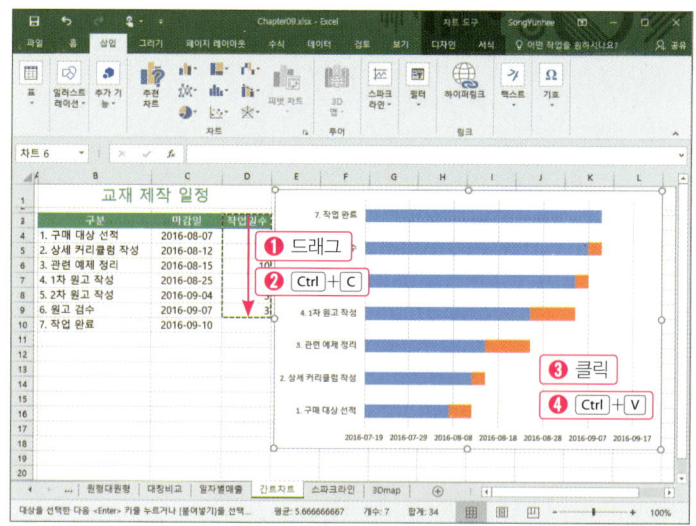

02 간트 차트의 시작일/종료일 지정하기

01 [C12] 셀에 간트 차트의 시작일인 '2016-8-7', [C13] 셀에 종료일인 '2016-9-10'을 입력합니다.

02 [C12], [C13] 셀을 선택한 후 [홈] 탭 – [표시 형식] 그룹 – [표시 형식]의 목록 단추를 클릭한 후 [일반]을 선택하여 셀 서식을 없애면 해당 날짜의 수치 값이 표시됩니다.

> [작업일수]만 표시되도록 가로(값) 축의 최소값(시작일)과 최대값(종료일)을 변경합니다.

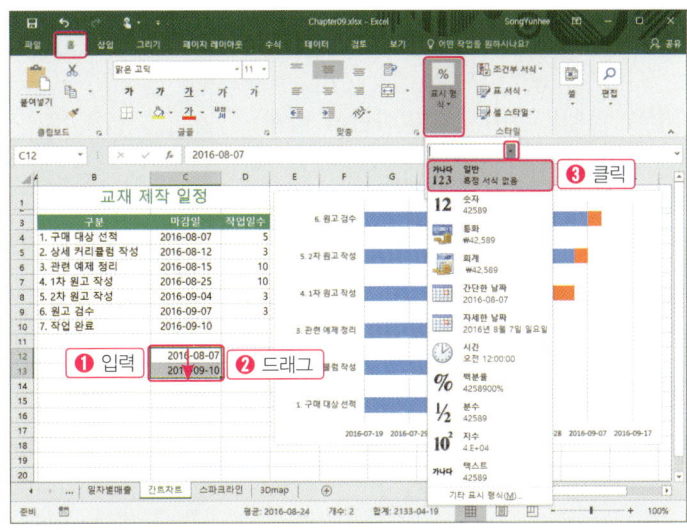

03 가로(값) 축에서 마우스 오른쪽 버튼을 클릭한 후 [축 서식]을 선택합니다.

04 [축 서식] 작업 창의 [축 옵션]중 [최소값]에 '42589', [최대값]에 '42623', [기본]에 '2'를 지정합니다.

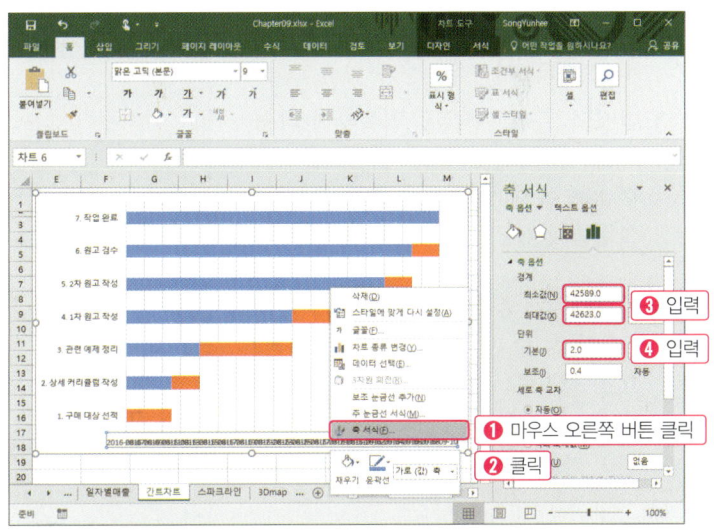

05 아래로 이동하여 [표시 형식]을 클릭한 후 [서식 코드]에 'm/d'를 입력하고 [추가]를 클릭합니다.

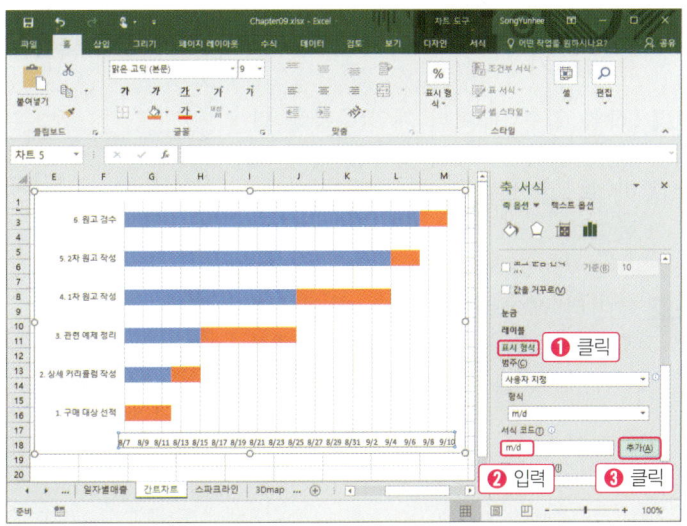

Chapter 09_ 차트 작성 및 편집 • 377

03 기간만 표시되도록 데이터 계열 서식 지정하기

01 [작업일] 데이터 계열(파란색 막대)을 클릭하고 [데이터 계열 서식] 작업 창의 [채우기]에서 [채우기 없음]을 선택하여 막대 색상을 없앱니다.

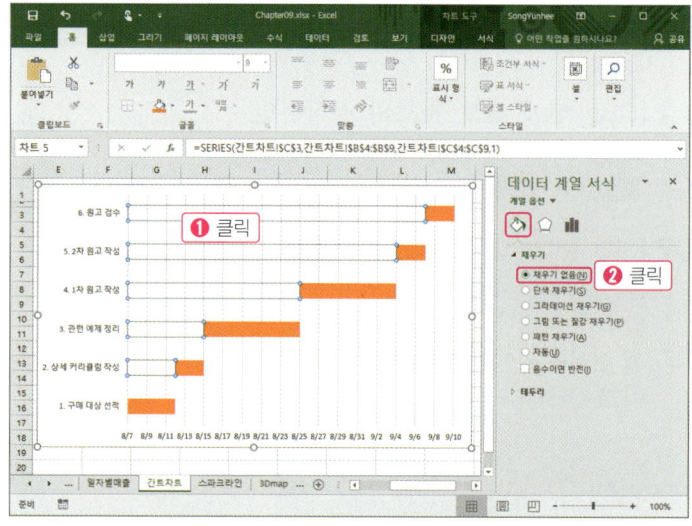

04 항목 순서 조정 및 가로 축 위치 지정하기

01 일정의 [구분] 항목을 위쪽부터 나열하기 위해 [세로(항목) 축]을 클릭한 후 [축 옵션] 중 [항목을 거꾸로]를 설정합니다.

02 가로(값) 축을 아래로 이동하기 위해 [가로 축 교차] 옵션을 [최대 항목]으로 설정합니다.

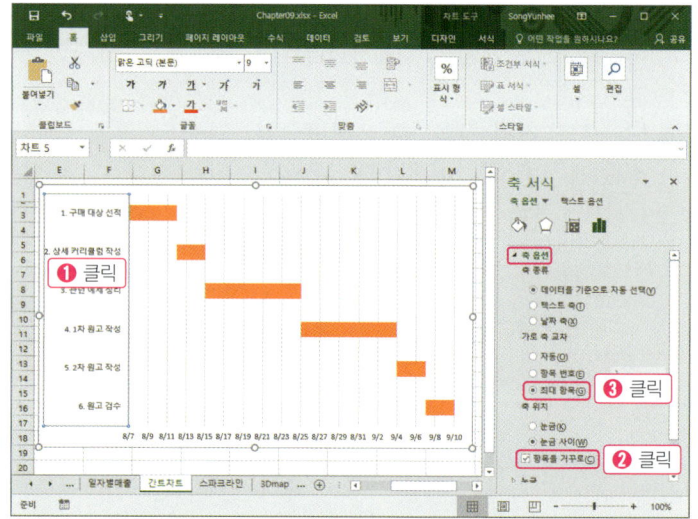

05 기간 막대에 작업 일수(기간) 표시하기

01 [작업 일수] 데이터 계열(주황색 막대)에서 마우스 오른쪽 버튼을 클릭한 후 [데이터 레이블 추가]를 선택합니다.

02 데이터 레이블을 클릭하여 선택한 후 [글꼴 크기]는 '14', '굵게', [글꼴 색]은 '흰색'을 지정합니다.

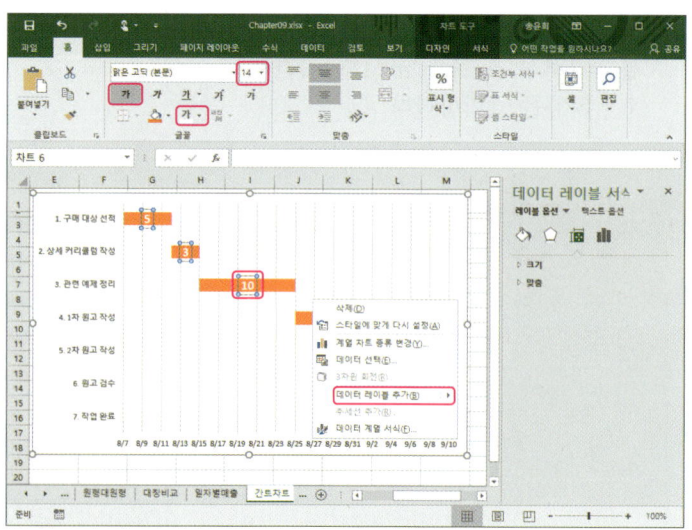

SECTION 24 스파크라인 작성하기

스파크라인은 셀 안에 그려지는 작은 차트로 데이터의 패턴과 추세를 시각적으로 표현하는 데 사용됩니다. 꺾은선형, 열, 승패 3가지 유형이 제공되며, 스파크라인을 선택하면 리본 메뉴에 자동으로 표시되는 [스파크라인 도구]를 사용하여 다양한 옵션을 지정할 수 있습니다.

📁 실습예제 : Chapter09.xlsx - [스파크라인] 시트

01 열 스파크라인 작성하기

01 스파크라인을 작성할 [P4~P10] 셀 범위를 선택하고 [삽입] 탭 - [스파크라인] 그룹 - [열]을 선택합니다.

02 [스파크라인 만들기] 창에서 [데이터 범위]를 [C4:N10]으로 선택한 후 [확인]을 클릭합니다.

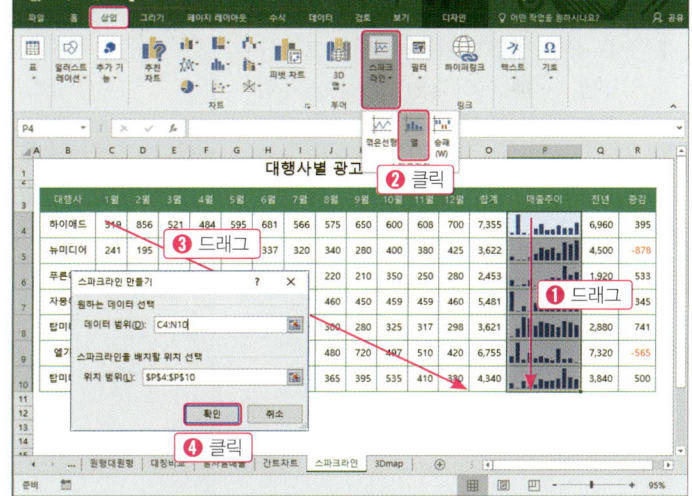

03 가장 높은 값의 막대를 다른 색으로 표시하기 위해 [스파크라인 도구] - [디자인] 탭 - [표시] 그룹 - [높은 점] 옵션을 설정합니다.

04 높은 점의 색을 변경하기 위해 [스파크라인 도구] - [디자인] 탭 - [표식 색]을 클릭한 후 [높은 점]의 색은 '황금색, 강조 4'를 선택합니다.

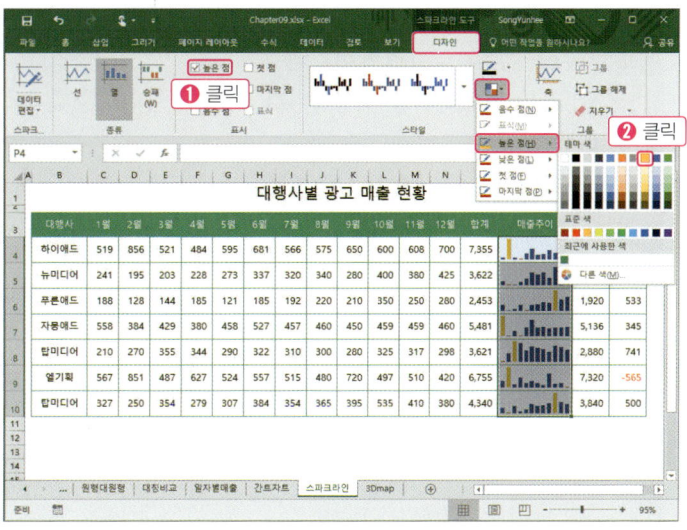

02 스파크라인 지우기

[P4~P10] 셀 범위를 선택하고 [스파크라인 도구] - [디자인] 탭 - [그룹] 그룹 - [지우기]를 클릭합니다.

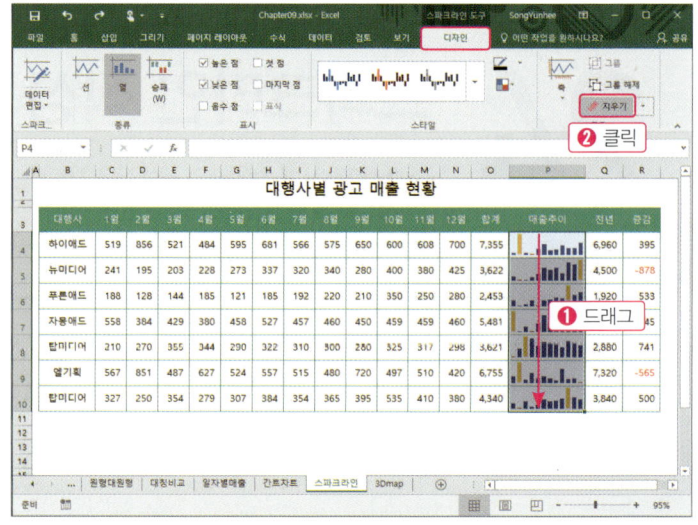

03 꺾은선형 스파크라인 작성하기

01 [P4~P10] 셀 범위를 선택하고 [삽입] 탭 - [스파크라인] 그룹 - [꺾은선형]을 선택합니다.

02 [스파크라인 만들기] 창에서 [데이터 범위]를 [C4:N10]으로 선택한 후 [확인]을 클릭합니다.

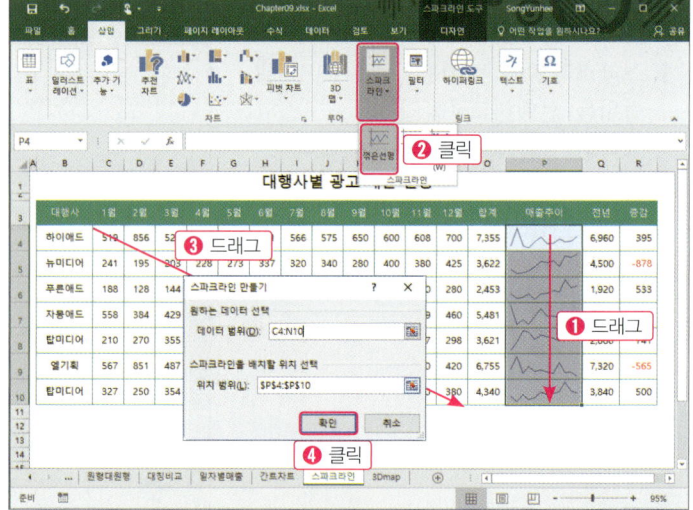

03 꺾은선에 표식을 표시하기 위해 [스파크라인 도구] - [디자인] 탭 - [표시] 그룹 - [표식]을 설정합니다.

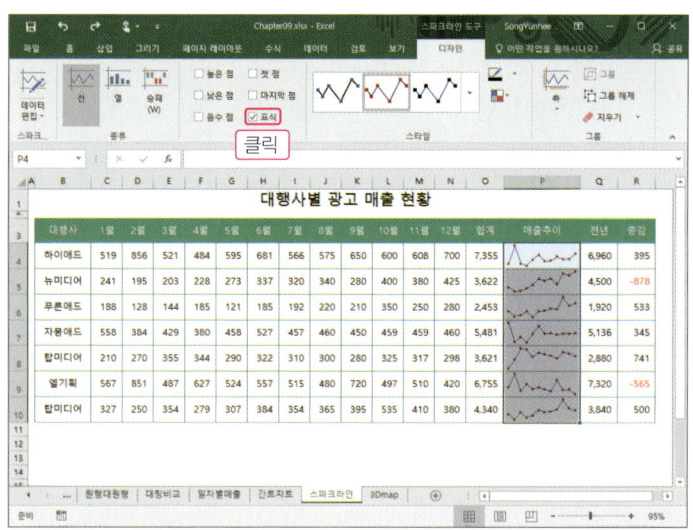

04 승패 스파크라인 작성하기

01 [R4~R10] 셀 범위를 선택하고 [삽입] 탭 - [스파크라인] 그룹 - [승패]를 선택합니다.

02 [스파크라인 만들기] 창에서 [데이터 범위]를 [R4:R10]으로 선택한 후 [확인]을 클릭합니다.

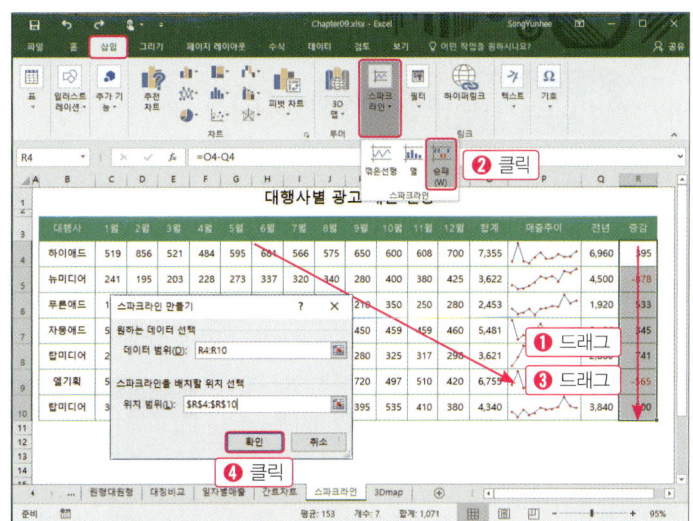

03 승패 스파크라인에 축을 표시하기 위해 [스파크라인 도구] - [디자인] 탭 - [그룹] 그룹 - [축]을 클릭한 후 [축 표시]를 선택합니다.

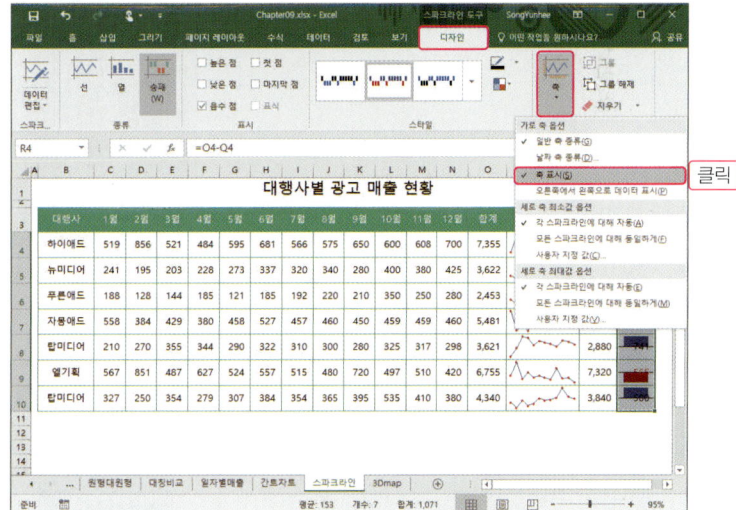

PowerUp 3D 맵 작성하기 New!

3D 맵을 사용하여 3D 지구본 또는 사용자 지정 지도에 지리 및 시간에 따른 데이터를 시간의 경과에 따라 보여 줄 수 있습니다. 3D 맵을 만들려면 시/도, 구/군/시, 우편 번호, 국가/지역, 위도/경도가 포함된 데이터가 있어야 합니다. 3D 맵은 Bing을 사용하여 데이터의 지리적 속성에 따라 데이터를 지오코딩(주소 또는 위치를 위도, 경도의 지리적 좌표로 변환하는 것)합니다.

01 [E8] 셀을 클릭하고 [삽입] 탭 - [투어] 그룹 - [3D 맵]을 클릭한 후 [3D 맵 열기]를 선택합니다.

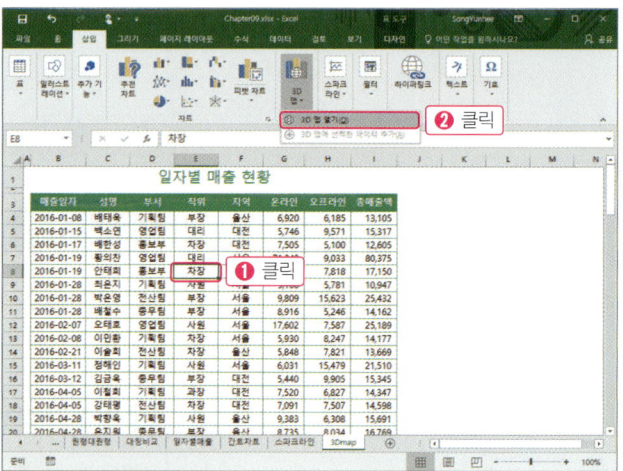

02 [3D 맵] 작업 창이 표시되면 [위치]의 [필드 추가]를 클릭하여 [지역]을 선택하고 위치 옵션을 [시, 군, 구]로 설정합니다. [높이]의 [필드 추가]를 클릭하고 [총매출액]을 선택합니다.

03 막대 차트 모양을 거품형 차트로 변경하기 위해 [시각화를 거품형으로 변경]을 클릭합니다.

04 [레이어 옵션]을 클릭한 후 [크기]의 슬라이더를 왼쪽으로 드래그하여 적절한 크기로 조절하고, ⊕를 클릭하여 지도를 적절한 크기로 확대하고 상, 하, 좌, 우 버튼을 클릭하여 차트를 보기 좋게 화면에 표시합니다.

05 [레이어 1]을 클릭한 후 Delete 를 눌러 삭제합니다. 완성된 3D 맵을 캡쳐하기 위해 [홈] 탭 - [투어] 그룹 - [화면 캡쳐]를 클릭합니다.

06 엑셀 파일을 활성화시킨 후 [J3] 셀을 클릭하고 Ctrl + C 를 눌러 캡쳐한 맵을 붙여넣기 합니다.

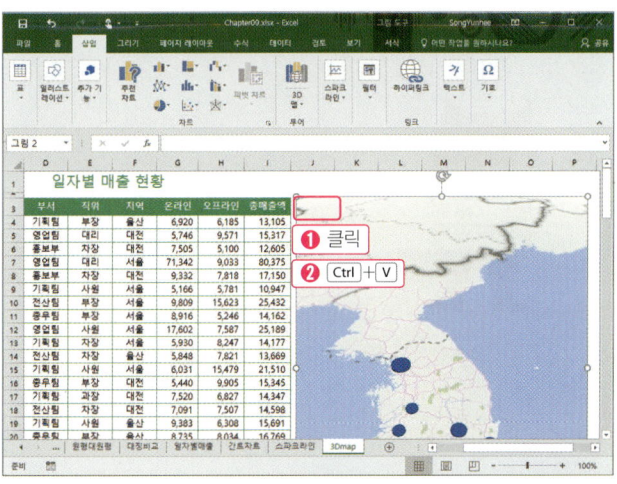

Excel 2016

CHAPTER 10

데이터 관리 및 분석

데이터베이스가 무엇인지 이해하고, 엑셀에서 다량의 데이터를 효과적으로 관리하기 위해 제공되는 정렬, 필터, 부분합, 피벗 테이블과 다양한 데이터 관리 도구의 사용 방법에 대해 알아보겠습니다.

SECTION 01 데이터베이스의 이해

데이터베이스가 무엇인지 이해하고 데이터베이스의 구성 요소와 데이터베이스 작성 시 유의 사항에 대해 알아보겠습니다.

01 데이터베이스란?

데이터베이스란 형식에 맞추어 체계적으로 정리해 놓은 다량의 데이터를 의미합니다. 엑셀의 데이터 관리 및 분석 기능을 문제없이 사용하려면 데이터를 데이터베이스 형식에 맞추어 입력해놓아야 합니다.

02 데이터베이스의 구성

워크시트에 입력한 데이터를 데이터베이스로 활용하려면 데이터를 일정한 형식에 맞춰 분류하고 구분해 입력해야 합니다. 데이터베이스는 '레코드', '필드', '필드명'으로 구성되며, '레코드'는 데이터베이스에 입력된 한 행의 데이터를 말합니다. '필드'는 세로 한 열을, 각 필드의 첫 행에는 필드를 구분하는 '필드명'을 작성합니다.

매출일자	성명	부서	직위	지역	온라인	오프라인	총매출액
2016-01-08	김소미	기획팀	부장	울산	6,920	6,185	13,105
2016-01-15	유가을	영업1팀	대리	대전	5,746	9,571	15,317
2016-01-17	안정훈	홍보부	차장	대전	7,505	5,100	12,605
2016-01-19	김덕훈	영업1팀	대리	서울	7,342	9,033	16,375
2016-01-19	최소라	홍보부	차장	대전	9,332	7,818	17,150

← 필드명
← 레코드
↑ 필드

03 데이터베이스 작성 시 유의 사항

1 병합된 셀은 분할합니다.

필드명이나 레코드에 병합된 셀이 존재하면 안됩니다. 병합된 셀이 존재할 경우 정렬, 필터 등 데이터베이스 관련 기능을 사용할 때 오류가 발생합니다.

2 빈 행은 삭제합니다.

레코드 중간에 비어있는 행이 있으면 안됩니다. 데이터의 구분을 위해 중간에 행을 비워두는 경우가 간혹 있는데 이런 경우 분할된 두 영역이 하나의 데이터베이스로 인식되지 못합니다.

3 필드에는 하나의 정보만 입력합니다.

필드에는 하나의 단일 데이터만 입력해야 합니다. 예를 들어, 주소 필드를 만들어 시, 구, 동, 번지를 모두 입력하는 것이 아니라 시, 구, 동, 번지 필드를 각각 만들고 단일 데이터만 입력해야 데이터베이스 활용이 용이합니다.

SECTION 02 데이터베이스 형식에 맞추어 데이터 가공하기

잘못된 형식의 데이터베이스를 데이터베이스 형식에 맞게 가공해 보겠습니다.

📁 실습예제 : Chapter10.xlsx - [데이터베이스] 시트

01 필드명 정리하기

01 [B3~E3] 셀 범위를 선택하고 [홈] 탭 - [맞춤] 그룹 - [병합하고 가운데 맞춤]을 클릭합니다.

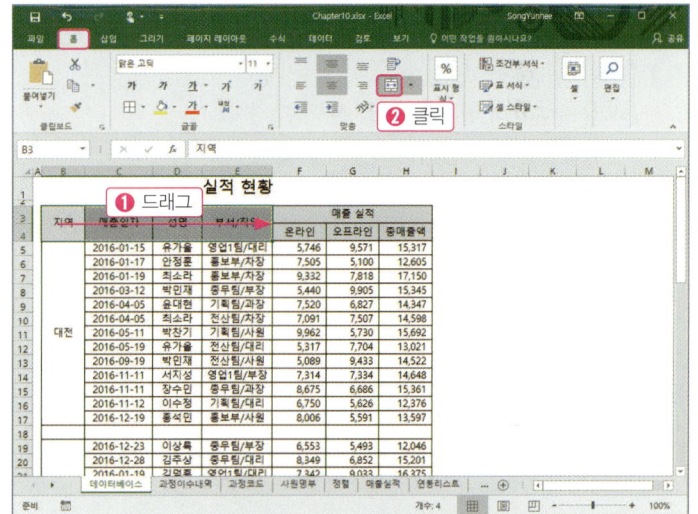

02 [B3~E3] 셀 범위를 선택한 후 선택 영역의 테두리 부분을 아래로 드래그하여 이동합니다.

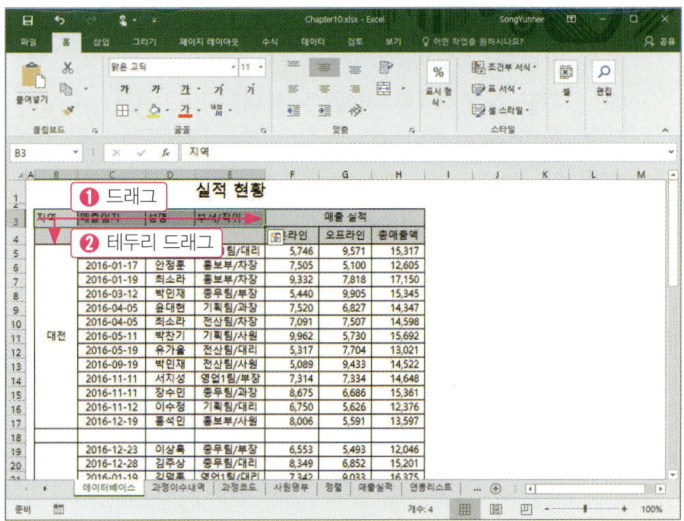

03 행 머리글 [3]을 클릭한 후 Ctrl + - 를 눌러 행을 삭제합니다.

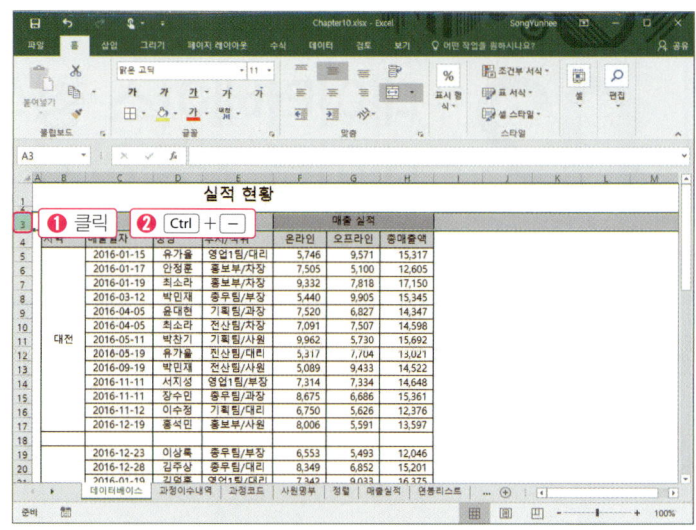

02 빈 행 삭제하기

01 [H3] 셀을 클릭한 후 [H53] 셀을 Shift + Click 하여 범위를 선택합니다. [홈] 탭 - [편집] 그룹 - [찾기 및 선택] - [이동 옵션]을 선택하고 [빈 셀] 옵션 체크 후 [확인]을 클릭합니다.

02 선택했던 범위 안의 빈 셀만 선택된 것을 확인한 후 Ctrl + - 를 누릅니다. [삭제] 창에서 [행 전체]를 선택하고 [확인]을 클릭합니다.

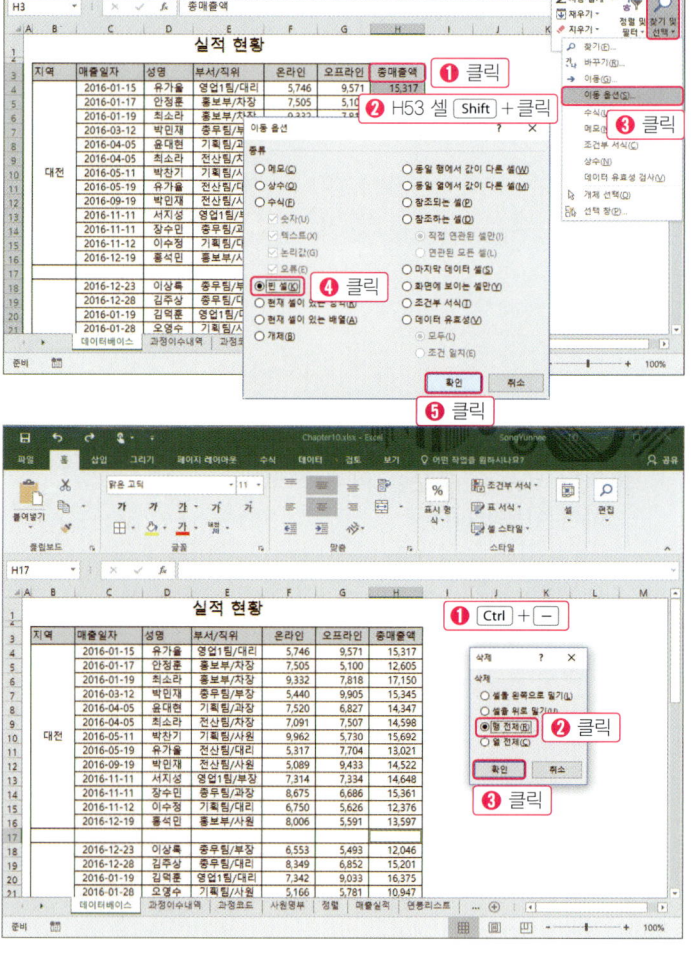

03 병합 셀의 데이터 각 셀에 입력하기

01 병합된 데이터를 병합 해제한 후 각 셀에 데이터가 입력되도록 작업해 보겠습니다. [B4~B53] 셀 범위를 선택합니다.

02 [홈] 탭 – [맞춤] 그룹 [병합하고 가운데 맞춤]을 클릭하여 병합을 해제합니다.

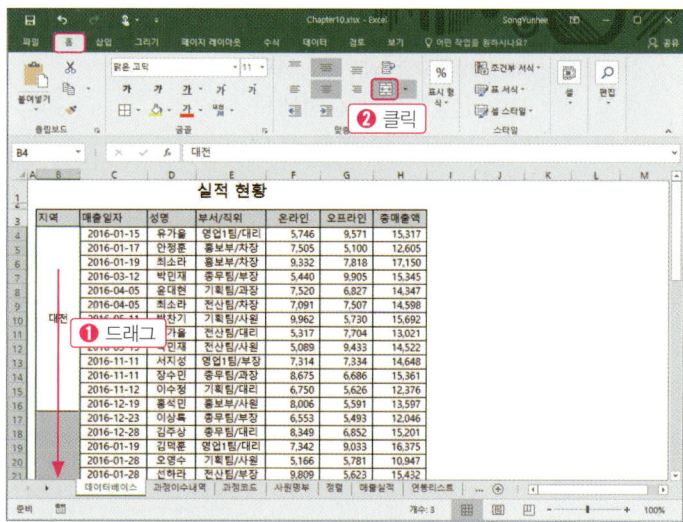

03 [홈] 탭 – [편집] 그룹 – [찾기 및 선택] – [이동 옵션]을 선택한 후 [이동 옵션] 창에서 [빈 셀] 옵션을 선택하고 [확인]을 클릭합니다.

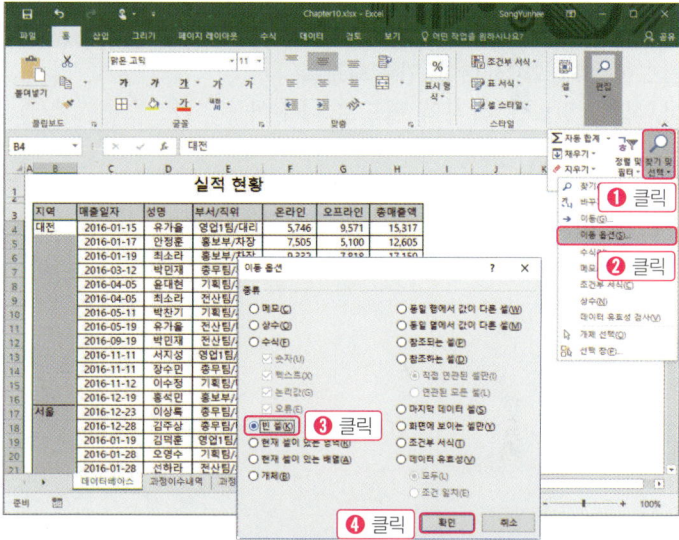

04 '=B4' 수식을 작성한 후 Ctrl+Enter를 눌러 빈 셀 전체에 바로 윗 셀을 참조하는 수식을 작성합니다.

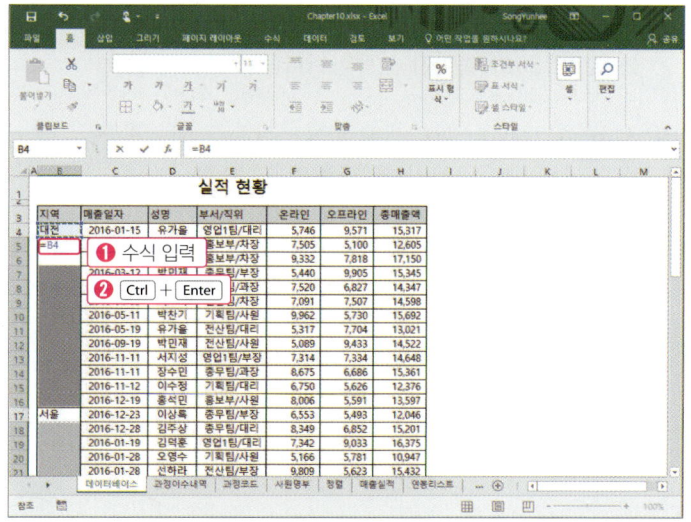

Chapter 10_ 데이터 관리 및 분석 · **389**

05 [B3] 셀을 클릭한 후 Ctrl+Shift+↓를 눌러 [B3~B53] 셀 범위를 선택하고, Ctrl+C, Ctrl+V를 순서대로 눌러 그 위치 그대로 데이터를 복사한 후 붙여넣기 합니다.

06 [붙여넣기 옵션]을 클릭한 후 [값 붙여넣기] 범주의 [값]을 선택합니다.

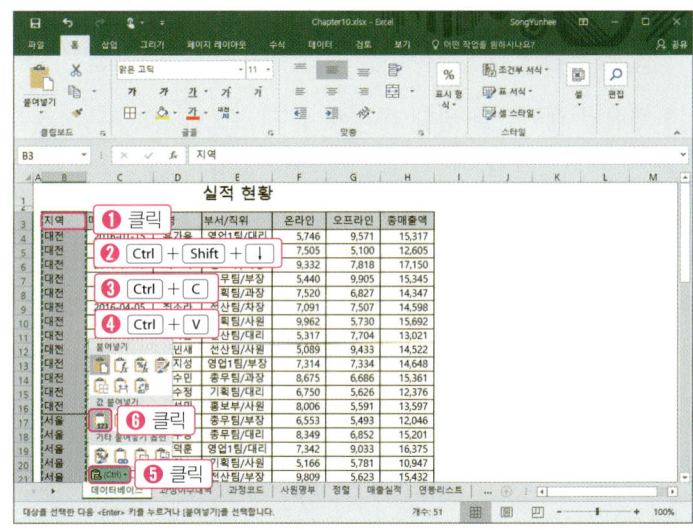

04 필드 나누기

필드에 하나의 정보만 입력되도록 [부서/직위] 필드를 각각의 필드로 나누어 보겠습니다.

01 열 머리글 [F]를 클릭한 후 Ctrl+Shift+⊞를 눌러 열을 삽입합니다.

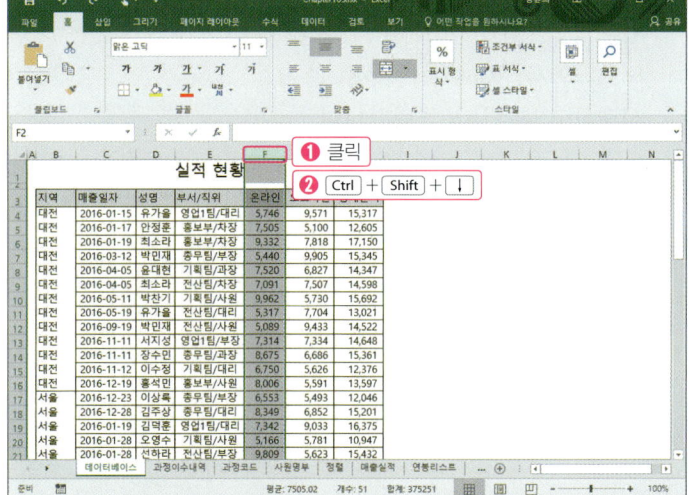

02 [E3] 셀을 클릭한 후 Ctrl+Shift+↓를 눌러 [E53] 셀까지 선택합니다.

03 [데이터] 탭 - [데이터 도구] 그룹 - [텍스트 나누기]를 클릭하고, [텍스트 마법사] 창에서 [구분 기호로 분리됨]을 선택한 후 [다음]을 클릭합니다.

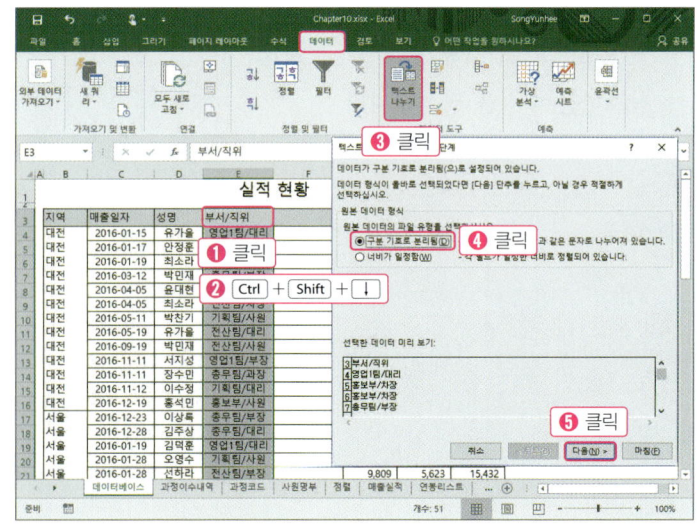

04 [구분 기호]에서 [기타]를 선택한 후 입력란에 '/'를 입력한 다음 [다음]을 클릭합니다. [텍스트 마법사] 3단계에서 [마침]을 클릭합니다.

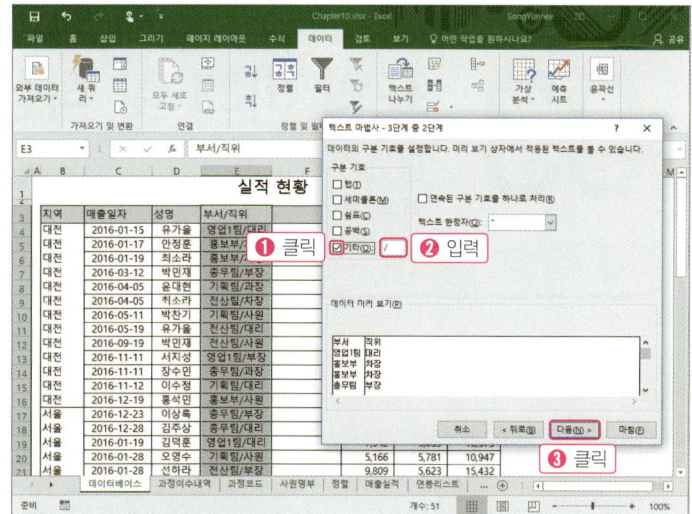

05 기본 데이터를 바꿀지 묻는 창이 표시되면 [확인]을 클릭합니다. 필드가 분리된 것을 확인합니다.

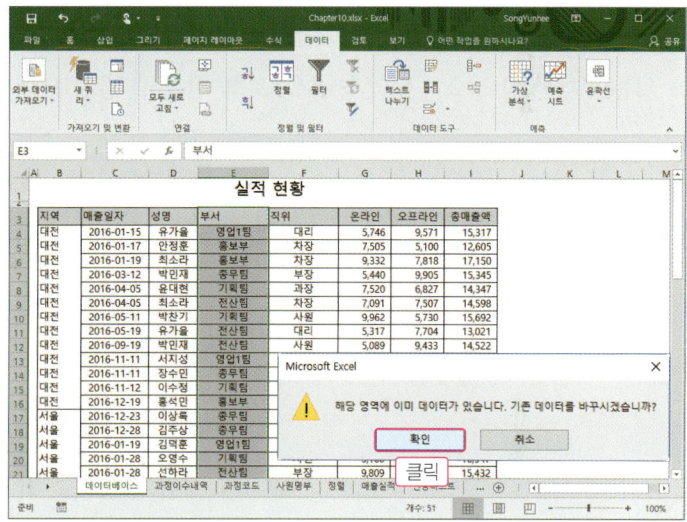

SECTION 03 표의 이해 및 작성

데이터베이스 형식의 데이터 관리를 용이하게 하기 위해 '표' 기능이 제공됩니다. 데이터 범위를 '표'로 만들면 표 안에 있는 데이터를 표 밖에 있는 데이터와 독립적으로 관리하고 분석할 수 있습니다. 먼저, 데이터 범위를 표로 작성한 후 스타일을 지정하는 방법에 대해 알아보겠습니다.

실습예제 : Chapter10.xlsx [과정이수내역] 시트

01 표의 특징

- 표 스타일을 통한 손쉬운 서식 지정
- 자동 필터 모드 설정
- 필드명 자동 고정(화면을 아래로 스크롤 할 경우 열 머리글에 필드명 표시)
- 표 범위 자동 확장
- 구조적 참조를 통한 손쉬운 수식 작성

표 기능이 더 이상 필요하지 않을 경우, 표를 일반 셀 범위로 다시 변환할 수도 있습니다.

02 표 만들기

01 표로 작성할 데이터 내부를 클릭하거나 전체 범위를 선택한 후 [삽입] 탭 - [표] 그룹 - [표]를 클릭합니다.

02 [표 만들기] 창에서 [확인]을 클릭합니다.

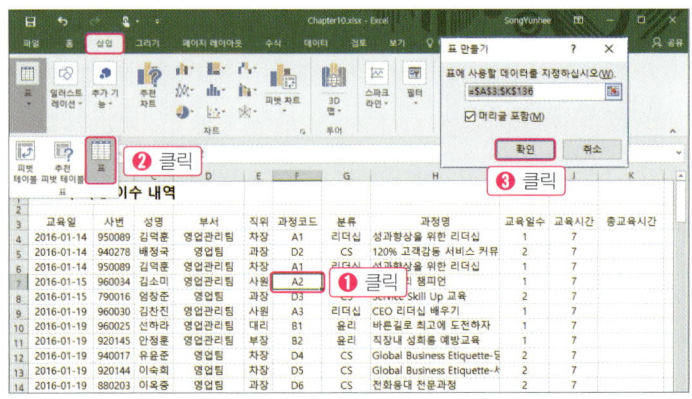

03 표 스타일 지정하기

01 표 스타일을 변경하기 위해 [표 도구] - [디자인] 탭 - [빠른 스타일]을 클릭한 후 원하는 스타일을 선택합니다.

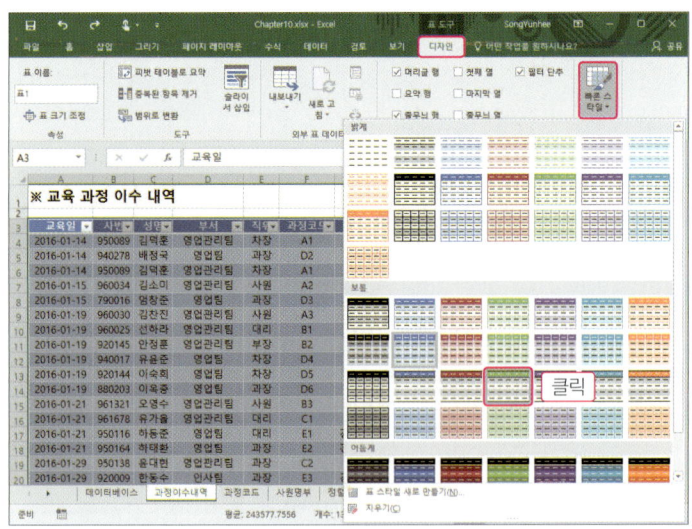

화면 해상도에 따라 [빠른 스타일]이 [표 스타일] 그룹으로 표시될 수 있습니다.

02 표 스타일 옵션을 변경하기 위해 [표 도구] - [디자인] 탭 - [표 스타일 옵션] 그룹 - [줄무늬 행]을 해제합니다.

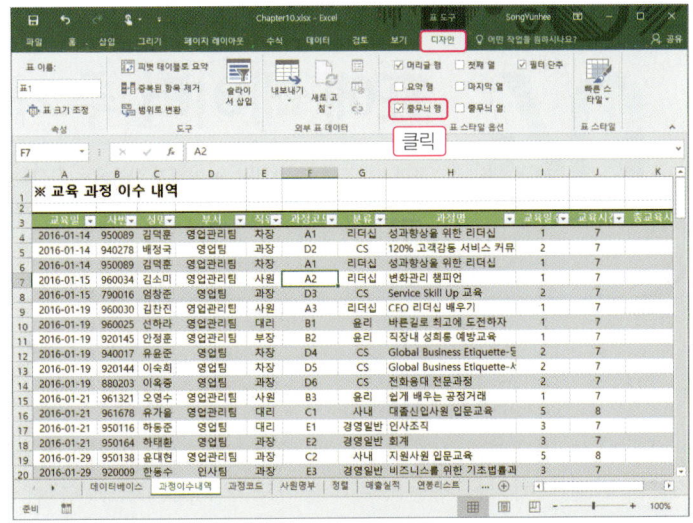

03 [요약 행] 옵션을 설정하고 [교육일수] 필드의 목록 단추를 클릭한 후 [합계]를 선택합니다. 열의 합계가 자동으로 계산됩니다.

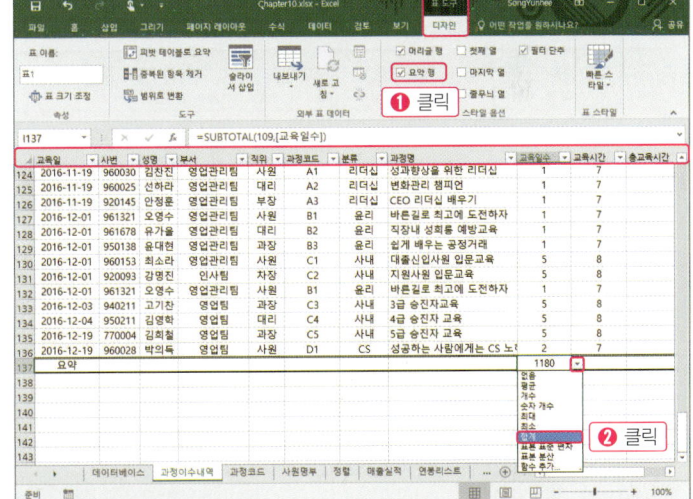

> 필드명(3행)이 보이지 않도록 화면을 아래로 스크롤하고 열 머리글에 [필드명]이 표시되는 것을 확인합니다.

04 [요약 행] 옵션을 해제하면 요약 행이 사라집니다.

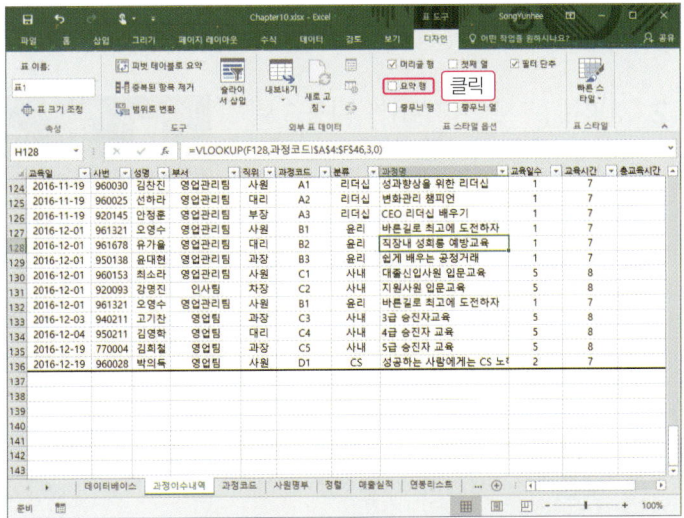

Chapter 10_ 데이터 관리 및 분석 • **393**

SECTION 04 표에 데이터 추가하기

표에 데이터를 추가하면 표 범위가 자동으로 확장되어 표에 적용된 수식 및 서식이 자동으로 적용됩니다. 이를 통해 일반 셀 범위보다 더 빠르고, 편리하게 데이터를 추가할 수 있습니다.

📁 **실습예제** : Chapter10.xlsx - [과정이수내역1] 시트

현재 [과정이수내역1] 시트는 [사번], [과정코드]만 입력하면 [사원명부]와 [과정코드] 시트의 데이터를 참조하여 관련 데이터를 자동으로 추출하도록 VLOOKUP 수식이 작성되어 있습니다.

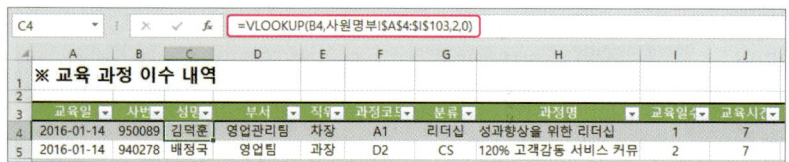

01 A열 임의의 셀을 선택한 후 Ctrl+↓를 눌러 표의 마지막 행으로 이동한 후 Enter를 눌러 새 데이터를 입력할 셀로 이동하고, '2016-12-20'을 입력하고 Tab을 누른 후 사원명부 시트에 입력된 사번 중 임의의 사번 '961321'을 입력하고 Tab을 누릅니다.

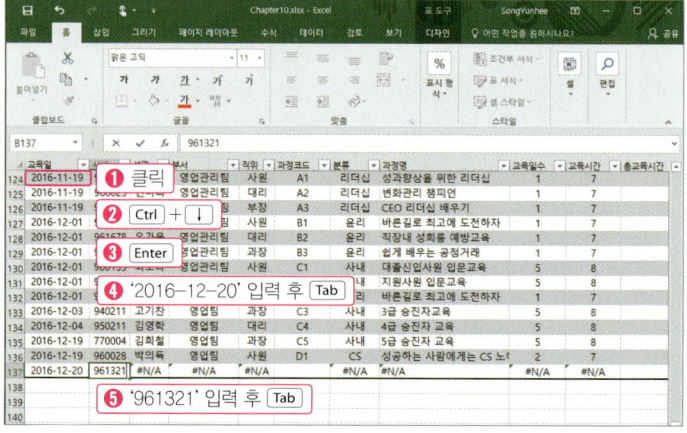

02 [성명], [부서], [직위]가 자동으로 계산된 것을 확인한 후 [과정코드] 열에 과정코드 시트에 입력된 과정코드 중 임의의 코드 'A2'를 입력하고 Tab을 누릅니다. [분류] 필드부터 [교육시간] 필드까지 자동으로 값이 표시됩니다.

03 레코드를 더 추가하기 위해 [A138] 셀에 '2016-12-23'을 입력한 후 Tab을 누릅니다. 서식이 자동으로 확장되는 것도 확인합니다.

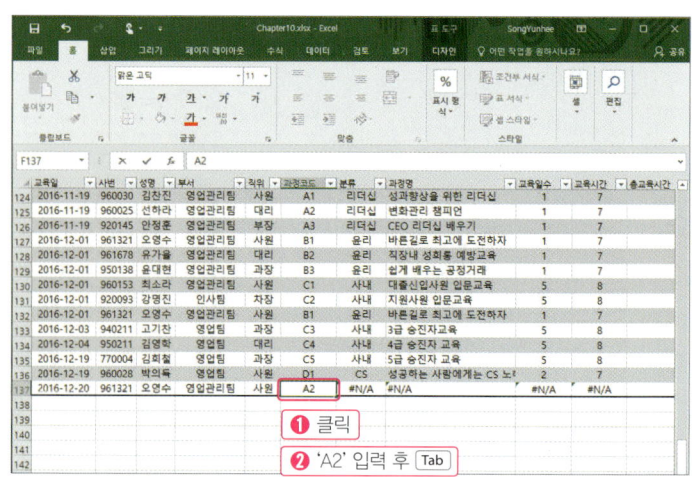

SECTION 05 구조적 참조를 통한 표의 수식 작성

표에서 수식을 작성할 때는 셀 주소가 아닌 표 및 열 이름이 참조되는데 이를 '구조적 참조'라고 합니다. 구조적 참조를 통해 수식을 작성할 때는 [필드명], 표 이름[필드명]과 같은 형식을 사용하며, 수식을 작성한 후 Enter를 누르면 해당 열의 시작부터 끝 행까지 자동으로 수식이 채워져 더 빠르고 손쉽게 수식을 작성할 수 있습니다.

📁 실습예제 : Chapter10.xlsx – [과정이수내역2] 시트

구조적 참조를 통해 수식을 작성할 때 사용되는 특수 항목 지정자는 다음과 같습니다.

특수 항목 지정자	참조 대상
#모두	열 머리글, 데이터 및 요약(있을 경우)을 비롯한 전체 표
#데이터	데이터 행만
#머리글	머리글 행만
#요약	요약 행만. 요약 행이 없을 경우 null이 반환됩니다.
#이행 또는 @, @[열 이름]	수식으로 같은 행에 있는 셀만 이 지정자는 다른 특수 항목 지정자와 함께 사용할 수 없습니다. 참조에 대한 암시적 논리곱 동작을 강제로 실행하거나, 암시적 논리곱 동작을 무시하고 열의 단일 값을 참조하는데 사용합니다.

01 표 내부에서 수식 작성

[총교육시간] 필드에 [교육일]*[교육시간] 수식을 작성해 보겠습니다.

01 [K4] 셀을 클릭하고 '='를 입력한 후 [I4] 셀을 클릭하고 '*'를 입력한 다음 [J4] 셀을 클릭합니다. 구조적 참조를 사용한 수식이 자동으로 작성됩니다. Enter를 누릅니다.

02 [총교육시간] 열이 자동으로 계산됩니다.

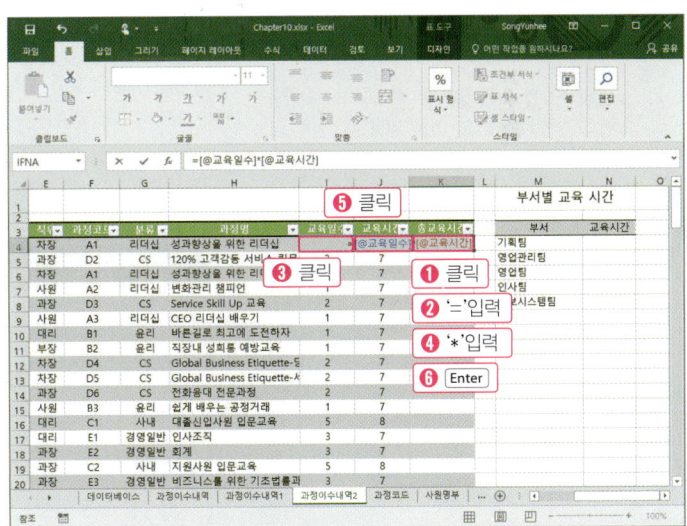

02 표 외부에서 수식 작성

SUMIF 함수를 사용하여 부서별 교육 시간 합계를 계산해 보겠습니다.

01 표 이름을 정의하기 위해 [표 도구] - [디자인] 탭 - [속성] 그룹 - [표 이름]을 클릭한 후 '이수내역'을 입력하고 Enter를 누릅니다.

> 자동으로 계산된 열을 취소하거나 해당 기능을 중지하고자 하는 경우 단추를 클릭한 후 원하는 옵션을 선택합니다.

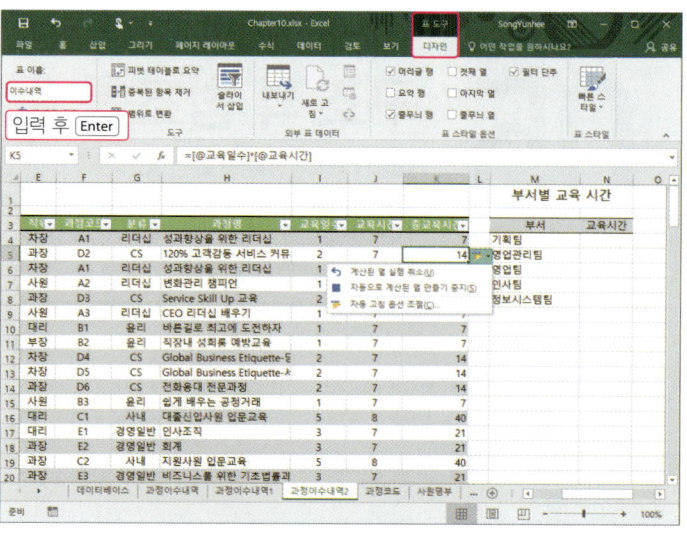

02 [N4] 셀을 클릭하고 '=SUMIF(이수내역[부서],M4,이수내역[총교육시간])' 수식을 입력한 후 Enter를 누릅니다.

> 표 외부에서 표의 필드를 참조하여 수식을 작성할 경우는 '=표 이름[필드명]' 형식을 사용합니다.

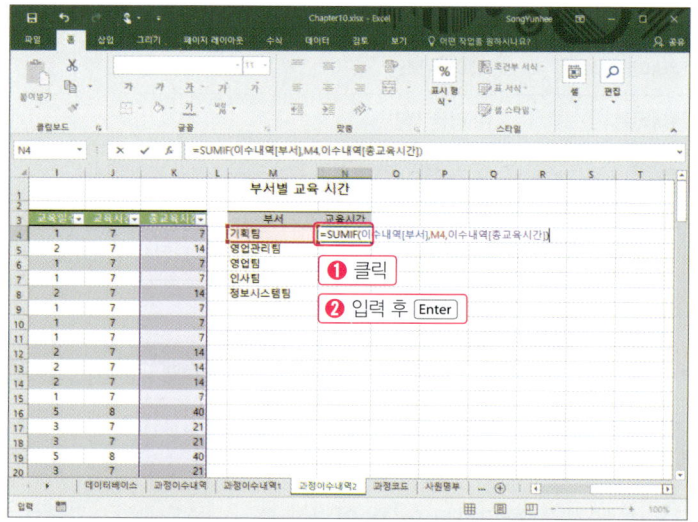

03 [N4] 셀의 채우기 핸들을 더블 클릭하여 [N8] 셀까지 자동 채우기 합니다.

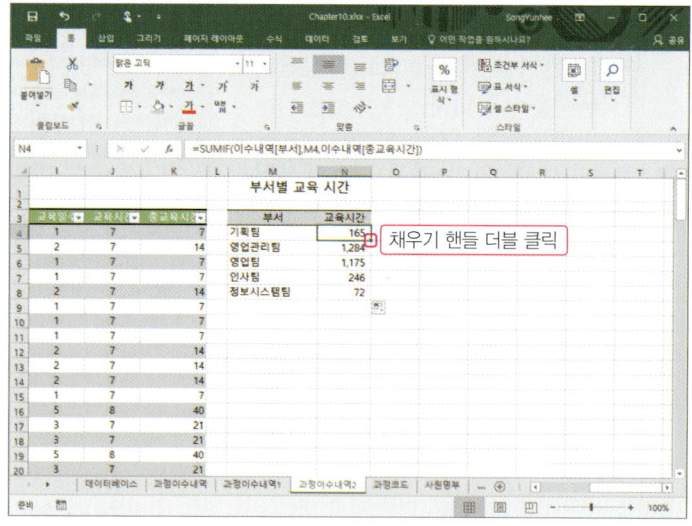

SECTION 06 표를 일반 셀 범위로 변환

표는 데이터베이스의 형식이 유지되어야 하므로 셀을 병합하는 등 데이터베이스의 형식을 위배하는 작업은 불가능합니다. 표의 편리한 기능이 많이 있지만 불필요한 경우 '표'를 일반 셀 범위로 변환할 수 있습니다. 표를 일반 셀 범위로 변환하는 방법에 대해 알아보겠습니다.

📂 실습예제 : Chapter10.xlsx – [과정이수내역3] 시트

01 표 내부를 클릭한 후 [표 도구] – [디자인] 탭 – [도구] 그룹 – [범위로 변환]을 클릭합니다.

02 표를 정상 범위로 변환할지 묻는 창이 표시되면 [예]을 클릭합니다.

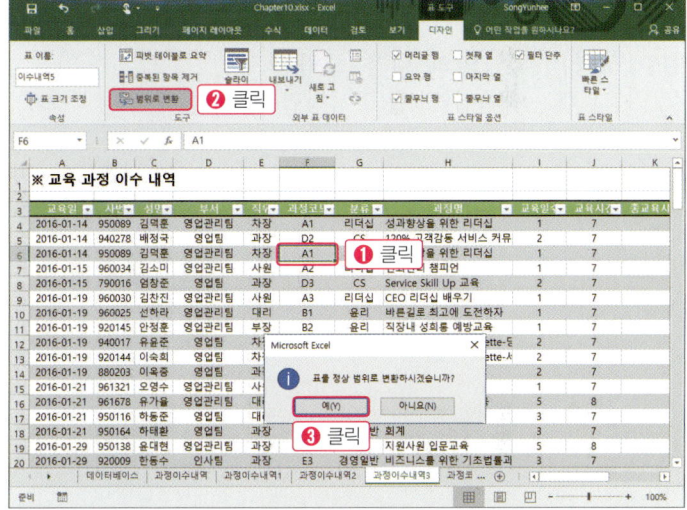

03 표 상태에서 작성한 수식이 셀 주소를 참조하는 일반 수식 및 배열 수식으로 변경된 것을 확인합니다.

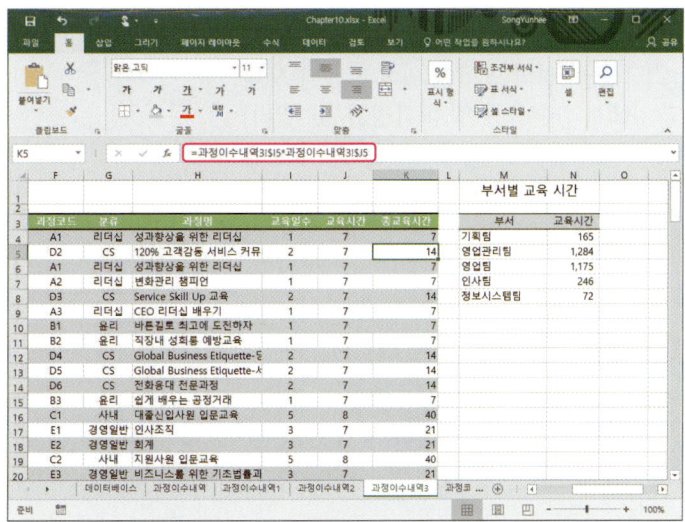

> 현재 데이터 범위가 표인지 셀인지 구분하는 방법은 데이터 범위 내부를 클릭한 후 리본 메뉴를 확인합니다. 리본 메뉴에 [표 도구]가 표시되면 '표' 아니면 일반 셀 범위입니다.

SECTION 07 단일 기준으로 오름차순/내림차순 정렬하기

정렬이란 사용자가 특정 필드의 값을 기준으로 데이터의 순서를 오름차순 또는 내림차순으로 나열하는 것을 말합니다. 오름차순 정렬은 숫자는 0-9, 문자는 ㄱ-ㅎ 또는 A-Z, 날짜는 빠른 날짜에서 가장 늦은 날짜순으로 정렬됩니다. 내림차순 정렬은 오름차순 정렬의 역순으로 정렬됩니다. 단일 기준으로 데이터를 정렬하는 방법에 대해 알아보겠습니다.

실습예제 : Chapter10.xlsx - [정렬] 시트

01 [홈] 탭의 도구로 정렬하기

01 [성명] 열 임의의 셀을 클릭하고 [홈] 탭 - [편집] 그룹 - [정렬 및 필터]를 클릭한 후 [텍스트 오름차순 정렬]을 선택합니다.

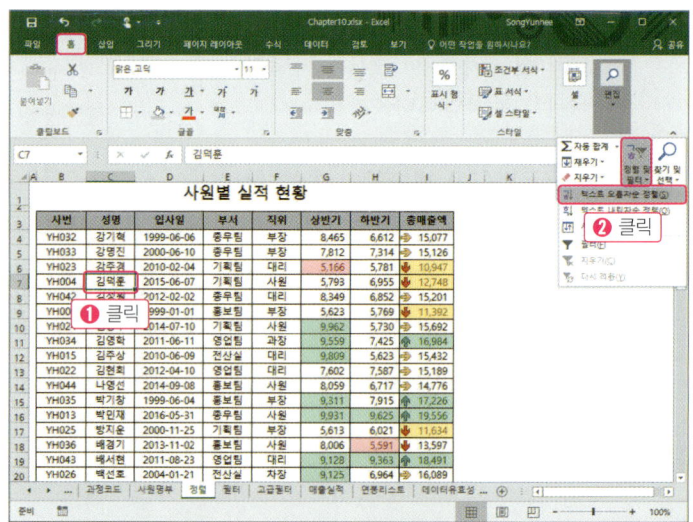

현재 선택한 셀의 데이터 종류에 따라 텍스트 오름차순, 숫자 오름차순, 날짜/시간 오름차순과 같이 정렬 메뉴가 자동으로 표시됩니다.

02 [데이터] 탭의 도구로 정렬하기

01 [성명] 열의 임의의 셀이 선택된 상태에서 [데이터] 탭 - [정렬 및 필터] 그룹 - [텍스트 내림차순 정렬]을 클릭하여 [성명]을 내림차순으로 정렬합니다.

03 단축 메뉴로 정렬하기

01 [총매출액] 열 임의의 셀에서 마우스 오른쪽 버튼을 클릭한 후 [정렬] - [숫자 내림차순 정렬]을 선택합니다.

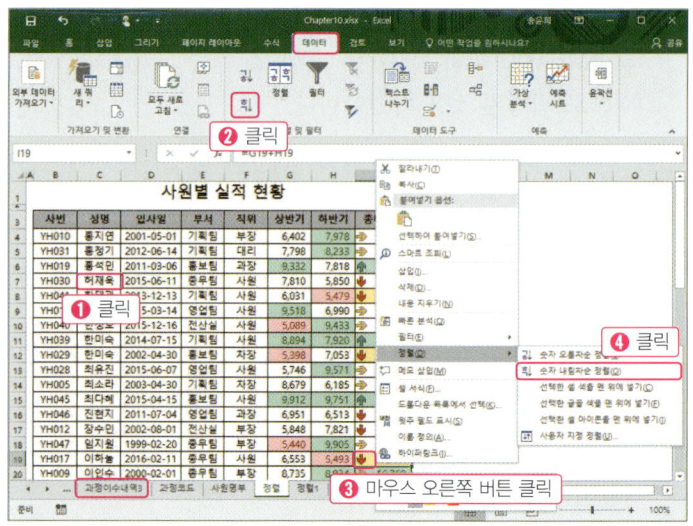

SECTION 08 다중 정렬하기

명령 단추를 사용하여 정렬하는 경우 새로운 정렬 기준을 적용하면 기존의 정렬 기준이 새로운 기준으로 대체됩니다. 여러 개의 정렬 기준을 연속적으로 정렬하고자 할 경우 [정렬] 창을 통해 순서대로 정렬 기준을 지정합니다.

📂 **실습예제** : Chapter10.xlsx - [정렬] 시트

01 [데이터] 탭 - [정렬 및 필터] 그룹 - [정렬]을 클릭하거나 정렬할 데이터 내부 임의의 셀에서 마우스 오른쪽 버튼을 클릭한 후 [정렬] - [사용자 지정 정렬]을 선택합니다.

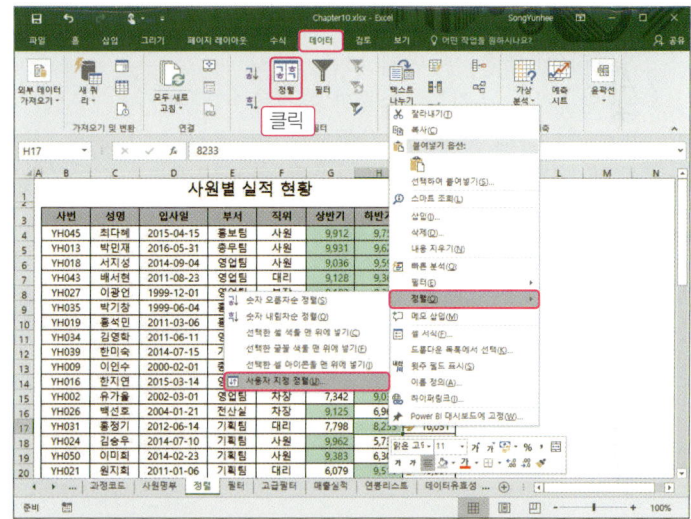

02 기존에 사용한 정렬 기준이 설정된 상태로 [정렬] 창이 나타나면 [기준 삭제]를 클릭하여 정렬 기준을 삭제합니다.

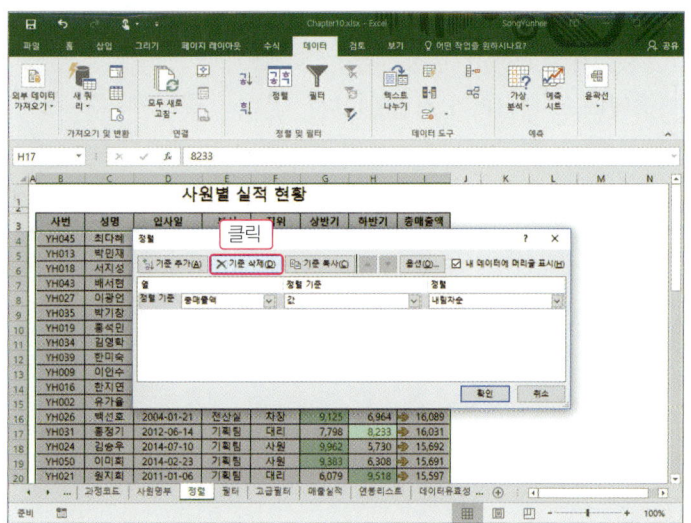

03 [기준 추가]를 클릭한 후 [열]의 목록 단추를 클릭하고 [부서]를 선택합니다.

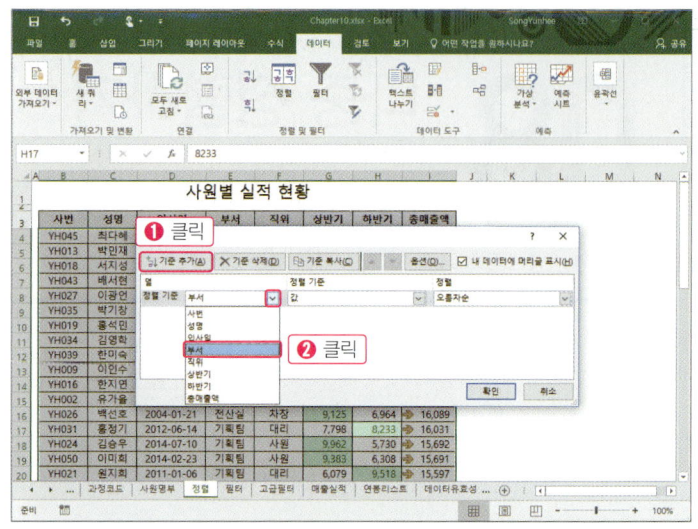

04 같은 방법으로 [기준 추가]를 클릭한 후 [직위] 열을 두 번째 기준, 다시 한 번 [기준 추가]를 클릭한 후 [총매출액] 열을 세 번째 기준으로 선택한 다음 [정렬]의 목록 단추를 클릭하고 [내림차순]을 선택합니다.

05 [확인]을 클릭합니다.

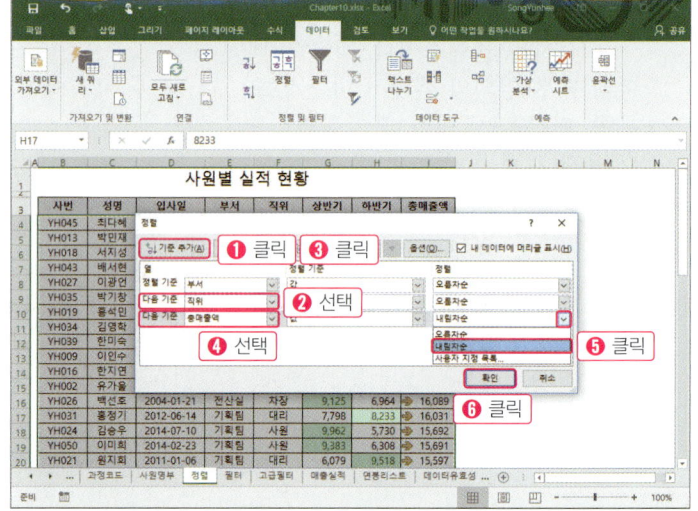

06 설정한 기준대로 1차 기준 [부서], 2차 기준 [직위], 3차 기준 [총매출액]으로 데이터가 정렬됩니다.

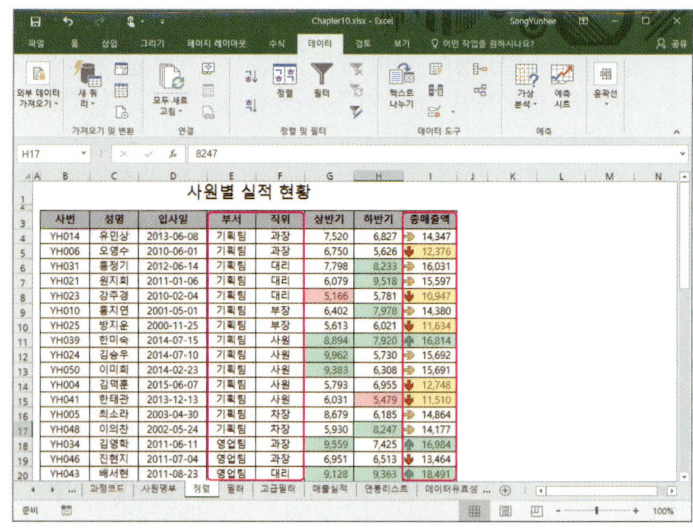

SECTION 09 사용자 지정 정렬하기

엑셀은 사전 순이 아닌 사용자가 지정한 정렬 기준으로 정렬하는 '사용자 정의 정렬'이 가능합니다. 예를 들어 [직위]를 사전순이 아닌 우리가 일반적으로 알고 있는 '부장, 차장, 과장, 대리, 사원' 순으로 정렬할 수 있습니다. 원하는 정렬 순서를 사용하고자 하는 경우 사용자 지정 목록에 정렬 기준을 추가해야 합니다.

📁 실습예제 : Chapter10.xlsx - [정렬1] 시트

01 임의의 셀을 클릭하고 [데이터] 탭 - [정렬 및 필터] 그룹 - [정렬]을 클릭합니다.

02 [총매출액] 필드, [정렬] 기준의 목록 단추를 클릭한 후 [사용자 지정 목록]을 선택합니다.

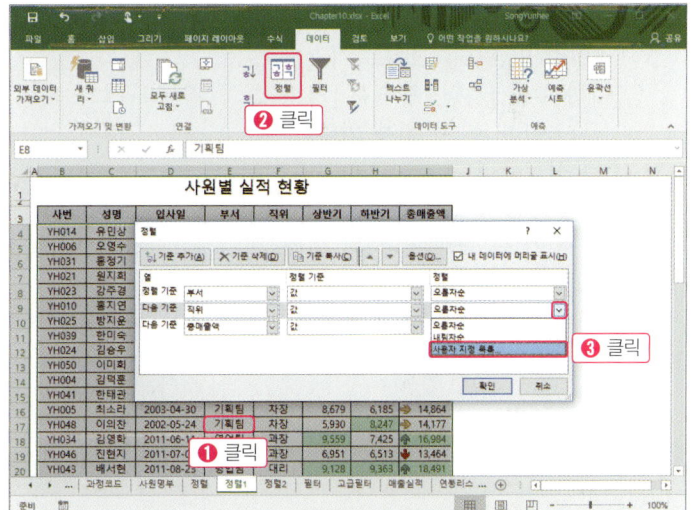

03 [목록 항목]에 '부장,차장,과장,대리,사원'을 입력한 후 [추가]를 클릭하고 [확인]을 클릭합니다.

04 [정렬] 창에서 [확인]을 클릭합니다.

05 [직위]가 사용자가 지정한 목록대로 정렬됩니다.

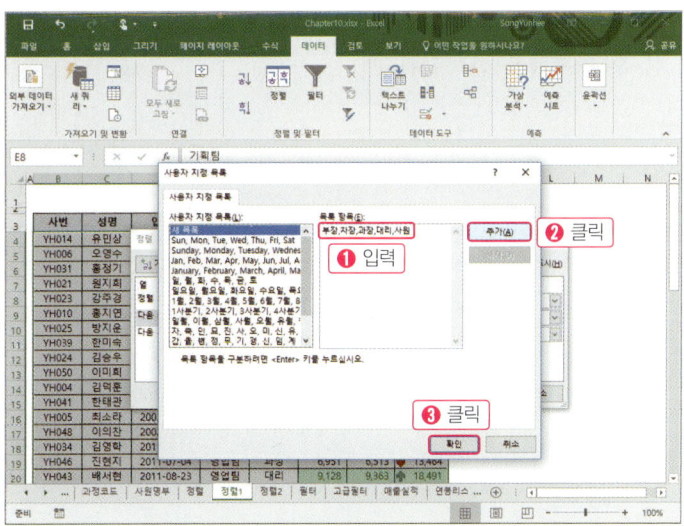

Chapter 10_ 데이터 관리 및 분석 · 401

SECTION 10 서식을 기준으로 정렬하기

셀의 배경색, 글꼴 색, 셀 아이콘 등의 서식을 기준으로 정렬할 수 있습니다. 서식을 기준으로 정렬하는 방법에 대해 알아보겠습니다.

실습예제 : Chapter10.xlsx - [정렬2] 시트

01 임의의 셀을 클릭하고 [데이터] 탭 - [정렬 및 필터] 그룹 - [정렬]을 클릭합니다. [정렬] 창에서 [기준 추가]를 클릭한 후 첫 번째 기준을 [부서]로 설정합니다.

02 [기준 추가]를 클릭한 후 두 번째 기준을 [총매출액]으로 설정하고, [정렬 기준]의 목록 단추를 클릭한 다음 [셀 색]을 선택합니다.

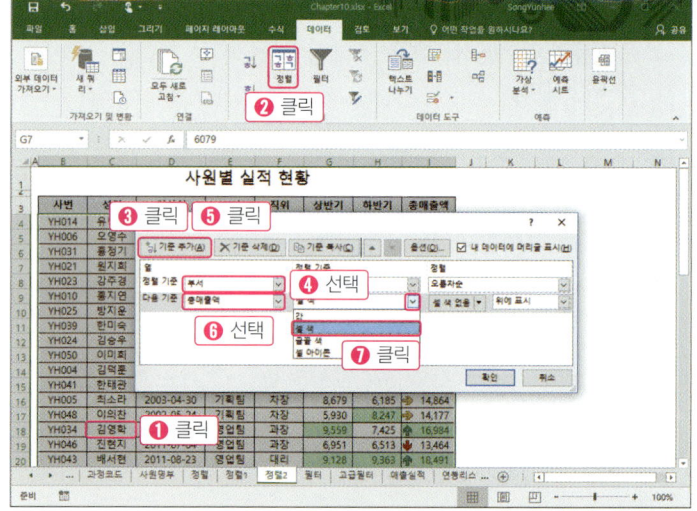

03 [정렬] 기준의 목록 단추를 클릭한 후 초록색을 선택합니다.

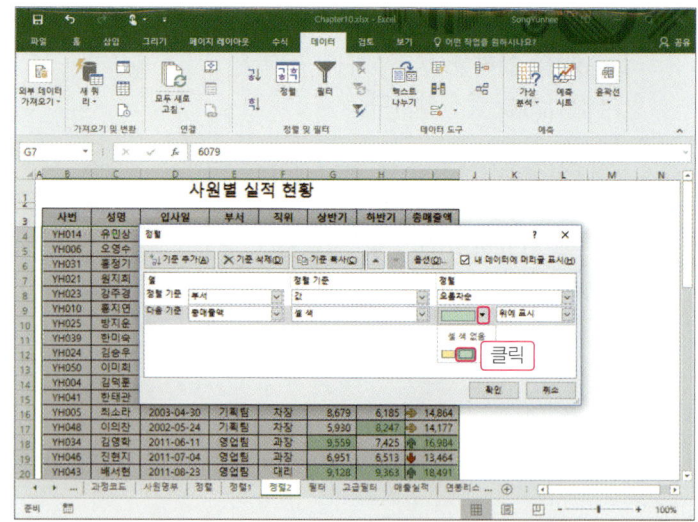

04 같은 방법으로 세 번째 기준을 [총매출액] 열의 [셀 색]이 '노랑'인 경우 '위에 표시' 되도록 설정하고 [확인]을 클릭합니다.

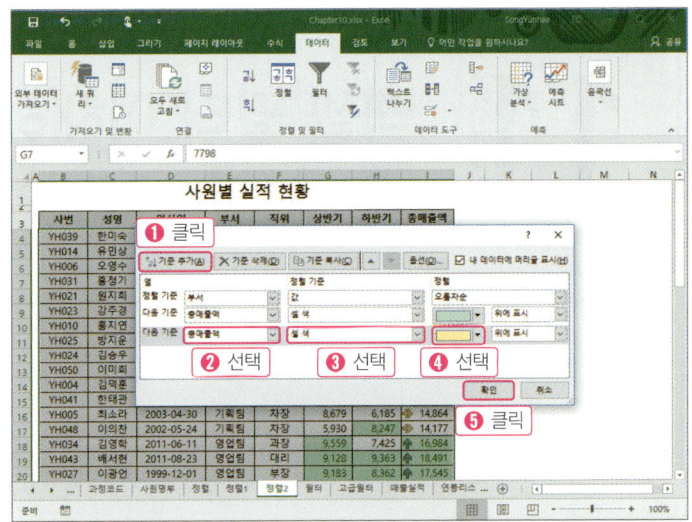

05 지정한 정렬 기준대로 데이터가 정렬된 것을 확인합니다.

서식을 기준으로 단일 정렬하고자 하는 경우 정렬 기준으로 사용할 서식이 지정된 셀에서 마우스 오른쪽 버튼을 클릭한 후 [정렬] 메뉴에서 [선택한 셀 색을 맨 위에 넣기], [선택한 글꼴 색을 맨 위에 넣기], [선택한 셀 아이콘을 맨 위에 넣기]를 사용하여 정렬할 수도 있습니다.

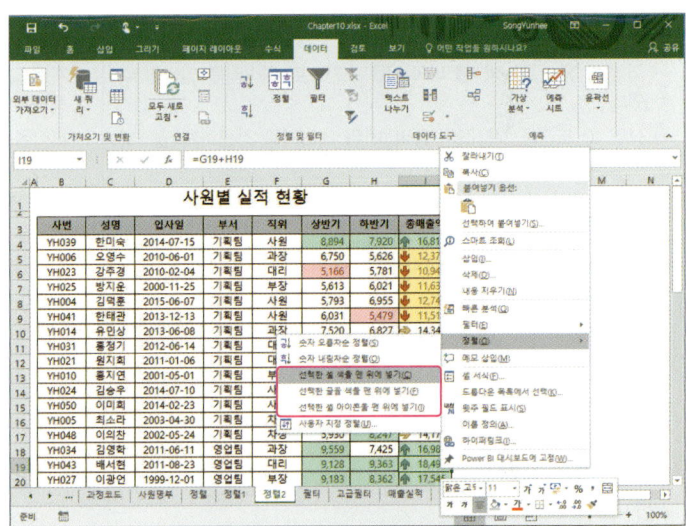

> **PowerUp** 필드명이 정렬되는 경우
>
> 데이터를 정렬하다 보면 아래 그림과 같이 [필드명]도 함께 정렬되는 경우가 있습니다. 데이터베이스의 첫 행이 필드명(열 머리글)으로 인식되지 않아 그런 것이므로 이런 경우 잘못 정렬된 상태를 실행 취소하여 원래대로 되돌린 후 [데이터] 탭 - [정렬 및 필터] 그룹 - [정렬]을 클릭하여 실행되는 [정렬] 창의 [내 데이터에 머리글 표시] 옵션을 설정하고 데이터를 정렬하면 문제가 해결됩니다.
>
>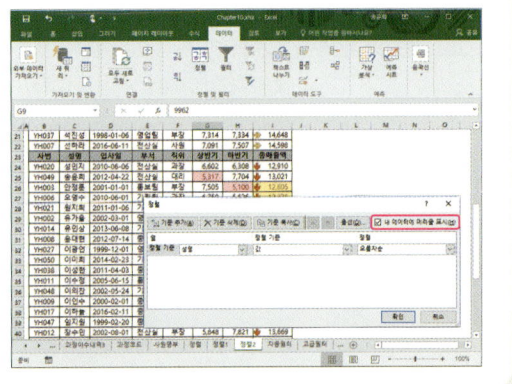

Chapter 10_ 데이터 관리 및 분석 • **403**

SECTION 11 엑셀 필터 이해하기

필터는 데이터베이스에서 조건에 만족하는 데이터만 화면에 표시해주는 기능입니다.

01 엑셀 필터의 종류

엑셀 필터는 '자동 필터'와 '고급 필터' 두 가지가 제공됩니다. 두 가지 필터의 특징은 다음과 같습니다.

자동 필터	고급 필터
• 사용 방법이 쉽다. • 서식(셀 색, 글꼴 색, 셀 아이콘)을 조건으로 데이터를 필터할 수 있다. • 상위 10 조건을 사용하여 상위, 하위 데이터를 간편하게 필터할 수 있다. • 복잡한 조건(다른 필드의 OR 조건, 수식을 사용한 조건 등)을 지정할 수 없다. • 필터 결과를 현재 데이터베이스가 있는 위치에만 표시할 수 있다.	• 조건 범위를 별도로 작성해야 한다. • 자동 필터에 비해 사용 방법이 복잡하다. 단, 여러 개의 조건을 지정하는 경우 더 빠르게 조건을 설정할 수 있다. • 복잡한 조건(다른 필드의 OR 조건, 수식을 사용한 조건 등)도 지정할 수 있다. • 필터 결과를 데이터베이스가 있는 위치나 다른 장소에 선택하여 표시할 수 있다. • 필터 결과에 중복 데이터가 있는 경우 하나만 필터 결과를 표시할 수 있다.

02 필터 메뉴

자동 필터는 [데이터] 탭 - [정렬 및 필터] 그룹 - [필터] 명령을 사용하고 고급 필터는 [고급] 명령을 사용합니다.

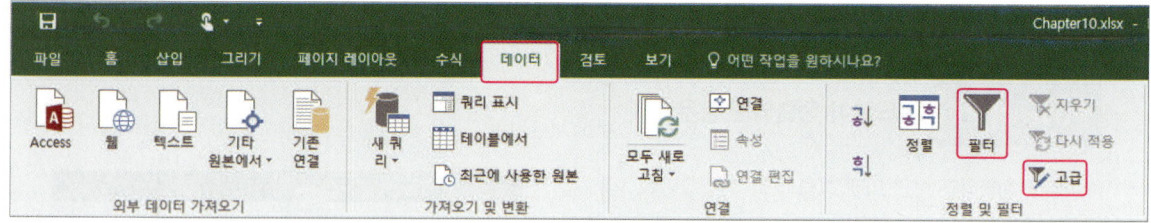

SECTION 12 자동 필터로 데이터 추출하기

자동 필터를 사용하여 데이터를 추출하는 방법에 대해 알아보겠습니다.

📁 실습예제 : Chapter10.xlsx - [자동필터] 시트

01 조건 목록에서 조건을 선택하여 필터하기

01 데이터 내부 임의의 셀을 선택한 후 [데이터] 탭 - [정렬 및 필터] 그룹 - [필터]를 클릭합니다.

02 [지역] 필드의 필터 단추(▼)를 클릭한 후 조건 목록의 [(모두 선택)]을 클릭하여 해제하고 [서울]을 선택한 후 [확인]을 클릭합니다.

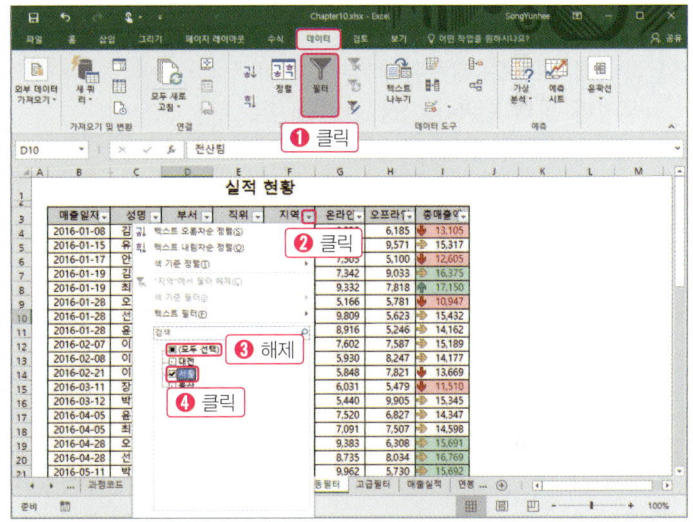

02 조건 입력란을 사용하여 필터하기

01 [부서] 필드 필터 단추를 클릭한 후 조건 입력란을 클릭하고 '*영업*'를 입력한 다음 Enter를 누릅니다.

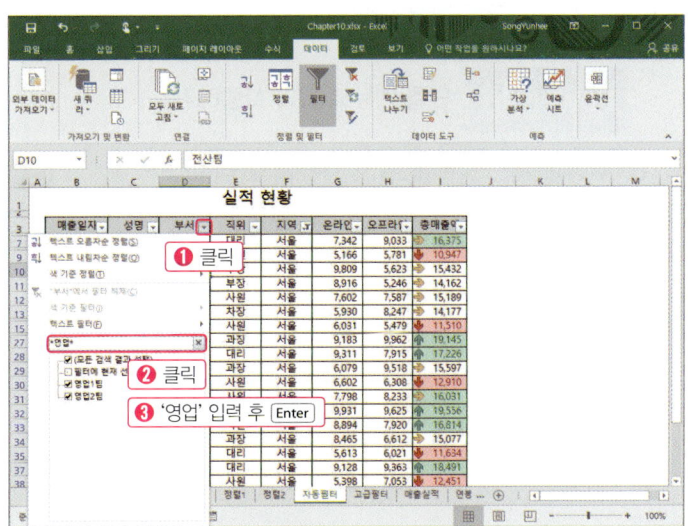

> 조건 입력 시 '*(Asterisk)'는 '그 위치에 어느 문자가 들어가도 좋다는 것을 나타내는 문자' 입니다.

Chapter 10_ 데이터 관리 및 분석 · **405**

03 필터 메뉴를 사용하여 조건 설정하기

01 [총매출액] 필드의 필터 단추를 클릭한 후 [숫자 필터]에서 [크거나 같음]을 선택합니다.

02 [사용자 지정 자동 필터] 창에서 '18000'을 입력한 후 [확인]을 클릭합니다.

> 필드의 데이터 형식에 따라 숫자 필드는 [숫자 필터], 텍스트 필드는 [텍스트 필터], 날짜 필드는 [날짜 필터] 메뉴가 제공됩니다. 필터 메뉴를 사용하여 다양한 조건 연산자를 사용한 조건을 설정할 수 있습니다.

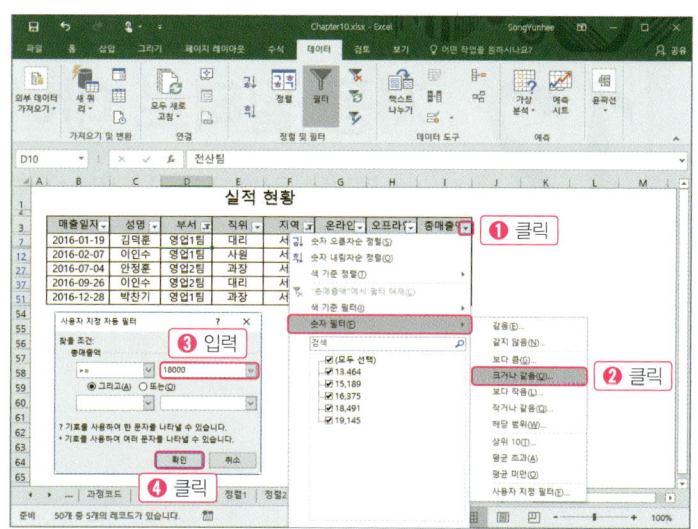

04 조건 해제하기

01 하나의 조건을 해제할 때는 조건이 설정된 필터 단추(🔽)를 클릭한 후 ['필드명'에서 필터 해제]를 선택하고, 설정된 모든 조건을 해제할 때는 [데이터] 탭 - [정렬 및 필터] 그룹 - [모두 지우기]를 클릭합니다.

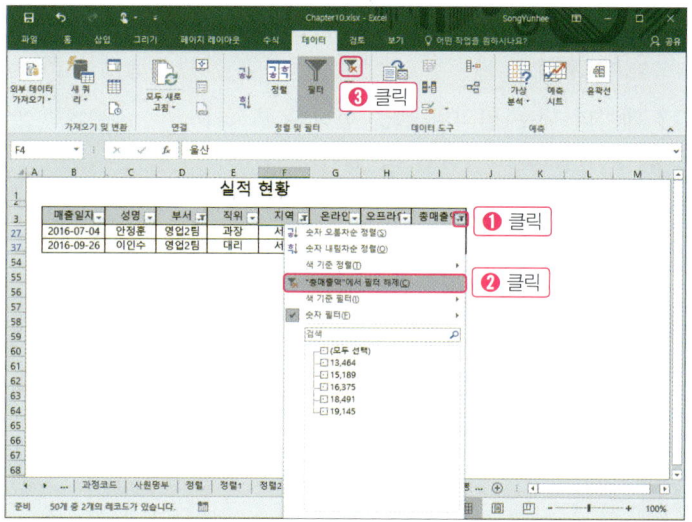

PowerUp 단축 메뉴로 필터 실행하기

필터 조건으로 사용할 값, 셀 색, 글꼴 색 또는 아이콘을 포함하는 셀에서 마우스 오른쪽 버튼을 클릭한 후 [필터] 메뉴에서 원하는 명령을 선택하여 데이터를 필터할 수도 있습니다.

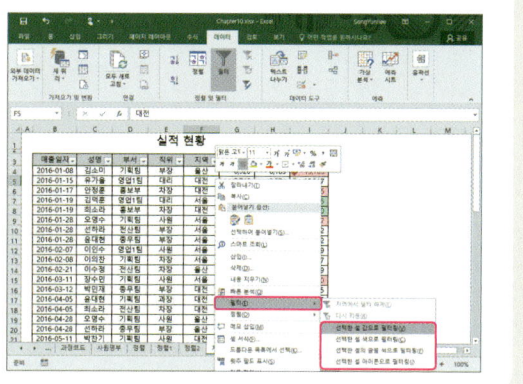

SECTION 13 매출 상위 3건의 데이터 필터하기

숫자 데이터의 경우 [상위 10] 조건을 사용하여 상위, 하위 몇 개의 항목 및 %의 데이터를 필터할 수 있습니다.

📁 실습예제 : Chapter10.xlsx - [자동필터] 시트

01 [총매출액] 필드의 [필터 단추]를 클릭한 후 [숫자 필터]의 [상위 10]을 선택합니다.

02 [상위 10 자동 필터] 창에서 '상위', '3', '항목' 옵션을 설정한 후 [확인]을 클릭합니다.

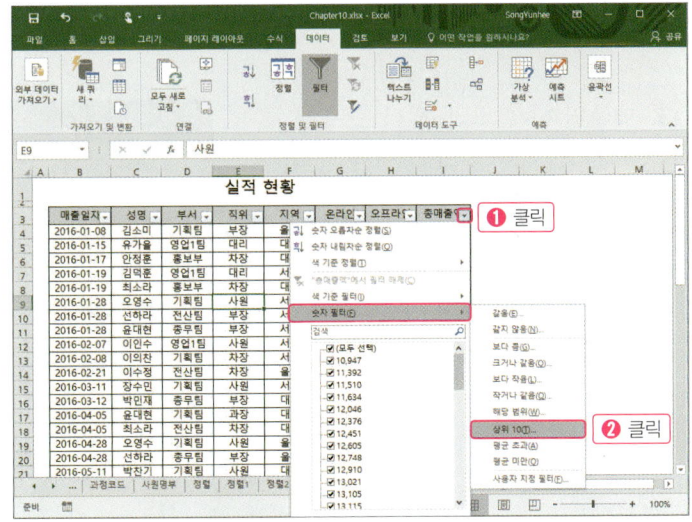

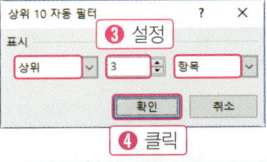

03 매출 상위 3건의 데이터가 필터된 것을 확인한 후 [데이터] 탭 - [정렬 및 필터] 그룹 - [지우기]를 클릭하여 조건을 해제합니다.

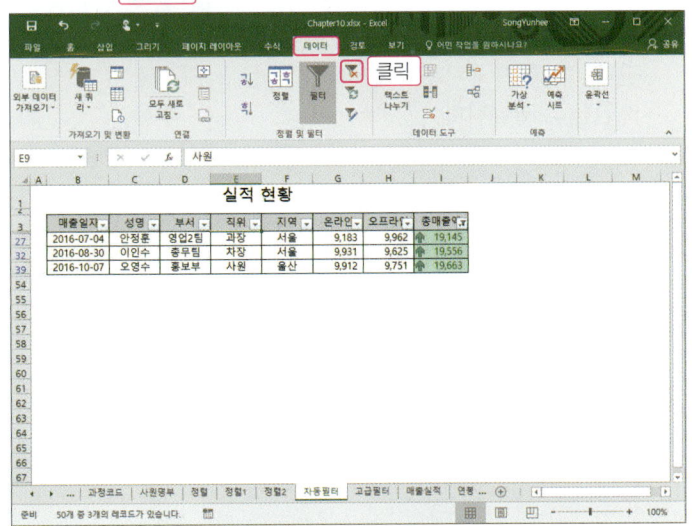

SECTION 14 지정한 기간 동안의 데이터 필터하기

날짜 데이터의 경우 시작부터 종료까지의 기간을 검색하는 경우가 많습니다. 특정 기간의 데이터를 검색하는 방법에 대해 알아보겠습니다.

실습예제 : Chapter10.xlsx - [자동필터] 시트

01 [매출일자] 필드의 '필터 단추'를 클릭한 후 [날짜 필터] - [해당 범위]를 선택합니다.

02 [사용자 지정 자동 필터] 창에서 첫 번째 조건에 '2016-4-1', 두 번째 조건에 '2016-6-30'을 입력한 후 [확인]을 클릭합니다.

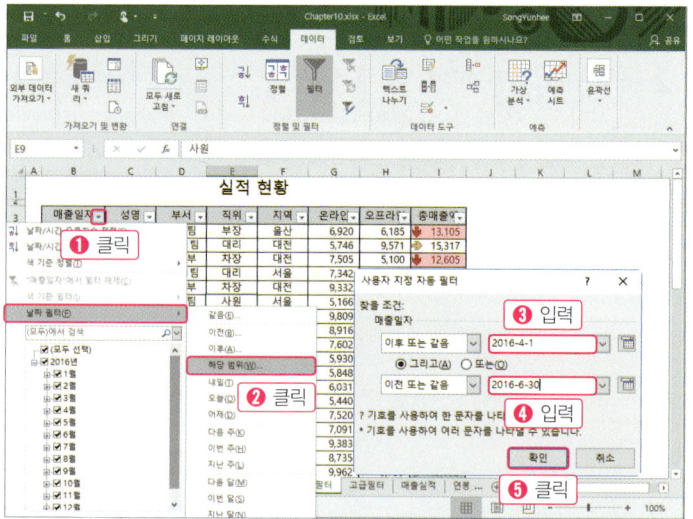

03 해당 기간의 데이터가 추출된 것을 확인한 후 [데이터] 탭 - [정렬 및 필터] 그룹 - [지우기]를 클릭하여 조건을 해제합니다.

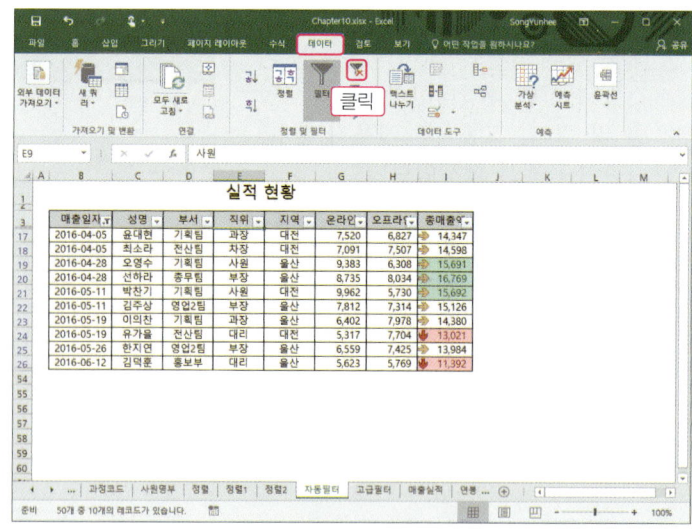

SECTION 15 서식을 기준으로 필터하기

자동 필터를 사용하여 셀 색, 글꼴 색, 셀 아이콘 등의 서식을 기준으로 데이터를 필터할 수 있습니다. 서식을 기준으로 데이터를 필터할 때는 [색 기준 필터] 메뉴나 마우스 오른쪽 버튼을 클릭하여 표시되는 단축 메뉴의 [필터]를 사용합니다.

01 셀 색으로 필터하기

01 셀의 배경색이 초록색인 셀을 필터해 보겠습니다. [총매출액]의 필터 단추를 클릭한 후 [색 기준 필터]에서 [셀 색 기준 필터]의 초록색을 선택합니다.

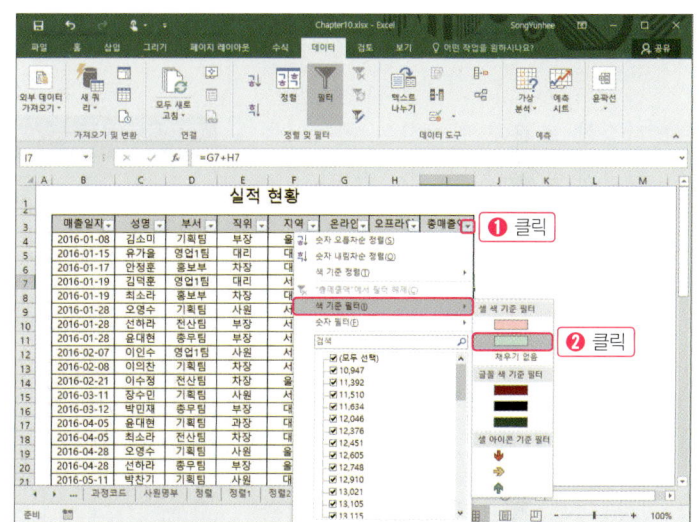

02 셀 아이콘으로 필터하기

01 셀 아이콘이 ⬆인 셀을 필터해 보겠습니다. ⬆ 아이콘이 표시된 셀에서 마우스 오른쪽 버튼을 클릭한 후 [필터] - [선택한 셀 아이콘으로 필터링]을 선택합니다.

02 셀 색이 초록색이고, ⬆ 아이콘이 표시된 셀들이 필터됩니다.

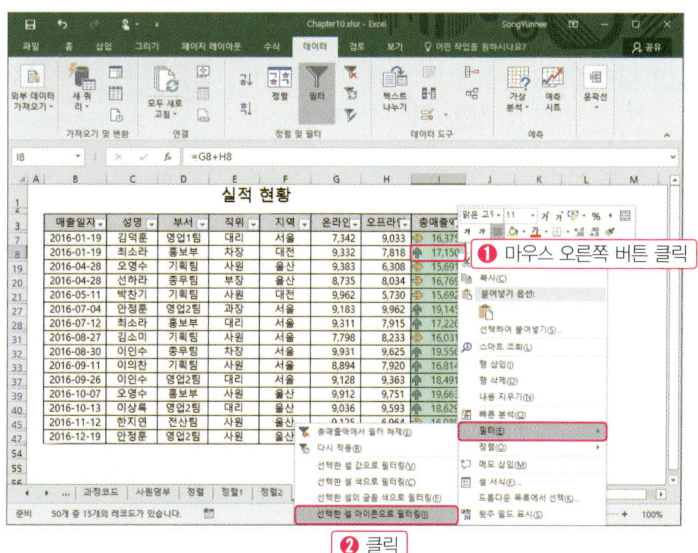

SECTION 16 고급 필터에서 AND 조건 설정하기

고급 필터에서 AND 조건을 지정하려면 조건 범위의 같은 행에 조건을 입력합니다.

실습예제 : Chapter10.xlsx - [고급필터] 시트

예를 들어, 매출일자가 2016-1-1부터 2016-6-30까지, 부서가 영업을 포함하고, 총매출액이 15,000 이상인 데이터를 필터하려면 다음과 같이 조건 범위를 작성합니다.

매출일자	매출일자	부서	총매출액
>=2016-01-01	<=2016-6-30	*영업*	>=15000

01 지정한 조건에 만족하는 데이터를 필터해 보겠습니다. [K3~N4] 영역에 그림과 같이 입력하고 데이터 내부 임의의 셀을 클릭한 후 [데이터] 탭 - [정렬 및 필터] 그룹 - [고급]을 클릭합니다.

02 데이터베이스 전체 범위가 [목록 범위]로 지정된 상태에서 [고급 필터] 창의 [조건 범위] 인수를 클릭한 후 [K3~N4] 셀 범위를 선택하고 [확인]을 클릭합니다.

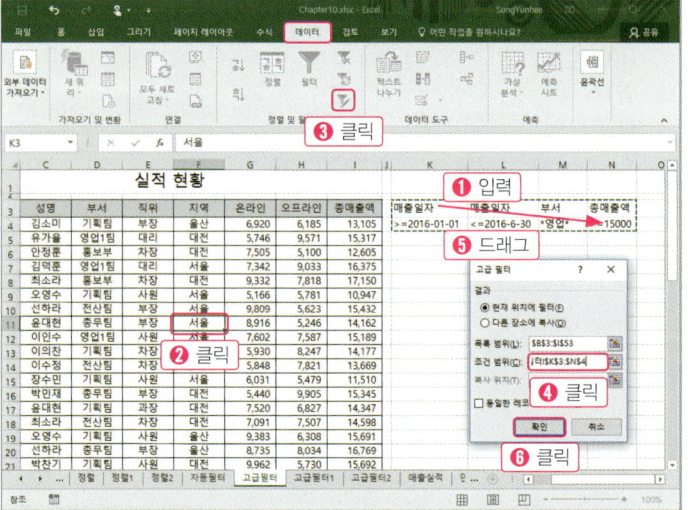

03 지정한 조건이 모두 만족하는 데이터가 필터된 것을 확인한 후 [데이터] 탭 - [정렬 및 필터] 그룹 - [지우기]를 클릭하여 필터를 해제합니다.

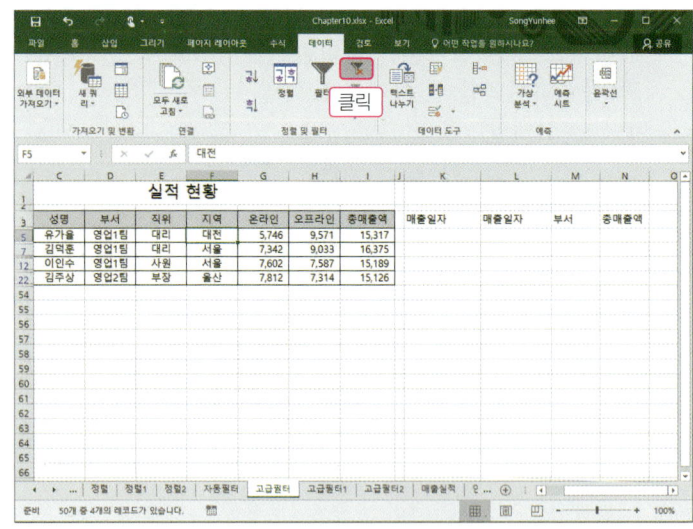

SECTION 17 고급 필터에서 OR 조건 설정하기

OR 조건을 지정하려면 다른 행에 조건을 입력합니다. OR 조건을 다음과 같이 다양하게 설정할 수 있습니다.

실습예제 : Chapter10.xlsx – [고급필터1]시트

① [부서]가 기획팀 또는 총무팀 또는 전산팀, ② [부서]가 기획팀이거나 [직위]가 부장, [지역]이 서울,
③ [직위]가 부장이거나 [총매출액]이 18000 이상, ④ 서울 또는 대전 지역의 [총매출액] 18000 이상

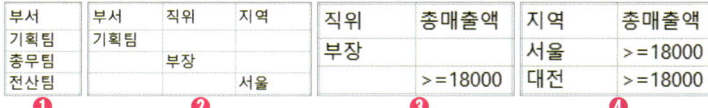

01 [직위]가 부장이거나 [총매출액]이 18000 이상인 데이터를 필터하여 필터 결과를 [K10] 셀부터 표시해 보겠습니다. [K3~L4] 영역에 조건을 입력하고 필터링할 데이터 내부 임의의 셀을 선택한 후 [데이터] 탭 – [정렬 및 필터] 그룹 – [고급]을 클릭합니다.

02 목록 범위가 설정된 상태로 열린 [고급 필터] 창에서 [다른 장소에 복사] 옵션을 선택하고, [조건 범위]는 [K3~L3], [복사 위치]는 'K10' 셀을 지정한 후 [확인]을 클릭합니다.

03 K10 셀부터 필터 결과가 복사됩니다.

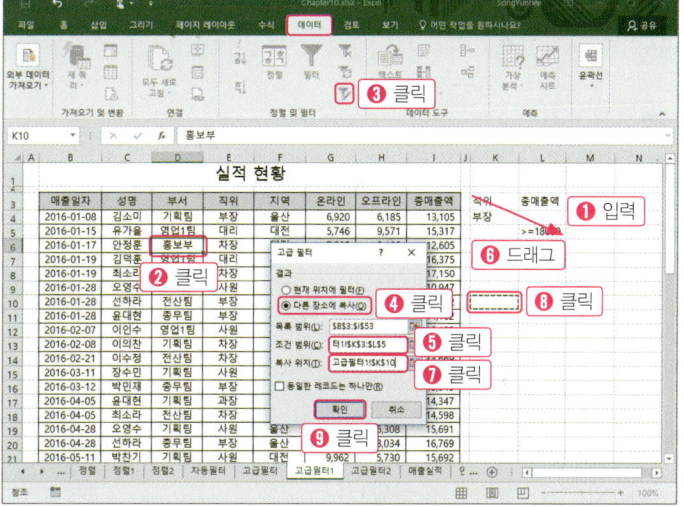

SECTION 18 고급 필터에서 수식을 조건으로 설정하기

고급 필터에서는 조건을 수식으로 지정할 수도 있습니다. 수식을 조건으로 지정하면 셀 값으로 필터할 수 없는 더 다양한 조건을 설정할 수 있습니다.

📁 실습예제 : Chapter10.xlsx - [고급필터2] 시트

예를 들어, [매출일자]가 1월인 데이터를 필터하는 조건식은 '=MONTH(B4)=1' 입니다. 조건을 수식으로 지정할 때는 조건 범위의 필드명은 원본 데이터베이스의 필드명과 반드시 달라야 합니다. 조건식의 결과는 TRUE나 FALSE로 반환되며, 결과가 TRUE인 데이터만 필터 결과로 표시됩니다.

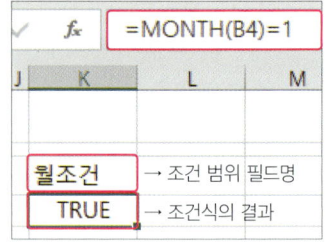

01 MONTH 함수를 사용한 조건식 작성하기

01 매출일자가 1월인 데이터를 필터해 보겠습니다. [K3] 셀은 '월조건', [K4] 셀은 '=MONTH(B4)=1'을 입력하여 조건 범위를 작성합니다.

수식 설명
[매출일자]에서 월을 추출한 값이 1과 같으면 즉, [매출일자]가 1월인 조건

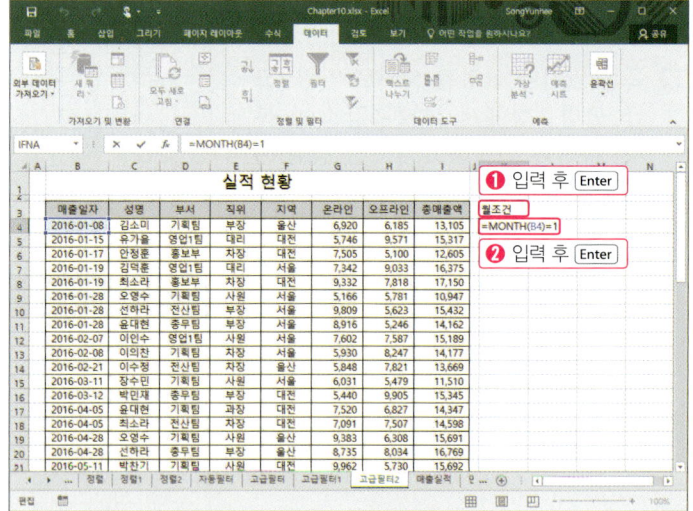

02 데이터 내부 임의의 셀을 클릭한 후 [데이터] 탭 - [정렬 및 필터] 그룹 - [고급]을 클릭합니다.

03 데이터베이스 전체 범위가 [목록 범위]로 지정된 상태에서 [고급 필터] 창의 [다른 장소에 복사] 옵션을 설정한 후 [조건 범위]는 [K3~K4], [복사 위치]는 [K10] 셀을 지정하고 [확인]을 클릭합니다.

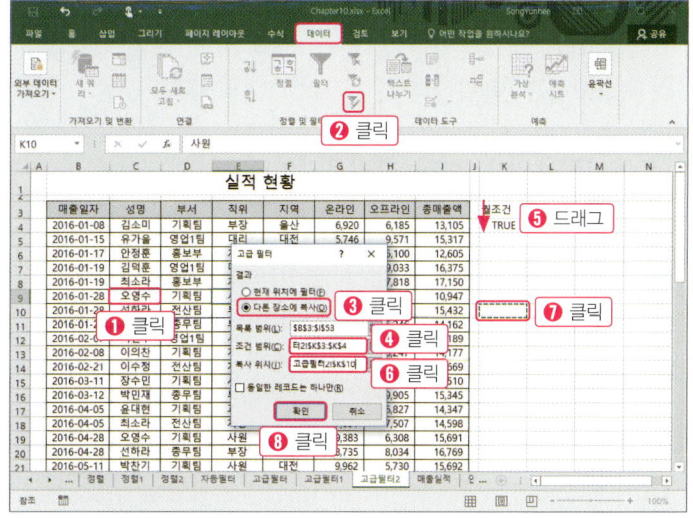

04 K10 셀부터 필터 결과가 복사됩니다.

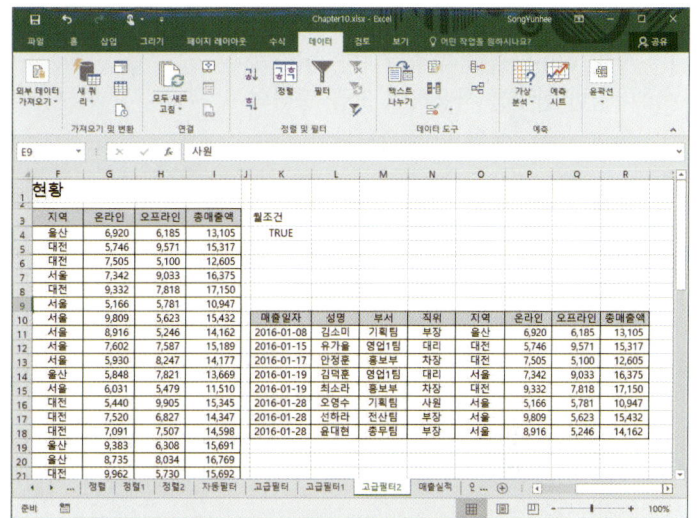

02 AVERAGE 함수를 사용한 조건식 작성하기

01 [K3] 셀은 '평균이상', [K4] 셀은 '=I4>=AVERAGE($I$4:$I$53)'를 입력하여 조건 범위를 작성합니다.

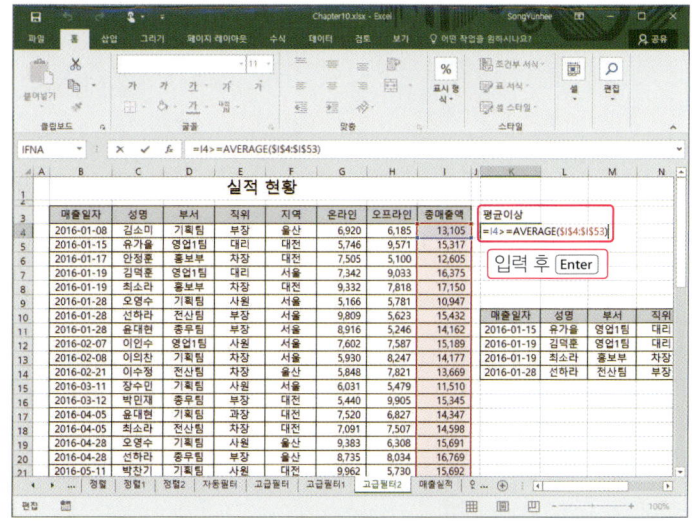

02 데이터 내부 임의의 셀을 클릭한 후 [데이터] 탭 – [정렬 및 필터] 그룹 – [고급]을 클릭합니다.

03 데이터베이스 전체 범위가 [목록 범위]로 지정된 상태로 [고급 필터] 창이 열리면 [다른 장소에 복사] 옵션을 설정한 후 [조건 범위]는 [K3~K4]를 지정하고, [복사 위치] 는 [K10:R10]이 자동으로 지정되어 있는 것을 확인한 후 [확인]을 클릭합니다.

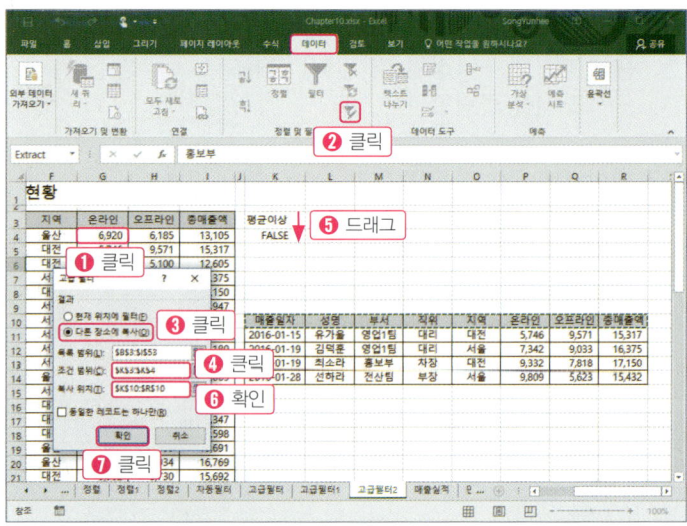

04 [총매출액] 필드의 데이터 중 평균 이상인 데이터들만 추출됩니다. 이렇게 다양한 함수를 사용하여 고급 필터의 조건식을 설정할 수 있습니다.

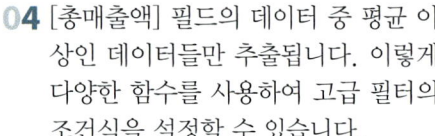

필터 결과가 표시되어 있는 셀에 새로운 필터 결과를 복사할 때는 복사 위치에 있는 필드명 전체를 [복사 위치]로 지정해야 합니다.

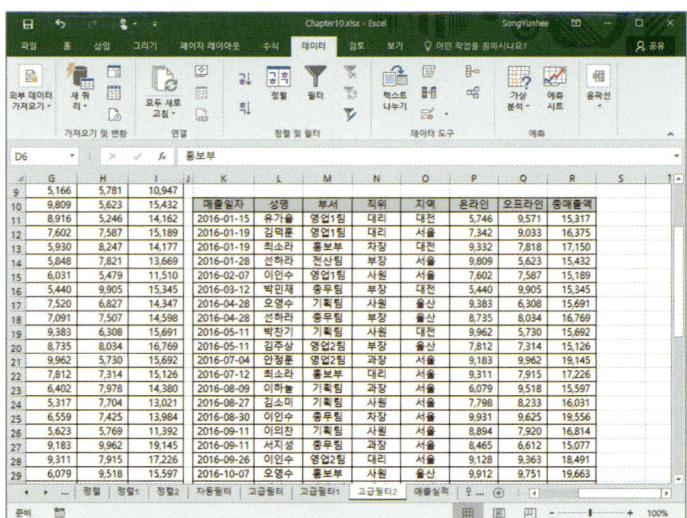

SECTION 19 원하는 필드만 필터 결과로 복사하기

고급 필터의 필터 결과를 다른 장소에 복사할 때 원본 데이터베이스에 있는 필드 중 원하는 필드만 결과로 표시할 수 있습니다. 원하는 필드만 필터 결과로 복사하려면 [복사 위치]에 원본 데이터베이스에 있는 필드명 중 원하는 필드명만 복사해놓으면 됩니다. 원하는 필드만 필터 결과로 복사되도록 고급 필터를 사용해 보겠습니다.

📁 실습예제 : Chapter10.xlsx – [고급필터3] 시트

01 [부서]가 기획팀인 데이터를 필터한 후 '매출일자', '성명', '부서', '직위', '총매출액'만 필터 결과로 복사해 보겠습니다. 필터 결과로 복사할 필드를 지정하기 위해 [B3~E3] 셀을 드래그하여 선택한 후 [I3] 셀을 Ctrl + Click 하여 선택합니다.

02 Ctrl + C를 눌러 복사하고 [K8] 셀을 클릭한 후 Ctrl + V를 눌러 붙여넣기 합니다.

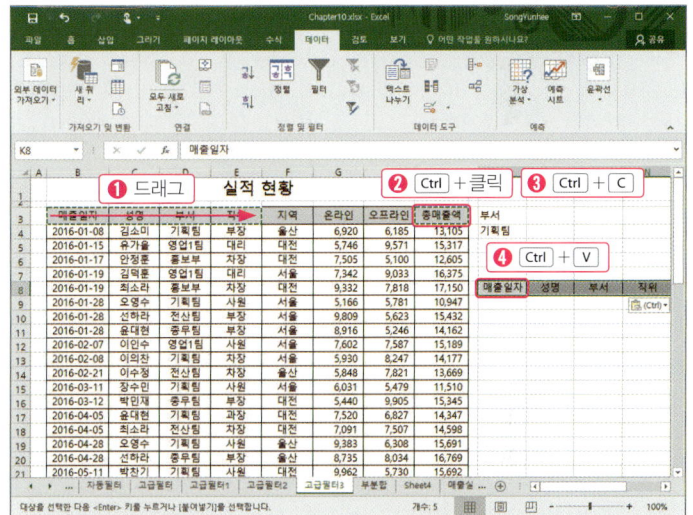

03 데이터 내부 임의의 셀을 선택한 후 [데이터] 탭 – [정렬 및 필터] 그룹 – [고급]을 클릭합니다.

04 데이터 전체 범위가 [목록 범위]로 지정된 상태에서 [고급 필터] 창의 [다른 장소에 복사] 옵션을 설정한 후 [조건 범위]에 [K3~K4], [복사 위치]에 [K8~O8]을 지정한 다음 [확인]을 클릭합니다.

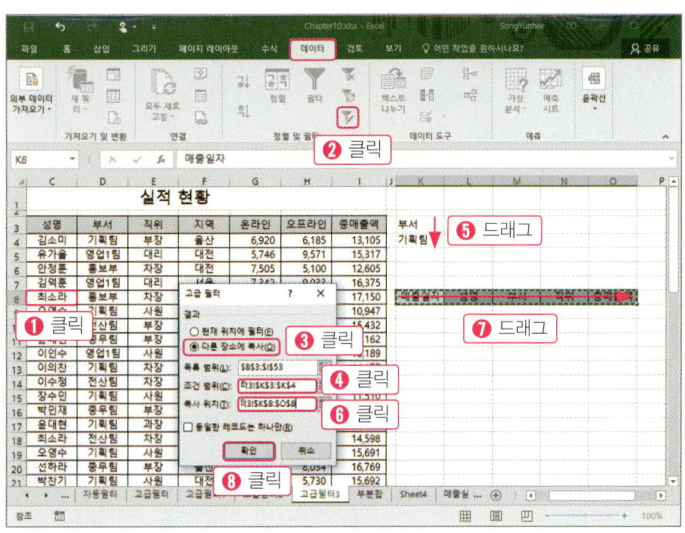

Chapter 10_ 데이터 관리 및 분석 • 415

05 복사 위치에 있는 필드에 필터 결과가 표시됩니다.

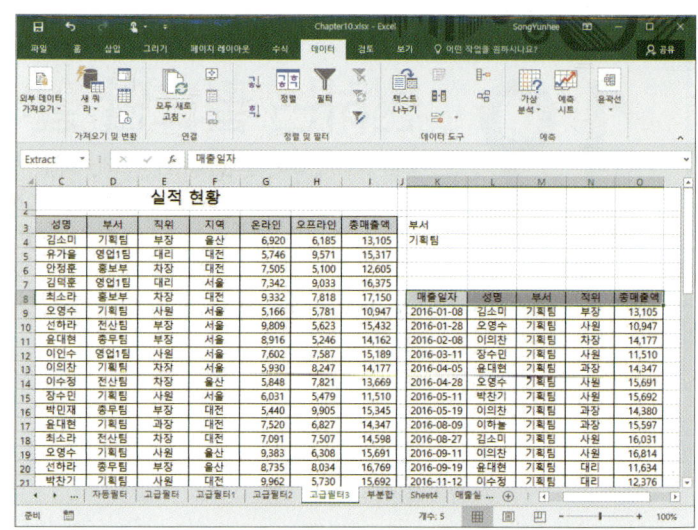

SECTION 20 부분합 계산하기

'부분합'은 특정 필드를 기준으로 중간 합계와 총합계를 자동으로 계산해 주는 기능입니다. 예를 들어, 부서별 매출액 합계나 직책별 매출 평균 등을 손쉽게 계산할 수 있습니다. 부분합을 삽입하기 위해서는 부분합의 기준이 되는 필드로 먼저 정렬이 되어 있어야 합니다. 부분합을 사용하는 방법에 대해 알아보겠습니다.

📁 **실습예제** : Chapter10.xlsx – [부분합] 시트

01 부분합의 기준이 될 [부서] 필드를 정렬하기 위해 [부서] 필드 임의의 셀을 클릭하고 [데이터] 탭 – [정렬 및 필터] 그룹 – [텍스트 오름차순 정렬]을 클릭합니다.

02 [데이터] 탭 – [윤곽선] 그룹 – [부분합]을 클릭합니다.

03 [그룹화할 항목]에 '부서', [사용할 함수]에 '합계', [부분합 계산 항목]에 '온라인', '오프라인', '총매출액'을 지정한 후 [확인]을 클릭합니다.

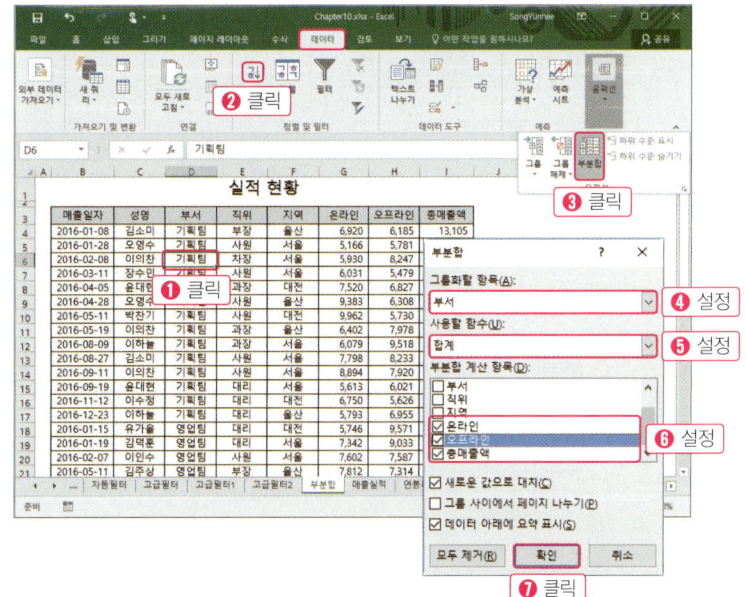

04 화면 왼쪽에 표시된 윤곽 단추 중 ②를 클릭하면 요약 행만 화면에 표시됩니다.

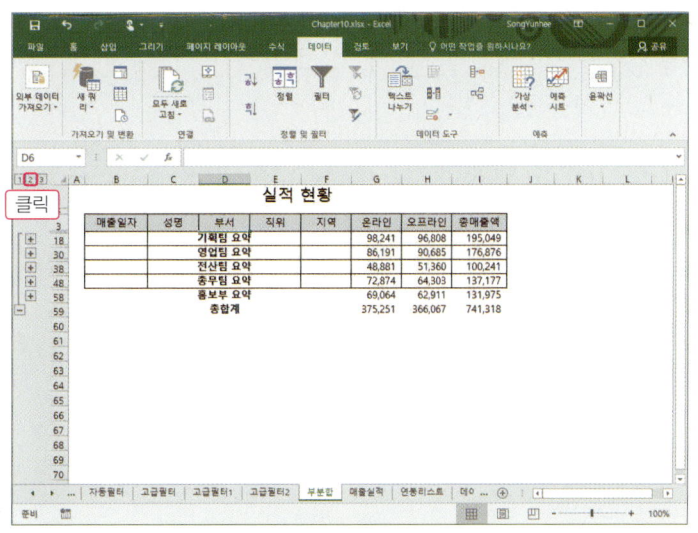

> 윤곽 단추 중 ①은 총합계만, ②는 요약 행만, ③은 전체 데이터가 표시되고, ➕는 그룹 확장, ➖는 그룹 축소 기능을 제공합니다.

PowerUp [부분합] 창 알아보기

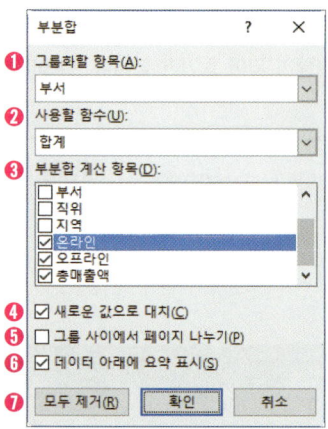

옵션	설명
❶ 그룹화할 항목	부분합 계산의 기준이 되는 필드를 지정합니다. 이 필드를 기준으로 데이터가 정렬되어 있어야 합니다.
❷ 사용할 함수	부분합을 계산할 함수를 선택합니다. 부분합은 '합계'뿐만 아니라 '평균', '개수', '최대', '최소' 등 여러 가지 함수를 사용하여 값을 계산할 수 있습니다.
❸ 부분합 계산 항목	부분합 계산 항목에서 선택한 필드에 부분합이 계산됩니다.
❹ 새로운 값으로 대치	옵션이 설정되어 있으면 부분합 실행 시 기존 부분합을 새로운 부분합 계산 값으로 대치합니다. 해제되어 있으면 기존 부분합에 새로운 부분합을 추가합니다.
❺ 그룹 사이에서 페이지 나누기	부분합이 계산된 그룹 사이에 자동으로 페이지 나누기를 삽입합니다.
❻ 데이터 아래에 요약 표시	옵션이 선택되어 있으면 부분합 계산 행을 데이터의 아래에 표시하고 해제되어 있으면 위에 표시합니다.
❼ 모두 제거	부분합을 제거할 수 있습니다. 부분합을 제거하면 부분합과 함께 목록에 삽입된 윤곽 및 페이지 나누기도 모두 제거됩니다.

SECTION 21
요약 데이터 복사하기

부분합을 계산한 후 요약 행만 표시하고, 복사 후 붙여넣기를 실행하면 화면에 표시되진 않지만 숨겨진 데이터까지 모두 복사됩니다. [이동 옵션] 중 [화면에 보이는 셀만] 옵션을 사용하여 부분합의 요약 데이터만 복사할 수 있습니다. 부분합 요약 데이터를 복사하는 방법에 대해 알아보겠습니다.

실습예제 : Chapter10.xlsx - [부분합] 시트 (Section 20 과정 연결)

01 부분합 계산 결과인 부서를 드래그한 후 온라인, 오프라인, 총매출액을 Ctrl+드래그하여 선택합니다.

02 [홈] 탭 - [편집] 그룹 - [찾기 및 선택]을 클릭한 후 [이동 옵션]을 선택합니다.

03 [이동 옵션] 창에서 [화면에 보이는 셀 만] 옵션을 선택하고 [확인]을 클릭합니다.

04 Ctrl+C를 눌러 복사합니다.

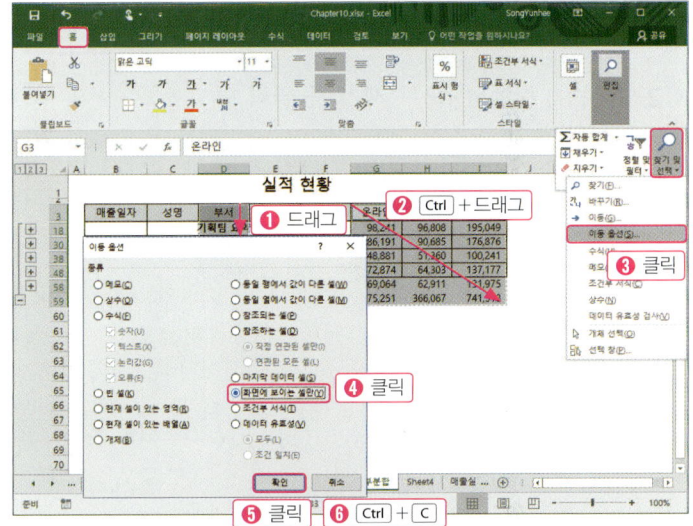

05 시트 탭 영역의 새 시트(⊕)를 클릭하여 새 워크시트를 삽입하고, [B3] 셀을 클릭한 후 Ctrl+V를 눌러 붙여넣기 합니다.

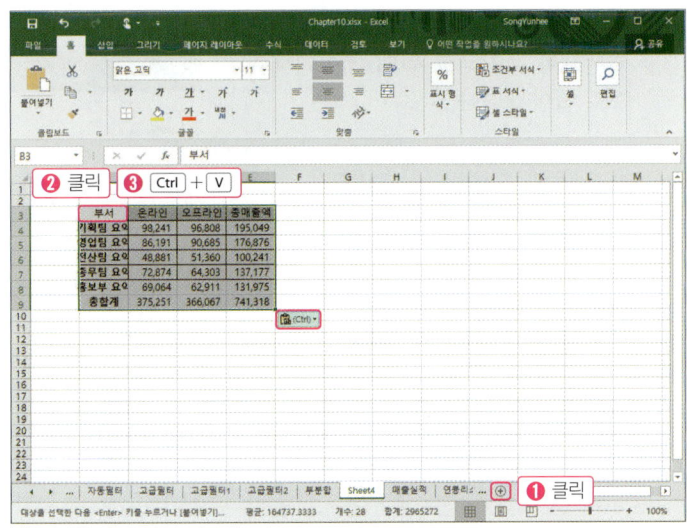

SECTION 22 부분합 제거하기

부분합을 제거하여 부분합을 없애면, 원래의 데이터베이스로 돌아갈 수 있습니다.

📁 실습예제 : Chapter10.xlsx - [부분합]시트 (Section 20 과정 연결)

01 부분합이 계산된 데이터베이스 내부를 클릭한 후 [데이터] 탭 - [윤곽선] 그룹 - [부분합]을 클릭합니다.

02 [부분합] 창에서 [모두 제거]를 클릭합니다.

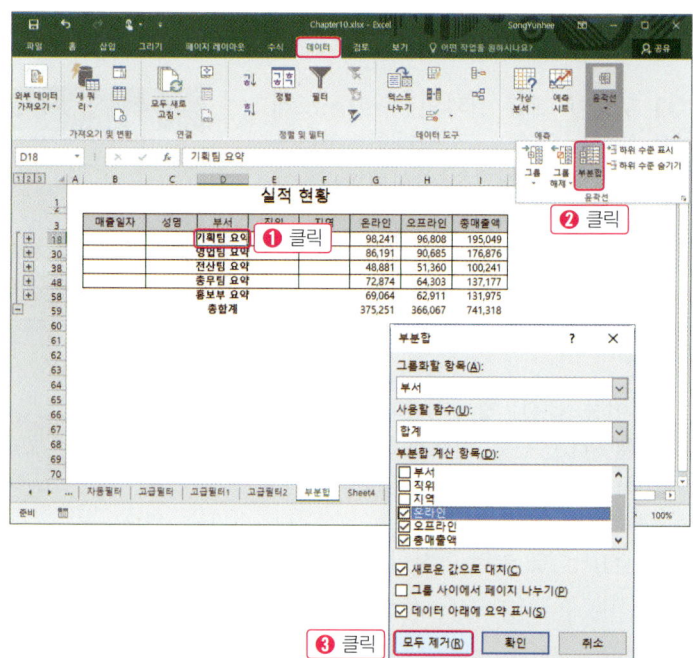

03 부분합이 제거되고 원래 데이터베이스로 돌아갑니다.

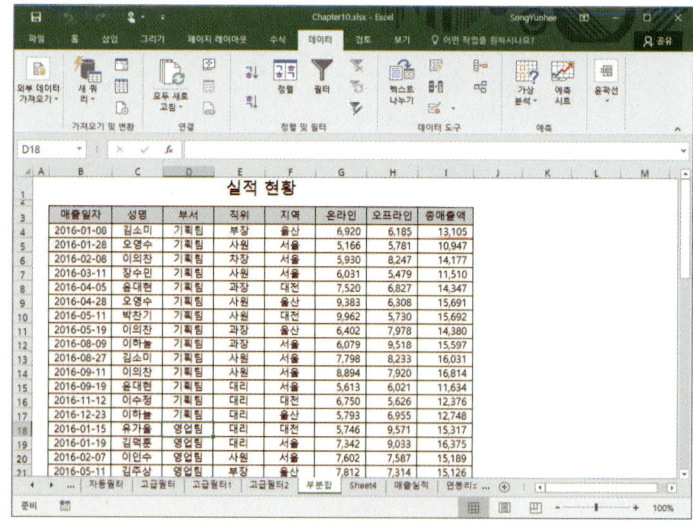

SECTION 23 그룹 윤곽선 설정하기

가로나 세로로 긴 데이터의 경우 행이나 열을 그룹화하여 데이터가 표시되는 윤곽을 설정하면 더 편리하게 화면을 그룹화하여 볼 수 있습니다. 데이터에 최대 8개 수준의 윤곽을 설정할 수 있습니다.

📁 실습예제 : Chapter10.xlsx - [연간실적] 시트

01 분기별로 그룹 설정하기

01 [C~E] 열 머리글을 드래그하여 선택하고 [데이터] 탭 - [윤곽선] 그룹 - [그룹]을 선택합니다.

02 같은 방법으로 [G~I], [K~M], [O~Q] 열도 그룹으로 설정합니다.

Shift + Alt + → 를 눌러 그룹을 설정할 수도 있습니다.

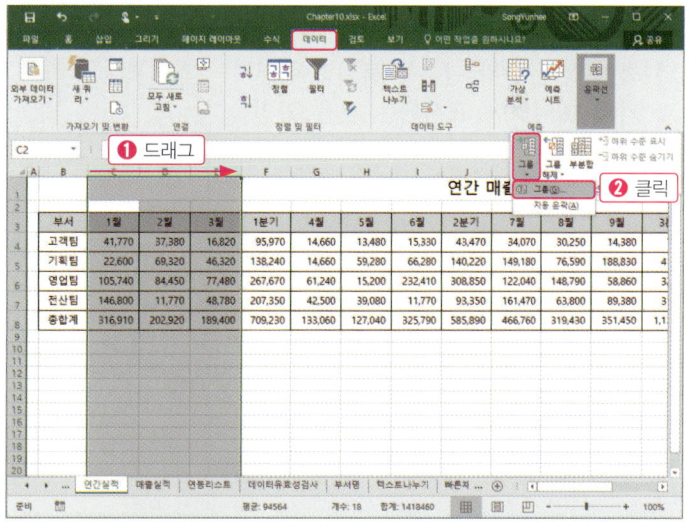

02 연간 데이터 그룹 설정하기

01 [C~R] 열 머리글을 드래그하여 선택한 후 [데이터] 탭 - [윤곽선] 그룹 - [그룹]을 선택합니다. 그룹을 설정할 때마다 화면 상단에 윤곽 단추들이 자동으로 표시됩니다.

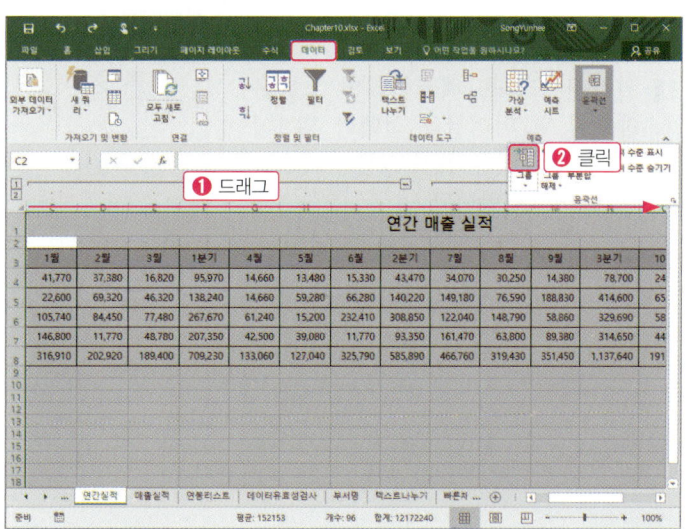

03 부서 그룹 설정하기

01 [4~7] 행을 선택한 후 [데이터] 탭 - [윤곽선] 그룹 - [그룹]을 선택합니다.

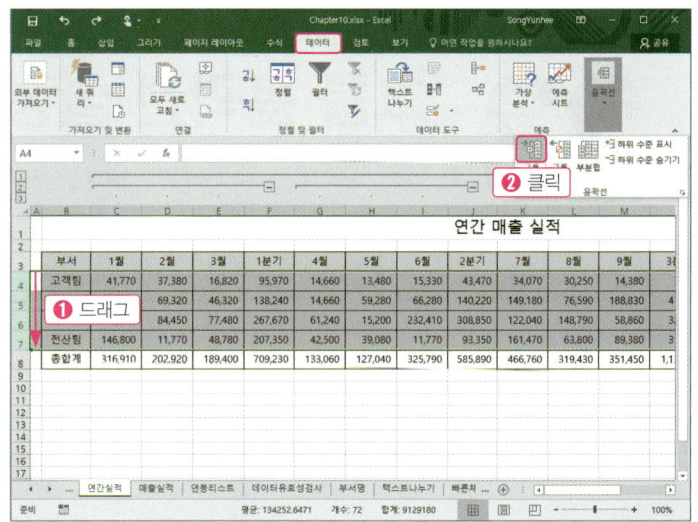

04 윤곽 단추로 그룹별 보기

01 화면 상단 윤곽 단추를 클릭하여 분기별 데이터만 표시되는 것을 확인합니다.

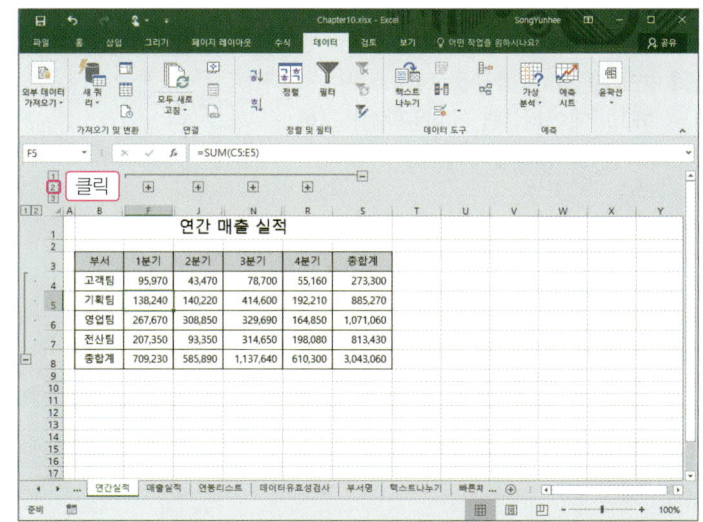

05 그룹 해제하기

01 설정된 그룹을 해제하려면 그룹을 해제할 열 머리글을 선택한 후 [데이터] 탭 - [윤곽선] 그룹 - [그룹 해제]를 클릭합니다.

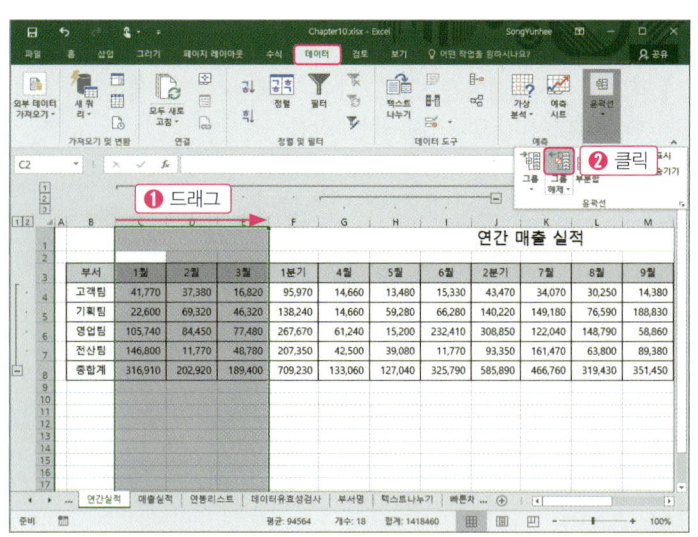

06 윤곽 지우기

01 설정된 모든 그룹을 한 번에 해제할 때는 [데이터] 탭 – [윤곽선] 그룹 – [그룹 해제] – [윤곽 지우기]를 사용합니다.

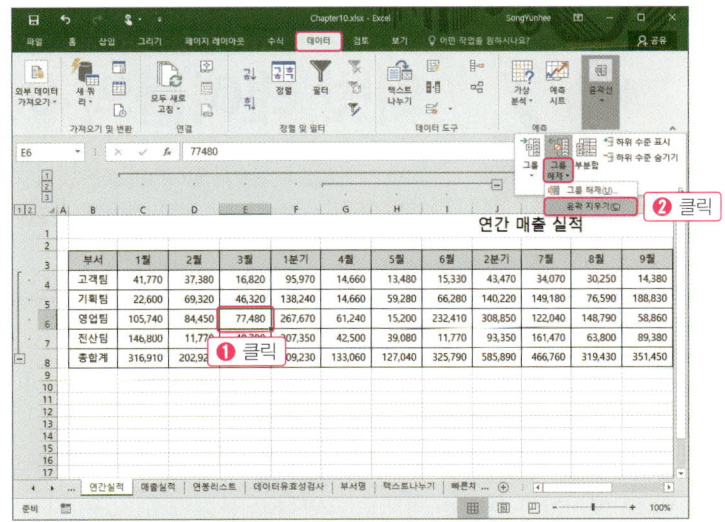

07 자동 윤곽 설정하기

01 [데이터] 탭 – [윤곽선] 그룹 – [그룹] – [자동 윤곽]을 클릭하면 데이터에 자동으로 다양한 그룹이 설정됩니다.

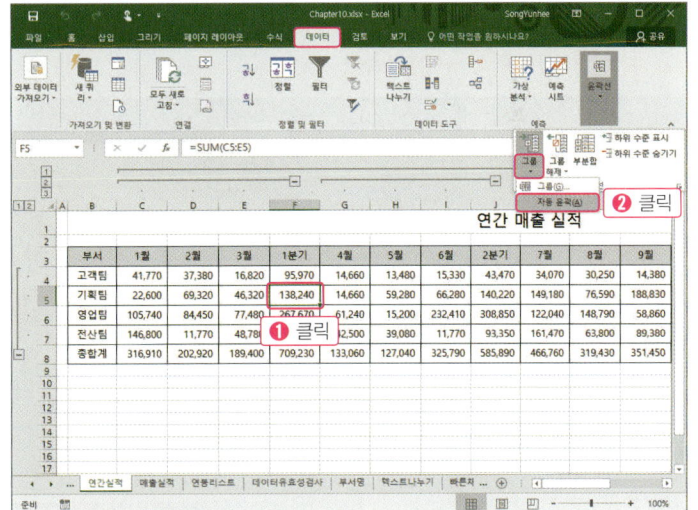

[자동 윤곽] 명령은 수식 셀이 참조하는 셀 범위를 자동으로 그룹을 설정합니다.

SECTION 24 피벗 테이블의 이해

피벗 테이블은 엑셀에서 알아두면 좋은 고급 기능으로 다량의 데이터를 효과적으로 요약, 분석할 수 있는 기능입니다. 피벗 테이블이 무엇인지 이해하고, 피벗 테이블의 구성 요소에 대해 알아보도록 하겠습니다.

01 피벗 테이블이란?

피벗 테이블(Pivot Table)의 피벗(Pivot)은 '중심축'이라는 뜻으로, 원본 데이터를 사용자가 정의한 축을 중심으로 배치하여 원하는 형태로 요약하고 분석할 수 있는 기능입니다. 사용자가 필드를 배치할 때마다 피벗 테이블이 자동으로 업데이트되는 대화형 보고서로 다량의 데이터를 손쉽게 요약, 분석할 수 있습니다.

02 피벗 테이블의 구성 요소

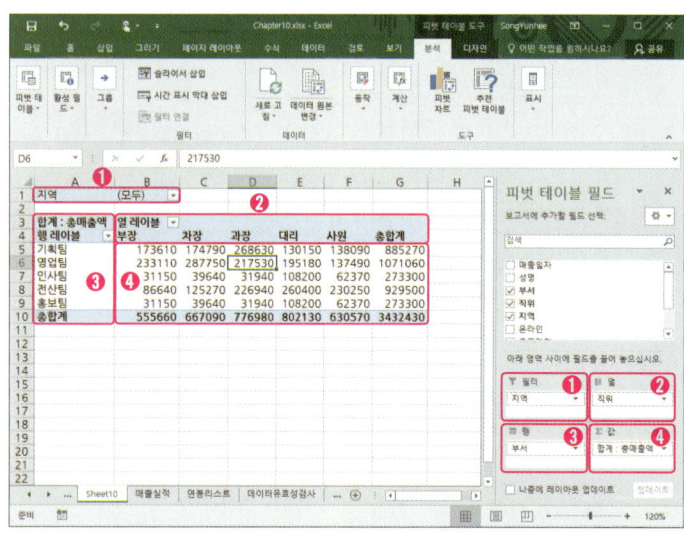

❶ **필터** : 필터에서 선택한 항목에 따라 전체 피벗 테이블 보고서를 필터링합니다.
❷ **열 레이블** : 열 방향으로 나열되는 필드를 지정합니다.
❸ **행 레이블** : 행 방향으로 나열되는 필드를 지정합니다.
❹ **값** : 요약하여 표시할 값이 입력된 필드를 지정합니다. 필드를 추가하면 숫자 데이터의 경우 합계, 문자 데이터의 경우 개수가 기본적으로 계산됩니다. 요약 값에서 마우스 오른쪽 버튼을 클릭한 후 [값 요약 기준]에서 함수를 선택하여 요약되는 값을 변경할 수 있습니다.

각 구성 요소에 표시되는 필터 단추를 사용하여 피벗 테이블을 조건에 만족하는 데이터만 요약되도록 할 수 있습니다.

SECTION 25 피벗 테이블 작성하기

피벗 테이블을 작성하는 방법에 대해 알아보겠습니다.

📁 실습예제 : Chapter10.xlsx – [매출실적] 시트

01 데이터 내부 임의의 셀을 선택하고 [삽입] 탭 – [표] 그룹 – [피벗 테이블]을 클릭합니다.

02 [피벗 테이블 만들기] 창의 [표 또는 범위 선택]에 현재 데이터베이스 전체 범위가 지정되어 있고, [피벗 테이블 보고서를 넣을 위치를 선택하십시오]에 [새 워크시트]가 선택되어 있는 것을 확인한 후 [확인]을 클릭합니다.

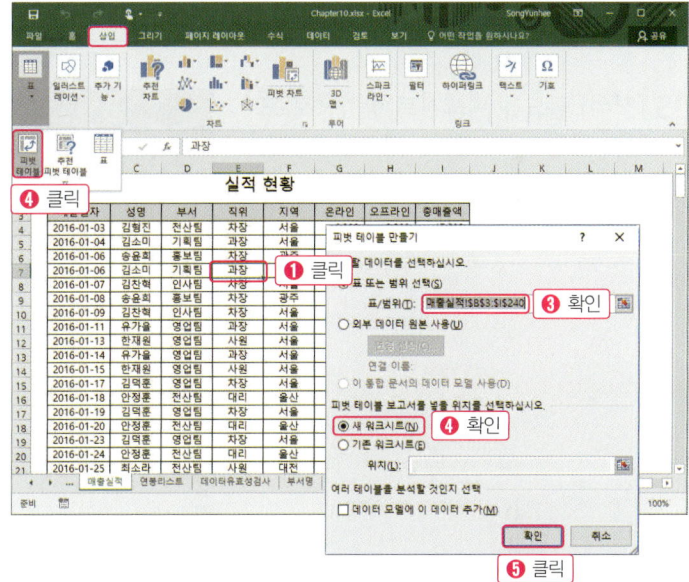

03 새 워크시트에 피벗 테이블이 삽입되면 [피벗 테이블 필드] 작업 창의 필드 목록에서 필드를 피벗 테이블 구성 요소 영역으로 드래그합니다. [필터]에 '지역', [열]에 '직위', [행]에 '부서', [값]에 '총매출액' 필드를 추가합니다.

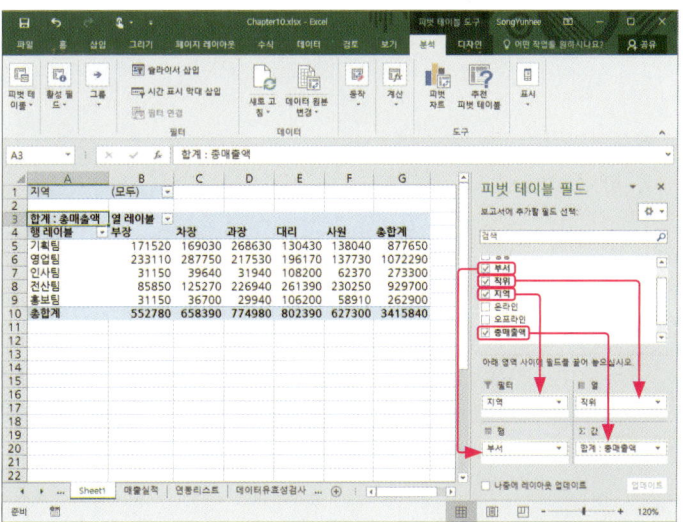

Chapter 10_ 데이터 관리 및 분석 • 425

04 [열] 필드에 있는 '직위'를 [행] 필드 '부서' 아래로 드래그하여 이동합니다.

> 피벗 테이블의 각 영역은 2개 이상의 필드를 추가할 수 있습니다.

05 [직위] 필드를 워크시트 방향으로 드래그하면 제거되며, 필드를 추가, 제거할 때마다 피벗 테이블이 자동으로 업데이트됩니다.

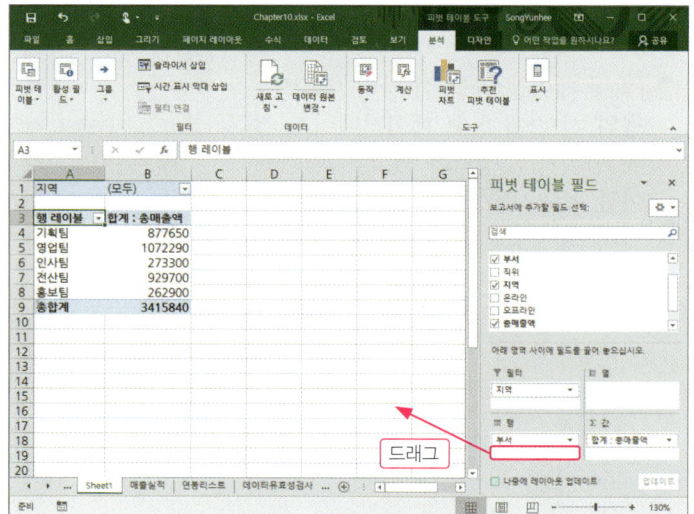

SECTION 26 요약 함수 변경하기

피벗 테이블의 [값] 영역에 필드를 추가하면 숫자는 합계, 문자는 개수가 자동으로 계산됩니다. 기본적으로 사용되는 함수를 변경하여 요약 값을 변경할 수 있습니다.

실습예제 : Chapter10.xlsx - [Sheet1] 시트(Section 25 과정 연결)

01 요약 함수 변경하기

01 [총매출액] 필드를 사용하여 매출 합계, 매출 평균, 매출 건수를 계산해 보겠습니다. [총매출액] 필드를 [값] 영역에 두 번 드래그하여 추가하고, [합계:총매출액2] 필드에서 마우스 오른쪽 버튼을 클릭한 후 [값 요약 기준]에서 [평균]을 선택합니다.

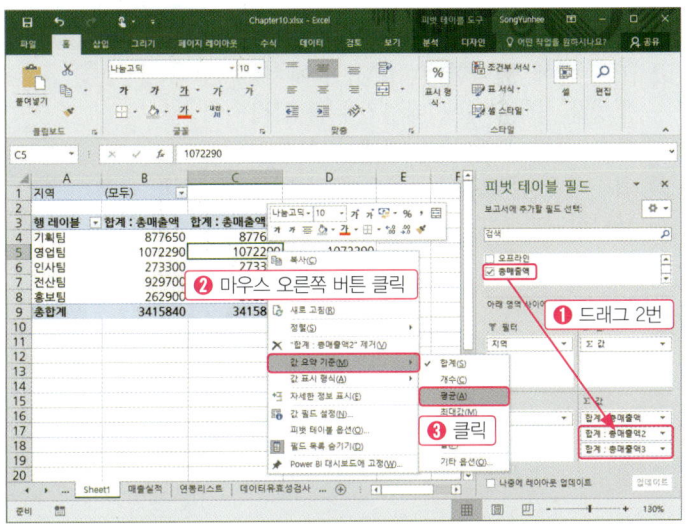

02 [합계:총매출액3] 필드에서 마우스 오른쪽 버튼을 클릭한 후 [값 요약 기준]에서 [개수]를 선택합니다.

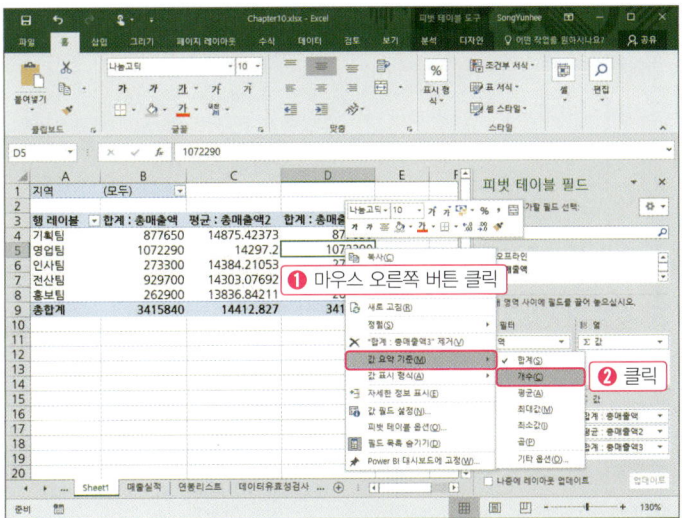

02 숫자 표시 형식 지정하기

01 피벗 테이블의 요약 값을 드래그하여 선택하고 [홈] 탭 - [표시 형식] 그룹 - [쉼표 스타일]을 클릭합니다.

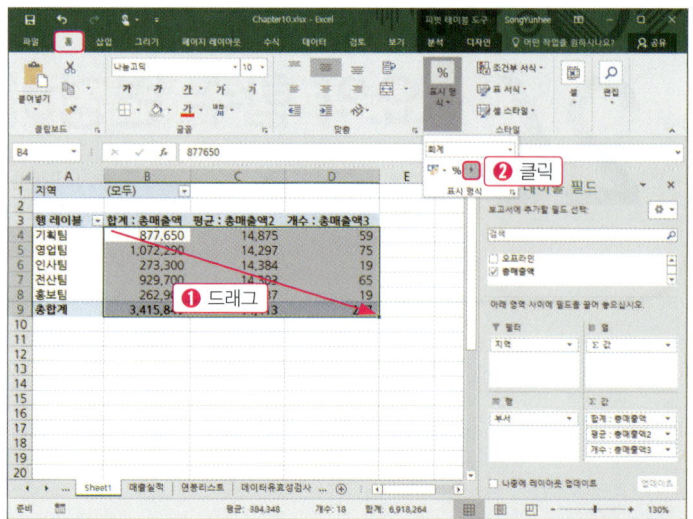

03 필드명 수정하기

01 [B3] 셀에 '매출합계', [C3] 셀에 '매출평균', [D3] 셀에 '매출건수'를 입력하고, [B3~D3] 셀을 선택한 후 [홈] 탭 - [맞춤] 그룹 - [가운데 맞춤]을 클릭합니다.

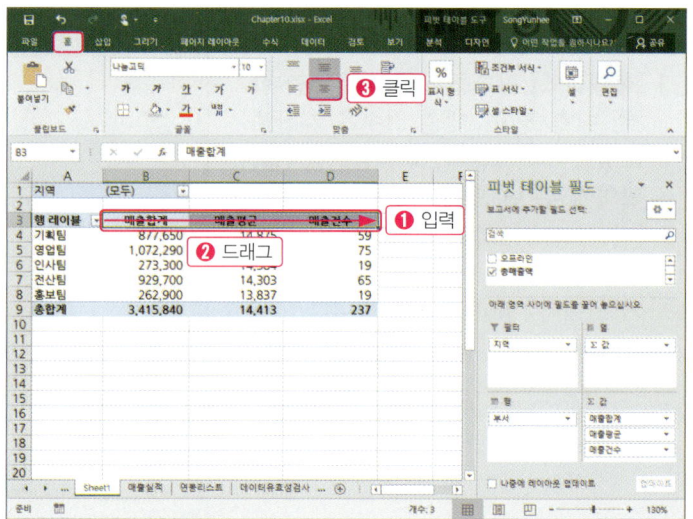

SECTION 27 전체에 대한 비율 표시하기

[값 표시 형식] 메뉴를 사용하면 피벗 테이블 값 필드에 사용되는 계산 유형을 변경하여 해당 숫자 대신 합계 비율, 누계, 다른 값과의 차이 또는 순위를 손쉽게 표시할 수 있습니다.

실습예제 : Chapter10.xlsx – [Sheet1] 시트(Section 26 과정 연결)

01 전체에 대한 비율 표시하기

01 [총매출액]을 기준으로 전체 매출에 대한 각 부서의 매출 비율을 표시해 보겠습니다. [값] 영역에 있는 [매출평균]과 [매출건수]를 워크시트로 드래그하여 제거합니다.

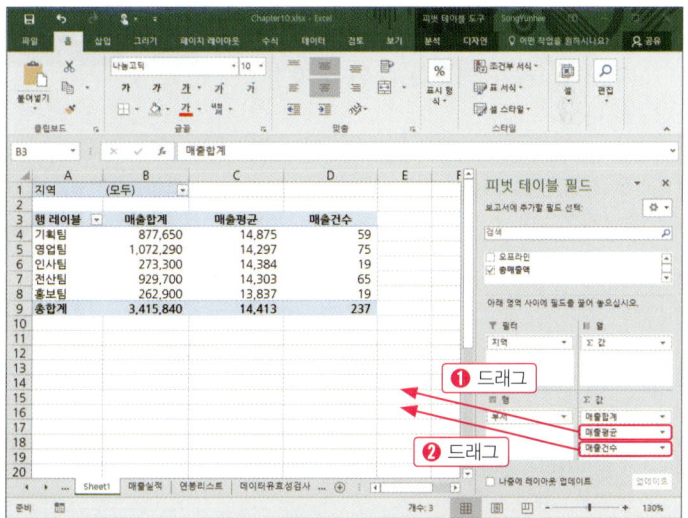

02 [총매출액] 필드를 [값] 영역으로 두 번 드래그하여 필드를 두 번 추가합니다.

03 추가된 [합계:총매출액] 필드에서 마우스 오른쪽 버튼을 클릭한 후 [값 표시 형식]의 [총합계 비율]을 선택합니다.

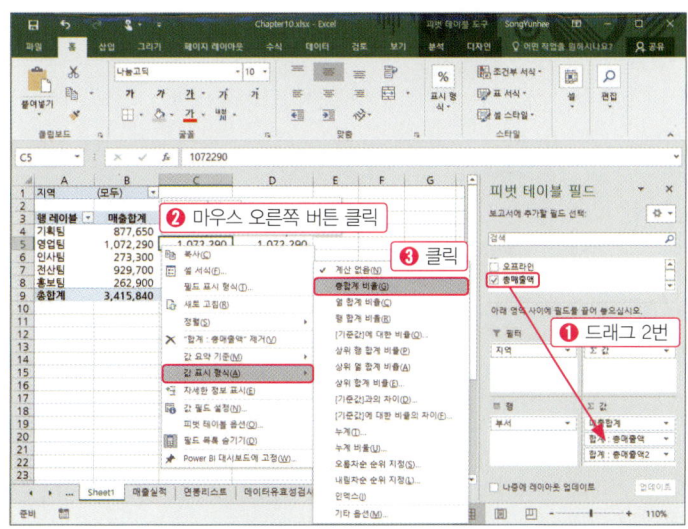

Chapter 10_ 데이터 관리 및 분석 · 429

02 순위 지정하기

01 [합계:총매출액2] 필드에서 마우스 오른쪽 버튼을 클릭한 후 [값 표시 형식]에서 [내림차순 순위 지정]을 선택합니다.

02 [부서]가 선택된 상태로 기준 필드를 선택하는 창이 표시되면 [확인]을 클릭합니다.

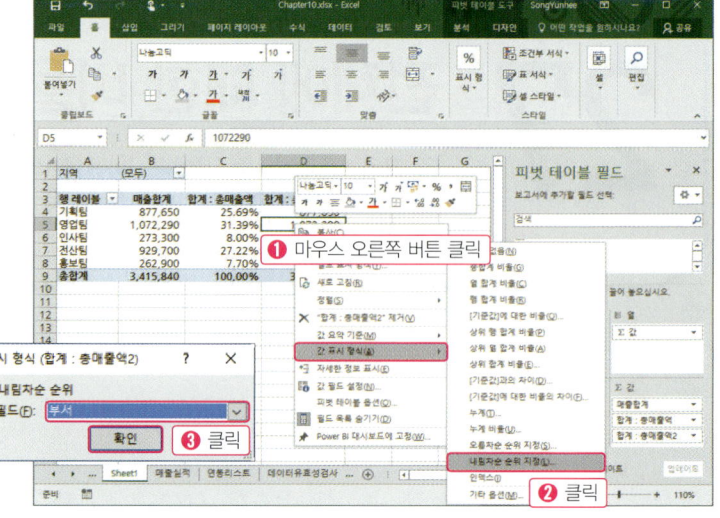

03 [총매출액]을 기준으로 매출이 높은 부서가 1위가 되도록 순위를 지정합니다.

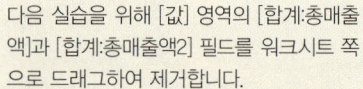

다음 실습을 위해 [값] 영역의 [합계:총매출액]과 [합계:총매출액2] 필드를 워크시트 쪽으로 드래그하여 제거합니다.

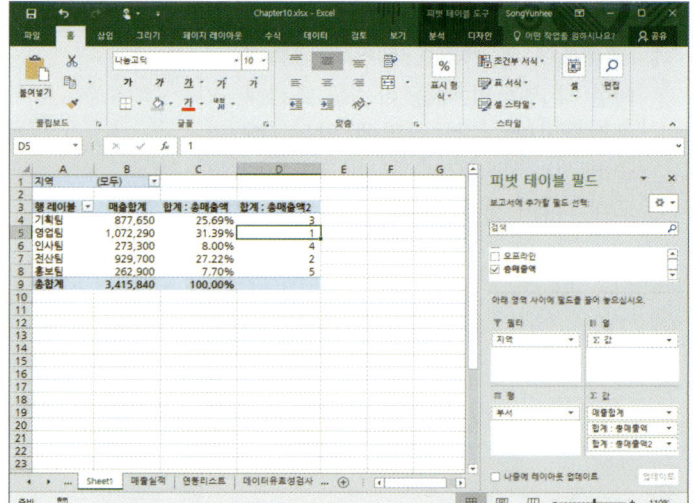

SECTION 28 계산 필드 추가하기

피벗 테이블에 원본 데이터의 필드를 참조한 수식을 작성하여 [계산 필드]를 추가할 수 있습니다. 피벗 테이블에서 수식을 작성할 때는 원본 데이터의 필드명을 참조하여 작성합니다. 계산 필드를 사용하여 피벗 테이블에서 수식을 작성해 보겠습니다.

📁 실습예제 : Chapter10.xlsx - [Sheet1] 시트(Section 27 과정 연결)

01 [피벗 테이블 도구] – [분석] 탭 – [계산] 그룹 – [필드,항목 및 집합] – [계산 필드]를 선택합니다.

02 [이름]에 '수당', [수식]에 '=총매출액*10%'를 입력한 후 [추가], [확인]을 클릭합니다.

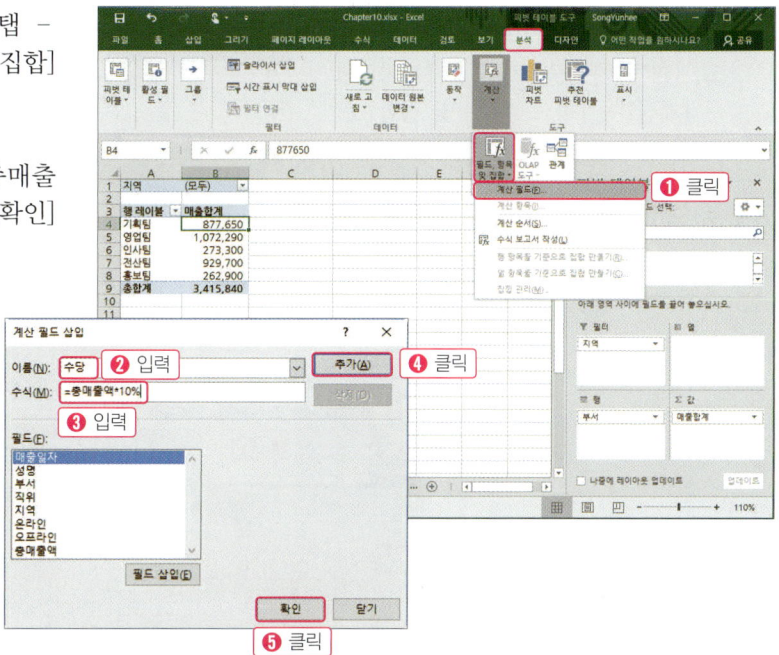

03 [총매출액]의 10%를 수당으로 계산하는 계산 필드가 추가되었습니다.

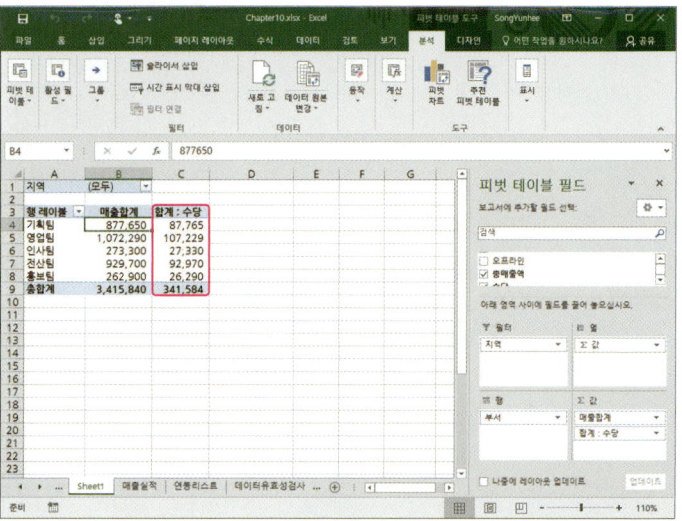

SECTION 29 계산 필드 제거하기

사용자가 추가한 계산 필드를 제거하는 방법에 대해 알아보겠습니다.

실습예제 : Chapter10.xlsx – [Sheet1] 시트(Section 28 과정 연결)

01 피벗 테이블 내부 임의의 셀을 선택하고, [피벗 테이블 도구] – [분석] 탭 – [계산] – [필드, 항목 및 집합] – [계산 필드]를 선택합니다.

02 [이름]의 목록 단추를 클릭한 후 [수당] 필드를 선택합니다. [삭제]를 클릭하고 [확인]을 클릭합니다.

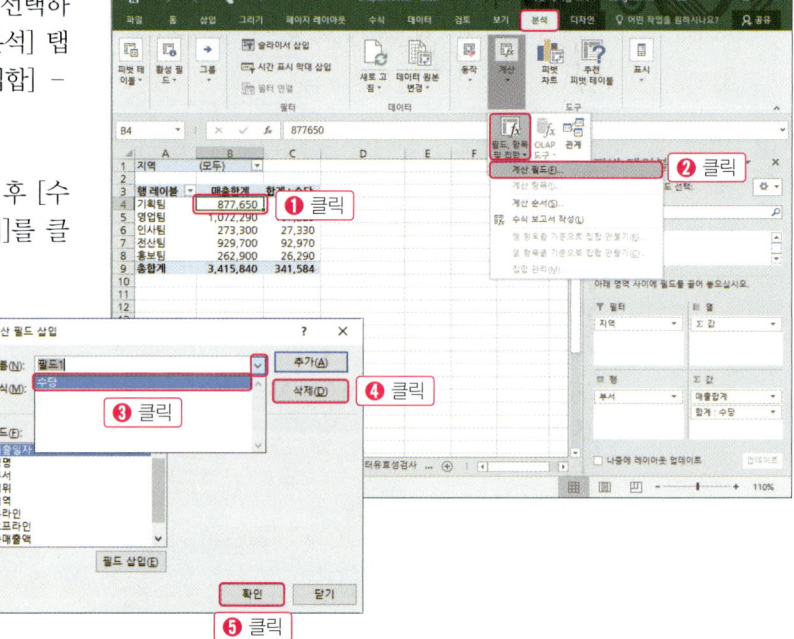

03 계산 필드가 삭제되었습니다.

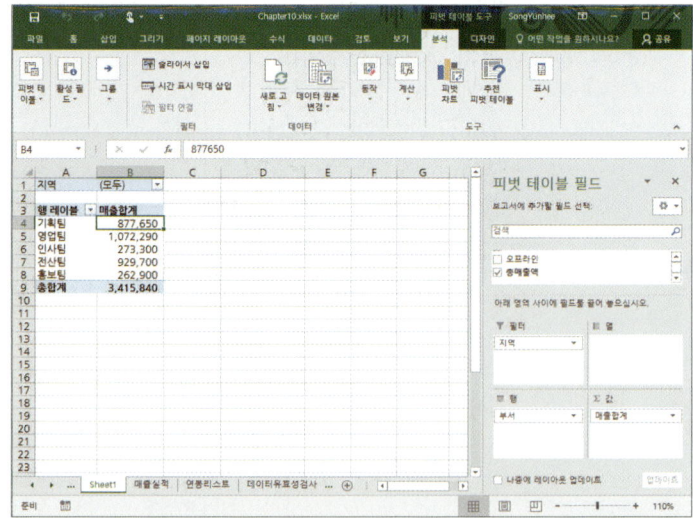

SECTION 30 숫자로 데이터 그룹화하기

피벗 테이블에 추가된 숫자, 날짜 데이터를 그룹화하여 표시할 수 있습니다. 숫자의 경우 시작 값과 끝 값, 단위 값을 지정하면 단위 값 별로 시작 값부터 끝 값까지 자동으로 데이터가 그룹화됩니다. 숫자 데이터를 그룹화하여 표시하는 방법에 대해 알아보겠습니다.

실습예제 : Chapter10.xlsx - [연봉리스트] 시트

01 나이대별 연봉 평균 계산

01 데이터 내부 임의의 셀을 클릭하고 [삽입] 탭 - [표] 그룹 - [피벗 테이블]을 클릭합니다.

02 [피벗 테이블 만들기] 창의 [피벗 테이블 보고서를 넣을 위치를 선택하십시오.]에서 [기존 워크시트]를 선택한 후 [위치]를 클릭하고 [K3] 셀을 선택한 다음 [확인]을 클릭합니다.

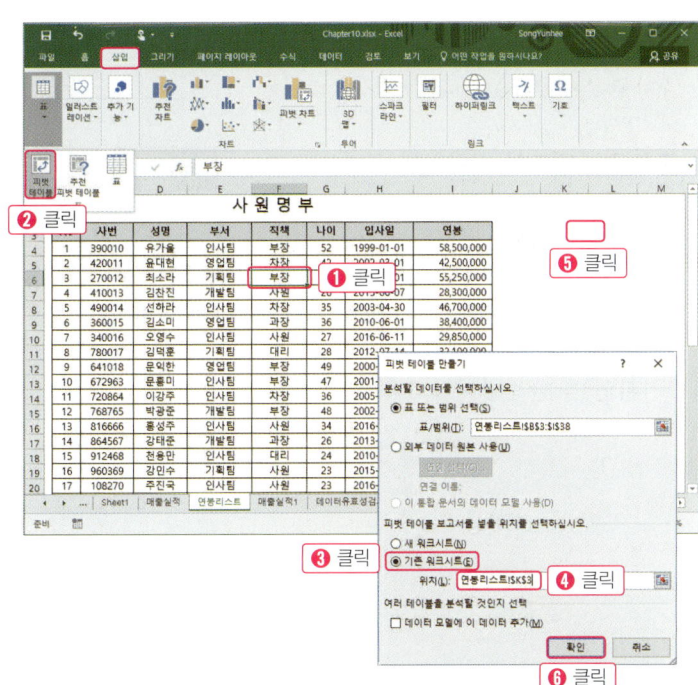

03 [행] 영역에 '나이'를 [값] 영역에 '연봉'을 추가합니다.

04 연봉 합계를 연봉 평균으로 변경하기 위해 [합계:연봉] 필드에서 마우스 오른쪽 버튼을 클릭한 후 [값 요약 기준] - [평균]을 선택합니다.

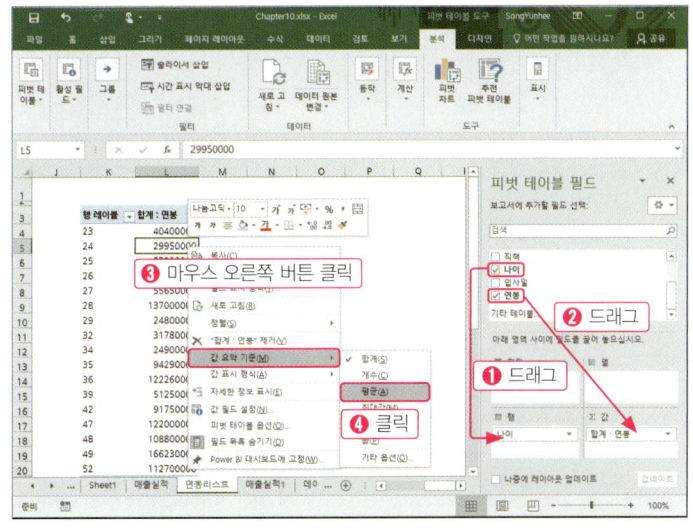

05 연봉 평균 필드의 데이터를 선택한 후 [홈] 탭 - [표시 형식] 그룹 - [쉼표 스타일]을 클릭하여 서식을 지정합니다.

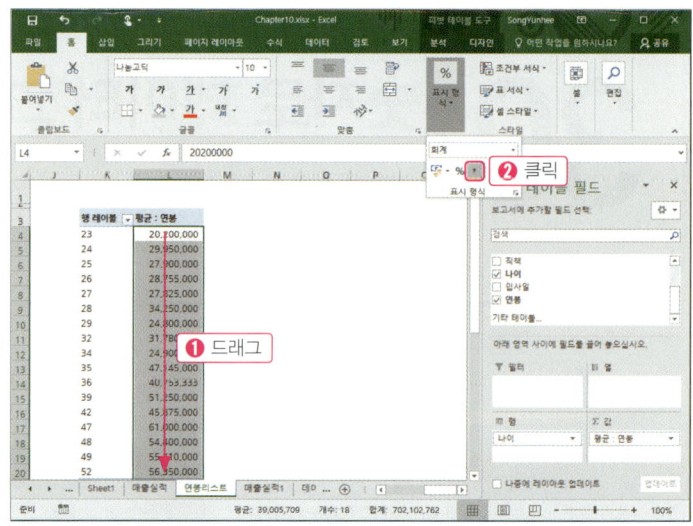

06 [나이] 필드의 데이터에서 마우스 오른쪽 버튼을 클릭한 후 [그룹]을 선택합니다.

07 [그룹화] 창에서 [시작]에 '20', [끝]에 '60', [단위]에 '10'을 지정하고 [확인]을 클릭합니다.

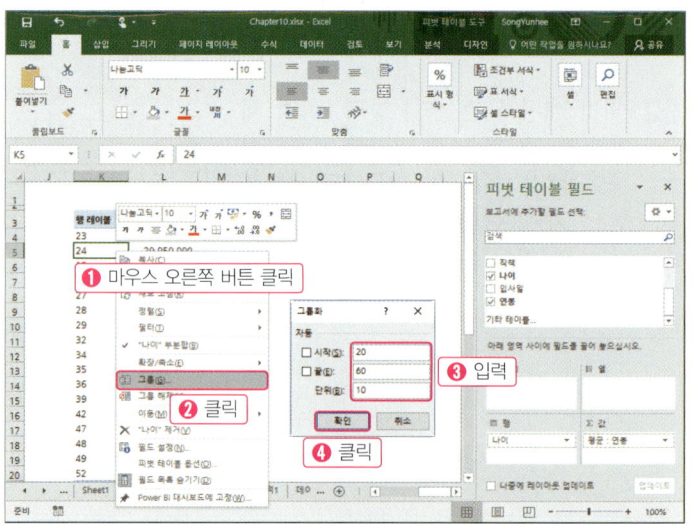

08 나이대별 연봉 평균이 계산된 것을 확인합니다.

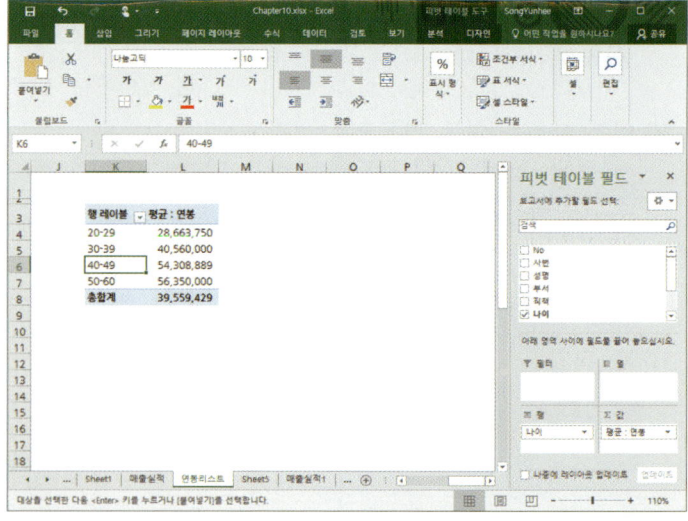

> 그룹을 해제하려면 그룹화된 데이터에서 마우스 오른쪽 버튼을 클릭한 후 [그룹 해제]를 선택합니다.

SECTION 31 날짜로 그룹화하기

엑셀 2016에서는 피벗 테이블에 날짜 필드를 추가하면 자동으로 날짜가 그룹화됩니다. 자동 그룹화된 날짜를 월, 분기, 연도 등 원하는 그룹화 옵션을 설정하여 원하는 형태로 변경할 수 있습니다. 날짜를 그룹화하여 표시하는 방법에 대해 알아보겠습니다.

📁 **실습예제** : Chapter10.xlsx – [매출실적1] 시트

01 데이터 내부 임의의 셀을 선택하고, [삽입] 탭 – [표] 그룹 – [피벗 테이블]을 클릭합니다.

02 [피벗 테이블 만들기] 창에서 [확인]을 클릭합니다.

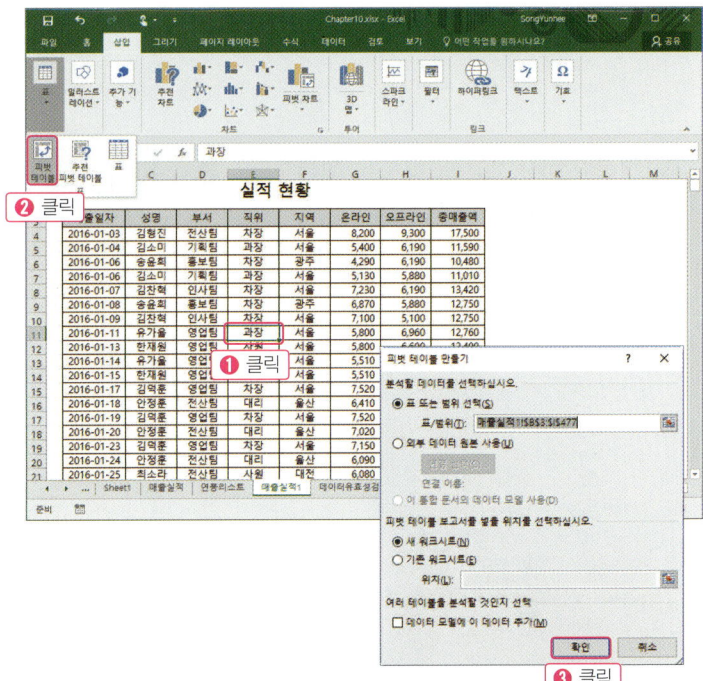

03 [피벗 테이블 필드] 작업 창에서 [열]에 '부서', [행]에 '매출일자', [값]에 '총매출액' 필드를 드래그하여 지정합니다. 그룹화된 연도에서 마우스 오른쪽 버튼을 클릭한 후 [그룹]을 선택합니다.

04 [그룹화] 창에서 [월], [분기]를 클릭하여 그룹화 옵션을 추가로 지정한 후 [확인]을 클릭합니다.

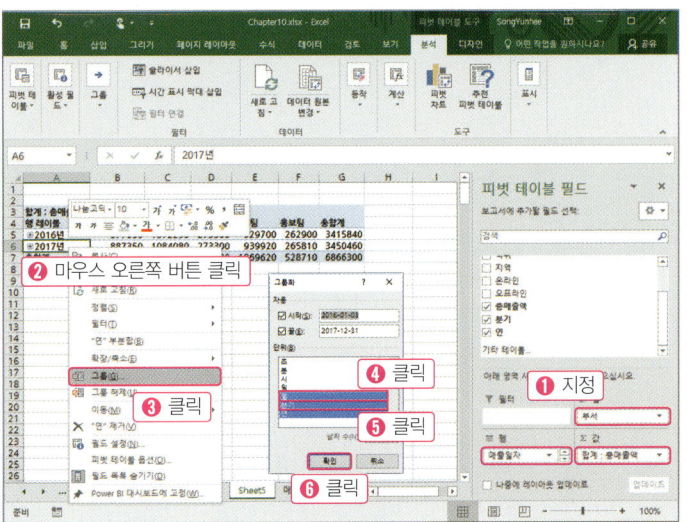

Chapter 10_ 데이터 관리 및 분석 · 435

05 그룹화된 분기와 연도에 합계를 추가하기 위해 [피벗 테이블 도구] - [디자인] 탭 - [레이아웃] 그룹 - [부분합]을 클릭한 후 [그룹 상단에 모든 부분합 표시]를 선택합니다.

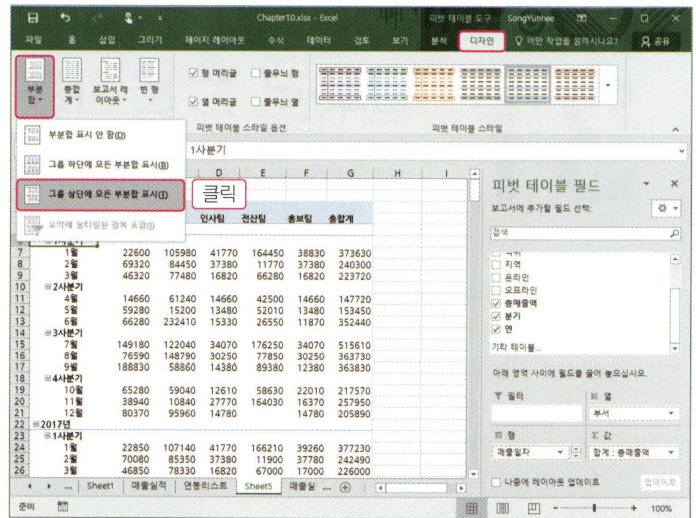

06 [매출일자]가 월, 분기, 연도 별로 그룹화되어 요약된 것을 확인합니다.

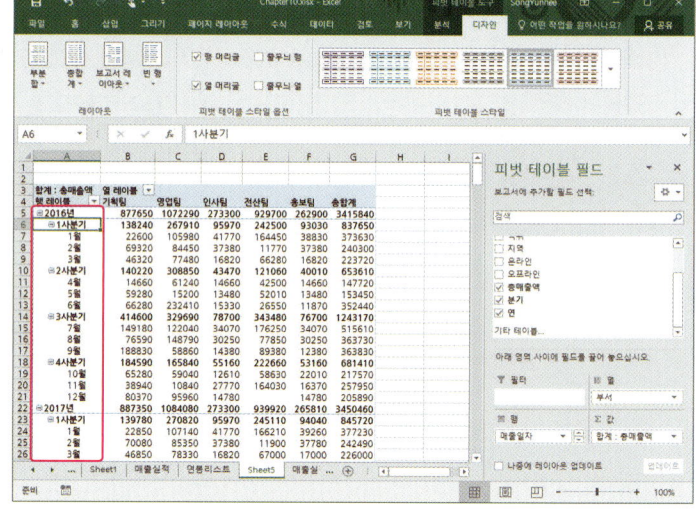

> 그룹을 해제할 때는 그룹화된 날짜에서 마우스 오른쪽 버튼을 클릭한 후 [그룹 해제]를 선택합니다.

436 · 엑셀 2016

SECTION 32 피벗 테이블 디자인하기

[피벗 테이블 도구] - [디자인] 탭에서 제공되는 다양한 도구를 사용하여 피벗 테이블의 스타일과 레이아웃을 손쉽게 설정할 수 있습니다.

📁 실습예제 : Chapter10.xlsx - [매출실적1] 시트(Section 31 과정 연결)

01 피벗 테이블 스타일 지정하기

01 피벗 테이블 내부 임의의 셀을 선택하고 [피벗 테이블 도구] - [디자인] 탭 - [피벗 테이블 스타일] 그룹의 자세히(▼) 목록 단추를 클릭한 후 원하는 스타일을 선택합니다.

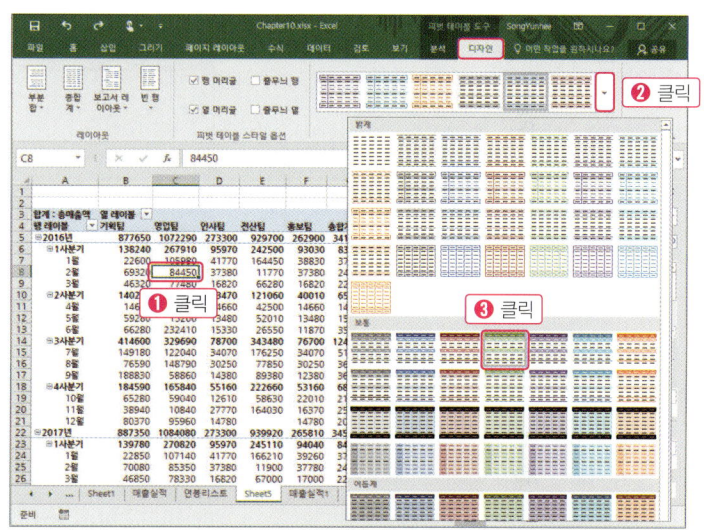

02 [피벗 테이블 도구] - [디자인] 탭 - [피벗 테이블 스타일 옵션] 그룹의 [줄무늬 행]과 [줄무늬 열] 옵션을 설정하면 가로 선과 세로 선이 표시됩니다. 원하는 피벗 테이블 스타일 옵션만 설정하면 됩니다.

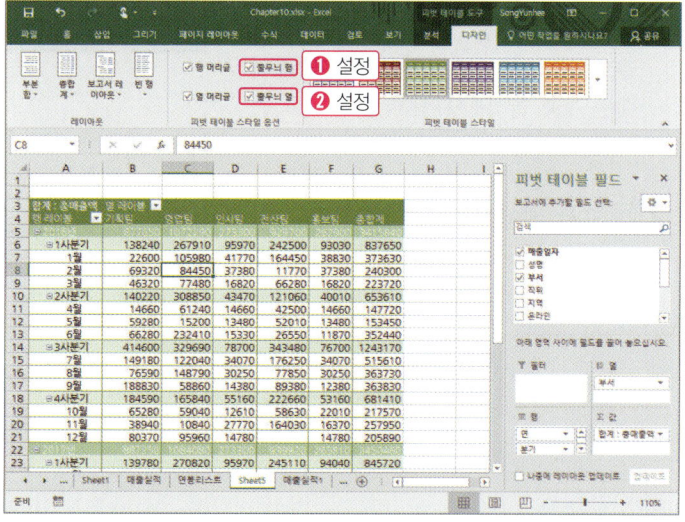

Chapter 10_ 데이터 관리 및 분석 · **437**

02 그룹화된 항목 뒤에 빈 행 추가하기

01 [피벗 테이블 도구] - [디자인] 탭 - [레이아웃] 그룹 - [빈 행]을 클릭한 후 [각 항목 다음에 빈 줄 삽입]을 클릭합니다.

02 [피벗 테이블 도구] - [디자인] 탭 - [레이아웃] 그룹 - [빈 행]을 클릭한 후 [각 항목 다음에 빈 줄 제거]를 선택하여 빈 줄을 제거합니다.

03 피벗 테이블 보고서 레이아웃 설정하기

01 [피벗 테이블 도구] - [디자인] 탭 - [레이아웃] 그룹 - [보고서 레이아웃]을 클릭한 후 [테이블 형식으로 표시]를 선택합니다.

> 피벗 테이블은 압축 형식, 개요 형식, 테이블 형식의 레이아웃을 설정할 수 있습니다. 기본적으로 압축 형식으로 작성되는 피벗 테이블의 레이아웃을 원하는 형식으로 변경할 수 있습니다.

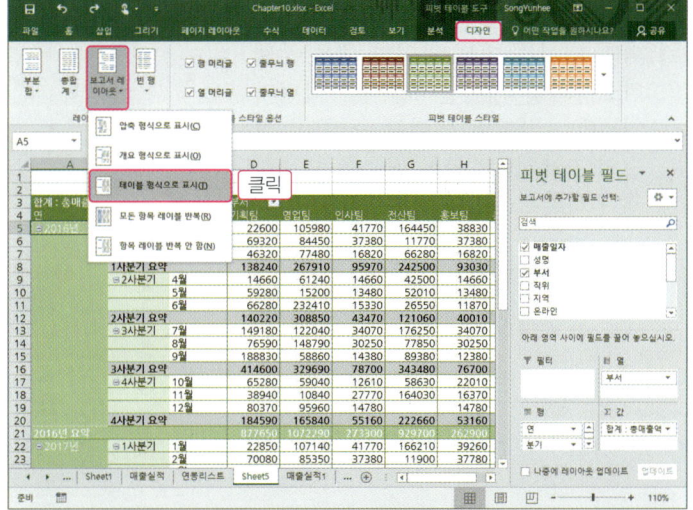

02 그룹화된 항목의 빈 셀들에 데이터를 자동으로 표시하기 위해 [보고서 레이아웃]을 다시 클릭한 후 [모든 항목 레이블 반복]을 선택합니다.

03 [보고서 레이아웃]을 클릭한 후 [압축 형식으로 표시]를 선택하여 원래 형식으로 되돌립니다.

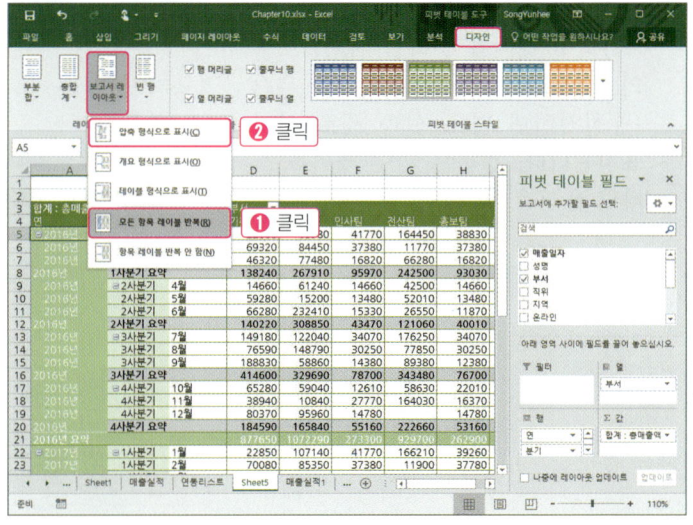

04 행 및 열의 총합계 표시 여부 설정하기

01 [피벗 테이블 도구] – [디자인] 탭 – [레이아웃] 그룹 – [총합계]를 클릭한 후 [행 및 열의 총합계 해제]를 선택합니다. 피벗 테이블 마지막 열과 행에 표시되었던 총합계가 사라집니다.

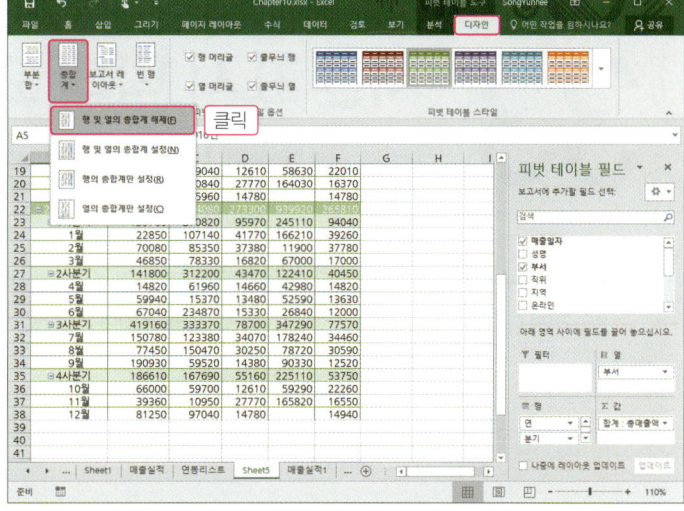

02 [총합계]를 클릭한 후 [행 및 열의 총합계 설정]을 선택하여 다시 총합계를 표시합니다.

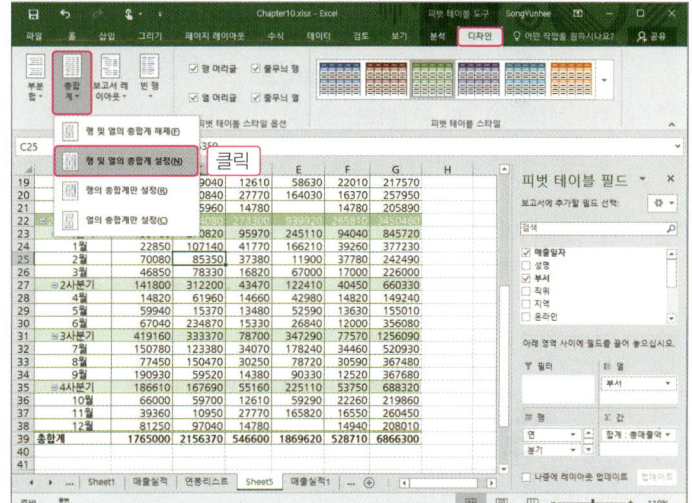

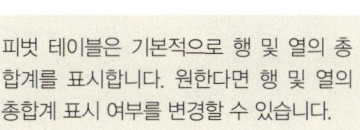

피벗 테이블은 기본적으로 행 및 열의 총합계를 표시합니다. 원한다면 행 및 열의 총합계 표시 여부를 변경할 수 있습니다.

SECTION 33 시간 표시 막대 표시하기

날짜나 시간 데이터를 포함하는 피벗 테이블의 경우 [시간 표시 막대]를 표시하여 날짜나 시간 조건을 손쉽게 설정하고 필터 결과를 즉시 확인할 수 있습니다.

실습예제 : Chapter10.xlsx - [매출실적1] 시트(Section 32 과정 연결)

01 시간 표시 막대 삽입하기

01 시간 표시 막대를 삽입하기 위해 2행의 높이를 적절히 늘리고, [피벗 테이블 도구] - [분석] 탭 - [필터] 그룹 - [시간 표시 막대 삽입]을 클릭합니다.

02 [시간 표시 막대 삽입] 창에서 [매출일자]를 선택한 후 [확인]을 클릭합니다.

03 워크시트에 삽입된 시간 표시 막대의 테두리 부분을 드래그하여 위쪽으로 이동하고, 크기 조절 핸들을 드래그하여 크기를 적절히 조절합니다.

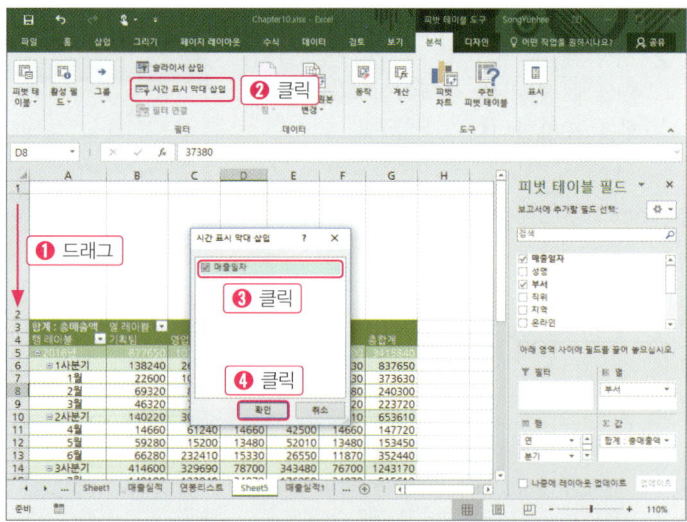

02 조건 설정하기

01 시간 표시 막대의 2007년 1월~3월 막대 부분을 드래그하여 선택하면 바로 해당 기간의 데이터로 피벗 테이블이 업데이트됩니다.

02 필터 지우기( )를 클릭하여 설정된 조건을 해제합니다.

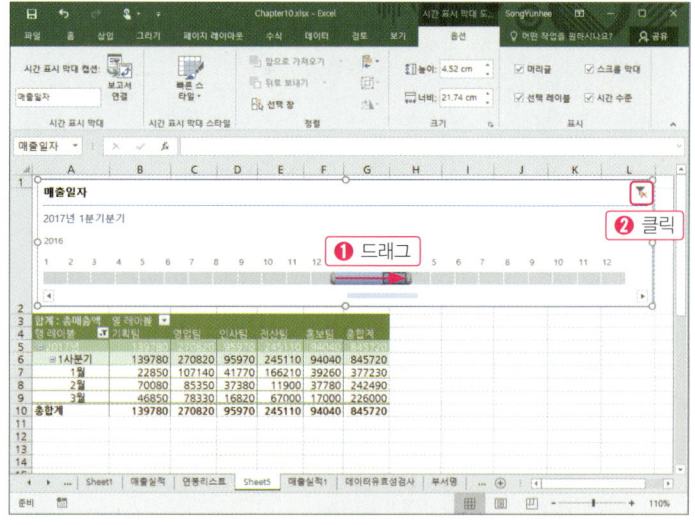

03 시간 수준 설정하기

01 시간 수준을 조절하는 옵션을 클릭한 후 원하는 시간 수준을 선택하면 시간 표시 막대가 업데이트됩니다.

04 시간 표시 막대 삭제하기

01 시간 표시 막대를 클릭한 후 Delete 를 눌러 시간 표시 막대를 삭제합니다.

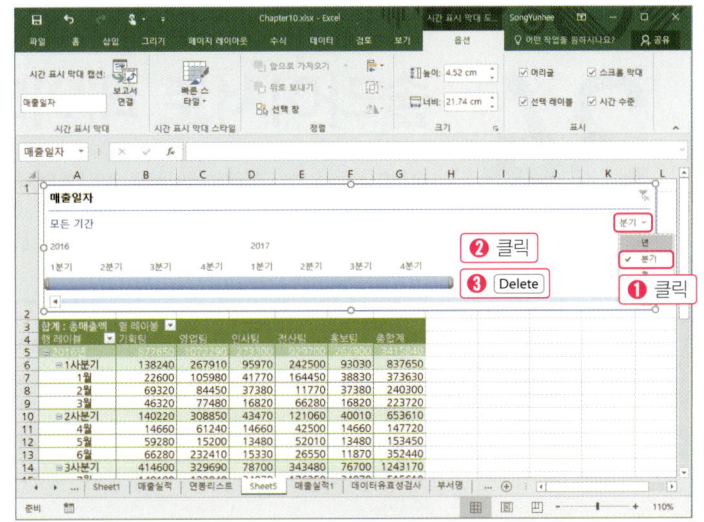

SECTION 34 슬라이서로 데이터 필터하기

슬라이서는 피벗 테이블 데이터를 필터 하기 위해 제공되는 기능으로 피벗 테이블 작성 시 기본적으로 표시되는 필터 단추 이외에 '슬라이서'를 사용하여 더 빠르고 편리하게 대화형으로 피벗 테이블 데이터를 필터할 수 있습니다.

실습예제 : Chapter10.xlsx - [매출실적1] 시트(Section 33 과정 연결)

01 슬라이서 삽입하기

01 피벗 테이블 내부 임의의 셀을 선택하고 [피벗 테이블 도구] - [분석] 탭 - [필터] 그룹 - [슬라이서 삽입]을 클릭합니다.

02 [슬라이서 삽입] 창에서 [부서]와 [지역] 필드를 선택한 후 [확인]을 클릭합니다.

03 워크시트에 삽입된 슬라이드를 드래그하여 원하는 위치로 이동하고, 크기 조절 핸들을 드래그하여 적절한 크기로 조절합니다.

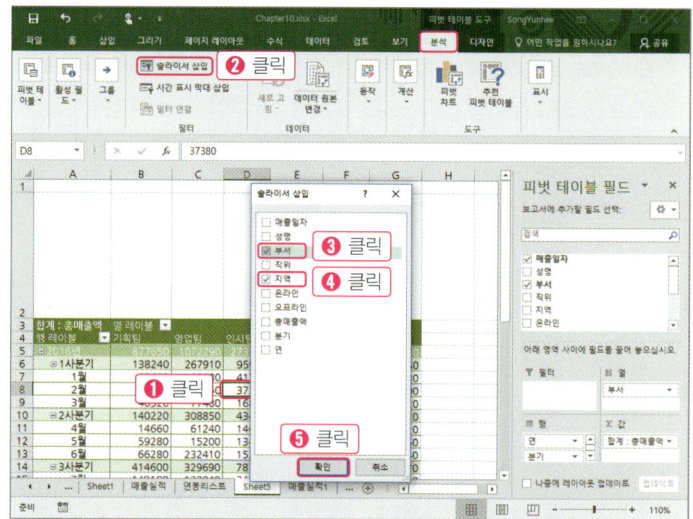

02 조건 지정하기

01 [지역]에서 [서울]을 선택하고, [부서]에서 [다중 선택(≡)]을 클릭한 다음 '영업팀', '전산팀'을 클릭합니다. 조건을 지정할 때마다 조건에 만족하는 데이터로 피벗 테이블이 업데이트됩니다.

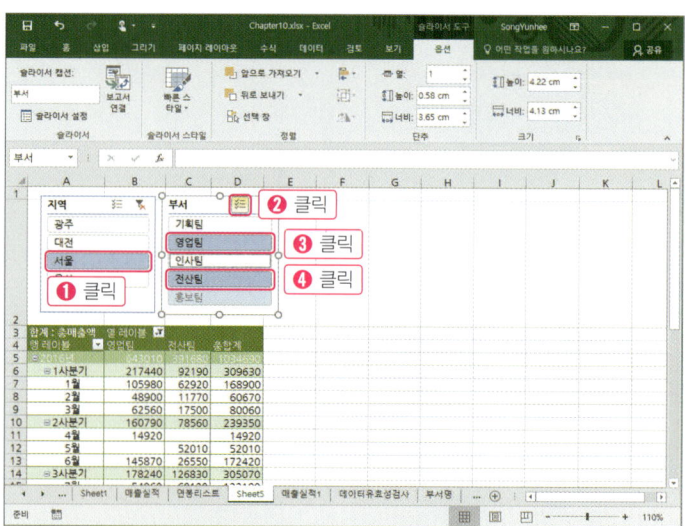

03 조건 해제하기

01 슬라이서 오른쪽 상단의 [필터 지우기(![필터아이콘])]를 클릭하여 조건을 해제합니다.

04 슬라이서 삭제하기

01 슬라이서 테두리 부분을 클릭하여 슬라이서를 선택한 후 Delete를 눌러 슬라이서를 삭제합니다.

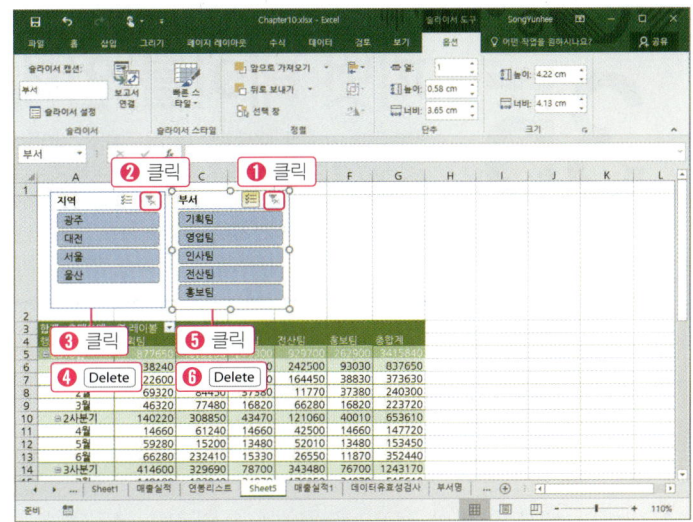

SECTION 35 피벗 테이블 업데이트하기

원본 데이터가 수정되어도 피벗 테이블은 자동 업데이트되지 않으며, [새로 고침]으로 수동 업데이트해야 합니다. 하지만 일반 셀 범위를 원본으로 피벗 테이블을 작성한 경우 처음 피벗 테이블을 작성할 때 지정했던 원본 범위 안의 데이터가 수정되는 것은 업데이트되지만 데이터가 추가되는 경우는 업데이트되지 않습니다. 추가되는 데이터 범위가 업데이트되게 하려면 원본 데이터를 '표'로 작성하면 됩니다. 일반 셀 범위를 표로 만들고, 표를 원본으로 피벗 테이블을 작성한 다음 데이터를 업데이트하는 방법까지 살펴보겠습니다. (표에 대한 자세한 내용은 Section 03 참고)

📁 실습예제 : Chapter10.xlsx - [매출실적2] 시트

01 일반 셀 범위를 표로 만들기

01 데이터 내부 임의의 셀을 선택하고 [삽입] 탭 - [표] 그룹 - [표]를 클릭합니다.

02 데이터 범위가 선택된 상태로 [표 만들기] 창이 표시되면 [확인]을 클릭합니다.

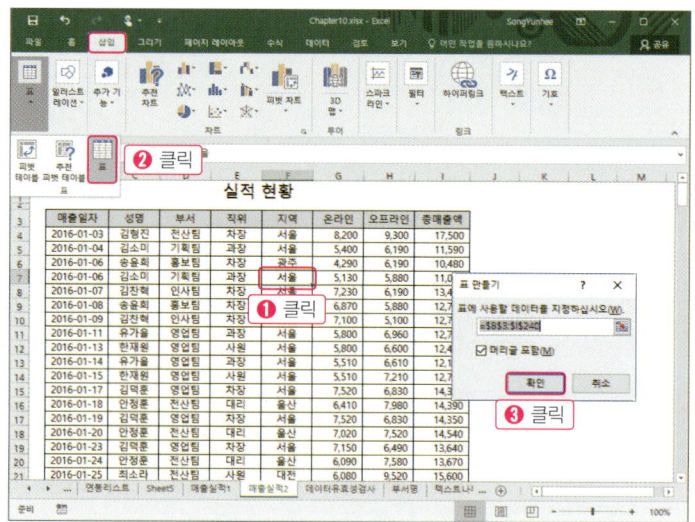

03 표 이름을 지정하기 위해 [표 도구] - [디자인] 탭 - [속성] 그룹 - [표 이름]을 클릭한 후 '실적현황'을 입력한 다음 Enter를 누릅니다.

04 기본 설정된 표 스타일을 없애기 위해 [표 도구] - [디자인] 탭 - [표 스타일] 그룹 - [빠른 스타일]을 클릭한 후 [없음]을 선택합니다.

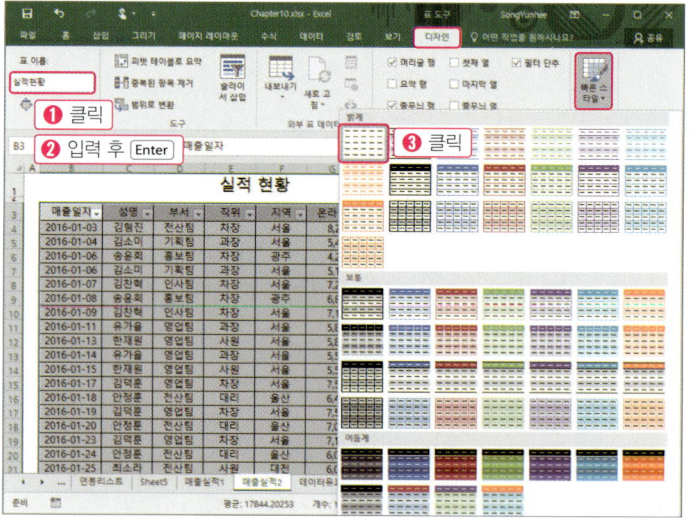

02 피벗 테이블 작성하기

01 표 내부 임의의 셀을 선택하고 [삽입] 탭 - [표] 그룹 - [피벗 테이블]을 선택합니다.

02 [피벗 테이블 만들기] 창에서 [표 또는 범위 선택]에 '실적현황' 표가 지정된 것을 확인한 후 [확인]을 클릭합니다.

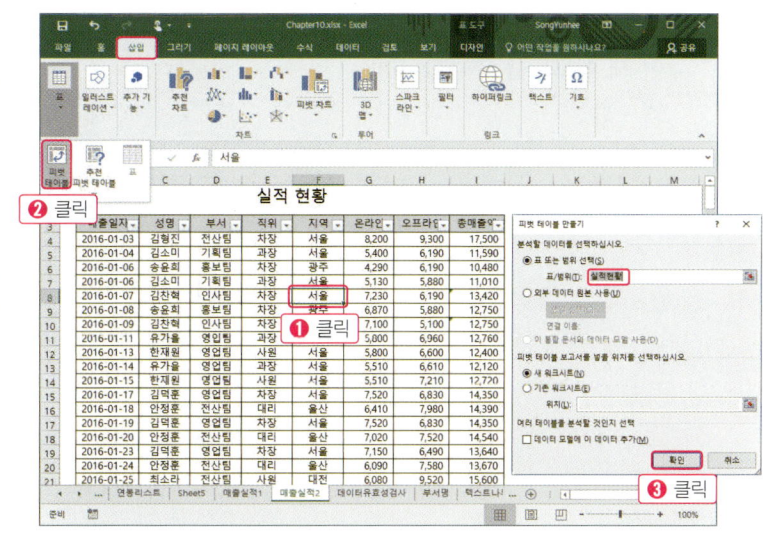

03 '부서'는 [행] 영역, '총매출액'은 [값] 영역에 드래그하여 지정합니다. 원본 데이터 수정 후 값을 비교해보기 위해 피벗 테이블의 기획팀 요약 값을 확인합니다.

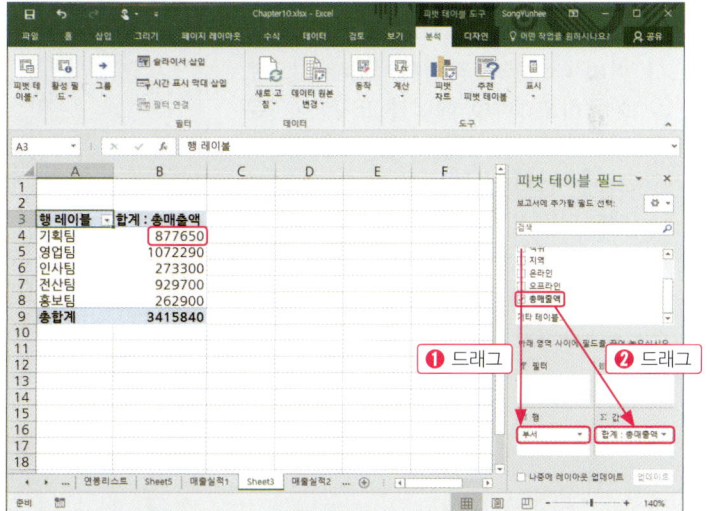

03 원본 데이터 수정하기

01 [매출실적2] 시트를 선택하고, 기획팀 데이터인 [G5] 셀과 [H5] 셀을 '100000'으로 수정합니다.

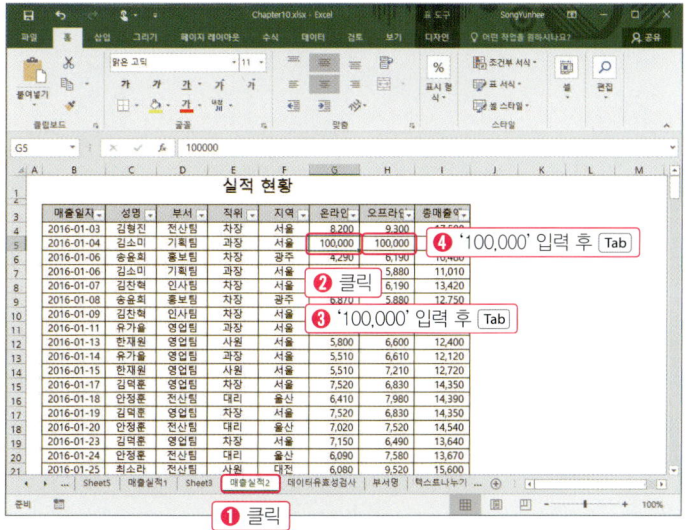

02 화면을 아래로 이동한 후 그림과 같이 새 레코드를 추가합니다.

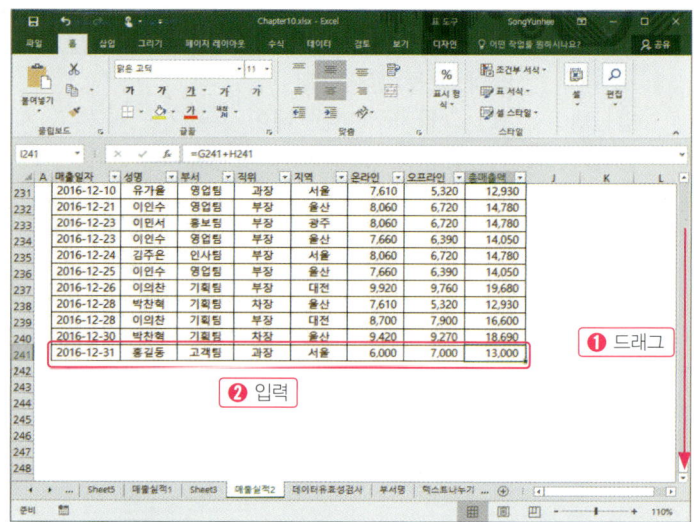

04 피벗 테이블 업데이트

01 피벗 테이블이 작성된 [Sheet3]으로 이동하고 [피벗 테이블 도구] - [분석] 탭 - [데이터] 그룹 - [새로 고침]을 클릭합니다. 수정 및 추가된 데이터가 반영됩니다.

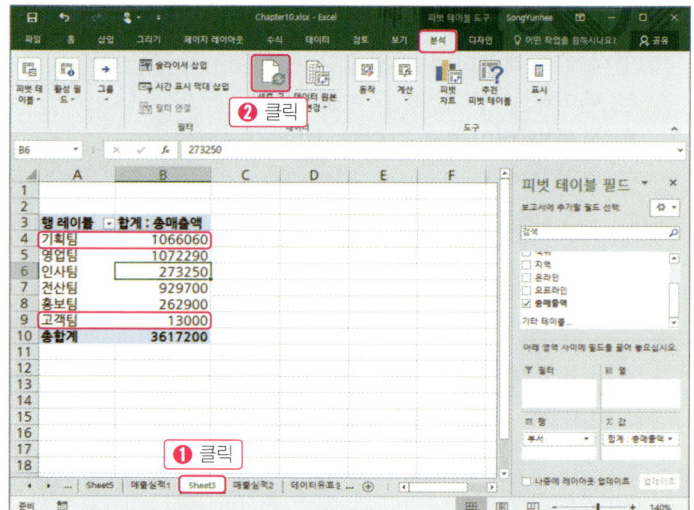

SECTION 36 피벗 테이블 데이터를 보고서로 가져오기

피벗 테이블은 편리하지만 편집에 제한이 있기 때문에 피벗 테이블로 요약한 데이터를 업무 양식에 가져다 쓰고 싶은 경우가 많습니다. GETPIVOTDATA 함수는 피벗 테이블 보고서 내에 저장된 데이터를 반환하는 함수로 GETPIVOTDATA 함수를 사용하면 피벗 테이블의 데이터를 참조하여 원하는 형식으로 문서를 작성할 수 있습니다. 피벗 테이블의 데이터를 업무 양식으로 가져오는 방법에 대해 알아보겠습니다.

실습예제 : Chapter10.xlsx - [보고서], [매출실적3] 시트

01 [보고서] 시트의 [C6] 셀을 클릭하고 '='를 입력합니다.

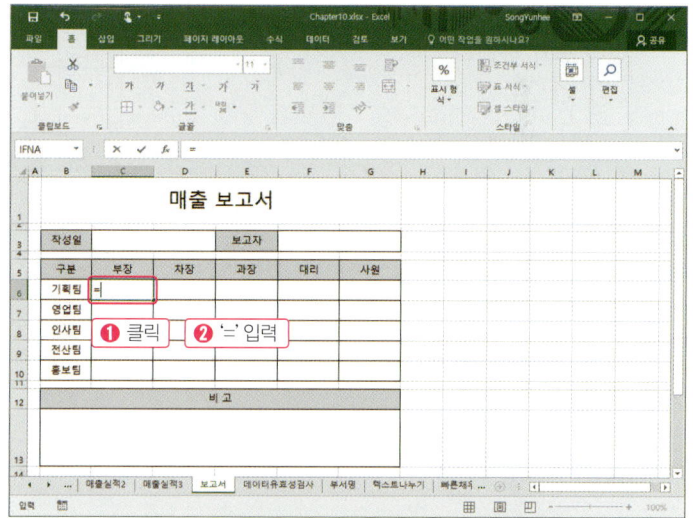

02 [매출실적3] 시트의 피벗 테이블 중 기획팀, 부장 값이 계산된 [L5] 셀을 선택한 후 Enter를 누릅니다.

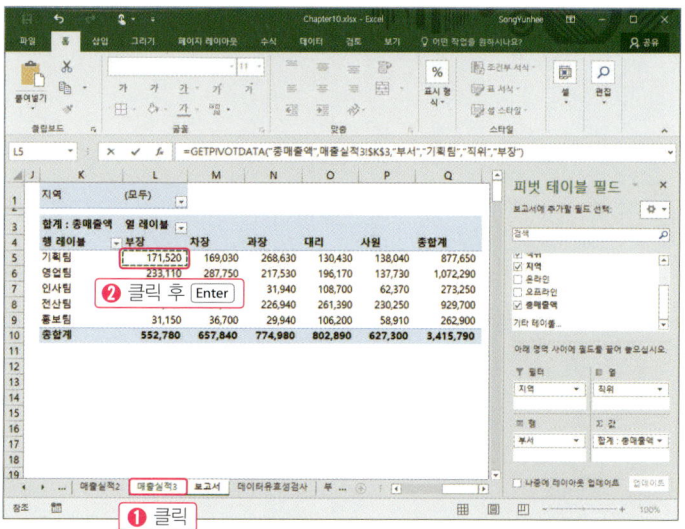

GETPIVOTDATE 수식 이해하기
=GETPIVOTDATA("총매출액",매출실적3!$K$3,"부서",$B6,"직위",C$5)
            ❶   ❷   ❸   ❹

❶ Data_field : 데이터를 추출하려는 필드
❷ Pivot_table : 해당 셀이 위치한 곳의 피벗 테이블
❸ Field1, Item1 : 참조할 필드와 참조할 필드의 항목([부서] 필드에서 [기획팀] 항목)
❹ Field2, Item2 : 참조할 필드와 참조할 필드의 항목([직위] 필드에서 [부장] 항목)

03 '기획팀'과 '부장' 인수를 각각 '$B6', 'C$5'로 수정합니다.

04 [C6] 셀의 채우기 핸들을 오른쪽으로 드래그하여 [G6] 셀까지 자동 채우기 한 후 [G6] 셀의 채우기 핸들을 더블 클릭하여 [G10] 셀까지 자동 채우기 합니다.

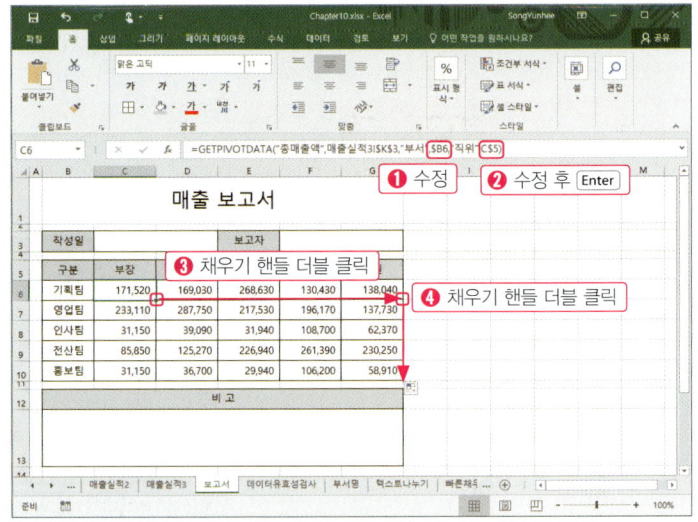

SECTION 37 피벗 차트 삽입하기

피벗 차트는 피벗 테이블과 연동되는 차트입니다. 피벗 차트를 통해 데이터베이스를 시각적으로 빠르게 분석할 수 있습니다. 피벗 차트는 피벗 테이블을 작성한 후 [피벗 테이블 도구] - [분석] 탭 - [도구] 그룹 - [피벗 차트]를 사용하여 작성하거나 원본 데이터에서 [삽입] 탭 - [차트] 그룹 - [피벗 차트]를 사용하여 피벗 테이블과 피벗 차트를 함께 작성할 수도 있습니다. 여기서는 피벗 테이블을 원본으로 피벗 차트를 작성해 보겠습니다.

📂 **실습예제** : Chapter10.xlsx - [매출실적3] 시트

01 [매출실적3] 시트의 피벗 테이블 내부 임의의 셀을 선택하고 [피벗 테이블 도구] - [분석] 탭 - [도구] 그룹 - [피벗 차트]를 클릭합니다.

02 [차트 삽입] 창의 [세로 막대형]의 [묶은 세로 막대형]을 선택하고 [확인]을 클릭합니다.

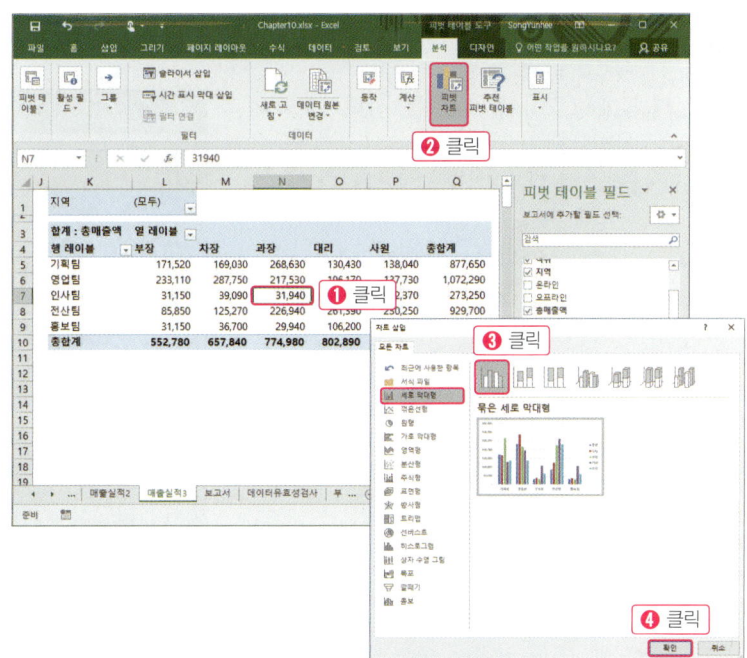

03 워크시트에 삽입된 피벗 차트의 위치 및 크기를 적절히 조절합니다.

04 [직위] 필드를 클릭한 후 '부장', '차장', '과장'만 선택한 후 [확인]을 클릭합니다.

05 피벗 차트와 피벗 테이블이 모두 업데이트됩니다.

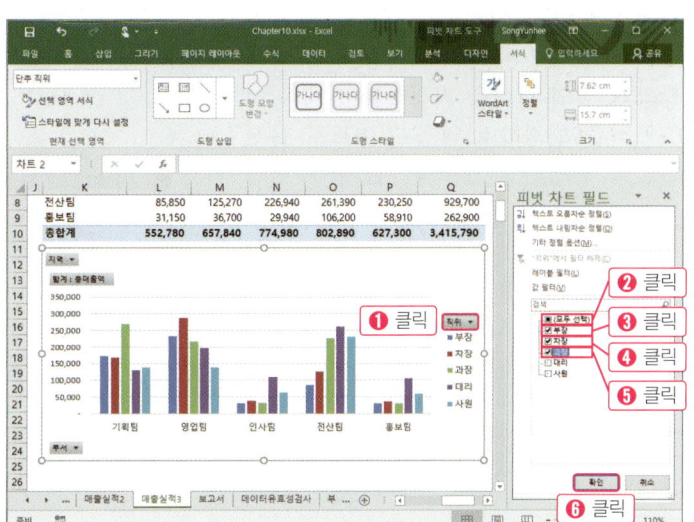

SECTION 38 텍스트 나누기

한 필드에 입력되어 있는 데이터를 원하는 기준으로 분리하고자 하는 경우가 있습니다. '텍스트 나누기' 기능을 사용하여 한 필드에 입력된 데이터를 손쉽게 각 셀에 나누어 입력하는 방법을 알아보겠습니다.

📁 실습예제 : Chapter10.xlsx - [텍스트나누기] 시트

01 [C4~C20] 셀 범위를 선택하고 [데이터] 탭 - [데이터 도구] 그룹 - [텍스트 나누기]를 클릭합니다.

02 [텍스트 마법사] 창에서 [구분 기호로 분리됨]을 선택하고 [다음]을 클릭합니다.

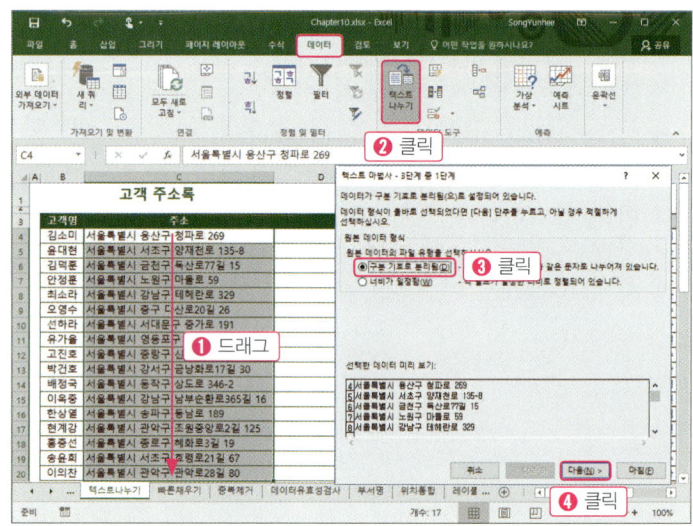

03 [구분 기호]를 [공백]으로 설정한 후 [다음]을 클릭합니다.

04 각 열의 서식을 지정하는 단계로 서식을 변경하지 않을 것이므로 옵션을 변경하지 않고 [마침]을 클릭합니다.

05 해당 영역에 이미 데이터가 있어 기존 데이터를 바꿀지 묻는 창이 표시되면 [확인]을 클릭합니다.

06 공백을 기준으로 필드가 분리됩니다.

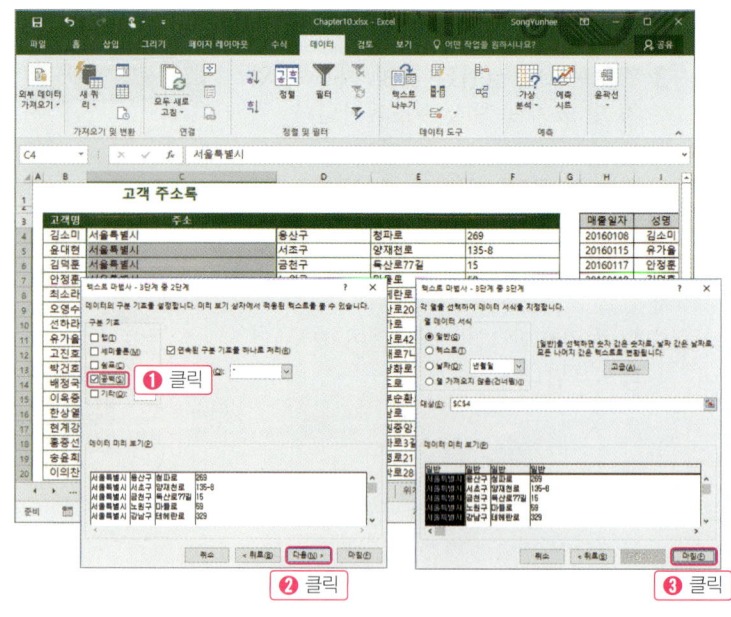

SECTION 39 빠른 채우기

'빠른 채우기'는 사용자가 어떤 작업을 하려는지 파악하는 즉시 데이터에서 인식한 패턴에 따라 단번에 나머지 데이터를 입력하는 기능입니다. 한 셀에 입력된 데이터를 여러 개의 열로 분할해야 하는 경우나 예제 데이터를 기반으로 단순히 데이터를 채우는 데 사용할 수 있습니다. 일반적으로 빠른 채우기는 데이터의 패턴을 인식한 경우에 작동합니다. 그러나 빠른 채우기가 항상 데이터를 채우는 것은 아니며, 데이터에 일관성이 있는 경우에 가장 적합합니다.

📁 실습예제 : Chapter10.xlsx – [빠른채우기] 시트

01 [C4] 셀을 클릭한 후 'Nancy'를 입력하고 Enter 를 누릅니다.

02 [C5] 셀에 'Al'를 입력하면 빠른 채우기 목록이 표시되고 Enter 를 누르면 자동으로 데이터가 채워집니다.

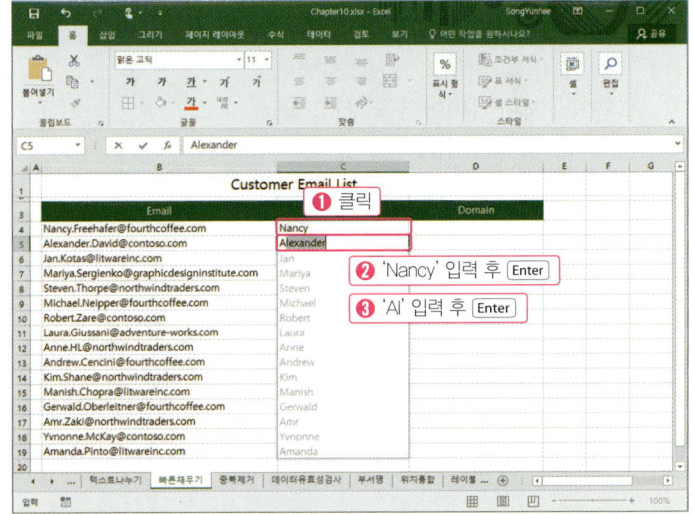

03 [D4] 셀에 'fourthcoffee.com'을 입력한 후 Enter 를 누릅니다.

04 Ctrl + E 를 누르거나 [데이터] 탭 – [데이터 도구] 그룹 – [빠른 채우기]를 클릭합니다.

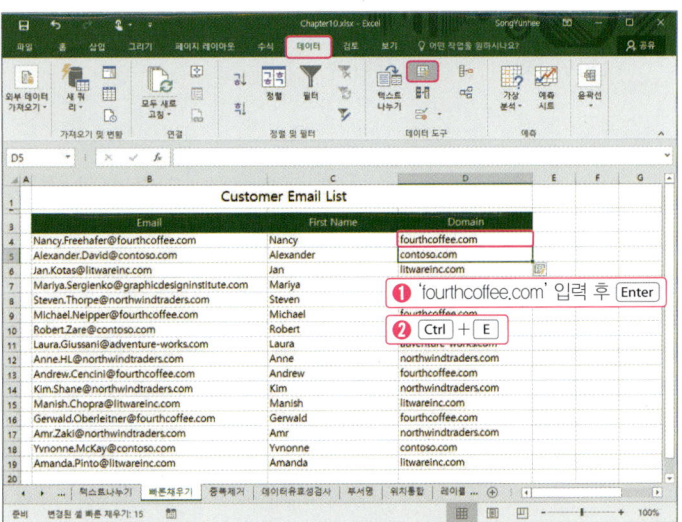

[홈] 탭 – [편집] 그룹 – [채우기] – [빠른 채우기]에서도 명령이 제공됩니다.

Chapter 10_ 데이터 관리 및 분석 • 451

SECTION 40 중복된 항목 제거하기

'중복된 항목 제거' 기능을 사용하여 지정한 필드의 값들을 기준으로 데이터가 중복되었음을 판단하고 자동으로 중복된 항목을 제거할 수 있습니다. 중복된 항목 제거는 중복 데이터 중 첫 번째 데이터만 남기고 나머지 데이터를 삭제합니다.

실습예제 : Chapter10.xlsx - [중복제거] 시트

01 모든 필드 값이 같을 때 제거

01 데이터 내부 임의의 셀을 선택하고 [데이터] 탭 - [데이터 도구] 그룹 - [중복된 항목 제거]를 클릭합니다.

02 모든 필드가 선택된 상태로 [중복된 항목 제거] 창이 표시되면 [확인]을 클릭합니다.

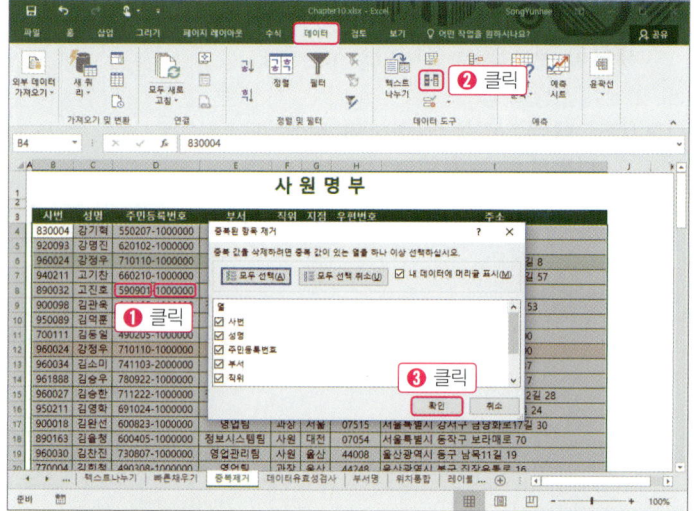

03 중복된 값이 없음을 알리는 창이 표시되면 [확인]을 클릭합니다.

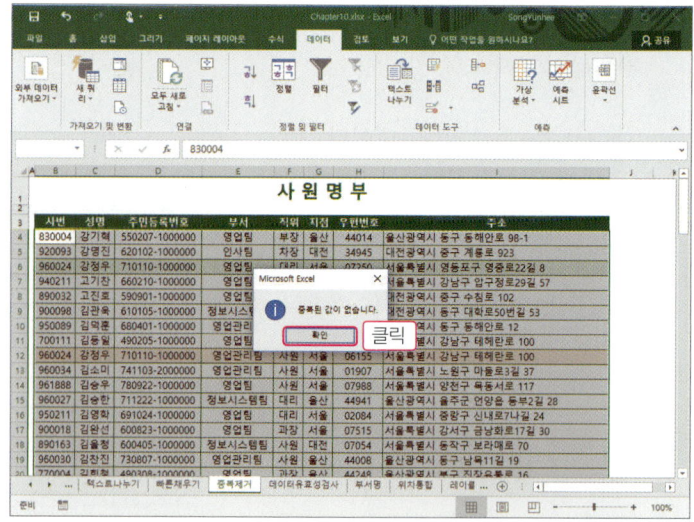

02 사번, 성명, 주민등록번호가 같을 때 제거

01 [데이터] 탭 - [데이터 도구] 그룹 - [중복된 항목 제거]를 클릭하고 [모두 선택 취소]를 클릭하여 모든 필드의 선택을 해제합니다.

02 중복을 확인할 [사번], [성명], [주민등록번호] 열을 선택한 후 [확인]을 클릭합니다.

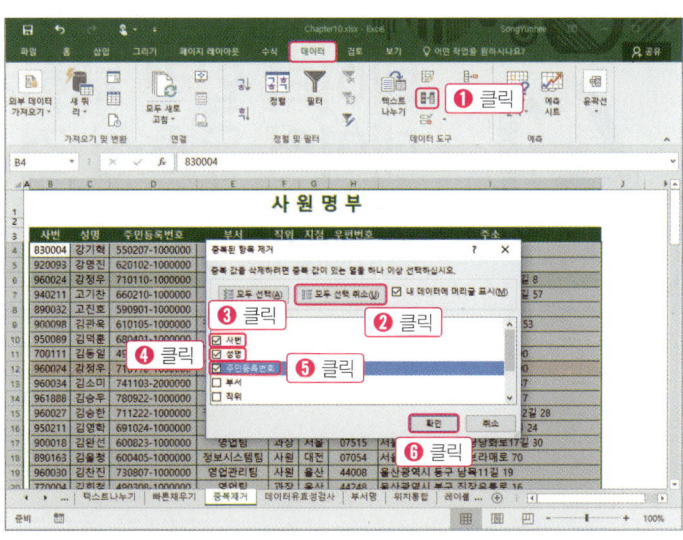

03 1개의 항목이 제거되었음을 알리는 창이 표시되면 [확인]을 클릭합니다.

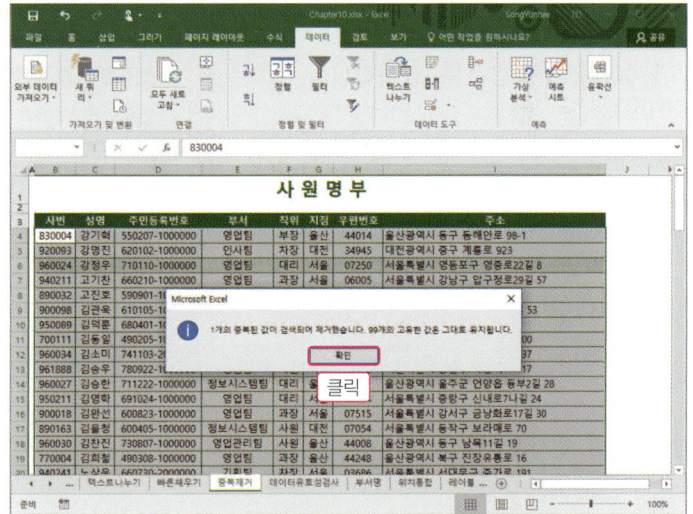

04 아래쪽에 있던 레코드가 삭제되고 위쪽에 있던 레코드만 남습니다.

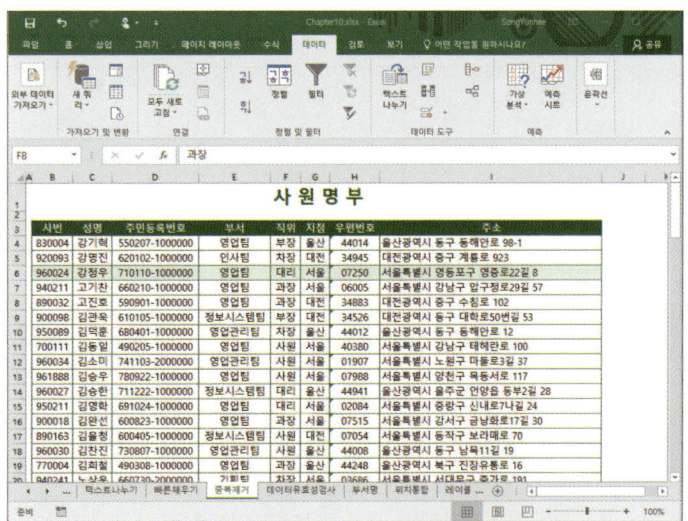

Chapter 10_ 데이터 관리 및 분석 · 453

SECTION 41

데이터 입력 제한하기 – 데이터 유효성 검사

'데이터 유효성 검사'는 데이터를 입력할 때 입력한 데이터가 유효한지 검사하는 규칙을 설정하여 유효하지 않은 데이터는 입력할 수 없도록 제한할 때 사용하는 기능입니다. 데이터 유효성 검사를 설정하는 방법에 대해 알아보겠습니다.

📁 실습예제 : Chapter10.xlsx – [데이터유효성검사] 시트

01 [사번] 입력 규칙 설정하기

01 [사번]은 1000~999 사이 값만 입력되도록 규칙을 설정해 보겠습니다. [B4~B13] 셀 범위를 선택하고 [데이터] 탭 – [데이터 도구] 그룹 – [데이터 유효성 검사]를 클릭합니다.

02 [데이터 유효성] 창이 표시되면 [설정] 탭에서 [제한 대상]에 '정수', [제한 방법]에 '해당 범위', [최소값]에 '1000', [최대값]에 '9999'를 지정합니다.

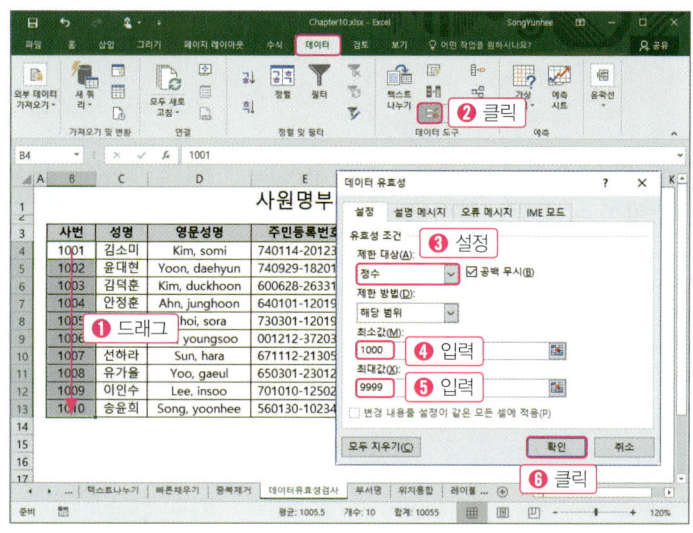

03 [설명 메시지] 탭의 [제목]에 '사번 입력 규칙', [설명 메시지]에 '사번은 1000~9999 사이로 입력하세요.'를 입력합니다.

04 [오류 메시지] 탭을 선택한 후 [제목]에 '사번 입력 오류', [오류 메시지]에 '사번은 1000~9999 사이로 입력해야 합니다.'를 입력하고 [확인]을 클릭합니다.

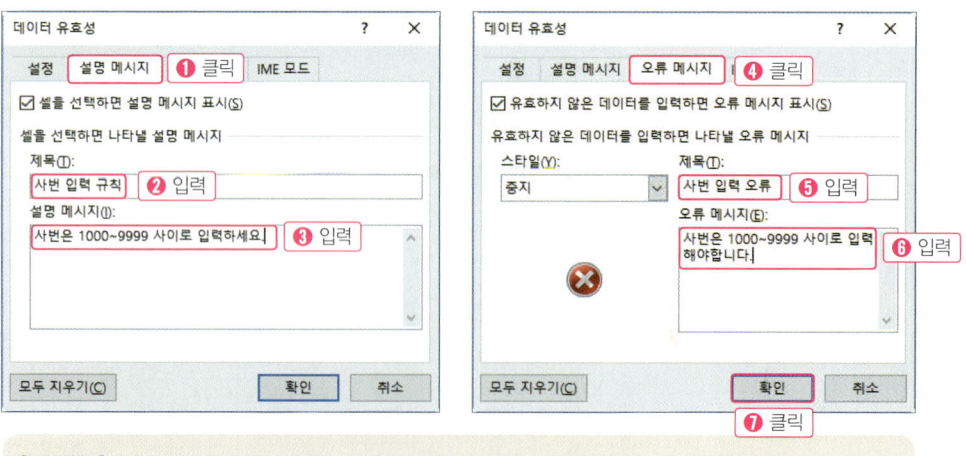

[IME 모드] 탭은 셀에 데이터를 입력할 때 기본 한글/영문 입력 상태를 설정할 때 사용합니다.

05 [사번] 필드 임의의 셀을 클릭하면 설명 메시지가 표시됩니다. 설정한 규칙에 어긋나는 '10000'을 입력한 후 Enter를 누르면 오류 메시지에 지정한 메시지가 표시됩니다.

06 [취소]를 클릭합니다.

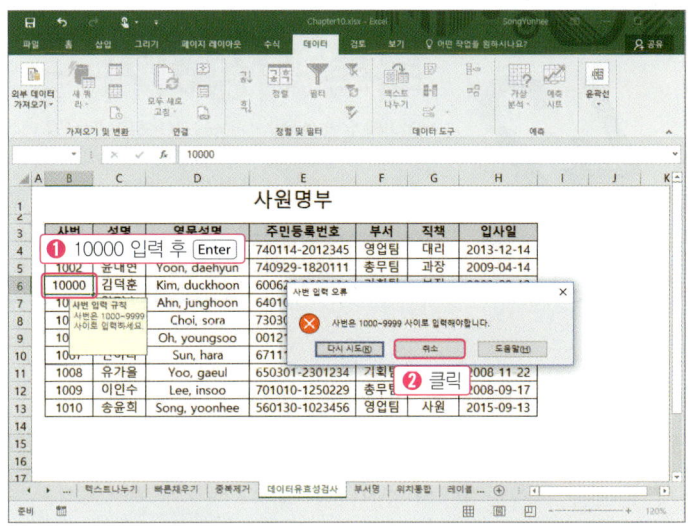

02 [주민등록번호] 입력 규칙 지정하기

01 [E4~E13] 셀 범위를 선택하고 [데이터] 탭 - [데이터 도구] 그룹 - [데이터 유효성 검사]를 클릭합니다.

02 [주민등록번호]는 13글자가 입력되도록 규칙을 설정해 보겠습니다. [설정] 탭에서 [제한 대상]은 '텍스트 길이', [제한 방법]은 '=', [길이]는 '13'을 입력한 후 [확인]을 클릭합니다.

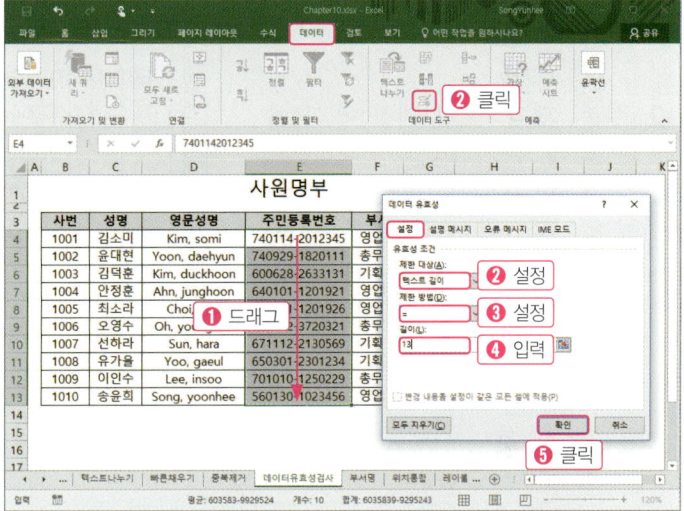

03 두 번째 주민등록번호를 더블 클릭한 후 Delete를 눌러 한자리를 지우고 Enter를 누릅니다.

04 [오류 메시지]를 지정하지 않았기 때문에 기본 오류 메시지가 표시되며, [취소]를 클릭합니다.

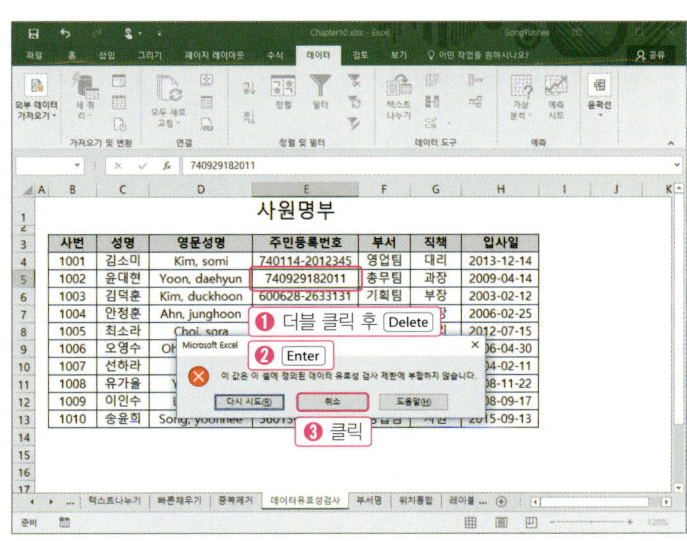

Chapter 10_ 데이터 관리 및 분석 · **455**

SECTION 42

목록 작성하기 - 데이터 유효성 검사

데이터 유효성 검사 기능을 사용하여 입력될 데이터를 '목록'으로 만들어 목록에 있는 원본 데이터만 입력히도록 설정할 수도 있습니다. '목록' 이란? 복록 단추(▼)를 클릭하여 표시되는 원본 데이터 중 원하는 데이터를 선택하여 입력하는 기능입니다. 목록에서 데이터를 선택하여 입력하므로 빠르게 데이터를 입력할 수 있는 장점과 목록 이외의 데이터가 입력되면 오류 메시지가 표시되도록 데이터 입력을 제한할 수도 있습니다. 예를 들어, [직책]을 입력하는 경우 목록에 있는 '부장, 차장, 과장, 대리, 사원' 이외에 이사나 주임 등의 직책을 입력하면 오류를 표시할 수 있습니다.

📂 실습예제 : Chapter10.xlsx - [데이터유효성검사] 시트

01 [직책]을 선택하는 목록 작성하기

01 목록을 작성할 [G4~G13] 셀 범위를 선택하고 [데이터] 탭 - [데이터 도구] 그룹 - [데이터 유효성 검사]를 클릭합니다.

02 [설정] 탭의 [제한 대상]에 '목록', [원본]에 '부장,차장,과장,대리,사원'을 지정한 후 [확인]을 클릭합니다.

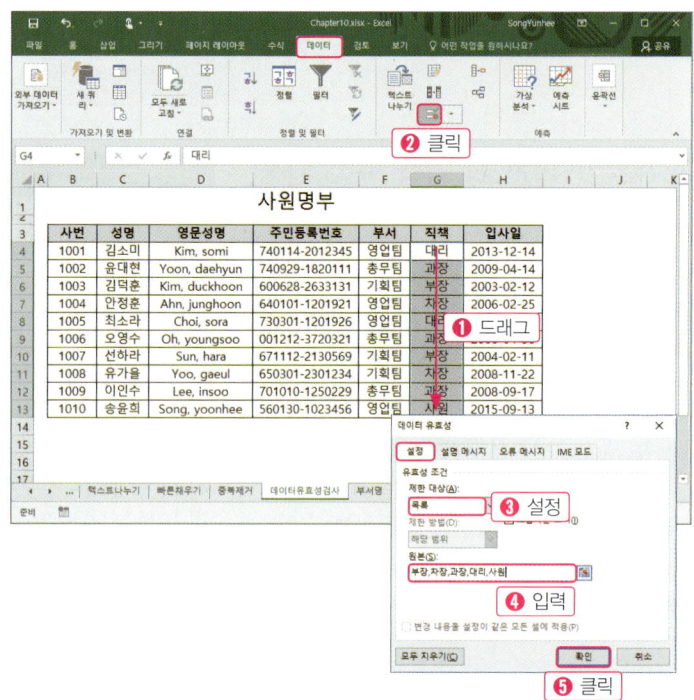

03 [직책] 필드의 목록 단추(▼)를 클릭하여 목록을 확인합니다.

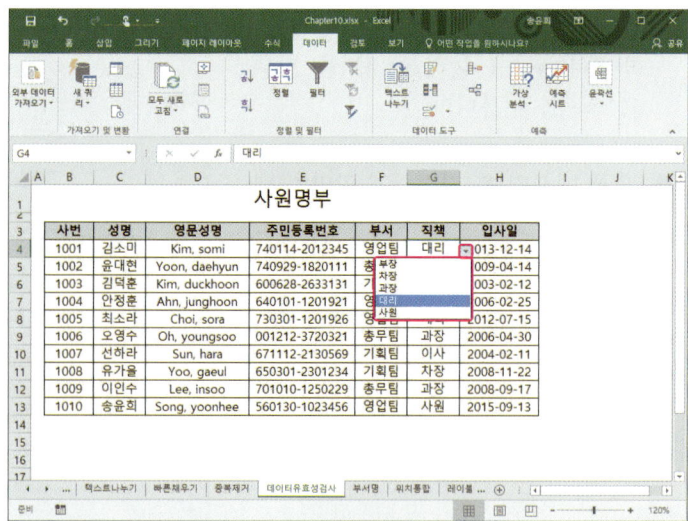

[직책] 필드 임의의 셀에 '이사'를 입력한 후 Enter 를 누르면 오류가 발생합니다.

02 [부서]를 선택하는 목록 작성하기

01 목록을 작성할 [G4~G13] 셀 범위를 선택하고 [데이터] 탭 - [데이터 도구] 그룹 - [데이터 유효성 검사]를 클릭합니다.

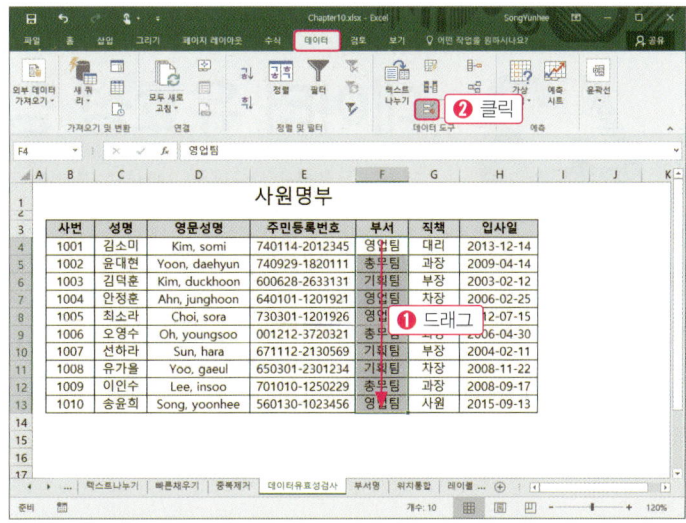

02 [설정] 탭의 [제한 대상]에 '목록'을 선택합니다.

03 [원본]을 클릭한 후 [부서명] 시트의 [A1] 셀을 클릭하고 Ctrl+A를 눌러 [A51] 셀까지 선택한 다음 [확인]을 클릭합니다.

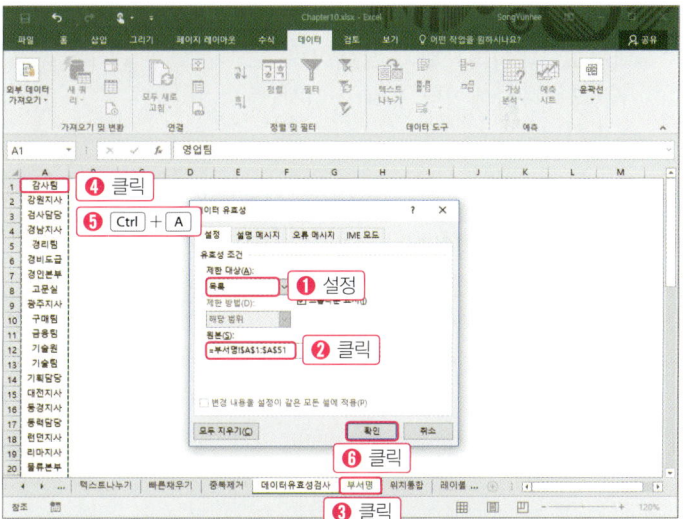

04 [부서] 필드의 목록 단추(▼)를 클릭하여 목록을 확인합니다.

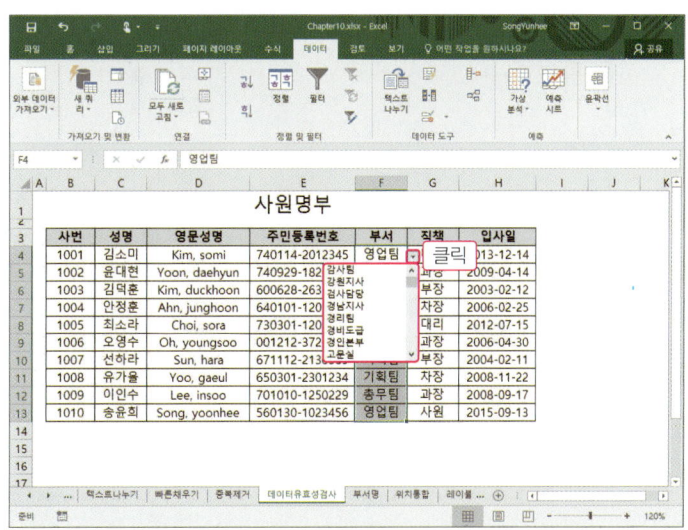

Chapter 10_ 데이터 관리 및 분석 · **457**

SECTION 43 데이터 유효성 검사 제거하기

데이터 유효성 검사 규칙을 제거하는 방법에 대해 알아보겠습니다.

📁 실습예제 : Chapter10.xlsx - [데이터유효성검사] 시트(Section 42 과정 연결)

01 목록이 작성된 임의의 셀(G5)을 선택하고 [데이터] 탭 - [데이터 도구] 그룹 - [데이터 유효성 검사]를 클릭합니다.

02 [변경 내용을 설정이 같은 모든 셀에 적용]을 설정합니다. 같은 규칙이 설정된 셀이 자동으로 선택되며, [모두 지우기]를 클릭합니다.

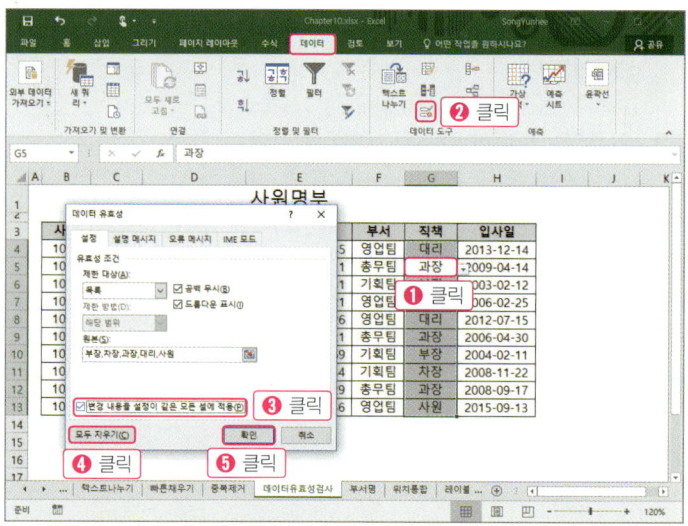

03 데이터 유효성 검사 규칙이 제거된 것을 확인합니다.

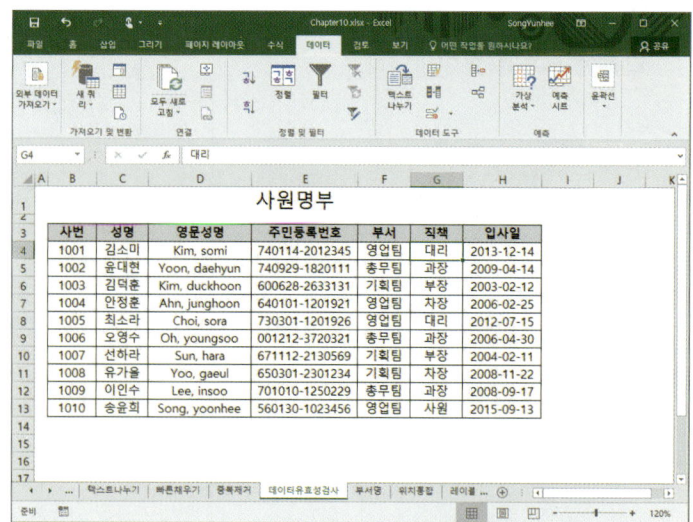

SECTION 44 데이터 통합하기

'통합' 기능을 사용하여 관련 있는 여러 개의 데이터 범위를 하나로 통합할 수 있습니다. 데이터 통합은 위치에 의한 통합과 레이블에 의한 통합 두 가지로 제공됩니다. 위치에 의한 통합은 통합할 여러 데이터의 순서와 위치가 동일한 경우 위치를 기준으로 통합하고, 레이블에 의한 통합은 첫 행과 왼쪽 열의 레이블을 기준으로 같은 항목의 데이터를 통합합니다. 데이터를 통합하는 방법에 대해 알아보겠습니다.

실습예제 : Chapter10.xlsx - [위치통합], [레이블통합] 시트

01 위치에 의한 통합

01 통합한 데이터를 표시할 [위치통합] 시트의 [H14] 셀을 클릭하고 [데이터] 탭 - [데이터 도구] 그룹 - [통합]을 클릭합니다.

02 [통합] 창에서 [함수]는 '합계', [참조]를 클릭한 다음 [C5~D9] 셀 범위를 선택하고 [추가]를 클릭합니다.

03 [참조]를 클릭한 다음 [H5~I9] 셀 범위를 선택하고 [추가]를 클릭합니다. 다시 [참조]를 클릭한 다음 [C14~D18] 셀 범위를 선택하고 [추가]를 클릭한 후 [확인]을 클릭합니다.

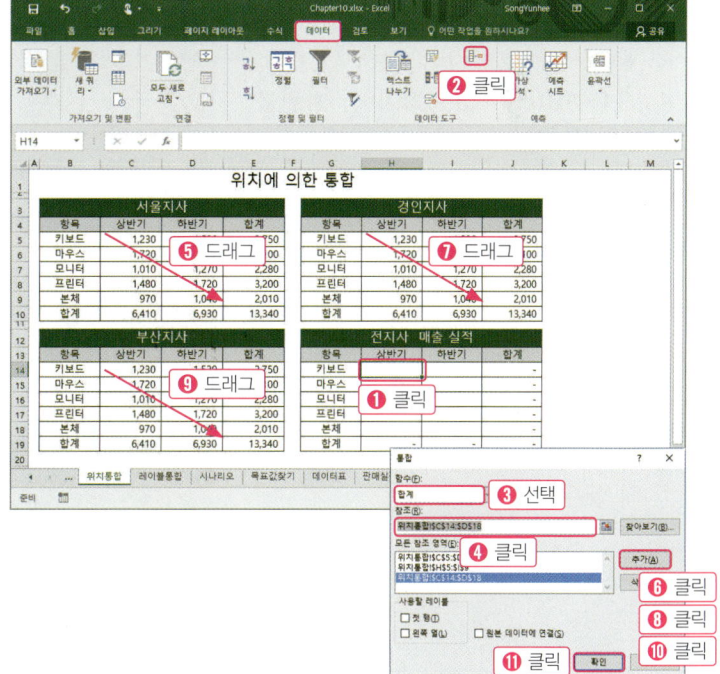

04 [H14] 셀을 시작으로 통합된 데이터의 합계가 표시됩니다.

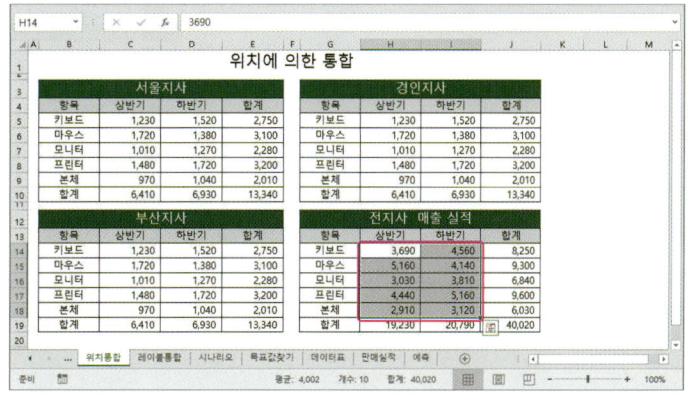

02 레이블에 의한 통합

01 [레이블통합] 시트의 [G13] 셀을 클릭하고 [데이터] 탭 - [데이터 도구] 그룹 - [통합]을 클릭합니다.

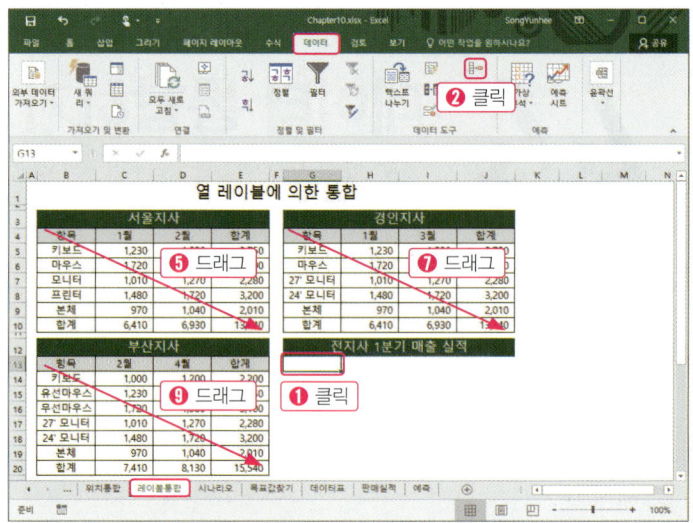

02 [통합] 창에서 [함수]는 [합계], [참조]를 클릭한 다음 [B4~E10], [G4~J10], [B13~E20] 셀 범위를 추가합니다.

03 [사용할 레이블]에서 [첫 행]과 [왼쪽 열]을 설정하고 [확인]을 클릭합니다.

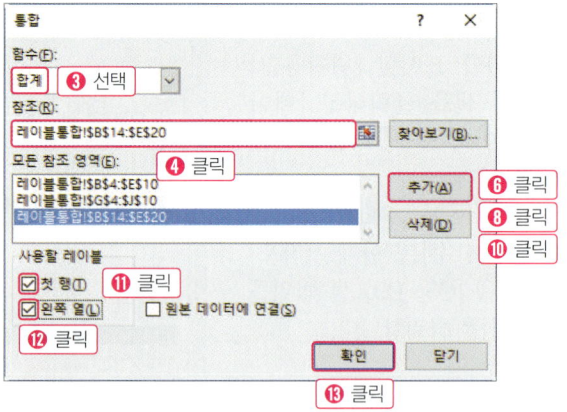

04 [G13] 셀을 시작으로 통합된 데이터의 합계가 표시됩니다.

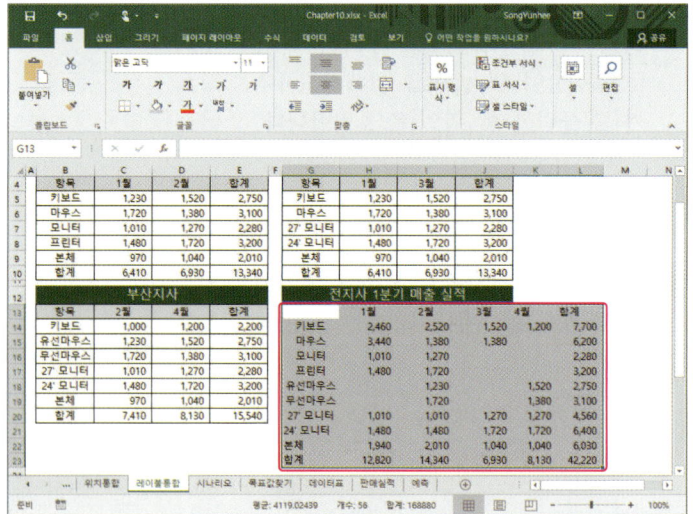

SECTION 45 시나리오 관리자 사용하기

'시나리오'는 다양한 상황과 변수에 따른 여러 가지 결과값의 변화를 가상의 상황을 통해 예측하고 분석하는 도구로, 셀 값의 변동에 따른 여러 시나리오를 만들어 변화하는 결과값을 예측하기 위해 사용합니다.

📁 실습예제 : Chapter10.xlsx – [시나리오] 시트

01 시나리오 추가하기

[예상 성장율]의 변화(보통의 경우 5%, 최상의 경우 15%, 최악의 경우 -10%)에 따른 금년 매출액과 예상 매출액의 변화를 파악하는 시나리오를 작성해 보겠습니다.

01 [데이터] 탭 – [예측] 그룹 – [가상분석] – [시나리오 관리자]를 선택하고 [시나리오 관리자] 창에서 [추가]를 클릭합니다.

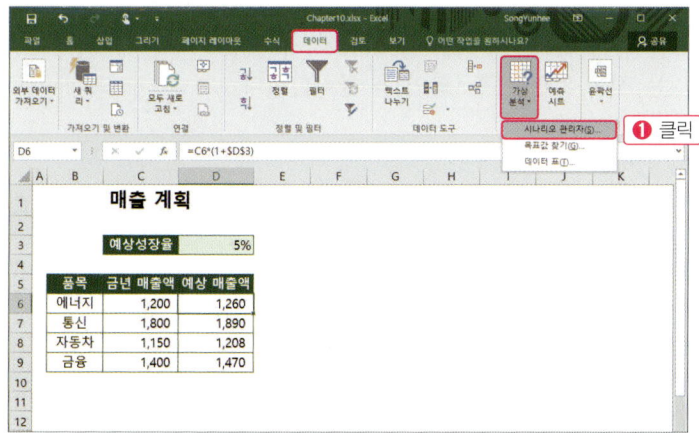
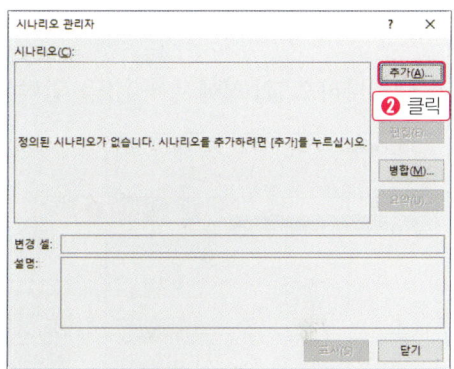

02 [시나리오 추가] 창에서 [시나리오 이름]은 '보통의경우'를 입력하고, [변경 셀]을 클릭한 후 [D3] 셀을 선택한 다음 [확인]을 클릭합니다.

03 [시나리오 값] 창에서 '0.05'를 입력하고 [확인]을 클릭합니다.

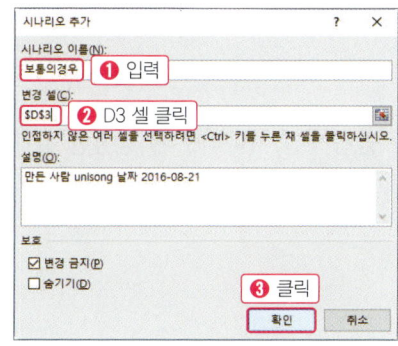
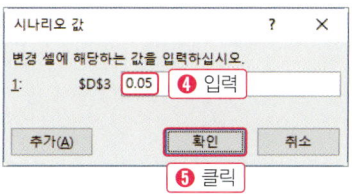

04 최상의 경우를 추가하기 위해 [시나리오 관리자] 창의 [추가]를 클릭한 후 [시나리오 이름]에 '최상의경우'를 입력하고, [변경 셀]에 [D3]이 지정되어 있는 것을 확인한 다음 [확인]을 클릭합니다.

05 [시나리오 값] 창에서 '0.15'를 입력하고 [확인]을 클릭합니다.

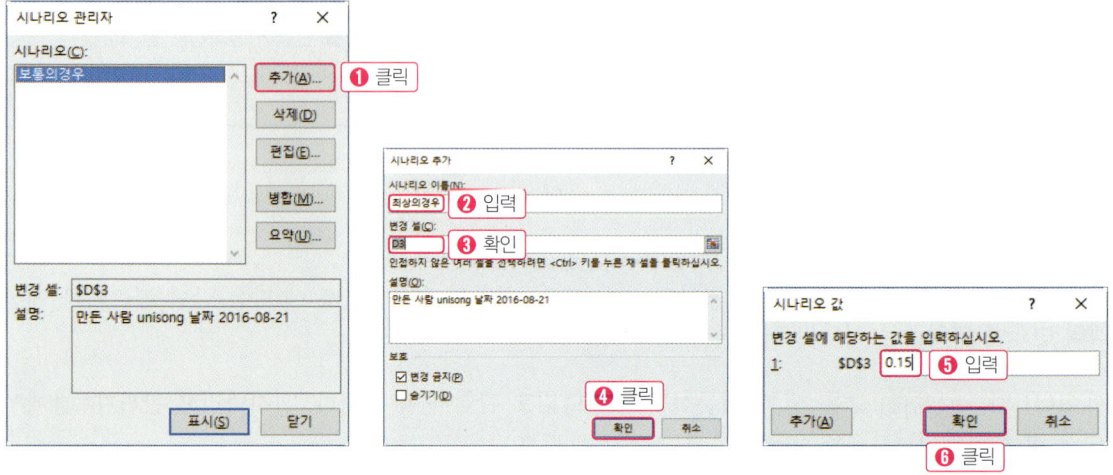

06 최악의 경우를 추가하기 위해 [시나리오 관리자] 창의 [추가]를 클릭하고 [시나리오 이름]에 '최악의경우' 입력, [변경 셀]에 [D3]이 지정되어 있는 것을 확인한 후 [확인]을 클릭합니다.

07 [시나리오 값] 창에서 '-0.1'을 입력하고 [확인]을 클릭합니다.

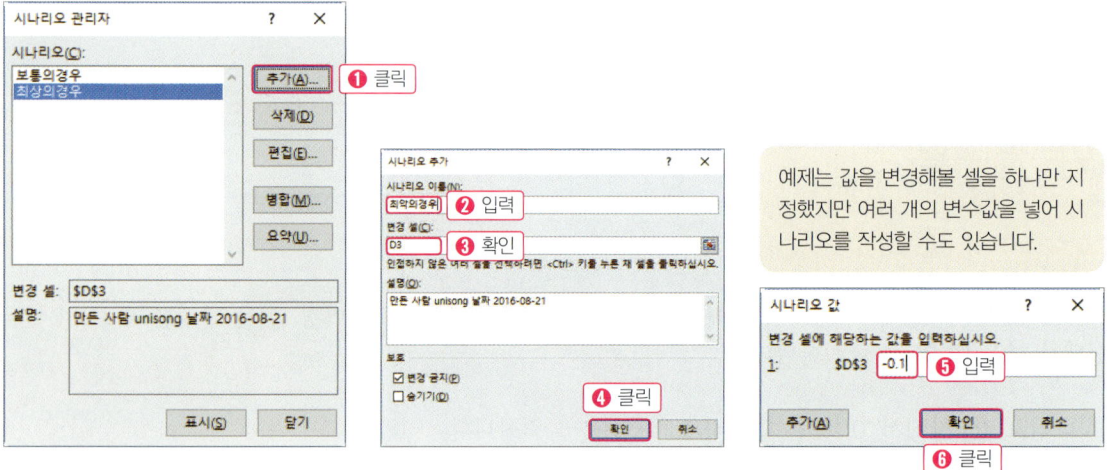

예제는 값을 변경해볼 셀을 하나만 지정했지만 여러 개의 변수값을 넣어 시나리오를 작성할 수도 있습니다.

02 시나리오 적용하기

[시나리오 관리자] 창에서 [최상의경우] 시나리오를 선택한 후 [표시]를 클릭하면 시나리오에 지정한 값대로 데이터가 업데이트됩니다.

03 요약 시나리오 작성하기

01 [시나리오 관리자] 창에서 [요약]을 클릭합니다.

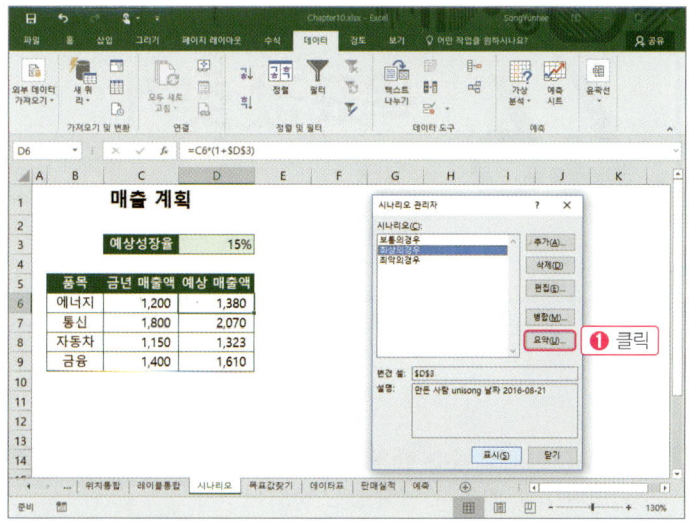

02 요약할 셀 범위로 'D6, D7, D8, D9'가 설정된 상태로 [시나리오 요약] 창이 표시되면 [확인]을 클릭합니다.

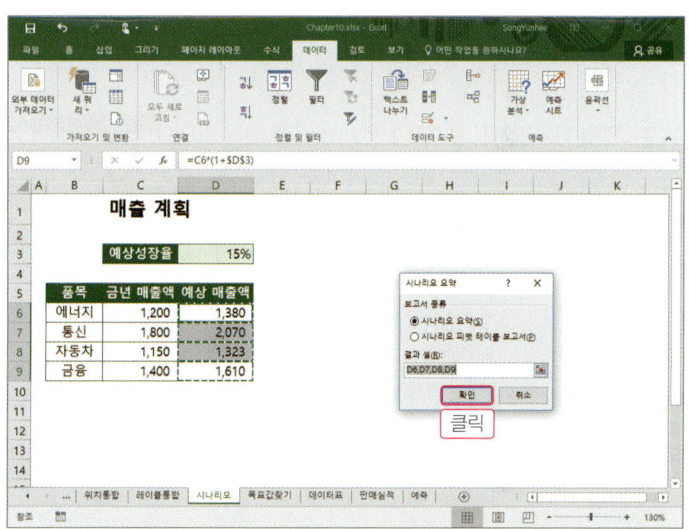

03 요약 시나리오가 완성됩니다.

> 요약 시나리오의 변경 셀과 결과 셀은 기본적으로 셀 주소로 표시됩니다. 만약 해당 셀에 이름을 정의해 놓으면 그 이름으로 요약 시나리오가 작성됩니다.

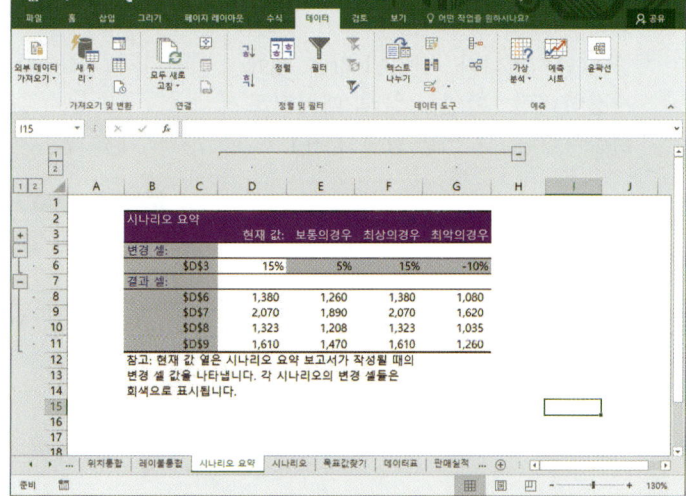

SECTION 46 목표값 찾기

목표값 찾기는 수식에서 원하는 결과(목표)값은 알고 있지만, 그 결과값을 계산하기 위해 필요한 입력값을 모를 경우 사용하는 기능입니다. 목표값 찾기를 사용하여 주어진 결과값에 대해 하나의 입력값만을 변경할 수 있으며, 결과값은 입력값을 참조하는 수식으로 작성되어 있어야 합니다.

실습예제 : Chapter10.xlsx - [목표값찾기] 시트

01 [대구] 지역의 매출 합계가 4,000이 되려면 3월 매출이 얼마로 조정되어야 하는지 계산해 보겠습니다.
[데이터] 탭 - [예측] 그룹 - [가상 분석] - [목표값 찾기]를 선택합니다.

02 [목표값 찾기] 창이 표시되면 [수식 셀]은 'F6', [찾는 값]은 '4000', [값을 바꿀 셀]은 'E6' 셀을 지정한 후 [확인]을 클릭합니다.

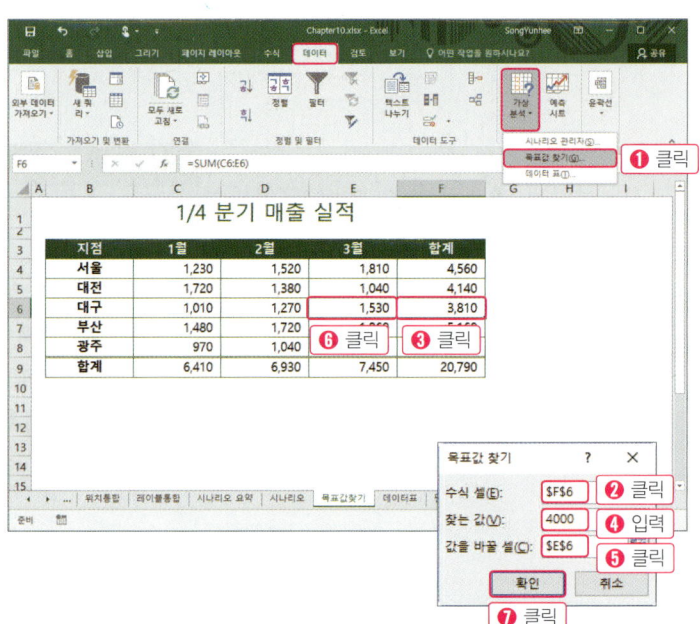

03 값을 바꿀 셀(E6)과 수식 셀(F6)의 값이 변경되고, [목표값 찾기 상태] 창이 표시됩니다. 변경된 값을 셀에 저장하려면 [확인], 원래 데이터로 되돌리려면 [취소]를 클릭합니다.

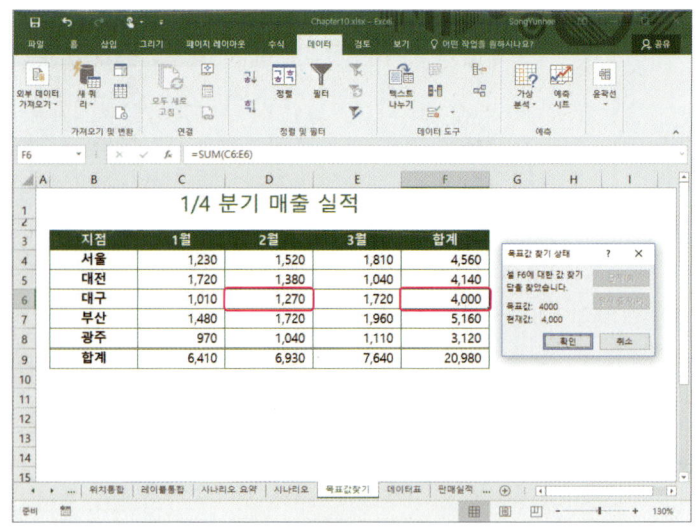

SECTION 47 데이터 표

데이터 표는 수식의 특정값을 변경할 경우 결과에 주는 영향을 보여 주는 셀 범위입니다. 데이터표를 사용하면 여러 변경값을 한 번의 연산으로 빠르게 계산할 수 있으며 모든 변수 값의 변화에 따라 달라지는 결과를 워크시트에서 한 번에 보고 비교할 수 있습니다.

📁 실습예제 : Chapter10.xlsx - [데이터표] 시트

01 작성하려는 데이터 표의 첫 셀인 [F4]를 클릭하고 '=C3*(1-C4)' 수식을 작성한 후 Enter 를 누릅니다.

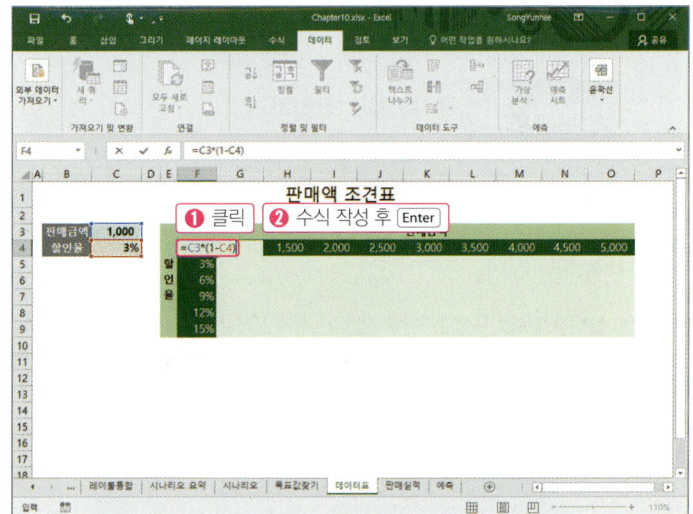

02 F4 셀을 시작으로 데이터 표의 전체 영역을 선택하고 [데이터] 탭 - [예측] 그룹 - [가상 분석] - [데이터 표]를 선택합니다.

03 [데이터 표] 창에서 [행 입력 셀]은 'C3', [열 입력 셀]은 'C4' 셀을 지정하고 [확인]을 클릭합니다.

> 표의 첫 행에 있는 데이터가 [판매금액]을 대체하는 값이므로 [행 입력 셀]에 'C3', 표의 첫 열에 있는 데이터가 [할인율]을 대체하는 값이므로 [열 입력 셀]에 'C4'를 지정합니다.

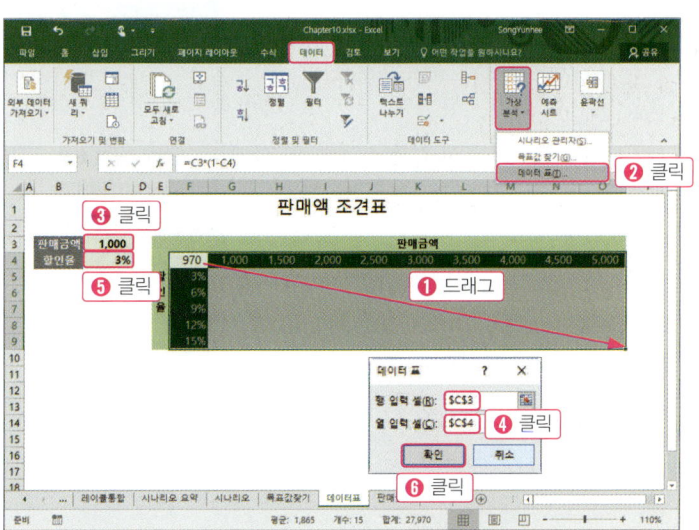

Chapter 10_ 데이터 관리 및 분석 · 465

04 [판매금액]과 [할인율]에 따른 할인액을 보여주는 데이터 표가 완성됩니다.

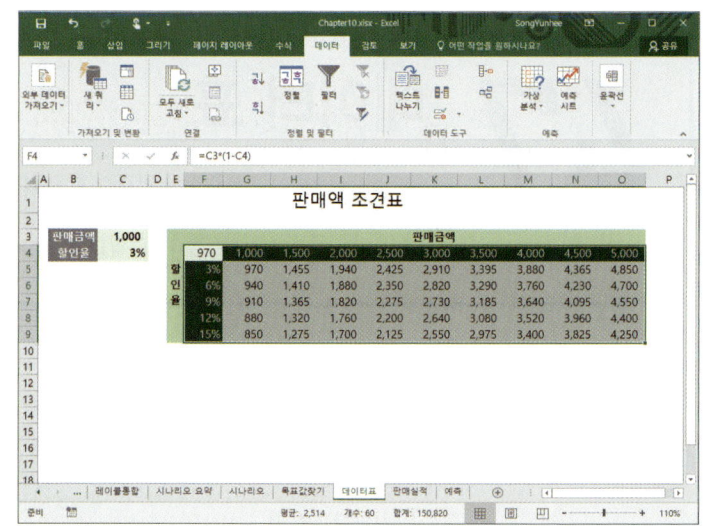

PowerUp 예측 시트 삽입하기

예측 시트는 엑셀 2016에 새롭게 제공되는 데이터 추세를 예측하여 새 워크시트를 만듭니다. 시간 기반 데이터가 있는 경우 기존 데이터를 기반으로 미래의 예측된 값과 이 데이터를 나타내는 차트가 포함된 새 워크시트를 자동으로 만들어줍니다.

[예측] 시트에는 2012년부터 2016년까지 5개년도의 공항 이용 승객 수가 정리되어 있습니다. 이 데이터를 기반으로 향후 공항 이용 승객 수를 예측해 보겠습니다.

01 [예측] 시트에 입력된 데이터 임의의 셀을 선택하고 [데이터] 탭 – [예측] 그룹 – [예측 시트]를 클릭합니다.

02 [예측 워크시트 만들기] 창이 표시되면 [예측 종료]일을 확인한 후 [만들기]를 클릭합니다.

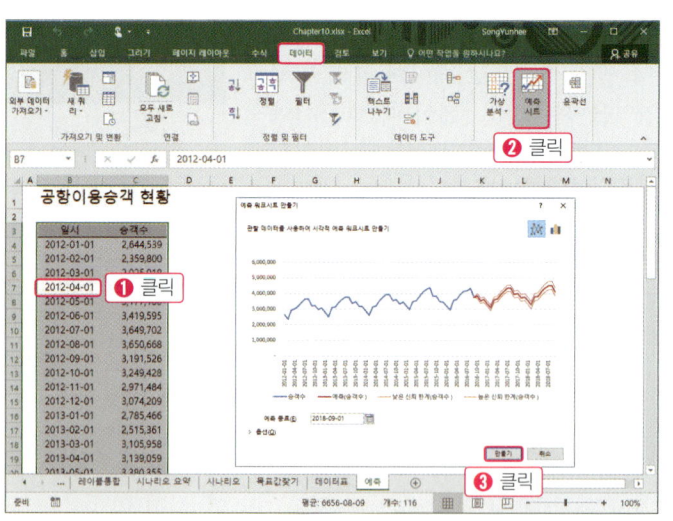

03 새 워크시트가 삽입되고 예측 결과를 표시하는 차트가 삽입됩니다.

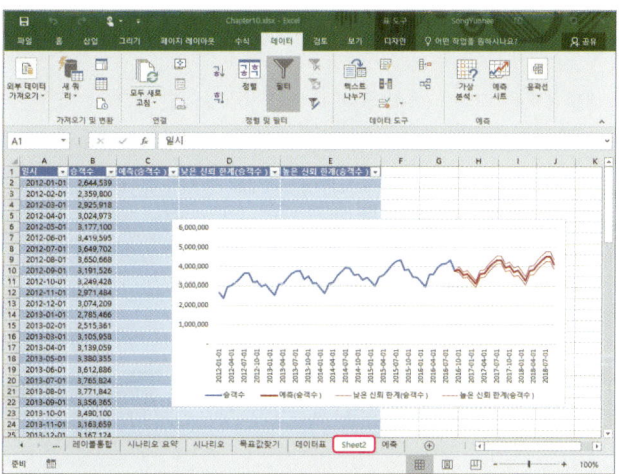

04 화면을 아래로 이동하면 미래 예측 데이터를 확인할 수 있습니다.

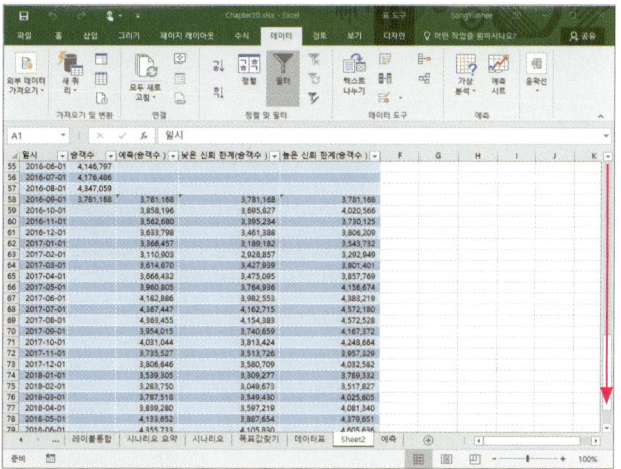

PowerUp 웹 데이터 엑셀로 가져오기

엑셀 2016은 다양한 형식의 파일, 데이터베이스, 웹 등의 데이터 원본에서 엑셀로 데이터를 가져올 수 있습니다. 그 중 웹 데이터를 엑셀로 가져오는 방법을 살펴보겠습니다.

01 웹 브라우저를 실행하고 주소 표시줄에 'www.naver.com'을 입력한 후 Enter를 누릅니다.

02 검색어 입력란에 '환율'을 입력한 후 Enter를 눌러 환율 조회 화면으로 이동합니다.

03 주소 표시줄을 클릭한 후 Ctrl + C를 눌러 URL을 복사합니다.

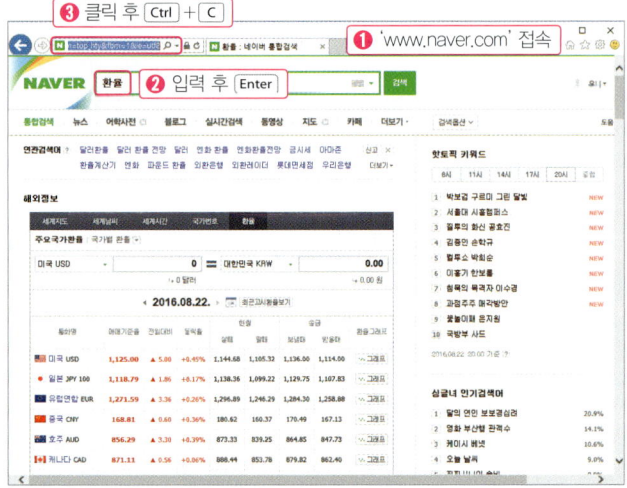

04 엑셀을 활성화 한 후 [데이터] 탭 – [가져오기 및 변환] 그룹 – [새 쿼리]를 클릭한 후 [기타 원본에서] – [웹에서]를 선택합니다.

05 [웹에서] 창이 표시되면 Ctrl + V를 눌러 붙여넣기한 후 [확인]을 클릭합니다.

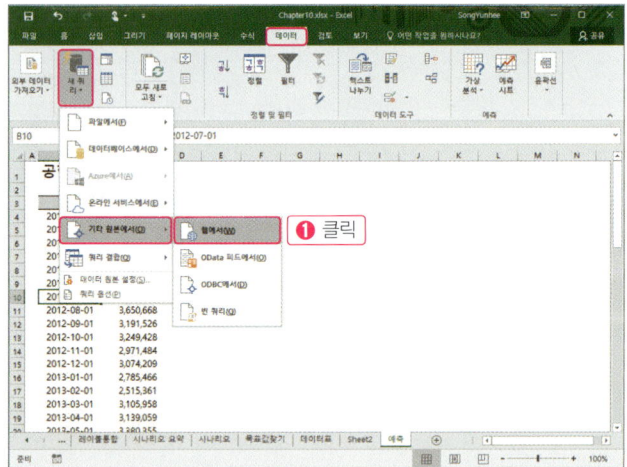

06 [탐색 창]이 표시되면 검색된 데이터 중 [국가별 환율차트]를 선택하고 [로드]를 클릭합니다.

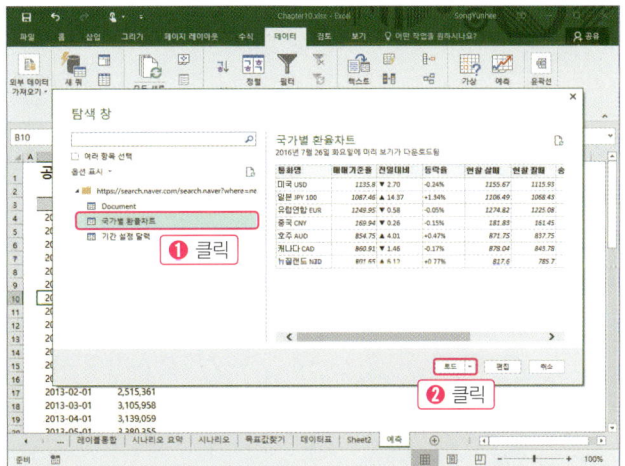

07 환율 데이터가 워크시트로 로드됩니다.

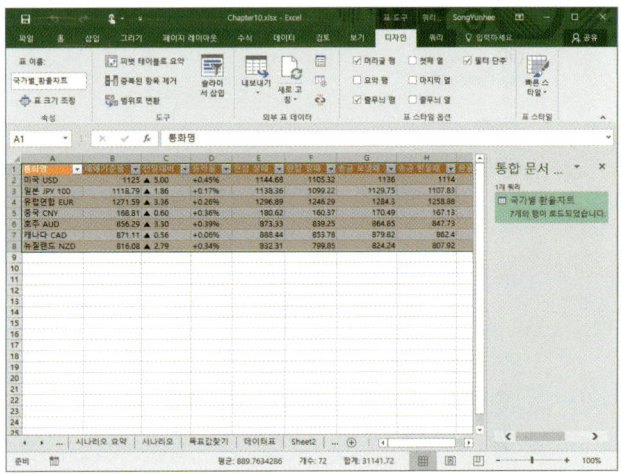

Excel 2016

CHAPTER

11

양식 문서 작성

다양한 양식 컨트롤을 사용하여 작성한 문서를 '양식 문서'라고 합니다. 워크시트에 다양한 양식 컨트롤을 사용하여 엑셀 작업을 더 직관적이고 쉽게 할 수 있는 고급 문서를 작성하는 방법에 대해 알아보도록 하겠습니다.

SECTION 01 양식 문서의 이해

다양한 컨트롤을 포함하는 양식 문서를 작성하면 좀 더 효과적으로 문서를 사용할 수 있습니다. 양식 문서 작성을 위해 양식 문서가 무엇인지부터 알아보겠습니다.

📁 **실습예제** : Chapter11.xlsx – [확인란] 시트

01 양식 문서란?

다양한 양식 컨트롤을 사용하여 작성한 문서를 '양식 문서'라고 합니다. '컨트롤'이란 콤보 상자, 확인란, 옵션 단추, 스크롤 막대, 단추 등 사용자가 프로그램을 제어할 수 있는 그래픽 사용자 인터페이스 개체를 말하고, 컨트롤을 사용하여 문서를 작성하면 사용자가 엑셀 작업을 더 직관적이고 쉽게 할 수 있습니다.

02 양식 컨트롤 메뉴

양식 컨트롤은 [개발 도구] 탭에서 제공되는데 엑셀 2016의 기본 설정은 [개발 도구] 탭이 표시되지 않습니다. 그래서 양식 컨트롤을 사용하려면 리본 메뉴에 [개발 도구] 탭을 먼저 표시해야 합니다. 양식 컨트롤은 [개발 도구] 탭 – [컨트롤] 그룹 –[삽입] – [양식 컨트롤] 범주에서 제공됩니다.

01 리본 메뉴 임의의 위치에서 마우스 오른쪽 버튼을 클릭하고 [리본 메뉴 사용자 지정]을 선택합니다.

[파일] 탭 – [옵션] – [리본 사용자 지정]을 선택해도 됩니다.

02 오른쪽 목록에서 [개발 도구]를 선택한 후 [확인]을 클릭합니다.

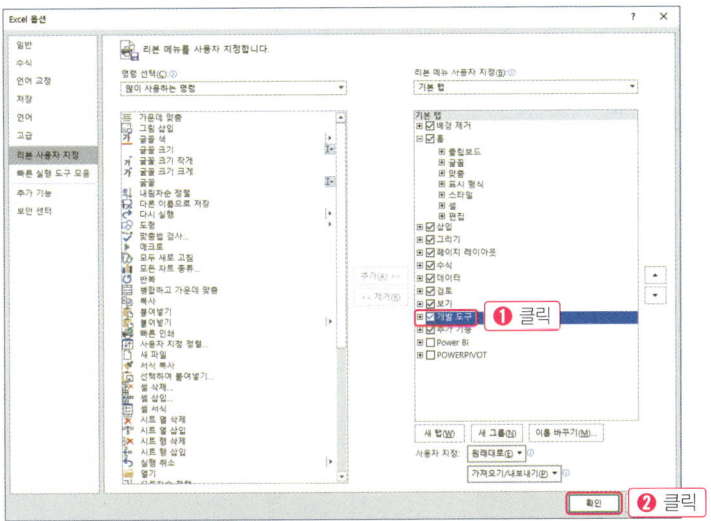

03 리본 메뉴에 추가된 [개발 도구] 탭 - [컨트롤] 그룹 - [삽입]을 클릭하면 [양식 컨트롤] 그룹의 컨트롤들을 사용할 수 있습니다.

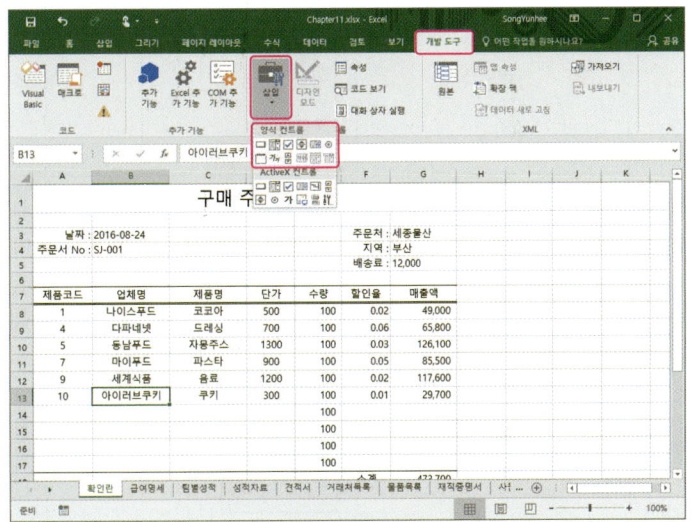

> **참고 양식 컨트롤 vs ActiveX 컨트롤**
> 양식 컨트롤은 VBA(Visual Basic for Application) 코드를 사용할 필요 없이 셀 데이터를 손쉽게 참조하고 사용하려는 경우 사용합니다. ActiveX 컨트롤은 VBA(Visual Basic for Application) 코드를 통해 실행되는 외부 컨트롤입니다.

Chapter 11_ 양식 문서 작성 • 473

PowerUp 양식 컨트롤의 종류

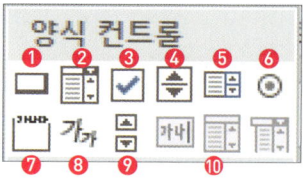

옵션	컨트롤 이름	컨트롤 모양	설명
❶	단추	실행	매크로를 실행하는 단추(버튼)를 작성합니다.
❷	콤보 상자	서울/대전/대구/부산/광주	목록 단추를 클릭하여 항목을 선택할 때 사용합니다.
❸	확인란	지역 ☑서울 ☑대전 ☐부산 ☑광주	체크 박스 모양의 컨트롤로 옵션을 선택할 때 사용하며, 여러 개의 옵션을 함께 선택할 수 있습니다.
❹	스핀 단추	수량 5	값을 늘리거나 줄일 때 사용합니다.
❺	목록 상자	서울/대전/대구/부산/광주	콤보 상자와 유사하게 항목을 선택할 때 사용하지만 목록 단추가 표시되지 않고 목록 항목을 바로 보여줍니다.
❻	옵션 단추	성별 ⦿남자 ○여자	옵션을 선택할 때 사용합니다. 그룹 안의 단 하나의 옵션만 선택할 수 있습니다.
❼	그룹 상자	성별 ⦿남자 ○여자	서로 관련 있는 컨트롤을 시각적으로 그룹화할 때 사용합니다.
❽	레이블	수량 5	설명이나 용도를 나타내는 텍스트를 입력할 때 사용합니다.
❾	스크롤 막대	◀ ▶	스크롤 막대를 작성할 때 사용합니다.
❿	텍스트 필드, 콤보 목록, 콤보 드롭다운		Excel 5.0 버전 대화상자 시트에만 사용 가능합니다.

SECTION 02 부가세 포함 여부 체크 – 확인란 컨트롤

확인란(☑부가세 포함 여부) 컨트롤을 작성하여, 부가세 포함 여부에 체크하면 소계의 10%를 부가세로 계산하고, 체크가 해제되면 0을 표시하는 양식을 작성해 보겠습니다.

📁 실습예제 : Chapter11.xlsx – [확인란] 시트

01 [개발 도구] 탭 – [컨트롤] 그룹 – [삽입]을 클릭한 후 [양식 컨트롤] 범주의 [확인란]을 선택합니다.

02 워크시트의 적절한 위치에 드래그하여 컨트롤을 작성합니다.

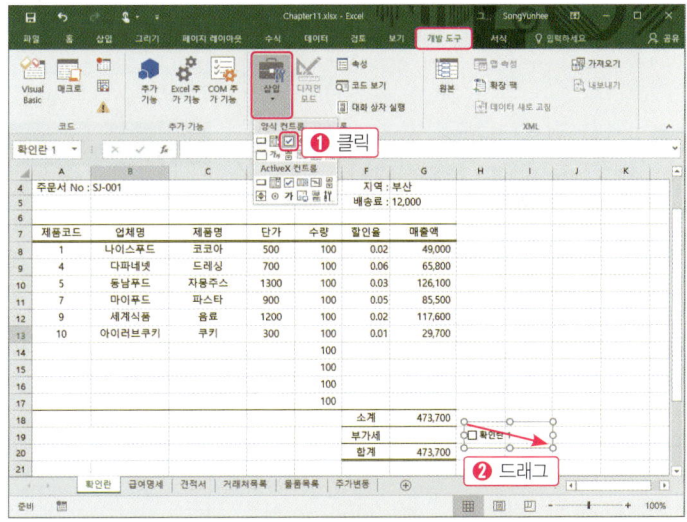

03 컨트롤에 입력되어 있는 [확인란1]을 드래그하여 선택한 후 '부가세 포함 여부'를 입력합니다.

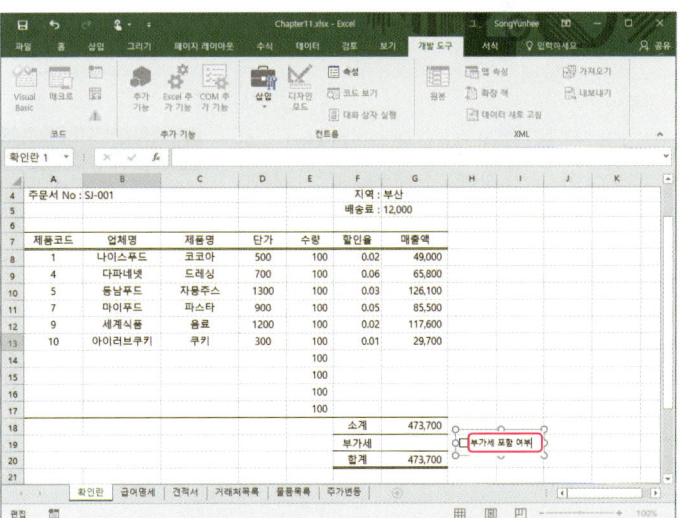

워크시트 임의의 셀을 클릭하면 컨트롤의 실행 모드가 설정되고, 컨트롤을 Ctrl+클릭하면 편집 모드가 됩니다.

Chapter 11_ 양식 문서 작성 · 475

04 확인란의 선택 상태를 셀에 연결하여 표시하기 위해 컨트롤에서 마우스 오른쪽 버튼을 클릭한 후 [컨트롤 서식]을 선택합니다.

05 [컨트롤 서식] 창의 [셀 연결] 속성을 클릭한 후 [E19] 셀을 선택(연결 셀은 아무 셀이나 지정해도 됩니다)하고 [확인]을 클릭합니다.

> 확인란 컨트롤은 체크되었을 때 TRUE, 해제되었을 때 FALSE를 반환합니다.

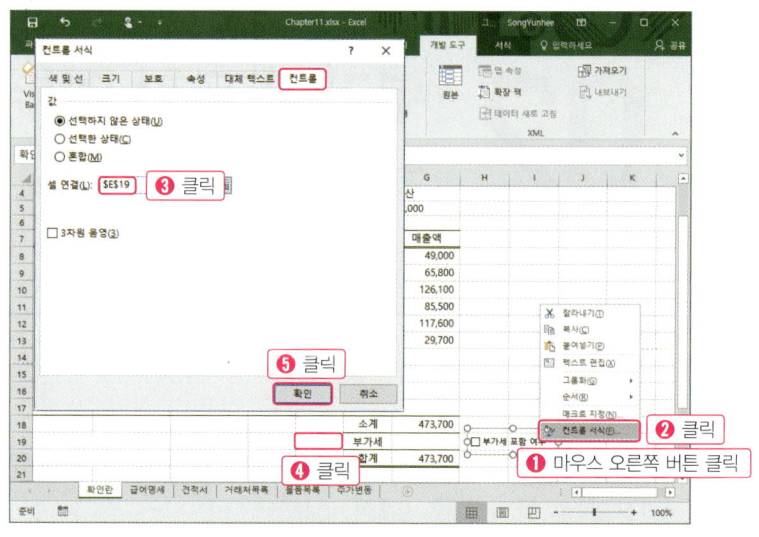

06 [G19] 셀을 클릭한 후 '=IF'를 입력하고 Ctrl+A를 누릅니다.

07 [함수 인수] 창에서 다음과 같이 인수를 지정한 후 [확인]을 클릭합니다.

- Logical_test : E19=TRUE
- Value_if_true : G18*10%
- Value_if_false : 0

> **수식 설명**
> [E19] 셀의 값이 TRUE이면 소계(G18)*10% 아니면 0을 반환

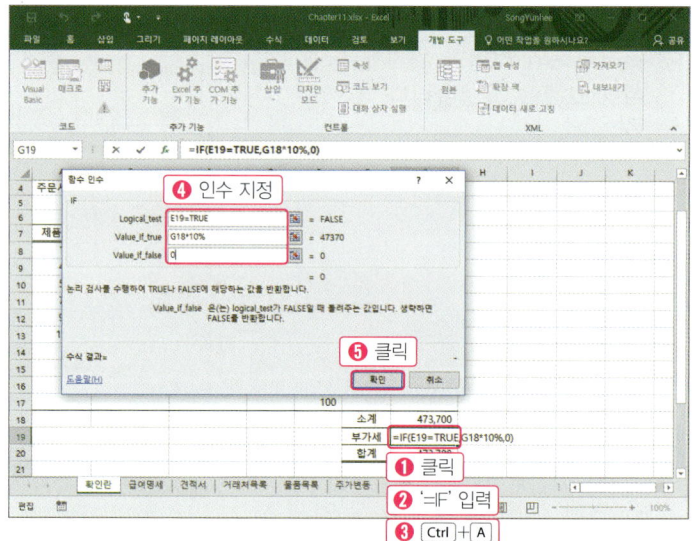

08 확인란을 클릭하여 체크 표시가 나타나면 부가세에 '소계*10%'한 금액이 계산되고, 다시 확인란을 클릭하여 체크 표시가 해제되면 0이 표시되는 것을 확인합니다.

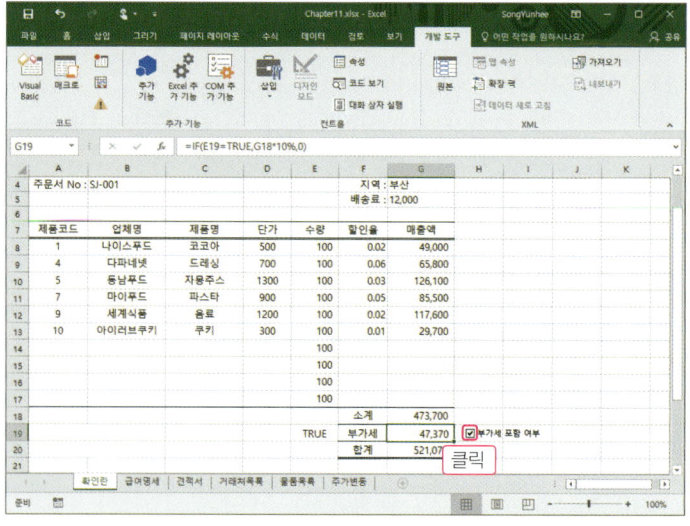

09 E19 셀의 값이 화면에 표시되지 않도록 설정하기 위해 [E19] 셀을 클릭합니다.

10 Ctrl+1을 누르고 [셀 서식] 창의 [표시 형식] 탭 – [사용자 지정] – [형식]을 클릭한 후 ';;;'을 입력하고 [확인]을 클릭합니다.

> ';;;' 형식은 양수;음수;0;문자 순시로 지정하는 사용자 지정 표시 형식의 코드를 모두 설정하지 않았으므로 셀에 입력된 데이터가 양수, 음수, 0, 문자 중 어떤 값이어도 표시하지 않겠다는 의미입니다(자세한 내용은 Chapter 04의 Section 09 참조).

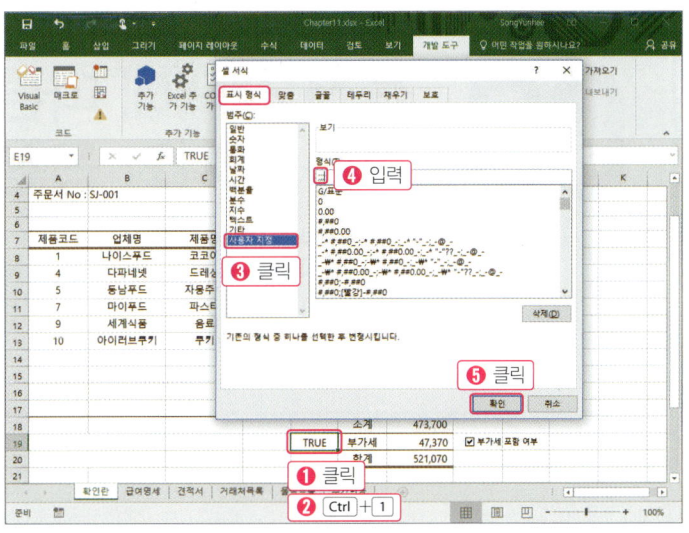

11 E19 셀에 아무 값도 표시되지 않는 것을 확인합니다.

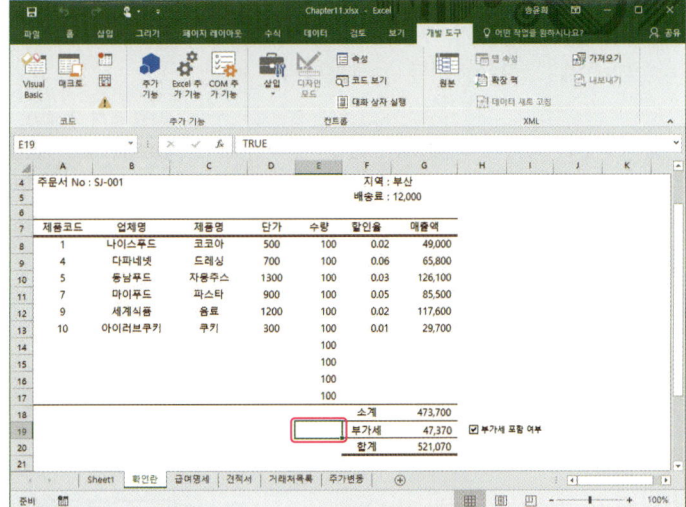

Chapter 11_ 양식 문서 작성 • **477**

SECTION 03

옵션 선택에 따른 자동 서식 지정 – 그룹 상자와 옵션 단추 컨트롤

그룹 상자와 옵션 단추 컨트롤을 사용하여 직책을 선택하는 옵션 선택 상자를 작성한 후 조건부 서식을 사용하여 직책을 선택하면 해당 직책의 레코드에 서식을 지정하는 양식을 작성해보겠습니다.

실습예제 : Chapter11.xlsx – [급여명세] 시트

01 그룹 상자 컨트롤 작성하기

01 [개발 도구] 탭 – [컨트롤] 그룹 – [삽입]을 클릭한 후 [양식 컨트롤] 범주의 [그룹 상자]를 선택합니다.

02 [I1~J1] 위치에 그룹 상자를 드래그하여 작성하고 '그룹 상자1' 텍스트를 드래그하여 선택한 후 '옵션 선택'을 입력합니다.

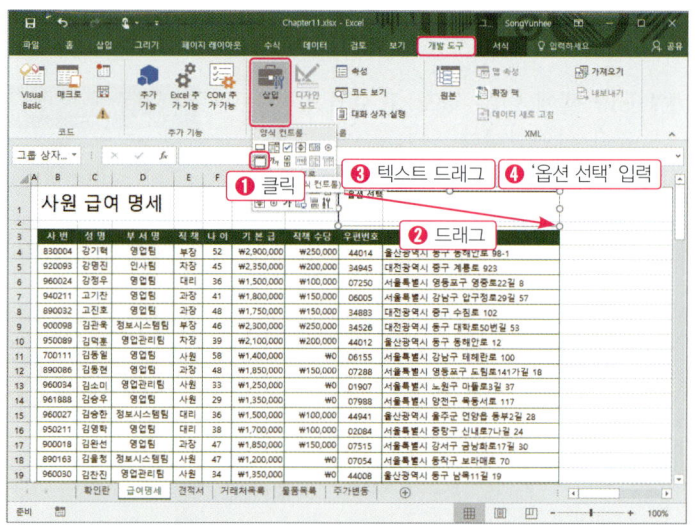

02 옵션 단추 작성하기

01 [개발 도구] 탭 – [컨트롤] 그룹 – [삽입]을 클릭한 후 [양식 컨트롤] 범주의 [옵션 단추]를 선택합니다.

02 그룹 상자 안에 드래그하여 컨트롤을 작성하고 입력되어 있는 텍스트를 드래그하여 선택한 후 '부장'을 입력합니다.

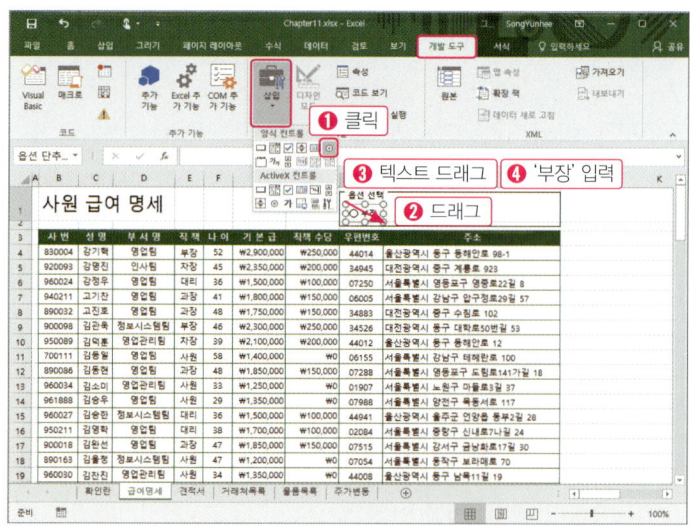

03 컨트롤의 테두리 부분을 Ctrl + Shift +드래그하여 옵션 단추를 오른쪽으로 복사하고, 텍스트를 '차장'으로 수정합니다.

04 같은 방법으로 '과장', '대리', '사원' 옵션 단추를 추가로 작성합니다.

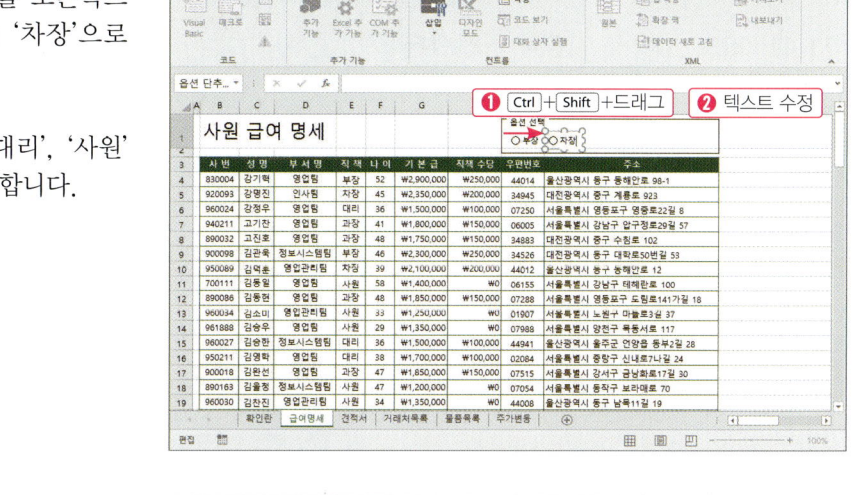

05 작성된 옵션 단추 컨트롤들의 가로 간격을 맞추기 위해 Ctrl +클릭하여 옵션 단추 컨트롤을 모두 선택합니다.

06 [그리기 도구] – [서식] 탭 – [맞춤] 그룹 – [개체 맞춤] – [가로 간격을 동일하게]를 선택합니다.

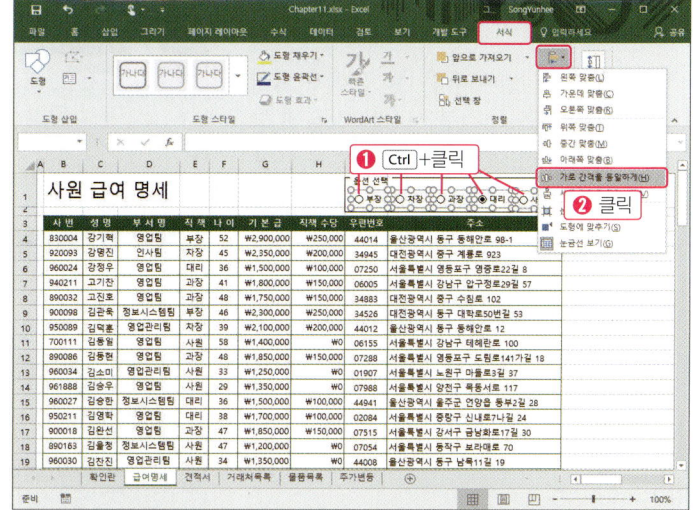

07 어느 옵션이 선택되었는지 셀에 연결하여 표시하기 위해 옵션 단추 중 임의의 컨트롤에서 마우스 오른쪽 버튼을 클릭한 후 [컨트롤 서식]을 선택합니다.

08 [컨트롤 서식] 창의 [컨트롤] 탭 – [셀 연결] 속성을 클릭한 후 [H1] 셀을 선택하고 [확인]을 클릭합니다.

> 옵션 단추는 컨트롤 작성 순서에 따라 1, 2, 3, … 일련 번호가 반환됩니다.

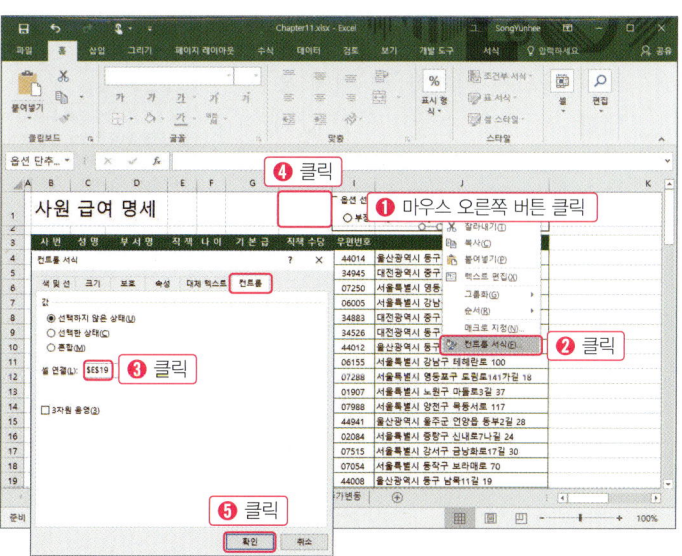

03 옵션 단추와 연결된 수식 작성하기

01 CHOOSE 함수를 사용하여 선택된 옵션 단추의 직책을 반환하는 수식을 작성해 보겠습니다. [G1] 셀을 클릭하고 '=CHOOSE(H1,"부장","차장","과장","대리","사원")'을 입력한 후 Enter 를 누릅니다.

> **수식 설명**
> 선택된 옵션 단추의 직책을 반환하는 수식으로 H1 셀의 값이 1이면 부장, 2이면 차장, 3이면 과장, 4이면 대리, 5이면 사원 반환

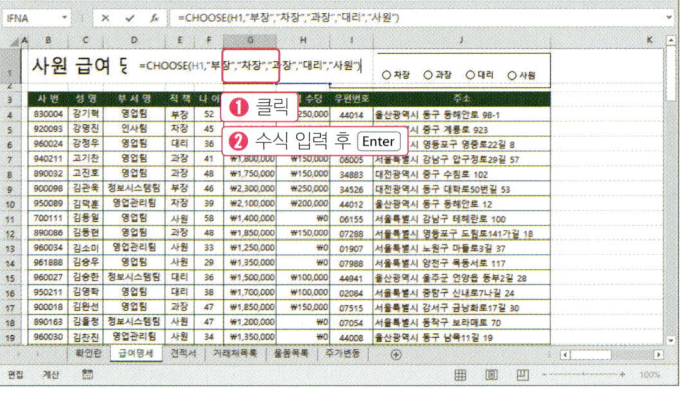

04 조건부 서식 지정하기

01 직위가 G1 셀과 같은 행 전체에 서식을 지정하는 조건부 서식을 지정해 보겠습니다. [B4] 셀을 클릭한 후 Ctrl + Shift + →, Ctrl + Shift + ↓ 를 누릅니다.

02 [홈] 탭 - [스타일] 그룹 - [조건부 서식] - [새 규칙]을 선택합니다.

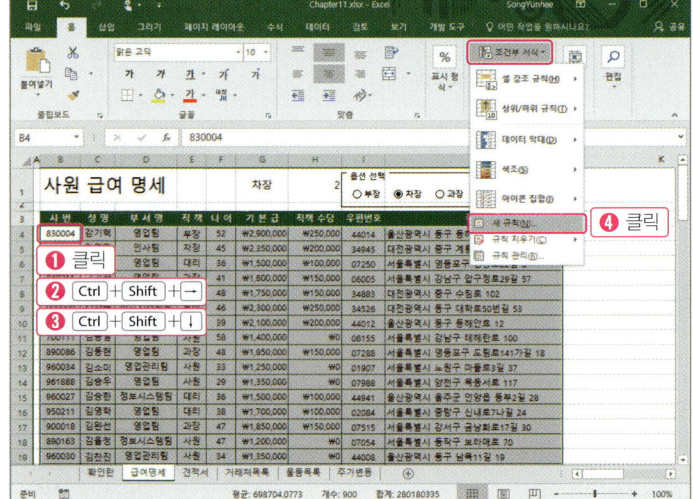

03 [새 서식 규칙] 창에서 [수식을 사용하여 서식을 지정할 셀 결정]을 선택한 후 [다음 수식이 참인 값의 서식 지정]에 '=$E4=$G$1'을 입력한 다음 [서식]을 클릭합니다.

> **수식 설명**
> [직책] 열의 데이터가 G1 셀과 같으면 행 전체에 서식 지정

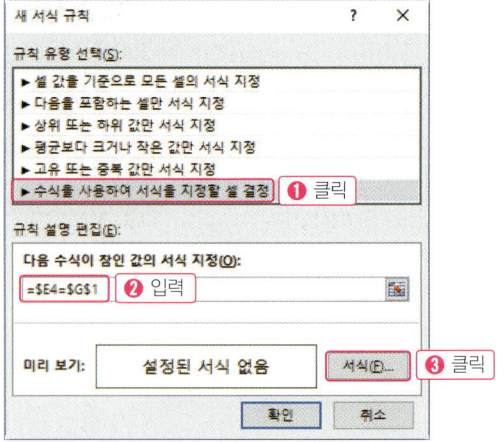

04 [셀 서식] 창에서 [채우기] 탭의 [배경색]에서 원하는 색을 선택한 후 [확인]을 클릭 후 다시 [확인]을 클릭합니다.

05 옵션 단추 컨트롤을 클릭하면 해당 직책의 데이터에 서식이 적용되는 것을 확인합니다.

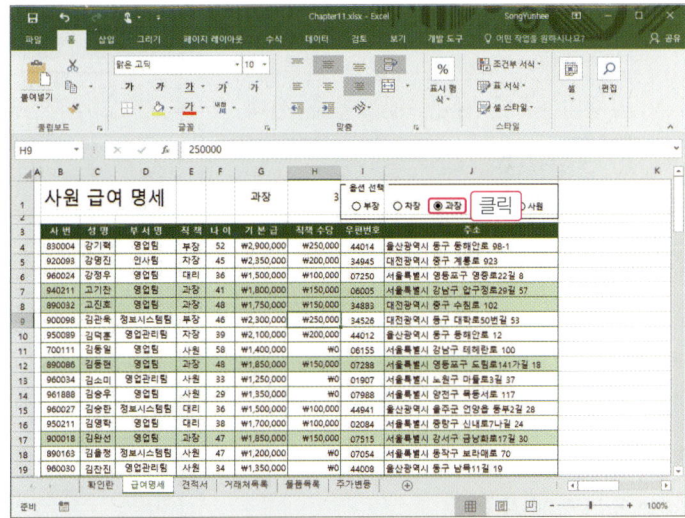

SECTION 04 수량 증감 – 스핀 단추

수량을 증감하는 스핀 단추(3) 컨트롤을 작성해 보겠습니다.

📁 실습예제 : Chapter11.xlsx – [견적서] 시트

01 [개발 도구] 탭 – [컨트롤] 그룹 – [삽입]을 클릭한 후 [양식 컨트롤] 범주의 [스핀 단추] 컨트롤을 선택합니다.

02 [H12] 셀 오른쪽에 드래그하여 컨트롤을 작성합니다.

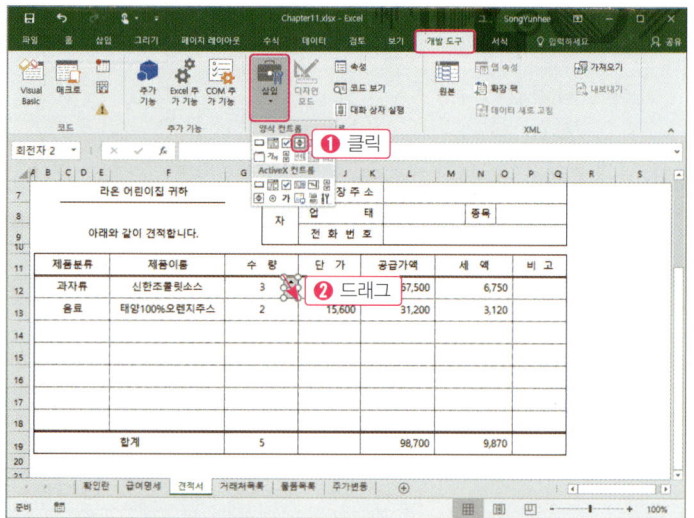

03 스핀 단추 컨트롤에서 마우스 오른쪽 버튼을 클릭한 후 [컨트롤 서식]을 선택합니다.

04 [컨트롤 서식] 창에서 다음과 같이 속성을 지정하고 [확인]을 클릭합니다.

- 현재값 : 3 (셀에 현재 입력되어 있는 값)
- 최소값 : 0
- 최대값 : 100
- 증분 변경 : 1 (스핀 단추를 클릭할 때 증감되는 값)
- 셀 연결 : G12 셀 클릭(스핀 단추의 값을 연결하여 표시할 셀)

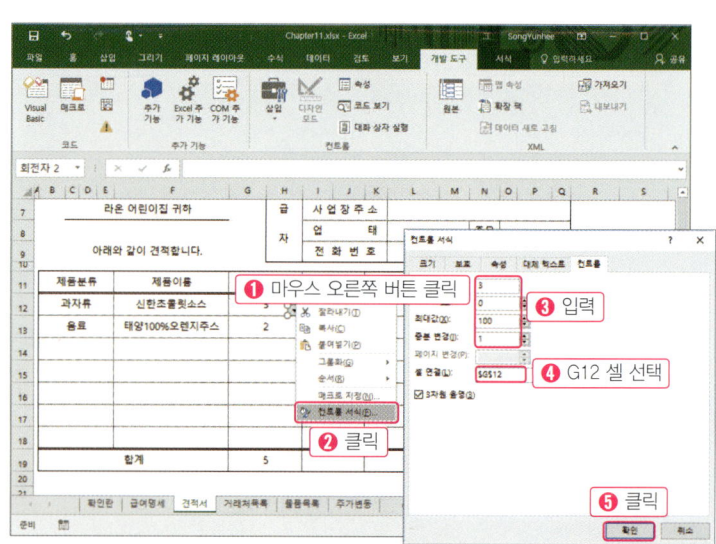

482 · 엑셀 2016

05 작성된 컨트롤을 Ctrl + Shift 를 누른 상태에서 테두리 부분을 드래그하여 아래로 복사하고, 스핀 단추 컨트롤에서 마우스 오른쪽 버튼을 클릭한 후 [컨트롤 서식]을 선택합니다.

06 현재값(2)과, 셀 연결(G13) 속성을 수정한 후 [확인]을 클릭합니다.

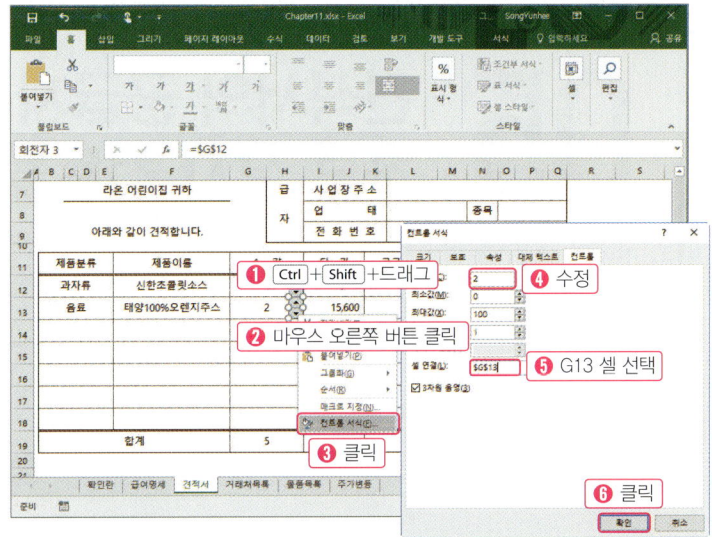

07 같은 방법으로 [수량] 열의 마지막 셀까지 컨트롤을 작성하고, 완성된 스핀 단추를 클릭하여 수량이 증감되는 것을 확인합니다.

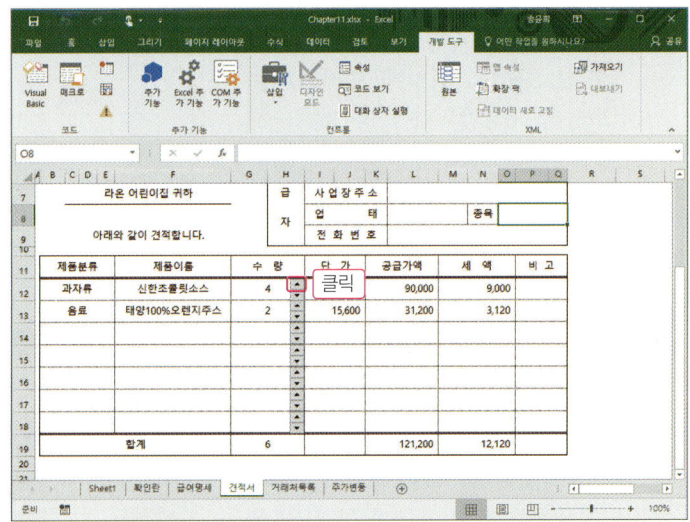

SECTION 05 견적서의 공급자 정보 표시 – 콤보 상자 컨트롤

견적서 양식의 [공급자] 표에서 상호를 선택하는 콤보 상자( ) 컨트롤을 작성한 후 콤보 상자에서 상호를 선택하면 나머지 공급자 정보가 자동으로 표시되도록 양식을 작성해 보겠습니다.

📁 실습예제 : Chapter11.xlsx - [견적서] 시트

01 콤보 상자 컨트롤 작성하기

01 [개발 도구] 탭 - [컨트롤] 그룹 - [삽입]을 클릭한 후 [양식 컨트롤] 그룹 - [콤보 상자] 컨트롤을 선택하고 [L4~M4] 위치에 드래그하여 컨트롤을 작성합니다.

02 작성된 컨트롤에서 마우스 오른쪽 버튼을 클릭한 후 [컨트롤 서식]을 선택합니다.

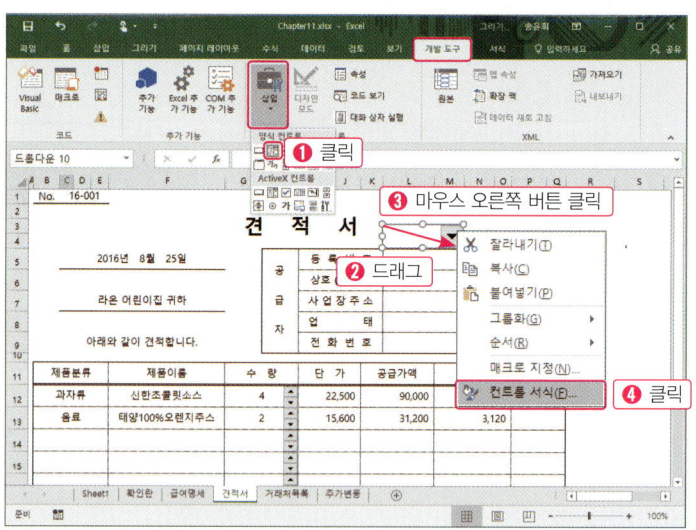

03 [컨트롤] 탭의 [입력 범위]를 클릭한 후 [거래처목록] 시트의 [B4~B8] 셀 범위를 선택한 후 [셀 연결]을 클릭하고 [견적서] 시트의 [R6] 셀을 선택합니다. [목록 표시 줄 수]는 '5'를 설정합니다.

04 [속성] 탭의 [개체 위치]에 [변하지 않음]을 선택하고, [개체 인쇄] 옵션을 해제한 후 [확인]을 클릭합니다.

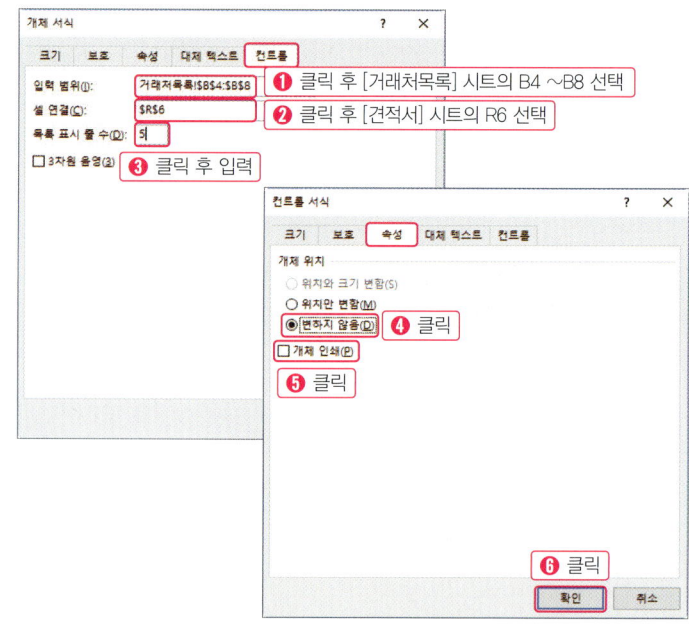

05 콤보 상자 컨트롤의 목록 단추를 클릭하고 [삼화상사]를 선택합니다. 연결 셀에 2가 표시되는 것을 확인합니다.

> 콤보 상자 컨트롤은 목록의 항목 순서대로 1, 2, 3, … 일련 번호가 반환됩니다.

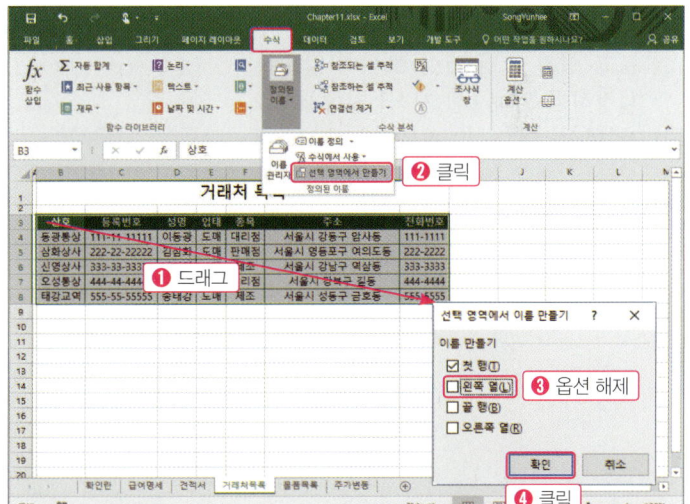

02 상호에 따른 공급자 정보 표시하기

01 [거래처목록] 시트의 [B3~H8] 셀 범위를 선택하고 [수식] 탭 - [정의된 이름] 그룹 - [선택 영역에서 만들기]를 클릭합니다.

02 [첫 행] 옵션만 설정한 후 [확인]을 클릭합니다.

03 [견적서] 시트의 [L5] 셀을 클릭하고 '=INDEX(등록번호,R6)'을 입력한 후 Enter 를 누릅니다.

04 공급자 항목의 각 셀에 다음과 같이 수식을 작성합니다.

- 상호(법인명) : =INDEX(상호,R6)
- 성명 : =INDEX(성명,R6)
- 사업장주소 : =INDEX(주소,R6)
- 업태 : =INDEX(업태,R6)
- 종목 : =INDEX(종목,R6)
- 전화번호 : =INDEX(전화번호,R6)

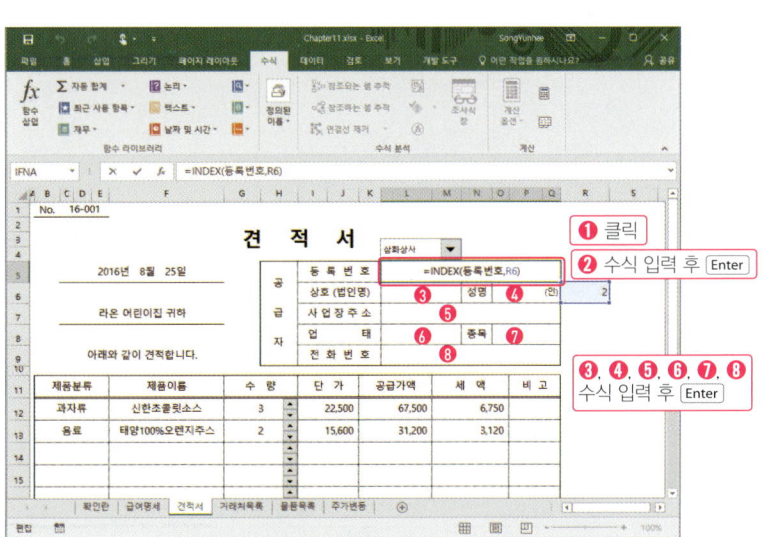

Chapter 11_ 양식 문서 작성 • 485

05 콤보 상자 컨트롤을 Ctrl+클릭하여 선택한 후 [L6] 셀 위치로 드래그하여 이동합니다.

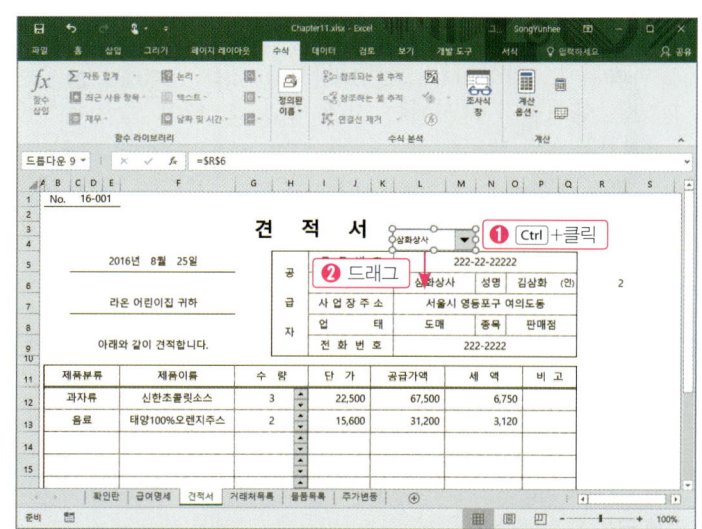

> 개체 속성 중 [개체 인쇄] 옵션을 해제하였기 때문에 문서를 인쇄할 때 컨트롤은 인쇄되지 않고 L6 셀에 작성된 수식의 결과 값이 인쇄됩니다. Ctrl+P를 눌러 확인해 봅니다.

06 [R6] 셀을 클릭한 후 Ctrl+1을 누르고 연결 셀의 값이 보이지 않도록 설정하기 위해 [셀 서식] 창에서 [표시 형식] 탭 – [사용자 지정] – [형식]에 ';;;'를 입력한 후 [확인]을 클릭합니다.

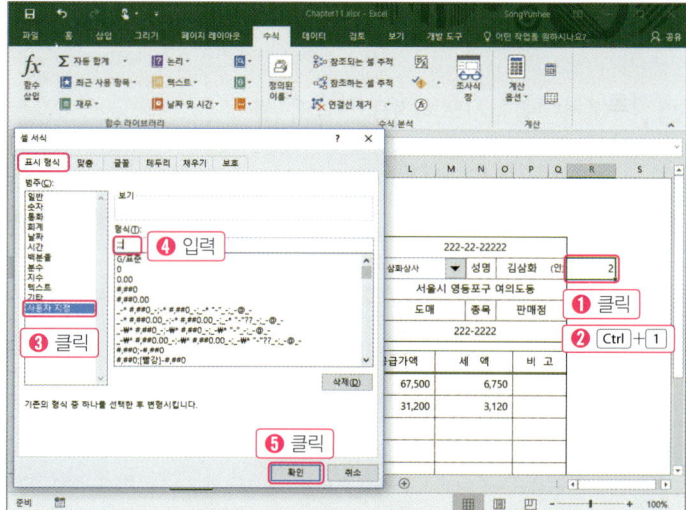

SECTION 06 주가 변동 차트의 기간 설정 – 스크롤 막대 컨트롤

스크롤 막대 컨트롤과 차트를 연동하여 설정된 기간에 따라 자동으로 업데이트되는 차트 양식을 작성해 보겠습니다.

■ 다음 순서로 양식을 작성합니다.

❶ **꺾은선 차트 작성하기**

❷ **스크롤 막대 컨트롤 작성하기**

[시작일] 스크롤 막대는 차트를 작성하는 '시작 날짜', [기간] 스크롤 막대는 차트를 작성할 '기간', 예를 들어 [시작일]이 '1', [기간]이 '7'이라면 '8/1'일부터 '7'일 동안의 차트가 작성됨

❸ **차트 원본 데이터로 사용할 이름 정의하기**

스크롤 막대의 변동에 따라 차트를 작성할 원본 데이터의 범위가 변경되어야 하기 때문에 스크롤 막대의 연결 값을 인수로 OFFSET 함수를 사용하여 동적 범위가 참조되도록 설정

❹ **차트 원본 데이터 변경하기**

단계에서 작성된 이름을 차트 원본 데이터로 설정

❺ **차트 작성 시작일과 종료일 표시하기**

차트 작성 시작일과 종료일을 쉽게 확인할 수 있도록 참고 정보로 표시

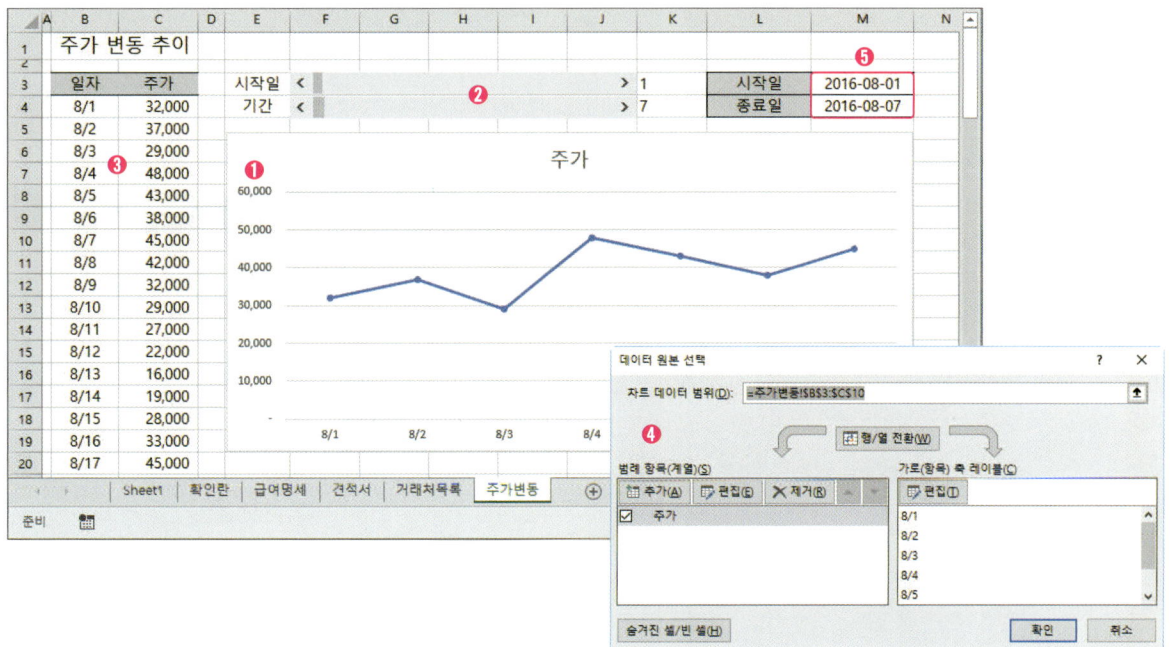

실습예제 : Chapter11.xlsx - [주가변동] 시트

01 꺾은선 차트 작성하기

01 [B3~C10] 셀 범위를 선택한 후 [삽입] 탭 - [차트] 그룹 - [꺾은선형 또는 영역형 차트 삽입]을 클릭하고 [2차원 꺾은선형] 범주의 [표식이 있는 꺾은선형]을 선택합니다.

02 워크시트에 삽입된 차트의 크기 및 위치를 적절히 조절합니다.

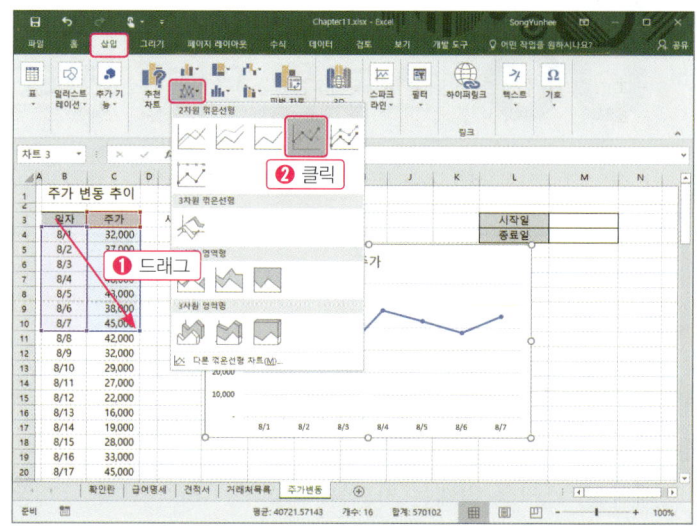

02 스크롤 막대 컨트롤 작성하기

01 [개발 도구] 탭 - [컨트롤] 그룹 - [삽입]을 클릭한 후 [양식 컨트롤] 범주의 [스크롤 막대]를 선택합니다.

02 [F3~J3] 셀 범위를 드래그하여 스크롤 막대 컨트롤을 작성하고, Ctrl + Shift + 드래그하여 아래로 복사합니다.

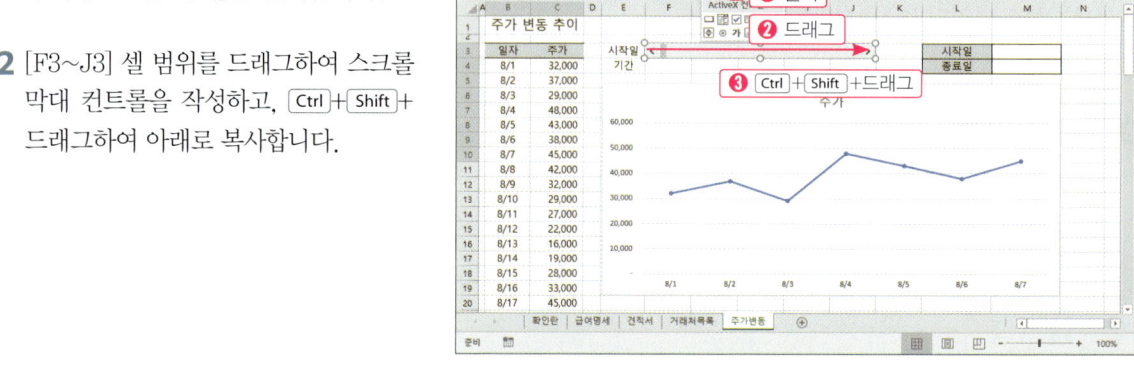

03 컨트롤의 속성을 지정하기 위해 첫 번째 스크롤 막대 컨트롤에서 마우스 오른쪽 버튼을 클릭하고 [컨트롤 서식]을 선택합니다.

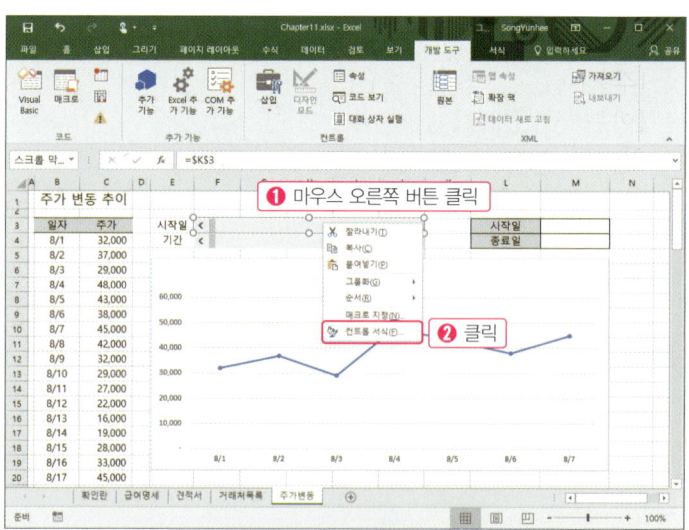

04 [컨트롤] 탭에 다음과 같이 옵션을 지정한 후 [확인]을 클릭합니다.

- 현재값 : 1
- 최소값 : 1 (차트 원본 데이터의 첫 날짜, 8/1)
- 최대값 : 90 (차트 원본 데이터가 8월~10월까지 92일 동안의 값이 입력되어 있으므로 이 값보다 크지 않은 원하는 값을 지정)
- 증분 변경 : 1 (스크롤 막대 양쪽 끝의 화살표를 클릭했을 때 변경되는 증감 값)
- 페이지 변경 : 7 (스크롤 막대 중간 부분을 클릭했을 때 변경되는 증감 값)
- 셀 연결 : K3 셀 선택(스크롤 막대의 값을 연결하여 표시할 셀)

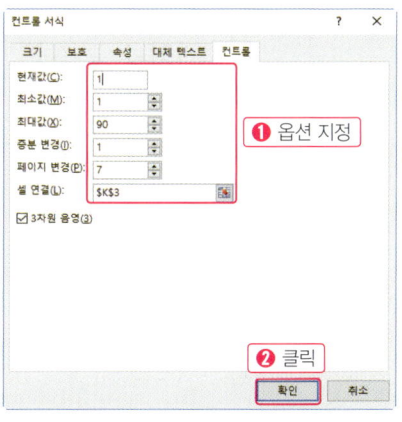

05 두 번째 스크롤 막대 컨트롤에서 마우스 오른쪽 버튼을 클릭하고 [컨트롤 서식]을 선택합니다.

06 [컨트롤] 탭에 다음과 같이 옵션을 지정한 후 [확인]을 클릭합니다.

- 현재값 : 1
- 최소값 : 7 (최소 7일 동안의 차트가 작성되도록 지정한 값)
- 최대값 : 31 (최대 31일 동안의 차트가 작성되도록 지정한 값)
- 증분 변경 : 1
- 페이지 변경 : 7
- 셀 연결 : K4 셀 선택(스크롤 막대의 값을 연결하여 표시할 셀)

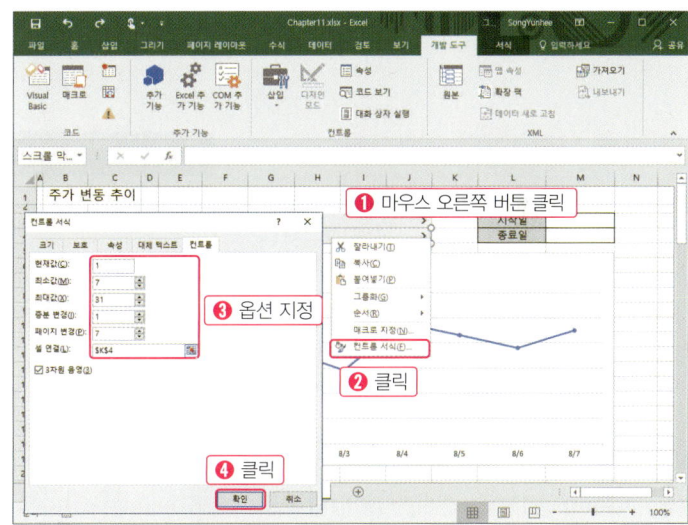

07 스크롤 막대 양쪽 끝의 화살표나 스크롤 막대 중간 부분을 클릭하여 연결 셀에 값이 잘 표시되는지 확인합니다.

03 차트 원본 데이터로 사용할 이름 정의하기

01 [수식] 탭 - [정의된 이름] 그룹 - [이름 정의]를 클릭하고 [새 이름] 창에서 [이름]은 '일자', [참조 대상]은 '=OFFSET(주가변동!$B$3,주가변동!$K$3,0,주가변동!$K$4,1)'을 작성한 후 [확인]을 클릭합니다.

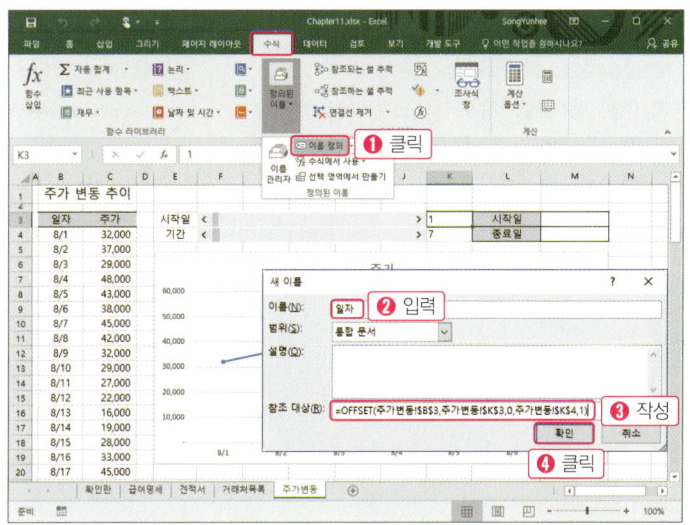

02 다시 한 번, [수식] 탭 - [정의된 이름] 그룹 - [이름 정의]를 클릭하고 [새 이름] 창에서 [이름]은 '주가', [참조 대상]은 '=OFFSET(주가변동!$C$3,주가변동!$K$3,0,주가변동!$K$4,1)'을 입력한 후 [확인]을 클릭합니다.

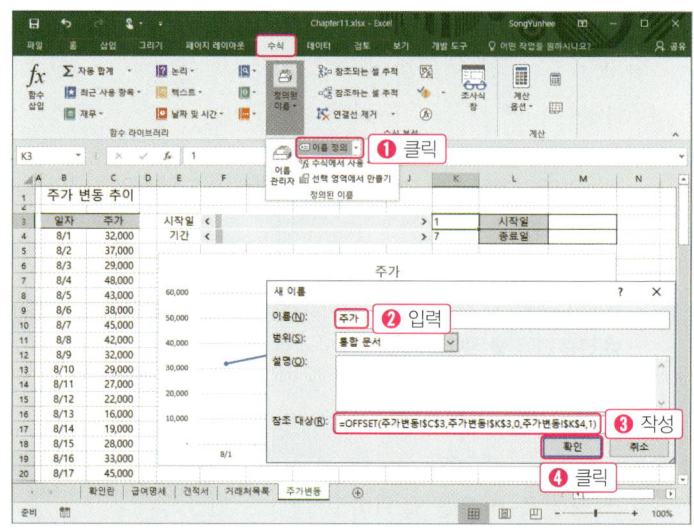

04 차트 원본 데이터 지정하기

01 차트 영역에서 마우스 오른쪽 버튼을 클릭한 후 [데이터 선택]을 선택합니다.

02 [데이터 원본 선택] 창에서 [범례 항목(계열)]의 [편집]을 클릭합니다.

03 '계열 편집' 창의 [계열 값]을 '=Chapter11.xlsx!주가'를 입력하고 [확인]을 클릭합니다.

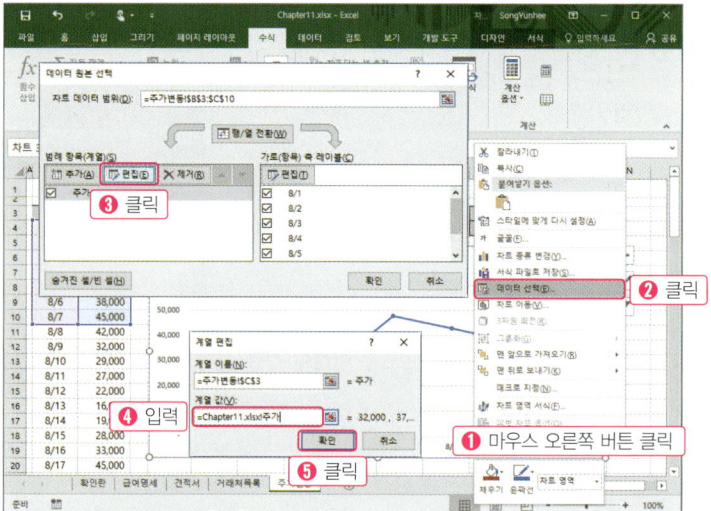

04 [데이터 원본 선택] 창의 [가로(항목) 축 레이블]의 [편집]을 클릭합니다.

05 [축 레이블] 창의 [축 레이블 범위]에 '=Chapter11.xlsx!일자'를 입력합니다.

06 [데이터 원본 선택] 창이 표시되면 [확인]을 클릭합니다.

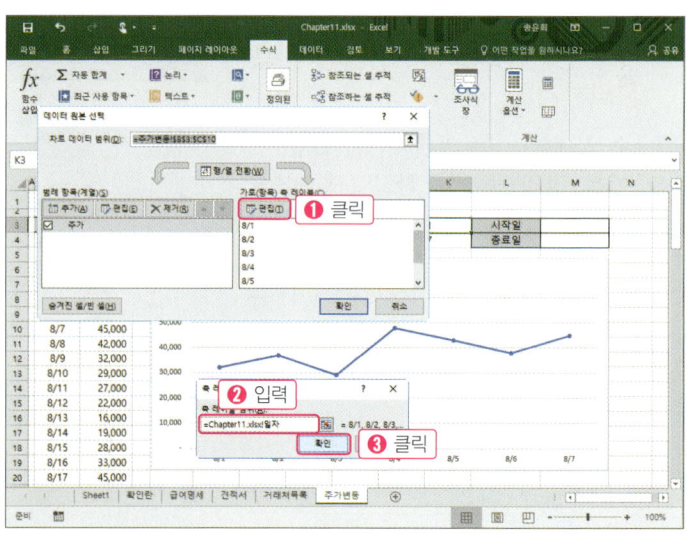

07 스크롤 막대 양쪽 끝의 화살표나 스크롤 막대 중간 부분을 클릭하여 차트와 잘 연동되는지 확인합니다.

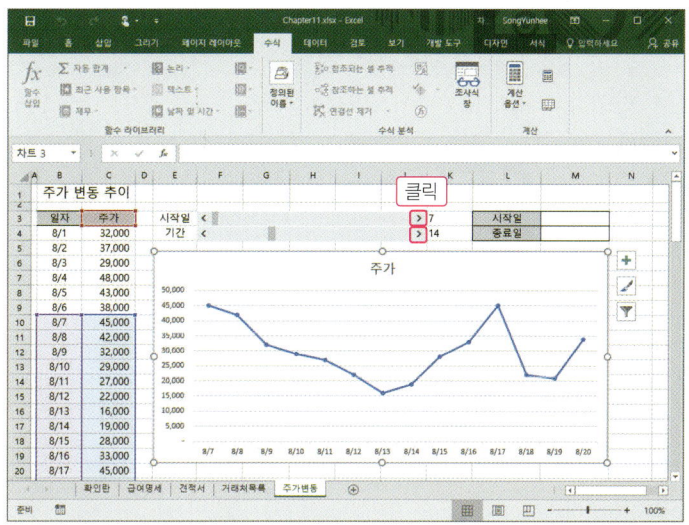

05 시작일, 종료일 표시하기

01 [M3] 셀을 클릭하고 '=OFFSET'을 입력한 후 Ctrl + A 를 누릅니다.

02 [함수 인수] 창에서 다음과 같이 인수를 지정한 후 [확인]을 클릭합니다.

- Reference : B3
- Rows : K3
- Cols : 0
- Height : 1
- Width : 1

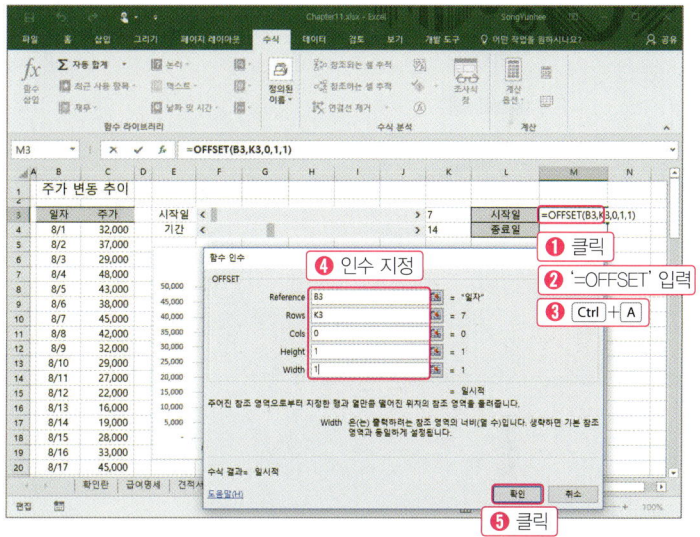

03 [M4] 셀을 클릭한 후 '=M3+K4-1'을 입력하고 Enter 를 누릅니다.

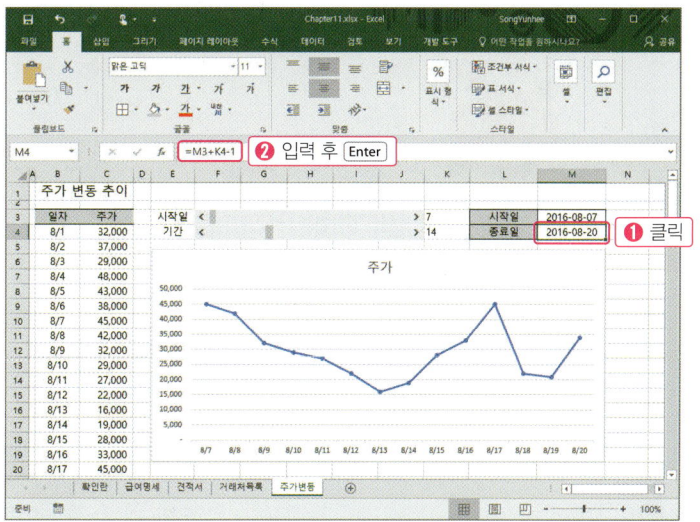

Chapter 11_ 양식 문서 작성 · 491

Excel 2016

CHAPTER

12

매크로를 사용한 업무 자동화

엑셀 작업을 하다 보면 주기적으로 반복하게 되는 작업이 있습니다. 버튼을 누르거나 단축키를 눌러 반복 실행하는 작업을 자동화 하는 기능이 '매크로' 입니다. 매크로가 무엇인지 이해하고 매크로를 활용하여 업무를 자동화 하는 방법에 대해 알아보겠습니다.

SECTION 01 매크로의 이해 및 준비 사항

'매크로'는 반복되는 업무를 자동화할 때 사용하는 기능으로, 주기적으로 반복되는 엑셀 작업을 매크로를 통해 기록한 뒤 필요할 때마다 버튼을 누르거나 단축키를 눌러 자동으로 실행할 때 사용합니다.

01 매크로의 이해

문서를 작성할 때 매번 동일하게 적용하는 서식이 있다면 서식을 매크로에 기록한 후 단축키만 누르면 셀 서식이 자동으로 적용되게 할 수 있고, 부분합 기능을 사용하여 자주 데이터를 요약한다면 버튼만 누르면 부분합이 자동으로 계산되게 할 수도 있습니다.

매크로 기능을 사용하여 반복되는 엑셀 작업을 기록하면 기록된 엑셀 작업들이 자동으로 Visual Basic이라는 프로그래밍 언어로 기록됩니다. 이렇게 매크로를 기록하면 자동으로 생성되는 Visual Basic 코드를 사용자가 필요에 따라 수정(코딩)하여 사용할 수 있는데, 이를 VBA(Visual Basic for Application)라고 합니다. 물론 VBA(Visual Basic for Application)를 사용하면 매크로 수정뿐 아니라 원하는 다양한 기능을 직접 프로그래밍하여 사용할 수도 있습니다.

Visual Basic은 단어의 의미에서도 알 수 있듯이 매우 쉬운 프로그래밍 언어로, 마치 영어 문장과 같은 형태의 이해하기 쉬운 프로그래밍 언어입니다. 전문 프로그래머가 아니더라도 프로그래밍에 쉽게 접근할 수 있기 때문에 Microsoft사에서 개발된 오피스 제품(Excel, Access, Word, PowerPoint 등)에 매크로를 기록할 때 Visual Basic을 사용하도록 되어 있습니다.

02 매크로 작업을 위한 준비 사항

1 리본 메뉴에 [개발 도구] 탭 표시

매크로를 기록하거나 기록된 매크로를 실행하는 등 매크로 작업과 관련된 도구는 [개발 도구] 탭에서 제공됩니다. 하지만 [개발 도구] 탭은 리본 메뉴에 기본적으로 표시되어 있지 않으므로 매크로를 사용하려면 [개발 도구] 탭을 리본 메뉴에 표시해 주어야 합니다.

리본 메뉴에 [개발 도구] 탭을 표시하려면 리본 메뉴 임의의 위치에서 마우스 오른쪽 버튼을 클릭한 후 [리본 메뉴 사용자 지정]을 선택합니다. [Excel 옵션] 창이 표시되면 [리본 메뉴 사용자 지정] 목록에서 [개발 도구] 옵션을 설정하고 [확인]을 클릭합니다.

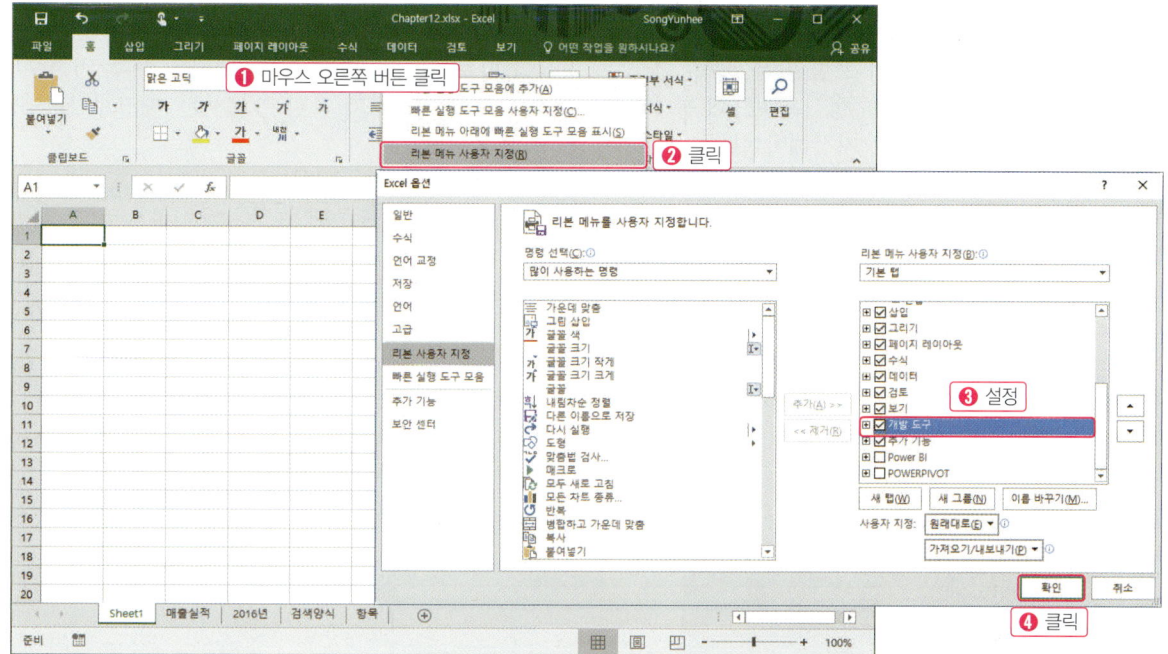

2 매크로 보안 설정

매크로가 포함된 문서를 열면 화면 상단에 노란색 알림 표시줄이 표시됩니다. 엑셀 2016은 매크로가 포함된 문서를 열 때 매크로가 비활성화된 상태로 문서를 여는 대신 필요한 경우 해당 콘텐츠(매크로)를 사용할 수 있도록 알림 표시줄을 표시하도록 매크로 보안이 설정되어 있습니다. 노란색 알림 표시줄의 [콘텐츠 사용]을 클릭하면 매크로를 사용할 수 있도록 설정됩니다. 보안 설정을 변경하여 통합 문서를 열 때 매크로가 바로 활성화되도록 매크로 보안 설정을 변경할 수 있습니다.

매크로가 포함된 파일을 열 때 매크로가 활성화된 상태로 파일이 열리도록 매크로 보안 설정을 변경하려면 [개발 도구] 탭 - [코드] 그룹 - [매크로 보안]을 클릭한 후 [보안 센터] 창에서 제공하는 [매크로 설정] 옵션 중 [모든 매크로 포함(…)] 옵션을 설정합니다.

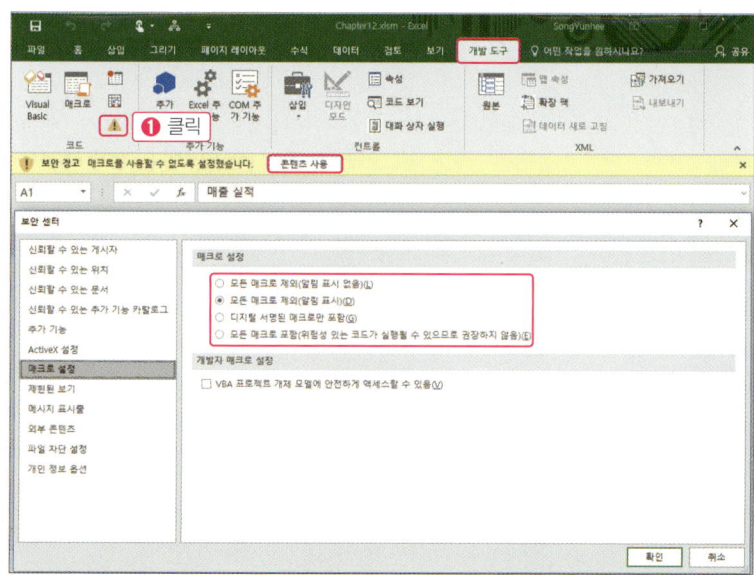

3 **매크로 포함 통합 문서(*.xlsm)로 저장**

엑셀 2003까지는 매크로가 포함된 문서를 저장하는 형식이 따로 있지 않았으나 엑셀 2007 이후 버전부터는 '엑셀 통합 문서(*.xlsx)' 형식은 매크로를 저장할 수 없으므로 매크로가 포함된 문서는 '매크로 사용 통합 문서(*.xlsm)' 형식으로 저장해야 합니다.

[매크로 사용 통합 문서(*.xlsm)] 형식으로 엑셀 문서를 저장하려면 [파일] 탭 - [다른 이름으로 저장] - 파일 형식에서 [매크로 사용 통합 문서(*.xlsm)]를 선택한 후 [저장]을 클릭합니다.

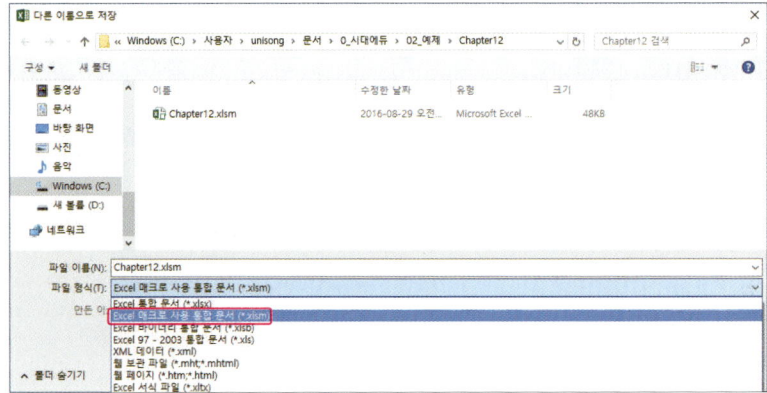

03 매크로 작업 순서

매크로를 사용하여 업무를 자동화하려면 다음의 순서로 작업합니다.

❶ 주기적으로 반복되는 업무를 정확히 파악합니다.

❷ 매크로를 사용하여 반복되는 업무를 기록합니다.

❸ 매크로 기록을 중지합니다.

❹ 필요할 때마다 기록된 매크로를 실행합니다.

SECTION 02 매크로 기록

아주 간단하게 글자에 서식을 지정하는 매크로를 기록해 보겠습니다. 문서를 작성할 때 자주 사용하는 글자 서식이 있다면 매크로를 통해 한 번에 지정되도록 할 수 있습니다.

실습예제 : Chapter12.xlsx – [Sheet1] 시트

01 [A1] 셀을 클릭하고 [개발 도구] 탭 – [코드] 그룹 – [매크로]를 클릭합니다.

02 [매크로 기록] 창에서 [매크로 이름]은 '서식지정', [바로 가기 키]는 Shift + A 를 눌러 Ctrl + Shift + A 지정, [매크로 저장 위치]는 '현재 통합 문서'인 것을 확인한 후 [확인]을 클릭합니다.

> 상태 표시줄에 있는 매크로 기록 단추를 클릭해도 됩니다.

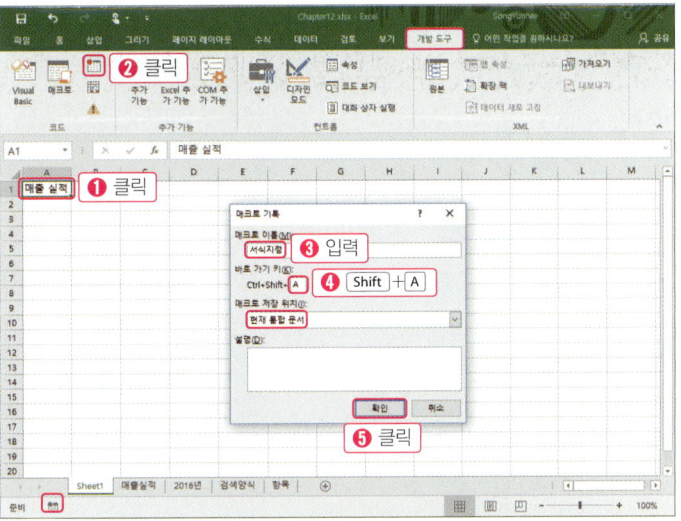

03 [홈] 탭 – [글꼴] 그룹에서 글꼴 크기 '20', '굵게', '밑줄', 글꼴 색은 '파랑, 강조1'을 설정합니다.

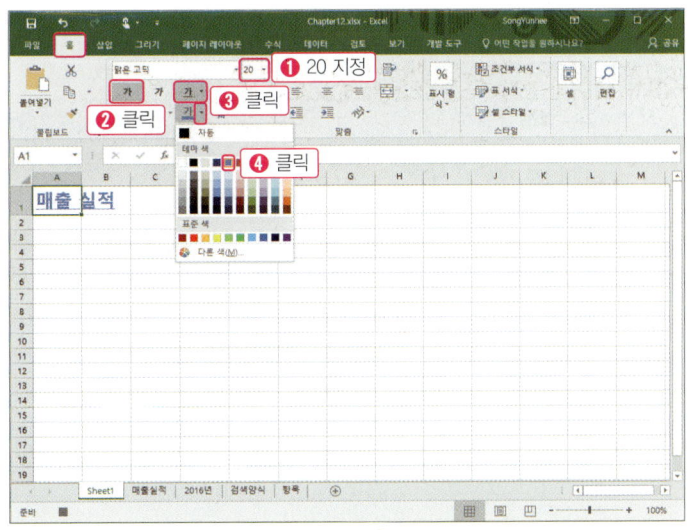

04 [개발 도구] 탭 – [코드] 그룹 – [기록 중지]를 클릭합니다.

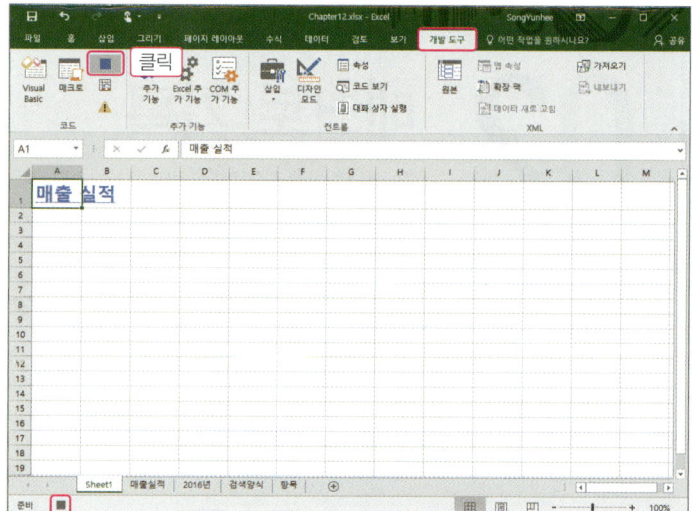

상태 표시줄에 있는 매크로 기록 중지 단추를 클릭해도 됩니다.

PowerUp [매크로 기록] 창

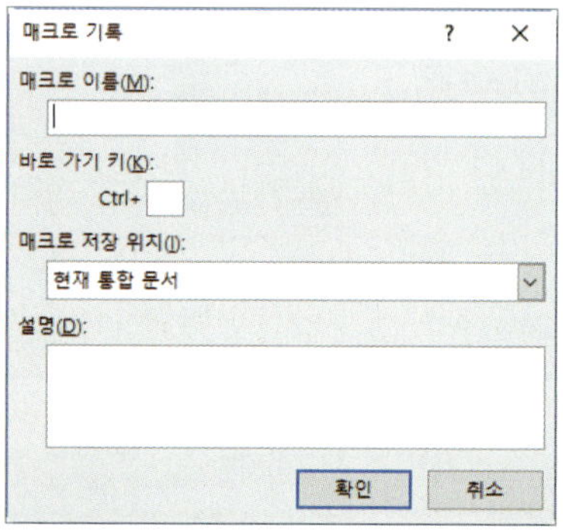

① 매크로 이름(M):
② 바로 가기 키(K): Ctrl+
③ 매크로 저장 위치(I): 현재 통합 문서
④ 설명(D):

옵션	설명
❶ 매크로 이름	매크로 이름을 입력합니다. 영문, 숫자, 한글로 지정하되 첫 글자에 밑줄(_)이나 숫자를 사용할 수 없고 공백, .., !, ", #, &, ( ), +, ~ 등의 특수 문자를 사용할 수 없습니다.
❷ 바로 가기 키	알파벳 소문자 a~z, 대문자 A~Z를 지정할 수 있고, 대문자로 지정할 경우 Shift 를 누르고 알파벳을 입력하면 왼쪽에 표시되어 있던 Ctrl 이 Ctrl + Shift 로 자동으로 변경되며, 별도로 지정하지 않아도 됩니다.
❸ 매크로 저장 위치	• 현재 통합 문서 : 현재 열린 문서에 매크로를 저장합니다. • 새 통합 문서 : 새 통합 문서를 만들어 매크로를 저장합니다. • 개인용 매크로 통합 문서 : personal.xlsb라는 숨겨진 파일에 매크로를 저장하고, 이 곳에 매크로를 저장하면 모든 엑셀 문서에서 사용할 수 있습니다.
❹ 설명	매크로에 대한 설명을 입력하는 곳으로 꼭 입력하지 않아도 됩니다.

SECTION 03 매크로 실행

매크로를 실행할 때는 ① 바로 가기 키 ② 매크로 명령 ③ 단추 양식 컨트롤 ④ 도형 ⑤ 빠른 실행 도구 모음 등을 사용할 수 있습니다. 매크로를 실행하는 다양한 방법에 대해 알아보겠습니다.

📁 **실습예제** : Chapter12.xlsx – [Sheet1] 시트(Section 02 과정 연설)

01 바로 가기 키로 실행

01 [D4] 셀에 '1월 보고서'를 입력하고 Enter 를 누릅니다.

02 [D4] 셀을 클릭한 후 매크로 기록 시 지정한 바로 가기 키 Ctrl + Shift + A 를 누릅니다.

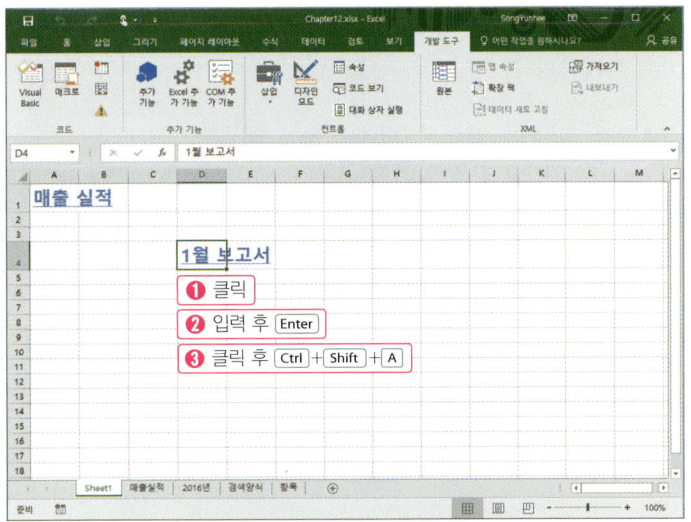

02 매크로 명령으로 실행

01 [D6] 셀에 '2월 보고서'를 입력하고 Enter 를 누릅니다.

02 [D6] 셀을 클릭한 후 [개발 도구] 탭 – [코드] 그룹 – [매크로]를 선택하고 [매크로] 창의 [서식지정] 매크로를 선택하고 [실행]을 클릭합니다.

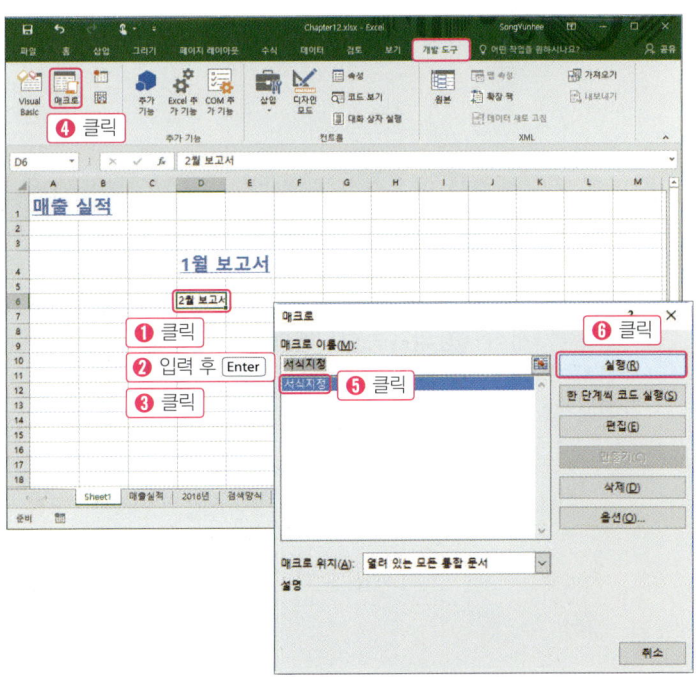

Chapter 12_ 매크로를 사용한 업무 자동화 • 499

03 단추 양식 컨트롤로 실행

01 [D8] 셀에 '3월 보고서'를 입력하고 Enter 를 누릅니다.

02 [개발 도구] 탭 – [컨트롤] 그룹 – [삽입]을 클릭한 후 [양식 컨트롤] 범주의 [단추]를 선택합니다. 워크시트에 드래그하여 단추 컨트롤을 작성합니다.

03 [매크로 지정] 창이 표시되면 [서식지정] 매크로를 선택한 후 [확인]을 클릭합니다.

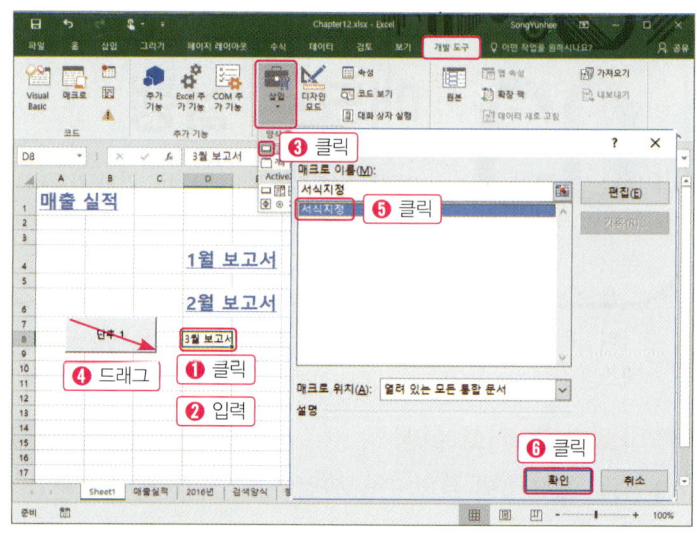

04 양식 단추에 입력된 '단추 1'을 드래그 한 후 '실행'을 입력합니다.

05 [D8] 셀을 클릭한 후 양식 단추를 클릭합니다. 매크로가 실행되며, 글자 서식이 지정되면서 단추의 크기도 변경됩니다. 단추의 크기 및 위치가 변경되지 않게 컨트롤 서식을 지정하겠습니다.

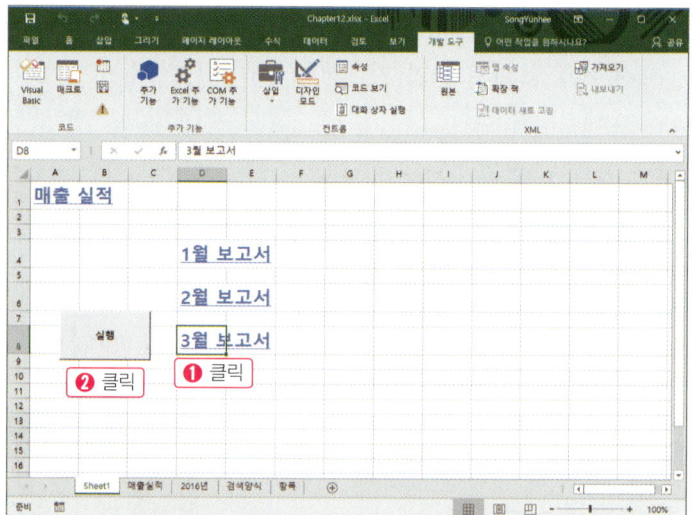

06 단추 컨트롤에서 마우스 오른쪽 버튼을 클릭한 후 [컨트롤 서식]을 선택합니다.

07 [컨트롤 서식] 창의 [속성] 탭에서 [변하지 않음] 옵션을 설정하고 [확인]을 클릭합니다.

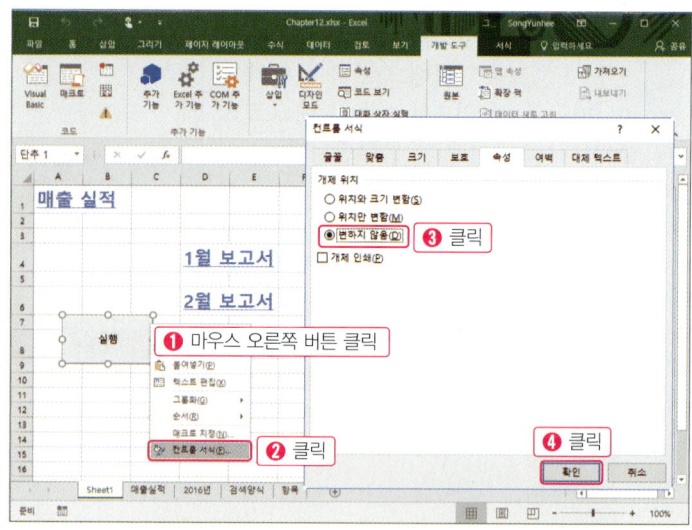

04 도형으로 실행

01 [D11] 셀에 '4월 보고서'를 입력한 후 Enter를 누릅니다.

02 [삽입] 탭 - [일러스트레이션] 그룹 - [도형]을 클릭한 후 원하는 도형을 선택하고 워크시트에 드래그하여 도형을 작성한 다음 '실행'을 입력합니다(도형에 표시할 문자로 원하는 텍스트를 입력하면 됩니다).

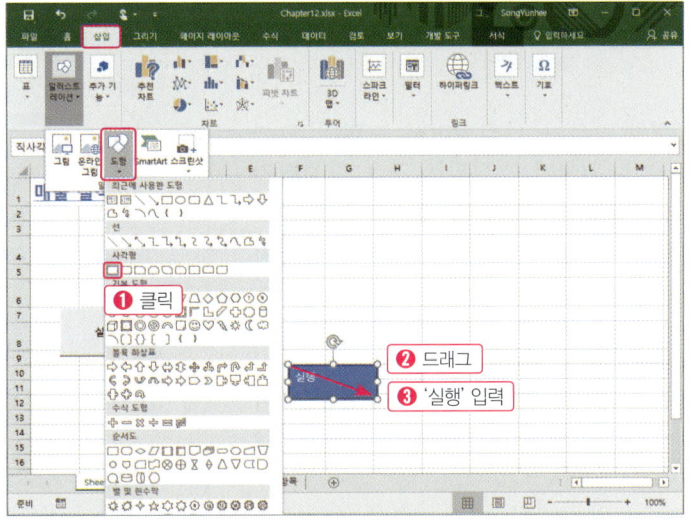

양식 단추는 작성은 편리하지만 다양한 서식을 지정할 수 없어 풍부한 서식을 지정할 수 있는 도형을 통해 매크로를 실행할 수도 있습니다.

03 도형에 서식을 지정하기 위해 [그리기 도구] - [서식] 탭 - [도형 스타일] 그룹 - [강한 효과,황록색, 강조 3]을 선택합니다.

04 [홈] 탭 - [글꼴] 그룹에서 글꼴 크기, '굵게', 글꼴 색 '흰색'과 맞춤 그룹의 '가운데 맞춤'을 지정합니다.

05 도형에 매크로를 지정하기 위해 도형에서 마우스 오른쪽 버튼을 클릭한 후 [매크로 지정]을 선택합니다.

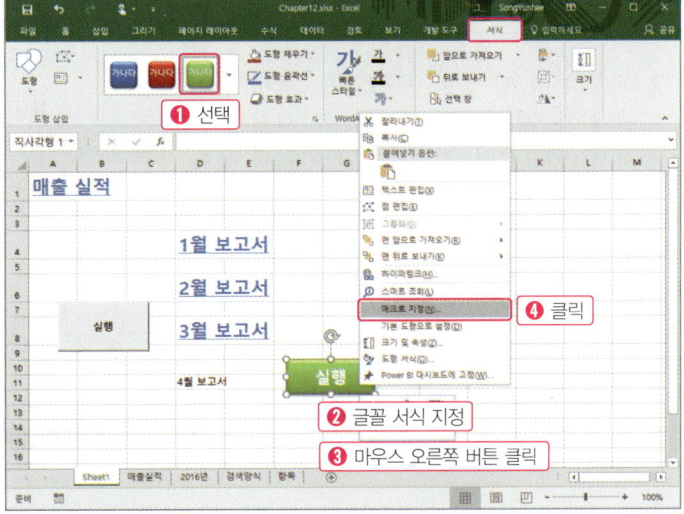

06 [서식지정] 매크로를 선택한 후 [확인]을 클릭합니다.

07 매크로가 실행되면서 도형의 크기 및 위치가 조절되는 것을 방지하기 위해 도형에서 마우스 오른쪽 버튼을 클릭한 후 [도형 서식]을 선택합니다.

08 [도형 서식] 작업 창의 [도형 옵션] 중 [속성]의 [변하지 않음]을 선택하고 [도형 서식] 작업 창의 [닫기]를 클릭합니다.

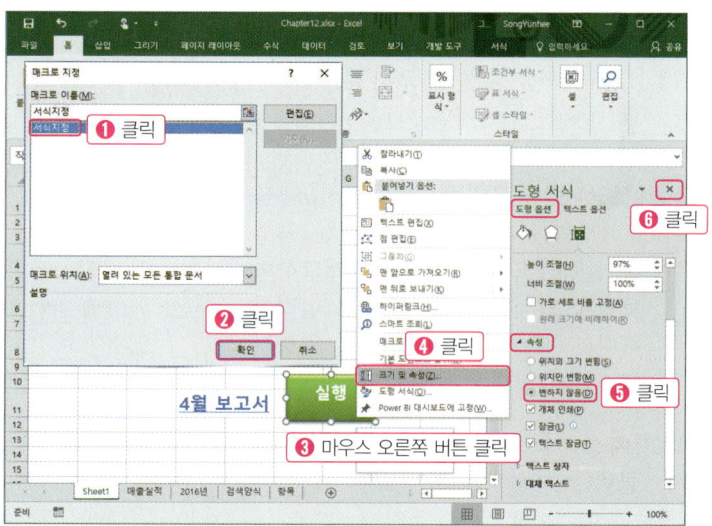

05 빠른 실행 도구 모음으로 실행

01 리본 메뉴 임의의 위치에서 마우스 오른쪽 버튼을 클릭한 후 [빠른 실행 도구 모음 사용자 지정]을 선택합니다.

02 [Excel 옵션] 창이 표시되면 [명령 선택]에 '매크로'를 선택한 후 '서식지정' 매크로를 선택하고 [추가]를 클릭한 다음 [확인]을 클릭합니다.

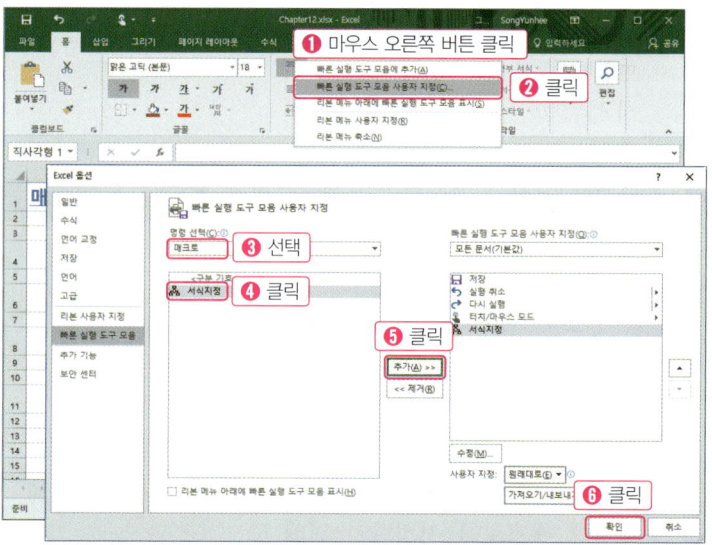

03 [H4] 셀에 '5월 보고서'를 입력한 후 Enter 를 누릅니다.

04 [H4] 셀을 클릭한 후 [빠른 실행 도구 모음]의 매크로 실행 단추를 클릭합니다.

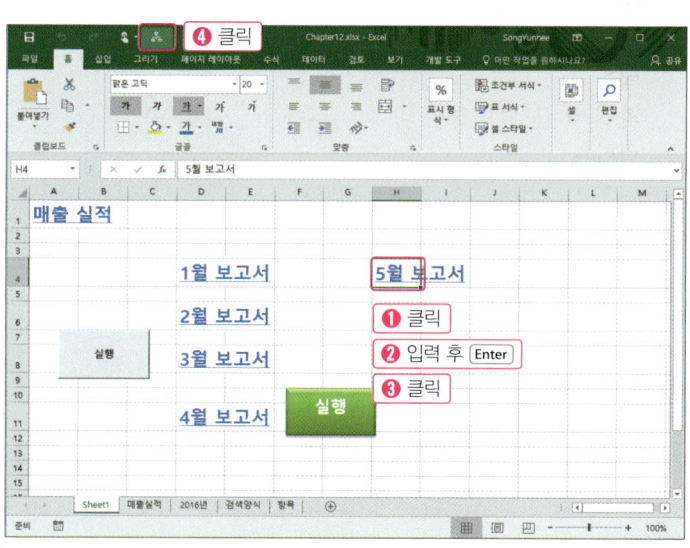

매크로는 실행 취소할 수 없습니다.

502 · 엑셀 2016

SECTION 04 매크로 포함 통합문서(*.xlsm)로 저장

엑셀 통합 문서의 기본 형식인 [Excel 통합 문서(*.xlsx)] 형식은 매크로를 저장할 수 없기 때문에 매크로가 기록된 문서는 [Excel 매크로 사용 통합 문서(*.xlsm)] 형식으로 저장해야 합니다. Excel 통합 문서(*.xlsx)를 Excel 매크로 사용 통합 문서(*.xlsm) 형식으로 저장하는 방법에 대해 알아보겠습니다.

실습예제 : Chapter12.xlsx – [Sheet1] 시트(Section 04 과정 연결)

01 [빠른 실행 도구 모음]의 [저장]을 클릭합니다.

02 현재 문서의 형식이 [Excel 통합 문서(*.xlsx)]이기 때문에 VB 프로젝트를 포함해서 저장할 수 없다는 메시지 창이 표시되며, 매크로 포함 통합 문서로 저장하기 위해 [아니요]를 클릭합니다.

> [파일] 탭 – [다른 이름으로 저장]을 사용하여 바로 매크로 포함 통합 문서로 저장해도 됩니다.

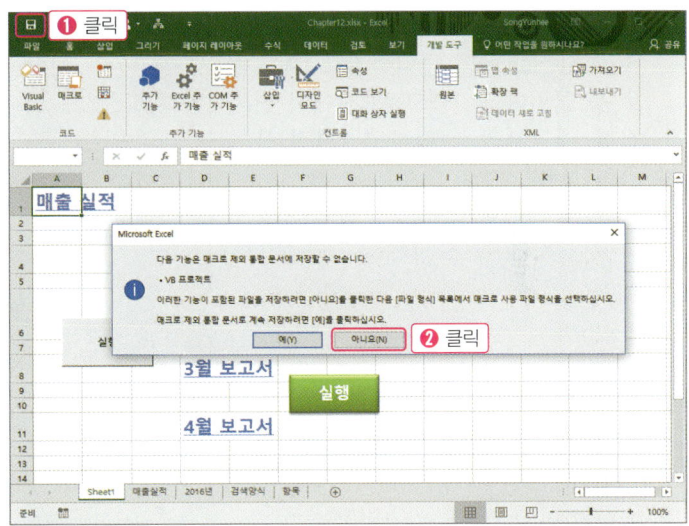

03 [다른 이름으로 저장] 창에서 [찾아보기]를 클릭합니다.

04 [파일 형식]을 클릭한 후 'Excel 매크로 사용 통합 문서(*.xlsm)'을 선택합니다. 필요하다면 저장 위치와 파일 이름을 변경한 후 [저장]을 클릭합니다.

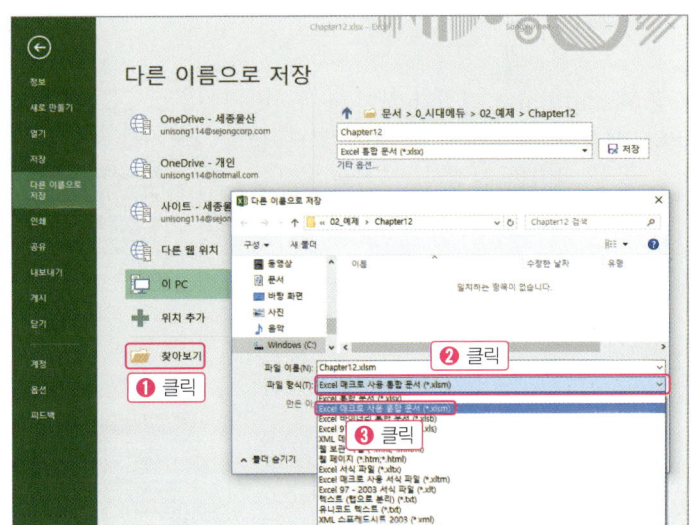

SECTION 05 매크로 편집

매크로를 기록하면 VBA(Visual Basic for Application) 코드가 자동으로 작성되며, 이 코드를 사용하여 매크로를 편집할 수 있습니다. 기록된 매크로를 확인하고 편집하는 방법에 대해 알아보겠습니다.

실습예제 : Chapter12.xlsx - [Sheet1] 시트(Section 04실습에 이어서)

01 [개발 도구] 탭 - [코드] 그룹 - [Visual Basic]을 클릭하거나 [매크로]를 클릭한 후 [매크로] 창에서 편집할 매크로를 선택하고 [편집]을 클릭합니다.

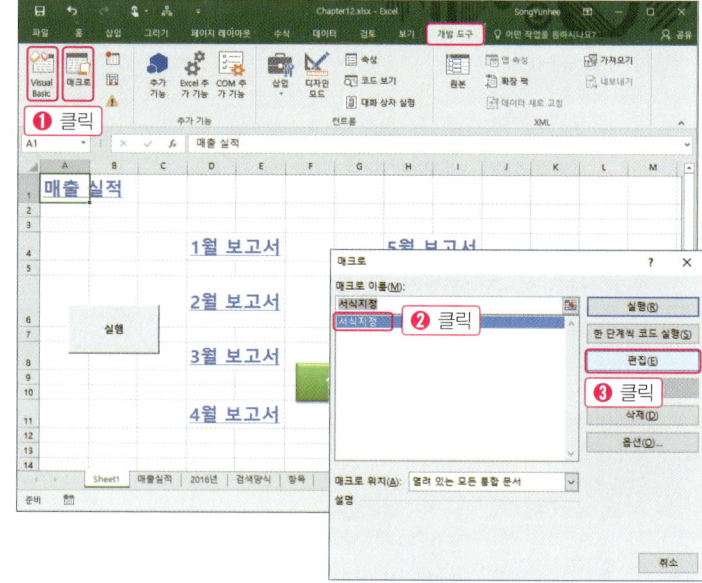

Alt + F11 을 눌러 Visual Basic 편집기를 실행할 수도 있습니다.

02 Visual Baisc 편집기 창이 표시되면 [서식지정] 매크로의 VBA 코드 중 글꼴 크기를 지정하는 '.Size=20'을 '.Size=40'으로 수정합니다.

03 VB 편집기 창의 [닫기]를 클릭합니다.

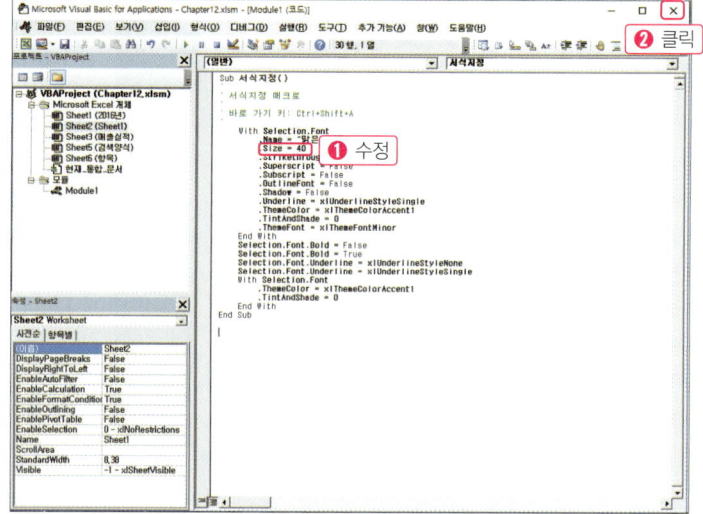

서식지정 매크로의 VBA 코드가 보이지 않을 경우 화면 왼쪽 [프로젝트] 작업 창의 [모듈]을 더블 클릭한 후 [Module1]을 더블 클릭하면 됩니다.

04 [H6] 셀을 클릭한 후 [실행] 버튼을 클릭합니다.

05 수정 사항이 반영되어 글꼴 크기가 '40'으로 변경된 것을 확인합니다.

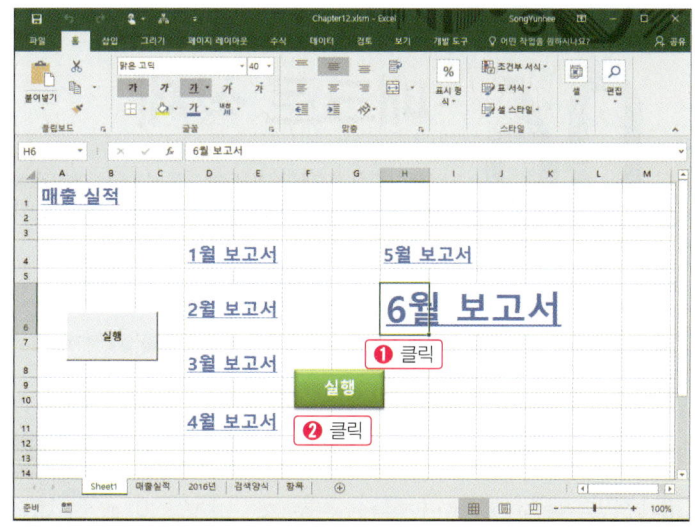

SECTION 06 매크로 삭제

매크로를 삭제할 때는 매크로 창에서 매크로를 삭제하거나 VB 편집기에서 VBA 코드를 삭제해도 됩니다. 매크로를 삭제하는 방법에 대해 알아보겠습니다.

실습예제 : Chapter12.xlsx – [Sheet1] 시트(Section 05 과정 연결)

01 매크로 창에서 삭제

01 [개발 도구] 탭 – [코드] 그룹 – [매크로]를 클릭합니다.

02 [매크로] 창에서 삭제할 매크로를 선택하고 [삭제]를 클릭합니다.

03 삭제 여부를 묻는 창이 표시되면 [예]를 클릭합니다.

02 VB 편집기에서 삭제

01 [개발 도구] 탭 – [코드] 그룹 – [Visual Basic]을 클릭합니다.

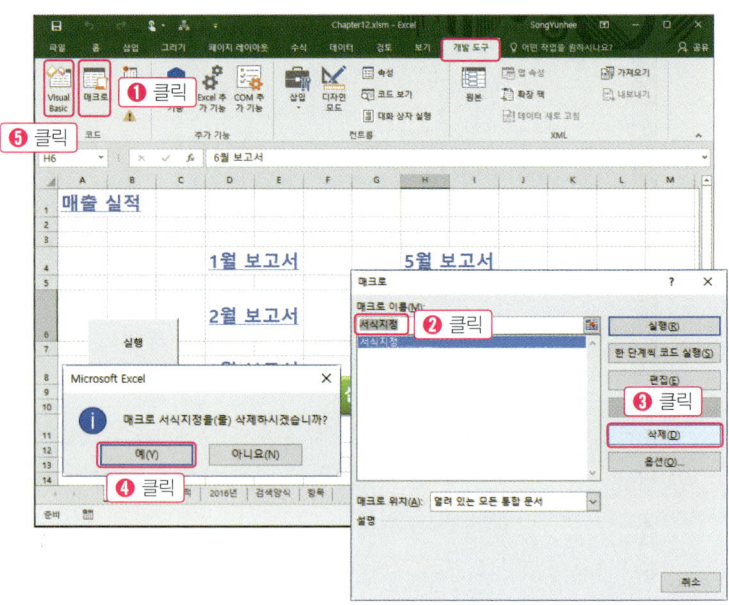

02 [Sub 서식지정( )]부터 [End Sub]까지 드래그하여 선택한 후 Delete 를 누릅니다.

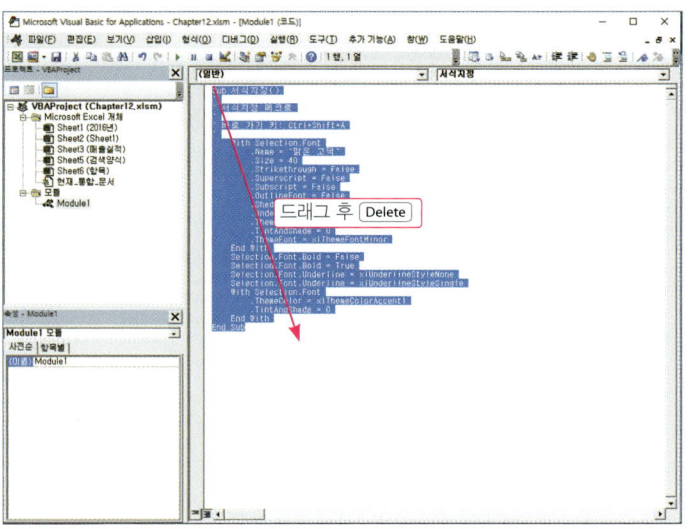

[삭제] 명령을 사용하여 서식지정 매크로를 삭제 했다면 코드가 표시되지 않을 수 있습니다.

PowerUp 매크로 실행 중 오류가 발생하면

매크로를 실행하다 보면 오류가 발생하는 경우가 있습니다. 오류가 발생한 경우 오류를 확인할 수 있는 메시지 창이 표시됩니다. [종료]를 누르면 오류가 발생한 상태를 그대로 종료합니다. 만약 오류를 확인하고 수정하고자 하는 경우 [디버그]를 클릭합니다.

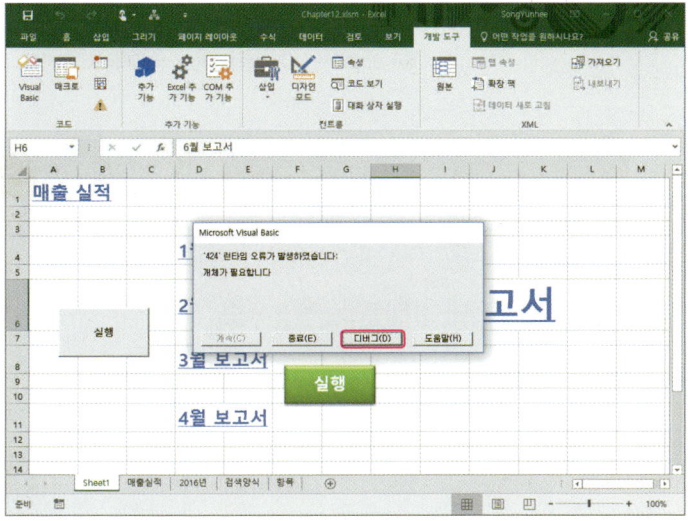

오류가 발생된 위치에 노란색으로 표시되고, 오류가 발생된 상태를 해제하려면 표준 도구모음의 [재설정]을 클릭합니다. VBA(Visual Baisc for Application)를 알고 있어야 오류의 원인을 찾고, 수정하는 것이 가능합니다.

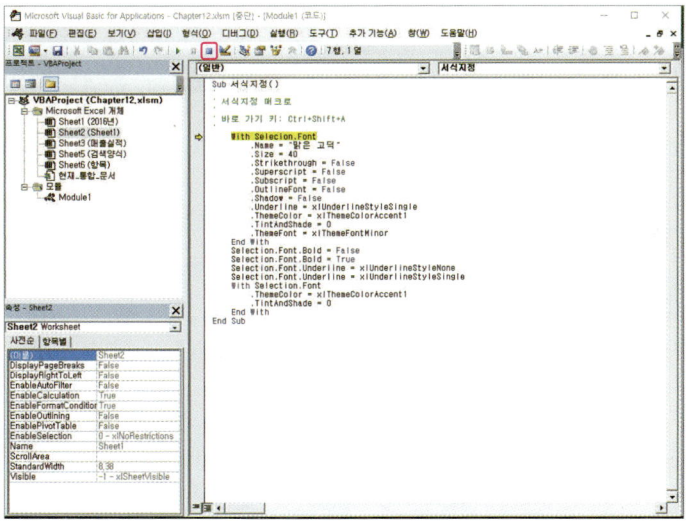

SECTION 07 실무 활용 매크로 1 – 부분합 자동화

거래처별 수량과 판매액 합계를 구하는 부분합 계산 작업과 부분합 제거 작업을 매크로로 기록한 후 옵션 단추를 클릭하면 기록한 매크로가 자동으로 실행되도록 부분합 작업을 자동화하는 매크로를 기록해 보겠습니다.

📁 실습예제 : Chapter12.xlsx – [매출실적] 시트

01 부분합 매크로 기록하기

01 [개발 도구] 탭 – [코드] 그룹 – [매크로 기록]을 클릭합니다.

02 [매크로 기록] 창에서 [매크로 이름]에 '부분합'을 입력한 후 [확인]을 클릭합니다.

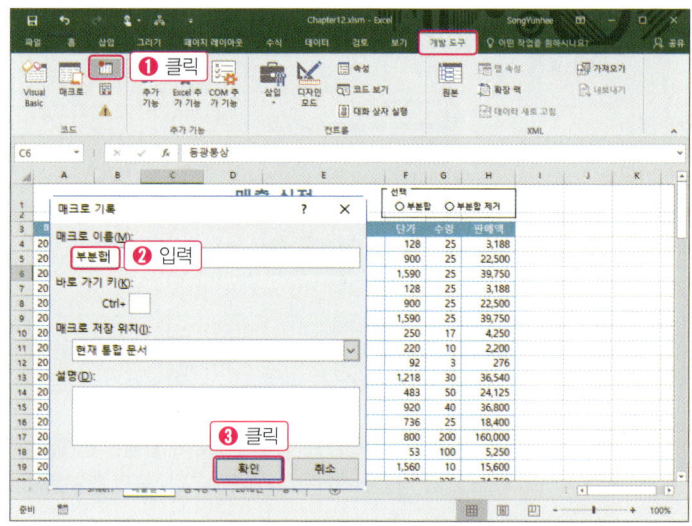

03 [거래처] 필드 임의의 셀을 선택한 후 [데이터] 탭 – [정렬 및 필터] 그룹 – [텍스트 오름차순 정렬]을 클릭합니다.

04 부분합을 실행하기 위해 [데이터] 탭 – [윤곽선] 그룹 – [부분합]을 클릭합니다.

05 [부분합] 창에서 [그룹화할 항목]은 '거래처', [사용할 함수]는 '합계', [부분합 계산 항목] 중 '수량', '판매액'을 설정하고 [확인]을 클릭합니다.

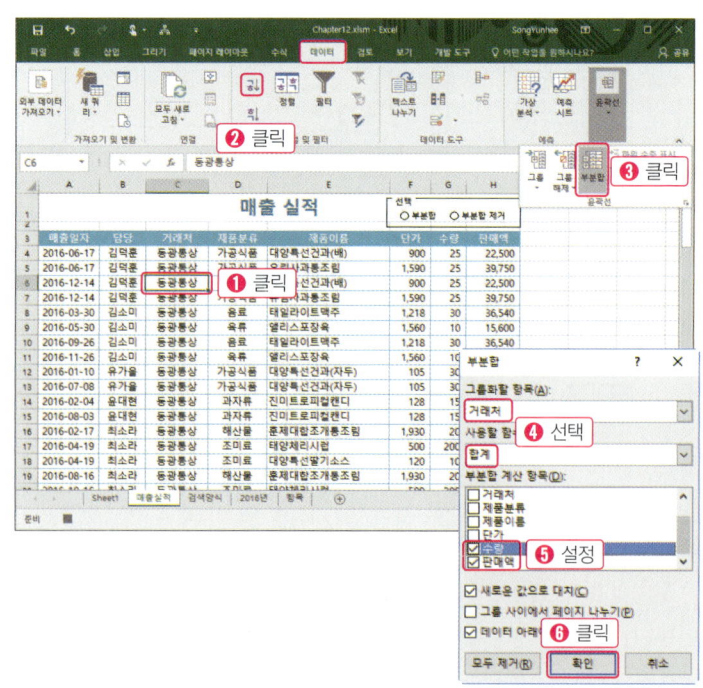

508 • 엑셀 2016

06 윤곽 단추 2를 클릭하여 요약행만 화면에 표시합니다.

07 매크로 기록을 중지하기 위해 [개발 도구] 탭 – [코드] 그룹 – [기록 중지]를 클릭합니다.

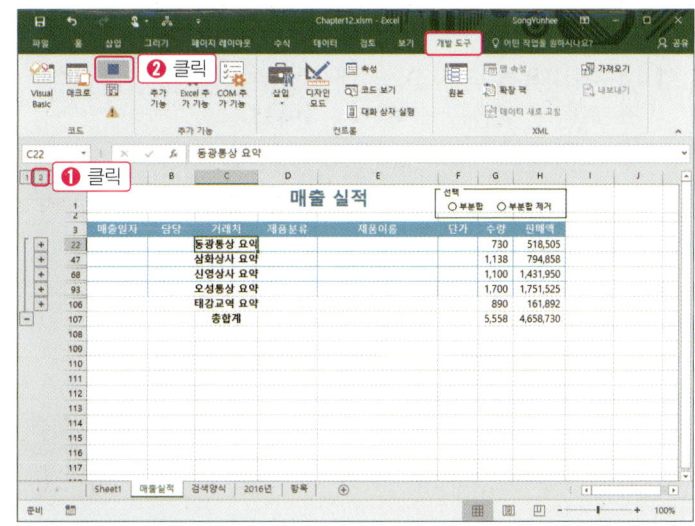

02 부분합 제거 매크로 기록하기

01 부분합 내부 임의의 셀을 클릭하고 [데이터] 탭 – [윤곽선] 그룹 – [부분합]을 클릭합니다.

02 [부분합] 창에서 [모두 제거]를 클릭합니다.

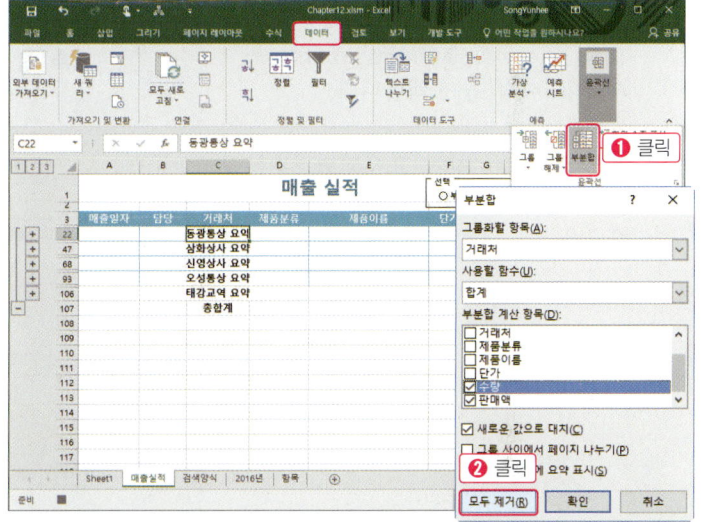

03 매크로 기록을 중지하기 위해 [개발 도구] 탭 – [코드] 그룹 – [기록 중지]를 클릭합니다.

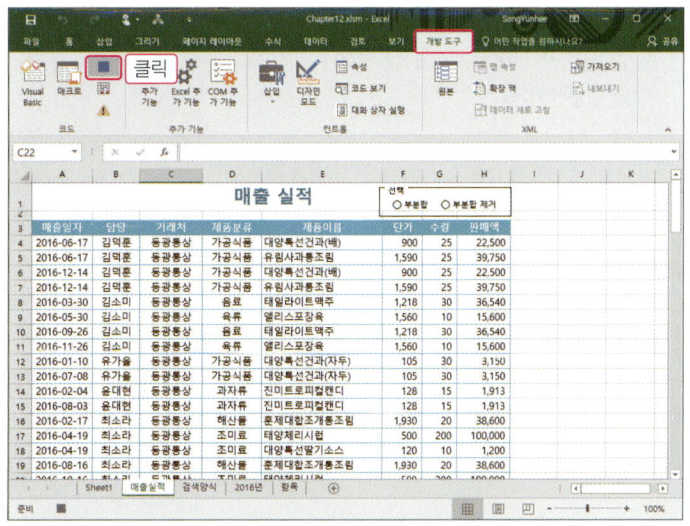

03 컨트롤에 매크로 지정하기

01 [부분합] 옵션 단추 컨트롤에서 마우스 오른쪽 버튼을 클릭한 후 [매크로 지정]을 선택합니다.

02 [매크로 지정] 창에서 [부분합]을 선택한 후 [확인]을 클릭합니다.

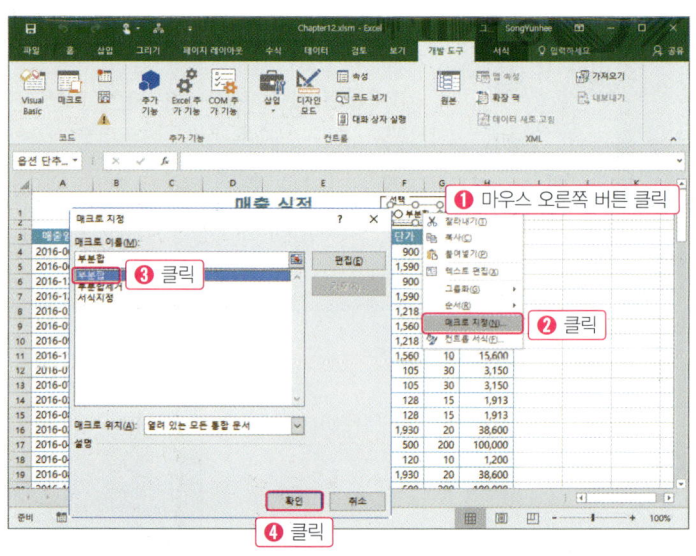

03 [부분합 제거] 옵션 단추 컨트롤에서 마우스 오른쪽 버튼을 클릭한 후 [매크로 지정]을 선택합니다.

04 [매크로 지정] 창이 표시되면 [부분합제거]를 선택한 후 [확인]을 클릭합니다.

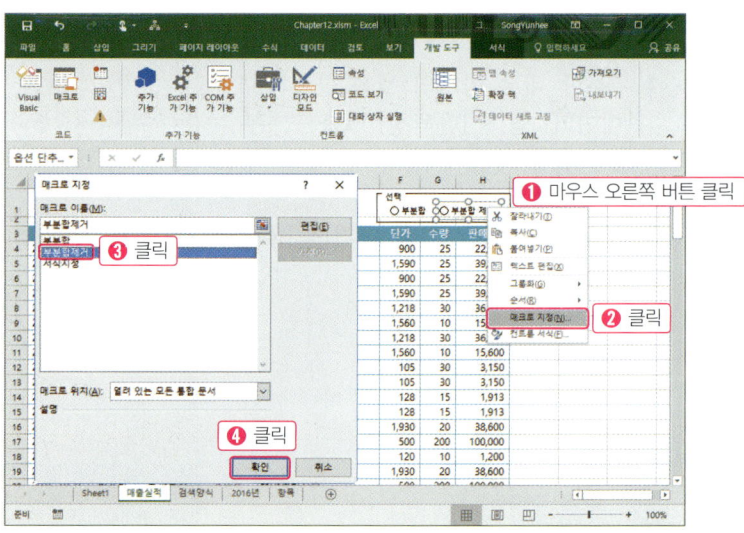

05 '부분합', '부분합 제거' 옵션 단추를 클릭하여 매크로가 실행되는 것을 확인합니다.

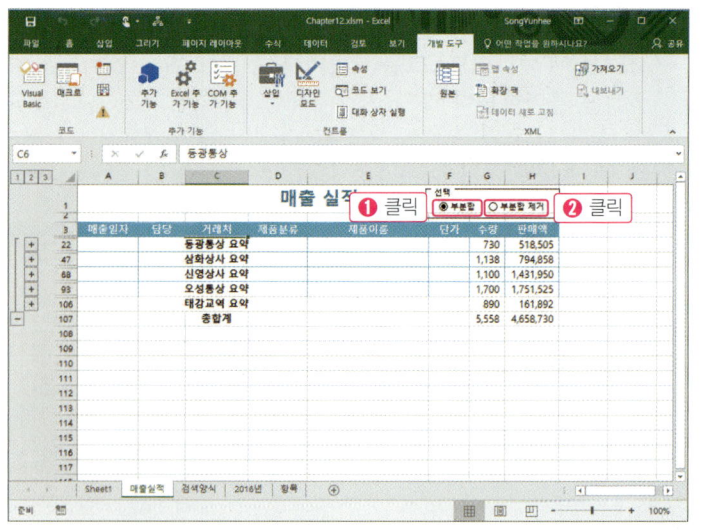

SECTION 08 실무 활용 매크로 2 - 데이터 조회 양식

고급 필터 기능과 매크로를 사용하여 조건 입력 후 [조회] 단추를 클릭하면 데이터가 조회되는 데이터 조회 양식을 작성해 보겠습니다.

실습예제 : Chapter12.xlsx - [검색양식], [2016년] 시트

01 고급 필터 작업을 매크로로 기록

01 [검색양식] 시트에서 [개발 도구] 탭 - [코드] 그룹 - [매크로 기록]을 클릭합니다.

02 [매크로 기록] 창이 표시되면 [매크로 이름]에 '조회'를 입력한 후 [확인]을 클릭합니다.

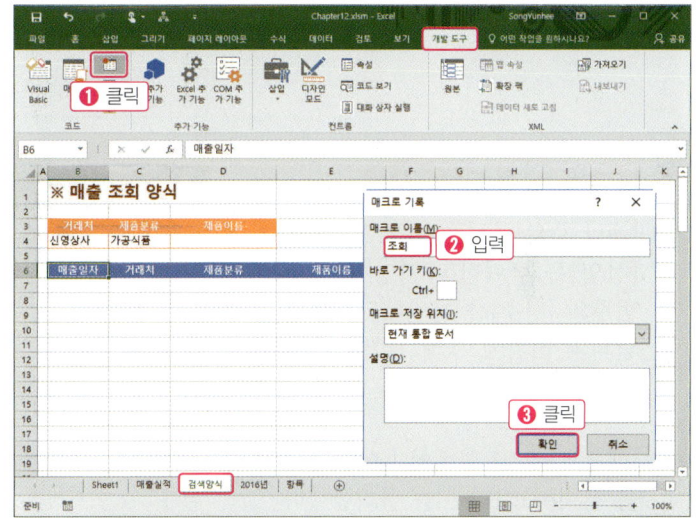

03 [데이터] 탭 - [정렬 및 필터] 그룹 - [고급]을 클릭합니다.

04 [고급 필터] 창에서 [다른 장소에 복사]를 선택한 후 [목록 범위]는 [2016년] 시트의 [A3~G101], [조건 범위]는 [검색양식] 시트의 [B3~D4] 범위, [복사 위치]는 [검색양식] 시트의 [B6~H6] 범위를 선택한 후 [확인]을 클릭합니다.

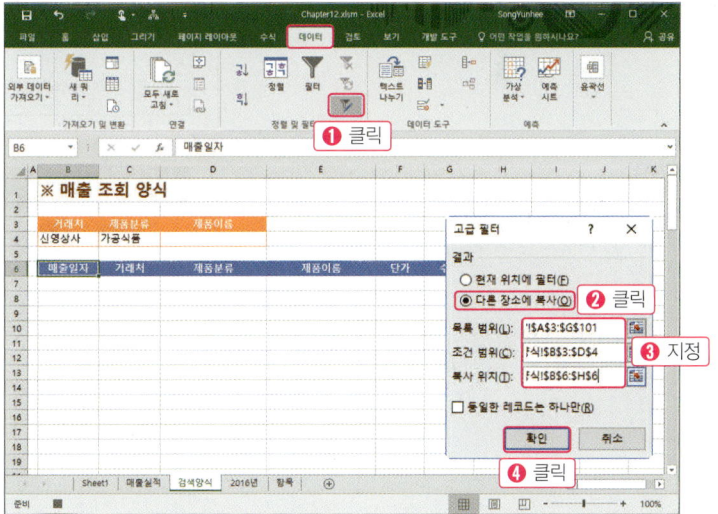

Chapter 12_ 매크로를 사용한 업무 자동화 · 511

05 필터 결과가 표시된 것을 확인한 후 매크로 기록을 중지하기 위해 [개발 도구] 탭 - [코드] 그룹 - [기록 중지]를 클릭합니다.

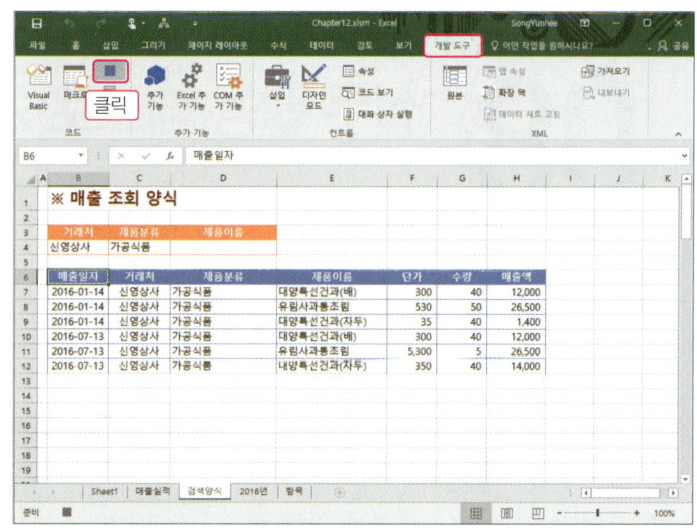

02 매크로 실행 단추 작성하기

01 [개발 도구] 탭 - [컨트롤] 그룹 - [삽입]을 클릭한 후 [양식 컨트롤] 범주의 [단추]를 클릭하고 워크시트 임의의 위치에 드래그하여 단추 컨트롤을 작성합니다.

02 [매크로 지정] 창에서 [조회] 매크로를 선택하고 [확인]을 클릭합니다.

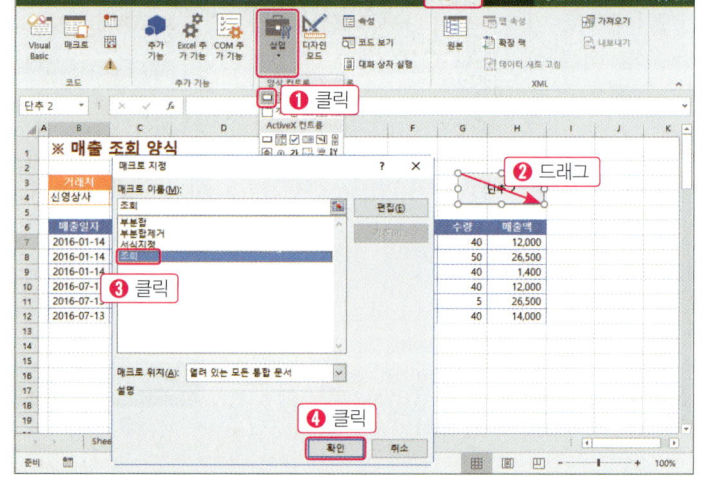

03 단추 컨트롤에 입력되어 있는 [단추 2]를 드래그한 후 [조회]를 입력합니다.

04 C4 셀의 조건을 과자류로 변경한 후 [조회]를 클릭하여 필터 결과가 업데이트 되는 것을 확인합니다.

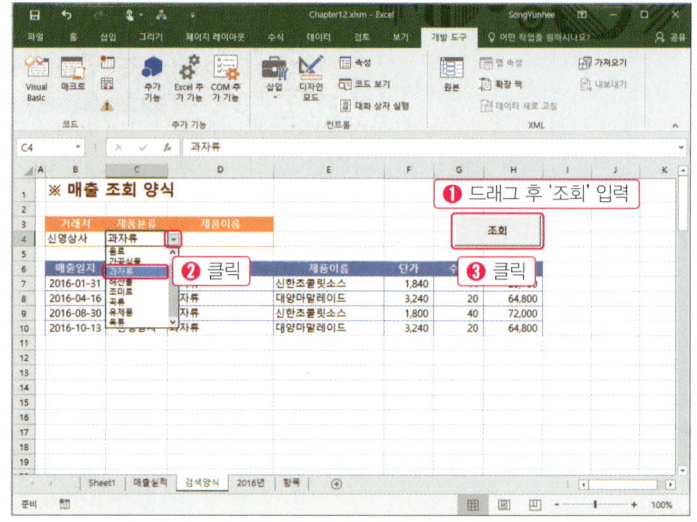